复旦卓越·21世纪管理学系列

管 理 学

（第三版）

冯国珍　主　编

MANAGEMENT

复旦大学出版社

内 容 提 要

本书从管理者的角度出发,以管理的四项基本职能为主线,突出反映21世纪管理的新特点,并通过案例的更新反映管理实践的最新成果,设计全书的总体框架。全书共分14章,各章内容分别为:管理与管理者、管理思想与理论的演进、管理与环境、社会责任与管理道德、决策、计划、战略管理、组织、变革与创新管理、领导、激励、沟通、控制、管理的绩效。本书版面轻松活跃,内容深入浅出,突出基础性和应用性,并采用游戏引导方式,注重学习者的参与和师生互动。

本书既可作为高等院校经济管理类各专业的教科书,也可供其他非经济管理类专业选用,同时还可以为教师以及企事业单位的管理人员提供参考。

第三版前言

管理学是一门动态的学科,管理学教材力求能够反映不同时期的管理思潮和变化,从而帮助学习者在掌握管理的基本原理和知识的同时,能够在不同的组织情境下,灵活运用管理的方法和技能,并培养前瞻性的思维,思考未来的变化,进行管理创新。基于这样的目的,我们在管理学(第二版)的基础上,对书中内容进行了再思考和再梳理,在内容上进行了补充和更新。

更新部分的主要体现

1. 增设管理新动态专栏。通过在每章章末新增"管理新动态"专栏的形式,反映近年来管理研究与实践的新变化与未来发展的新动态,如阿米巴经营模式、指数型组织、文化管理、信息技术伦理问题、大数据决策应用、权变计划、战略联盟、团队型组织、创造力、跨文化领导、股权激励、员工多样性管理、智能控制、晕轮效应等14个管理新主题。通过专栏的形式展现这些主题的核心思想,提出后续的追踪学习要求。

2. 侧重选用中国背景的典型案例。每章章末的案例思考部分,侧重选择中国近期学习者耳熟能详的典型企业作为案例题材,便于学习者的追踪调研和深度挖掘。28个更新案例中包括阿里巴巴、华为、富士康、京东、小米、滴滴出行、共享单车等当代"明星"企业。案例中话题涉及指数型企业的打造、合伙人制度、创新实践、社会责任与道德、企业国际化、目标与计划、组织运营管理、组织控制权问题、90后离职问题等。

3. 增设两个综合案例。在学习者系统学习完管理学全部内容后,提供两个综合案例,一是谷歌是如何运营的,二是万达集团的内部工作法。用于学习者通过综合案例的阅读更加详细地理解企业管理的全貌,对所学管理知识进一步融会贯通。

4. 对第二版书中内容进行再梳理。通过听取任课教师和学习者所提供的建议,我们管理学教学团队的教师们对第二版书中内容在整体框架不变的情况下,对每章内容在细节上进行再梳理再优化,力求在逻辑上更清晰、内容上更科学,表述上更有条理。细节调整之处,在此不加叙述。再者,更新了部分每章章末的阅读书目,推荐了部分新书。

新增的主题和案例

本书新增专栏式主题和案例采用以下列表形式呈现。

新增专栏式主题和案例列表

目 录	主 题	案 例 一	案 例 二
第一章	阿米巴经营模式	中国成功企业家——马云	高效人士的七个习惯
第二章	指数型组织	打造指数型企业	阿里巴巴的合伙人制度
第三章	文化管理	福耀集团收购美国福特玻璃工厂	华为是谁?

(续 表)

目 录	主 题	案 例 一	案 例 二
第四章	信息技术伦理问题	富士康跳楼事件	京东要做社会责任积极的担当者
第五章	大数据决策应用	万豪因何成为百年老店？	李宁公司的国际化之殇
第六章	权变计划	王健林的一个小目标	苹果的"印度制造"计划
第七章	战略联盟	京东的新五大战略	小米手机的2016战略
第八章	团队型组织	借三国历史故事，看组织架构如何从创业公司到大公司的变化	滴滴出行公布2017年战略和新组织架构
第九章	创造力	华为的创新实践	共享单车，解决人们的短途出行问题
第十章	跨文化领导	唐骏的"学历门"风波	三个领导，三种风格
第十一章	股权激励	90后员工离职带来的思考	联想的魅力薪酬
第十二章	员工多样性管理	小王的升职沟通困境	走遍世界
第十三章	智能控制	俏江南的内部控制	国美电器控制权的变化
第十四章	晕轮效应	2014年中国职业经理人队伍现状调查	捷成集团绩效管理的秘诀
综合案例		谷歌是如何运营的	万达集团的内部工作法

为方便教学，本书配有PPT教学课件，《管理学习题和案例》参考书（与教材同步出版），其他教学资源和学生课业设计可登录管理学课程网站（http://cc.sbs.edu.cn）浏览和下载。

编写人员

上海商学院管理学课程教学团队是一支严谨务实、团结奋进、与时俱进的优秀教学团队，教学团队成员定期开展教研活动，分享教学经验和体会，探讨管理学科的前沿问题和新动态，研究新的教学方法和考核手段，共同研究和制订教学大纲和教学内容，统一考试试卷，实施团队成员流水阅卷等。

参加管理学（第三版）修订的具体人员有冯国珍、焦玥、陈垂兴、高振、吕洁、孙雪飞、朱蓓倩、赵黎黎。全书由冯国珍负责统稿和定稿。

致 谢

本书在写作过程中参考了大量国内外的专著、教材和论文，还参考了许多期刊、网站上的资料和文章，因数量很多，难以一一列举，在此特向这些文献的作者和传媒机构表示衷心的感谢！

冯国珍

2017年7月

第二版前言

Preface

当今世界唯一不变的是"变",管理学科的发展也是这样。随着21世纪经济全球化和知识经济的到来,组织管理的外部环境发生了巨大的变化,管理者面临着许多新的挑战,管理实践中不断涌现出新问题、新方法,现代管理理论也随着管理实践的变化而不断得到丰富和发展。作为管理学科的教学和研究工作者,必须紧跟管理学科的发展,将管理学的最新理论研究成果和实践总结分享给读者。

本次改版是基于我们对21世纪管理理论和实践的再认识和再积累,并吸收了来自读者的反馈意见,在继续保持原教材特点的基础上,在结构体系上进一步完善,在内容上更加精炼和丰富,进一步提升了教材的科学性和应用性。

更新部分的主要体现

第一,结构和体系进一步完善。从管理者的角度出发,以管理的四项基本职能为主线,突出反映21世纪管理的新特点,修订全书的总体框架,共分14章。各章内容分别为:管理与管理者;管理思想与理论的演进;管理与环境;社会责任与管理道德;决策;计划;战略管理;组织;变革与创新管理;领导;激励;沟通;控制;管理的绩效。

第二,内容更加精炼和丰富。本版增加了"社会责任与管理道德"、"变革与创新管理"两章,将第一版中第三章"现代管理理论的发展"中的主要内容一部分纳入第二章,一部分纳入"变革与创新管理",删除了第一版中第六章"组织的变革与发展"。其余各章内容都进行了一定的梳理和更新,力求内容更加精炼和丰富。

第三,案例突出反映当前社会经济环境下的管理问题,案例中的问题设计更加注重深度,使案例更具有吸引力和时代感。第一版中的28个案例,更新了15个。有关游戏引导、关键概念、大师睿智、管理实务、本章小结、问题与讨论、实战练习、阅读书目等板块中的内容也进行了一定的更新。

增补和修订的内容

第一章:新增了"为什么要学习管理"一节,分析了学习管理的重要性,阐述了应该怎样学习管理,删除了管理中的人性认识部分,让读者在阅读完第二章后自己体会和总结管理发展过程中对人性认识的发展。

第二章:对中国早期管理思想进行了重新改写,分别从对中国传统社会具有深远影响力的儒家思想、道家思想、法家思想和兵家思想四方面阐述,使其更具有可读性和通用性。新增了"现代管理理论的新发展"一节,具体包括学习型组织、企业再造、知识管理。

第三章:对第一版中的第四章"组织环境与组织文化"进行重新定位和彻底修订,重点阐述管理的内外部环境,环境的分析和应对策略。共分4节,内容分别为:管理环境的构成;任务环境和一般环境;组织文化;环境的分析与应对。

第四章：将第一版中第四章第六节"社会责任与管理道德"单独列出作为第四章，丰富其具体内容，增加国内外该领域理论发展历程、《全球契约》等内容。

第八章：把第一版中第五章"组织结构"中的主要内容纳入第八章，并增加了组织设计维度的内容，使得组织结构设计有了理论基础，同时结合中国企业的实际探讨组织设计及其运行原理。

第九章：对第一版中第六章"组织的变革与发展"进行重新定位和修订，吸收了有影响的经典教材中关于组织变革的理论，增加了"创新"的知识体系，包括创新的内容、创新的过程与组织。

第十章：对第一版中内容繁杂的部分进行了较大幅度删减，并从逻辑上进行梳理，增加了领导理论研究的新进展内容，从而使结构更加清晰，内容更有条理。

第十一章：对第一版中相关激励理论进行了补充说明，对强化的方式进行了修改，对相关重点概念进行了提炼。

第十二章：增加了冲突管理的内容，对组织中团队的类型进行了修改，对相关重点概念进行了提炼。

第十三章：修改了预算种类和预算方法，将成本控制纳入作业控制的范畴中，对质量控制理论进行了提炼，对信息系统的类型进行了重新编排。

第五、六、七和十四章：对晦涩难懂的描述进行了修改，对部分案例进行了更新。

为方便教学，本书配有 PPT 教学课件和游戏说明，《管理学习题和案例》参考书（与教材同步出版），其他教学资源和学生课业设计可登录管理学课程网站（http://cc.sbs.edu.cn）浏览和下载。

编写人员

本书的第一章、第二章、第三章和第十四章由冯国珍编写；第五章、第六章、第七章和第十章由陈垂兴编写；第四章、第八章和第九章由刘会齐编写；第十一章、第十二章、第十三章由孙雪飞编写。陈垂兴和孙雪飞参加了统稿工作，最后由冯国珍审阅并修改定稿。

致 谢

本书在写作过程中参考了大量国内外的专著、教材和论文，还参考了许多期刊、网站上的资料和文章，因数量很多，难以一一列举，在此特向这些文献的作者和传媒机构表示衷心的感谢！

冯国珍

2011 年 1 月

第一版前言

管理学是一门专门研究各种社会组织的管理活动的基本规律和一般方法的学科,是实践性和应用性很强的学科。它以研究管理的一般问题为己任,以组织的管理活动为研究对象,致力于研究管理者如何有效地管理其所在的组织,并以有效的方式实现组织的预期目标。

作为多年从事管理学教学和研究的教师,面对极少有机会接触"现实"管理背景的学生们,我总是力求培养同学们对管理学的兴趣,让他们切实感受到管理无时不在、无处不在,以及管理对个人、对组织和社会经济发展的巨大影响。因此,编写一本通俗易懂、生动流畅、实用性强的管理学教材,使其既能调动学生们的学习兴趣,有利于教师教学,又便于学生自学;既能给学生清晰地提供管理学的基本理论、知识、方法、技能等内容,又能体现理论与实践相结合且贴近现实,成为我们的愿望。本着这样的想法,我们编写了《管理学》这本书。

本书的基本结构

在教学内容的基本框架结构体系上,从反映管理活动过程的全貌出发设计管理的构架。课程内容体系设立为管理与管理思想、管理环境与组织、管理的过程、管理的绩效四部分,具体分为14章内容。对应的体系结构如下:

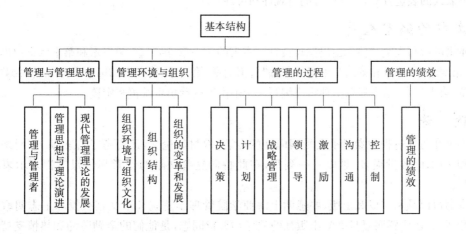

教学内容上突出反映现代环境下的管理问题和要求,尽量体现管理理论的最新发展状况和管理实践的最新成果。例如:在第一部分管理与管理思想中,增加对全球化环境下对管理的挑战主题的讨论;在现代管理理论的发展中设置学习型组织、企业再造理论、知识管理、创新等专题内容。在第二部分组织环境与组织文化中,增加不断变化的全球环境、社会责任与管理道德和组织发展的趋势等内容。在第三部分管理的过程中,突出决策和战略管理的重要性,增加对管理信息系统和控制方法的阐述。

本书的三大特点

1. 强调基础性

强调对管理学基础知识的系统了解，主要讲解管理学的基本概念、基本理论和基本方法。在叙述的语言上尽量通俗易懂、生动流畅，并将关键概念部分采用黑体字加以显现出来。同时，在正文中穿插"大师睿智"、"管理故事"、"管理实务"栏目帮助学习者对每章所学习的内容有更透彻的理解。通过在每章章末列出相应的阅读书目，增加学习者的阅读量，引导学习者进一步学习和思考，以加深对管理知识的理解。

2. 注重实践性和应用性

通过"游戏引导"，学习者的参与和师生互动，引导出与本章有关的主题和问题，激起学习者的兴趣。每章附有"实战练习"让学习者从身边的管理问题入手，体验和参与管理实践活动。每章附有的"问题与讨论"可供学生分组讨论之用，以帮助学生通过思考和讨论来进一步加深对管理知识的掌握，每章附有的"案例思考"让学习者在真实的场景下，一方面增强学生对具体管理实践的感性认识和体会管理的要领，另一方面培养学生将所学的管理学的基本理论和方法应用于分析和解决实际管理问题的能力。

3. 突出可读性和可教性

在教材的体例上做了精心设计，每章章首设计"学习目标"和"关键概念"，明确本章的要求和主要概念，接下来通过"游戏引导"，引导出与本章有关的主题和管理问题，激起学习者的兴趣。每章正文中插入"大师睿智"、"管理故事"、"管理实务"等栏目，既活跃版面，又帮助学习者对每章节的内容有更透彻的理解。每章章末设计"本章小结"、"问题与讨论"、"实战练习"、"案例思考"和"阅读书目"，总结本章内容，提出问题和案例供学习者思考和讨论，实战练习部分让学习者从身边的管理问题入手，体验和参与管理实践活动。此外，在正文中尽量改变单一的文字叙述方式，较多采用图表式的表达方式，增强内容的直观性和可理解度。

本书的编写人员

本书的编写大纲和体例由冯国珍设计。本书的第一章、第二章、第三章和第十四章由冯国珍编写；第四章、第五章和第六章由王云玺编写；第七章、第八章、第九章和第十章由陈垂兴编写；第十一章、第十二章、第十三章由孙雪飞编写。全书由冯国珍负责统稿和定稿。

致 谢

本书在写作过程中参考了大量国内外的专著、教材和论文，还参考了许多期刊、网站上的资料和文章，因数量很多，难以一一列举，在此特向这些文献的作者和传媒机构表示衷心的感谢！

本书得以顺利完成和出版，要感谢上海商学院管理学院院长宋文官教授和王志明教授的支持和帮助，还要感谢复旦大学出版社的领导和编辑同志，是他们的辛勤劳动和热情支持使得本书较快与读者见面。

本课程为上海高校教育高地资助项目和上海市教委重点课程建设项目。

由于我们的知识水平和掌握的资料有限，书中难免存在不当和疏漏之处，敬请专家和读者批评指正。

编 者

2006 年 11 月

目录

Contents

第一章 管理与管理者 ... 1
  1.1 什么是管理 ... 4
  1.2 为什么要学习管理 ... 8
  1.3 管理的职能和过程 ... 9
  1.4 管理者和管理技能 ... 11
  1.5 全球化和互联化环境下对管理的挑战 ... 16
    ■ 管理新动态 ... 19
    ■ 问题与讨论 ... 20
    ■ 实战练习 ... 20
    ■ 案例思考 ... 21
      案例一 中国成功企业家——马云 ... 21
      案例二 高效能人士的七个习惯 ... 24
    ■ 阅读书目 ... 25

第二章 管理思想与理论的演进 ... 27
  2.1 中外早期管理思想 ... 30
  2.2 科学管理的兴起 ... 35
  2.3 行为科学的产生 ... 41
  2.4 管理理论丛林 ... 45
  2.5 现代管理理论的新发展 ... 50
    ■ 管理新动态 ... 56
    ■ 问题与讨论 ... 57
    ■ 实战练习 ... 58
    ■ 案例思考 ... 58
      案例一 打造指数型企业 ... 58
      案例二 阿里巴巴的合伙人制度 ... 60
    ■ 阅读书目 ... 63

第三章 管理与环境 ... 65
  3.1 管理环境的构成 ... 68

3.2 任务环境和一般环境 ………………………………………………… 69
3.3 组织文化 ………………………………………………………………… 72
3.4 环境的分析与应对 ……………………………………………………… 77
■ 管理新动态 ……………………………………………………………… 81
■ 问题与讨论 ……………………………………………………………… 82
■ 实战练习 ………………………………………………………………… 82
■ 案例思考 ………………………………………………………………… 83
    案例一 福耀集团收购美国福特玻璃工厂 …………………………… 83
    案例二 华为是谁？ ……………………………………………………… 85
■ 阅读书目 ………………………………………………………………… 86

第四章 社会责任与管理道德 …………………………………………… 87
4.1 社会责任及其发展历程 ………………………………………………… 90
4.2 企业社会责任的影响因素及其体现 …………………………………… 96
4.3 管理道德及其内容 ……………………………………………………… 101
4.4 影响企业管理道德的因素 ……………………………………………… 104
4.5 改善企业道德行为的途径 ……………………………………………… 107
■ 管理新动态 ……………………………………………………………… 111
■ 问题与讨论 ……………………………………………………………… 111
■ 实战练习 ………………………………………………………………… 112
■ 案例思考 ………………………………………………………………… 112
    案例一 富士康跳楼事件 ……………………………………………… 112
    案例二 京东要做社会责任积极的担当者 …………………………… 113
■ 阅读书目 ………………………………………………………………… 116

第五章 决策 …………………………………………………………………… 117
5.1 什么是决策 ……………………………………………………………… 120
5.2 决策的基本类型 ………………………………………………………… 125
5.3 决策的基本程序 ………………………………………………………… 128
5.4 定性决策方法 …………………………………………………………… 130
5.5 定量决策方法 …………………………………………………………… 135
■ 管理新动态 ……………………………………………………………… 139
■ 问题与讨论 ……………………………………………………………… 139
■ 实战练习 ………………………………………………………………… 140
■ 案例思考 ………………………………………………………………… 140
    案例一 万豪因何成为百年老店？ …………………………………… 140

　　　　案例二　李宁公司的国际化之殇 …………………………………………… 141
　　　■ 阅读书目 ……………………………………………………………………… 144

第六章　计划 ……………………………………………………………………… 145
6.1　计划的意义和内容 …………………………………………………………… 148
6.2　计划的类型 …………………………………………………………………… 151
6.3　计划的流程 …………………………………………………………………… 153
6.4　现代计划的技术和方法 ……………………………………………………… 154
6.5　目标管理 ……………………………………………………………………… 158
　　　■ 管理新动态 …………………………………………………………………… 164
　　　■ 问题与讨论 …………………………………………………………………… 165
　　　■ 实战练习 ……………………………………………………………………… 165
　　　■ 案例思考 ……………………………………………………………………… 166
　　　　案例一　王健林的一个小目标 …………………………………………… 166
　　　　案例二　苹果的"印度制造"计划 ………………………………………… 167
　　　■ 阅读书目 ……………………………………………………………………… 168

第七章　战略管理 ………………………………………………………………… 169
7.1　战略管理概述 ………………………………………………………………… 172
7.2　公司层战略 …………………………………………………………………… 178
7.3　事业层战略 …………………………………………………………………… 182
7.4　职能层战略 …………………………………………………………………… 187
7.5　战略管理的阶段与程序 ……………………………………………………… 188
　　　■ 管理新动态 …………………………………………………………………… 191
　　　■ 问题与讨论 …………………………………………………………………… 192
　　　■ 实战练习 ……………………………………………………………………… 192
　　　■ 案例思考 ……………………………………………………………………… 193
　　　　案例一　京东的新五大战略 ……………………………………………… 193
　　　　案例二　小米手机的2016战略 …………………………………………… 196
　　　■ 阅读书目 ……………………………………………………………………… 202

第八章　组织 ……………………………………………………………………… 203
8.1　组织概念 ……………………………………………………………………… 206
8.2　组织的基本结构形式 ………………………………………………………… 207
8.3　组织设计 ……………………………………………………………………… 213
8.4　管理幅度与管理层次 ………………………………………………………… 216

8.5　组织结构运行 …………………………………………………… 218
　　8.6　非正式组织 ……………………………………………………… 223
　　　■ 管理新动态 ……………………………………………………… 225
　　　■ 问题与讨论 ……………………………………………………… 226
　　　■ 实战练习 ………………………………………………………… 226
　　　■ 案例思考 ………………………………………………………… 226
　　　　案例一　借三国历史故事,看组织架构如何从创业公司到大公司的变化 …… 226
　　　　案例二　滴滴出行公布2017年战略和新组织架构 ……………… 230
　　　■ 阅读书目 ………………………………………………………… 231

第九章　变革与创新管理 ……………………………………………… 233
　　9.1　组织变革 ………………………………………………………… 235
　　9.2　组织变革的相关因素 …………………………………………… 241
　　9.3　创新管理的内涵 ………………………………………………… 247
　　9.4　创新的过程与组织 ……………………………………………… 251
　　　■ 管理新动态 ……………………………………………………… 255
　　　■ 问题与讨论 ……………………………………………………… 256
　　　■ 实战练习 ………………………………………………………… 257
　　　■ 案例思考 ………………………………………………………… 257
　　　　案例一　华为的创新实践 ………………………………………… 257
　　　　案例二　共享单车,解决人们的短途出行问题 ………………… 259
　　　■ 阅读书目 ………………………………………………………… 260

第十章　领导 …………………………………………………………… 261
　　10.1　领导与权力 …………………………………………………… 264
　　10.2　领导理论的演变 ……………………………………………… 267
　　10.3　领导特质理论 ………………………………………………… 268
　　10.4　领导行为理论 ………………………………………………… 270
　　10.5　领导权变理论 ………………………………………………… 273
　　10.6　领导理论研究的新进展 ……………………………………… 277
　　　■ 管理新动态 ……………………………………………………… 283
　　　■ 问题与讨论 ……………………………………………………… 284
　　　■ 实战练习 ………………………………………………………… 284
　　　■ 案例思考 ………………………………………………………… 284
　　　　案例一　唐骏的"学历门"风波 …………………………………… 284
　　　　案例二　三个领导,三种风格 …………………………………… 285

■ 阅读书目 ·· 286

第十一章　激励 ·· 287
11.1　激励和激励过程 ·· 290
11.2　满足型激励理论 ·· 292
11.3　过程型激励理论 ·· 295
11.4　强化理论 ·· 299
11.5　激励的方法 ··· 300
■ 管理新动态 ·· 305
■ 问题与讨论 ·· 306
■ 实战练习 ··· 307
■ 案例思考 ··· 307
　　案例一　90后员工离职带来的思考 ······················· 307
　　案例二　联想的魅力薪酬 ··································· 308
■ 阅读书目 ·· 310

第十二章　沟通 ·· 311
12.1　沟通的过程和方式 ··· 314
12.2　组织沟通 ·· 317
12.3　沟通的障碍和改善 ··· 321
12.4　冲突管理 ·· 329
12.5　团队建设 ·· 332
■ 管理新动态 ·· 336
■ 问题与讨论 ·· 338
■ 实战练习 ··· 338
■ 案例思考 ··· 338
　　案例一　小王的升职沟通困境 ······························ 338
　　案例二　走遍世界 ·· 341
■ 阅读书目 ·· 342

第十三章　控制 ·· 343
13.1　什么是控制 ··· 346
13.2　控制的过程与要求 ··· 350
13.3　控制的方法 ··· 353
13.4　信息控制 ·· 362
■ 管理新动态 ·· 365

- 问题与讨论 366
- 实战练习 366
- 案例思考 367
  - 案例一 俏江南的内部控制 367
  - 案例二 国美电器控制权的变化 369
- 阅读书目 371

第十四章 管理的绩效 373
14.1 绩效概述 376
14.2 组织绩效评价指标体系的构建方法 379
14.3 个人绩效的评价方法 387
14.4 绩效评价后的工作 391
- 管理新动态 398
- 问题与讨论 399
- 实战练习 399
- 案例思考 400
  - 案例一 2014年中国职业经理人队伍现状调查 400
  - 案例二 捷成集团绩效管理的秘诀 403
- 阅读书目 404

综合案例一 谷歌是如何运营的 405

综合案例二 万达集团的内部工作法 409

主要参考文献 413

第一章

管理与管理者

- 什么是管理
- 为什么要学习管理
- 管理的职能和过程
- 管理者和管理技能
- 全球化和互联化环境下对管理的挑战
- 管理新动态
- 问题与讨论
- 实战练习
- 案例思考

    案例一　中国成功企业家——马云
    案例二　高效能人士的七个习惯

- 阅读书目

第一章　管理与管理者

■ 学习目标 ■

学完本章，你应该能够：
1. 掌握管理的基本内涵，了解不同学者对管理的不同定义。
2. 熟悉管理的基本职能及它们之间的相互关系。
3. 认识学习管理的重要性和学习管理的方法。
4. 区分不同类型的管理者，了解管理者在组织中所承担的角色。
5. 掌握管理者应具备的基本管理技能，清楚管理技能与管理层次之间的关系。
6. 讨论在当今竞争日益激烈的全球化、互联化环境下管理者所面临的主要挑战。

■ 关键概念 ■

管理　管理职能　管理者　管理要素　管理者角色　管理者技能

游戏引导

抬　棍　子

游戏方法：

1. 教师准备2—4根长1.5米左右的细棍子(可用筷子)作为游戏用具，将授课班级分为每6人一组的参赛队伍，每次选出2—4组参加比赛，同时在不参加比赛的同学中选出2—4名裁判员作为计时和监督人员。

2. 比赛要求为参赛小组每人伸出右手食指抬起木棍，把木棍由距地面1.5米处慢慢放下至0.5米处，比赛过程中不允许任何一人的手指离开木棍，否则游戏从头开始。用最短时间完成整个过程的小组为赢方。

3. 比赛前每个小组的准备时间为2分钟，由授课教师下达游戏开始命令。

4. 比赛过程中木棍掉地、参赛同学的食指离开木棍或食指弯曲都认定为犯规，游戏须重新开始。

5. 比赛结果中的赢方可以向输方提一个要求，要求输方表演一个节目。

问题讨论：

① 请赢方和输方分别总结各自的经验。
② 你认为这个游戏涉及哪些管理问题？

1.1 什么是管理

1.1.1 管理的定义

管理是现代人类各项生活中最重要的活动之一,它广泛存在于社会生活的各个领域,小至家庭、学校、企业,大至国家、社会等。凡是一个由两人以上组成的集体就离不开管理,管理是一切有组织的活动中必不可少的组成部分。美国国际商业机器公司的创办人托马斯曾经给他的部下讲过这样一则故事:有一个男孩第一次自己买了一条长裤,穿上一试,裤子长了两寸。他请奶奶帮忙把裤子剪短两寸,可奶奶说眼下的家务事太多,让他去找妈妈,而妈妈回答说,今天她已经同别人约好去玩桥牌。男孩又去找姐姐,但是姐姐有约会,时间就要到了。男孩子非常失望,他就带着这种心情入睡了。奶奶忙完家务事,想起了孙子的裤子,就去把裤子剪短了两寸;姐姐回来后心疼弟弟,又把裤子剪短了两寸;妈妈回来后同样也把裤子剪短了两寸。可以想象,第二天早上男孩起来后会是怎样的一个情景。这就是发生在我们日常生活中的管理问题,要么都不管,要么都来管。

追溯管理的渊源,应该说,有了人群活动,就有管理。管理是人们在共同劳动中需要进行协作而产生的,而且协作劳动的规模越大,复杂程度越高,持续的时间越长,就越表现出管理的重要性。应该说,在机器大工业出现以前,就有过大规模的协作劳动,如古埃及金字塔和中国万里长城的建成,都是人类大规模协作劳动的结果。但是,这些协作劳动还不是当时社会劳动的基本形式,只能说是一些零星的管理经验和管理思想的结晶。到了工业革命以后,随着现代工业技术的广泛应用和工商企业的迅速发展,工厂制度成为社会劳动的基本形式,管理发展成为一种普遍的社会现象,管理开始得到系统的研究和普遍的重视。

从19世纪末至今,各种管理运动和管理热潮可谓层出不穷,取得了许多令人瞩目的成果,同时形成了较完整的管理理论体系。那么,什么是管理呢?长期以来,中外学者从不同角度提出了许多观点,各自在不同的背景下,从某个侧面反映了管理的内涵。

科学管理之父泰勒(Frederick W. Taylor)提出:"管理就是确切地知道你要别人去干什么,并使他用最好的方法去干。"他认为:管理就是指挥他人能用其最好的工作方法去工作。泰勒在其名著《科学管理原理》中讨论和研究:(1)员工如何能寻找和掌握最好的工作方法以提高效率?(2)管理者如何激励员工努力地工作以获得最大的工作业绩?

现代经营管理理论的创始人、法国管理学家亨利·法约尔(Henry Fayol)提出:"管理是由计划、组织、指挥、协调及控制等职能为要素组成的活动过程。"该定义于1916年提出,明确了管理的过程和职能。他的观点经历了90多年的研究与实践,虽然在这过程中对管理职能的提法各有不同,但基本上没有本质的变化,并已成为现代管理理论的基础。

美国管理学家彼得·德鲁克(Peter F. Drucker)提出:"管理是一种以绩效为基础的专业职能。"他认为:(1)管理是专业性的工作,与其他技术工作一样,有自己特有的技能和方法;(2)管理人员是一个专业管理阶层;(3)管理的本质和基础是负有执行组织任务的责任。德鲁克的观点注重强调管理的自然属性,淡化管理的社会属性。

诺贝尔经济学奖获得者赫伯特·西蒙(H. A. Simon)提出:"管理就是决策。"他认为:

管理者所做的一切工作归根到底是在面对现实与未来以及面对环境与员工时,不断地做出各种决策,使组织的一切都可以不断地运行下去,直到获取满意的结果,实现令人满意的目标要求。

复旦大学芮明杰教授提出:"管理是对组织的资源进行有效整合以达成组织既定目标与责任的动态创造性活动。"他认为:计划、组织、指挥、协调和控制等行为是有效整合资源所必需的活动,应归于管理的范畴之内,但它们又仅仅是帮助有效整合资源的部分手段或方式,因此它们本身并不等于管理,管理的核心在于对现实资源的有效整合。

南京大学周三多教授提出:"管理是社会组织中,为了实现预期的目标,以人为中心进行的协调活动。"他认为:(1)管理的目的是为了实现预期目标。世界上既不存在无目标的管理,也不可能实现无管理的目标;(2)管理的本质是协调,协调的中心是人。

管理定义的多样化,反映了人们对管理的多种理解,以及各自不同的研究重点和特色。但是,也应看到,不同的定义只是观察角度和侧重点不同,在总体上对管理实质内容的认识还是共通的。以上不同的定义,对我们全面和深刻理解"管理"这一概念是极其有益的。

大师睿智

管理是由心智所驱使的唯一无处不在的人类活动。

——[美]戴维·赫尔茨

在人类历史上,还很少有什么事比管理的出现和发展更为迅猛,对人类具有更为重大和更为强烈的影响。

——[美]彼得·德鲁克

我们认为,**所谓管理,是在特定的环境下,通过计划、组织、领导和控制等职能活动,协调以人为中心的组织资源,以有效的方式实现组织目标的过程**。这一定义包含以下六个方面的含义:

(1) 管理是在一定的环境条件下进行的,环境既为组织提供了机会,也对组织形成威胁。管理需将所服务的组织看作一个开发的系统,它不断地与外部环境产生相互影响和作用。正视环境的存在,一方面要求组织设计和维持一种良好的环境,这种环境相对稳定又同时具有适应性;另一方面,管理的方法和技巧必须因环境条件的不同而随机应变,没有一种在任何情况下都能奏效和通用的管理办法。

(2) 管理的目的是实现组织目标。管理是一种有意识、有目的进行的活动过程。管理不能为管理而进行管理,只有在目标明确的基础上,才能组织并实施管理。

(3) 管理的作用在于它的有效性。管理者的最终责任是取得高的绩效,即以有效益和高效率的方式使用资源来实现组织的目标。组织的效益是指组织实现其既定目标的程度。组织的效率是指投入与产出之比,它要求用比较经济的方法来到达预定的目标。效率与效益是相互联系的,效益是解决做什么的问题,它要求我们确定正确的目标;效率是解决怎么做的问题,它要求选择合适的行动方法和途径,以求比较经济地达到既定的目标。

(4) 管理的过程是由一系列相互关联、连续进行的活动所构成的。这些活动包括计划、组织、领导和控制等,它们作为实现目标的手段,成为管理的基本职能。

(5) 管理的本质是协调。协调就是使个人的努力与集体的预期目标相一致。每一项管理职能、每一次管理决策都要进行协调，都是为了协调。

(6) 管理的对象是以人为中心的组织资源。一方面，指出管理的对象是组织中的各种资源；另一方面，强调人是管理的核心因素，所有的资源和活动都以人为中心。管理中最重要的是对人的管理。

组织管理过程与资源配置和管理职能之间的关系如图 1-1 所示。

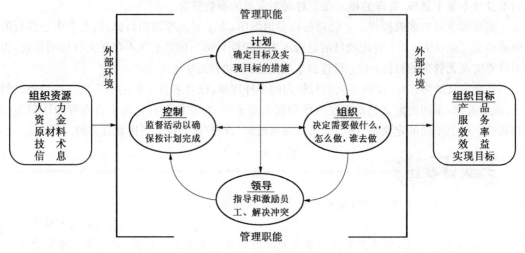

图 1-1　组织管理过程

1.1.2　管理的特征

管理活动不同于文化活动、科学活动和教育活动等其他活动，它有自己的特征，管理的特征具体体现在动态性、科学性、艺术性、创造性和经济性五个方面。

一、动态性

现实生活中，有许多不确定性。(1) 管理客体的不确定性。比如在管理过程中，作为管理客体的员工会由于当时的心情、思想、偏好等影响，造成其原本可以发挥的能力和技巧与其他资源配合上的失误或差错。(2) 管理运行时空的不确定性。时空本身在运动变化，在设定未来的发展方案时，未来的时空将发生什么样的与当前时空不同的变异，是不确定的。时空不确定性是战略管理中最难以把握和解决的。(3) 管理工具手段的不确定性。比如人际沟通的方法、精神激励的办法等，其运作效果是难以确定的。(4) 管理实施结果的不确定性。管理活动的结果有可能偏离目标或部分实现目标，带有不确定性。由于存在上述诸多不确定性，管理必然是一种动态创造性活动，不存在一个标准的处处成功的管理模式。

二、科学性

管理的动态性并不意味着管理这类活动没有科学规律可循。管理活动尽管是动态的，但还是可以将其分成两大类：一是程序性活动，二是非程序性活动。所谓程序性活动，就是指有章可循，照章运作便可以取得预想效果的管理活动。所谓非程序性活动，就是指无章可循，需要一边运作一边探讨的管理活动。这两类活动虽然不同，但又是可以转化的。实际上，现实的程序性活动就是由以前的非程序性活动转化而来的。这种转化的过程是人们对这类活动与管理对象规律性的科学总结,管理的科学性在这里得到了很好的体现。对新管理对象所采取的非程序性活动只能依据过去的科学结论进行,否则对这些对象的管理便失去了可靠性,而这本身也体现了管理的科学性。

三、艺术性

由于管理对象分别处于不同环境、不同行业、不同的产出要求、不同的资源供给条件等状况下,这就导致了对每一具体管理对象的管理没有一个唯一的完全有章可循的模式,特别对那些非程序性的、全新的管理对象,则更是如此。具体管理活动的成效与管理主体技巧发挥的程度有很大的相关性。事实上,管理主体对这种管理技巧的运用与发挥,体现了管理主体设计和操作管理活动的艺术性。另一方面,由于在达成资源有效配置的目标与现行责任的过程中可供选择的管理方式、手段多种多样,因此,在众多可选择的管理方式中选择一种合适的方式用于现实的管理之中,也是管理主体进行管理的一种艺术性技能。艺术性更多地取决于人的天赋与直觉,是一种非理性的东西,管理有时就是一种非理性的活动,因此有许多人也在一定意义上认为"管理没有理论"。

四、创造性

管理的艺术性特征实际上已经与管理的另一个特征相关,这就是创造性。既然管理是一种动态活动,既然对每一个具体的管理对象没有一种唯一的完全有章可循的模式可以参照,那么,为达到既定的组织目标与责任,就需要有一定的创造性。管理活动是一种创造性的活动,正因为它的创造性,才会有成功与失败的存在。试想,如果按照程序便可管好的话,或如果有某种统一模式可参照的话,那么,岂非人人都可成功,成为有效的管理者?管理的创造性根植于动态性之中,与科学性和艺术性相关,正是由于这一特性的存在,使得管理创新成为必需。

五、经济性

管理的对象是组织中各种资源,管理的实质就是通过计划、组织、领导和控制等手段,实现组织内部各要素的合理配置,资源配置是需要成本的,管理就是要使资源成本最小化。因此,管理就具有经济特性。首先,管理的经济性反映在资源配置的机会成本上。管理者选择一种资源配置方式是以放弃另一种资源配置方式的代价而取得的,这里有个机会成本的问题。其次,管理的经济性反映在管理方式方法选择的成本比较上,因为在众多可帮助进行资源配置的方式方法中,其所费成本不同,对如何选择存在经济性的问题。再次,管理是对资源有效整合的过程,选择不同的资源供给和配比,就有成本大小的问题,这是经济性的另一种表现。

管理的上述五个特性是相互关联的,是管理性质的五个不同方面的反映,其相互关系如图1-2所示。

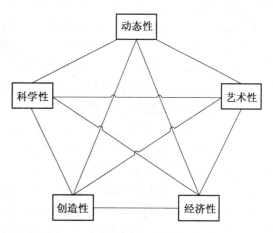

图1-2 管理特性相互关系

资料来源:芮明杰编著.管理学(第2版).高等教育出版社,2005年.第8页.

1.2 为什么要学习管理

1.2.1 学习管理的重要性

在大学教育中,一般在经济管理类专业中将管理课程作为专业必修课开设,在非经济管理类专业中将管理课程作为通识课或选修课开设,为什么不同专业的学生都要学习管理呢?我将来不准备成为一名管理者,为什么要学习管理?我将来想成为一名管理者,可否在工作的实践中学习和体会管理呢?以下将从四个方面阐述学习管理的重要性和必要性。

一、管理的普遍需要性

一方面,管理问题存在于任何一类组织中,无论组织的性质、规模大小、所处的地域以及同一组织中的不同层次中,只要存在分工与协作,就需要管理,而且,分工越细、组织协作的规模越大,管理问题就越复杂,管理就越显重要。另一方面,即使是个体,也需要管理。如对个人时间和事务的管理可以提高工作效率和生活质量。所以,管理无处不在,管理在社会工作和生活中的普遍需要性说明了学习管理的必要性。

二、管理对社会发展的重要性

在社会发展的任何时期,资源总是有价值并且稀缺的,组织若能够更有效地利用资源,才能为社会带来更多的财富和福利,组织自身也能从中获得自身的利益和发展,而在生产要素条件一定的情况下,生产力水平的高低直接取决于组织的管理水平。因此,组织的管理水平是影响和决定社会发展的重要因素之一,有效的管理能够提高组织对资源的配置能力,提高组织的效率和效益。

三、管理对自身发展的必要性

尽管我们中的一部分人在未来的职业生涯规划中没有成为管理者的打算,但学习管理仍然是有意义的,因为我们最终是工作和生活在组织之中的,我们要与管理者打交道,要与合作伙伴打交道,学好管理有助于我们处理好与上司、同事以及合作伙伴的关系,在竞争中获得自身的优势和利益。此外,对于在未来的职业生涯规划中想成为一名管理者的人,管理能够帮助我们进行决策、制订计划,了解如何有效组织和指挥,解决组织冲突,提高组织绩效,在管理上少走弯路,成为一名有效的管理者,在竞争中获胜。

四、管理源于实践但高于实践

也有人认为,管理可以从实践中学来,现实生活中就有这样的实例,某些企业家虽然没有上过任何工商管理方面的课程,但一样获得经营上的成功,所以学习管理是不必要的。这种认识是片面的,我们不能否认在企业界确有如上所描述的先例,但如果把这些个案与成功企业的普遍性相比,它们所占的比例还是非常小的。我们只能说这些成功的企业家本身的悟性很高,他们从书本以外学习的能力很强,并能直接应用于自己的管理实践中。虽然说学习管理无法代替从实践中或经验中获得的知识和技巧,但管理学课程能提供人们有价值的准备和补充个人经验。管理学课程中所涵盖的基本原理和原则大多是源于实践,并经过实践检验的,学习管理有利于系统地从别人经验中获得启示,可以为未来的管理生涯奠定基础,并且可以避免犯下别人曾经犯下的错误。所以,学习管理是必要的。

1.2.2 怎样学习管理

学习管理,必须了解管理学的特点,并采用合适的学习方法,必能事半功倍,收到良好的学习效果。

一、管理学是一门综合性的科学,学习者要博览群书

管理学是一门跨学科的综合性科学,它融合了社会科学领域的社会学、心理学、行为科学、人类学、伦理学、政治学和经济学的知识以及自然科学领域的数学、统计学、信息学、计算机科学、系统科学和其他学科的知识。管理科学的综合性,决定了我们要从各种角度出发研究管理问题。管理的这种复杂性、动态性和管理对象的多样化,要求管理者具有广博的知识,学习者只有博览群书,掌握多方面的学科知识,具有较宽厚的知识基础,同时涉猎不同专家、不同管理流派的观点与学说,融大家之得,才能对各种管理问题应对自如。

二、管理学是一门实践性很强的应用科学,学习者要勤于实践

从一般意义上讲,我们可以把学科划分为基础学科和应用学科。基础学科以"是什么"和"为什么"作为学科研究的重点,以创造和更新思想、原理、范式及其相关知识作为主要任务。应用学科在研究"是什么"和"为什么"的前提下,以"如何操作"作为学科研究的重点,以创造和更新直接用于实践的理论和方法为使命。管理学是一门应用性的学科,首先,管理学的知识来源于人们的管理实践经验的概括和总结;其次,管理学的知识必须应用于实践才有价值;再次,管理学知识的正确与否,归根结底需要接受实践的检验。因此,学习者必须勤于实践,干学结合,方能体会管理的魅力。

三、管理学是一门发展中的科学,学习者要勤于思考,不断创新

一方面,管理学研究的是管理活动的一般规律,但在实践过程中,要根据具体环境条件,实施管理活动;而管理活动的实施的效果,则依赖于管理者根据条件,利用自身的知识、技能、方法和经验,加以创造地运用,去解决各种复杂多变的管理问题,以取得最优的管理效果。这种创造性的管理活动,体现管理者的艺术性和创新性。另一方面,随着社会环境的变化和新技术的应用,管理学研究面临着许多新的课题和研究领域。因此,管理学的研究必然会随着管理实践的发展而不断发展,使之更加科学化,更加适应管理实践的需要。这些都要求学习者勤于思考,不断创新管理模式,而非教条式的学习和生搬硬套。

1.3 管理的职能和过程

1.3.1 管理的基本职能

管理的职能是指管理所具有管理本质的外在根本属性及其所应发挥的基本效能,是人们对管理活动应有的一般过程和基本内容所作的理论概括。我们通常把管理职能概括为计划、组织、领导、控制四大基本职能。实际上,对管理活动具有哪些最基本的职能有许多不同的观点。其中,最早系统地提出管理职能是法国的亨利·法约尔。他认为管理具有计划、组织、指挥、协调和控制五种职能,他为后人对管理过程的研究奠定了基础。在此之后,又有"三功能派""四功能派"或"七功能派"等。详细情况如表1-1所示。

表 1-1　不同学者对管理职能的划分

年份 / 学者	计划	组织	指挥	协调	控制	激励	人事	沟通	决策	创新
1916年 法约尔	✓	✓	✓	✓	✓					
1925年 梅奥						✓		✓		
1934年 戴维斯	✓	✓			✓					
1937年 古利克	✓	✓	✓	✓	✓		✓			
1949年 厄威克	✓	✓	✓	✓	✓					
1951年 纽曼	✓	✓		✓						
1955年 孔茨和奥唐奈	✓	✓			✓		✓			
1964年 梅西	✓	✓			✓				✓	
1966年 希克斯	✓	✓				✓		✓		✓

综上所述,尽管划分不尽相同,但计划、组织、领导、控制是各管理学派普遍公认的职能。管理职能把管理过程划分为几个相对独立的部分,有利于在理论研究上更清楚地描述管理活动的整个过程,有助于管理工作者在实践中实现管理活动的专业化,也便于管理教学工作。

一、计划

计划是管理者用以识别并选择适当目标和行动方案的过程。计划过程包括三个步骤:(1)决定组织将要追求的目标;(2)决定采用哪些行动方案以实现目标;(3)决定如何配置组织资源以实现目标。计划工作包含了各种决策过程,因为它要在各种备选方案中进行选择。在没有做出决策之前,不可能有真正的计划。计划在组织中可以成为一种体系,并有其内在的层级,如战略计划是最高层次的,属于总体的长远计划;职能计划与部门计划属于中层的操作性较强的计划,而下级的工作计划则是近期的具体计划。其中下一级的计划是为上一级的计划的实现而服务的。

二、组织

管理者制定出切实可行的计划后,就要组织必要的人力和其他资源去执行既定的计划,也就是要进行组织工作。组织工作是为了有效地实现计划所确定的目标而在组织中进行部门划分、权力分配和工作协调的过程。它是计划工作的自然延伸,包括组织结构的设计、组织关系的确立、人员的配置以及组织的变革等。

三、领导

每一个组织中都包含有人,指导和协调组织中的人是管理的基本工作之一。领导工作就是管理者利用职权和威信施展影响,指导和激励各类人员去努力实现目标的过程。当管理者激励他的下属、指导下属的行动、选择最有效的沟通途径、解决组织成员间的纷争时,他就是在从事领导工作。只有通过卓有成效的领导,组织的目标才有可能实现。

四、控制

控制是保证组织目标能按计划实现所必不可少的,任何组织为了保证有效地实现目标,都要对组织成员和组织活动加以控制。控制工作包括确立控制标准、衡量实际业绩、进行差异分析、采取纠偏措施等。控制是管理过程中不可缺少的一种职能,因为它的存在可以确保组织朝向其目标迈进。

要说明的是,随着管理理论研究的深化和客观环境对管理工作要求的变化,许多管理者提出了一些新的管理职能,其中特别值得一提的是决策和创新这两个职能。决策职能从20世纪50年代开始受到人们的重视,认为管理就是决策,决策渗透于管理的所有职能中。对创新职能的重视始于20世纪60年代,因为当时市场正面临着急剧的变化,竞争日益加剧,许多企业感到不进行创新就难以生存下去,所以不少学者主张将创新作为管理的一项新职能,认为创新贯穿于所有管理职能和组织的各个层次,成为推动管理循环的原动力。

1.3.2 管理的基本过程

管理的四大基本职能之间是相互联系的,如图1-3所示。为了实现组织目标,首先管理者要根据组织内外部环境条件,确立组织目标并制定出相应的行动方案;一旦目标明确,就要组织力量去完成,为了落实计划,管理者要进行组织工作;由于目标的完成有赖于组织成员的共同努力,为了充分调动组织成员的积极性,在目标确定、计划落实下去以后,管理者还要加强领导工作;在设立目标、形成计划、建立组织、培训和激励员工以后,各种偏差仍有可能出现,为了纠正偏差,确保各项工作的顺利进行,管理者还必须对整个活动过程进行控制,即开展控制工作。因此,管理是由计划、组织、领导、控制等职能组成的一个系统的过程。控制的结果是实现组织目标,同时开展新一轮的管理过程循环,如此循环不息,把管理工作不断推向前进。

图1-3 管理的基本过程

要说明的是,管理的实际情况并不像上面所描述的管理基本过程那么简单,现实中不存在简单的、界限清晰的、纯粹的计划、组织、领导和控制的起点和终点。当管理者履行他们的职责时,他们通常会发现自己同时在做着一些计划工作、一些组织工作、一些领导工作、一些控制工作,而且这些管理工作并非严格遵循上述顺序。

1.4 管理者和管理技能

1.4.1 管理者与管理者的类型

一、管理者与管理要素

一提到管理者,对很多人而言,浮上脑海的是身穿高级三件式西装,打着丝质领带,提着真皮公事包,出门有高级轿车代步,在公司昂首阔步,而部属卑躬屈膝的企业经理人。但是,管理者真的只存在于企业中吗?只有企业经理人才是管理者吗?只有大公司才有管理者吗?

事实上,几乎所有的组织都有管理者。一般认为,**所谓管理者是指执行管理工作的人,是管理的主体**,他们通过协调其他人的活动达到与别人一起或者通过别人实现组织目标。依据工作内容,我们可将组织内的成员分为两类:作业人员与管理者。作业人员指直接从事工作或任务,并不负有协调其他人工作责任的个人。例如,纺织工厂中第一线的作业人员、在快餐店接受点餐和实际制作餐点的人员,或是派出所里处理群众投诉案件的办事人员等。管理者则是指在组织中负责分派、指挥与协调他人工作的个人。换言之,管理者一定有下属,并且对其直接下属的工作成败负责,而作业人员则只需做好自己分内的工作。

管理要素是指管理者为达成预期目的所发挥管理职能于其上的管理对象。它是管理的客体。管理的基本要素有多种分类方法。近年来,最为常见的一种是"七要素法",即"7M":(1)人员(Man)——工作评价、人事管理、人力开发、组织发展、组织模式;(2)资金(Money)——财务管理、预算控制、成本控制、成本效益分析;(3)方法(Methods)——生产计划与控制、质量管理、作业研究和分析;(4)机器(Machine)——工厂布置、工艺装备、自动化;(5)物料(Material)——物料采购、运输、储存、验收、保管等;(6)市场(Market)——市场需求预测、市场导向分析以及价格和销售策略制定等;(7)士气(Morale)——领导、人群关系、公共关系、工作效率等。

作为管理者,可以既是管理的主体,又是管理的客体。当他管理人的时候,他是管理的主体;当他被人管理的时候,他是管理的客体。

二、管理者的类型

根据在组织中承担的责任和权力的不同,一般可将管理者分为高层管理者、中层管理者与基层管理者。对于某一特定的管理者而言,计划、组织、领导和控制这四大管理基本职能的相对重要性取决于他(或她)在管理层级中的位置。如图1-4所示。

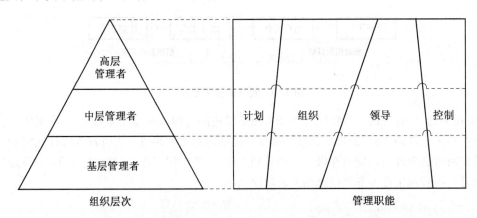

图1-4 不同层次管理者在四种管理职能上所花的相对时间

基层管理者负责直接指挥作业人员的日常作业,如工厂中的领班、组长,商场中的主管,学校中的室主任、科长等。**中层管理者**则介于基层管理者与高层管理者之间,如工厂中的车间主任、商场中的部门经理、学校中的处长、系主任等,其工作主要是管理其他管理者,并负责将高层管理者所制定的目标转换成其他较低层管理者可以执行的具体目标。**高层管理者**则位居组织的最高层次,主要负责确立组织的目标以及影响全体组织成员的重大决策。高层管理者对组织的成败负有根本的责任,如工厂中的厂长、商场的总经理、学校中的校长或董事长等。

管理者都要履行计划、组织、领导和控制基本职能,但不同层次的管理者工作的侧重点和花在各项职能上的时间并不相同。管理者在管理层级中所处的位置越高,花在计划和组织资源以保持并提高组织绩效上面的时间就越多,因为这两个职能对组织的长远绩效起着至关重要的作用。管理者在管理层级中所处的位置越低,花在领导下属上的时间就越多,因为他们关心的是具体任务的完成,每天直接领导下属,布置任务,协调下属的行为,保证计划的履行。

按其所从事管理工作的领域宽度及专业性质的不同,可以把管理者划分为综合管理者和职能管理者两种类型。这两种类型的管理者的区别如图1-5所示。

职能管理者是指仅仅负责组织职能中某一项职能活动的管理者。例如,生产经理只对组织的生产活动负责,销售经理只对组织的销售活动负责。职能管理者的下属人员从事相同性质的各种业务活动。例如,会计主管的下属人员分工处理记账、支票、工资、成本核算、审计等各种会计活动。**综合管理者**是负责组织的全部或几项职能活动的管理者。总经理属于综合管理者,因为他负责公司的全面经营活动。事业部经理与项目经理也属于综合管理者,因为事业部经理负责事业部内部各项职能活动的协调,项目经理需要协调来自几个职能部门的人员的活动。

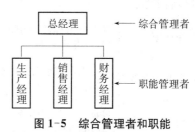

图1-5 综合管理者和职能管理者的区别

1.4.2 管理者角色

所谓的管理者角色是指特定的管理行为类型。著名管理学家亨利·明茨伯格(Henry Mintzberg)依据实际密切地观察一群管理者的日常活动,认为管理者做什么可以通过考察管理者在工作中所扮演的角色来描述,并提出了一个分类架构,来界定管理者的行为和其角色。明茨伯格认为,管理者实际上在扮演10种不同但却高度相关的角色,如表1-2所示。这10种角色可以分为三大类:人际关系角色、信息传递角色以及决策制定角色。

表1-2 明茨伯格的管理角色理论

角色	描述	特征活动
人际关系角色		
1. 挂名首脑	象征性首脑;必须履行许多法律性或社会性的例行义务	迎接来访者;签署法律文件
2. 领导者	负责激励下属;负责人员配备、培训以及有关的职责	实际上从事所有的有下级参与的活动
3. 联络者	维护自行发展起来的外部关系和消息来源,从中得到帮助和信息	发感谢信;从事外部委员会的工作;从事其他有外部人员参加的活动
信息传递角色		
4. 监听者	寻求获取各种内部和外部的信息,以便透彻地理解组织与环境	阅读期刊和报告;与有关人员保持私人接触
5. 传播者	将从外部人员和下属那里获取的信息传递给组织的其他成员	举行信息交流会;用打电话的方式传达信息
6. 发言人	向外界发布组织的计划、政策、行动、结果等	召开董事会;向媒体发布信息

(续表)

角　　色	描　　述	特　征　活　动
决策制定角色		
7. 企业家	寻求组织和环境中的机会，制定"改进方案"以发起变革	组织战略制定和检查会议，以开发新项目
8. 混乱驾驭者	当组织面临重大的、意外的混乱时，负责采取纠正行动	组织应对混乱和危机的战略制定和检查会议
9. 资源分配者	负责分配组织的各种资源，并制定和批准所有有关的组织决策	调度、授权、开展预算活动，安排下级的工作
10. 谈判者	作为组织的代表参加重要的谈判	参加与工会的合同谈判

资料来源：斯蒂芬·罗宾斯著.管理学.中国人民大学出版社,2004年.第10页.

一、人际关系角色

管理者因是组织的代表性人物，常常需要执行某些具有礼仪性和象征性的任务。例如，代表组织参加典礼并致词，或是以组织领导者的身份参加宴会，或接待和欢迎来宾等。这时，管理者扮演的是一个挂名首脑角色。

管理者也常被要求扮演领导者角色，而这个角色包括了聘用、训练和激励员工及人员配备等。例如，管理者必须正式或非正式地指导下属如何执行其工作，并考虑如何影响与带领下属努力达成组织的目标。

在人际关系角色中，第三个角色即是联络者。联络者是指管理者扮演与外界个人或机构之间联络与协调的角色。明茨伯格将这个活动描述为联络外界消息来源，以取得对管理者有用的信息。这些外界的个人或机构包括顾客、供应商、政府机构，以及大众媒体等。

二、信息传递角色

所有管理者或多或少都会由外界的组织或机构获得一些信息，而执行获取信息的活动便是信息传递角色的内容。信息传递角色包括监听者、传播者与发言人。

监听者的角色是指管理者通过广泛的信息搜寻，获知组织与其工作相关信息的最新发展。其取得信息的途径通常包括阅读报章杂志、相关报告，以及与他人的沟通交谈。管理者再通过扮演传播者的角色，将信息传播给组织内的其他成员。

此外，由于管理者对外代表组织，所以有时他们也扮演发言人的角色。通过发言人的角色，管理者将组织内的信息传达给组织外部的个人或机构。就某种程度来看，发言人与挂名首脑的角色非常相似，然而，这两者还是有根本上的不同。当管理者扮演挂名首脑角色时，大家对管理者感兴趣的是："他是组织的代表性象征"；一旦转换为发言人的角色，则强调信息与沟通的内涵。

三、决策制定角色

决策可以说是管理者工作的基本内容，管理者每天的工作就包含了一系列的决策。决策制定角色包含企业家(创业者)、混乱驾驭者(困扰处理者)、资源分配者与谈判者。

当管理者作为一个企业家时，管理者会企图引发并掌控足以改进组织绩效的变革。这些变革往往会脱离日常的例行决策，并企图开发新的机会或展开新的计划。借助企业家的角色，管理者可将组织带领到一个新境界。

作为一个混乱驾驭者,管理者扮演裁判、问题解决者与调停者的角色。当组织面临重大的、意外的混乱时,采取某些修正行动以应付先前未预见的问题,避免某些问题恶化成较大的问题。

由于组织的资源有限,面对组织成员对资源的超额需求,管理者必须扮演资源分配者的角色。管理者负责分配人力、物力,以及金钱方面的资源。调度、授权、开展预算活动,安排下级的工作。

在组织必须与其他组织商谈并谈判以争取本身组织的利益时,管理者便以组织代表的身份和其他组织进行谈判,例如与经销体系之间的合作契约谈判。此时,管理者扮演着谈判者的角色。

由于管理者所扮演的角色有共通性,并且能够加以分类。因此,不管是哪一种层级的管理者,他们都会扮演相同的管理者角色。不过,不同类型的管理者,其所侧重的管理角色却有所不同。例如,挂名首脑、信息传播者、谈判者、联络者,以及发言人的角色更多地体现在高层管理者身上。然而,领导者的角色相对基层管理者而言则显然更加重要。

李嘉诚的自我管理

在我看来,要成为好的管理者,首要任务是自我管理,在变化万千的世界中发现自己是谁,了解自己要成为什么模样,建立个人尊严。

自我管理是一种静态管理。人生不同的阶段中,要经常反思自问,我有什么心愿?我有宏伟的梦想,但我懂不懂什么是有节制的热情?我有与命运拼搏的决心,但我有没有面对恐惧的勇气?我有信心、有机会,但有没有智慧?我自信能力过人,但有没有面对顺境、逆境都可以恰如其分行事的心力?

14岁,当我还是个穷小子的时候,我对自己的管理方法很简单:我必须赚取足够一家人存活的费用。我知道没有知识就改变不了命运,没有本钱更不能好高骛远,我还经常会记起祖母的感叹:"阿诚,我们什么时候能像潮州城中某某人那么富有?"

我可不想象希腊神话中伊卡罗斯一样,凭借蜡做的翅膀翱翔最终悲惨地坠下。于是我一方面紧守角色,虽然当时只是小工,但我坚持把每样交托给我的事做得妥当、出色;一方面绝不浪费时间,把省下来的每一分钱都用来购买实用的旧书籍。

22岁成立公司以后,我知道仅凭忍耐、任劳任怨已经不够,成功也许没有既定的方程式,失败的因子却显而易见,建立减低失败几率的架构,才是步向成功的快捷方式。知识需要和意志结合,静态管理自我的方法要伸延至动态管理,理性的力量加上理智的力量,问题的核心在于如何避免让聪明的组织干愚蠢的事。

灵活的制度要以实事求是、能自我修正的机制为基础。我指的不单纯是会计系统,而且是在张力中释放动力,在信任、时间、能力等范畴内建立不呆板、能随机应变的制度。

1.4.3 管理技能

根据罗伯特·卡茨(Robert L. Katz)的研究,管理者需要三种基本技能或者素质,它们分别是技术技能、人际技能和概念技能。

技术技能是指熟悉和精通某种特定专业领域的知识,诸如工程、计算机科学、财务、会计或者制造等。对于基层管理者来说,这些技能是重要的,因为他们要直接处理员工所从事的工作。

人际技能是指管理者在部门内以团队成员的身份有效率地工作的能力,以及使部门内成员相互合作的能力。具有良好人际技能的管理者能够使员工做出最大的努力。他们知道如何与员工沟通,如何激励、引导和鼓舞员工的热情和信心,这些技能对于各个层次的管理者来说都是必备的。

概念技能是指管理者对复杂情况进行抽象和概念化的技能。运用这种技能,管理者必须能够将组织看作一个整体,理解各部分之间的关系,想象组织如何适应它所处的广泛的环境。尤其对于高层管理者来说,这种技能是非常重要的。图1-6表示了三种技能与管理层次之间的关系。

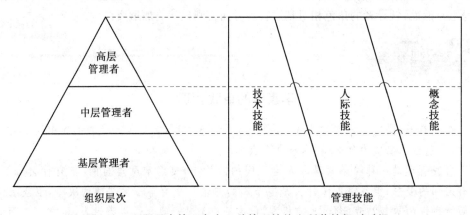

图 1-6 不同层次管理者在三种管理技能上所花的相对时间

1.5 全球化和互联化环境下对管理的挑战

组织是一个开放的系统,组织与所处的环境发生着持续的相互作用。不同的和变化的环境要求管理者采用不同的管理方式,不存在简单的和普遍适用的管理原则。

21世纪是一个快速剧变的时代,人类世界的变化从来没有像今天这样快,因特网的发展将世界各地的人和公司有效地联系起来,个人和公司之间的交易越来越通过电子商务进行,在计算机和信息技术的强烈驱动下,许多公司都已加入国际化进程中,全球化的快速发展给组织管理带来了新的挑战。

今天,不能了解和适应全球环境变化的管理者会发现自己是逆潮流而动的,他们的组织很可能失掉竞争力,并由此衰落下去。全球化环境给组织带来的挑战主要体现在四个方面:建立竞争优势,维护道德规范,管理多样性的员工队伍,以及利用信息技术和互联网。

一、建立竞争优势

竞争优势是一个组织因为能够比竞争者更有效率、更有效益地生产或提供社会需要的产品或服务,从而在绩效上胜出对手的能力。竞争优势的四个组成部分就是卓越的效率、质量、速度、灵活性和创新,还有对顾客的回应,如图1-7所示。

1. 提高效率

凡能在生产产品或提供服务上减少资源(如劳动力和原材料)的消耗,组织就可以提高其效率。在当今竞争的环境中,组织一直在寻找有效利用资源的新方法。许多组织对员工进行新技能、新技术的培训,以使他们能够适应高度计算机化生产现场的工作需要。跨岗位培训有助于员工获得完成多种任务的技能,而自我管理团队等协同工作的新办法则可使员工更好地发挥其技能。诸如此类,都是提高生产率的重要措施。

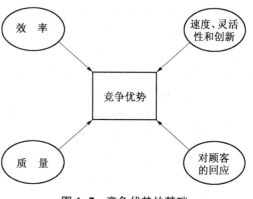

图1-7 竞争优势的基础

2. 提高质量

许多组织将为市场不断提供优质产品和服务作为企业的生命线来抓。19世纪60年代许多组织开始从日本学习和引进全面质量管理(TQM)。在全面质量管理活动中,员工被分到不同的质量控制小组中去,负责探寻有助于完成自身工作的新的、更好的方法,并对自己生产的产品的质量加以监督和评价。今天许多组织学习ISO9000质量管理标准,建立和完善质量保证体系,并将其作为建立组织竞争优势的重要方面。

3. 提高速度、灵活性和创新

今天,公司能否在竞争中胜出取决于它们的速度和灵活性,即及时地改进或调整应对竞争者行动的工作方法。拥有快速反应能力和灵活性的公司便是机敏的竞争者,其管理者具有良好的计划和组织能力,能够谋划在先,然后迅速集中有关资源对正在变化的环境作出反应。

创新,是指开发顾客需要的、新型或改进型的产品和服务的过程,或指开发更好的生产产品或提供产品和服务方法的过程。管理者必须创造出一个鼓励员工创新的组织环境。一般而言,小规模的群体和团队容易推出创新成果。管理层要分权给团队成员,让他们对自己的工作活动负起责来,并创建一种鼓励创新的组织文化。管理上最难办的任务就是了解并管理创新,以及创造出鼓励创新的工作环境。

4. 加大对顾客的回应力度

组织是以自己的产品和服务去争取顾客的,因此,对所有的组织(尤其是服务型组织)来说,至关重要的就是对员工进行培训,使他们对顾客的需要作出快速和有效的回应。例如,零售商店、银行和医院就是完全依靠员工在合理收费的基础上为顾客提供高质量服务的。随着许多国家(美国、加拿大、英国等)进入以服务业为基础的经济发展阶段,服务业中对员工行为的管理越来越重要。许多组织授权给一线服务员工,以利于他们为顾客提供优质的服务。

二、维护伦理规范

在动用组织资源的过程中,所有层级的管理者都身受提高组织绩效水平的沉重压力。例如,高层管理者要受到来自股东方面的压力。股东当然希望整个组织的绩效水平高、股票价格上涨、利润收入情况良好,从而能够多分红。反过来,高层管理者可能对中层管理者施加压力,要他们找到利用组织资源的新方法,探索提高效率或质量的新途径,推出吸引新顾客和实现更多收入的新举措。

提高绩效的压力对于企业自身是有益的,这是因为压力可促使管理者进一步审视组织的工作方法,并激励管理者去发现新的更好的计划、组织、领导与控制的方法。然而,太大的压力也会产生负面效应,有可能导致管理者与组织内外的个人或群体打交道时做出不合乎道德规范的行为。例如,一家大型零售连锁公司的采购经理可能为了降低部分成本而买回一批不合格的商品。当管理者的行为不合乎道德规范时,某些个人或群体有可能获得短期的收益,但从长远来看,其所在组织以及有关人员都将为此付出代价。

三、管理多样性的员工队伍

管理者面对的另一个挑战就是:认识到以公正、平等的态度对待员工的必要性。年龄、性别、种族、宗教信仰、性别倾向和员工队伍的社会经济背景,都对管理者提出新的挑战。管理者必须制定出合法、公正且不歧视任何组织成员的雇用程序和办法。例如,为有效开发和利用多样性员工队伍的才能,就必须对包括女性和少数群体员工在内的所有员工提供平等的晋升机会。管理者也必须认识到,在一支多样性的员工队伍中蕴藏着有利于绩效提高的各种可能因素,比如说可有效利用的不同类别员工身上的技能和经验。

认识到多样性员工队伍价值的管理者不只是投资开发员工的技能和能力,还会把员工的表现与报酬挂起钩来。他们是善于提高组织长远绩效的管理者。今天,越来越多的组织认识到:人是组织中最为宝贵的资源,在全球竞争环境中开发和保护人力资源是一个重大的挑战。

四、利用信息技术和互联网

计算机控制和信息系统领域的新技术在组织管理中的应用,提升了管理的效率和水平,方便了组织与组织之间以及人员之间的沟通。例如,在自我管理团队中先进的计算机信息系统把团队成员的活动连接起来,每个团队成员都可知道其他成员正在做些什么。这种协调功能有助于提高工作质量和加快创新的步伐。大数据技术、云计算与互联网的进一步融合,将实现从原先金字塔的管理模式向信息扁平化管理模式的质的转变,大数据分析和应用还将带来管理决策的进一步科学化和决策主体大众化。

以互联网和物联网为代表的信息通信技术也催生了新的制造范式——工业4.0。工业4.0是企业以信息化驱动,利用信息技术实现灵活应对市场需求的战略方针,消除工业控制与传统信息管理技术之间的距离,建设智能工厂并进行标准化、自动化的智能生产。工业4.0还将带来了一体化的供应链,智能化的物流系统。工业4.0使企业战略更加灵活;工业4.0加速响应消费者个性化需求;工业4.0使得组织中人力资源管理更加人性,组织结构更加扁平化。国内企业中海尔、伊利、东软医疗、三一重工、雷柏科技等企业都已经开始探索实施工业4.0战略。

袋鼠和笼子

一天动物园管理员发现袋鼠从笼子里跑出来了,于是开会讨论,一致认为是笼子的高度过低,所以他们决定将笼子的高度由原来的10米加高到20米。结果第二天他们发现袋鼠还是跑到外面来,所以他们又决定再将高度加高到30米。没想到隔天居然又看到袋鼠全跑到外面,于是管理员们大为紧张,决定一不做二不休,将笼子的高度加高到100米。一天长颈鹿和几只袋鼠们在闲聊,"你们看,这些人会不会再继续加高你们的笼子?"长颈鹿问。"很难说,"袋鼠说:"如果他们再继续忘记关门的话!"

管理心得:事有"本末""轻重""缓急",关门是本,加高笼子是末,舍本而逐末,当然就不得要领了。管理是什么?管理就是先分析事情的主要矛盾和次要矛盾,认清事情的"本末""轻重""缓急",然后从重要的方面下手。

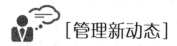

阿米巴经营模式

1959年,稻盛和夫在几位朋友的好心帮助下成立了京瓷公司,而且在1984年成立了第二电信公司KDDI。这两家公司一直保持了高收益,取得了持续发展,其原因就在于采取了基于牢固的经营哲学和精细的部门独立核算管理,被称为"阿米巴经营"的经营手法。

"阿米巴"(Amoeba)在拉丁语中是单个原生体的意思,属原生动物变形虫科,虫体赤裸而柔软,其身体可以向各个方向伸出伪足,使形体变化不定,故而得名"变形虫"。变形虫最大的特性是能够随外界环境的变化而变化,不断地进行自我调整来适应所面临的生存环境。这种生物由于其极强的适应能力,在地球上存在了几十亿年,是地球上最古老、最具生命力和延续性的生物体。

在阿米巴经营方式下,企业组织也可以随着外部环境变化而不断"变形",调整到最佳状态,即能适应市场变化的灵活组织。京瓷公司经历了4次全球性的经济危机都屹立不倒,并且还得到了持续发展。在20世纪90年代末期,亚洲金融风暴过后,日本很多大公司都出现问题,原本名不见经传的京瓷公司成为东京证券交易所市值最高的公司。专家学者们纷纷开始研究京瓷公司,后来发现京瓷的经营方式与"阿米巴虫"的群体行为方式非常类似,于是得名"阿米巴经营"。

问题追踪

阿米巴经营模式的优势和难点?

本章小结

1. 管理是在特定的环境下,通过计划、组织、领导和控制等职能活动,协调以人为中心的组织资源,以有效的方式实现组织目标的过程。

2. 学习管理的重要性和必要性体现在四个方面:管理的普遍需要性、管理对社会发展的重要性、管理对自身发展的必要性、管理源于实践但高于实践。

3. 学习管理,必须了解管理学的特点,并采用合适的学习方法。第一,管理学是一门综合性的科学,学习者要博览群书;第二,管理学是一门实践性很强的应用科学,学习者要勤于实践;第三,管理学是一门发展中的科学,学习者要勤于思考,不断创新。

4. 管理具有动态性、科学性、艺术性、创造性和经济性这五个特性。管理的基本职能有计划、组织、领导和控制。

5. 管理人员按所处的管理层次可区分为高层管理人员、中层管理人员和基础管理人员。管理人员按其所从事管理工作的领域宽度及专业性质的不同,可划分为综合管理人员和专业管理人员。

6. 管理者的工作可以概括为10种角色:(1)挂名首脑;(2)领导者;(3)联络者;(4)监听者;(5)传播者;(6)发言人;(7)企业家;(8)混乱驾驭者;(9)资源分配者;(10)谈判者。作为一名管理人员,应该具备的管理技能包括技术技能、人际技能和概念技能三个方面。

7. 全球化、互联化环境给组织带来的挑战主要体现在四个方面:建立竞争优势、维护道德规范、管理多样性的员工队伍以及利用信息技术和互联网。

[问题与讨论]

1. 什么是管理?你怎样理解管理的含义?你的任课教师是管理者吗?请从管理的职能和管理者的角色来讨论这个问题。
2. 为什么要学习管理?如何学习管理?
3. 管理的三项基本技能是什么?解释不同管理层次对所需技能的侧重面。
4. 效率和效果的区别是什么?对绩效而言,效率和效果何者更重要?一个组织在这两方面能否同步取得成功?
5. 假设你从推销员提升为销售部经理,请问你将如何完成自己的角色转换以适应新的岗位?
6. 试讨论"管理既是一门科学,又是一门艺术",并举例说明。

[实战练习]

访问组织及管理者

目的: 通过访问某一个组织中的一位管理者,培养学生关注管理者和学习管理学的兴趣,以及参加社会实践活动的主动性、积极性。

内容: ① 要求学生了解该组织的基本业务和管理特点。
② 向管理者了解他(她)对管理的认识。
③ 向管理者了解他(她)的职位、岗位职责,分析胜任该职务所需的管理技能。
④ 按时间顺序记录该管理者在一周内的主要工作内容和活动,按照管理角色对管理者的工作活动进行分类,并对分类结果进行比较,看看有什么启示。
⑤ 总结对这次访谈活动的体会。

要求: 每位学生或每组学生写出访谈报告,并在规定的期限内完成,交给教师批阅,开展一次小组或全班交流。

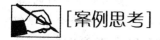

案例一 中国成功企业家——马云

一、成长经历

1. 求学时期

马云,1964年10月15日出生于杭州,祖籍浙江嵊州谷来镇。1982年,当18岁的马云参加高考的时候,他经历了第一次高考落榜;1983年,马云再次参加高考,再次落榜;直到1984年,第三次高考,终于被杭州师范学院以专科生录取。

2. 第一份工作

1988年,马云从杭州师范学院外语系英语专业毕业后去了杭州电子工学院,任英文及国际贸易讲师。马云很快成为杭州优秀青年教师,发起西湖边第一个英语角,开始在杭州翻译界有名气。

因此,很多人来请马云做翻译,于是他于1992年成立海博翻译社,请退休老师做翻译。海博翻译社第一个月全部收入700元,房租2000元。为生存下去,马云背着大麻袋到义乌、广州去进货,海博翻译社开始卖鲜花,卖礼品。

1994年海博翻译社营收持平,1995年开始赚钱。海博翻译社赚钱之后,马云就没再管它。

3. 开始创业

1994年年底,马云首次听说互联网。1995年年初,他偶然去美国,首次接触到互联网。对电脑一窍不通的马云,在朋友的帮助和介绍下开始认识互联网。

1995年4月,马云和妻子以及一个朋友,凑了2万元钱,专门给企业做主页的杭州海博网络公司就这样开张了,网站取名"中国黄页",成为中国最早的互联网公司之一,不到三年时间,公司赚到了500万元。

1997年,马云和他的团队在北京开发了外经贸部官方网站、网上中国商品交易市场、网上中国技术出口交易会、中国招商网、网上广交会和中国外经贸等一系列国家级网站。

4. 再度创业

1999年3月,马云正式辞去公职,和他的团队回到杭州,以50万元人民币开始了新一轮的创业,开发阿里巴巴网站。他们意识到互联网产业界应重视和优先发展企业与企业间的电子商务(B2B),而这种模式被称为"互联网的第四模式"。

1999年10月和2000年1月,阿里巴巴两次共获得国际风险投资2500万美元投入,马云以"东方的智慧,西方的运作,全球的大市场"的经营管理理念,迅速招揽国际人才,全力开拓国际市场,同时培育国内电子商务市场,为中国企业尤其是中小企业迎接"入世"挑战构建一个完善的电子商务平台。

阿里巴巴网站持续为中国优秀的出口型生产企业提供在全球市场的"中国供应商,专业推广服务",帮助企业获取更多更有价值的国际订单,并两次被美国权威财经杂志《福布斯》选为全球最佳B2B站点之一。

马云为完善整个电子商务体系,自2003年开始,先后创办了阿里巴巴、淘宝网、支付宝、阿里妈妈、天猫、一淘网、阿里云等国内电子商务知名品牌,马云也历任多家公司的重要角色,其中包括阿里巴巴集团董事局主席、软银集团董事、中国雅虎董事局主席、亚太经济合作组织(APEC)工商咨询委员会(ABAC)会员、杭州师范大学阿里巴巴商学院院长、华谊兄弟传媒集团董事、TNC(大自然保护协会)全球董事会董事、海博翻译社社长和全球生命科学突破奖基金会理事等职务。

马云创业的成功,阿里巴巴集团的成功,使马云多次获邀到全球著名高等学府讲学,当中包括宾夕法尼亚大学的沃顿商学院、麻省理工学院、哈佛大学、北京大学等。

5. 卸任CEO

2013年1月15日,阿里巴巴集团董事局主席兼CEO马云向员工发出信件,宣布于2013年5月10日起不再担任阿里巴巴集团CEO一职,将全力以赴做好阿里巴巴集团董事局主席工作。

2013年3月11日,阿里巴巴宣布陆兆禧接替马云,出任阿里巴巴集团CEO。马表示在接下来的几年内,将主要负责阿里巴巴董事局的战略决策,协助CEO做好组织文化和人才的培养,并将会和大家一起加强和完善阿里巴巴的公益事业。

2013年5月10日晚,杭州黄龙体育中心,包括阿里巴巴集团在内的,来自全球的2.4万名员工,1万多名阿里巴巴集团合作伙伴以及来自全球的媒体,出席淘宝10周年庆典暨马云辞去阿里巴巴集团首席执行官的卸任晚会。马云做了自己身为阿里巴巴CEO的最后一次演讲。

6. 任职菜鸟网络

2013年5月28日,阿里巴巴集团联合银泰集团、复星集团、富春集团,以及顺丰、中通、圆通、申通、韵达等多家民营快递企业,在深圳联合成立菜鸟网络科技有限公司,并同时启动中国智能骨干网(简称CSN,阿里巴巴内部称为物流地网)的项目建设,马云卸任阿里巴巴集团CEO职位后,再度出山组建物流网络平台并担任菜鸟网络科技有限公司的董事长。

7. 大数据布局

2014年是大数据火热的一年,马云在2014年4月3日花33亿元收购恒生,这次马云又在布一个很大的局,他也开始向大数据领域发力了。

二、成为首富

2014年8月28日,根据彭博亿万富豪指数显示,50岁的阿里巴巴集团创始人兼董事局主席马云已经拥有净资产218亿美元,成为中国首富。

2014年9月19日阿里巴巴集团成功登陆纽交所,这实际是第二次上市,并且开盘报以92.7美元,较68美元的发行价上涨36.3%,阿里巴巴集团市值达到2383.32亿美元。

2014年50岁的马云及其家族以1500亿元的财富首次问鼎胡润百富榜中国首富,马云成为胡润百富榜成立16年以来第11位中国首富。

三、管理举措

1. 引入事业部管理体制

对以通用电气公司等为代表的事业部制组织结构的推崇,使马云对公司内部的管理体制进行了不断的实践调整,先将原淘宝网拆分为淘宝网、天猫及一淘网三家独立的公司,后又将三个独立公司调整至7大事业群,最后又拆分至25个事业部,马云提出的事业群概念所表达出的凝聚力,对阿里巴巴整体结构的发展产生了很大的影响。

2. 启动高层轮岗制度

为加强集团各业务协同、组织打通和人才流动能力,马云自2012年3月开始,对全集团22

名中高层管理干部实行轮岗行动,而这被看作是马云在中国电商业"帝国"内部一场史无前例的"大调防"。

马云很早就在阿里巴巴集团内部建立起了高管轮岗制度。这样做一方面是希望好好地实现岗能匹配,更好地加强集团内部的岗位之间互相协同;另一方面希望通过更换岗位激发员工更多潜力。

3. 培养接班人,推动集团重组

在与稻盛和夫交谈时,马云曾表示:"一个人不为未来做准备,就很难做好今天,为自己负责才能为别人负责。"

马云一直在推进集团的高管培训计划。2008年,马云在集团内部启动了干部轮休学习计划,还曾多次安排集团公司管理层员工在海内外著名的商学院进行短期或者长期的培训和学习,在经营之余,马云更着眼于干部制度的建立、干部的成长以及企业文化的发展和传承。

4. 推行传统文化哲学

马云热爱武侠文化,曾表示"虚拟的世界让我插上了想象思维的翅膀"。马云也把对金庸武侠小说中武侠英雄的痴迷,延伸到了公司文化层面:他要求阿里巴巴每个员工都要有个"花名",要出自武侠或玄幻小说中的正面角色;阿里巴巴的五大业务也被称为"达摩五指";马云的办公室叫"桃花岛",会议室叫"光明顶",洗手间叫"听雨轩",等等。

马云还热衷太极拳,并从太极文化中悟出了许多企业经营思路。马云认为:"阴和阳,物极必反,什么时候该收,什么时候该放,什么时候该化,什么时候该聚,这些东西跟企业管理是一模一样的。"

四、社会评价

35岁创立阿里巴巴,49岁辞任CEO,作为中国互联网领袖级人物,马云的阿里巴巴和马云本人都对中国互联网产生了重大的影响,而马云在建立董事会制度、培养接班人和权力控制、分配等方面独特的管理思维,为互联网行业甚至商业领域提供了重要的参照范本。虽然马云也遭到转移支付宝股权及阿里巴巴"欺诈门"等事件的负面影响,但丝毫未影响其坚定的商业信念。

温家宝曾评价马云是一个有理想的人,拥有一个不屈的灵魂。而两次荣获中国经济年度人物的马云通过网上平台,创造了一千万个创业机会,每天有超过一亿人登录消费,而且帮助许多亚洲企业走上全球化之路。

2013年10月,全国工商联60华诞之际,为彰显民营经济及民营企业家的民族成就与国家贡献,《中国工商》杂志、华商韬略编辑委员会、中华工商联合出版社联合发起《民营力量璀璨中国梦想——100位对民族产业贡献卓著的民营功勋企业家》荣誉报道活动,马云作为互联网产业的旗帜人物,获"对民族产业贡献卓著的民营功勋企业家"荣誉。2014年3月20日,美国著名财经杂志《财富》公布了"全球50位最伟大领袖"排名,中国阿里巴巴集团执行董事长马云排在第16位。

▲ 思考题

1. 你认为马云是一名优秀的管理者吗?
2. 从马云的成长经历中,你得到怎样的启示?

资料来源:百度文库。

案例二 高效能人士的七个习惯

《高效能人士的七种习惯》(The Seven Habits of Highly Effective People)是史蒂芬·柯维最著名的一本著作。自1989年问世至今,曾高居美国畅销书排行榜,在全球70个国家,以28种语言发行,总销量超过了1亿册。它在美国成年人中极具影响力,号称是"美国公司员工人手一册的书,美国政府机关公务员人手一册的书,美国官兵人手一册的书"。甚至当俄文版《高效能人士的七种习惯》在莫斯科上市时,连总统普京也向俄罗斯公民大力推荐阅读这本书,他对媒体不无感慨地说,俄罗斯应该出现这样伟大的思想家。

总括来说,柯维所说的"高效能人士的七种习惯"表现为:

习惯一:积极主动

积极主动即采取主动,为自己过去、现在和未来的行为负责,并依据原则和价值观,而不是根据情绪和外在环境来下决定。主动积极的人是变革的催生剂,他们放弃被动的受害者的角色,不自卑,不怨怼,发扬人类四项独特的禀赋,即自知、良知、想象力和自主意志,积极主动,以由内而外的方式来创造改变。

习惯二:以终为始

所有事物都经过两次创造,先是在脑海里酝酿,其次才是实质的创造。个人、家庭、团队和组织在做任何计划时,均先拟出愿景和目标,并据此塑造未来,全心专注于自己最重视的原则、价值观、关系及目标之上。领导工作的核心就是在共有的使命、愿景和价值观的基础之上,创造出一种文化。

习惯三:要事第一

要事即实质的创造,是梦想(你的目标、愿景、价值观及要事处理顺序)的组织和时间。次要的事不必摆在第一,要事也不能放在第二。无论迫切性如何,个人及组织均针对要事而来,重点是把要事放在第一顺位。

习惯四:双赢思维

双赢思维是一种基于互敬、寻求互惠的思考框架与心意,目的是争取更丰盛的机会、财富及资源,而不是你死我活的敌对竞争。双赢既非损人利己(赢输),亦非损己利人(输赢)。工作伙伴或家庭成员则更要从互赖式的角度来思考问题。双赢思维鼓励我们解决问题的同时,还要求协助对方找到互惠的解决方法,是一种资讯、力量、认可及报酬的分享。

习惯五:知彼知己

当我们舍弃焦躁心,改以同情心去聆听别人,便能开启真正的沟通,增进彼此的了解。对方获得了解后,会觉得受到尊重和认可,进而卸下心防,坦诚面对,双方相互的了解也就更加顺畅自然。彼此需要仁慈心;知己需要勇气,能平衡,则可大幅提升沟通的效率。

习惯六:统合综效

统合综效谈的是创造第三种选择,既非按照我的方式,亦非遵循你的方式,而是采取远胜过个人之见的第三种方案。这是互相尊重的成果——不但是彼此理解,甚至是称许、欣赏对方解决问题及掌握机会的智慧。个人的力量是团队和家庭统合综效的基础,能使整体获得1+1>2的成效。

习惯七：不断更新

不断更新谈的是，如何在五个生活面向（生理、社会、情感、心智及心灵）中，不断更新自己，这个习惯提升了其他六个习惯的实施效率。对个人及组织而言，不断地更新及不断地改善，使之不致呈现老化及疲态，并迈向新的成长路径。

▲ **思考题**

1. 你如何理解史蒂芬·柯维的《高效能人士的七个习惯》书中的七个习惯？
2. 该本书带给你怎样的收获？

资料来源：史蒂芬·柯维著.高效能人士的七种习惯.中国青年出版社,2015年.

[阅读书目]

1. 斯蒂芬·罗宾斯著,刘刚等译.管理学(第13版).中国人民大学出版社,2017年
2. 黄锐、高颖主编.管理是什么.中国经济出版社,2004年
3. 彼得·德鲁克著,齐若兰译.管理的实践.机械工业出版社,2009年

第二章

DI ER ZHANG

管理思想与理论的演进

- 中外早期管理思想
- 科学管理的兴起
- 行为科学的产生
- 管理理论丛林
- 现代管理理论的新发展
- 管理新动态
- 问题与讨论
- 实战练习
- 案例思考

  案例一　打造指数型企业

  案例二　阿里巴巴的合伙人制度
- 阅读书目

第二章　管理思想与理论的演进

■ **学习目标** ■

学完本章,你应该能够:
1. 认识中外早期的管理思想。
2. 认识西方管理思想演进的主要历程。
3. 掌握科学管理阶段的代表人物及其主要思想。
4. 掌握行为科学阶段的代表人物及其主要思想。
5. 熟悉"管理理论丛林"阶段的主要学派。
6. 认识现代管理理论发展的新思潮。

■ **关键概念** ■

科学管理　　组织管理　　经营与管理　　学习型组织　　心智模式　　企业再造　　知识管理

游戏引导

巧 解 绳 结

游戏方法:
1. 教师准备若干根两端有绳套、长为1.3米的绳子作为游戏用具,将授课班级分为2—4人一组。
2. 教师发给参加游戏的每位学生一条两端有绳套的绳子。
3. 一位学生将手中的绳子与另一位学生手中的绳子交叉。
4. 每位学生分别将两端的绳套套在自己两只手的手腕上。
5. 要求在不解开并且手不脱离绳套的情况下两人将交叉的绳子分开。

问题讨论:
① 当你接触到这个问题时,你的第一反应是什么?而后你采取了什么行动?
② 总结一下你解决问题的方法和步骤,你有什么体会?

随着人类管理实践的发展和日益成熟,管理理论经历了从产生、发展,到逐渐走向成熟的历程,而且对人类社会管理实践的指导作用日益突出,显示出巨大的生命力。本章主要通过对管理思想和理论演进的分析,追溯管理理论的形成和发展过程,帮助我们了解管理思想是如何发展而来的,并且把握管理理论的未来发展趋势。

2.1 中外早期管理思想

2.1.1 中国早期管理思想

中国是世界四大文明古国之一,有着光辉灿烂的民族文化,并在长期的社会实践中,形成了许多优秀的管理思想和管理实践。《论语》《道德经》《韩非子》《孙子兵法》等著作中的管理思想,备受世界各国管理学界的重视。中国万里长城、京杭大运河、都江堰等伟大工程是中国古代管理实践的典范。中国早期管理思想博大精深,其中对中国传统社会具有深远影响力的主要有儒家思想、道家思想、法家思想和兵家思想。

一、儒家思想

孔子是儒家思想的创始人,后经子思、孟子发展为一派,由荀子发展为另一派,并形成比较完备的理论体系。儒家思想有如下特点:(1) 以孔子为师,并把他的言行作为最高准则;(2) 以《诗》《书》《礼》《易》《乐》《春秋》为经典;(3) 提倡仁义,作为行为准则;(4) 维护君臣、父子、夫妇、兄弟等伦理关系。

孔子的伦理道德思想集中在对"仁"与"礼"的阐述。孔子认为,对于人的评价标准,应该是人的道德品质的高低,并不是他的政治地位的贵贱。他认为"仁"是最高的道德品质,具有这个道德品质的人称为"仁人"。

首先,孔子阐述了"仁"的基础,认为人必须有真性情,有真情实感。他说:"刚毅木讷近仁。"(《论语·子路》)又说:"巧言令色,鲜仁矣。"(《论语·学而》)"刚毅木讷"的人和"巧言令色"的人形成鲜明的对比。前者是凭着自己的真性情、真情实感做事的老实人;后者是做事说话讨别人喜欢的虚伪的人。因为"仁"是人的真性情的流露,所以只有"仁人"才能脱离派别的束缚而发现错误,能否有能力发现错误是衡量是否知道"仁"的标准。他说:"人之过也,各于其党,观过,斯知仁矣。"(《论语·里仁》)亲子之爱是一种真情实感,所以"樊迟问仁,子曰:'爱人'"。(《论语·颜渊》)

其次,孔子论述了达到"仁"的品质的方法。"仲弓问仁。子曰:'……己所不欲,勿施于人,……'"(《论语·颜渊》)"夫仁者己欲立而立人,己欲达而达人。"(《论语·雍也》)孔子论述了照如上方法所达到的品质去做,才是"仁"。

第三,孔子论述了"仁"与"礼"的关系。"礼"在孔子的理论中含义非常广泛,它包括社会组织、政治体制、社会秩序等上层建筑的内容。"颜渊问仁。子曰:'克己复礼为仁,一日克己复礼,天下归仁焉。'"(《论语·颜渊》)孔子有时候用"仁"规定礼,有时候用"礼"规定"仁",在他看来,一个完美的道德品质是"仁"与"礼"的统一。

孟子发展了孔子的伦理道德的相关理论,提出了人性向善的四端说,四端又称善端,就是仁、义、礼、智四种道德观念的开端。《孟子·公孙丑上》说:"恻隐之心,仁之端也;羞恶之心,义之端也;辞让之心,礼之端也;是非之心,智之端也。"孟子认为,这四端与生俱来,如同人有四肢一样,是天赋的;并认为人与禽兽的区别,就在于人有这四端。

唐代韩愈与宋代初期学者着重提倡子思、孟子学派,突出了《论语》《大学》《中庸》《孟子》在儒家典籍中的地位。宋代的理学家们把儒家思想推向了一个新的境界,开创了新儒学,即理学。理学探讨了本体论、心性论、认识论等问题,内容非常丰富,并蕴有丰富的管理学思想内容有待开发。

二、道家思想

道家思想的主要代表人物是老子,道家管理哲学的最高境界是"道"。"自然""无为"是"道"的根本属性。

"道"的本义是指人们所遵行的"道路"。"道"又可以借指一个国家、一个企业、一个人甚至整个宇宙系统等运行时"所遵循"的原则,可引申为人们为人处世所遵循的行为规范、行为准则、处事方法,是一种系统的组织范式、运行程序规则以及各种存在物的运动规律等。"道常无为而无不为"(《老子》)、"善利刀万物而不争"(《老子》),是指"道"作用于万物是一个自然而然的过程,不带任何强制性和干涉性,揭示了万物的运动变化不受超自然的意志的支配,而是按照其客观存在的规律运行。

"道法自然",是道家管理思想的哲学基础,认为管理也是一个客观发展的自然过程,要按照事物的"道",也就是要按照事物客观发展的自然法则进行。"道可道,非'道';名可名,非常'名'",就是指管理过程中存在内在客观规律,我们可以不断地认识这种客观规律,但不能掌握其全部,只能接近它,而不能到达它,并且事物是在不断发展和变化的,需要我们不断对其进行再认识。在老子看来,管理的最高手段是"道",其次是德,往下依次是仁、义、礼。由于老子认为"道"是"不可道"的,所以德、仁、义、礼仍然是管理中不可缺少的手段。

"无为而治",是道家管理思想的核心思想和最高境界,指管理者的管理行为应该效法道在化育万物中的一种无声无息的作为,即看似无为,实质上无所不为。老子认为,在管理领域,狡诈不如法治,法治不如德治,德治不如无为而治。"治大国,若烹小鲜"是对"无为"管理的形象概况。

道家采取"无为"的管理理念,试图以"无为"的理念而达到"无不为"的效果,其实质是要通过减少人的社会性,以恢复人的自然属性的方式,来到达最佳的管理目的。除此之外,道家还崇尚以弱胜强的管理策略。因为柔弱与刚强在一定条件下是可以相互转换的,柔弱可以转化为刚强,刚强也可以转化为柔弱,所以柔弱可以战胜刚强,在企业竞争中提倡韬光养晦的企业战略,还有以柔克刚、以守为攻、以屈求伸、以退为进等竞争谋略。

三、法家思想

法家思想的主要代表人物是韩非子,其著作《韩非子》是中国古代法家思想的集大成者,法家思想的核心是"以法治国",提倡"法""术""势"三者相结合的治国方略。

法家管理思想的人性假设前提是"人之初,性本恶",认为人的本性是贪欲和追逐利益的,人在追求利益的时候必然会失去礼法,失去常性;要改变人的不良习性,最好的办法是采取"法"治,认为"仁义不足以治天下""圣王者,不贵义而贵法",必须做到"法必明,令必行",以及"刑无等级""不失疏远,不违亲近"等。

此外,韩非子曾说"抱法处势则治,背法去势则乱"(《韩非子·难势》),提出要"法势合一",认为统治者必须同时兼备两种权威,即制订法的权威与实施法的权威,才能达到"抱法处势则治"的境界。在此基础上,韩非子进一步论述了"术"的概念,"人之大屋,非法则术也。……君无术则弊于上,臣无法则乱于下,此不可一无,皆帝王之具也"(《韩非子·定法》),也就是说,拥有势的统治者还要将法和术很好地结合起来。在法、势、术这三者中,法是中心,术和势是行使法的必要条件。

再者,法家提倡贤能并举的人事管理思想,"所举者必有贤,所用者必有能"(《韩非子·人主》)。"官贤者量其能,赋禄者称其功。"韩非认为,世人的天性既然都是趋利避害的,因此实行严格的赏罚制度是最有效的管理手段。他说:"闻古之善用人者必循天顺人而明赏罚。循天则用力寡而功立,顺人则刑罚省而令行,明赏罚则伯夷、盗跖不乱,如此则白黑分矣。"(《韩非子·外储说左下》)韩非子主张"尽国之才,尽人之智""力不敌众,智不尽物,与其用一人,不如用一国"。

四、兵家思想

兵家思想的主要代表人物是孙武,其著作《孙子兵法》是中国也是世界上最古老的军事理论著作,又称"世界第一兵书"。《孙子兵法》蕴含了丰富的管理思想,在中外历史上不仅为战将所喜爱,也为商战专家所推崇。

《孙子兵法》现存十三篇,即《计篇》《作战篇》《谋攻篇》《形篇》《势篇》《虚实篇》《军事篇》《九变篇》《行军篇》《地形篇》《九地篇》《火攻篇》《用间篇》。内容博大精深,揭示了战争的许多一般规律,具有朴素的唯物论和辩证法思想,蕴含着丰富的战略管理思想、竞争谋略和用人之道。

在第一《计篇》,主要论述研究和谋划战争的重要性,通过战略运筹和主观指导能力的分析,以求得对战争胜负的预见,提出了"五事""七计""兵者,诡道也""攻其无备,出其不意"等军事原则;在第二《作战篇》,主要论述物力、财力、人力与战争的关系,提出了"兵贵胜,不贵久"的速胜思想和"因粮于敌"的原则;在第三《谋攻篇》,主要论述"上兵伐谋"的"全胜"思想,揭示了"知彼知己,百战不殆"的著名军事规律;在第四《形篇》,主要论述战争必须具备客观物质力量,即军事实力,讲述"先为不可胜,以待敌之可胜";在第五《势篇》,主要论述在军事实力的基础上,如何正确实行作战指挥问题,通过灵活地变换战术和正确地使用兵力,造成锐不可当的有利态势;在第六《虚实篇》,主要论述作战指挥中要"避实击虚""攻其必救""因敌而制胜",具体讲述用"示形"欺骗敌人,调动敌人而不被敌人所调动;在第七《军事篇》,主要论述争取战场主动权的问题,提出了"兵以诈立,以利动,以分合为变""避其锐气,击其惰归"的军事原则;在第八《九变篇》,主要论述根据各种战场情况灵活运用军事原则的问题,提出了"必杂于利害""君命有所不受"的思想;在第九《行军篇》,主要论述行军、宿营和作战的组织指挥及利用地形地物、侦察判断敌情的问题;在第十《地形篇》,主要论述地形的种类与作战的关系及在不同地形条件下的行动原则,还提出了"视卒如爱子"的观点;在第十一《九地篇》,主要论述九种不同作战地区及其用兵原则,提出了"兵之情主速,乘人之不及,由不虞之道,攻其所不戒"的突然袭击的作战思想;在第十二《火攻篇》,主要论述火攻的种类、条件和实施方法;在第十三《用间篇》,从战略的高度论述了使用间谍的重要性及各种间谍的使用方法,提出先知敌情"不可取于鬼神""必取于人"的朴素唯物主义观点。

2.1.2 西方早期管理思想

在圣经中有这样一段话,摩西的岳父耶罗斯对他讲:"你这种做事的方式不对头,你会累垮的。你承担的事情太繁重,光靠你个人是完不成的。现在你听我说,我要给你一个建议……你应当从百姓中挑选出能干的人,封他们为千夫长、百夫长、五十夫长和十夫长,让他们审理百姓的各种案件。凡是大事呈报到你这里，所有的小事由他们去裁决，这样他们会替你分担许多容易处理的琐事，这是上帝的旨意，那么你就能在位长久，所有的百姓将安居乐业。"这里面就较为充分地体现了分权、授权、管理层次和管理权力划分的管理思想。建立于公元2世纪的罗马天主教会的组织结构中，教会的目标和教义规定得十分严格。教会的最高权威集中在罗马，权力的管理机构由社区教士、主教、大主教、枢机主教和教皇等组成，且在近两千年中，这种结构基本上没有变化。

在古埃及，人们建立了以法老为最高统治者的金字塔式的管理机构来管理国家。为了加强国家的行政管理，法老设立了宰相，由法老掌管宗教，社会事务交给宰相管理，这明显具有分权的含义。宰相是当时社会的指导者、组织者、协调者和决策者。在宰相下设有复杂的官僚机构，由它来衡量尼罗河水位上涨的情况；由它来预测农业收成和国家总收入，将这些收入分配给各政府部门，管理全国的工商业。从古埃及被挖掘的陪葬品中也可了解到，每一个监督者大约管理十名奴仆，实行了管理跨度"以十为限"的做法。监督者和奴仆的衣着，依据其身份和职业的不同，也有明显的差异。这体现的就是等级的概念。古埃及人凭借先进的国家行政管理体系、卓越的管理才能创造了金字塔、尼罗河水利工程等人间奇迹。

古罗马从一个小城市发展成为一个世界帝国，其统治延续了几个世纪。而罗马帝国的巩固主要依靠的是严格的体制与权力层次，以及与各军政机构之间的具体分工。罗马帝国在法制和分权制方面的卓越贡献，为现代社会的法律体系建设、立法与司法的分权制都树立了典范。

但是，长期以来，人们对管理并没有进行很好的研究。因为工业化以前的组织可以依靠神赐君权、教义对虔诚教徒的号召力、军队的严格纪律以及家庭内部的亲情来进行管理，如表2-1所示。在这种尚未工业化的环境下，还没有创立正式的管理思想体系或专门进行管理规律研究的需要。

表2-1 工业化以前的组织管理

组 织 类 别	主 要 管 理 手 段
教 会	按照教义，依靠信徒的虔诚，进行组织和管理
政 府	依据国家法规，依靠军队力量，实施国家统治
军 队	通过严格的等级纪律和权力结构，管理军队
家 庭	通过血缘关系、亲情和家规来管理家庭事务

18世纪中期和下半叶，从英国开始发生的工业革命带来了一系列新的问题，如工人的组织和相互间的配合问题，在机器生产条件下人与机、机与机的协调运转问题，劳资纠纷问题，劳动力的招募、训练与激励问题，纪律的维持问题，等等。新兴的工厂制度所提出的管理问题完全不同于以前所碰到的管理问题。新制度下的管理人员不能用以前的任何一种办法来确保各种资源的合理使用。这些前所未有的管理问题需要人们去研究解决。

在这种情况下，随着工厂制度的建立和发展，不少对管理理论的建立和发展具有重大影响的管理实践和思想应运而生。其中对后期的管理思想有较大影响的代表人物有亚当·斯密（Adam Smith，1723—1790）、查尔斯·巴贝奇（Charles Babbage，1792—1871）和罗伯特·欧文（Robert Owen，1771—1858）等。

一、亚当·斯密的劳动分工观点和"经济人"观点

亚当·斯密是英国古典政治经济学家的杰出代表,在其著作《国民财富的性质和原因的研究》(即《国富论》)一书中,系统阐述了劳动分工观点和"经济人"观点。劳动分工观点认为,分工是增进劳动生产力的主要因素。原因是:(1)分工节约了由于工作的经常变动而损失的时间;(2)重复同一作业可以使工人的技能得以提高;(3)由于分工,使作业单纯化,这有利于工具和机械的改进。"经济人"观点认为,经济现象是由具有利己主义的人们的活动产生的,人们在经济活动中追求个人利益,社会上每个人的利益总是受到他人利益的制约。每个人都需要兼顾到他人的利益,由此而产生共同利益,进而形成总的社会利益。所以,社会利益正是以个人利益为立脚点的。这种观点后来成为整个资本主义管理理论的基础。

二、查尔斯·巴贝奇的工作方法和报酬制度研究

在亚当·斯密对劳动分工进行分析的基础上,英国数学家巴贝奇对工作方法和报酬制度进行了研究,他的主要贡献表现在:(1)对工作方法的研究。他认为,一个体质较弱的人如果所使用的铲在形状、重量、大小等方面都比较适宜,那么他一定能胜过体质较强的人。因此,要提高工作效率,必须仔细研究工作方法。他提出了劳动分工、用科学方法有效地使用设备和原料等观点;(2)对报酬制度的研究。他强调劳资协作,提出了固定工资加利润分享的分配制度以及以技术水平和劳动强度为依据的付酬制度。巴贝奇的管理思想和实践为古典管理理论的形成提供了重要的思想依据。可以说,巴贝奇是科学管理的先驱者。

三、罗伯特·欧文的人事管理实践和思想

罗伯特·欧文是19世纪初英国著名的空想社会主义者,也是一名企业的管理改革家,他于1800—1828年担任英格兰新拉那克工厂的经理,任职期间,针对当时工厂制度下劳动条件和生活水平相对低下的情况下,他致力于改进工作条件、缩短工作日、提高工资、改善生活条件、发放抚恤金等,在改善工人生活状况的同时使工厂获得较高的利润,探索一种对工人和工厂所有者双方都有利的方法和制度。欧文在人事管理方面的理论和实践,对后来的行为科学理论产生了很大的影响。

尽管这些早期研究者们从不同的角度提出了一些管理思想,但他们的研究并没有形成一种系统化的理论体系,当时社会普遍注重于生产组织、减少浪费、增加产量、追求最大利润等具体方法。管理工作呈现出以下三个特点:

(1) 管理的重点是解决分工与协作问题。 当时的管理仅着眼于如何进行分工协作,以保证生产过程的顺利进行;或怎样减少资金的消耗,提高工人的日产量指标,以取得更多的利润。管理的内容局限于生产管理、工资管理和成本管理。

(2) 管理的方法是凭个人的经验。 由于工业刚从农业中分离出来,这就意味着没有"管理阶层",既没有普遍适用的有关如何进行管理的知识体系,也没有共同的管理行为准则,因此,早期的管理人员通常凭自己的经验来管理,管理工作的成败主要取决于管理者个人的经验、个性特点和工作作风。

(3) 管理的主体即企业管理者由资本家直接担任。 由于劳动三要素是由资本聚集起来的,拥有资本的工厂主也就成了当然的企业管理者。随着企业的发展,越来越多的工厂主开始认识到,单凭自己的经验和直觉已越来越难以胜任整个企业的生产经营管理工作,最好的办法是让那些有管理才能的人来代替自己做一些管理工作,于是后期出现了"特种雇佣人员"——厂长、监工、领班等。尽管如此,企业的总体管理还是由资本家亲自掌握的。

2.2 科学管理的兴起

19世纪末,随着资本主义自由竞争逐步向垄断过渡,科学技术水平及生产社会化程度不断提高,资本主义市场范围和企业规模的扩大,特别是资本主义公司的兴起,使企业管理工作日益复杂,对管理的要求越来越高。资本家单凭个人的经验和能力管理企业、包揽一切的做法,已不能适应生产发展的需要。客观上要求资本所有者与企业经营者实行分离,要求管理职能专业化,建立专门的管理机构,采用科学的管理制度和方法。同时,也要求对过去积累的管理经验进行总结提高,使之系统化、科学化,并上升为理论,以指导实践,提高管理水平。正是基于这些客观要求,资本主义国家的一些企业管理人员和工程技术人员,开始致力于总结经验,进行各种试验研究,并把当时的科技成果应用于企业管理,科学管理由此应运而生。它主要包括科学管理理论和组织管理理论,又统称为古典管理理论。

> **大师睿智**
>
> 如果你理解管理理论,但不具备管理技术或运用管理工具的能力比较低,你还不是一个有效的管理者;反过来,如果你具备管理技能、能力,而不掌握管理理论,那么你充其量是一个技术员。
>
> 有效的管理者＝理论掌握＋技巧运用
>
> ——[美]彼得·德鲁克

2.2.1 科学管理理论

科学管理理论着重研究如何提高单个工人的生产效率,其代表人物主要有弗雷德里克·温斯洛·泰勒(Frederick Winslow Taylor,1856—1915)、弗兰克·吉尔布雷斯(Frank Gilbreth,1868—1924)和莉莲·吉尔布雷斯(Lillian Gilbreth,1878—1972)夫妇以及亨利·甘特(Henry L. Gantt,1861—1919)等。

一、泰勒的贡献

泰勒被称为"科学管理之父"。他出身于美国费城一个富有的律师家庭,中学毕业后考上哈佛大学法律系,但不幸因眼疾而被迫辍学。1875年,泰勒进入费城的一家机械厂当学徒工,1878年转入费城的米德维尔钢铁公司当技工,1884年升任总工程师。1898—1901年泰勒受雇于宾夕法尼亚的伯利恒钢铁公司。1901年以后,他把大部分时间用在写作和演讲上。1906年担任美国机械工程师学会主席职务。泰勒的代表著作有《计件工资制》(1895)、《车间管理》(1903)和《科学管理原理》(1911)等。

泰勒的科学管理理论主要包括以下七个方面。

1. 确定合理的工作定额

要制定出有科学依据的工人的"合理的日工作量",就必须进行时间和动作研究。方法是把工人的操作分解为基本动作,再对尽可能多的工人测定完成这些基本动作所需的时间。同时，选择最适用的工具、机器，确定最适当的操作程序，消除错误的和不必要的动作，得出最有效的操作方法作为标准。然后，累计完成这些基本动作的时间，加上必要的休息时间和其他延误时间，就可以得到完成这些操作的标准时间。据此制定一个工人的"合理的日工作量"，这就是所谓的工作定额原理。

泰勒在伯利恒钢铁公司进行了有名的搬运生铁块试验。该公司有75名工人负责把92磅重的生铁块搬运30米的距离装到铁路货车上，他们每天平均搬运12.5吨，日工资1.15美元。泰勒找了一名工人进行试验，试验搬运的姿势、行走的速度、持握的位置等对搬运量的影响，以及多长的休息时间为好。经过分析确定了装运生铁块的最佳方法和将57%的时间用于休息，方法调整后，使每个工人的日搬运量达到47—48吨，同时使工人的日工资提高到1.85美元。

2. 工作方法标准化

为了使工人能完成工作定额，泰勒认为，还必须使工人掌握标准化的操作方法，使用标准化的工具、机器和材料，并使作业环境标准化，这就是所谓的标准化原理。

泰勒在伯利恒钢铁公司还做过有名的铁锹试验。当时公司的铲运工人拿着自家的铁锹上班。这些铁锹各式各样、大小不等。堆料场中的物料有铁矿石、煤粉、焦炭等，每个工人的日工作量为16吨。泰勒经过观察发现，由于物料的比重不一样，一铁锹的负载大不一样。如果是铁矿石，一铁锹有38磅；如果是煤粉，一铁锹只有3.5磅。那么，一铁锹到底负载多大才合适呢？经过试验，最后确定一铁锹负载21磅对于工人是最适合的。根据试验的结果，泰勒针对不同的物料设计出不同形状和规格的铁锹。以后工人上班时都不自带铁锹，而是根据物料情况从公司领取特制的标准铁锹，工作效率大大提高。堆料场的工人从400—600名降为140名，平均每人每天的操作量提高到59吨。工人的日工资从1.15美元提高到1.88美元。这是工具标准化的典型事例。

3. 做到能力与工作相适应

为了提高劳动生产率，必须为工作挑选第一流的工人。第一流的工人是指这样的工人，他的能力最适合做这种工作而且他愿意去做。要根据人的能力把他们分配到相应的工作岗位上，并进行培训，教会他们科学的工作方法，使他们成为第一流的工人，鼓励他们努力工作。

4. 实行有差别的计件工资制

泰勒认为，工人磨洋工的一个重要原因是报酬制度不合理。计时工资不能体现劳动的数量。计件工资虽能体现劳动的数量，但工人担心劳动效率提高后雇主会降低工资率，从而等同于劳动强度的加大。

针对这些情况，泰勒提出了一种新的报酬制度——有差别的计件工资制。所谓"差别计件工资制"，是指计件工资率随完成定额的程度而上下浮动。如果工人完成或超额完成定额，则定额内的部分连同超额部分都按比正常单价高25%计酬；如果工人完不成定额，则按比正常单价低20%计酬；工资支付的对象是工人而不是职位，即根据工人的实际工作表现而不是根据工作类别来支付工资。泰勒认为，实行差别计件工资制会大大提高工人的积极性，从而大大提高劳动生产率。

5. 计划职能与执行职能相分离

泰勒认为，应该用科学的工作方法取代经验工作方法。所谓经验工作方法，是指每个工人采用什么操作方法、使用什么工具等，都根据个人经验来决定。所以，工人工作效率的高低取决于他们的操作方法和使用的工具是否合理，以及个人的熟练程度和努力程度。所谓科学工作方法,是指每个工人采用什么操作方法、使用什么工具等,都根据试验和研究来决定。为了采用科学的工作方法,泰勒主张把计划职能同执行职能分开,由专门的计划部门承担计划职能,由所有的工人和部分工长承担执行职能。计划部门的具体工作包括:(1)进行时间和动作研究;(2)制定科学的工作定额和标准化的操作方法,选用标准化的工具;(3)拟订计划,发布指示和命令;(4)比较标准和实际的执行情况,进行有效的控制等。

6. 实行职能组织制

职能组织制就是将管理的工作予以细分,使所有的管理者只承担一两种管理的职能。这样一来,同只接受一个直接上级领导的军队式组织不同,工人要从几个不同职能的上级那里接受命令。泰勒设计出八个职能工长,代替原来的一个工长,其中四个在计划部门、四个在车间。每个职能工长负责某一方面的工作,在其职能范围内,可以直接向工人发出命令。泰勒的职能组织如图 2-1 所示。

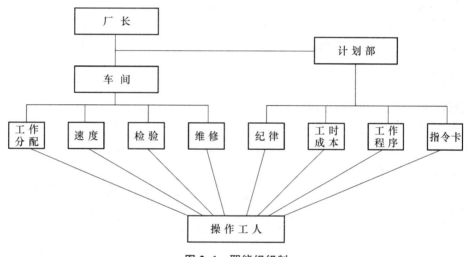

图 2-1　职能组织制

泰勒认为,这种职能工长制有三个优点:对管理者(职能工长)的培养只要花费较少的时间;管理者的职责明确,可提高效率;由于操作计划已由计划部门拟定,工具和操作法都已标准化,车间现场的职能工长只需进行指挥监督,因此低工资的工人也可以从事比较复杂的工作,从而降低每个单位的工资支出,降低整个企业的生产费用。但是,这种职能组织结构,由于违反了"统一指挥"的原则而没有得到推广。

7. 实行例外原理

泰勒认为,规模小的单位可采用上述职能组织原理,规模比较大的单位还需要运用例外原理。所谓例外原理,就是高层主管为了减轻处理纷繁事务的负担,把处理一般日常事务的权力授予下级管理人员,高层主管只保留对例外事项(即重要事项)的决策和监督权,如基本政策的制定和重要人事的任免等。这种以例外原理为根据的管理控制原则,以后发展成为管理上的分权化原则和实行事业部制等管理体制。

二、其他人的贡献

与泰勒同时代的人,如吉尔布雷斯夫妇和甘特等,也为科学管理作出了贡献。美国工程师弗兰克·吉尔布雷斯及其夫人——心理学博士莉莲·吉尔布雷斯,在动作研究和工作简化方面作出了突出贡献。起初弗兰克·吉尔布雷斯在建筑行业中研究用哪种姿势砌砖省力、舒适、有效率。通过试验得出一套标准的砌砖方法,这套方法使砌砖的效率提高200%以上。后来,吉尔布雷斯夫妇在其他行业中进行动作研究,并把工人操作时手的动作分解为17种基本动作,他们把这些基本动作称为"therbligs"(吉尔布雷斯的英文字母倒写并把"t"和"h",两个字母互换一下)。他们的研究步骤是:(1)通过拍摄相片来记录工人的操作动作;(2)分析哪些动作是合理的、应该保留的,哪些动作是多余的、可以省掉的,哪些动作需要加快速度,哪些动作应该改变次序;(3)制定标准的操作程序。与泰勒相比,吉尔布雷斯夫妇的动作研究更加细致、广泛。他们的研究成果呈现在1911年出版的《动作研究》中。

美国管理学家、机械工程师甘特是泰勒在米德维尔钢铁公司和伯利恒钢铁公司的亲密合作者,他的最重要贡献是创造了"甘特图"。这是一种用线条表示的计划图表,这种图现在常被用来编制进度计划。甘特的另一贡献是提出了"计件奖励工资制",即除了支付日工资外,超额完成定额的,超额部分以计件方式发给奖金;完不成定额的,支付日工资。这种制度比泰勒的"差别计件工资制"好,可使工人感到收入有保证,劳动积极性因而提高。这说明,工资收入有保证也是一种工作动力。甘特的代表著作是《工业的领导》(1916)和《工作组织》(1919)。

2.2.2 组织管理理论

组织管理理论着重研究管理职能和整个组织结构,其代表人物主要有亨利·法约尔(Henri Fayol, 1841—1925)、马克斯·韦伯(Max Weber, 1864—1920)和切斯特·巴纳德(Chester Z. Barnard, 1886—1961)等。

一、法约尔的贡献

当泰勒等人在美国研究和倡导科学管理的同时,欧洲出现了对组织管理的研究,其中最为著名的就是以法约尔为代表的组织管理理论。泰勒主要关心的是作业方面的问题,注重的是车间管理和科学方法的运用,而法约尔则关注于整个组织,研究有关管理者干什么以及怎样才能干好等更一般的管理问题,即注重于管理者用于协调组织内部各项活动的基本原则的研究。

法约尔,法国工业家,长期担任大公司的总经理。根据自己50多年的管理实践,法约尔于1916年出版了《工业管理和一般管理》一书,提出了适用于一切组织的企业的经营活动和管理的五种职能,以及有效管理的14条原则。法约尔的一般管理理论对后来的管理理论发展一直起着重大的作用,因而西方也把他称为"现代经营管理之父"。

1. 企业的经营活动和管理的五种职能

法约尔指出,任何企业都存在着六种经营活动,管理只是其中的一种活动,其关系如图2-2所示。

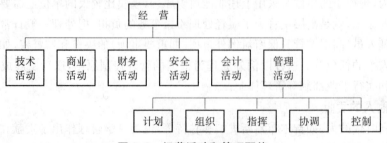

图2-2 经营活动和管理职能

六种经营活动分别是：(1)技术活动,指生产、制造和加工；(2)商业活动,指采购、销售和交换；(3)财务活动,指资金的筹措、运用和控制；(4)安全活动,指设备的维护和人员的保护；(5)会计活动,指货物盘点、成本统计和核算；(6)管理活动,指计划、组织、指挥、协调和控制。其中,计划是指预测未来并制订行动方案；组织是指建立企业的物质结构和社会结构；指挥是指使企业人员发挥作用；协调是指让企业人员团结一致,使企业中的所有活动和努力得到统一和谐；控制是指保证企业中进行的一切活动符合所制订的计划和所下达的命令。

法约尔对管理的上述定义便于明确管理与经营的关系。法约尔在《工业管理和一般管理》一书中写道："所谓经营,就是努力确保六种固有活动的顺利运转,以便把企业拥有的资源变成最大的成果,从而导致企业实现它的目标。"管理既是经营不可缺少的一种活动,又是自成体系的职能。

2. 管理的 14 条原则

法约尔在其《工业管理和一般管理》一书中首次提出一般管理的 14 条原则,如表 2-2 所示。

表 2-2 管理的 14 条原则

劳动分工	劳动分工属于自然规律,其目的是用同样的努力生产出更多更好的事物。在技术工作和管理工作中进行劳动分工可以提高效率
权责相当	权力是指"指挥他人的权势以及促使他人服从的能力"。管理者必须拥有权力以发布命令,责任必须与权力相当
纪律严明	雇员必须服从和尊重组织规定,领导以身作则,管理者和雇员对规章有明确理解和公平的奖惩,对于保证纪律的有效性是非常重要的
统一指挥	组织内每一个人只能服从一个上级并向上级汇报自己的工作。双重指挥往往带来冲突
统一领导	凡目标相同的活动,只能有一个领导、一个计划。这是统一行动、协调力量和一致努力的必要条件
个人利益服从集体利益	集体的目标必须包含员工个人的目标,但个人和小集体的利益不能超越组织的利益。当两者矛盾时,领导人要以身作则,使其一致
报酬合理	报酬制度应当公平,对工作成绩和工作效率优良者给予奖励,但奖励应有一个限度。法约尔认为,任何优良的报酬制度都无法取代优良的管理
集权与分权	提高下属重要性的做法是分权,降低这种重要性的做法是集权。要根据企业的性质、条件、环境和人员的素质来恰当地决定集权和分权的程度
等级链与跳板	从高层到基层应建立关系明确的等级链,为了保证命令的统一,不能轻易违背等级链,请示要逐级进行,指令也要逐级下达。有时这样做会延误信息,鉴于此,法约尔设计了一种"跳板",便于同级之间的横向沟通。如图 2-3 所示
秩　序	建立秩序,有地方放置每件东西,而每件东西都放在该放置的地方；有职位安排每个人,而每个人都安排在应安排的职位上。各有其位,各得其所
公　平	管理者应该友善和公正地对待下属,鼓励其下属能全心全意地和无限忠诚地履行各自的职责
人员稳定	把一个人培养成胜任目前的工作,需要花费时间和金钱。人员特别是管理人员不要轻易变动,以免影响管理工作的连续性和稳定性

首创精神	首创精神是创立和推行一项计划的动力。领导者不仅本人要有首创精神,还要鼓励全体成员发挥他们的首创精神
集体精神	组织内部强调团结精神,要努力形成团结、和谐和协作的气氛

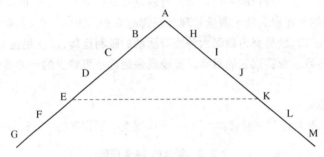

图 2-3 法约尔的"跳板原则"

其中,法约尔的"跳板原则"为:如果有一项信息需要由 E 传送到 K,在正常的权力路线下,则需要通过组织等级由 E 向上传达 A,再由 A 传达到 K,这样太费事了,影响组织活动的速度。有了这个跳板原则,E 可以直接与 K 联系。但是,他们应先取得上级主管的许可,同时也得在事后将联系结果报告上级主管。这样,就保证了统一指挥前提下迅速、可靠地进行横向联系。

二、韦伯的贡献

韦伯是德国柏林大学的一位教授、著名的社会学家,他反对当时盛行的靠传统的自觉和裙带关系来管理的思想,认为这不仅是不公正的,而且还造成了人力资源的巨大浪费。为此,在《社会组织与经济组织》一书中,他提出了一个"理想的行政组织体系"理论,并设计了一个理想的行政组织模式。这一理想组织模式的特点如表 2-3 所示。

表 2-3 韦伯理想的行政组织的主要特征

劳动分工	把各种工作分解成简单、常规化、明确的各项任务,明确规定每一个人的权力和责任
权力体系	各种公职和职位按权力等级排列,上一级的人指挥和控制下一级
正规选择	根据通过教育和训练所获得的技术资格或通过正式考试来挑选组织中的所有成员
规章制度	制定明确的规章制度以规范管理者和员工的行为,以确保统一性
非人格化	组织的规章制度是组织中的每个人都必须遵守的,它不受个人情感和个人背景的影响
职业导向	组织中的管理者是专业的公职人员,而不是该组织的所有者,他们领取固定的薪金,并在组织中谋求他们的发展

韦伯认为,这种高度结构化的、正式的、非人格化的理想行政组织体系是强制控制的合理手段,是达到目标、提高效率的最有效形式。这种组织形式在精确性、稳定性、纪律性和可靠性等方面都优于其他形式,能适用于各种行政管理工作及当时日益增多的各种大型组织,如教会、国家机构、军队、政党、经济组织和社会团体。韦伯的这一理论,对泰勒、法约尔的理论是一种补充,对后来的管理学家,特别是组织理论家产生了很大影响。韦伯也因而被称为"古典组织理论"的创始人。

三、巴纳德的贡献

巴纳德曾是美国新泽西贝尔电话公司的总经理,他喜欢读书,善于思考,因此被人誉为"博学的经理"。巴纳德把社会学和系统论的思想应用于管理,创立了社会系统理论。他的代表作是1938年出版的《经理人员的职能》。其主要贡献是从系统理论出发,运用社会学的观点,对正式组织与非正式组织、团体及个人作出了全面分析。基本观点可以概括如下:

(1) 提出了社会的各种组织都是一个协作系统的观点。 他认为,组织的产生是人们协作愿望的结果,许多个人办不到的事情,通过协作可以办到。人们在选择是否加入某个组织时,都以个人的目的、愿望动机为依据,主要考虑加入组织后所承担的义务和所得到的报偿是否平衡;而他们是否会继续留在组织中,也取决于他们对组织是否满意及满意的程度。

(2) 分析了正式组织的三个基本要素,即成员的协作意愿、组织的共同目标和组织内的信息交流。 巴纳德认为,离开了协作意愿,组织成员就没有自我克制,也不会交付出个人行为的控制权;没有组织的共同目标,或组织目标未能和组织成员的动机相结合,组织也就失去了前进的动力。促使上述两个要素发挥作用的则是信息沟通。

(3) 在正式组织中存在一种非正式组织。 非正式组织是一种因为工作上的联系而形成的有一定看法、习惯和准则的无形的组织,非正式组织活动对正式组织有双重作用,既有不利影响,也可能对组织的效率有利。

(4) 提出了权威接受理论。 传统观念认为,权威是建立在等级系列或组织地位基础上。巴纳德则是从下到上解释权威,认为权威的存在必须以下级的接受为前提,下级对权威的接受是有条件的。

(5) 对经理的职能进行了新的概括。 巴纳德认为,经理应主要作为一个信息交流系统的联系中心,应致力于实现协作。因此,经理的主要职责是:① 制定并维持一个信息系统;② 使组织中每个人都能作出贡献;③ 阐明并确定本组织的目标。

2.3 行为科学的产生

正当科学管理理论为当时的企业界普遍接受时,新的管理思想与理论也正在孕育之中,这就是人际关系学说,后来发展为行为科学理论。

2.3.1 梅奥的霍桑实验和人际关系学说

行为科学的产生源于有名的"霍桑实验"。1929年,美国哈佛大学的心理病理学教授梅奥(Elton Mayo,1880—1949)率领哈佛研究小组到美国的西屋电器公司的霍桑工厂进行了长达8年的一系列实验或观察,其中比较著名的有以下四种。

(1) 照明实验(1924—1927)。 目的在于调查和研究工厂的照明与作业效率之间的关系。他们将工人分为两个小组,一组为"试验组",先后改变工厂照明的强度,另一组称为"控制组",照明始终维持不变。试验结果发现:两组产量都大为增加,并且增加量几乎相等。试验结果说明,工厂照明只是影响作业效率的因素之一,且不是一个太重要的因素,生产效率仍与某种未知因素有关。

(2) 继电器装配室实验(1927—1932)。 这次试验是在电话继电器装配实验室分别按不同工作条件进行试验的,目的是要研究增加工作间的休息时间和缩短每天工作时间对作业效率带来什么变化。结果发现:休息时间的安排和工作时间的减少对产量的增加并无直接关联。生产效率的提高主要是因为观测员与试验小组女工保持友好的气氛,女工们之间相互自由交谈,建立起更为亲密的关系,她们对工作集体产生了好感,增添了工作的积极性,从而带来了产量的增加。

(3) 面谈计划(1928—1930)。目的是要了解如何获取职工内心真正的感受,倾听他们的诉说对解决问题的帮助,进而提高生产效率。他们用了前后两年多的时间,对两万名工人进行了访谈。结果发现:影响生产力的最重要因素是工作中发展起来的人际关系,而不是待遇和工作环境,每个人的工作效率的高低,不仅取决于他们自身的情况,还与其所在小组中的其他人员有关,任何一个人的工作效率都要受小组中其他人员的影响。解决职工不满的问题将有助于生产效率的提高。

(4) 对车床布线室的观察(1930—1932)。该室有 9 名接线工、3 名焊接工和 2 名检查员。通过观察发现:① 大部分成员都自行限制产量,原因是害怕公司会再提高工作定额,会造成一部分员工失业。② 工人对不同级别的上级持不同态度。把小组长看作是小组成员,对于小组长以上的上级,级别越高,越受工人的尊敬,工人对他的顾忌心理越强。③ 成员中存在小派系,每个派系都有自己的一套行为规范,谁要违反这些规范,就会受到惩罚。

通过调查与实验,梅奥等人发现科学管理中对人的假设有问题,把人看作一种工具更是有问题,因为工作的物质环境和福利的好坏,与工人的生产效率并非有明显的因果关系。相反,职工的心理因素和社会因素对生产积极性的影响很大。梅奥教授在 1933 年发表了《工业文明中人的问题》一书,提出了人际关系学说,奠定了行为科学理论的基础。其主要论点如下:

(1) 职工是"社会人"。以前的管理把人假设为"经济人",认为金钱是刺激人的积极性的唯一动力,工人工作是为了追求最高的工资收入。霍桑实验证明人是"社会人",是复杂的社会关系的成员,工人并非单纯追求金钱收入,还有社会心理方面的需求,如追求人与人之间的友情、安全感、归属感和受人尊重等。因此,要调动工人生产积极性,还必须从社会、心理方面去努力。

(2) 提高职工的满足度,可以提高职工的士气,从而提高劳动生产率。梅奥认为,金钱或经济刺激对促进工人提高劳动生产只是起第二位的作用,起到首要作用的是工人的情绪和态度,即士气。而士气又与工人的满足度有关。工人的满足度越高,士气越高;而士气越高,生产效率也越高。

(3) 正式组织中存在着"非正式组织"。梅奥认为,企业成员在共同工作的过程中,相互间必然产生共同的感情、态度和倾向,形成共同的行为准则和惯例,要求个人服从。这就构成一个体系,即"非正式组织"。在正式组织中以效率的逻辑为重要标准,而在非正式组织中以感情的逻辑为重要标准,规范和左右着成员的行为。非正式组织不仅存在,而且与正式组织相互依存,对生产效率有重大影响。

2.3.2 行为科学学派的主要理论

一、麦格雷戈的"X—Y"理论

在人性理论研究方面最突出的成果是麦格雷戈的 X 理论和 Y 理论。麦格雷戈(D. Mcgregor,1906—1964)1935 年取得哈佛大学博士学位,1935—1937 年在哈佛大学教授社会心理学。1937 年成为麻省理工学院的副教授并在该院服务直到去世,其中 6 年(1948—1954)担任安弟奥克学院的院长。在担任安弟奥克学院院长期间,他对当时流行的传统管理观点和对人的本性的看法提出了疑问。其后,在他所著的《企业的人性方面》一书中,提出了有名的"X—Y理论"的人性假定,并对两种理论进行了比较。

麦格雷戈认为,每一位管理人员对职工的管理都基于一种对人性的认识。他把传统管理对人的认识和管理方法称为"X理论",其要点是:

(1) 一般人的天性都是好逸恶劳的,只要可能,就会设法逃避工作;

(2) 人几乎没有什么进取心,不愿承担责任,而宁愿被别人领导;

(3) 人天生就反对变革,把安全看得高于一切;

(4) 要使人们真正想干活,那就必须采用严格的控制、威胁和经常不断地施加压力。

麦格雷戈认为,科学管理是"强硬的"X理论,人际关系学说是"温和的"X理论,但从根本上说都是X理论。在人们的生活还不丰裕的情况下,胡萝卜加大棒的管理方法是有效的。但是,在人们的生活较为丰裕后这种管理方法就无效了,因为那时人们的行为动机主要是追求更高级的需要,而不是"胡萝卜"(生理的需要、安全的需要)了。因而,用指挥和控制来进行管理,无论是强硬的还是松弛的,都不足以激励人们的行动。

麦格雷戈提出了Y理论,并用它来代替X理论,认为Y理论更加适合作为管理实践的基础。他认为Y理论是建立在对人性和人的行为动机更为恰当的认识基础上的新理论。其要点如下:

(1) 人并不是天生就厌恶工作,工作对人们来讲,正如娱乐和休息一样自然。

(2) 控制和威胁并不是促使人们为实现组织目标而努力的唯一办法。人对自己所参与的目标能实现自我指挥和自我控制。

(3) 对目标作出贡献是同获得成就的报酬直接相关的。这些报酬中最重要的是自尊和自我实现需要的满足,它们能促使人们为实现组织目标而努力。

(4) 在适当条件下,人们不但能接受而且会主动承担责任。

(5) 不是少数人,而是多数人在解决组织的问题上,都具有想象力和创造力。但在现代工业社会的条件下,一般人的潜能只是部分地得到了发挥。

(6) 人们并非天生就对组织的要求采取消极的或抵制的态度,他们之所以如此,是由于他们在组织内的遭遇所造成的。

(7) 管理的基本任务是安排好组织工作方面的条件和作业的方法,使人们的潜能充分发挥出来,更好地为实现组织的目标和自己个人的具体目标而努力。

麦格雷戈在《企业的人性方面》一书中,把Y理论称为"个人目标和组织目标的结合",认为它能使组织的成员在努力实现组织目标的同时,最好地实现自己的个人目标。所以,他认为关键不是在采用"强硬的"方法或"温和的"方法之间进行选择,而是要在管理的指导思想上变X理论为Y理论。这两种理论的差别在于是把人们当作小孩看待,还是把他们当作成熟的成年人看待。虽然不可能指望在短期内使所有管理都转而采用Y理论,但是,麦格雷戈认为,在当时已有一些与Y理论一致的创新思想在应用上取得了一定的成果。具体表现在以下四个方面:

(1) 分权与授权。这是把人们从传统组织控制中解脱出来的方法。

(2) 扩大工作范围。它鼓励处在组织基层的人承担责任,并为满足职工的社会需要和自我实现的需要提供机会。

(3) 参与制与协商式的管理。它鼓励人们为实现组织目标而进行创造性的劳动。在做出与他们工作有直接影响的决策时给他们提供某些发言权。

(4) 鼓励职工对自己的工作成绩进行评价。

这些新的方法鼓励个人对制订计划和评价自己对组织目标所作的贡献承担更大的责任,有助于职工充分发挥自己的才能。

二、洛尔施和莫尔斯的超 Y 理论

在麦格雷戈提出 X 理论和 Y 理论之后,美国的乔伊·洛尔施(Joy Lorsch)和约翰·莫尔斯(John Morse)通过试验对比后提出,Y 理论不一定都比 X 理论好,管理中采用什么样的管理方式要由工作性质、成员性质等多种因素来决定,并据此提出了超 Y 理论,于 1970 年出版了《超 Y 理论》一书。

超 Y 理论主要观点是:不同的人对管理方式的要求不同。有人希望有正规化的组织与规章条例来要求自己的工作,而不愿意参与问题的决策去承担责任。这种人欢迎以 X 理论指导管理工作。有的人却需要更多的自治责任和发挥个人创造性的机会,这种人则欢迎以 Y 理论为指导的管理方式。此外,工作的性质、员工的素质也影响到管理理论的选择。不同的情况应采取不同的管理方式。

三、威廉·大内的 Z 理论

美国加州大学管理学院日裔美籍教授威廉·大内(William Ouchi)在调查和分析比较日美两国管理的经验之后,提出了他所设想的 Z 理论,并在 1981 年出版《Z 理论》一书。Z 理论认为,企业管理当局与职工的利益是一致的,两者的积极性可融为一体,主张以坦白、开放、沟通作为基本原则来实行"民主管理"。

按照 Z 理论,管理的主要内容有如下七个方面。

(1) 企业对职工的雇佣应是长期的而不是短期的。企业在经营不佳的状况下,一般也不采取解雇职工的办法而是动员大家"节衣缩食"共渡难关。这样,就可使职工感到职业有保障而积极地关心企业的利益和前途。

(2) 采取集体研究的决策过程,鼓励职工参与企业的管理工作。从调查研究、反映情况,到参与企业重大问题的决策,都启发、支持职工进行参与。

(3) 实行个人负责制。要求基层管理人员不机械地执行上级命令,而要敏感地体会上级命令的实质,创造性地去执行。强调中层管理人员对各方面的建议要进行协调统一,统一的过程就是反复协商的过程。

(4) 上下级之间关系要融洽。企业管理当局要处处显示对职工的全面关心,使职工心情舒畅、愉快。

(5) 对职工要进行知识全面的培训,使职工有多方面工作的经验。如果要提拔一位计划科长担任经营副经理,就要使他在具有担任财务科长、生产科长的能力之后,再选拔到经营副经理的位置上。

(6) 相对缓慢的评价与稳步提拔。强调对职工进行长期而全面的考察,不以"一时一事"为根据对职工的表现下结论。

(7) 控制机制要较为含蓄而不正规,但检测手段要正规。

行为科学理论还有马斯洛的"需求层次理论"、赫茨伯格的"双因素理论"、弗鲁姆的"期望价值理论"、布莱克和穆顿的"管理方格法"等,这些在第十一章再作详细说明。

比尔·盖茨：优秀员工的 10 大准则

比尔·盖茨总结出的优秀员工 10 大准则，一直是微软员工遵循的行业准则和成功指南，许多世界知名企业也将这些准则作为员工职业精神培训的标准。它告诉我们如何更新和提高自己的专业知识和技能；如何带着满腔热情、勤奋地用大脑工作；如何与公司制定的长期计划保持步调一致，以主人翁的精神，为公司赚取更多的利润……

第 1 条准则：对自己公司的产品抱有极大的兴趣
第 2 条准则：以传道士般的热情和执着打动客户
第 3 条准则：乐于思考，让产品更贴近客户
第 4 条准则：与公司制定的长期目标保持步调一致
第 5 条法则：具有远见卓识，并提高专业知识和技能
第 6 条准则：灵活地利用那些有利于你发展的机会
第 7 条准则：学习经营管理之道，关注企业发展
第 8 条准则：密切关注和分析公司的竞争对手
第 9 条准则：有效利用时间，用大脑去工作
第 10 条准则：员工必须具备的美德：忠诚/勤奋/热情/责任心

2.4 管理理论丛林

第二次世界大战以后，由于管理受到世界各国各地区的普遍重视，管理理论和实践得到了迅速的发展，出现了许多新的理论和学说，形成了众多学派。哈罗德·孔茨曾写过两篇著名的论文《论管理理论的丛林》（1961）和《再论管理理论的丛林》（1980 年），对 1980 年前的管理学领域内精彩纷呈的理论、主张等进行了一个精辟的归纳与分析。他认为到 1980 年为止，管理学至少发展到 11 个学派，这 11 个学派分别是管理过程学派、人际关系学派、群体行为学派、经验主义学派、社会协作系统学派、社会技术系统学派、系统管理学派、决策理论学派、管理科学学派、权变理论学派和经理角色学派。

一、管理过程学派

管理过程学派是在法约尔一般管理理论的基础上发展起来的，又称为传统学派或管理职能学派。该学派的代表人物是美国加利福尼亚大学的教授哈罗德·孔茨和西里尔·奥唐奈。管理过程学派强调对管理的过程和职能进行研究，认为无论组织的性质和组织所处的环境有多么不同，但管理人员所从事的管理职能却是相同的。其基本研究方法是：首先把管理人员的工作划分为管理职能，如法约尔的计划、组织、指挥、协调、控制职能，孔茨的计划、组织、用人、领导、控制职能等；其次对管理职能逐项进行研究，从丰富多彩的管理实践中总结管理的基本规律，以便详细分析这些管理职能。

管理过程学派是各管理学派中最具有影响力的学派。因为它提供了一种分析管理的理论框架。框架中包含的范围广泛并且容易理解,管理学方面的任何一种新概念、新知识、新思想、新理论几乎都可以纳入到这个框架之中。

二、人际关系学派

这一学派是从20世纪60年代的人类行为学派演变来的。这个学派认为,既然管理是通过别人或同别人一起去完成工作,那么,对管理学的研究就必须围绕人际关系这个核心来进行。这个学派的主张注重对组织中人与人之间的关系进行研究。他们以个人心理学作为研究的理论基础,研究具有社会心理性质的个人行为的动机;进而指出,处理好组织中人与人之间的关系是组织中的管理者必须理解和掌握的一种技巧。

这个学派的最早代表人物是梅奥教授,代表著作有《工业文明中人的问题》。其他著名的理论有马斯洛的"需求层次理论"、赫茨伯格的"双因素理论"、布莱克和穆顿的"管理方格论"等。

三、群体行为学派

群体行为学派与人际关系学派关系密切,但前者更侧重于研究群体中的人的行为,而不是纯粹的人际关系。这一学派以社会学、人类学和社会心理学为基础,着重研究各种群体的行为方式。从小群体的文化和行为方式,到大群体的行为特点,都在它研究之列。它也常被称为"组织行为学"。"组织"一词在这里可以表示公司、政府机构、医院或其他任何一种事业中一组群体关系的体系和类型。他们从事的研究主要有:组织中的非正式组织对正式组织行为的影响;组织中个人的从众行为;组织中的信息沟通等。

这个学派的最早代表人物和研究活动也是梅奥和霍桑试验。20世纪50年代,美国管理学家克里斯·阿吉里斯(Chris Argyris)提出的"不成熟—成熟交替循环的模式"也是该学派的一个代表理论。

四、经验主义学派

这个学派通过分析经验(常常就是案例)来研究管理。其开展研究的理论前提是:通过对管理者的个别情况下成功和失败的经验教训的研究,使人们懂得在将来相应的情况下如何运用有效的方法来解决现实中的管理问题,因此,这个学派的学者把对管理理论的研究集中于对实际管理工作者的管理实践活动的研究上。他们通过分析实例或案例,总结出一些一般性的结论来向管理者或学习管理学的学生传授,使他们也能从中学习到管理的知识和技能。

这一学派的最早代表人物主要有:彼得·德鲁克(Peter F. Drucker),代表著作有《管理实践》《有效的管理者》等;欧内斯特·戴尔(Ernest Dale),大公司的董事、大企业的顾问,代表著作有《企业管理的理论与实践》等;威廉·纽曼(William H. Newman),大学教授,代表著作有《经济管理活动·组织和管理的技术》等。

五、社会协作系统学派

这个学派注重对人的研究,在一定程度上可以把它看作对人际关系学派和群体行为学派的修正。该学派把组织中的人看成是有各种社会和心理的愿望和需求的人,而组织就是由许多具有这种社会和心理需求的人及其行为所形成的合作社会系统,因此,组织成效的高低就取决于组织中个人的成效高低及人们相互之间合作的成效,其中,组织的管理者是创造必要的个人努力和成员间有效合作的关键。所以,这个学派的学者从分析组织中管理者的工作出发,着重研究组织中的管理者在这个合作系统中如何才能有效地维护和协调这个系统。其代表人物是切斯特·巴纳德(Chester Barnard),代表作为《经理的职能》。他把企业看成是一个由物质子系统、人员子系统、社会子系统和组织子系统组成的一个复合的协作系统,经理的职能就是维持好这个协作系统。

六、社会技术系统学派

这一学派的创始人是英国的特里司特(E. L. Trist)及其在英国塔维斯托克研究所中的同事。其代表著作有《长壁采煤法的某些社会学和心理学的意义》《社会技术系统的特性》等。他们通过对英国煤矿中有关生产问题的研究,发现只分析企业中的社会方面是不够的,还必须注意其技术方面。企业中的技术系统(如机器设备和采掘方法)对社会系统有很大的影响。个人态度和群体行为都受到人们在其中工作的技术系统的重大影响。因此,他们认为,组织是由技术系统和社会系统形成的社会技术系统,个人的态度和行为都受到人们在其中工作的技术系统的巨大影响;管理不能光研究社会系统,而要把社会系统和技术系统结合起来考虑。管理者的一项主要任务就是要确保这两个系统相互协调。

七、系统管理学派

这一学派的代表人物是美国的卡斯特(Fremont E. Kast)和罗森茨韦克(James E. Rosezweig),他们的代表著作是《系统理论和管理》《组织与管理:系统与权变的方法》。系统学派认为,组织是一个由相互联系的若干要素所组成、为环境所影响并反过来影响环境的开放系统;组织不仅本身是一个系统,它同时又是更为广阔的社会系统的一个分系统,它在与环境的相互影响中取得动态平衡;组织从外界环境接受能源、信息、物质等各种投入,经过转换,再以产品或劳务的形式向外界环境输出产品。这种把组织看作是一个开放系统的观点,为管理者提供了一种思想方法,即把组织的内部和外部环境的各种因素看作是一个有机整体。管理者必须从组织的整体出发,研究组织与环境之间的关系,研究组织的各个部分之间的关系,使组织的各个部分之间以及组织和外界环境之间保持动态平衡。

系统学派的主要贡献是将组织看作一个开放的社会技术系统,以整个组织系统作为研究管理的出发点,研究一切主要的分系统及其相互关系,突破了以往各个学派仅从局部出发孤立地对组织的各分系统进行研究。例如:管理过程学派强调结构分系统和管理分系统,群体行为学派强调社会心理分系统,管理科学学派强调技术分系统。

八、决策理论学派

决策理论学派是由社会系统学派发展而来,其代表人物有美国的西蒙和马奇。他们的代表著作主要是《组织》和《管理决策新科学》。决策理论学派认为,决策贯穿了管理的全过程,管理就是决策,决策不单是最上层人员的工作,而是从上层到中层、基层乃至作业人员的共同工作;决策中只有"令人满意"的标准,才是更合理、更可行的准则,传统决策的"最优化"准则是一种超现实的理想境界;管理决策时,必须充分发挥组织的作用,创造条件,以解决知识不全面性、价值体系的不稳定性及竞争环境的可变性等问题;决策分为程序化决策和非程序化决策两类,组织中的基层管理人员主要处理日常业务中常见的、重复性的问题,利用常规的、标准的工作程序进行程序性决策,组织中的高层管理人员主要针对非定型的、复杂性问题,采用非程序性决策。图2-4表示了不同问题类型、决策类型以及组织层次之间的关系。

九、管理科学学派

尽管各种管理理论学派都在一定程度上应用数学方法,但只有管理科学学派把管理看成

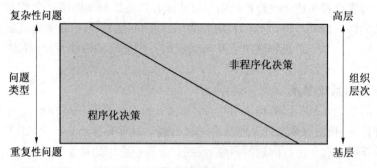

图 2-4　问题类型、决策类型以及组织层次之间的关系

是一个数学模型和程序的系统。从历史渊源来看,管理科学学派是在泰勒科学管理的基础上发展起来的。该学派认为,只要管理、或组织、或计划、或决策是一个逻辑过程,就能用数学的模型来加以描述和表达,研究的重点放在建立管理的数学模型和求解最优解的问题上。可以说,它同决策理论有着很密切的关系,当然,编制数学模型绝不限于决策问题,同时必须明确的是,数学模型和数学分析方法仅仅是管理研究中的方法和工具。

管理科学学派的代表人物有布莱克特(P. M. S. Blackett)、丹齐克(George Dantzig)、丘奇曼(C. West Churchman)、阿考夫(Russeu L. Ackoff)、贝尔曼(Richard Beuman)、伯法(E. S. Buffa)等人,主要代表著作有布莱克特的《运筹学方法论上的某些方面》、伯法的《生产管理基础》等。

管理科学学派的理论的主要内容包括以下三个方面。

1. 运筹学

运筹学是管理科学理论的基础,它是一种分析的、实验的和定量的科学方法,专门研究在既定的物质条件下,为达到一定目的,运用科学的方法(主要是数学的方法),进行数量分析,统筹兼顾地研究对象的整个活动所有各个环节之间的关系,为选择出最优方案提供数量上的依据,以便作出综合性的合理安排,最经济有效地使用人力、物力和财力,以达到最大的效果。运筹学的主要分支有以下六个方面。

(1) 规划论。研究如何充分利用企业的一切资源,最大限度地完成各项计划任务以获得最优的经济效益。规划论可根据不同情况分为线性规划、非线性规划和动态规划。

(2) 库存论。研究在什么时间,以什么数量,从什么地点来补充库存,既保证企业能有效运转,又使保持一定库存和补充采购的总费用最少。

(3) 排队论。研究在公用服务系统中,设置多少服务人员或设备最为合适。

(4) 对策论(博弈论)。研究在利益相互矛盾的各方竞争性活动中,如何使自己一方获得期望利益最大或损失最小,并求出制胜对方的最优策略。

(5) 搜索论。研究在寻找某种对象的过程中,如何合理使用搜索手段以便取得最好的搜索效果。

(6) 网络分析。这是利用网络图对工程进行计划和控制的一种管理技术,常用的有"PERT 图"和"关键路线法"。

2. 系统分析

系统分析这个概念是由美国兰德公司 1949 年首先提出的,意思是把系统的观点和思想引入管理方法中,运用科学和数学的方法对系统中事件进行研究和分析。其特点是解决管理问题要从全局出发,进行分析和研究,制定出正确的决策。系统分析一般有如下五个步骤:

(1) 首先弄清并确定这一系统的最终目的,同时明确每个特定阶段的阶段性目标和任务;

(2) 必须把研究对象看作是一个整体、一个统一的系统,然后确定每个局部要解决的任务,研究它们之间以及它们与总体目标之间的相互关系和相互影响;

(3) 寻求达到总体目标及与其相联系的各个局部任务和可供选择的方案;

(4) 对可供选择的方案进行分析比较,选出最优方案;

(5) 组织各项工作的实施。

3. 决策科学化

这是指决策时要以充足的事实为依据,采取严密的逻辑思考方法,对大量的资料和数据按照事物的内在联系进行系统分析和计算,从而作出正确决策。上面提到的"运筹学"和"系统分析"就是为决策科学化提供分析思路和分析技术的,同时,"管理科学"所使用的计算机和管理信息系统也为决策科学化提供了可能和依据。

十、权变理论学派

权变理论学派是 20 世纪 70 年代在西方形成的一个管理学派,其代表人物是美国尼布拉加斯大学教授卢桑斯(F. Luthans),其在 1976 年出版的《管理导论:一种权变学》是系统论述权变管理的代表著作。

权变理论学派的基本思想:管理中并不存在什么最好的办法,相反,管理者必须明确每一情境中的各种变数,了解这些变数之间的关系及其相互作用,把握原因与结果的复杂关系,从而针对不同情况而灵活变通。管理学的任务就在于,归纳出管理中的情境究竟是由哪些因素所组成,它们又有多少种存在状态,有多少种管理方法。

权变理论学派认为,对管理中的各种可变因素,可以着重从六个方面加以考察,它们是:

(1) 组织规模的大小;

(2) 组织中人员的相互联系和影响程度;

(3) 组织成员的技巧、能力、志向、兴趣以及个人性格;

(4) 组织目标的一致性;

(5) 决策层次的高低;

(6) 组织目标的实现程度等。

十一、经理角色学派

经理角色学派主张对经理人员的实际工作情况进行考察,以发现经理人员在现实中的活动规律,并以此纠正纯粹的管理理论所造成的理解偏差。该学派代表人物是加拿大的亨利·明茨伯格。为了描述所有经理在进行实务工作中的种种活动,明茨伯格定义了三大类十种角色。孔茨如此评价明茨伯格的研究:观察管理者实际上在做什么是很有用处的。但是,现在的研究成果对于建立一个更完善、更符合实际的实务性的管理理论而言,尚长路漫漫。

要指出的是,管理理论丛林中的各学派虽有各自的理论主张,但在管理学界并未形成权威的理论。在此期间,管理学家也曾企图用系统的方法和权变的方法把管理理论统一起来,建立一套一般的管理原理。尽管管理学家做出了各种努力,原本希望使管理理论走出丛林,长成一棵"大树",却未曾料到导致了更多的雨水使丛林中的叶子长得更加茂盛,形成一片繁茂的"丛林"。

2.5 现代管理理论的新发展

当人类进入20世纪90年代,随着信息化、网络化、科技化和全球化的发展,企业面临的竞争环境发生了急剧的变化,企业应如何适应新的经济环境,增强自身的竞争能力,成为世界企业界和理论界关注的焦点,也为管理的理论和实践提出了新的问题和挑战。在这样的环境情况下,针对现代管理面临的新问题、新要求,新的管理思想和理论犹如雨后春笋不断涌现,其中影响力比较大的新思潮有学习型组织、企业再造、知识管理和创新管理等。其中创新管理将在第九章专门论述。

2.5.1 学习型组织

所谓学习型组织是指能够持续学习、适应变化和具有创新能力的组织。如何适应不断变化的新环境,创建学习型组织,中外许多学者在此方面进行了研究和探索,其中最具科学性和影响力的是彼得·圣吉(Peter M. Senge)于1990年出版的名为《第五项修炼——学习型组织的艺术与实务》的著作,该书中构建了创建学习型组织的五项修炼模型。

1. 第一项修炼:自我超越——实现心灵深处的渴望

自我超越的修炼是学习型组织的精神基础。因为组织整体对于学习的愿望与能力基于个别成员对于学习的意愿和能力。自我超越是指不断突破自己的成就、目标和愿望,给自己以新目标和愿望的过程。能够自我超越的人并不很多,这种人首先要有自己的目标、愿望或愿景,然而他还必须有不满足现状、永远追求新目标的动力,只有这样,这种人才存在自我超越的前提。

彼得·圣吉认为,要成为自我超越的人必须做到:其一是学习不断厘清并加深个人的真正愿望,集中精力,培养耐心;其二是在不断学习中,客观地观察现实,了解目前的真实情况;其三是对于学习型组织来讲,要设计出鼓励他们成员不断成长的个人职业生涯设计。

2. 第二项修炼:改善心智模式——用新眼睛看世界

所谓心智模式是指由于过去的经历、习惯、知识素养、价值观等形成的基本固定的思维、认识方式和行为习惯。 心智模式一旦形成,将使人自觉或不自觉地从某个固定的角度去认识和思考所发生的问题,并用习惯的方式予以解决。任何一个人都有自己特殊的心智模式,这既是教育的功劳,也是此人在特定生活工作环境中逐步形成的。由于心智模式影响人们所采取的行动,当周围环境发生变化后,建立在以往旧式的环境上所形成的心智模式可能并未改变,所以往往导致行动的失败。改善心智模式就是改变我们的思考方式,它是一个不断检验隐藏在我们所有行为背后的基本假设是什么,以及这些是否正确的过程。

彼得·圣吉认为,要改善心智模式:其一是把镜子转向自己,学习发掘内心世界的图像,使这些图像浮上表面,并严格审视;其二是有效地表达自己的想法;其三是以开放的心灵容纳别人的想法。

当今各种环境因素和条件变化极快,导致了现在及未来中某些方面及某些事与以前相比有了很大的变化,而且还产生了许多过去未遇见过的新情况。此时,如果仍然用传统的心智模式去认识和判断这些事,就可能出现认识上的偏差和行为上的错误。因此,改善心智模式,是建立学习型组织的重要内容。

3. 第三项修炼：建立共同愿景——打造生命共同体

所谓共同愿景，是指组织中所有成员共同发自内心的意愿。这种意愿不是一种抽象的东西，而是具体的能够激发所有成员为组织这一愿景而奉献的使命感，它能够形成巨大的凝聚力，为学习提供了焦点和能量。共同愿景可以由外在环境刺激而造成，也可以是组织内部被唤醒的建立新事物的创造力和热情而形成，前者是外生的，后者是内生的。共同愿景的存在可以使组织内部成员放弃固有的心智模式，勇于承认个人和组织的缺点，因而能够激发新的思考和行动方式。

彼得·圣吉认为，共同愿景是建立在个人愿景的基础之上，愿景一般分为三个层次：一为组织大愿景，二为团队小愿景，三为个人愿景。作为学习型组织必须鼓励其组织成员发展自己的个人愿景。因为一般员工如果没有自己的愿景，他们的工作仅仅是依附和遵从别人的愿景，这种遵从至多是适应的和勉强的。建立共同愿景的领导艺术是从建立个人愿景出发而确立共同愿景。

4. 第四项修炼：团队学习——激发群体智慧

团队学习是发挥团体成员整体搭配能力与实现共同目标能力的过程。整体搭配是指团队能够良好地发挥整体运作的功能。当团队真正在学习的时候，不仅整体产生出色的成果，成员成长的速度也比其他的学习方式更快。

彼得·圣吉认为，团队学习是建立在"自我超越"和"共同愿景"的基础之上，团队学习的修炼必须精于运用"深度汇谈"和"讨论"两种交谈技巧。进行团队学习，要注意三个问题：其一是当需要深思复杂的问题时，团队必须学习如何萃取出高于个人智力的团队智力。这说起来容易，但由于在组织中常有一些抵消和磨损力量造成团体的智慧倾向小于个别成员的智慧之和，而这些力量有许多却是团队成员能够加以控制的。其二是当需要具有创新性而又协调一致的行动时，团队能创造出一种"运作上的默契"。如在一流的球队和爵士乐队中，乐队成员既有自我发挥的空间又能协调一致。其三是组织不能忽视团队成员在其他团队中所扮演的角色和影响。譬如高层管理团队大部分的行动，实际上需要通过其他团队加以实现。因而，一个学习型的团队，可以通过向其他团队提供学习的方法与技巧，不断培养其他的学习型团队。

5. 第五项修炼：系统思考——见树又见林

这五项修炼的核心是系统思考。许多事情都是处于缓慢渐变的过程，极不易察觉，即使察觉了，不是为时已晚，就是不知如何有效处理。想想看：交通是突然拥挤的吗？健康是突然变差的吗？杰出的企业是突然变弱的吗？全球生态是突然恶化的吗？

系统思考要求人们运用系统的观点来看待组织的发展。要求我们从看局部到纵观整体，从看事物的表面到洞察其变化背后的结构，以及从静态的分析到认识各种因素的相互影响，进而寻找一种动态的平衡。

彼得·圣吉认为，系统思考是"看见整体"的一项修炼，它使人看清隐藏在复杂现象后面的结构，并且能够敏锐地感觉到属于整体的各个互不相关的因素之间的联系；系统思考的精髓在于转换思考方式，它是一种用丰富的语言来描述不同的环状互动关系及其变化形态，熟悉、掌握并能够运用"系统基模"则是将系统观点运用于实践的第一步。

系统思考要求人们在考虑问题时，要把问题放在它所处的系统中来思考，它是一种心灵的转变：从将自己看作与世界分开，转变为与世界连接；从将问题看作是由"外面"某些人或事引起，转变为看到自己的行动如何造成问题。系统思考除训练人们扩大思考的时间和空间，以适当界定问题所处的系统范围外,还提供了一些思考方法和工具,帮助人们了解系统发生变化背后的整体互动关系,这种整体互动关系被称为"结构",通过对结构的了解与不断改善,组织内各部门之间、发展战略与实际能力之间、现在的行动与未来的资源之间等,都可以获得较长远而紧密的搭配。

2.5.2 企业再造

1994年,美国的迈克尔·哈默(Michael Hammer)和詹姆斯·钱皮(James Champy)合作出版了一本名为《企业再造》的著作。该书一出版便引起管理学界和企业界的高度重视,并引发了美国各大公司的业务流程重组热潮。

哈默和钱皮认为,信息社会给企业生产、管理活动的方式带来了根本性的变化,我们应该根据信息社会的要求,抛开传统分工的旧包袱,将硬生生拆开的组织架构,如生产、营销、人力资源、财务、管理信息等部门,按照自然跨部门的作业流程,重新组装起来,彻底改变企业的本质。并且强调,这种思想对当前企业的重要意义不亚于在过去两百年间亚当·斯密的思想对企业家和经理们的重要意义;运用企业再造的原则所产生的效果之重大,也将不亚于当年运用亚当·斯密的工业组织原则所产生的效果。

所谓企业再造是指针对企业业务流程的基本问题进行根本性的再思考,并对它进行彻底的重新设计,以便在成本、质量、服务和速度等当前衡量企业业绩的这些重要的尺度上取得显著的改善。这一描述包含以下四个方面的含义。

(1) 企业人员在着手再造前,必须先就企业的运作提出一些最基本问题。例如,为什么我们要干这项工作?为什么我们要这样干?为什么必须是由我们而不是别人来干这项工作?通过对这些基本问题的仔细思考,会促使人们去观察、注意困扰我们工作的那些规则和前提。结果,常常会发现这些规则往往是过时的、错误的或不适当的。企业再造不注重事情"现在是"怎样,而是注重事情"应该是"怎样。

(2) 彻底的重新设计是指要从事物的根本着手,不是对现有的事物做表面的变动,而是把旧的一套完全抛掉。企业再造不是仅仅对企业现有的业务工作进行改良、提高或修修补补,如果只在管理制度和组织形式方面进行小改小革,也对根除企业管理的顽疾无济于事。企业需要从头做起,彻底改造,重建企业的业务流程。

(3) 显著的改善是指企业再造追求的并不是一般意义上的业绩提升或好转,而是在经营业绩上有显著的增长和极大的飞跃。强调业务流程中每个环节上的活动尽可能实现最大化增值,减少无效或不增值的活动,实现整体流程全局最优(而不是局部最优)的目标。哈默和钱皮还为"显著改善"制定了一个目标:周期缩短70%,成本降低40%,顾客满意度和企业效益提高40%,市场份额增长25%。

(4) 业务流程是指企业为顾客创造价值的一系列相互关联的活动,即相互关联的价值链。企业再造要求以流程为导向,而在大多数企业中并不是以流程为导向,他们忙于流程中的各项任务、忙于本位工作,重视人事、重视结构,而不是流程。例如,采购部门往往认为把采购价格压得越低越好,至于组织中其他活动,采购部门是不会关心的。导致的结果可能就是采购部门的绩效很高,但公司总体绩效却不高。

企业再造的核心是对企业业务流程的重新思考和彻底改造,企业业务流程再造过程中的指导思想是坚持三个中心,即以顾客为中心,以员工为中心,以效率和效益为中心。

下面以北美福特公司的财务革新为例,看看他们通过流程重组带来的效果。20世纪80年代,位于北美的福特汽车公司有三分之二的汽车部件需要从外部供应商购买,为此需要有相当多的雇员从事应付账款管理工作。在进行业务重组前(如图2-5所示),北美福特汽车公司的应付账款部门雇佣员工500多人。最初,管理人员计划通过业务处理程序合理化和应用计算机系统,将员工减少至最多不超过400多人,实现裁员20%的目标。日本马自达公司在福特公司拥有22%的股份,而在马自达汽车公司做同样工作的人只有5个人。尽管两个公司在规模上存在一定的差距,但5:500的差距让福特公司震惊了。为此,福特公司决定对公司与应付账款部门相关的整个业务流程进行彻底的重组。

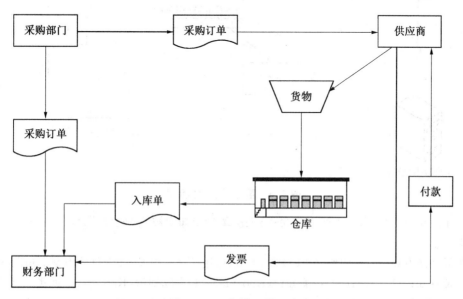

图2-5 原有的业务流程

福特汽车公司应付账款部门的工作就是接受采购部门送来的采购订单副本、仓库的收货单和供应商的发票,然后将三类票据集在一起进行核对,查看其中的14项数据是否相符,绝大部分时间被耗费在这14项数据由于种种原因造成的不相符上。原有的业务流程如图2-5所示。

业务流程重组后,应付账款部门需要核实的数据项减少为三项:零部件名称、数量和供应商代码,采购部门和仓库分别将采购订单和收货确认信息输入到计算机系统后,由计算机进行电子数据匹配。最后结果是:应付账款部门的员工减少了75%,而不是原计划的20%。重组后的公司业务流程如图2-6所示。

从福特汽车公司的业务流程重组的前后对比中可以看出,业务流程重组在信息技术的强大支持下,可以大幅度地提高工作效率,减少不必要的重复和失误。

2.5.3 知识管理

彼得·德鲁克在他的《知识社会的兴起》一书中指出,一百多年来人类经历过三次革命,分别是工业革命、生产力革命和管理革命。这三次革命都是随着人类逐渐揭开知识的神秘面纱而发生的。第一次革命中知识被应用于工具、过程、产品,形成了工业革命;第二次革命中知识

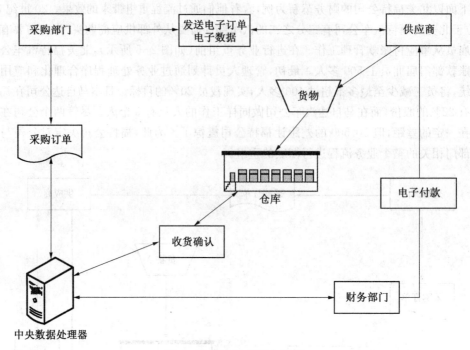

图 2-6 重组后的业务流程

被应用于工作,从而引来了生产力革命;第三次革命中知识被应用于知识本身,从而引起了管理革命。

世界经济发展与合作组织(OECD)提出:从应用的角度出发,知识可分为事实知识(Know-what)、原理知识(Know-why)、技能知识(Know-how)和人际知识(Know-who)四类。从认知角度出发,知识又可以分为显性知识(Explicit Knowledge)和隐性知识(Tacit Knowledge)。显性知识是指能够用符号表达出来的,存放在各种文献中,易于存储、交流与共享的知识。隐性知识是指高度个性化的和难以格式化的知识,它植根于个人的经验,须通过直接的、面对面的接触来交换和共享知识。隐性知识在管理决策中起的是直接的作用,而显性知识只有内化为隐性知识才能发挥出它所有的智能性功能。在 OECD 对知识的划分中,前两者属于显性知识,后两者属于隐性知识。显性知识和隐性知识之间可以相互转化,动态循环。

管理大师彼得·德鲁克在《巨变时代的管理》一书中提出:**知识管理是以知识为核心的管理,它通过确认和有效利用已有的和获取的知识,通过对各种知识的连续性管理,提高组织的创新能力和创造价值的能力,以满足组织现有和未来开拓环境机会的必需的过程。**知识管理的出发点是把知识看作最重要的资源,最大限度地获取和利用知识来提高组织核心竞争能力。

企业的知识管理的内容可从内部管理和外部管理两个方面来考虑。

1. 实现企业内部知识的交流与共享

(1) 创造有利于知识交流、共享的氛围。企业内部蕴涵着大量知识,尤其是在企业员工队伍中的大量的隐性知识积聚,根据统计,企业中隐性知识大约占知识总量的 90%,在知识经济的条件下,知识可以转化为效益,知识可以转化为资本,因此能否挖掘隐含在企业中的知识、充分发挥这些知识的作用,是企业成功与否的关键。知识的内部管理包含知识在企业内部的生成、交流、积累和应用四个环节。企业知识的内部管理应该能够营造一个有利于员工生成、交流、验证知识的宽松环境;建立一个内部信息网,便于员工进行知识交流;制定各种激励政策鼓励员工进行知识交流;利用各种知识数据库、专利数据库存放知识、积累知识;放松对员工在知识应用方面的控制,鼓励员工在企业内部进行个人创业,促进知识的应用。

(2)在交流和应用中实现知识增值。企业内部知识管理的原则是在保守企业秘密的前提下,创造良好的环境,最大限度地促进企业知识共享、促进企业知识的流动。因此,在进行企业内部知识管理时,要注意五个方面问题。首先,要消除中间知识流通环节,减少知识扭曲;其次,在企业内部消除人员之间知识交流的障碍,实现知识的自由、直接交流;第三,允许企业内的每一位职员向企业网络内填充知识和信息,使每一位员工的知识都成为企业系统知识平台的组成部分;第四,企业的系统知识平台要全天候地开放,因为企业员工的灵感是随时随地产生的,因此,要给他们提供相应的硬件和软件设备,使他们能随时随地实现与他人的交流,而不是只局限于办公室中;第五,要使员工之间的交流容易进行,提供友好的界面,实现无障碍的交流。

2. 进行企业外部的知识管理

(1)建立外部知识网络。在知识经济时代企业有比较发达的外部知识网络,如供应商网络、用户网络、专家网络、信息网络、合作网络、与政府有关部门的网络等,这些网络关系中存在着大量的知识,可以被企业利用、转化为企业的效益,因此,企业要充分利用这些网络,加强对网络中知识的管理,最大限度地利用外部知识。

(2)在合作和竞争中学习。企业在加强对外部知识管理的同时,要经常向外部企业,尤其是合作企业学习,学习其成功的经验,并总结其在发展过程中的教训,促进本企业的健康发展。企业可以设定某些机制,使公司从知识扩充中受益并获取共同资源和合作带来的能力,通过合作者的加入实现学习的目的,消化吸收获得的知识和信息。企业的成员可以在合作过程中,通过正式和非正式的交往来获得在通常情况下不能得到的知识,合法地了解合作方的专利、许可、蓝图、样品等方面的情况。

(3)提高企业的对外反应速度。减少层次和压缩规模,提高企业的对外反应速度,不仅是公司降低成本的需要,也反映了信息和通信技术对管理的冲击。以沟通上下和各层次组织,以减弱中层管理人员的作用,扁平化的柔性组织加快了企业对外界环境变化的反应速度。此外,对外反应速度的快慢,在很大程度上决定了企业对外部知识学习和管理的效率。快速、高效的外部反应系统可以使企业加强与供应商、用户、专家、政府部门等的联系,最大限度地使其为企业所用。

如何在办公领域中实施知识管理

引进一套办公自动化系统很简单,你可以通过在内联网加上一套软件就可以,但是要想达到知识管理的话,就必须让所有的员工认识到它的必要性和重要性,真正让所有的员工争先恐后地访问系统,愿意把自己的知识奉献出来共享。

首先,建立企业的内联网和系统平台,能够完全地实现交流与协作。

一方面要求硬件平台的构筑要合理,另一方面要求应用系统在设计、规划、实施上将交流与协作作为应用的基础进行考虑,能够全面、完善地实现知识管理。内联网建立以后,知识就可以在互相交流中发展。联系越广泛越有效,信息就能得到越来越多和越好的共享。

其次,应建立企业内部知识库。

知识库建立在企业的内联网上,可以包括公司的人力资源状况、员工需要的技能和评价方法、各部门的内部资料、公司的发展历史、客户的所有信息、竞争对手的材料、合作伙伴的材料、公司内部研究资料等,只要您认为可以包括的都可以规划在知识库中。当然,知识库必须有基本的安全措施和网络访问权限控制。

再次,还应当建立知识总监制度,实现知识的创造、发明和传播的最大化。

知识是具有竞争优势的可持续的来源,对企业的发展起到至关重要的作用。知识总监的主要任务是将企业的知识变成企业的效益。具体来说就是:建立和造就一个能够促进学习、积累知识和信息共享的环境,使每个人都认识到知识共享的好处,并为企业的知识库作贡献;监督保证知识库内容的质量和深度;保证知识库与企业的发展一致;保证知识库设施的正常运行;加强知识集成,产生新的知识,促进知识共享的进程。

最后,为了调动员工对知识管理的积极性,应创造一种企业文化,促使员工为自己的绩效负责,并且能够发展新知识和新技能。

配合这种制度,企业必须改变绩效评估体系的标准,建立知识管理奖励机制。让员工在知识管理的过程中由操作型员工向知识型员工转变,提供给他们学习的环境和激励,创造更大的价值。

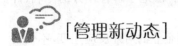

指数型组织

"指数型组织"概念最早由美国奇点大学提出,它是指在运用了高速发展的技术的新型组织方法的帮助下,让影响力(或产出)相比同行发生不成比例的大幅增长(至少10倍)的组织。不同于使用人海战术或大规模实体工厂的传统组织,指数型组织的建立根基是信息技术,将原本的实体去物质化,转变成数字世界中的资源。硅谷风险投资家艾琳·李(Irene Li)在2013年提出了"独角兽公司"公司的概念,众多创业公司都渴望估值超过10亿美元,从而加入"独角兽俱乐部",而打造指数型组织,恰好是这些公司成为"独角兽"的不二之选。

根据美国市场调研公司CB Insights 2017年发布全球最具价值的197家私营(未公开上市)科技创业公司榜单,这些公司都是估值超过10亿美元的所谓"独角兽"公司,榜单上有15家"十角兽"公司,即估值超过100亿美元的公司,其中6家是中国公司。他们的排名依次为:优步、滴滴出行、小米、Airbnb(290亿美元)、Palantir(200亿美元)、陆金所(185亿美元)、美团网(180亿美元)、WeWork(169亿美元)、SpaceX(120亿美元)、Pinterest(110亿美元)、今日头条(110亿美元)、Flipkart(100亿美元)、DropBox(100亿美元)、Infor(100亿美元)、大疆创新(100亿美元)。其中,"独角兽"最多的三个领域是电商(17%)、互联网软件及服务(14%)和金融科技(11%)。

奇点大学认为,当今颠覆行业发展的"独角兽"公司拥有11个最强属性,而至少拥有其中4个属性,便可以称为指数型组织。

问题追踪

指数型组织的11个属性是什么?

■ 本章小结 ■

1. 中国是一个有着几千年历史的文明古国,在长期的社会实践中形成了许多优秀的管理思想和管理实践,其中对中国传统社会具有深远影响力的主要有儒家思想、道家思想、法家思想和兵家思想等。

2. 西方的管理实践和思想也有着悠久的历史,主要体现在管理教会、治国施政和指挥军队作战等方面,古巴比伦人、古埃及人和古罗马人在这些方面都作出重要贡献。18世纪60年代英国产业革命的开始,工厂制度的出现,生产组织的变化和专业化协助的需要,企业管理应运而生。亚当·斯密的"经济人"观点成为后来整个资本主义管理理论的基础。

3. 科学管理理论着重研究如何提高单个工人的生产效率。其代表人物主要有弗雷德里克·温斯洛·泰勒、莉莲·吉尔布雷斯夫妇以及亨利·甘特等。科学管理对管理理论的形成和发展的贡献主要表现在对时间和动作研究、作业管理、作业人员与管理者的分工协调等方面。科学管理是管理从经验走向科学的标志,也是管理走向现代化和科学化的标志。

4. 组织管理理论着重研究管理职能和整个组织结构。其代表人物主要有亨利·法约尔、马克斯·韦伯和切斯特·巴纳德等。法约尔提出了适用于一切组织的企业的经营活动和管理的五种职能,以及有效管理的14条原则。法约尔的一般管理理论对后来的管理理论发展一直起着重大的作用,西方把他称为"现代经营管理之父"。

5. 行为科学的产生源于梅奥教授领导的著名的"霍桑实验",并产生了人际关系学说,提出了职工是"社会人"的观点;奠定了行为科学理论的基础。行为科学还进一步对人的需求、动机及行为的关系进行了研究,如麦格雷戈的"X—Y"理论、洛尔施和莫尔斯的超Y理论等。

6. 第二次世界大战以后,由于管理受到世界各国各地区的普遍重视,管理思想得到了迅速发展,出现了许多新的理论和学说,形成了众多学派。哈罗德·孔茨将1980年以前的管理学领域的理论归纳为11个学派,分别是管理过程学派、人际关系学派、群体行为学派、经验主义学派、社会协作系统学派、社会技术系统学派、系统管理学派、决策理论学派、管理科学学派、权变理论学派和经理角色学派。

7. 20世纪90年代,随着信息化、网络化、科技化和全球化的发展,企业面临的竞争环境发生了急剧的变化,针对现代管理面临的新问题、新要求,新的管理思想和理论不断涌现,其中影响力比较大的新思潮有学习型组织、企业再造、知识管理和创新等。

[问题与讨论]

1. 讨论中外早期的管理实践和管理思想。

2. 什么是科学管理？为什么泰勒被尊称为"科学管理之父"？
3. 什么是组织管理？为什么法约尔被尊称为"现代经营管理之父"？
4. 梅奥的霍桑试验有什么意义？梅奥对行为科学的主要贡献有哪些？
5. 分析和比较 X 理论、Y 理论、超 Y 理论和 Z 理论的不同点。
6. 讨论管理理论丛林中各种不同管理流派的特点，及其对管理理论的贡献和局限性。
7. 什么是学习型组织？你怎样理解学习型组织？你认为学习型组织与传统组织相比有什么不同的特点？
8. 理解企业再造产生的背景和基本思想。讨论什么是知识经济？知识经济带来怎样的变化？

[实战练习]

查阅有关管理思想与理论方面的文献资料

目的： 通过文献资料的查阅，掌握管理过程学派、经验主义学派、社会协作系统学派、系统管理学派、决策理论学派、管理科学学派、权变理论学派的主要观点，认识现代管理理论发展的新思潮。初步培养学生学习和分析管理思想与实践方法的能力。

内容： ① 学习查阅文献资料的途径与方法。
② 要求学生了解各管理流派的主要观点。
③ 分析各管理流派对管理理论的贡献和局限性。
④ 认识现代管理理论发展的新思潮。

要求： 每位学生写出文献综述，教师批阅，并优选部分学生的文献综述进行小组或全班交流。

[案例思考]

案例一　打造指数型企业

一、什么是指数型企业？

指数型企业是指在运用了高速发展的技术、先进的管理等手段后，让产出（或影响力）发生大幅增长的企业。

第一，指数型企业是那些非常关注技术发展的企业。比如，很多利用半导体技术的企业，它们有效地利用摩尔定律在近 50 年内持续增长，保障了整体全球 IC 产业的持续增长，具有很高的竞争力。它们抓住了技术的极限增长，一个成功的企业必须是在技术的正无穷大以及负无穷大上取得成绩的企业。

再比如，高铁是我国的骄傲。高铁引进时是 200 公里的综合技术，我们把它发展成 350 公里，一下超越了德国、法国、日本和加拿大的技术。现在高铁创新工作者正在研发 600 公里的高铁，但我们跟美国的高铁比有一个缺点：我们还是线性增长。美国的企业特斯拉现在是指数增长，它们正在开发时速 5 000—6 000 公里的技术，这就是我们面临的挑战。将来高铁和航空技术要合并、要交流,这是中国中车面临的一个典型的挑战。

第二,技术一定是有极限的,所以企业要用开放创新的思想,去尽力整合知识,实现指数增长。知识决定了组织增长的能力和潜力。把资源变成核心能力的关键是知识,这是要完成的另一个重要变量,知识的积累。例如,传统的日本企业丰田公司在40年内收到员工2 000万个创意,平均每年50万个,年均创意量远远超过中国企业,它是指数增长的。相比之下,中国的优秀企业大概每年只有3 000—4 000个创意。丰田最新的数字是150万个创意,丰田公司的销售额目前仍然达到1 000亿美元左右。丰田仍然是全球运输装备业企业的第一名,为什么?因为它非常重视知识的获取能力和创新能力。

第三,善于运用全球的人才。这里包括企业要高度重视开放创新这样一个理念,更加强调企业生态体系的建设。以前企业管理比较重视内部管理,现在企业管理的重点是构建企业的生态体系,这将成为企业管理非常重要的新方向。

二、指数型组织的成功典范

1. 善于整合资源的苹果

很多企业把上文提到的三点都整合得很好。比如苹果,它的技术精益求精,现在是iPhone,我们预测苹果下一步是iCar,汽车的霸主不再是传统的福特、通用、克莱斯勒,可能是苹果。十年后苹果可能在做的就是iHouse、智慧家居、智慧城市。苹果是一个对技术非常有追求的公司,也是非常注重整合人才的公司,苹果最大的优势是整合了很多合作资源,包括设计资源,以及与它周围的好莱坞、迪士尼保持良好的伙伴关系,它们都是有文化的企业,这给企业创造了无限的发展空间。

例如,苹果最重要的是跟它的APP开发者合作得非常好,每年有几十万以上的APP上线,每年整合20万个APP开发者,苹果是一个非常重视商业生态体系发展的企业。苹果在战略合作和产品方面做了很高的积累,是一个快速增长的企业,未来苹果可能会成为全世界第一家股票市值超过1万亿美元的企业。因为它的技术整合、知识整合、人才资源整合的能力非常强,形成了超级创新,这点非常值得我们企业去学习。

2. 不断增加用户粘性的Google和亚马逊

Google以前做搜索,下一步是智能硬件,再下一步是智能的器官。它希望通过努力在2020年把人类的寿命从现在的平均80岁延长到120岁。Google不断进行创新,不断延伸用户粘性,它的使用价格比较低,创新度非常高,搜索免费,广告价格也低,用户界面非常好,所以它既做到了创新、差异化,又做到了低成本。这样的组织就是指数型增长组织。

还有一个类似的企业是亚马逊,它与Google一样创新且便宜。如0.99元可以试读4万本书,这就相当于免费,下一个阶段叫免费时代,它非常有效地应用了共享经济。

3. 运用社会创新打造智慧城市的英特尔

英特尔本身就是指数型增长的原始企业,它最早是做摩尔定律的,摩尔定律用到了极限,现在它找到了下一个机会:人工智能。人工智能非常具有指数增长的潜力,到2030年,机器将更加智能,拥有部分人类智慧,新药将由机器来开发。

英特尔不仅有机器智慧,它还有人的智慧,它的下一个产业计划是做智慧城市,靠自己做会非常慢,所以它采用让社区民众参与创新,对做什么样的城市化建设和规划广纳建言。因此它的创新就是技术创新加上社会创新——加强企业创新的公众参与。公众参与就是用大家的智慧来帮助企业建设企业的整个运营平台和产品特性。

最后,英特尔的成功还取决于以下三点:第一,合作营销,与个人计算机制造商合作,授予他们使用英特尔商标的权利,直接将英特尔推向终端;第二,消费者品牌打造,在消费者心中形成品牌认知保护,同时形成"挟品牌以令厂家"的掌控力;第三,技术创新和品牌价值并驾齐驱。

4. 整合社会闲置资源和人才的优步

优步不只是一个租车企业,它实际上是一个整合社会闲置资源和闲置人才的领先企业。优步用比较低的价格和友好的商业模式去整合大众智慧、大众人才,把社会闲置资源整合在一起,形成一个新的管理方式,产权的概念在慢慢降低,使用权变得越来越重要。除了整合闲置人员,更重要的是,优步把人类的产权进行了弱化,把使用权进行了提升,让每个人都可以使用企业创造的公共资源,它的市场覆盖增速非常快,整个增长模式有很高的市值,已经超过了700亿美元的市值。

由上可知,指数型增长的发展模式有三个特征:第一,对技术的高度关注,利用技术指数增长;第二,对组织知识的高度重视;最后,利用人才的增长获得指数型增长,获得综合的效应。因此,指数型企业需具备三个条件:第一,技术无限增长;第二,知识的共享;第三,要开放创新,进行大规模的人才合作。

▲ 思考题

1. 请列举1—2个中国本土的指数型企业。
2. 中国企业怎样成为指数型企业?

资料来源:陈劲:"打造指数型企业",《企业管理》,2017年第4期。

案例二 阿里巴巴的合伙人制度

2014年9月19日,阿里巴巴集团(下文简称阿里巴巴或阿里)在美国纽交所成功上市,正式挂牌交易。此前,阿里巴巴曾申请在香港联交所上市,却未获批准,这其中的关键障碍在于阿里巴巴实行了特殊的合伙人制度。

一、阿里巴巴合伙人制度的主要内容

2014年5月6日,阿里巴巴向纽交所提交招股说明书,专门对其合伙人制度做了阐述。从1999年创始以来,公司就建立了合伙人制度,2010年7月,阿里巴巴决定将这种合伙人制度正式确立下来,取名为"湖畔合伙人"(取自公司初创的地方湖畔花园),上升到制度层面。目前公司共有28名合伙人,其中马云和蔡崇信为永久合伙人,其他人一旦离开阿里或关联公司时就从阿里合伙人中退出。每年公司都可以提名新合伙人,新合伙人需要满足以下条件:持有公司股份;在阿里或关联公司工作5年以上;对公司有杰出贡献;高度认同公司文化,愿意为公司使命、愿景和价值观竭尽全力等。合伙人的权力有董事提名权和奖金分配权,义务包括竭尽全力提升阿里生态系统愿景和传承企业文化与价值观。

从阿里巴巴的招股说明书、公司章程与合伙人相关条款可以看出,合伙人制度实质上是由公司章程规定的,通过给予特殊人群特殊权力来维持和延续公司控制力的一种协议。合伙人制度蕴含以下四点新内涵。

1. 合伙人的主要类别

根据合伙人权力、进入及退出条款等,公司将合伙人分为普通合伙人、永久合伙人和荣誉

合伙人。普通合伙人就是符合阿里巴巴招股说明书中阐述的合伙人条件,享有权力并履行义务的合伙人。永久合伙人是一种特殊的合伙人,特殊在不需要服从普通合伙人60岁自动退休、离开阿里巴巴就自动退出两个条款的约束,目前在阿里仅有马云和蔡崇信两人。荣誉合伙人由合伙人委员会在退休的普通合伙人中选举产生,他们无法行使普通合伙人的权力,但是可以获得奖金池的部分分配。合伙人会因为年龄、个人意愿、合伙人委员会的决定等因素成为其他的类别,或者退休,合伙人类别如图1所示。

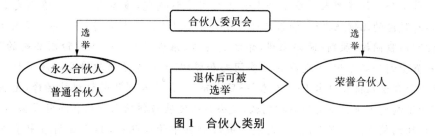

图1 合伙人类别

2. 合伙人制度的核心是合伙人委员会

合伙人委员会负责管理合伙人,组织合伙人选举工作和提议、执行阿里高管年度奖金池分配。目前,合伙人委员会有5个委员——马云、蔡崇信、陆兆禧、彭蕾和曾鸣,以后可能会更多。这些委员由合伙人投票从合伙人中选举出来,负责管理合伙人。委员每届任期3年,可以连选连任。

3. 合伙人的加入和退出机制

起初,阿里巴巴的合伙人是由马云、蔡崇信等创始人推选的,公司章程并未对合伙人的名额限制。2010年,合伙人协议写入公司章程,上升到制度层面。合伙人制度规定新合伙人选举每年进行一次,有具体的加入和退出机制。

(1) 加入机制。成为普通合伙人必须符合规定的条件,通过现有合伙人提名并投票,得到75%以上的现有合伙人支持,最后由合伙人委员会确认才能成为正式合伙人。永久合伙人不仅有被选举出来这一种方式,还可由退休的或者在职的永久合伙人指定。荣誉合伙人从退休合伙人中选举产生,基本遵循普通合伙人的加入程序。

(2) 退出机制。普通合伙人的退出机制有生理机制、自愿机制、员工机制和除名机制。特殊的永久合伙人没有60岁自动退休和离开阿里工作两种情形限制。荣誉合伙人本身就是退休后的合伙人,无法行使合伙人特权,仅享受奖金池部分分配,因此没有特定的退出机制。普通合伙人加入、退出机制如图2所示。

4. 合伙人制度具有稳固性、持久性和自我保护性

合伙人权力由公司章程规定,不受合伙人所持的

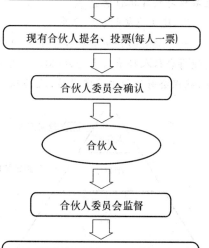

图2 普通合伙人加入、退出机制

股份多少和比例影响。要对章程中关于合伙人提名权等相关条款进行修改,必须通过股东大会95%的股东表决同意。从目前合伙人的持股比例看,马云和蔡崇信占10%左右,因此,合伙人制度不会被轻易修改或者废除,很难被打破,这样就能永久保持合伙人对公司的控制权。

二、阿里巴巴建立合伙人制度的主要功效

1. 实现合伙人对公司的控制

在传统股份制公司中,公司治理结构由"股东大会—董事会—经理层"构成。股东大会选举董事会,董事会聘任经理人。董事会人数由公司章程确定,董事人选一般遵循资本决定原则,按照所持股份的比例来提出,能否通过股东大会半数以上支持是另一回事。股东大会在投票权上坚持"同股同权"原则,通俗来讲,谁的股份多,谁说了算。传统股份制公司的"同股同权"原则一直受到法律保护,但也存在一些问题和弊端,大股东董事把持公司决策权。阿里巴巴未上市之前合伙人持股仅占10%左右,一旦上市后,合伙人团队的股权被稀释,无法控制公司。阿里为了避免上市后丧失公司控制权,使公司的发展与创始人意愿相违背或偏离,创造性地在传统治理结构中嵌入了"合伙人制度",并在章程中予以明确,招股说明书中予以公开披露,以此实现对公司的控制。合伙人制度赋予合伙人半数以上董事提名权来实现合伙人对公司的控制,如董事会成员由9名董事组成,其中5名(半数以上)由合伙人提名。提名的董事和传统股份制公司一样,也需要经过股东大会规定的票数支持,只有通过了才能正式成为董事候选人。表面看似此特权没有决定性,但是此提名权有反复性,一旦合伙人提名的董事候选人被股东大会否决了,合伙人可以继续提名,直至股东大会表决通过,正式成为董事候选人。

如果合伙人提名的董事一直未被股东大会同意,那么两者陷入僵局,为了避免这种情况下合伙人的董事提名权落空,章程中规定合伙人有"过渡董事"指定权,此权力是对前一权力的补充。"过渡董事"不需要经过股东大会同意,任期一年,直接补缺了董事空位,使合伙人的董事提名权得到真正行使。

2. 建立稳定的管理体系

一个稳定的公司管理体系不会因为内部分裂就影响公司的发展,阿里巴巴依托合伙人制度使得合伙人拥有较大的战略决策权,建立了稳定的管理体系,从而减少股份变动对公司的影响,确保公司的长期稳定发展,从而确保客户、员工及股东的长远利益。内部分裂曾经伤害过很多公司,如微软在软件和互联网战略之间分裂,雅虎在媒体和产品公司之间分裂。内部分裂也伤害过阿里巴巴,支付宝为获取第三方支付牌照时,必须解决外资身份问题,支付宝和阿里两大股东各处位置不同,坚持各自利益,是中国互联网行业有史以来最艰难的谈判。阿里的合伙人制度建立的管理体系像是一个稳定的金字塔,可以避免公司的分裂,如图3所示。

图3 以合伙人为核心的管理体系金字塔

金字塔有三层,最高一层为老年层,主要负责为下两层挑选合适的人才,让正确的人坐在正确的位置上,他们虽然没有精力,但是有慧眼,知人善任;中间一层为中年层,他们经验丰富,眼光长远,勇于抓住机会,负责制定公司战略方向,掌握大局;最下面一层为青年层,年轻人冲劲十足,勇于开拓,精力旺盛,负责执行战略,以及公司日常管理。金字塔的每层没有绝对的分

界,每层间都有交叉、相互渗透、紧密衔接,形成稳定的权力交接梯队。这个金字塔权力自上而下行使,人力资源流动自下而上输送。从合伙人的具备条件来看,每个层次的优秀者才能成为合伙人,合伙人是每个层次的核心,一般须在金字塔的中上层至顶尖处。

3. 维系和传承企业文化

企业文化是一个公司最重要的、无法复制的、独特的精神支撑力量,是看不见的软技术实力,一旦丧失将很快变得庸碌无为。阿里巴巴起初考虑在香港上市,未成功后马云公开回应"我们不在乎在哪里上市,但我们在乎我们上市的地方,必须支持这种开放、创新、承担责任和推崇长期发展的文化",而后毅然转道在美国上市。阿里飞速发展和其独特的文化密不可分,战略部署、决策执行、细节处理都将其企业文化在各方面体现得淋漓尽致。

阿里巴巴的合伙人制度就是其开放性、创新性文化的体现。阿里巴巴从公司的自身角度出发,在国际通行的公司治理模式的基础上,借鉴国外的双层股权结构,创造性地引入与传统股份制公司"同股同权"原则不同的"合伙人制度",不仅是对传统公司治理的创新,也使阿里巴巴的企业文化得以维系和传承。

"六脉神剑""102年的公司"以及"客户第一、员工第二、股东第三"等都是阿里巴巴文化的细致体现。公司的利润来源于客户的支持,公司的运营离不开员工的努力,公司的发展壮大需要股东的资金,无疑在承担责任。同时推崇企业长期发展的文化,为打造百年企业做了很好的文化铺垫。

合伙人制度给阿里巴巴注入了新鲜血液,使其一直充满活力、充满创新。不仅实现了合伙人控制公司,建立了稳定的以合伙人为核心的管理体系,还有助于维系和传承企业文化。管理体系就像公司的躯体,文化、价值观就像公司的灵魂,合伙人制度的功效就是让阿里巴巴不做失去灵魂的躯壳,也不做只有灵魂的魔鬼,只做身心健康的智者。

▲ 思考题

1. 阿里巴巴合伙人制度对公司治理模式的创新之处有哪些?
2. 阿里巴巴合伙人制度对我国企业带来怎样的启示?

资料来源:马广奇、赵亚莉:"阿里巴巴'合伙人制度'及其创新启示",《企业管理》,2015年第2期。

[阅读书目]

1. D·A.雷恩著,赵睿译.管理思想的演变.中国社会科学出版社,2004年
2. 伊斯梅尔、马隆、范吉斯特著,苏健译.指数型组织.浙江人民出版社,2015年
3. 彼得·圣吉著,郭进隆译.第五项修炼.上海三联书店,2001年
4. 彼得·德鲁克著,杨开峰译.知识管理.中国人民大学出版社,2000年
5. 彼得·德鲁克著,王永贵译.管理:使命、责任、实务.机械工业出版社,2009年

第三章

DI SAN ZHANG

管理与环境

- 管理环境的构成
- 任务环境和一般环境
- 组织文化
- 环境的分析与应对
- 管理新动态
- 问题与讨论
- 实战练习
- 案例思考
  - 案例一　福耀集团收购美国福特玻璃工厂
  - 案例二　华为是谁？
- 阅读书目

第三章 管理与环境

■ 学习目标 ■

学完本章,你应该能够:
1. 掌握管理环境的含义及其基本构成。
2. 对某一特定组织的任务环境和一般环境进行分析。
3. 认识组织文化的内涵和重要性。
4. 掌握组织文化的构成要素。
5. 熟悉管理者在组织环境管理中的应对策略。
6. 对某一特定组织进行SWOT综合分析。

■ 关键概念 ■

管理环境　组织环境　任务环境　一般环境　组织文化

游戏引导

有 奖 竞 答

游戏方法:
1. 将授课班级分为2组。
2. 教师根据第二章所授理论知识要点提出10个左右问题,并制成卡片。
3. 两组轮流抽答卡片上的问题,答对了,加1分。
4. 如果答错了,另一组就获得了答题和得分的机会。
5. 将各组得分累加起来,得分高的一组为获胜组,教师给予获胜组表扬或奖励。

问题讨论:
① 总结你所在的组获胜和失利的主要原因?如何改进?
② 对两组均答错的题目,教师给予引导和组织讨论。

3.1 管理环境的构成

组织是一个开放的系统,任何组织都是在一定的环境中从事活动的。环境是组织生存和发展的土壤,它既为组织活动提供必要的条件,也对组织活动起着制约作用。环境的特点及其变化必然会影响组织活动的方向、内容和方式选择。

随着经济、社会、科技等诸多方面的迅速发展,特别是世界经济全球化、一体化过程的加快,全球信息网络的建立和消费需求的多样化,组织所处的环境更为开放和动荡。这种变化几乎对所有组织都产生了深刻的影响。正因为如此,环境分析成为一种日益重要的职能。

所谓管理环境是指一切存在于组织内外并对组织有现实和潜在影响的各种力量和条件因素的总和。在这里,环境不仅包括组织外部环境,还包括组织内部环境。管理者对于环境中各种力量和条件及其发展变化的理解和把握水平与质量,以及他们对这些力量做出适当反应的能力,都会影响到组织的绩效水平。

按照环境因素是对所有相关组织都产生影响还是仅对特定组织具有影响,我们将组织外部环境区分为任务环境因素和一般环境因素。

所谓任务环境是指对某一具体组织的组织目标的实现有直接影响的那些外部环境因素,又称微观环境。例如,对企业而言,来自供应商、分销商、消费者、竞争对手等的变化都将直接影响到企业的经营活动,属于该企业的任务环境。我们可以想象,当管理者打开电视机或收音机,早晨到达办公室打开邮件或电脑屏幕,许多新问题就摆在面前,并对管理者的日常工作带来压力,需要管理者面对和解决,因为任务环境中的情况在不断变化。

所谓一般环境是指政治法律、经济、社会文化、科学技术等对所有组织都产生间接影响的外部环境因素,又称宏观环境。例如,国家的宏观经济政策、利率政策、社会的文化传统、国家的外交政策等,都会给企业的经营活动带来影响,而且往往无法控制这些环境因素。对于管理者而言,一般环境比特殊环境更复杂,更难以把握,也更难以做出适当的反应。

管理环境除了任务环境和一般环境以外,还包括组织的内部环境。组织内部环境一般包含组织文化和组织经营条件两部分,管理环境的具体构成如图3-1所示。组织文化是指处于一定经济社会文化背景下的组织,在长期发展过程中逐步形成的独特的价值观、行为规范、道德准则以及群体意识等,对组织的绩效有着长期的和间接的影响。组织经营条件是指组织所拥有的各种资源的数量和质量的状况,包括人员素质、资金状况、技术能力、物质条件、信息管理水平、企业信誉等,对组织的绩效有着直接的影响。

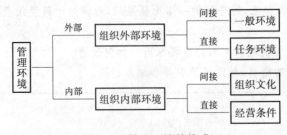

图3-1 管理环境的构成

要区别一个因素是否是环境因素,是什么环境因素,关键取决于该因素对某一组织绩效的影响,以及影响是直接的还是间接的。若有影响,这一因素就是该组织的环境影响因素之一;若没有影响,则这一因素对这一组织而言就不是环境影响因素。一般来说,组织的外部环境因素决定了一个组织可以做什么和不可以做什么,有哪些机会和威胁;内部环境因素则决定了该组织中的管理者能够做什么以及可以怎么做、做到何种程度等。

3.2 任务环境和一般环境

3.2.1 任务环境

对于大多数组织而言,其任务环境主要由资源供应者、服务对象、竞争者、政府管理部门和社会特殊利益代表组织构成,如表3-1所示。这五种力量会影响管理者获取资源、提供产品和服务的能力,从而对组织决策产生重大影响。

表3-1 组织通常的任务环境因素

任务环境因素	定 义	以 企 业 为 例	对组织的影响
资源供应者	向该组织提供其所需资源的个人或组织	股东、银行;原辅材料供应商;人才市场;科研机构、新闻情报机构等	一旦主要的资源供应者发生问题,将会导致整个组织的运转的减缓或中止
服务对象	组织为其提供产品或劳务的个人或群体	企业的客户或企业产品消费者	拥有一定量的服务对象,是组织生存发展的前提
竞 争 者	与该组织争夺资源、服务对象的个人或组织	同行、替代品生产者、同样需要该组织所需资源的组织	竞争者的多少直接影响组织获得一定的绩效所需付出的代价
政府管理部门	国务院、各部委及地方政府的经济管理部门或机构	工商行政管理局、税收部门、物价局、劳动保障部门、技术监督局等	其政策和权力对一个组织可以做什么或不可以做什么以及能取得多大的收益,都会产生直接的影响
社会特殊利益代表组织	代表着社会上某一部分人的特殊利益的群众组织	工会、消费者协会、环境保护组织等	通过直接向政府主管部门反映情况,或通过各种舆论宣传工具,对各类组织施加影响

资料来源:刑以群著.管理学(第2版).浙江大学出版社,2005年.第99页.

一、资源供应者

资源供应者是指为该组织提供资源的个人或组织。这里所指的资源不仅包括设备、人力、原材料、资金,也包括信息、技术、服务等一切该组织运作所需的东西。

例如,企业通常处于产业链的某一个或几个环节,无论是大型还是小型企业,都需要向上游供应商采购材料、能源等。企业供应商的经营、数量或类型的变化,都会给企业带来机会和威胁。此外,与供应商有关的主要威胁,是供应商强有力的讨价还价能力和限制企业获得重要资源的控制能力。当供应商只有一家或者供应商所提供的资源对企业来说是至关重要时,供应商就有可能控制资源、垄断价格;反之,如果一家企业有很多家供应商可供选择,那么这家企业就有较强的讨价还价能力,通常就能够获得质量较高、价格较低的资源。因此,组织在战略上一般都努力寻找所需资源的及时稳定并且能保质保量的供应,并且避免过分依赖于某一两个资源供应者。

二、服务对象

服务对象或顾客是指组织为其提供产品或劳务的个人或群体,如零售企业服务对象是最终消费者、工业企业服务对象是消费者、中间商或其他企业组织、学校的服务对象是学生、医院的服务对象是看病的人、图书馆服务的对象是读者。

顾客的需求是多方面的且不断变化的,在充分竞争的买方市场环境下,顾客往往可以有多方面的选择,组织要成功地拥有顾客,必须开展以顾客为中心的经营和管理,研究顾客的需求和消费心理,不断推出满足顾客需求的新产品、新服务,及时为顾客提供满意的商品和优质的服务,提升客户的满意度。

三、竞争者

竞争者是指与该组织争夺资源、服务对象的个人或组织。任何组织都不可避免地会有一个或多个竞争者,这些竞争者之间不是相互争夺资源,就是相互争夺服务对象。

基于资源的竞争一般发生在许多组织都需要同一有限资源的时候,常见的资源竞争是人才竞争、资金竞争和原材料竞争,并且对经济资源的竞争可以发生在同类型的企业之间,也可以来自不同类型的组织。当各组织竞争有限资源时,该资源的价格往往就会上扬。例如,当多个房地产开发商都想获得某个地块的开发权时,该土地的拍卖价格往往会上升。

基于顾客的竞争一般发生在同一类型的组织之间,或许这些组织提供的产品或服务方式不同,但他们服务对象是同一的,也会发生竞争。例如,航空公司之间存在竞争,航空公司与铁路公路运输部门之间也存在争夺货源和乘客的竞争。

四、政府管理部门及其政策法规

政府管理部门主要是国务院、各部委及地方政府的经济管理部门或机构,如工商行政管理局、税收部门、物价局、劳动保障部门、技术监督局等。其政策和权力对一个组织可以做什么或不可以做什么以及能取得多大的收益,都会产生直接的影响。

例如,中央政府和地方政府为了加强和改善房地产市场调控,抑制过高和增长过快的房产价格,在购房者的条件、税收政策和房贷政策等方面都会作出从严的规定,这些新规定都会对房地产开发企业、商业银行以及房地产中介机构等部门有着直接的、重大的影响。

五、社会特殊利益代表组织

社会特殊利益代表组织是指代表着社会上某一部分人的特殊利益的群众组织,如工会、消费者协会、环境保护组织等。他们虽然不能像政府组织那样直接对组织施加巨大的影响,但可以通过向政府主管部门反映情况,或通过各种舆论宣传工具,对组织施加影响。

总之,不同组织有不同的任务环境,与一般环境相比,任务环境对组织的影响更为直接、具体和频繁,甚至是管理者每天都要面对的。

3.2.2 一般环境

一般环境就是组织活动所处的大环境,它主要由政治法律、社会文化、经济、技术、自然等因素构成,处在该环境中的所有相关组织都会受到深刻的影响。

一、政治法律环境

政治法律环境是指一个国家的社会制度、政府的方针、政策以及国际上的有关法令、法规等因素。不同的国家有着不同的社会制度，不同的社会制度对组织活动有着不同的限制和要求。不同时期，政府对组织活动的影响也在不断变化。一般来说，政治进程塑造社会的法律，法律制约企业的运作和管理者的才能，组织必须对此进行分析研究，了解环境变化所造成的机会以及产生的威胁，明确组织活动的范围，以便使组织活动符合社会利益并受到有关方面的保护和支持。

二、社会文化环境

社会文化环境是指一个国家或地区的人口数量及其增长趋势、居民受教育的程度和文化水平，以及宗教信仰、风俗习惯、审美观念和价值观念等。

对组织活动影响较大的因素主要有人口地理分布、人口密度、人口年龄以及受教育程度。今天的人口属性决定了将来劳动力和消费者的属性。一般而言，一个国家或地区的人口多，劳动力资源就相对比较丰富，市场总体规模大。当前，无论是商品市场还是劳动力市场都存在着全球化的趋势，个人无论作为消费者还是作为劳动者，个性化和分散化倾向越来越成为主流。

人口素质及其文化会影响劳动力的技能、心理需求以及作为消费者的基本行为特点；宗教信仰和风俗习惯会禁止或抵制某些活动的进行；审美观念会左右人们组织活动方式以及态度与偏好；价值观念则不仅影响着社会成员对组织存在理由和目标的认识，还影响到该社会中各类机构的基本组织文化类型和变化趋向以及商业行为的伦理、道德、习惯和作风等。

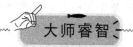

现代组织之所以存在就是为了向社会提供某种特别的服务，所以它必须存在于社会之中，存在于一个社区之中，与其他机构和人物相处，在一定的社会环境中工作。
——[美]戴维·赫尔茨

企业的经营思想、企业精神和企业目标远远比技术资源、企业结构、发明创造及随机决策重要得多。
——[美]IBM前总裁沃森

三、经济环境

经济环境反映了企业经营所在国家或地区的总体经济状况，是影响组织活动的尤为重要的因素，通常包括其所在国家的经济制度、经济结构、物质资源状况、经济发展水平、国民消费水平等方面。例如，国民收入、国民生产总值、利率、通货膨胀率、股指指数等一些可以用来反映各经济环境因素的指标，可以反映国民经济发展水平和发展速度。经济的形势往往决定着组织的外部供应条件，改变组织获取资源的便利程度，影响管理者获取企业所需资源的能力。消费者收入水平、消费偏好、储蓄情况和就业程度等因素更是直接决定着目前及未来的市场规模。

在当今世界，组织活动的全球化趋势使得经济环境异常复杂，增加了组织活动的不确定性，管理者的工作不仅难度加大，而且要求更高。成功的管理者必须密切关注经济环境的变化，以便未雨绸缪，及时做出适当的反应。

四、技术环境

技术是指组织在投入产出过程中,如设计、制造、分销产品和服务时所使用的技能和设备的总称。技术环境是指一个社会总体的科学技术水平。技术在任何组织的环境中都是一项关键的因素,技术环境对组织活动过程和成果的影响是不容忽视的。

首先,组织活动都需要物质手段的支持。比如,学校的教学手段、医院的医疗设施、企业的生产设备和经营设施等。这些活动的先进性程度,都要受到社会技术环境的影响和制约。科学技术的进步会促进组织活动过程中物质条件的改善和技术水平的提高,从而提高组织活动的效率。

其次,组织活动的成果代表着不同的技术水平,对劳动者和劳动条件有着不同的技术要求。技术进步常常会导致产品更新换代、设施和工艺方法的更新、人员的操作技能和知识结构的改变。

再次,现代技术的发展使管理手段、方法乃至管理思想和管理模式发生了重大变化。信息技术使管理系统实现了集成化和一体化,改善了组织内外整体的管理水平。

五、自然环境

自然环境是指影响组织活动的自然因素,主要包括地理位置、气候条件以及自然资源状况等,它们是组织活动的重要制约因素。

对一个企业而言,地理位置决定了与原料产地或产品销售市场的距离,从而也就决定了该企业获取资源的难易程度和运输成本。气候条件及其变化对人们的行为方式有着重要的影响。比如,气温会影响空调及服装行业的产品销售,气候状况也对旅游及相关行业的经营产生较大影响。资源分布影响着一个国家或地区产业的布局和结构,资源尤其是稀缺资源的蕴藏情况不仅是一个国家或地区经济发展的基础,而且也为所在地区的经济组织开展活动提供了机会。自然资源的恶化是目前全球所面临的一个重要问题。空气和水的污染已经非常严重,许多资源的不可再生性对组织的长期发展提出了严峻挑战。

组织不可能脱离外部环境而独立存在。环境的影响大多是动态的,给管理带来了相当大的不确定性,管理者必须认真分析环境变化给组织带来的机会和造成的威胁,通过制定相应的战略来明确管理的目的性,加强管理的针对性,最终提高组织管理的效率。

综上所述,管理环境包括管理的外部环境和内部环境,其中外部环境又分为任务环境和一般环境,任务环境和一般环境合称为组织环境,组织环境中的主要影响因素如图 3-2 所示。

3.3 组织文化

管理者所面临的内部环境是由组织文化和组织的经营条件组成的。毋庸置疑,组织文化是其中最重要的因素之一。组织文化必须与外部环境和组织的总体发展战略相协调,才能使组织充满活力和效率。

3.3.1 组织文化的内涵

一、组织文化的定义

文化一词,在英文中为 Culture,原意为耕种、居住、培养、练习、教育、发展、敬重等,后来其

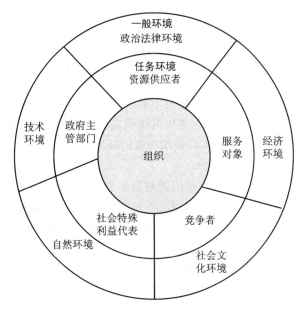

图 3-2　组织环境中的主要影响因素

内涵逐渐演化为个人素质、整个社会的知识、思想素养、艺术、学术作品的汇集，进一步引申为一定时代、一定地区的全部社会生活内容。在中国古代典籍里，文化是"以文教化"，含有修养、教育、礼貌的意思。

《辞海》(1999)对"文化"一词的解释是："广义指人类社会实践过程中所获得的物质、精神财富的总和。狭义指社会精神生产能力和精神产品，包括一切社会意识形式：自然科学、技术科学、社会意识形态。"英国人类学家艾德华·泰勒认为，文化和文明就其广泛的人种学而言，是一个复杂的整体，包括知识、信仰、道德、法律、风俗及作为社会成员的人所获得的才能与习惯。《美国传统辞典》对"文化"一词的解释是："人类群体或民族世代相传的行为模式、艺术、宗教信仰、群体组织和其他一切人类生产活动、思维活动的本质特征的总和。"美国学者泰伦斯·迪尔认为，每一个企业都有一种文化，而文化有力地影响整个组织，甚至影响每一件事。企业文化对在该企业工作的人们而言是一种含义深远的价值观、神话、英雄人物的标志的凝聚。

从组织活动层面分析，我们可以将**组织文化定义为：在组织长期发展过程中所形成的，由组织内部所有成员共同认可和遵守的，具有本组织特色的价值观、信仰、共识、行为规范和思维模式的总和。**

组织文化是通过组织成员在解决内部问题过程中不断学习而形成的。组织文化一旦形成，就具有传导作用。由组织内部的老成员传递给新成员，如此，组织成员便运用相近的视角去察觉、思考和感受事物。对组织文化的把握，有助于管理者了解组织的内部环境，加强管理的针对性。

组织文化的表层是显性的，它包括着装、行为模式、有形的标志、组织的庆典及办公室的布置等。人们可以通过对组织成员的观察来感受到某个组织的文化。文化的深层是无形的要素，如价值观和信仰等。价值观和信仰深深根植于文化之中，它们无形地引导着组织成员的行为方式。组织成员常常会通过无意识的行为来表达自己所遵循的价值观，我们通过对组织成员行为的观察，仍然可以感知到这些因素的存在。

二、组织文化的主要特征

组织文化是整个社会文化的重要组成部分,既具有社会文化和民族文化的共同属性,也具有自己的不同特点。它的主要特征包括以下五个方面。

1. 独特性

每个组织都有其独特的组织文化,这是由不同的国家和民族、不同的地域、不同的时代背景以及不同的行业特点所形成的。比如,美国的组织文化大都强调个人奋斗、不断进取、开拓创新;日本的组织文化则强调团队合作、以组织为家的精神。

2. 理想性

任何一个组织都要把自己认为最有价值的对象作为本组织追求的最高目标、最高理想或最高宗旨。一旦这种最高理想和目标成为统一本组织成员行为的共同价值观,就会构成组织内部强烈的凝聚力和整合力,成为统领组织成员共同遵守的行动指南。

3. 稳定性

组织文化是组织在长期的发展中逐渐形成的,具有相对的稳定性。当组织结构改变、战略目标转移及产品和服务需要调整时,组织文化的变化往往相对比较滞后,而且变化的幅度也不如其他方面大。

4. 柔性

组织文化在组织管理中是以一种柔性的方式出现的。也就是说,它通过柔性的而非刚性的文化引导,建立起组织内部合作、友爱、奋进的文化心理环境,以及协调和谐的人际关系,并通过这种内化为组织成员的主体文化,使组织的共同目标转化为组织成员的自觉行动,使组织产生最大的协同力。

5. 凝聚性

组织中的成员来自五湖四海,原本有着不同的文化传统、风俗习惯、工作态度、行为方式,这些不同的方面会导致成员之间的摩擦、对立乃至冲突和对抗,不利于组织目标的实现。组织文化则通过建立共同的价值观,不断强化组织成员之间的合作、信任和团结,使之产生亲切感、信任感和归属感。这样,组织便具有一种巨大的向心力和凝聚力。

3.3.2 组织文化的构成要素

从最能体现组织文化的内涵来看,组织文化的基本构成要素包括组织文化的物质层、行为层、制度层和精神层等方面。组织文化构成要素和层次如图 3-3 所示。

一、组织文化的物质层

组织文化的物质层是指物质文化,主要包括组织生产、销售、生活、文化娱乐诸方面的环境、条件、设施等物质要素构成的器物文化,是一种以物质形态为特征的表层组织文化。

对于组织而言,组织生产的产品和提供的服务是组织物质文化的首要内容,社会公众主要是通过产品和服务来了解组织的,又是在使用产品和享受服务的过程中不断形成对组织的感性化

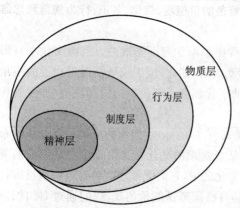

图 3-3 组织文化的构成要素和层次

和形象化的认识。组织环境和组织容貌是组织物质文化的重要组成部分。组织环境主要是那些与组织象征物相关的各种物质设施、厂房建筑以及职工的生活娱乐设施。组织容貌是组织文化的表征，是体现组织个性化的标志。它主要包括组织的名称、组织象征物和组织空间结构、布局等。人们可以通过组织的器物文化如现代意义的产品、企业环境和企业容貌以及技术、设备的现代化程度等来进一步了解和认识组织的行为、制度、精神等深层次的文化内容。

二、组织文化的行为层

组织文化的行为层指的是组织的行为文化，是组织的行为规范。组织的行为文化或者行为规范是指组织员工在生产经营、学习娱乐中产生的活动文化，是对行为的非书面约束，它对人们的行为方式提供非正式的指导。

从组织人员结构上看，组织行为包括组织模范人物的行为和组织员工的行为。组织模范人物的行为是组织的中坚力量，他们的行为体现了组织价值观。这些模范人物使组织的价值观人格化了，其个体的行为标准卓越地体现了组织价值观和组织精神的某个方面。一个组织中所有的模范人物的集合体构成组织模范群体，这一群体是完整的组织精神的化身，是组织价值观的综合体现。组织员工是企业的主体，组织员工的群体行为决定了组织整体的精神风貌和组织文明的程度。因此，组织员工群体行为的塑造是组织文化建设的重要组成部分。

三、组织文化的制度层

组织文化的制度层又称组织的制度文化，主要包括组织领导体制、组织机构和组织管理制度等方面。

组织领导体制的产生、发展和变化，是组织生产经营发展的必然结果，也是组织文化进步的产物；组织机构是组织文化的载体；组织管理制度是组织在进行生产经营等活动的管理时所制定的、起规范保证作用的各项规定或条例。组织管理制度既是组织的价值观、道德观和组织哲学的反映，也是组织管理民主化、科学化程度的体现，是组织文化的重要内容，也是组织文化的载体之一。

四、组织文化的精神层

组织文化的精神层又称组织的精神文化，是指组织在活动过程中，受一定的文化背景、意识形态影响而长期形成的一种精神成果和理念。相对于组织物质文化、行为文化和制度文化而言，组织精神文化是一种更深层次的文化现象，在整个组织文化系统中，它处于核心的地位。

从最能体现组织文化特征的内容看，组织文化包括组织价值观、组织精神以及组织伦理规范等。

组织价值观是组织内部管理层和全体员工在生产、经营、服务过程中评判事物和指导行为的基本信念、基本观点和选择方针。它包括组织存在的意义和目的、组织中各项规章制度的必要性和作用、组织中不同岗位上人们的行为规范等。不同组织的价值观存在着层次和内容上的差异，成功的组织总是会不断地创造和更新组织的信念，不断地追求新的、更卓越的目标。

组织精神是组织在长期的实践中，为谋求生存和发展，为实现自己的价值和社会责任，经过长期培育形成的一系列反映组织群体意识的信念和座右铭，是组织的精神支柱和精神动力。组织精神作为组织内部员工群体的主导意识，是组织经营宗旨、价值准则、管理信条的集中体现，它构成组织文化的基石。

组织伦理规范是从道德意义上考虑的、由组织向员工提出并要求员工遵守的行为准则。

它利用组织的管理制度来引导和激励员工,通过公众舆论来规范人们的行为。组织伦理规范既体现了组织环境中社会文化的一般性要求,又体现着本组织各项管理的特殊要求,这就要求组织的高层主管要设定并维持高标准的伦理规范,才能使正式的伦理规范和相关的培训计划不流于形式。

3.3.3 组织文化的功能

管理和文化密不可分,两者相互依存。组织文化在管理中有其独特的功能。

一、导向功能

组织文化的导向功能主要表现为组织价值观念对组织主体的行为的引导上。组织文化规定着组织所追求的目标和方向,能对组织和组织中的每个成员的价值取向以及行为取向起到导向作用,使组织成员能自觉地把自己的言行与组织的要求对照进行检查,从而使之符合组织价值观的基本要求。

二、凝聚功能

组织文化的凝聚功能表现在组织文化所体现的群体意识中。正是由于组织文化的群体意识,才使得组织成员形成一种共识,因而比外在的硬性管理方法本能地具有一种内在凝聚力。这种凝聚功能主要通过两个方面得以体现:一方面是目标凝聚,即以组织目标作为组织成员的奋斗方向;另一方面是价值凝聚,即通过共同的价值观,使之成为组织成员的精神支柱,从而把组织成员牢牢地团结在一起。

三、激励功能

组织文化的激励功能是指组织文化能形成一种组织中成员之间相互信任、彼此尊重、理解的氛围,从而激励组织成员的士气,最大限度地激发他们的积极性和创造性,使之自觉地为组织目标而努力。激励理论强调,人越是被尊重和理解,其就越能意识到自己行为的意义,也就越能产生强大的推动力。组织文化就是通过组织成员对文化的认同,提高他们的积极性,进而产生一种愿为组织奉献的精神。

四、约束功能

组织文化对组织成员的约束功能是以无形的、非正式的、非强制性的各种规范和人际伦理关系为准则,对组织成员的思想和行为起到一定的约束作用。组织成员自从到组织的第一天起,其实就一直在接受组织文化的熏陶,当其发现自己的思想和行为方式与组织文化不相符合时,他就会逐渐放弃原有的思想和行为方式,接受并融入组织文化之中。组织文化实际上是组织成员实行自我约束的方式,是组织的一种有效的柔性管理方式。

由此可见,组织文化对于组织的生存和发展有着重大的影响,它在一定程度上影响和决定了管理者可以做什么和不可以做什么。因此,管理者在内部环境的管理上要注重良好组织文化的培育和形成。

日本的企业文化

第二次世界大战后,日本管理思想界对中国儒家管理思想的研究和应用发展到了一个新的阶段。日本企业思想家认为,企业职工具有高度的集体主义精神,对企业的忠诚心、爱社(公司)心、归属意识的表现本质上是儒家管理思想的反映。日本企业通常用如下三句话概括他们的儒家经营方式:保障职工终身就业,按工作年限和成绩提级增薪,在企业内部设立工会。日本企业的凝聚力,或者说日本人的集体主义,正是上述企业特殊的儒家经营方式的产物。日本著名的企业经营者横山亮次说,终身就业制和年功序列制是"礼"的思想的体现,企业内工会是"和为贵"思想的体现。他自己的经营思想就是以儒家管理的"礼"和"义"为基础的。在同职工的关系上,他贯彻了"爱人者人恒爱之,敬人者人恒敬之"等儒家管理思想。除横山先生外,许多日本企业家也都以"孔孟之道"为经营指导思想。三菱综合研究所高级顾问中岛正树称"中庸之道"为企业管理的最高道德标准;日立集团的创始人小平浪子把"和"、"诚"、"言行一致"列为"社(公司)训";日立电机公司的创业者立石一真主张"和为贵",提倡建立"相爱和相互依赖"的夫妻式劳资关系。

资料来源:http://www.whaic.com/news/aic/2003-02-10/1044943149.html.

3.4 环境的分析与应对

3.4.1 组织环境的分类

不同的组织所面临的环境是不一样的,即使是同一个组织,在不同时期所面临的组织环境也会发生很大的变化,要管理和面对组织的环境,首先必须了解组织所处的环境状态。那么,怎样衡量环境的不同呢?著名组织理论家汤普森(James D. Thompson)认为,可以从两个维度对环境进行描述:环境的变化程度和环境的复杂程度。

根据环境的变化程度,可将组织环境分为动态环境和稳定环境两类。如果组织环境的各种因素变化大,就为动态环境;如果组织环境的各种因素变化小,则为稳定环境。例如:在改革开放前,我国的大多数企业处在相对稳定的环境中,而从20世纪80年代中期以后,企业所处的环境变化程度很大,企业开始步入动态的市场经济环境,许多企业由于不适应这种变化而被迫停产倒闭。

与环境密切相关的是环境的复杂性。环境的复杂程度与组织环境的组成因素多少以及组织已拥有的对其环境影响因素的了解程度有关。根据环境的复杂程度,组织环境可分为复杂环境和简单环境。当然,组织环境是复杂还是简单也是相对而言的,当某一个组织面对的是某一区域细分市场,竞争对手少,所需打交道的供应商少,政府机构少,其环境就简单;当一个组织经营多元化,提供的产品和服务多,面向全国市场乃至全球市场,所需打交道的供应商多,政府机构和社会团体多,其所面临的环境就复杂。

由于环境的变化程度和环境的复杂程度不同,可以形成四种典型的组织环境,如表3-2所示。

表 3-2　组织环境分类

环境复杂程度 \ 环境变化程度	稳　定	动　态
简　单	状态1 稳定和简单的环境 环境影响因素较少 环境因素变化不大 环境因素容易掌握	状态2 动态而简单的环境 环境影响因素较少 但在不断变化之中 环境因素比较容易掌握
复　杂	状态3 稳定而复杂的环境 环境影响因素多 但环境因素变化不大 掌握环境因素较难	状态4 动态和复杂的环境 环境影响因素多 且处于不断的变化之中 掌握环境因素困难

状态1——稳定和简单的环境。在这种环境中组织会处于相对稳定的状态。管理者对内部可以采用分工明确、指挥统一的强有力的组织结构形式,通过计划、流程、标准化和规章制度等来管理。一般情况下,制造型公司内部的工厂或车间处于这种环境。

状态2——动态而简单的环境。处于这种环境的组织一般处于相对简单但不稳定的状态。例如,专营某品牌的汽车销售公司,所需打交道的主要是汽车品牌制造商和顾客,经营业务是汽车销售和售后服务,但面对竞争激烈且不断变化的汽车销售市场,管理者必须不断推出新的销售策略以及调整内部组织绩效管理的方法来适应不断变化的市场环境。

状态3——稳定而复杂的环境。处于这种环境的组织一般处于相对稳定但极为复杂的状态。一般来说,处于这种环境中的组织为了适应复杂的环境都采用分权的形式,强调根据不同的资源条件和外部环境来组织经营活动。例如:当一个生产产品单一、服务于某一区域市场的公司,一旦发展成为生产领域和服务领域多元化,组织面临的环境就极为复杂,在管理的体制上多由集权式的管理调整为分权式的管理。

状态4——动态和复杂的环境。一般环境和具体环境因素的相互作用往往会形成极其动荡而复杂的环境。面对这样的环境,管理者一方面要强调组织内部各部门的及时有效的沟通和配合,另一方面提倡采用分权制和相对独立自主经营的方式。例如:高新技术企业和网络企业面临的就是技术飞速发展、竞争激烈、市场变化快的动荡而复杂的环境。

3.4.2 组织环境的应对

面对充满了不确定因素、问题和机会的组织环境,组织该如何应对呢? 一种办法是组织调整或改变自己的行动以适应环境,另一种办法是组织试图改变环境以适应企业的需要,在现实中往往是两种办法的结合。一方面,组织必须适应环境。组织为了适应环境的变化,组织必须认识环境和了解环境,特别是要研究未来环境的变化趋势和变化规律,以提高组织对未来环境变化的适应能力和应变能力,这是一种被动式的管理。另一方面,组织要为自身创造和选择一个良好的外部环境,而且还要通过自身的有效活动影响和改变环境,使外部环境更加有利于组织的生存和发展,这是一种主动式的管理。下面介绍组织适应环境和影响环境的五种应对策略。

一、信息管理

组织适应环境的方法之一是信息管理。信息管理可以帮助我们及时了解、认识和分析研究环境的变化,及时提出应对策略。信息管理中对环境审视的一般步骤如图3-4所示。

图 3-4 环境审视一般步骤

首先,要求管理者定义、收集和识别相关信息,掌握第一手资料,并在众多的信息中,识别出对组织目标实现有影响的有利和不利的因素。其次,在识别和掌握各种影响因素的基础上,对其进行分析和研究,确定各种环境因素对组织有什么影响,有多大影响,变化趋势如何。最后,管理者在对环境因素进行分析和预测的基础上,对各种环境因素的影响作出相应的反应,提出应对策略。

二、战略响应

组织适应环境的另一个策略是战略响应。通过调整组织战略或实施全新的组织战略,使组织与环境相适应,并使其朝着有利于组织发展的方向前进。例如:大型日用消费品生产及销售商——美国安利公司进入中国之初,以海外传统直销方式开始经营,但自1998年起,为顺应中国的国情和法律,安利主动打破海外营运将近40年的传统,按中国国家规定采用"店铺销售加雇佣推销员"的经营方式转型经营。与此同时,安利还改变了单纯依靠口碑相传的经营传统,尝试进行大力度的广告策略和市场推广活动,先后邀请伏明霞等名人作为安利产品的形象代言人,大力投放电视、平面广告,并在各地开展丰富多样的产品展示与推广活动。安利公司在中国市场的战略调整,获得了巨大的成功。2009年12月,安利(中国)公司荣获"中国优秀企业公民奖"。

三、兼并、收购和联盟

某些组织采用兼并、收购和联盟的方法适应环境。兼并是指两家或更多的企业合并成为一家新的企业。例如,2003年4月24日成立的百联集团有限公司是由原上海一百集团、华联集团、友谊集团、物资集团合并重组的大型国有商贸流通产业集团,目的是适应零售业全面开放的市场环境,应对国外零售巨头的竞争。收购是一家企业购买另一家企业,被收购企业失去法人资格。例如,沃尔玛为实现在中国市场快速扩张策略以及增强在中国市场的竞争力,收购台资企业好又多超市。中小零售商为了获得采购成本的优势,成立采购联盟,开展集中采购和配送服务。

四、提高组织灵活性

组织可以通过在组织设计中提高组织的灵活性来适应环境的变化。比如,在不确定性相对较低的环境中,组织可以采用较为刚性的组织设计,更多依靠规则、制度和流程来提高管理的效率,获得好的成绩。在不确定性较高的组织中,要求组织可以对环境的变化作出快速的反应,适应不断变化的环境,这时候就要求组织设计柔性化、有机化和扁平化,通过组织体系的灵活性来应对不断变化的环境需要。例如,某企业通过强调顾客服务价值观而不是规则来应对变化,让员工意识到顾客满意的重要性,并让员工运用自己的判断来应对变化的顾客需求。

五、直接影响

在环境变化面前,管理者和组织并不是无能为力。事实上,许多组织能够通过多种方式对环境产生直接的影响。比如,企业可以通过与供应商签订长期合同来稳定价格,从而避免通货膨胀的影响;企业通过不断推出新产品、广告宣传和培养顾客忠诚度来保住已有市场份额,应对竞争对手和顾客的变化。又如,国投中鲁果汁股份有限公司、陕西海升果业发展股份有限公司等11家中国企业积极应对来自美国的对中国苹果汁企业反倾销诉讼,从1999年到2004年,整整6个年头,中国苹果汁应诉美国反倾销获得成功,保住了中国苹果汁在美国市场的销售份额。

3.4.3 组织环境的综合分析

组织的生存和发展受到组织内外部环境的综合影响,管理者必须及时分析和把握环境对组织带来的直接影响和间接影响,结合组织自身的条件科学决策,并制定和实施正确的战略。

如何进行组织环境的分析? 20 世纪 80 年代初,旧金山大学的管理学教授海因茨·韦里克(Heinz Weihrich)提出了一种将组织内外部环境进行综合和概括分析的方法,称为 SWOT 分析法,SWOT 四个英文字母分别代表:优势(Strength)、劣势(Weakness)、机会(Opportunity)和威胁(Threat)。

SWOT 分析是一种通过对组织内外部环境各方面因素的综合分析,进而分析组织的优势和劣势、面临的机会和威胁的一种方法。从整体上看,SWOT 可以分为两部分:第一部分为优劣势分析(SW 分析),主要是着眼于组织自身的实力及其与竞争对手的比较;第二部分为机会和威胁分析(OT 分析),主要将注意力放在外部环境的变化及对组织的可能影响上。

例如,20 世纪 80 年代,随着中国零售业的开放,大型跨国连锁零售公司纷纷进入中国市场,表 3-3 为某大型跨国连锁零售公司在中国市场的内外环境因素综合分析情况。

表 3-3　某大型跨国连锁零售公司在中国市场的内外环境因素综合分析

	优势(S)	劣势(W)
内部环境	① 良好的企业和品牌形象 ② 规模经济,产品多样化,种类齐全 ③ 由先进的信息技术所支持的国际化物流系统 ④ 有着强有力的人力资源的开发和管理能力,能聚集和培养优秀管理人才 ⑤ 拥有世界范围内最优秀的供货商,并通过自己的大规模采购获取更好的价格	① 面对人力资源比较廉价的中国,在没有形成经营规模前,其高投入的物流系统难以发挥效用,并增加营运成本 ② 中国并不发达的基础设施也妨碍了高科技的使用效能。中国有购买力的人口分布与美国十分不同,其选址的指导思想不一定适应 ③ 海外采购的价格优势难以体现,因为中国是消费大国,同时也是生产大国 ④ 由于产品多样化,可能在适应性上比起更加专注于某一领域的竞争对手存在劣势 ⑤ 对顾客的消费习惯的认知和把握需要较长时间的积累
	机会(O)	威胁(T)
外部环境	① 中国加入了 WTO,放宽了限制,并有良好的吸引外资的政策 ② 拥有 14 亿的人口大国,经济高速增长 ③ 中国零售业业态单一,本土零售企业经营管理水平低,规模小 ④ 规模经营,低价战略,零售业制胜的法宝	① 中国零售企业的学习能力强,并具有本土化优势 ② 其他国际连锁零售巨头也纷纷进入中国市场,将会成为竞争对手 ③ 政治问题、文化差异、消费习惯差异会影响到公司的运作

组织在对内外环境因素综合分析的基础上,一是可以重新审视已有的发展目标和战略,二是能够调整或制定出新的战略目标和计划。调整和制定新的战略目标和计划的基本思路:发挥优势因素,克服劣势因素,利用机会因素,化解威胁因素;考虑过去,立足当前,着眼未来。运用系统的综合分析方法,将各种环境因素相互匹配起来加以组合,得出一系列公司未来发展的可选择对策。

所 长 无 用

有个鲁国人擅长编草鞋,他妻子擅长织白绢。他想迁到越国去。友人对他说:"你到越国去,一定会贫穷的。""为什么?""草鞋,是用来穿着走路的,但越国人习惯于赤足走路;白绢,是用来做帽子的,但越国人习惯于披头散发。凭着你的长处,到用不到你的地方去,这样,要使自己不贫穷,难道可能吗?"

管理心得:一个人要发挥其专长,就必须适合社会环境需要。如果脱离社会环境的需要,其专长也就失去了价值。因此,我们要根据社会的需要,决定自己的行动,更好地发挥自己的专长。

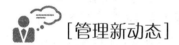

文 化 管 理

文化管理是一种"以人为本"的管理模式,其本质是以人为本,以人的全面发展为目标,通过共同价值观的培育,在系统内部营造一种健康和谐的文化氛围,使全体成员的身心能够融入系统中来,变被动管理为自我约束,在实现社会价值最大化的同时,实现个人价值的最大化。

据考证,文化的最早含义是指人类装饰身体的活动,活动的结果意味着人与原来的状态相区别,由此引申,文化即实现人的角色转变。所以,人的角色塑造成为文化管理最核心的价值追求。

从管理发展的总体趋势看,文化管理是对科学管理的新发展,是管理适应现代社会经济发展大趋势的必然选择,管理实践应当充分体现文化管理的基本精神。文化管理就是从文化的高度来管理企业,以文化为基础,强调人的能动作用,强调团队精神和情感管理,管理的重点在于人的思想和观念。

问题追踪
企业如何开展文化管理?

■ 本章小结 ■

1. 管理环境是指一切存在于组织内外并对组织有现实和潜在影响的各种力量和条件因素

的总和。环境不仅包括组织外部环境,还包括组织内部环境。外部环境又分为任务环境和一般环境,内部环境主要包括组织文化和经营条件。管理者对于环境中各种力量和条件及其发展变化的理解和把握的水平与质量,以及他们对这些力量作出适当反应的能力,都会影响到组织的绩效水平。

2. 任务环境是指对某一具体组织的组织目标的实现有直接影响的那些外部环境因素,又称微观环境。一般环境是指政治法律、经济、社会文化、科学技术等对所有组织都产生影响的外部环境因素,又称宏观环境。

3. 组织文化是企业内部环境的重要组成部分。组织文化是组织在长期发展过程中所形成的,由组织内部所有成员共同认可和遵守的,具有本组织特色的价值观、信仰、共识、行为规范和思维模式的总和。组织文化的基本构成要素包括组织文化的物质层、行为层、制度层和精神层等方面,强有力的组织文化对外部环境有良好适应性。

4. 组织文化具有导向功能、凝聚功能、激励功能和约束功能。组织文化的建设是一项长期的系统工程,也是一个艰巨、细致的系统过程。

5. 由于组织环境的变化程度和环境的复杂程度不同,可以形成四种典型的组织环境,即相对稳定和简单的环境、动态而简单的环境、稳定而复杂的环境、动态而复杂的环境。

6. 组织应对环境变化的办法,一种是组织调整或改变自己的行动以适应环境,另一种是组织试图改变环境以适应企业的需要,在现实中往往是两种办法的结合。信息管理、战略响应、兼并收购和联盟、提高组织的灵活性、直接影响都是组织适应环境和影响环境的有效策略。

7. SWOT分析又称态势分析,是一种通过对组织内外部环境各方面因素的综合分析,进而分析组织的优劣势、面临的机会和威胁的一种方法。SWOT分为两部分:第一部分为优劣势分析(SW分析),主要是着眼于组织自身的实力及其与竞争对手的比较;第二部分为机会和威胁分析(OT分析),主要是着眼于外部环境的变化及对组织的可能影响。

[问题与讨论]

1. 如何理解管理环境?管理环境与组织环境有什么区别?
2. 对一个企业而言,一般环境和任务环境哪一个更重要?为什么?
3. 常见的组织外部环境因素有哪些?它们是怎样影响组织绩效的?
4. 比较四种典型的组织环境,分别讨论应对策略。
5. 什么是组织文化?怎样描述一个组织的组织文化?举例说明。
6. 组织文化是如何影响管理者的管理行为的?人们常用更换领导人的方法来改变不佳的组织业绩,这种方法总能奏效吗?举例说明。

[实战练习]

进行个人SWOT分析

目的: 通过对个人的SWOT分析,描绘未来五年个人职业生涯的行动计划。

内容: ① 评估你个人的长处和短处,列出那些你认为特别重要的特质。

② 识别职业生涯的机会和威胁。
③ 列出4—5个在未来5年中你要实现的目标。
④ 描绘未来5年职业生涯的行动计划。

要求： 每位学生写出分析报告，教师批阅，小组或全班交流。

[案例思考]

案例一　福耀集团收购美国福特玻璃工厂

美国是汽车制造大国，汽车玻璃是重要的配件之一。全美汽车玻璃市场，每年大约有1 800万辆的装配需求。在全球汽车玻璃制造领域，福耀现在已经是和法国圣戈班、日本旭硝子比肩的一流制造商。曹德旺，福耀集团董事长，是中国汽车玻璃领域传奇般的人物。

全球单体最大的汽车玻璃工厂启动

2014年福耀投资4亿美元，在美国俄亥俄州的代顿市建造了全世界单体最大的汽车玻璃工厂。工厂的建成，是这家中国企业走出去的重要一步。

代顿工厂的生产能力是450万辆套的汽车玻璃、整车用玻璃，400万片的维修市场用的玻璃。目前，福耀在美国计划总投资10亿美元，计划次年在美国挣到2亿元。

这里生产的玻璃，代表着目前世界上最先进的汽车玻璃制造技术。无论是技术还是项目管理，都得禁得住严格甚至挑剔的眼光。2015年，全球新车和维修市场总份额接近1亿辆，其中超过2 300万辆装配的是福耀生产的汽车玻璃。

这家闽企只用了40年时间，就从一家名不见经传的小企业，跻身全球三强。创业40年，曹德旺只干了制造汽车玻璃这一件事。这家自动化工厂中所有的生产线都是通过多年的技术积累自主研发设计的。

"上手段"提高人工效率

通用汽车关闭代顿工厂后，4 000多工人面临失业，福耀买下它的旧厂房进行改造，把大家又招了进来。现在已经有2 000多当地工人在这里工作。

工厂刚刚建成，订单已经爆满，根据2016年的排产情况，订单已经排至2019年。

厂里正是需要用人的时候，但曹德旺和管理人员们不得不精打细算。美国当地的工人工资，已经是同水平中国工人的8倍，眼下这间新工厂的人工成本，要占到整个经营成本的60%。即便是高薪，也未必能找到一名合适的工人。因为20世纪70年代的去工业化政策，让美国如今已很难招到50岁以下的工人。针对员工的年龄，曹德旺打趣说，工厂里好多员工的胡子比我还长。

曹德旺认为，企业的管理没有"上手段"是不行的。人工成本降不下来，企业要想盈利，就需要想更多的办法开源节流。首先就是人工效率的问题。

福耀加派了更多的中国技术工人来美国，师傅带徒弟手把手地教。美国工人和中国来的技术培训老师开展了技能比赛。比赛结果，美国工人以792片对1 011片，败给了中国老师。但这个结果，还是让工厂负责人很高兴。因为这是美国工人第一次做到这个水平。平时他们只能做个500多片，而工厂的定额却是800片。这个办法利用美国人不服输的性格，去激励他们提升生产率,十分奏效。

降成本就要把账算细致

除了提升人工效率,抠细节、充分利用美国市场的规则来控制成本,把账算细致也是一门必修课。

工厂的一位负责人描述了一个细节:现在8个辅助厂房加起来有18万平方米,原来的厂房卖了1500万美元,里面各种设施都有,固定资产成本是比较低的。另外,政府还会给适当的补助,比如每招一个人,就会给一定的税收补贴……这些优惠政策对控制成本起到很大的帮助。

浮法玻璃是做汽车玻璃的原材料,为了保证原材料的自给自足,控制原材料的成本,曹德旺又在美国收购了美国PPG的浮法工厂。

何世猛,负责福耀在全球的浮法工厂,他对中控室炉子的燃烧状况已经研究了十几年。

当年曹德旺引进PPG浮法技术的时候,就布置给何世猛一个任务,要把生产线上的技术琢磨透,什么地方可以通过改造降成本,就在什么地方下工夫。炉温,就是其中一项。

浮法技术对炉子温度要求很高,有的炉子十几年都不熄火。这需要大量的天然气燃料。虽然美国的天然气便宜,烧制一吨玻璃的天然气能比国内便宜400块钱,但何世猛他们觉得还有压缩空间。他们研究了一套装置,能让温度集中在玻璃液上,避免天然气浪费。这也是曹德旺成本控制的妙招之一。

福耀要做全球的供应商

福耀在代顿的这个工厂项目,是福耀布局全球的一个重要棋子,该省的钱必须得省,而该花的钱,也一定要花。

两个月前,曹德旺花了1亿多美元,在底特律附近买了一个老厂房,厂房的面积足有两个足球场大,这里将是他们未来的成品车间和仓库。底特律是著名的汽车城,之所以买下这个工厂,曹德旺的计划是在这里建成一个集物流、仓存、汽配于一身的中心,实现对客户的贴身服务。

曹德旺提出,福耀的特点是要做全球的供应商,根据全球汽车厂的需要,它在哪里建厂,福耀就必须在哪里建厂,像接下来马上要启动的对巴西和墨西哥的投资,就是要培养供应链能力。福耀就是要尽一切的努力,满足客户所能够提出来的要求。

获得"凤凰奖" 荣誉归属于时代

2016年10月初,世界玻璃协会将全球玻璃行业的最高奖"凤凰奖"授予了曹德旺。作为一项享誉全球玻璃行业的奖项,凤凰奖旨在奖励对玻璃行业作出突出贡献的个人。

这是中国人第一次得到这个奖项。现场嘉宾数次自发起立,久久不停息的掌声,让人感受到中国企业在海外地位的真正提升。

颁奖仪式上,曹德旺说:"没有这个时代,就没有我,这个荣誉第一个我觉得该归属于这个时代。"

另外,早在2009年5月,曹德旺还荣膺了有企业界奥斯卡之称的"安永全球企业家奖",他也是该奖设立以来首位华人得主。

▲ 思考题

1. 全球化竞争中,企业的管理有何挑战?
2. 福耀集团在开拓美国市场中,任务环境和一般环境发生了什么变化?

3. 福耀集团如何应对环境的变化?

资料来源:央视财经《中国财经报道》,2016年10月22日。

案例二 华为是谁?

华为是全球领先的信息与通信技术(ICT)解决方案供应商,专注于ICT领域,坚持稳健经营、持续创新、开放合作,在电信运营商、企业、终端和云计算等领域构筑了端到端的解决方案优势,为运营商客户、企业客户和消费者提供有竞争力的ICT解决方案、产品和服务,并致力于推进未来信息社会,构建更美好的全联接世界。目前,华为约有18万名员工,业务遍及全球170多个国家和地区,服务全世界三分之一以上的人口。

我们为世界带来了什么?

为客户创造价值。华为和运营商一起,在全球建设了1 500多张网络,帮助世界超过三分之一的人口实现联接。华为和企业客户一起,以开放的云计算和敏捷的企业网络,助力平安城市、金融、交通、能源等领域实现高效运营和敏捷创新。华为智能终端和智能手机,正在帮助人们享受高品质的数字工作、生活和娱乐体验。

推动行业良性发展。华为主张开放、合作、共赢,与客户合作伙伴及友商合作创新、扩大产业价值,形成健康良性的产业生态系统。华为加入360多个标准组织、产业联盟和开源社区,累计提案4.9万篇。我们面向云计算、NFV/SDN、5G等新兴热点领域,与产业伙伴分工协作,推动行业持续良性发展。

促进经济增长。华为不仅为所在国家带来直接的纳税、就业促进、产业链带动效应,更重要的是通过创新的ICT解决方案打造数字化引擎,推动各行各业数字化转型,促进经济增长,提升人们的生活质量与福祉。

促进社会可持续发展。作为负责任的企业公民,华为致力于消除全球数字鸿沟,在珠峰南坡和北极圈内,都有华为人的身影;在西非埃博拉疫区、日本海啸核泄漏、中国汶川大地震等重大灾难现场,我们深知灾难面前通信的重要性,我们选择了坚守;我们的"未来种子"项目已经覆盖96个国家和地区,为各国青年学生提供来中国培训实习的机会。

为奋斗者提供舞台。华为坚持"以奋斗者为本",以责任贡献来评价员工和选拔干部,为员工提供了全球化发展平台、与世界对话的机会,使大量年轻人有机会担当重任,快速成长,也使得十几万员工通过个人的努力,收获了合理的回报与值得回味的人生经历。

我们坚持什么?

华为十几万人,29年坚持聚焦在主航道,抵制一切诱惑;坚持不走捷径,拒绝机会主义,踏踏实实,长期投入,厚积薄发;坚持以客户为中心,以奋斗者为本,长期艰苦奋斗,自我批判。我们不会辜负时代慷慨赋予我们的历史性机遇,为共建更美好的全联接世界,一往无前。

▲ 思考题

1. 你认为华为有着怎样的经营理念和企业文化?
2. 华为带给你怎样的启示?

资料来源:华为官方网站。

[阅读书目]

1. 弗雷德·戴维著.战略管理：概念与案例(第13版).中国人民大学出版社,2012年
2. 吴晓波著.激荡三十年(上下册).中信出版社,2014年
3. 吴晓波著.大败局.浙江人民出版社,2013年

第四章

DI SI ZHANG

社会责任与管理道德

- 社会责任及其发展历程
- 企业社会责任的影响因素及其体现
- 管理道德及其内容
- 影响企业管理道德的因素
- 改善企业道德行为的途径
- 管理新动态
- 问题与讨论
- 实战练习
- 案例思考

　　案例一　富士康跳楼事件
　　案例二　京东要做社会责任积极的担当者

- 阅读书目

第四章 社会责任与管理道德

■ 学习目标 ■

学完本章,你应该能够:
1. 掌握社会责任与管理道德的基本内涵。
2. 了解影响组织承担社会责任的因素。
3. 认识管理与道德的关系。
4. 了解影响管理道德的因素与改善管理道德的途径。

■ 关键概念 ■

社会责任　管理道德　道德问题强度　功利主义　个人主义

游戏引导

授权你决定组织的成员

游戏方法:

1. 游戏形式:给学生5分钟思考,然后提问学生。
2. 游戏假设及内容:假如世界末日真的到了,但只有一个能让6个人避免灾难的新诺亚方舟,有10个人是登上方舟的备选者。请在以下10个人中选择6个人作为人类得以延续的种子:小学教师、小学教师怀孕的妻子、职业足球运动员、12岁的少女、外国游客、优秀的警官、年长的僧侣、男流行歌手、著名小说家、慢性病住院者。
3. 老师请学生回答问题,请其说明选择的理由,并进行点评。
4. 活动目的:让学生体会实现组织目标所需组织成员,及其可能构建起来的组织结构。

问题讨论:
① 以实现组织目标为目的的组织成员的选择是否考虑道德因素?
② 作为一个有效的人类种子延续组织,应该怎样有效运行?

4.1 社会责任及其发展历程

4.1.1 社会责任的概念

在当代人类社会中,最具代表的组织是作为微观经济的主体的企业。在市场经济条件下,企业是一个经济实体,创造利润是企业的经济目标。我们这里讲的社会责任,是针对企业这种组织而言的,其他形式的组织或者社会上个体人作为行为主体的社会责任,我们这里暂不进行探讨。**企业社会责任**(Corporate Social Responsibility,简称 CSR)**是指企业在创造利润、对股东承担法律责任的同时,还要承担对员工、消费者、社区和环境的责任。**企业的社会责任要求企业必须超越把利润作为唯一目标的传统理念,强调要在生产过程中对人的价值的关注,强调对消费者、对环境、对社会的贡献。

显然,社会责任不是法律和经济所要求的义务,那么企业是否一定承担社会责任呢?一些人对此很是漠然。他们认为,任何企业的第一要务就是追求利润的最大化,创造出经济效益。至于说企业的其他社会责任,有能力就做,没能力就算了。某些经济管理部门的人在这个问题上也存在模糊认识,认为只要所有企业实现了利润最大化,就能实现国家利益的最大化。某些在海外上市的企业甚至说,我的股东是外国人,要承担社会责任,外国人能答应吗?在 20 世纪 60 年代前,企业的社会责任问题很少引起人们的注意,不过那时的社会活动家已开始对企业的单一经济目标提出异议。

早在 18 世纪中后期英国完成第一次工业革命后,现代意义上的企业就有了充分的发展,但企业社会责任的观念还未出现,实践中的企业社会责任局限于业主个人的道德行为。企业社会责任思想的起点是亚当·斯密(Adam Smith)的"看不见的手"。古典经济学理论认为,一个社会通过市场能够最好地确定其需要;如果企业尽可能高效率地使用资源以提供社会需要的产品和服务,并以消费者愿意支付的价格销售它们,企业就尽到了自己的社会责任。

到了 18 世纪末期,西方企业的社会责任观开始发生了微妙的变化,表现为小企业的业主们经常捐助学校、教堂和穷人。

进入 19 世纪以后,两次工业革命的成果带来了社会生产力的飞跃,企业在数量和规模上有了较大程度的发展。这个时期受"社会达尔文主义"思潮的影响,人们对企业的社会责任观是持消极态度的,许多企业不是主动承担社会责任,而是对与企业有密切关系的供应商和员工等极尽盘剥,以求尽快变成社会竞争的强者,这种理念随着工业的大力发展产生了许多负面的影响。与此同时,19 世纪中后期企业制度逐渐完善,劳动阶层维护自身权益的要求不断高涨,加之美国政府接连出台《反托拉斯法》和《消费者保护法》以抑制企业不良行为,客观上对企业履行社会责任提出了新的要求,企业社会责任观念的出现成为历史必然。

20 世纪末至 21 世纪初,我国社会主义市场经济体制已经确立,企业已经成为市场经济的微观主体,它们在社会生活中扮演着不可或缺的角色。我国的经济现实要求企业除了承担经济和法律义务外,还应承担促进社会进步、员工发展、经济增长、环境保护等方面协调与和谐发展的社会责任。这种社会责任集中表现为对投资者、用户、供应商、员工与社区等利益相关方负责,实现共同发展。健全和完善社会主义市场经济,要求我国企业从社会、环境、经济和谐的大系统角度,审视社会责任和企业长远发展的关系,把社会责任转化为企业发展的动力和长期利益。

企业是社会责任实践的主体,参与实践的企业的数量和质量在很大程度上决定了社会责任实践的范围和深度。21世纪以来,我国无论是国有企业、民营企业还是外资企业,都加快了社会责任的步伐。截至2014年10月,中国各类组织共发布社会责任报告2 240份,呈稳步增长态势,中国企业已经成为全球企业社会责任报告重要参与者。

大师睿智

企业社会责任是商人按照社会的目标和价值,向有关政策靠拢、作出相应的决策、采取理想的具体行动的义务。

——[美]霍华德·伯文

社会责任是指决策制定者在促进自身利益的同时,采取措施保护和增进社会整体利益的义务。

——[美] Davis & Blomstrom

4.1.2 社会责任的发展历程

企业社会责任发展历程可以分为三个阶段。

第一阶段,20世纪50年代至70年代形成的营利至上的古典观。1970年9月13日,诺贝尔奖得奖人、经济学家米尔顿·弗里德曼(Milton Friedman)的观点彰显营利至上的特色,他在《纽约时报》刊登题为《商业的社会责任是增加利润》的文章,指出"极少趋势,比公司主管人员除了为股东尽量赚钱之外应承担社会责任,更能彻底破坏自由社会本身的基础""企业的一项、也是唯一的社会责任是在比赛规则范围内增加利润"。社会经济观认为,利润最大化是企业的第二目标,企业的第一目标是保证自己的生存。为了实现这一点,他们必须承担社会义务以及由此产生的社会成本。他们必须以不污染、不歧视、不从事欺骗性的广告宣传等方式来保护社会福利,他们必须融入自己所在的社区及资助慈善组织,从而在改善社会中扮演积极的角色。但社会经济观没有摆脱营利至上的根本原则。

基于营利至上的基本思维方式,1976年世界经济合作与发展组织(OECD)制定了《跨国公司行为准则》,这是迄今为止唯一由政府签署并承诺执行的多边、综合性跨国公司行为准则。这些准则虽然对任何国家或公司没有约束力,但要求更加保护利害相关人士和股东的权利,提高透明度,并加强问责制。2000年该准则重新修订,更加强调了签署国政府在促进和执行准则方面的责任。

第二阶段,20世纪80年代至90年代开始关注环境运动。20世纪80年代,企业社会责任运动开始在欧美发达国家逐渐兴起,它包括环保、劳工和人权等方面的内容,由此导致消费者的关注点由单方面关心产品质量,转向关心产品质量、环境、职业健康和劳动保障等多个方面。一些涉及绿色和平、环保、社会责任和人权等的非政府组织以及舆论也不断呼吁,要求社会责任与贸易挂钩。迫于日益增大的压力和自身的发展需要,很多欧美跨国公司纷纷制定对社会作出必要承诺的责任守则(包括社会责任),或通过环境、职业健康、社会责任认证应对不同利益团体的需要。

第三阶段,20世纪90年代至今开展的蓬勃的社会责任运动。20世纪90年代初期,美国劳工及人权组织针对成衣业和制鞋业发动"反血汗工厂运动"。因利用"血汗工厂"制度生产产品的美国服装制造商 Levi-Strauss 被新闻媒体曝光后,为挽救其公众形象,制定了第一份公司生产守则。在劳工和人权组织等压力下,许多知名品牌公司也都相继建立了自己的生产守则,后演变为"企业生产守则运动",又称"企业行动规范运动"或"工厂守则运动",企业生产守则运动的直接目的是促使企业履行自己的社会责任。但是,这种跨国公司自己制定的生产守则有着明显的商业目的,而且其实施状况也无法得到社会的监督。在劳工组织、人权组织等推动下,生产守则运动由跨国公司"自我约束"(Self-regulation)的"内部生产守则"逐步转变为"社会约束"(Social Regulation)的"外部生产守则"。

如图4-1所示,自20世纪50年代以来,社会对企业承担社会责任的期望越来越高,而企业所承担的社会责任也确实越来越多,但与社会对企业的期望还存在差距。当今世界企业应该在多大程度上承担社会责任来满足社会对企业的期望,仍然是摆在各种类型企业面前的问题。例如,2008年中国汶川发生大地震,社会强烈呼吁企业捐款资助,以王老吉为代表的企业积极响应,捐出大量资助款,并受到社会好评,有的企业则表现很差,受到社会严厉的批评。企业要承担的社会责任似乎永远满足不了社会对企业的期望,而它们之间的差值似乎也在增大。

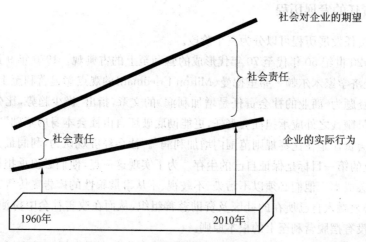

图4-1 社会责任随时间的变化趋势

4.1.3 社会责任的发展趋势

中国企业社会责任发展有以下趋势。

一、责任新常态:创造价值慎防后院起火

企业社会责任的"新常态"一方面要着力解决传统发展模式中积累下来的企业无法忽视的各类环境问题、社会问题;另一方面,还要通过改革创新,把握机遇。新一轮技术变革为企业和社会创造共享价值开启了巨大的想象空间,而公私合作模式的新潮流也为创造共享价值带来了更多可能性。

新常态下创造共享价值。新常态意味着要转变经济发展方式,包括要从以往重视GDP数量向未来更重视GDP质量过渡,并注重更加平衡的发展,尤其是经济与环境的平衡、城市与农村的平衡等。这些领域往往是商业与社会的交汇点,很多企业都可以结合自身业务发现创造共享价值的机会,实现商业价值与社会价值的共赢。

管控风险慎防后院起火。《中共中央关于全面推进依法治国若干重大问题的决定》提出以保护产权、维护契约、统一市场、平等交换、公平竞争、有效监管为基本导向,完善社会主义市场经济法律制度,进一步规范了企业在市场竞争中的责任。该决定还提出要加强"企业社会责任立法",预示着社会责任的法律基础将进一步巩固。

因此,无论是国企、民企还是外企,严守合规底线都是2015年的工作重点,触及法律红线的"后院起火"应成为值得重视的问题。

公私合作,丰富企业社会责任形式。公私合作(PPP)模式越来越受重视,四中全会充分肯定了民间团体在法治社会建设中的积极作用,并明确"支持行业协会商会类社会组织发挥行业自律和专业服务功能。发挥社会组织对其成员的行为导引、规则约束、权益维护作用"。企业和民间团体可以借PPP盛行的东风,创新和丰富履行企业社会责任的形式。

二、新"紧箍咒":企业环保压力新高度

2015年1月1日起,新《环保法》正式施行。"按日连续处罚"等一系列规定,都表明了企业环境违法成本将明显提高。与此同时,联合国巴黎气候大会及拟议中的"巴黎协议"将推动能源与环境问题成为2015年全球关注的焦点。

按日连续处罚新规出台。新环保法在很多方面都较以往更加严厉,对企业履行环境责任提出了更高要求。第五十九条提出对违规企业实施"按日连续处罚",即对持续性的环境违法行为进行按日、连续的罚款。同时,环保部门被赋予了更多权限,如对违规企业查封、责令限产停产、停业甚至关闭的权力。

新环保法还增加了对不负责任的环评等服务机构及执法不力的环保部门的约束,某种程度上可打破违规企业与环评机构之间的潜规则。

企业环境透明度承压。由环保部起草的《企业事业单位环境信息公开暂行办法》于2015年1月1日起施行。该办法规定企业事业单位应当按照自愿公开和强制性公开相结合的原则,及时、如实地公开环境信息。关于企业环境信息公开,新环保法也提出两大类相关要求:企业需公开自身排污信息;政府需公开企业环境信息。这都对企业环境信息公开施加了更大的压力。

气候变化大会全球瞩目。联合国气候变化大会在2015年于巴黎举行,此次会议达成"巴黎协议",即全球应对气候变化新协议,这吸引了全世界对气候变化的关注。中国作为发展中国家的主要代表,以《中美气候变化联合声明》表明了自己在减排问题上采取实质性行动的决心。

三、集群责任:园区成为撬动企业履责的新杠杆

园区经济在中国不断深化发展,对区域经济的增长起到了显著的促进作用。各类科技园区、工业园区、经济开发区、物流园甚至文化创意园也开始尝试以各种方式引导园区内企业承担社会责任,从而实现企业履行社会责任的集群效应。有越来越多的园区和产业集群开始集中发布企业社会责任报告。更多的园区管委会将以政策手段提高企业的责任意识,全面推动企业社会责任绩效提升。

行会继续积极引导企业履责。行业协会和商会一方面要表达、维护行业和企业的利益,另一方面承担协调各方利益、促进社会和谐稳定发展的责任。因此,很多行业协会如纺织工业协会、银行业协会等组织已连续开展企业社会责任指引工作多年。

四、走出去：中国企业海外责任世界瞩目

2006年起，中国政府开始和发达国家政府签订社会责任合作协议，在政府层面开展社会责任国际合作。与此同时，中国的社会组织与国际社会责任组织之间的合作也越来越广泛，与欧洲企业社会责任协会、世界可持续发展工商理事会、欧洲对外贸易协会倡议商界遵守社会责任组织、日本企业市民协议会、全球契约等机构开展了相关合作，与国际相关推进社会责任发展机构，如全球报告倡议组织、碳披露项目等也有很好的交流与合作。

2010年5月17—21日，国际标准化组织在丹麦哥本哈根举办的ISO26000社会责任国际标准的第八次大会上，中国代表团以自己的智慧和行动为ISO26000的修改和完善作出了贡献。在本次大会上，中国代表团提出的尊重差异性原则理念被加入到ISO26000原则章节的总则中，标志着全球第一个社会责任国际标准中的制定中融入了更多的中国诉求，中国已经成为社会责任国际标准的积极参与者和建设者。与此同时，中国企业及各类组织在联合国全球契约、"里约+20"等全球公约中参与的主动性和积极性明显提升，发挥建设性作用。

中国政府近年来提出的金砖国家开发银行、亚洲基础设施投资银行、丝路基金等一系列倡议为中国企业"走出去"发展战略提供了资金支持。见证了多年来外企在中国受到的责任监督，中国企业也开始在海外亲身接受同样的考验。

海外责任有章可循。由于中资企业海外投资集中在能源、矿产等社会影响较大、污染较重的行业，因此不可避免地会受到当地非政府组织对环境绩效、社会责任的监督。

中国政府已相继出台一系列指导性文件，如商务部和环境保护部联合编制发布的《对外投资合作环境保护指南》，指导中国企业在对外投资合作中提高环境保护意识，了解和遵守东道国环境保护政策法规。未来利益相关方对中资企业海外投资中的履责问题的关注将更加密切。

NGO尝试和企业一起"走出去"。"一带一路"国家战略的出台，将迅速扩大中国海外投资规模；出于与投资东道国社区沟通等需要，具有官方背景的非政府组织将加大在东南亚、非洲和南美的社会援助项目实施力度，国内草根民间组织也会加大与国外当地非政府组织的交流与协作。这客观上会加大中国非政府组织在全球的活动范围和话语权。在此过程中，国内非政府组织亟须专业机构提供机构能力建设和人员的吸纳培养，并最终实现和企业一起"走出去"，成为国家"软实力输出"的重要组成部分。

五、资本发力：沪港通引进新的投资理念

沪港通促使中国资本市场进一步向国际开放，也必将引入新投资理念。在此背景下，上市公司遵循国际惯例进行环境社会信息披露将成趋势，国内责任投资水平也将顺势提升。

沪港通引进ESG等新投资理念。由于海外机构投资者对责任投资有所要求，沪港通开通以后，内地上市公司的环境与社会风险压力将被放大。海外责任投资者将把他们对上市公司环境、社会和公司治理（ESG）信息披露的要求带到中国，从而倒逼内地上市公司提升诚信度和信息披露水平。

可持续金融政策酝酿出台。2014年，中国人民银行研究局和联合国环境规划署（UNEP）可持续金融体系设计项目联合发起了绿色金融工作小组，2015年将发布有关构建绿色金融体系、海外投资的环境与社会责任、绿色贷款贴息、环保企业IPO绿色通道、全国性碳市场、环境成本核算、绿色投资者网络等课题的研究成果。

同时，随着《企业环境信用评价办法（试行）》、"银政投"绿色信贷计划、绿色信贷实施情况关键评价指标等一系列政策的推出，绿色金融创新性产品势必成为国际金融市场下一个热点，

这将进一步激发2015年金融机构的各类绿色创新。

六、责任智能化：技术让CSR更"交互"

技术的变革为企业社会责任带来的变革最突出的例子之一是公众环境研究中心（IPE）的"污染地图"，依靠LBS技术和云端大数据对城市空气和企业排污进行更为精准和实时的监控。同时，企业也可以将技术带来的便利运用到实践行为中去，比如企业可以通过LBS功能来为员工志愿者提供周边服务项目搜索，或将自身参与的公益项目向公众开放，并对项目成效和反馈进行更为准确的评估。另一方面，独立的咨询机构、学术机构、非政府组织等第三方机构也开始尝试利用大数据技术开展有关企业社会责任的研究分析。

七、"墙"倒了：借力社交平台

社交媒体的空前发达让企业与利益相关方，尤其是普通消费者之间的"墙"倒了，新媒体化的企业社会责任报告不仅融入文字和图片，声音和影像也成为企业社会责任信息载体。

但责任报告并非通常能够"火"起来的那种内容，如果卸下严肃的内核，就偏离了责任披露的本意。对于这个问题，2014年可口可乐的"我们在乎"微信版可持续发展报告做了一个大胆而成功的尝试。可以想见，将有更多的企业在这一点上绞尽脑汁，其结果必将是信息披露的空前积极和活跃。

八、CSR自组织：交流共享与跨界合作

企业社会责任经理人群体数量不断增长，他们之间的相互沟通将不仅限于社交层面，而是试图寻求具体问题的解决方案。在北京、上海、广州等企业社会责任发展较快的地区，社会责任经理人自发组建在线沟通社群，共同探寻一些宏观命题和实操层面的解决方案。跨界合作和资源共享的实现，将使CSR经理人这个群体的自我成长变得更为迅速。

九、慈善新动力：公益也要玩转金融

公益金融成为慈善新动力。2014年11月，国务院印发《关于促进慈善事业健康发展的指导意见》，明确指出要加大社会支持力度，尤其是"倡导金融机构根据慈善事业的特点和需求创新金融产品和服务方式，积极探索金融资本支持慈善事业发展的政策渠道""探索捐赠知识产权收益、技术、股权、有价证券等新型捐赠方式，鼓励设立慈善信托"。

上述政策明确了国家层面对公益金融"放开管控，支持发展"的态度，将为公益金融的发展扫清障碍，促成"公益创投""社会影响力投资""公益信托"等公益金融创新完成由概念到试点、由分散创新到集群式市场构建的转型。此外，预计也会有更多公益组织尤其是大型基金会、家族基金会将大胆尝试资产管理的试点，为公益资产保值增值。

十、责任进课堂：CSR教育井喷指日可待

各大商学院教育质量的国际认证要求中均不同程度强调MBA项目要融入社会责任相关内容，国际、国内的商学院已经开始行动。排名前50的MBA项目所属的商学院中，超过84%开设了与企业社会责任相关的课程。领先商学院的示范、国际认证的驱动，以及国内MBA教育指导委员会的要求，都将推动国内商学院开设更多企业社会责任课程。

为适应《国家中长期教育改革和发展规划纲要（2010—2020年）》要求以人为本的教育改革，商业伦理、工程伦理等企业社会责任相关课程也会越来越多地出现在大学课堂上。

可持续发展和企业社会责任案例将会更多走进商学院课堂，更加真实、互动地呈现企业社会责任实践。企业将更多地参与课堂分享和互动，并在此过程中与师生一起共同寻求更优解决方案。

4.2 企业社会责任的影响因素及其体现

4.2.1 影响企业承担社会责任的因素

尽管在当今世界,企业承担社会责任是大势所趋,但是就某一个具体的企业来讲,它是否会承担社会责任呢? 在长期的社会实践过程中,人们发现,一些因素会促使企业承担社会责任,即这些因素对企业来说是有利的,如承担社会责任可以塑造良好的社会公众形象、增加长期利润等;另一些因素使企业不愿去承担社会责任,它们认为如果企业承担社会责任,可能导致企业在生产经营活动中出现如违反利润最大化原则、冲淡组织目标等现象,而这对企业来说是不利的。那么,有哪些因素会对企业承担社会责任产生影响呢? 经过研究,学者们认为大致有有利和不利两类因素会对企业承担社会责任产生影响。

一、企业承担社会责任的有利因素

1. 社会期望

自20世纪60年代以来,社会对企业的期望越来越多,企业追求经济和社会双重目标的实现已经成为各界的共识。

2. 增加长期利润

具有社会责任感的企业能获取确切的长期利润,这在很大程度上归因于责任行为所带来的良好企业形象以及企业与其相关各方的良好关系。

3. 承担道德义务

企业作为当代社会的重要组织,应该具有社会意识。企业不仅是道义上承担社会责任,而且在承担社会责任的同时还要求符合自身的利益。

4. 塑造良好的公众形象

企业在公众心目中的良好形象对企业的好处是多方面的,如促使企业品牌地位提升、更容易融资、容易雇佣到高端人才等。由于公众通常认为普世价值和社会目标是重要的,企业通过追求普世价值的弘扬、社会目标的实现,就能够塑造一个良好的公众形象。

5. 创造良好的环境

积极参与社会活动,帮助解决社会上存在的问题,特别是企业所处地区的某些问题,改善企业周遭的自然环境与人际关系,从而创造适合企业的生存和发展环境。

6. 规避政府管制

政府管制又称为政府规制(Governmental Regulation)。管制,是政府干预市场的活动总称,是指政府为达到一定的目的,凭借其法定的权利对社会经济主体的经济活动所施加的某种限制和约束,其宗旨是为市场运行及企业行为建立相应的规则,以弥补市场失灵,确保微观经济的有序运行,实现社会福利的最大化。企业承担社会责任可以减少政府管制对企业发展的影响。

7. 社会规范的影响

社会规则是否完善对能否促进企业担负社会责任是非常重要的,一个很好的社会规范是透明的,当企业担负起社会责任就会被很多人知道,而且在社会监督之中进行。例如,企业为慈善捐的款,由可信任的社会组织进行管理,并公开使用方式和使用进程。

8. 符合股东利益

从长期看,担负起社会责任会促使企业的股票价格上涨。在股票市场上,有社会责任感的企业通常被看作是风险较低的和透明度较高的,从而持有该企业的股票会带来较高的收益。

二、企业承担社会责任的不利因素

1. 违反利润最大化原则

这是古典观念的精髓所在。我们不能把所有的社会责任都分派给企业来做,企业承担社会责任不应该违背企业追求利润最大化的原则,而且应该与其协调一致,企业一般只参加那些可带来经济利益的活动,而把其他活动让给其他机构去做。

2. 冲淡目标

追求社会目标冲淡了企业的基本目标——提高生产效率。企业不等于慈善机构,企业追求社会目标与企业目标的统一,但核心是企业自身的目标,不应为了追求社会目标而冲淡企业目标。

3. 劳无所获

企业担负社会责任一般都是有目的的,也是在其能力范围内完成的,如果一项社会责任的履行不能给企业带来任何收益,或者收益远远低于企业的投入,这种行为就不值得提倡。

4. 权力膨胀

如果企业因履行某种社会责任而获得某种权力,而是企业超出微观主体所应具有的权力,这种行为与市场经济的原则相违背。

5. 缺乏技能

企业领导者的视角和能力基本上是经济方面的,不适合处理社会问题。

6. 缺乏广泛的公众支持

社会上对企业承担某些社会责任的呼声不是很高,公众在社会责任问题上意见不一。在缺乏一致支持的情况下采取行动,很可能会失败。

4.2.2 企业社会责任的具体表现

在市场经济条件下,企业竞争力的强弱突出表现为其对利润的追逐能力。利润,也是企业存在的理由和发展的根本动力。然而,企业又是社会这个大系统中的有机组件,必然与整个社会的其他组织和个人发生大量互动。这就要求企业承担一定的社会责任,用以实现企业与社会系统的良性互动。我们依据 2006 年 10 月中国企业联合会可持续发展工商委员会推出的《中国企业社会责任推荐标准和实践范例》,并参考 SAI(Social Accountability International)执行的 SA8000(Social Accountability 8000)标准,把我国企业的社会责任的主要方面进行如下归类。

一、对环境的责任

环境是企业生存和发展的前提条件。一个企业必须认真地对待生存环境。企业生产过程中会产生外部性问题,所谓外部性,是指企业的生产经营活动所产生的成本和收益超出了企业自身的边界而向外部"溢出"。外部性既有负面的,也有正面的。当企业把本来应该是由自己承担的成本向外部转嫁的时候,就产生了负外部性,比如企业排污问题。企业本应自行解决生产过程中产生的污染,当然这会增加企业的成本,它若不愿意承担,就会任意向外界排放,就等于把应自己负担的成本转移给了社会。企业对环境的责任主要体现在:

1. 产品实现绿色设计

绿色设计(Green Design)也称为生态设计(Ecological Design),是指在产品及其寿命周期全过程的设计中,要充分考虑对资源和环境的影响,在充分考虑产品的功能、质量、开发周期和成本的同时,更要优化各种相关因素,使产品及其制造过程中对环境的总体负影响减到最小,使产品的各项指标符合绿色环保的要求。

绿色产品设计包括绿色材料选择设计、绿色制造过程设计、产品可回收性设计、产品的可拆卸性设计、绿色包装设计、绿色物流设计、绿色服务设计、绿色回收利用设计等。在绿色设计中要从产品材料的选择、生产和加工流程的确定,产品包装材料的选定,直到运输等都要考虑资源的消耗和对环境的影响,以寻找和采用尽可能合理和优化的结构和方案,使得资源消耗和环境负影响降到最低。

2. 保护与治理环境并重

地球是我们唯一的家园,企业有责任和义务保护环境。企业在生产过程中应采取生态环保技术,防止造成环境污染。企业必须建设循环经济,把企业生产中所产生的"三废"资源化。企业要积极投入环境污染的治理中,对历史上造成的环境污染进行积极治理,特别是对本企业历史上造成的环境污染更应该承担治理责任。

二、对员工的责任

员工是指企业(单位)中各种用工形式的人员,包括固定工、合同工、临时工以及代训工和实习生。员工是企业的宝贵财富,企业对职工要承担按时足额发放薪金,根据发展逐步提高收入水平;改善劳动条件,确保安全、卫生;为职工投保社会保险;加强员工培训,提高职工自身素质和能力;支持工会工作;培育良好的企业文化的责任。企业对员工的社会责任主要体现在以下四个方面。

1. 工作时间

通过合理的工作时间保证员工的休息权利。企业应当为所有的超时工作支付法律、法规规定的报酬。

2. 薪酬待遇

向员工支付的工资、福利待遇应该满足员工基本生活的要求,薪酬应以货币的形式通过便于员工取得的方式支付给劳动者本人。应在员工开始工作前为其提供书面的、易于理解的工资待遇信息,并且在每次支付工资时为员工提供详细的当期工资信息。不应克扣和拖欠员工工资。员工工资应不低于企业所在地最低工资标准,其中不包括加班工资、特殊工作环境的津贴、法律法规和国家规定的劳动者福利待遇等。不应采取非法的学徒工及试用工制度等来规避劳动法规和社会保障法规所规定的企业对员工应尽的义务。

3. 营造一个安全舒适的工作环境

应从产品或服务的规划设计环节开始,并在生产和销售的全过程给员工提供一个安全和健康的工作环境。应针对行业中普遍认知的和其他危险采取适当的措施,在可能的条件下最大限度地降低工作环境中的危害隐患,以避免由于工作引起的、与工作有关的或在工作中发生的各种事故及损害健康事件的发生。企业应安排高级管理代表来负责实施有关健康和安全的规定。应建立安全管理系统来识别、防范或应对可能危害员工健康与安全的潜在威胁。应保证员工对工作中可能影响其身心健康因素的知情权。工作环境中应具备必需的急救措施,并定期检查。定期对员工进行健康和安全培训,并对新聘用的和调动职位的员工重新进行培训。

4. 定期或不定期培训员工

应为员工的职业发展创造必要的条件,并建立系统的培训计划。对新员工进行必要的职业培训,确保拥有从事其工作所必需的信息和技能。对因非正常原因而被解聘的员工应酌情考虑培训其重新就业的基本技能。

三、企业对消费者的责任

企业提供的产品和服务对其消费者应该是公平、安全和可靠的。不断提高产品或服务的质量。应向消费者提供任何关乎其自身利益的、与产品或服务有关的信息。应尽可能培训引导消费者如何安全地利用其产品或服务,对其产品或服务的正确使用做出充分的说明,对可能存在的安全健康隐患做出明显而且充分的提示。

应采用新材料、新技术和新的防范措施来不断提高产品或服务的安全性。对化学产品进行系统的和严格的评估,制定产品安全监管计划,以确保其产品在获得预期利益时也能够保护公众健康和环境。当新的研究结果表明产品或服务对消费者的健康安全存在确实的威胁时,企业应该停止提供该类产品或服务,并作出公开声明,呼吁消费者停止使用有健康安全隐患的产品,并尽可能召回已售出产品。对已造成损害的,应给予适当的赔偿。

尊重消费者的消费心理和消费习惯,禁止强买强卖的行为,禁止对消费者进行精神或肉体上的伤害。以公平合理的价格将产品或服务提供给有需求的消费者,反对各种形式的歧视行为。不应以强迫或欺骗的方式获得任何有关消费者个人隐私的信息。除非根据法律或政府的强制性规定,企业在未得到客户及消费者的许可之前,不得把已获得的客户及消费者私人信息提供给第三方(包括企业或个人)。

应建立与客户及消费者沟通的便利渠道,对客户的问题和投诉予以及时答复和解决。产品设计、生产、销售及售后服务过程中应积极采纳客户及消费者的合理意见或建议,以提供更好的满足其需求的产品和服务。

四、企业对竞争者的责任

应遵守所属行业中体现社会责任导向的行业规范,自觉维护市场秩序;防止串谋。在市场准入、原材料采购和价格制定等方面应遵循公平竞争原则,反对垄断和低成本倾销等不正当的竞争手段。禁止商业贿赂。

企业应本着合作发展的原则与其供应链上、下游企业建立平等、互利、互惠的合作关系。不应凭借在合作中的优势地位要挟供应商或变相削弱供应商的发展能力。企业与商业伙伴进行交易时,应遵循平等、自愿、公平、诚信的原则,充分尊重对方所提供产品或服务的价值,包括当前市场价格无法衡量的价值。应坚持公平合理、公开规范、合同管理的原则,不得滥用优势地位。

发挥格式条款的积极作用,格式条款的提供方应充分考虑相对方正当权益,明示所有条款;对于免除或限制责任的条款应特别注意提请对方注意,并按其要求对该条款予以说明。企业与商业伙伴进行交易时,应全面考虑对方的社会责任绩效,实行绿色采购或责任采购政策。

应通过其在产业价值链中的合理影响力鼓励和督促上、下游企业积极承担社会责任。在适宜条件下,应争取与商业伙伴共享必要信息,积极发掘有利于合作改进社会责任绩效的商业机会。应通过发展互信互利的企业间合作关系来改善商业环境,提高效率,减少社会资源和环境资源的浪费。应积极发挥企业在促进可持续发展方面的示范作用,分享和推广良好实践经验。

企业应积极发掘社会责任议题中的创新机会和商业增长点,如发展生态产业、可持续生计项目等,建立社会责任导向的创新激励体系。企业应重视保护具有社会责任导向的创新成果,积极申请注册知识产权予以保护。应尊重和维护其他企业在承担社会责任方面的创新成果和知识产权。

五、企业的内部治理与外部规则

完善企业内部治理体系是企业承担社会责任的必要基础和核心内容之一。企业应该健全内部治理结构,保证企业内部权力配置有效性、价值分享合理性和决策过程科学性。企业应该正式将利益相关方管理原则纳入其内部治理体系。董事会及高层管理者应将建立利益相关方信任作为保护企业长期价值的重要战略。应该重视加强利益分配方式和责任承担方式的优化和透明。

企业应将社会责任绩效作为决定高层管理者薪酬奖励及职务晋升的重要指标。企业必须合法、诚信地进行经营活动,并以此为前提追求股东利益和公司价值最大化。符合外部规制要求是企业承担社会责任的直接表现和基本途径之一。正式规制包括法律法规、经济规则和合同约束等,以及政府直接干预式的行政管制;非正式规制包括社会行为预期及伦理道德准则等。企业遵从管制(Compliance)和主动领先于管制要求(Beyond Compliance)的行为都是承担社会责任的表现,与具体的企业内部治理风格和企业战略决策相适应。推崇诚信、正直、透明和负责任的商业品格。

六、社区建设和公益事业

企业应遵守其经营活动所在地社区和影响所及地区的管理条例及规定。企业应根据内部确立的原则制定相应的计划,参与和支持发展社区的文化教育事业和福利事业,关心和赞助社区的慈善事业。安排相应的人力资源和财务资源等来组织实施其支持社区发展的计划,并对实施结果进行备案评审,以待进一步完善。鼓励员工积极参与建设和维护社区生活秩序,改善生活质量。关心和积极参与社区相关的社团活动。

企业及其部门和设施在设立、关闭或搬迁时,除了纯商业分析之外,还应该预先进行社区影响评价与分析,积极采纳当地政府、企业和居民的合理建议。企业在作出关闭或搬迁决策时,应该提前通知社区和员工。采取相应的措施减少行动过程带来的不利影响,这些措施包括提供调动搬迁和重新安置福利、有计划逐步退出和帮助社区和受影响的员工接受再就业培训等。

参与支持慈善、教育等社会公益事业,保护弱势群体,主动应对突发性灾难。不得以捐赠为名从事营利性活动,也不得借慈善名义欺骗公益组织。按照慈善捐赠计划,设定明确目标,建立相关评估标准,定期向股东及投资人报告。依法自觉履行捐赠协议,按照捐赠协议约定的期限和方式将捐赠财产转移给受赠方。鼓励员工积极参与社会公益活动,并提供机构支持。动员企业闲置资源发展社区贫困人口的可持续生计,包括资助社区小型企业创业等。招募合理比例的当地员工。尽量考虑向当地供应商采购其所需原料、辅料、产品和服务。

马太效应

圣经《新约·马太福音》中的一则寓言:从前,一个国王要出门远行,临行前叫了仆人来,把他的家业交给他们,依照各人的才干给他们银子。一个给了五千,一个给了两千,一个给了一千,就出发了。领五千的,把钱拿去做买卖,另外赚了五千。领两千的,也照样另赚了两千。但领一千的,去掘开地,把主人的银子埋了。

过了许久,国王远行回来,和他们算账。领五千银子的,又带着另外的五千来,说:"主啊,你交给我五千银子,请看,我又赚了五千。"主人说:"好,你这又善良又忠心的仆人。你在不多的事上有忠心,我把许多事派你管理。可以进来享受你主人的快乐。"那领两千的也来说:"主啊,你交给我两千银子,请看,我又赚了两千。"主人说:"好,你这又良善又忠心的仆人。你在不多的事上有忠心,我把许多事派你管理。可以进来享受你主人的快乐。"

那领一千的,也来说:"主啊,我知道你是贪心的人,没有种的地方要收割,没有散的地方要聚敛。我就害怕,去把你的一千银子埋藏在地里。请看,你的原银在这里。"主人回答说:"你这又恶又懒的仆人,你既知道我没有种的地方要收割,没有散的地方要聚敛。就当把我的银子放给兑换银钱的人,到我来的时候,可以连本带利收回。于是夺过他的一千来,给了那有一万的仆人。"

管理心得:马太效应,所谓强者越强,弱者愈弱,一个人如果获得了成功,什么好事都会找到他头上。大丈夫立世,不应怨天尤人,人最大的敌人是自己。态度积极主动执着,那么你就赢得了物质或者精神财富,获得财富后,你的态度更加强化了你的积极主动性,如此循环,你才能把马太效应的正效果发挥到极致。在企业承担社会责任的今天,我们应该如何理解马太效应呢?

4.3 管理道德及其内容

4.3.1 管理道德发展阶段

社会主义市场经济以商品交换作为基础,而商品交换必须以诚实守信为前提。市场经济讲究竞争,但竞争是按照规则展开的,这种规则的实施依靠法律和道德作为保障。所谓道德,就是依靠社会舆论、传统习惯、教育和人的信念的力量去调整人与人、个人与社会之间关系的一种特殊的行为规范,是规定行为是非的惯例和原则。一般来说,道德是社会基本价值观一个约定俗成的表现,人们一般都会根据自己对社会现象的理解、社会认同的形态,形成与社会大多数人认同的道德观,大多数人能够知道该做什么,不该做什么,哪些是道德的,哪些是不道德的。

道德一般可分为社会公德、家庭美德、职业道德三类。其中,职业道德是同人们的职业活动紧密联系的符合职业特点所要求的道德准则、道德情操与道德品质的总和,是从事一定职业的人在职业劳动和工作过程中应遵守的与其职业活动相适应的行为规范。职业道德是从业人员在职业活动中应遵守或履行行为标准和要求,以及应承担的道德责任和义务。

管理道德作为一种特殊的职业道德,是从事管理工作的管理者的行为准则与规范的总和。它是特殊的职业道德规范,是对管理者提出的道德要求,对管理者自身而言,可以说是管理者的立身之本、行为之基、发展之源;对企业而言,是对企业进行管理价值导向,是企业健康持续发展所需的一种重要资源,是企业提高经济效益、提升综合竞争力的源泉,可以说管理道德是管理者与企业的精神财富。

一般认为,管理道德发展存在三个水平,每个水平包含两个阶段。在每个相继的阶段上,个人道德判断变得越来越不依赖于外界的影响。这三个水平和六个阶段如表 4-1 所示。

表 4-1 道德发展阶段

水　　平	阶　段　描　述
原　　则	6. 遵循自己选择的道德原则,即使他们违背了法律 5. 尊重他人权利,支持不相关的价值观和权利,不管其是否符合大多数人的意见
习　　俗	4. 通过履行你所赞同的义务来维护传统秩序 3. 做你周围的人所期望的事
前 习 俗	2. 仅当符合其直接利益时遵守规则 1. 严格遵守规则以避免物质惩罚

资料来源:L. Kohlberg. "Moral Stages and Moralization: The Cognitive-Development Approach", in T. Lickona (ed.) *Moral Development and Bahavior: Theory, Research and Social Issues* (New York: Rinehart & Winson, 1976), pp.34-35.

第一个水平称为**前习俗**(Preconventional)水平。在这个水平上,一个人的是非选择建立在物质惩罚、报酬或互相帮助等个人后果基础上。当道德演进到**习俗**(Conventional)水平时,表明道德价值存在于维护传统的秩序以及不辜负他人的期望之中。在**原则**(Principled)水平上,个人做出明确的努力,摆脱他们所属的群体或一般社会的权威,确立自己的道德原则。

从道德的发展阶段看,道德准则并非以法典形式出现,但是任何阶段的道德都是遵循某些原则的。因此,对一个特定的组织的行为常常会出现不同的看法。在某些情况下,组织所面临的任何一个选择都有可能产生不道德的后果,此时便产生了所谓"道德困境"(Ethical Dilemma)。许多道德困境来自个体与整体之间的矛盾,比如组织与个人、组织与行业、组织与整个社会等。管理者们经常会遇到此类棘手的管理问题。而解决这些困境的方法则是依据建立在价值观之上的道德准则。组织在处理不同的管理问题时,会依据不同的道德准则。

1. **功利主义原则**(Utilitarian Approach)

功利主义,即效益主义,是道德哲学(伦理学)中的一个理论,认为人应该做出能"达到最大善"的行为,所谓最大善的计算则必须依靠此行为所涉及的每个个体之苦乐感觉的总和,其中每个个体都被视为具有相同分量,且快乐与痛苦是能够换算的,痛苦仅是"负的快乐"。功利主义哲学的创立者杰里米·边沁(Jeremy Bentham)认为,痛苦和快乐是人的两个最高主宰,也是决定行为的动力,人无不以快乐作为生活的目标和道德标准,凡能求得快乐的就是善,反之就是恶。他把快乐分为由感觉引起的快乐、财富引起的快乐和权力引起的快乐等十几种,痛苦也分成由感觉引起的痛苦、穷乏引起的痛苦和仇恨引起的痛苦等十几种。苦与乐的量可以进行精密的对比和计算。"善"就是最大地增加了幸福的总量,并且引起了最少的痛楚;"恶"则反之。边沁认为,自然将人置于乐和苦两大主宰之下,由此决定我们应当做什么,将会做什么。

倡导功利主义的管理者们认为,管理决策的结果应当是使绝大多数人受益,因此,在进行决策时,管理者要考虑不同决策方案可能产生的不同后果,他所选择的应当是使绝大多数人受益的那个方案。在实际决策的过程中,执行这种原则可能会变得非常复杂,只能将最优方案改为次优方案或者较为满意的方案。功利主义原则被认为是现代企业制度建立的理论依据。

2. 个人主义原则(Individualism Approach)

个人主义是一种道德的、政治的和社会的哲学,强调个人的自由和个人的重要性,以及"自我独立的美德""个人独立";它是一种以个人为中心对待社会或他人的思想和理论观点,表现为利己主义、利他主义、自由主义和无政府主义等形式。古希腊哲学家普罗泰戈拉提出的"人是万物的尺度"的命题,是个人主义的一种重要表述方式。近代资产阶级革命时期的思想家,如英国的霍布斯等,把个人主义普遍化为永恒不变的人性,并使之成为道德的主要内容和判断善恶的重要标准。19世纪德国的哲学家尼采等人,进一步使个人主义的理论观点系统化,把个人作为价值的基础和评价社会的唯一标准。个人主义把个人与社会对立起来,一切从个人需要和个人幸福出发,反对统一的社会价值标准。个人主义发展到极端,就会为了个人利益而不择手段地损害社会和他人。

倡导个人主义的管理者认为,对个人具有长期最大化的行为是道德行为,因为个体将自己长期的利益作为决策的依据,其利己性的趋利避害行为会使个体通过比较找到恰当的行动方案。从理论上看,人人都是追求自我价值实现的,但通过个体追求自我完善和个体之间相互适应的过程,整个社会都会从中受益。因此,个人主义是一种比较好的管理道德决策方法。

3. 道德权利原则(Moral-Rights Approach)

道德权利原则就是个人自由原则。伊曼努尔·康德(Immanuel Kant)把道德律表述为:"要这样行动,永远使你的意志的准则能够同时成为普遍制定法律的原则。"康德提出道德律有以下几个基本的思想作为前提:(1)人生活在社会之中;(2)人有自由;(3)人人平等;(4)社会应该成为人性得以完满实现的共同体。

持道德权利原则的管理者认为,每个人都拥有基本的权利和自由,这些权利和自由不能由于管理者的决策而被剥夺。因而,正确的道德决策应当是最大限度地保护与决策相关之人的权利。在进行道德决策时,管理者应当避免干涉个人的基本权利。比如,意愿自由权、个人隐私权、保持良知权、言论自由权、获得公正信息和待遇权、安全生活权等。

4. 公正原则(Justice Approach)

柏拉图在其著作《理想国》中对公正进行了描述,认为公正是最有利和最有害两者中的折中之道,所谓最有利就是做不公正的事而不受惩罚,所谓最有害就是受到了不公正而无抵抗之力。亚里士多德在其著作《伦理学》中指出,公正就是合比例,不公正就是破坏比例;正如实际确实发生的那样,一项变得太大,其他则变得太小;因为做事不公者所得过多,待遇不公者获得太少。可见,公正彰显了"价值取向",它侧重于社会普遍认可的"基本价值取向",并且强调这种价值取向的正当性。

这一原则认为,道德决策必须建立在基本价值取向所界定的公平、公正的基础之上。对于组织的管理者而言,有三种可供选择的公正原则。第一种是"广泛公正",即每个人都是平等的,都应当受到相同的待遇,对待不同的人不能带有任何个人的偏见。第二种是"程序公正",即规章制度应当是明确的和连续的,并且执行过程也必须是公正的。第三种是"补偿公正",即如果由于组织的原因而对个人造成伤害,则个人应当得到赔偿。

4.3.2 管理道德的主要内容

根据MBA智库百科关于管理道德内容的描述,管理道德主要有五方面的内容。

一、组织管理目标的道德

任何管理都是组织的管理。但是,组织管理者的思想道德水平如何,又直接关系到管理水平的高低和管理目标的实现。因为组织者在制定管理目标时,不仅要考虑到管理目标的可行性,而且要考虑到管理目标的道德性,才能使管理目标成为有效的目标。组织管理者为了使其管理目标可行,或多或少地都要考虑它的目标的道德性。

二、实现组织管理目标的手段的道德

手段是为实现一定目的或目标而采取的一定的途径、方法、办法和策略的总和。任何组织管理目标的实现,都要通过一定的手段。至于采取什么样的手段,达到什么样的效果,则取决于组织管理者对手段的选择。所选择的手段是否正当,即手段是否道德,会直接影响管理目标的实现。

三、人际关系管理的道德

人际关系管理是社会管理的重要内容。一定社会的人际关系管理,除受社会性质决定之外,还受血缘、地缘、业缘等因素的影响,从而造成这种管理的复杂性和管理层次的多样性。如何规范人们的交往关系,使人们的人际关系沿着平等、和睦、协调和有序的健康方向发展,就成为管理道德建设中的一项重要内容。

四、人事管理的道德

任何的组织管理,都是通过人来执行其管理职能,通过人的活动来实施的。因此,如何管理好人,如何用人,不仅要考虑人的知识、经验和能力,而且要考虑人的思想道德素质。中国自古以来一直流传着"人存政存,人亡政息""天下治乱,往往系于用人"的说法。这种说法虽然不是至理名言,但却包含着较为深刻的道理。企业的用人制度,更应该重视德的要求,必须坚持用人的德才兼备和知人善用的原则,反对"任人唯亲""以权谋私"的做法,使我们的人事管理科学化、规范化、道德化。

五、财物管理的道德

物资钱财是实现组织管理目标的物质基础。没有物资钱财的组织根本不可能进行管理。但是,有了物资钱财的组织,也不一定能实现有效的管理目标,因为物资钱财总是要交给组织机构的人员去掌握和运用的。这时,财物管理人员的道德素质的高低与财物的道德风险就会成正比。如果管钱管物的人连"君子爱财,取之有道""非我之物勿用"等最起码的道德意识都没有,必然会利欲熏心,贪污挪用,化公为私,这就必然动摇或削弱组织管理的物质基础。近年来,我国连续出现了许多巨大的贪污案件,以及贪污人员的低龄化(如"26岁现象"),都足以说明我国财物管理制度的薄弱和财物管理人员道德意识的缺失。因此,如何规范财物管理人员的行为,加强财物管理方面的道德建设和道德教育,也是管理道德的一项非常重要的内容。

4.4 影响企业管理道德的因素

一个管理者的行为是否合乎道德,是受影响管理道德的因素调节的,影响管理道德的因素如图 4-2 所示,包括管理者道德发展阶段、个人特征、组织结构设计、组织文化和道德问题强度。这些因素相互调节,相互作用,最后决定了管理者的行为是否是道德行为。

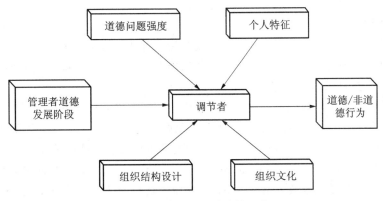

图 4-2 影响管理道德的因素

一、管理者道德发展阶段

表 4-1 列出了管理道德的发展阶段,不同的管理者他所遵循的道德处于不同的发展阶段,这就决定了他会产生与之相对应的行为模式。如果管理者处于前习俗阶段,那么他只受个人利益的影响,决策的依据是由不同行为方式带来的奖赏和惩罚决定的本人利益;管理者被动遵守规则以避免受到物质惩罚,管理者只在符合自己利益时才主动遵守规则。如果管理者处于习俗阶段,管理者遵守法律,对重要人物的期望积极反应,受他人期望的一般感觉的影响;管理者做他周围的人所期望的事,通过履行他允诺的义务来维持平常秩序。如果管理者处于原则阶段,管理者受个人用来辨别是非的伦理准则的影响,这些准则可以与社会的规则或法律不一致;这时,管理者尊重他人的权利,置多数人的意见于不顾,支持不相干的价值观和权利,遵守自己的选择的伦理准则,即使这些准则违背了法律也照样遵守。

二、个人特征

虽然价值观和道德发展阶段可能看起来相似,但它们是不一样的。价值观的范围广,覆盖的问题领域宽;而道德发展阶段是专门衡量在外界影响下的独立性的一个尺度。一个成熟的人一般都有相对稳定的价值观,价值观是个人早年发展起来的,也是教育与训练的结果,它们是关于正确与错误、善与恶的基本观点和看法。同一组织中的管理者常常有着明显不同的个人价值观。管理者通常有不同的个人价值观,它构成道德行为的个人特征,由于管理者的特殊地位,这些个人特征很可能转化为组织的道德理念与道德准则。这是管理者的个性特征影响组织行为的最典型的方面。

自我强度是衡量个人自信心强度的一种个性尺度。自我强度得分高的人往往能够克制不道德行为的冲动,并遵循自己的信条。换言之,自我强度高的人更可能做他们认为是正确的事。我们可以预料自我强度高的管理者比自我强度低的管理者将在其道德判断和道德行为之间表现出更强的一致性。

控制中心是衡量人们相信自己掌握自己命运程度的个性特征。内控的人认为他们控制着自己的命运;而外控的人则认为他们一生中会发生什么事全凭运气或机遇。这将如何影响一个人采取道德或非道德行为的决策呢?外控的人不大可能对他们行为的后果负个人责任,他们更可能依赖外部力量。相反,内控的人更可能对其行为后果承担责任,并依据自己的内在是非标准来指导自己的行为。内控的管理者将比那些外控的管理者在道德判断和道德行为之间表现出更强的一致性。

三、组织结构设计

组织的结构设计有助于形成管理者的道德行为。有些结构提供了强有力的指导,而另一些结构却只是给管理者制造困惑。结构设计如果能够使模糊性和不确定性最小,并不断提醒管理者什么是道德的,就更有可能促进道德行为。

正式的规章制度可以减少模糊性。明文规定的道德准则的指导可以促进行为的一致性。研究表明,上级的行为对个人在道德抉择上具有最强有力的影响。人们注视着领导们在做什么,并以此作为什么是可接受的,并以此作为自己行为的标准。有些绩效评估系统仅集中于成果,但也有一些评估系统既评价结果,也评价手段。如果仅以成果评价管理者,他们就可能迫于压力而"不择手段"地追求成果指标。与评价系统密切相关的是报酬的分配方式。奖赏或惩罚越是依赖于具体的目标成果,管理者为了实现那些目标就越会降低道德标准。此外,不同的组织结构在时间、竞争、成本及施加给雇员的类似压力上也是不同的。压力越大,管理者就越有可能在道德标准上妥协。

四、组织文化

组织文化对管理道德的影响主要表现为两个方面:一是组织文化的内容和性质;二是组织文化的强度。一种健康的、具有较高道德标准的文化的形成,必须要求对人的行为具有很高的控制能力,以对冲突具有高度宽容性的组织文化为支撑,这种文化对人的行为道德属性有着敏锐的分辨能力,并有着很强的控制力。组织文化的强度对管理道德也有着很大的影响。如果组织文化的力量很强并且支持高道德标准,那么,它会对管理者的道德行为产生强烈的和积极的影响;相反,在一个较弱的组织文化中,即使人们具有正确的道德标准,在遇到矛盾和冲突时也难以坚持原有的道德标准,从而导致管理者的非道德行为。例如,波音公司有一种长期强调与顾客、雇员、社区和股东建立合乎道德的商业往来关系的强文化。为了灌输道德的重要性,该公司设计了一系列启发思想的海报。设计这些海报是为了让员工认识到他们个人的决策和行动对公司的形象具有举足轻重的意义。

五、道德问题强度

一个不敢在老师办公室偷看高等数学考试试卷的学生,也不会向高年级的学生打听上学期高等数学期末考试题是什么。同样,一个管理者如果认为拿一些办公用品回家没什么大不了的,他很可能会牵连进贪污公司公款的事件中去。以上例子引出了道德问题强度这个概念。**道德问题强度指某一情境中与问题相关的道德紧迫程度**。道德问题强度也是影响管理道德的因素之一,图 4-3 描述了决定道德问题强度有关的六个特征:危害的严重性、对邪恶的舆论、危害的可能性、后果的直接性、与受害者的接近程度、影响的集中性。这些因素决定了道德问题对个人的重要程度。根据这些原则,受到伤害的人越多,认为该行为是不可取的舆论越强,该行为将要造成危害的可能性越大,人们越是能够直接地感受行为后果,观察者感觉与受害者越接近,该行为对受害者的影响越集中,问题强度就越大。当一个道德问题很重要时——也就是说,问题的强度比较大时——我们就更有理由期望管理者采取道德的行为。

管理者道德强度对个体的道德识别、道德判断和道德意图有显著预测作用:在会导致负面后果的情景下,道德强度越高,则个体越认为该情景涉及道德问题,问题行为是不道德的,也更不倾向于实施不道德行为。管理者进行道德决策时,无疑也需要综合考虑多方面信息,从而使

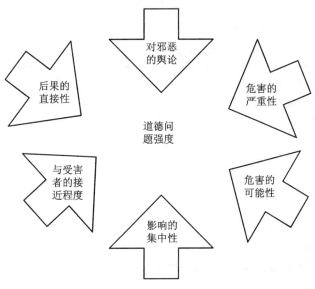

图 4-3 道德问题强度的决定因素

主观结果大小和主观社会舆论对道德决策具有更大的预测作用,道德结果大小和社会舆论是道德强度概念中两个最关键成分。因此,在企业的道德决策培训中,通过训练员工重视道德情景的道德强度因素将有利于提高其道德决策水平;在面临复杂的道德决策问题时,管理者则可以依据道德强度的程度进行决策。

4.5 改善企业道德行为的途径

如果管理者确实想减少其组织中的不道德行为,他们有许多事情可以做。例如,他们可以努力挑选高道德标准的人,制定道德准则和决策规则,通过模范来影响大家,描述工作目标和绩效评估机制,提供道德培训,实施社会审计,以及向那些面临道德困境的人提供支持,等等。孤立地看,这些行动可能不会产生多大的影响,但把它们作为综合计划的一部分来实施时,便具有明显改善组织道德风气的潜力。

概括起来,改善企业道德行为的途径包括如下六种方式。

一、明确道德准则

道德准则是组织对于道德问题和社会事务的正式说明,它向组织成员表明组织在道德问题的基本立场和观点。在组织中,道德准则通常表现为以原则为基准和以政策为基准两种形式。前者的作用是影响组织文化,它们确定了组织基本的价值观;后者则用一般性的语言说明组织的社会责任、产品质量和员工的待遇等。在一些组织中,员工对"道德是什么"认识不清,这显然对于组织不利。建立道德准则可以缓解这一问题。道德准则应当是什么样的呢?我们建议,一方面,道德准则应当尽量具体,从而向雇员表明他们应以什么精神面貌从事工作;另一方面,道德准则应当足够宽松,以允许雇员有判断的自由。通过对美国83家企业道德准则的调查(包括埃克森公司、杜邦公司、波士顿银行和威斯康星电力公司等),发现他们的内容可分为三类：(1) 做一个可靠的组织公民；(2) 不做任何损害组织的不合法或不恰当的事情；(3) 为顾客着想。表 4-2 列出了美国 83 家企业的道德标准变量分类。

表 4-2　美国 83 家企业道德准则的变量分析

类型 1：做一个可靠的组织公民
1. 遵守安全、健康和保障法规
2. 表现出礼貌、尊重、诚实和公平
3. 工作场所禁止使用非法药品和含酒精饮料
4. 管理好个人财物
5. 出勤率高和准时
6. 听从监督人员的指挥
7. 不说粗话
8. 穿工作服
9. 禁止上班携带武器

类型 2：不做任何损害组织的不合法或不恰当行为
1. 合法经营
2. 禁止支付非法用途的报酬
3. 禁止行贿
4. 避免有损职责的外界活动
5. 保守机密
6. 遵守所有的反托拉斯法和贸易法规
7. 遵守所有的会计制度和管制措施
8. 不以公司财产谋私利
9. 雇员对公司基金负有个人责任
10. 不宣传虚假和误导信息
11. 决策不受个人得失影响

类型 3：为顾客着想
1. 在产品广告中传递真实的信息
2. 以你的最大能力履行分派的职责
3. 提供最优质的产品和服务

资料来源：斯蒂芬·罗宾斯、玛丽·库尔特著.管理学.中国人民大学出版社，2004 年.

这些道德准则能发挥怎样的作用呢？事实上，它们并不总是能够有效地鼓励组织中的道德行为。现实中，企业不道德的行为不断发生，包括销售欺诈、不安全的工作条件、性骚扰、利益冲突以及破坏环境等行为。但是，我们并不能因此而否定道德准则的作用，它需要进一步的措施支持。

首先，不能孤立地制定和应用道德准则，应不断向雇员传达与组织的道德承诺相关的道德期望和提示。其次，各级管理人员应当支持并不断重申道德准则的重要性，同时还应坚决惩罚违反准则的人。如果管理者认为道德准则很重要，经常重申它的内容，并公开谴责那些违反规则的人，道德准则就能够为公司的道德计划提供一个坚实的基础。最后，组织的道德准则可以围绕表 4-3 所列的 12 个问题进行设计。这些问题可以作为指导管理者制定决策时处理道德问题的决策规则。

表 4-3　检验企业决策道德的 12 个问题

> 1. 你准确地确定问题了吗?
> 2. 如果你站在对方的立场上,你将如何确定这一问题?
> 3. 这种情况首次发生时会是怎样?
> 4. 作为一个人和作为一个公司的一员,你对谁和对什么事表现忠诚?
> 5. 在制定决策时,你的意图是什么?
> 6. 这一意图和可能的结果相比如何?
> 7. 你的决策或行动可能伤害谁?
> 8. 在你做决策之前,你能和受影响的当事人讨论该问题吗?
> 9. 你能自信你的观点在长时间内将和现在一样有效吗?
> 10. 你的决策或行动能问心无愧地透露给你的上司、首席执行官、董事会、家庭或整个社会吗?
> 11. 如果你的行动为人所了解,它的潜在影响力是什么? 如果被误解,又将是什么?
> 12. 何种情况下,你将被允许有例外?

资料来源:斯蒂芬·罗宾斯、玛丽·库尔特著.管理学.中国人民大学出版社,2004 年.

二、发挥领导表率作用

高层管理人员在道德方面的领导作用主要体现在以下两方面。

(1) 高层管理人员在言行方面是员工的表率。他们所做的比所说的更为重要,他们作为组织的领导者要在道德方面起模范带头作用。如果高层管理人员把公司资源据为己有、虚报支出项目或优待好友,那么这无疑向员工暗示,这些行为都是可接受的。

(2) 高层管理人员可以通过奖惩机制来影响员工的道德行为。选择什么人和什么事作为提薪和晋升的对象,会向员工传递强有力的信息。管理者通过不道德手段让人感到其成果惊人,从而获得晋升,这种行为本身向所有人表明,采取不道德手段是可以接受的。鉴于此,管理人员在发现错误行为时,不仅要严惩当事人,而且要把事实公布于众,让组织中所有人都认清后果。这就传递了这样的信息:"做错事要付出代价,行为不道德不是你的利益所在。"

三、工作目标和绩效评估

雇员应该有明确的和现实的目标。如果对雇员的要求是不现实的,即使是明确的目标也能引起道德问题。在不现实的目标压力下,即使讲道德的雇员也会持"不择手段"的态度。当目标是清楚的、现实的,它会减少雇员的迷惑并使之受到激励而不是惩罚。

通常绩效评估中的一个关键问题是个人能否实现其工作目标。我们应当谨记,当绩效评估只关注经济目标时,结果就会使手段合理化。如果一个组织希望雇员保持高的道德标准,它就必须在其绩效评估过程中包括这方面的内容。例如,管理者的年度评价中不仅应当包括目标的实现程度,或许还应逐点评估他的决策符合公司道德标准的程度。

四、加强职业道德教育

越来越多的企业意识到对员工进行适当的道德教育的重要性,它们积极采取各种方式(如开设研修班、组织专题讨论会等)来提高雇员的道德素质。人们对这种做法意见不一。反对者认为,个人价值体系是在早年建立起来的,因而成年时的道德教育是徒劳无功的。支持者指出,一些研究已发现价值准则可以在童年后建立。另外,他们也找到了一些证据,这些证据表明:(1) 向雇员讲授解决道德问题的方案,可以显著改变其道德行为;(2) 这种教育提升了个人的道德发展阶段;(3) 道德教育即使没有其他作用也至少可以增强有关人员对商业伦理问题的认识。

五、鼓励雇员成为道德卫士

为提高组织的道德水准,组织应当鼓励雇员担当道德卫士,即对于组织中的不道德的行为进行揭发和批判。在一个组织中,单单依靠道德规划或者道德规定是难以有效地规范组织领导和员工的道德行为的。因此,需要一些有正义感的雇员自觉地为维护组织的道德而大声疾呼。组织应当将这些道德卫士视为组织发展的促进者,要想方设法地鼓励和保护他们,避免这些道德卫士因其正义之举而陷入不利的局面。

六、独立的社会审计

一种重要的制止不道德行为的因素是害怕被抓住的心理。按照组织的道德准则评价决策和管理行为的独立的社会审计提高了发现非道德行为的可能性。这种审计可以是一种常规性评价,就像财务审计一样定期实施,或者是在没有预先通知的情况下随机抽查。一个有效的道德评价计划或许应同时包括这两种方式。为了保证诚实正直,审计员应对公司的董事会负责,并直接将审计结果呈交给董事会。这就赋予了审计员一种权力,并能减少那些被审计的组织对审计员施加报复的机会。

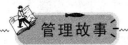

道德起源实验

把五只黑猩猩关在一个笼子里,上头有一串香蕉,实验人员装了一个自动装置,一旦侦测到有黑猩猩要去拿香蕉,马上就会有水喷向笼子而这五只黑猩猩都会一身湿。首先有只黑猩猩想去拿香蕉,当然,结果就是每只黑猩猩都淋湿了。之后每只黑猩猩在几次的尝试后,发现莫不如此。于是,黑猩猩们达成一个共识:不要去拿香蕉,以避免被水喷到。

后来,实验人员把其中的一只黑猩猩释放,换进去一只新黑猩猩A,这只黑猩猩A看到香蕉,马上想要去拿。结果,被其他四只黑猩猩暴打了一顿,因为其他四只黑猩猩认为黑猩猩A会害他们被水淋到,所以制止他去拿香蕉。黑猩猩A尝试了几次,虽被打得满头包,依然没有拿到香蕉。当然,这五只黑猩猩就没有被水喷到。

再后来,实验人员再把一只旧黑猩猩释放,换上另外一只新黑猩猩B,这黑猩猩B看到香蕉,也迫不及待要去拿。当然,一如刚才所发生的情形,其他四只黑猩猩暴打了B一顿。特别的是,黑猩猩A打得特别用力(这叫媳妇熬成婆规则)。黑猩猩B试了几次总是被打得很惨,只好作罢。

最后,慢慢的一只一只的,所有的旧黑猩猩都换成新黑猩猩了,大家都不敢去动那香蕉。但是,他们都不知道为什么,只知道去动香蕉会被其他黑猩猩暴打。

管理心得:道德不是从来就有的,它是人类社会发展过程中产生的,道德存在的意义在于维持社会整体的有序性;当然,道德的产生是为了维护占主导地位群体的利益,道德一旦产生,占主导地位的群体就会努力维护,以各种方式打击试图违背道德要求的行为;尽管某些道德的产生似乎是荒诞的,但它强有力的作用在特定历史时期一直存在。

 [管理新动态]

信息技术伦理问题

随着电子计算机的产生和信息高速公路的建立,人类进入了一个全新的时代——信息时代。在这个全新的时代,人类在积极地享受信息技术带来的巨大福祉时,当代信息技术的负面效应也成了当代人类所面临的重大问题,使得信息技术的伦理问题变得越来越重要。信息技术的发展延伸进入社会过程,产生复杂广泛的影响,影响到每一个社会个体,产生了一系列的伦理道德问题,如信息犯罪、信息污染、信息安全、个人隐私权的威胁、知识产权的侵犯等。于是,如何看待与处理信息技术使用过程中的非伦理性的信息行为,如何引导人们正确地使用信息技术,如何培养人们良好地遵守信息时代道德规范等就成为亟待解决的社会问题。

问题追踪

当代信息技术伦理问题的对策思考。

■ 本章小结 ■

1. 企业社会责任是指企业在创造利润、对股东承担法律责任的同时,还要承担对员工、消费者、社区和环境的责任。企业的社会责任要求企业必须超越把利润作为唯一目标的传统理念,强调要在生产过程中对人的价值的关注,强调对消费者、对环境、对社会的贡献。

2. 管理道德作为一种特殊的职业道德,是从事管理工作的管理者的行为准则与规范的总和,是特殊的职业道德规范,是对管理者提出的道德要求,对管理者自身而言,可以说是管理者的立身之本、行为之基、发展之源;对企业而言,是对企业进行管理价值导向,是企业健康持续发展所需的一种重要资源,是企业提高经济效益、提升综合竞争力的源泉,可以说管理道德是管理者与企业的精神财富。

3. 一个管理者的行为是否合乎道德,是受影响管理道德的因素调节的,管理道德的因素包括管理者道德发展阶段、个人特征、组织结构设计、组织文化和道德问题强度。这些因素相互调节,相互作用,最后决定了管理者的行为是否是道德行为。

 [问题与讨论]

1. 什么是企业的社会责任?企业应具有什么样的社会责任?
2. 什么是管理道德?举例说明影响企业管理道德的因素。
3. 讨论改善企业道德行为的途径和方法。
4. 试比较功利主义和道德权利主义原则在伦理决策过程中的异同点。按照你的观点,哪一种方法对于管理者来说更好?为什么?

[实战练习]

访问一个富有社会责任企业的经理

目的：通过访问某一个富有社会责任感的企业的经理，培养学生对企业社会责任的深入理解。

内容：① 要求学生了解该企业的社会责任相关理论。

② 向企业经理了解他们企业是如何履行社会责任的。

③ 分析该企业社会责任的具体情况。

要求：要求每位学生或每组学生写出访谈报告，教师批阅，小组或全班交流。

[案例思考]

案例一　富士康跳楼事件

富士康科技集团创立于1974年台湾肇基，是专业从事计算机、通讯、消费性电子等3C产品研发制造，广泛涉足数位内容、汽车零组件、通路、云运算服务及新能源、新材料开发应用的高新科技企业。富士康1988年投资中国大陆并迅速发展壮大，已经拥有百余万员工及全球顶尖客户群，是全球最大的电子产业科技制造服务商。

富士康实行的是绩效管理，组织结构大致可以分为三层：中高级管理者重点参与公司整体战略的制定与实施，协调中层各职能部门，将降低成本的目标分解到各个环节；中层管理者以及研发业务骨干负责分配任务、制定细节并实施；基层员工的工作按照岗位的分解和细化，并实行严格的目标管理，每个员工以自己的任务目标作为绩效考核和薪酬计算的标准。

富士康的危机来自2010年的员工跳楼事件。自2010年1月23日富士康员工第一跳起至2010年11月5日，富士康已发生14起跳楼事件，引起社会各界乃至全球的关注。

对于已经发生的跳楼事件，富士康科技集团积极应对。集团总裁郭台铭一是在公开媒体表示致歉和痛心，同时认为自杀是懦弱的行为；二是认为作为一个企业，对事件的发生是有责任的，寻找原因并改进；三是表示富士康只是企业不是社会，没有社会的机制，也不能执行政府的功能，为防止类似事件再次发生，公司重点为员工搭建工作生活的平台。富士康采取四项改善措施：第一，计划在宿舍楼布置150万平方米的安全防护网——"爱心网"，阻拦员工跳楼。虽然是笨办法，但也是一个办法。第二，把员工编制成50人为一组的"相亲相爱小组"，旨在让员工间互相关心，及时通报有隐性心理抑郁的员工，他们现在最怕的就是有隐性心理问题的员工。第三，训练70位心理医师进驻富士康，并培养1 000名心理辅导师到一线主动关怀员工。第四，鉴于跳楼员工多为入职不满一年或半年的新员工，因此将对新进员工进行心理测验，对有心理问题的员工给予辅导和关怀。

▲ 思考题

1. 富士康员工跳楼事件折射出哪些问题？

2. 这一悲剧给你带来怎样的思考?

案例二 京东要做社会责任积极的担当者

互联网+精准扶贫

在不发达地区,贫困几乎是所有问题和矛盾的根源。因此,国家对扶贫工作非常重视,甚至上升到国家重要战略的高度。经历多年的努力摸索,我国的扶贫战略从早年粗放式扶贫,发展到现有的精准扶贫新阶段。扶贫计划合作的主体企业,也从传统国企变成了像京东这样的民企。这表明了中国民企无论在经济实力和社会责任上都有了很大的成长,为社会作出了越来越大的贡献。

自2016年1月与国务院扶贫办签约以来,京东发挥自身电商流量和用户的优势,从产业扶贫、用工扶贫、创业扶贫和金融扶贫等多方面展开扶贫工作。建立起培训、金融、农资、安全、运输、销售、品牌、招工等八个环节的帮扶体系,并把重心放在"农产品进城"上,以农副产品、生鲜冷链物流为突破口,给予流量资源支持,帮助帮扶对象把优质农副商品以最快的速度卖给城市消费者,从而带动脱贫。

京东实施的"互联网+"精准扶贫战略,不仅仅是对国家既有扶贫路径的有效补充,也是在企业和市场层面构建了全新的精准扶贫平台和渠道,形成了政府、市场、社会互促共进、协同发力的大扶贫格局,是电商扶贫模式的全新升级,提供了精准扶贫的综合解决方案。京东"互联网+"精准扶贫模式通过提供丰富的培训支持,有效增强贫困农户能力;通过与政府扶贫举措有效协同,实现扶贫的"乘数效应";通过有效统筹社会帮扶资源,构建起一个社会帮扶网络。

在京东发布的互联网精准扶贫研究报告的封面上,明确地写着一句话是"京东集团履行社会责任,践行国民企业的扶贫战略与实践"。整体而言,京东的扶贫战略可谓是举集团之力,从CEO刘强东到各大事业部,都非常重视。同时,不喊口号,行动落到实处,保持着京东一贯的雷厉风行高效作风。以招工扶贫为例,截至2016年4月27日,在短短的三个月内,京东就在全国各区域迅速开展28场招工扶贫活动,应聘3 832人。

从京东的精准扶贫计划中,不难看出两个特点:一是互联网+特点明确,充分发挥了自身的特长,又结合了当地的优势资源,实现了资源互补;二是授人以鱼,不如授人以渔,不做一时救急,而是设法帮助扶贫对象实现长久脱贫。前者创造性地把扶贫工作和自身的特长相结合,使用新技术、优质流量资源盘活了扶贫对象的优势资源,更加具有可发展性。后者则着眼于扶贫实效的长期性,真正实现以就业、创业来帮助贫困人口、地区的发展。这种创新性的做法,值得其他有能力的企业借鉴和参考。

京东的消费者维权工作

2016年,在"全国工商和市场监管部门网络消费维权工作经验交流会"上,京东集团副总裁马健荣强调,京东始终坚持"诚信"的核心价值观,这是做好网络消费维权工作的基石;建立完善而严格的商家与商品管理体系,是打造安心网络消费环境的主要措施;建立完善的客服及售后体系,是提升消费者体验的重要手段;政企合作、社会共治是网络消费维权的重要创新和必由之路。京东与北京市工商局在网络交易监管领域的创新合作,得到了与会人员的广泛关注与高度评价。

一、始终坚持"诚信"的核心价值观,这是做好网络消费维权工作的基石

在消保维权领域,我们一直坚信"价值观重于技术手段、事前把关重于事后处置、平台定位决定长期结果"。价值观是一切工作的基础,是立身之本,是第一位的。京东自创立之初就秉持着坚守诚信、对假冒伪劣"零容忍"的核心价值观。2003年非典爆发,公司面临巨大亏损的关键时刻,正是依靠正品行货和全部商品开发票的信誉,帮助京东从中关村柜台成功转型成一家电商企业。"诚信"是京东的重要价值观,如果没有诚信,就没有今天的京东。

价值观重于技术手段是指"严进严管"而非"宽进严管",提高商家入驻平台的门槛,重点品类100%要求品牌厂商对入驻商家授权和背书,宁可放弃招募海量商家所带来的竞价广告利润,也要把好入门关,杜绝假货,对消费者权益负责任。京东开放平台自2010年建立,至今入驻卖家的数量仅10万家,正是体现了这一理念。

2015年11月,我们宣布关闭C2C服务,就是考虑到这种业务的本质是平台靠聚拢海量个人卖家进行广告竞价而盈利,且有一定数量的企业化运作实体,钻法律空子,避开注册以个人卖家的身份在网上售卖假货,降低因其违法而受惩戒的风险,这些售假商家,往往利润很高,有更多的钱向平台竞价购买广告,从而获取更多流量,卖出更多假货,这样就导致了劣币驱逐良币的恶性循环,使得C2C成为网络上售假的重灾区,而平台某种程度上也演变为"与售假者分赃"的角色,这与京东正品行货的立身之本完全是背道而驰的!

在平台定位上,京东始终坚信中国电商的未来出路在于品质化、品牌化,京东将一如既往地紧紧围绕"品质、品牌和品商"的理念,坚定地走"品质电商"之路。京东正在加大力度不断吸引越来越多的优质品牌商参与合作,向广大消费者包括农村、贫困和边远地区的消费者,提供有品质的商品与服务,做到杜绝假冒伪劣与助力消费升级、促进名优品牌、提升中国制造和助力供给侧改革的多赢。

二、建立完善而严格的商家与商品管理体系,这是打造安心网络消费环境的主要措施

1. 严把"事前"准入关

采购和招商是京东把控产品质量的第一道关口,京东推行自营与第三方平台相结合的全品类模式,核心是做大做强厂商和总代直供的自营模式,直供比例接近90%,从源头保障品质。

对平台入驻商家,首先必须满足工商登记注册至少两年以上、注册资金50万元以上这样的门槛要求;同时所有商家全部签署商品质量承诺,并必须过在线入驻系统提供入驻全部资质,经专业资质审核团队审核通过后方可入驻平台。

2. 加强"事中"监督检查

一是全流程监控和全程可追溯。记录全流程、每个节点的信息,能够追责到供应商乃至生产企业,实现了对所有商品的矩阵式管理。

二是基于大数据技术对商品质量风险进行分级监控。质量大数据风险监控系统,整合了质量舆情监控、内外部抽检、客户投诉、质量退换货、前台评价等信息,主动发现潜在质量风险并进行分层分级处理。

三是大力度开展神秘抽检。投入大量精力和专门的预算,与行业领先的第三方检测机构合作,通过神秘抽检等方式,强化对平台商品的质量检测。

四是针对国家相关要求,不断研发、更新相应的管理系统。"正阳门"信息审核系统通过对文字、图片的自动审核,大幅度提高了商品详情页等在线信息的合规性。资质监测系统、有害信息鉴定系统等多个管理系统,通过信息化、大数据手段有效加强了对商家和商品的管控。

3. 进行"事后"严厉惩戒

处罚与问责相结合是事后惩戒的关键。一旦发现不合格商品,均会第一时间无条件下架、退库,同时对涉事商家进行信用扣分、搜索降权、限制参加营销活动等各类限制,直至关店。属于自营业务的,将对供应商进行相应的处理,直至清退。同时会依据《问责管理办法》对采销人员进行严厉处罚。责任人直接上级及间接上级监管不力、失察等也要进行连带处罚。

正是这样全流程、多维度的质控体系,切切实实地为消费者提供了安全、安心的网络购物环境。

三、建立完善的客服及售后体系,这是提升消费者体验的重要手段

一是建立了规模化、体系化的客服团队,织就了覆盖全国的售后网络。截至目前,共设立了宿迁、成都、扬州3个客服中心和北京、上海、广州、成都、武汉、沈阳、西安等7个售后服务中心,两个部门员工超过12 300名,分别通过电话、网络等方式提供7*24小时的全天候客户服务。

二是不断完善客户投诉处理流程,加快绿色通道转来投诉的办理时效。京东是中消协和北京市工商局电商维权绿色通道首批加入企业。通过工商及消协绿色通道转来的投诉必须在1日内签收,2日内办结;工商部门转来的案件必须在1日内签收,快速办结。目前,通过此类通道转来的投诉举报,已占全部投诉举报量的近40%,极大地发挥了绿色通道的效能。

三是京东积极落实总局要求,率先建立了首问责任制和平台先行赔付制度。对于金额1 000元以下的消费纠纷,下放权限给普通售后人员,确保快速实施小额先行赔付。金额超过1 000元以上的消费纠纷,也严格按照总局规定执行赔偿先付。

四是不断提高特色售后服务标准,打造行业标杆。在业内首推"上门换新""售后到家""售后100分"以及"闪电退款"等各项特色服务。2014年新《消费者权益保护法》实施前,京东提前近3个月率先执行新《消费者权益保护法》关于7天无理由退货的有关规定,目前,在很多品类,京东已执行了高于法定或行业标准的服务措施,打造了业界的标杆,提升了售后服务体验,保证了京东客户购物无忧。

四、政企合作、社会共治是网络消费维权的重要创新和必由之路

2016年8月,北京市工商局创新性地与京东等11家电商平台签署了《加强网络交易消费者权益保护框架协议》。随即,北京市工商局就与京东开展了紧锣密鼓、富有成效的落实推动工作。

一是实现了京东平台上注册在北京市的经营主体信息的交换和校验。通过系统数据对接,一次性完成了8 256家注册在京的主体信息的比对,通过校验,京东已实时对商家登记信息予以更新,并对涉及信息变化的,实施了相应调整措施,大大提高了商家管理效能。

二是实现了试点品类和抽检等数据的共享。在品类数据共享方面,以净化器作为试点品类,京东共计向市工商局反馈了1 109家销售净化器的店铺。在抽检数据互换方面,京东首批内部抽检的169条不合格数据已向市局反馈。市局也共享了4 516条历史抽检数据,协助京东平台进行风险自查。

三是市局的风险监测数据实现了在京东平台上的发布。市局首批要求发布的儿童家具风险提示信息、家庭卫生杀虫用品风险警示信息、鞋类商品风险警示信息已经在京东页面上线展示。

四是与市局12315中心合作,实现对京东平台上商家举报案件主体信息的快速甄别。在

目前过渡期,京东组织专门力量支持12315中心,通过订单号、商品编号等信息,快速甄别出商家及其所对应的企业。双方的系统对接后将实现被投诉举报商家对应信息的自动甄别,将大大提高12315中心工作效率,有效解决针对商家举报案件管辖移转等问题。

五是电子证据互认领域的合作也正在稳步推进。2016年9月,北京市工商局最新一批抽检确认信息已经通过线上系统进行了推送,取代了此前在线下提交抽检单、盖章确认等流程,提高了抽检工作的时效。

事实表明,北京市工商局与京东为代表的电商平台间的合作,是网络消费维权的创新举措和有益尝试,体现了"信息共享、管理互动、改革共推、社会共治"的理念和精神。京东也希望在总局的指导下,在与北京市工商局合作的基础上,不断推进与全国各省市工商部门和消费者协会的合作,社会共治,共谋消费者福祉。

消费者利益无小事,京东将一如既往地致力于成为"国家法律法规严格的落实者""政府部门可信赖的合作者""改革创新措施的试验田"和"社会责任积极的担当者"。

▲ 思考题

1. 电子商务企业对哪些社会责任承担得不够?
2. 从京东的消费者维权工作中可以分析出哪些社会责任?
3. 京东的内部治理体系中体现了怎样的管理道德?

资料来源:马健荣.全国工商和市场监管部门网络消费维权工作经验交流会.中国经济网,2016年9月28日。

[阅读书目]

1. 周祖城著.管理与伦理.清华大学出版社,2000年
2. 老子著,高文方译.道德经.北京联合出版公司出版,2015年
3. 黄晓鹏.企业社会责任:理论与中国实践.社会科学文献出版社,2010年
4. 张蒽、翟利峰、王志敏、王梦娟著.中国企业社会责任报告(2016).经济管理出版社,2017年

第五章
DI WU ZHANG

决 策

- 什么是决策
- 决策的基本类型
- 决策的基本程序
- 定性决策方法
- 定量决策方法
- 管理新动态
- 问题与讨论
- 实战练习
- 案例思考
   - 案例一　万豪因何成为百年老店？
   - 案例二　李宁公司的国际化之殇
- 阅读书目

第五章 决 策

■ 学习目标 ■

学完本章,你应该能够:
1. 理解决策的含义,了解决策的特点,掌握决策的原则。
2. 区别各种不同类型的决策。
3. 掌握决策的基本步骤。
4. 掌握几种常见的定性决策方法。
5. 了解几种常见的定量决策方法。

■ 关键概念 ■

决策 战略决策 战术决策 确定型决策 风险型决策 不确定型决策 头脑风暴法 德尔菲法

游戏引导

你会改变选择吗?

游戏方法:

1. 教师先作背景介绍:

假设你参加一个电视游戏节目,一路高奏凯歌,现在到了最后一关,大奖已是一步之遥。主持人让你从三扇门中进行选择:其中一扇门后面是一辆轿车(大奖),另两扇门后面分别是一头山羊(安慰奖)。主持人自然知道轿车在哪扇门后面,他先让你作第一次选择。在你选择了一扇门后,他打开了另一扇门给你看。当然,你看到的是一头山羊。现在,主持人告诉你,你有一次重新选择的机会。你会改变刚才的选择吗?

2. 学生们分组讨论15分钟左右。

3. 每组派代表陈述本组的决策方案,同时介绍一下本组的最终选择是如何决定的。

4. 教师给出正确答案并进行解释。

问题讨论:

① 为什么你们小组会作出正确(或错误)的选择?

② 有什么方法可以提高决策的科学性?

5.1 什么是决策

所谓决策，通俗地说，就是人们为某一件事情拿主意、下决心并作出合理选择的过程。管理者的主要任务之一就是管理组织环境，为了应对来自组织内外的各种机遇和威胁，管理者必须进行决策。决策贯穿于管理的全过程，在计划、组织、领导以及控制等管理活动中，管理者都需要作出一定的决策。可以说，管理者承担的每一项任务都需要决策，因此人们把决策看作管理的核心问题。

5.1.1 决策的概念和特点

对决策的定义有许多不同的描述。世界著名经济学家、美国科学家西蒙（H. A. Simon）认为"管理就是决策"；也有学者认为："决策是指从两个或两个以上的可行方案中选择一个合理方案的分析判断过程""决策是组织的决策者以其知识、经验、掌握的信息为依据，遵循决策的原理原则，采用科学的方法，确定组织未来的行动目标，并从两个以上可能实现目标的行动方案中选择一个较为满意的方案的分析决断过程"。这些说法从决策的不同角度说出了一定的道理。综合以上观点，我们认为，**决策是人们为实现一定的目标而制定和选择行动方案的过程。**

从决策的概念看，决策具有下列特点，如图5-1所示。

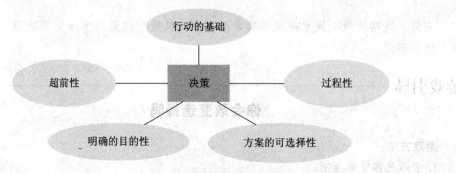

图5-1 决策的特点

一、决策是行动的基础

任何一项管理活动都要预先明确该项活动要解决什么问题，达到何种目的，为达到预期目的有哪些方法可以利用，哪种方法好，怎样做，何时做等问题。决策要对每个可行方案进行综合的分析与评价，按照一定的准则选择一个较优方案，并以此作为实施的方案。因此，决策是行动的基础。

二、决策具有超前性

决策所涉及的问题一般都与未来有关，是为了解决目前面临的、待解决的新问题以及将来可能出现的任何问题，找出各种可行的解决方案。任何决策都是针对未来行动的，所以决策是未来行动的基础，具有超前性。这就要求决策者具有超前意识、思维敏锐，能预见到事物的发展变化，适时地作出正确的决策。

三、决策具有明确的目的性

决策是为了解决一定的问题，达到一定的目标。在对行动方案作出选择前，首先要有明确的目的。如果没有目的或目的性不明，决策就没有方向，往往会导致决策无效甚至失误。

四、决策方案的可选择性

决策必须有两个以上的方案可供选择，如果不存在两个以上方案，或无法制订方案或只有一个可行方案，也就不存在选择，那就无所谓决策。

五、决策的过程性

决策在本质上是一个多阶段、多步骤的分析判断过程，而不是一个"瞬间"作出的决定。决策是一个提出问题、分析问题和解决问题的系统分析过程。在进行决策时，决策者首先需要做大量的调查分析和预测工作，然后确定行动目标，找出可行方案，并进行判断、权衡、选择，最后结合起来组成一个完整的决策过程。无论决策的复杂程度如何，决策都有一个过程。

5.1.2 决策的原则

决策的原则是指决策必须遵循的指导原理和行为准则。它是科学决策指导思想的反映，也是决策实践经验的概括。决策过程中所需要遵循的具体原则是多种多样的，但是，就决策的基本原则而言，主要有如下六条。

一、满意原则

决策的"满意"原则是针对"最优化"原则提出的。"最优化"的理论假设是把决策者作为完全理性化的人，决策是决策者以"绝对理性"为指导，按"最优化准则"行事的结果。对决策者来说，要想使决策达到最优必须具备以下条件：（1）决策者对相关的一切信息能全部掌握；（2）决策者对未来的外部环境和内部条件的变化能准确预测；（3）决策者对可供选择的方案及其后果完全知晓；（4）决策不受时间和其他资源的约束。

在现实中，上述这些条件对任何决策者，无论是个人还是集体，也不论其素质有多高，都不可能完全具备。这就决定了决策者难以作出最优决策，只能作出相对满意的决策。

二、系统原则

采用系统决策技术是科学决策的重要特点，也是科学决策的重要保证。系统原则是指决策时要围绕问题或机遇，对相关因素和环境作出系统分析与综合，以洞察和把握实质，从而发现更佳的方案，作出更好的选择。

系统原则要求管理者在决策时从全局出发，把握整体，而不是片面地从局部出发看问题。强调全局观念，并不意味着对局部利益的无视，而是为了更好地把握机会或解决问题。如果缺乏全局观念，"头痛医头，脚痛医脚"，反而会南辕北辙，无法达到目的。

三、信息原则

信息是决策的基础。管理者在决策时离不开信息，信息的数量和质量直接影响决策水平。知己知彼方能百战不殆，这就要求管理者在决策之前以及决策过程中尽可能地通过多种渠道收集信息，作为决策的依据。

在收集信息时，管理者要把握好信息的准确性、时效性、适用性、足够性。如果信息不准确，或已经过时，或缺乏针对性、没有实用价值，太少或太多，都可能对决策造成不利影响。

四、预测原则

预测是根据过去和现在估计未来，根据已知推测未知的活动。预测原则是指通过科学的预测,对未来事件的发展趋势和状况进行描述和分析,作出有根据的假设和判断,为决策提供科学依据和准则。

决策的正确与否,取决于对未来后果所作判断的正确程度,不能正确预测未来的实施后果,常常会造成决策失误。正如法国未来学家儒佛尔所说:"有效预测是英明决策的前提;没有预测,就没有决策的自由。"

五、比较优选原则

比较是方案的提出过程,指经过系统分析和综合,确定多个可以达到预定目标的方案。优选是指从多个备选方案中选择满意方案的决断过程。由于任何决策的后果均有利弊,故决策者只能在利弊之间进行合理选择。

六、反馈原则

由于事物的发展和客观条件变化,或因原来决策考虑不周,可能使实施结果偏高或低于预定目标。反馈原则是指根据变化了的情况和实践结果,对初始决策作出相应的调整或改变,使决策趋于合理的原则。反馈原则是实现动态平衡,提高决策质量及实现决策科学化的保证。著名企业家张瑞敏提出"要有二次决策",就是反馈原则的具体体现。

有一个故事,叫"决策失误"。说很久以前,一个人偷了一袋洋葱,被人抓住后送到了法官面前。法官提出了三种惩罚方案,让这个人自行选择:第一,一次性吃掉所有的洋葱;第二,鞭打一百下;第三,交纳罚金。这个人一想,鞭打要受皮肉之苦,罚金会有经济损失,只有吃掉洋葱,最不吃亏。于是,他选择一次性吃掉所有的洋葱。

一开始,他信心十足。可是吃下几个洋葱之后,他的眼睛就像火烧一样,嗓子像火烤一般,鼻涕不停地流淌,实在难受。因此他说:"我一口洋葱也吃不下了,你们还是鞭打我吧。"然而,在被鞭打了几十下之后,他再也受不了了,在地上翻滚着大声哭喊:"不要再打了,我愿意交罚金!"

这个人成了全城人的笑柄。因为他本来只需要接受一种惩罚,却只因头脑糊涂,而将三种惩罚都尝遍了。

从管理的角度来看,这个人在决策时违背了信息原则、预测原则等决策的原则,导致了决策的失误;不过,他的做法仍然有其可取之处,因为他遵守了反馈原则,最终避免了身体上的更大折磨,毕竟"留得青山在,不怕没柴烧"。另外,从系统原则来看,这个人的根本性决策失误,是偷东西,这一点往往被人忽略。

5.1.3 决策的影响因素

要追求决策的质量,理解和遵循决策的基本原则是管理者必然的选择;但即使是很好地理解和遵循了这些原则,也不能保证决策的科学性或是作出令人满意的决策。这是因为,决策不是在真空中进行的,而是由人在一定的环境条件下通过组织成员的参与而进行的,因此,组织内外的许多因素都直接或间接、或多或少地影响着组织的决策。影响组织决策的主要因素有以下五个方面。

一、个人特质

决策者是影响决策的关键因素。**决策者对决策的影响主要是通过决策者的个人特质,即知识、直觉、心理、能力、价值观等各种因素对决策产生作用。**

在决策时,无论是确定目的还是选择手段,决策者都要对各种目的和手段进行比较。为了全面决策,还需要全面预测,而全面预测要求收集相对全面的情报和掌握相对全面的知识。因此,决策者在进行决策时,深受他所具备的有关知识的深度和广度的影响。

尽管知识和理论分析很重要,但由于外界环境的多变性和复杂性,很多时候决策者更愿意相信他的直觉。管理过通用汽车公司的威尔·杜兰特(Will Durant)被艾尔弗雷德·斯隆(Alfred P. Sloan)称为"用绝妙的灵感来指引自己行动的人",他从不觉得应该用精细的方程式来寻求事实,却不时能作出惊人的正确判断。爱因斯坦也承认直觉的重要性,他说:"我相信直觉和灵感,常常不知原因地确认自己是正确的。想象比知识更重要,因为知识是有限的,而想象则能涵盖整个世界。"

在进行决策时,决策者还必须具备承担决策风险的心理承受能力。因为,任何决策都不同程度地带有一定的风险,组织及其决策者对待风险的不同态度会影响决策方案的选择。愿意承担风险的决策者,通常会在被迫对环境作出反应之前就已采取进攻性的行动,并经常会进行新的探索;而不愿意承担风险的决策者,通常只对环境作出被动的反应,并习惯于过去的限制,按过去的规则策划将来的活动。

决策者的个人能力决定于他的体力、反应时间快慢、习惯、行为方式。他的决策过程可能受到他思维过程的快慢、数学计算能力高低的影响。

决策的思考主体是人,而每个人在对企业的外部环境、使命目标、自身实力等作出判断选择时,都会自觉或不自觉地受其主观价值观念的影响。从深层看,主观价值观的核心就是个人看问题时所采用的伦理标准。决策者是否重视伦理以及采用何种伦理标准会影响其对待行为或事物的态度,进而影响其决策。例如,如果个人对企业是极度忠诚的,那么他的决定就会反映他忠实地接受企业的目标;如果缺乏对企业的忠诚,他就不会充分发挥自己的效率;如果个人的忠诚只局限于雇用他的机构,那么他的决策有时就会不利于这个机构的上级机关或不利于社会。

不同的伦理标准对决策产生的影响,可以从下面这个例子中看出。不同的国家可能有不同的伦理标准。如在巴西,人们可能认为,只要金额较小,贿赂海关官员在伦理上就是可接受的。因为他们想的是:"海关工作人员需要这笔钱,政府是根据他们可以捞一点外快来规定他们工资的。"可见,其伦理标准是以对社会最佳为出发点的,因此即使是贿赂海关官员也无可厚非。而在美国,人们却认为这样做不符合伦理,因为他们信奉的是:"只有每个人都变得诚实,制度才会更加有效。"这种伦理标准同样是以对社会最佳为出发点的,因此同样也是值得肯定的。在前一种伦理标准下,人们会作出以较小的金额贿赂海关官员的决策,以加快货物的通关速度;而在后一种伦理标准下,人们会考虑用其他办法来达到同样的目的。

二、外部环境

外部环境的特点影响着组织的活动选择。就企业而言,如果市场相对稳定,则今天的决策基本上是昨天决策的翻版与延续;而如果市场急剧变化,则需要经常对经营方向和内容进行调整。处在垄断市场上的企业,通常将经营重点放在内部生产条件的改善、生产规模的扩大以及生产成本的降低上;而处在竞争市场上的企业,需要密切关注竞争对手的动向,不断推出新产品,努力改善促销宣传,建立健全销售网络。

高科技、高速度、全球竞争,造就了现代企业迷宫式的外部环境。在这个迷宫里,企业面对的变化速度和复杂性成几何级数增长,企业可预测的时间区间缩短,令管理者更加难以把握企业发展趋势,从而增加了企业决策的难度。

三、组织文化

组织文化是构成组织内部环境的主要因素,可能给决策带来积极或消极的影响。组织文化影响着决策者的思想,从而影响着组织成员对决策的理解和分析,制约着组织及其成员的行为及行为方式。

例如,组织的文化会影响到组织成员对待变化的态度,进而影响到一个组织对方案的选择与实施。在偏向保守、怀旧、维持的组织中,人们总是根据过去的标准来判断现在的决策,总是担心在变化中会失去什么,从而对将要发生的变化产生怀疑、害怕、抗御的心理与行为;相反,在具有开拓、创新精神的组织中,人们总是以发展的眼光来分析决策的合理性,总是希望在可能发生的变化中得到什么,因此渴望变化、欢迎变化、支持变化。很明显,欢迎变化的组织文化有利于新方案的通过与实施;而抵御变化的组织文化不利于那些对过去作重大改变的方案的通过,即使决策者费尽周折让方案勉强通过,也要在正式实施前,设法创建一种有利于变化的组织文化,这无疑增加了方案的成本。

四、以往决策

今天是昨天的继续,明天是今天的延伸。历史总要以这种或那种方式影响着未来。在大多数情况下,组织中的决策不是在一张白纸上进行的初始决策,而是对初始决策的完善、调整或改革。

以往的决策是目前决策的起点。过去方案的实施,给组织内部状况和外部环境带来了某种程度的变化,进而给"非零起点"的目前决策带来了影响。按照科学决策的要求,从理论上讲,对待以往的决策,不论其是否由现在决策人作出,现在的决策人都要有"清零"的胸怀,才不至于在作出新的决策时,受到以往决策的制约。但现实中,以往决策对目前决策的影响却是一个广泛存在的客观事实。

以往决策对目前决策的影响程度取决于以往决策与现任决策者的关系。如果以往决策是由现在的决策者作出的,决策者考虑到要对自己当初的选择负责,就会不愿意对组织活动作重大调整,而倾向于将大部分资源继续投入到过去方案的实施中,以证明自己的一贯正确。相反,如果现在的决策者与以往决策没有什么关系,重大改变就可能被其接受。

五、紧迫程度

时间是决策的重要组成部分,同时又是限制决策的重要因素。美国学者威廉·金和大卫·克里兰把决策划分为时间敏感型决策和知识敏感型决策。时间敏感型决策是指那些必须迅速作出的决策。战争中军事指挥官的决策多属于此类。由于时间紧迫,这类决策对速度的要求超过了对质量的要求。例如,一个走在马路上的人突然看到一辆疾驶的汽车向他冲来时,最需要做的就是迅速跑开,至于跑向马路的哪一边更近,对此时的他来说并不重要。

知识敏感型决策是指那些对时间要求不高、而对质量要求较高的决策。这类决策着重于未来,而不是现在;着重于机会的运用,而不是避开威胁。在作这类决策时,决策者通常有宽裕的时间来充分利用各种信息。组织中的战略决策大多属于知识敏感型决策。

决策从洞见开始,而非从搜集事实开始。

——[美]彼得·德鲁克

> 投资者必须在设想他一生中的决策卡片仅能打20个孔的前提下行动。每当他作出一个新的投资决策时,他一生中能作的决策就少了一个。
>
> ——[美]沃尔伦·巴菲特
>
> 没有必要作出决策时,就有必要不作决策。
>
> ——[法]福克兰

5.2 决策的基本类型

由于企业活动非常复杂,因而管理者的决策也多种多样。依据不同的标准,决策可以分成许多类型,了解各种类型决策的特点有助于管理者进行决策。常见决策类型如表5-1所示。

表5-1 决策的类型

分类标准	类　　型	分类标准	类　　型
重要程度	战略决策 战术决策 业务决策	可靠程度	确定型决策 风险型决策 不确定型决策
重复程度	程序化决策 非程序化决策	决策主体	个人决策 集体决策

5.2.1 战略决策、战术决策和业务决策

战略决策是指直接关系到组织的生存发展的全局性、长期性、战略性问题的决策。如企业方针、目标与计划的制订、产品转向、技术改造和引进、组织结构的变革等。战略决策的特点是:影响的时间长、范围广,决策的重点在于解决组织与外部环境问题,注重组织整体绩效的提高。战略决策属于组织的高层决策,是组织高层领导者的一项主要职责。战略决策大多是定性决策。

战术决策又称管理决策或策略决策,它是指组织在执行战略决策过程中,在合理选择和使用人力、物力和财力等方面的决策。如企业的销售、生产等专业计划的制订,产品开发方案的制订,职工招收与工资水平,更新设备的选择,资源和能源的合理使用等方面的决策。战术决策是为了保证战略决策的实现所作的决策,它具有局部性、中期性、战术性的特点。这类决策大多由中层管理人员来进行,决策的重点是对组织内部资源进行有效的组织和利用,以提高管理效能。战术决策所要解决的问题大多可以定量化。

业务决策是指在日常业务活动中为了提高效率所作的决策。如基层组织中任务的日常分配、劳动力调配、个别工作程序和方法的变动等。业务决策具有日常性、短期性、琐碎性的特点,属单纯执行性决策。这类决策所要解决的问题常常是具体而明确的,一般由基层管理者进行。

5.2.2 程序化决策和非程序化决策

在企业全部经济活动过程中,有许多问题需要进行决策,这是企业经营职能的需要,也是

企业管理科学化和现代化的需要。但是,企业的工作千头万绪,每天要处理的问题成百上千,事事都来一番"科学决策"绝无必要。

程序化决策又称常规决策或例常决策,是指经常发生的、能按规定的程序和标准进行的决策,多指对例行公事所作的决策。如企业中任务的日常安排、常用物资的订货与采购、会计与统计报表的定期编制与分析等。这类决策的决策过程通常是标准化的、程序化的,可通过惯例、已有的规章制度、标准工作流程等来加以解决。一般说来,绝大多数的业务决策和部分的战术决策都是属于程序化决策。

非程序化决策又称非常规决策或例外决策,是指具有极大偶然性、不确定性且无先例可循的决策。如企业经营方向和目标决策、新产品开发决策、新市场开拓决策等。这类决策的决策过程难以标准化、程序化,决策者往往没有固定的模式、规则和处理经验可循,决策的进行很大程度上依赖决策者的洞察力、判断力、知识和信念。绝大多数的战略决策和部分的战术决策属于非程序化决策。

5.2.3 确定型决策、风险型决策和不确定型决策

确定型决策是指各种可行方案的条件都是已知的,结果只有一个,是比较易于分析、比较和抉择的决策。

风险型决策是指各种可行方案的条件大部分是已知的,结果有多个,且每个结果发生的可能性即概率是已知的一种决策。这类决策的决策结果需按概率来加以确定,因此存在着一定的风险。

不确定型决策是指各种可行方案的条件大多未知,结果有多个,且每个结果发生的可能性即概率是未知的一种决策。因为已知的条件太少,且无概率可言,因此这类决策的决策结果更多取决于决策者个人的经验、直觉和性格等。

组织的业务决策常属于确定型决策,而战略性决策一般属于风险型决策或不确定型决策,战术性决策则三者兼而有之。

5.2.4 个人决策和集体决策

个人决策是指决策过程中,最终方案的选择仅仅由一个人决定,即决策的主体是一个人。在个人决策中,常常要运用直觉决策,管理者运用专业知识和过去已习得的与情境相关的经验,在信息非常有限的条件下迅速作出决策选择。

管理者在何种情况下最有可能使用个人决策的方法?研究者确定了七种情况:(1)时间有限,但又有压力要作出正确决策时;(2)不确定性水平很高时;(3)几乎没有先例存在时;(4)难以科学地预测变量时;(5)事实有限,不足以明确指明前进道路时;(6)分析性资料用途不大时;(7)当需要从几个可行方案中选择一个,而每一个方案的评价都不错时。

集体决策是指决策过程由两个人以上的群体完成,即决策的主体是两个人以上的群体。

群体通常能比个人作出质量更高的决策,因为它具有更完整的信息和更多的备选方案;同时,以群体方式作出决策,易于增加有关人员对决策方案的接受性。

集体决策的效果受群体大小、成员从众现象等因素的影响。群体越大,异质性的可能性就越大,需要更多的协调和更多的时间促使所有的成员作出贡献。因此,群体不宜过大,小到5人,大到15人即可。有证据表明,5—7个人的群体在一定程度上是最有效的。

与个人决策相比,群体决策的效率相对较低。在决定是否采用群体决策时,主要的考虑是效果的提高是否足以抵消效率的损失。

5.2.5 其他分类

决策还可以根据时间的长短分为长期决策、中期决策和短期决策;根据决策性质的不同,决策可以分为定性决策和定量决策;根据决策层次的不同,决策可以分为高层决策、中层决策和基层决策;根据决策目标的多少,决策可以分为单目标决策和多目标决策。

管理故事

狩猎的印第安人

居住在加拿大东北部布拉多半岛的印第安人靠狩猎为生。他们每天都要面对一个问题:选择朝哪个方向进发去寻找猎物。他们以一种在文明人看来十分可笑的方法寻找这个问题的答案:把一块鹿骨放在火上炙烤,直到骨头出现裂痕,然后请部落的专家来破解这些裂痕中包含的信息——裂痕的走向就是他们当天寻找猎物应朝的方向。

令人惊异的是,用这种完全是巫术的决策方法,他们竟然经常能找到猎物,所以这个习俗在部落中一直沿袭下来。

从管理学的角度来看,这些印第安人的决策方式包含着诸多"科学"的成分,尽管他们对"科学"这一概念一无所知。

首先,在每一天的决策活动中,他们无意中将波特所说的"长期战略"寓于战术(朝哪个方向去打猎)中。按通常的做法,如果头一天满载而归,那么第二天就再到那个地方去狩猎。在一定时间内,他们的生产可能出现快速增长。但正如彼得·圣吉说的,有许多快速增长常常是在缺乏"系统思考"、掠夺性利用资源的情况下取得的,其增长的曲线明显呈抛物线状——迅速到达顶点后迅速地下滑。如果这些印第安人过分看重他们以往取得的成果,就会陷入因滥用猎物资源而使之耗竭的危险之中。

其次,他们没有使决策受制于某个人或某些人的偏好和判断,而是把它置于一种决策系统之中。打猎实际上是猎人与猎物之间的博弈,如果猎人的行为受制理性选择,那么他们实际上是在以不自觉的方式训练对手(猎物)。结果,猎人自己的行为方式对于对手(猎物)来说变得越来越透明,越来越容易对付,对手变得越来越聪明,猎人自己的核心竞争力越来越下降,直至最后丧失。

管理心得:这个故事让我们想到了"磨光理论"——信息的效用有赖于其独享性,如果一个信息被充分共享的话,它的优势和效用就被"磨光"了。因此,决策行为是悖论式的。所谓信息,就是"被消除了的不确定性",决策行为一方面要力图消除不确定性,追求透明度,另一方面又要维护不确定性,保持不透明。管理中有明显的理性成分,所以它具有科学性;但它不仅仅是科学性的,而且富于艺术性甚至是巫术性。管理实际上是在确定性与不确定性、透明与不透明之间走钢丝。一个成功的管理者身上,往往同时具备科学家、艺术家和巫师的素质。

5.3 决策的基本程序

决策是一个比较复杂的逻辑过程,这是因为决策问题的性质有不同,决策者的个人风格有不同,决策的时间有不同,决策的方法也有不相同。但是,决策的过程却有着一般的规律性,包含前后衔接的四个活动阶段,共八个方面。如图 5-2 所示。

图 5-2 决策的四个活动阶段

5.3.1 信息活动

信息活动的任务是探查、发现组织面临的各种问题,寻觅组织决策的条件,找出制定决策的理由。按工作顺序和内容,包括发现问题、搜集信息两个方面。

一、发现问题

决策始于对问题的发现。问题通常可解释为主观意识到的必须研讨求解的事项。它内蕴于事物本身,显现为主客观的差距和矛盾。它可以是已经历史地存在着的,或正现实地发生着的,或走向未来途中可能发生的。发现问题的关键是确立科学合理的期望标准。

发现问题后,还必须对问题进行分析,找出产生问题的内在原因,为决策的下一步程序做好准备。

二、搜集信息

信息是决策的原料;详尽而可靠的信息是科学决策的前提和保证。发现问题之后,要针对所要解决的问题,搜集组织内部和外部相关的情报和信息资料。

对情报资料的要求是:(1) 广泛性。凡与目标有关的信息资料,无论直接或间接,都要尽可能搜集;(2) 客观性。情报资料必须客观地记载对象、时间、地点和数量等;(3) 科学性。对搜集来的资料必须采取科学的方法进行加工整理;(4) 连续性。要求情报资料能连续地反映事物发展的全过程及其规律性,尽可能连贯。

对于情报和信息资料,一方面要有针对性地进行搜集、整理,另一方面也要依靠平时的积累和储备,充分发挥诸如"信息中心""资料室""档案室""数据库"等的作用,依靠社会组织的力量进行搜集。

5.3.2 设计活动

设计是蓝图的勾画。依据已经掌握的经过加工的材料,构想解决问题拟达到的合理结果(设计目标),编制解决问题的方案(设计内容),是蓝图的两个主要组成部分。所以,设计活动包括确定目标和拟订方案两个方面。

一、确定目标

目标体现的是组织想要获得的结果。能否正确地确定目标是关系到决策成败的关键。目标是由上一阶段明确的有待解决的问题决定的。在确定目标时,必须把要解决问题的性质、结构及其原因分析清楚,才能有针对性地确定出合理的决策目标。确定目标应符合以下要求:首先,目标要有根据,要明确了解决策所需解决的问题的性质、范围、特点和原因;其次,目标必须具体明确；再次，目标应分清主次关系；最后，要规定目标的约束条件。

二、拟订方案

组织的目标确定以后，决策者就要提出达到目标和解决问题的各种方案。任何一个问题都不是只有一种解决方案，选用何种方案，应视其在各相关限制因素的优劣地位及成本效益而定。

拟订方案，就是在对大量情报资料的整理、分析和科学计算的基础上，探索和研究解决问题及实现目标的各种可行的行动方案。可行方案应满足以下条件：(1) 整体详尽性。尽可能多地列出有可能达到目标的备选方案；(2) 相互排他性。各方案必须有区别，各自独立；(3) 方案可比性。每一方案都应根据已确定的约束条件和评价标准及指标体系，用确切的定量数据反映方案的效果，以便比较和选择；(4) 实现的可能性。从实现的条件和实施的结果看能否保证决策目标的实现。应有两个以上可行方案才有选择余地。

5.3.3 抉择活动

设计出的诸方案都是备选方案，它们并非都具备现实的可行性，要进行认真仔细的分析评估和选择。抉择活动由评估方案和选择方案两个环节构成。

一、评估方案

所谓评估方案，是对各备选方案的利弊得失给出科学求实的评定，即对每一可行方案按决策目标要求，从各方面估计其执行结果，进行分析论证的过程。它为方案的最终选择提供了基础，对决策方案的评估论证主要有价值论证、可行性论证和应变论证。

1. 价值论证

论证该方案付诸实施后能否带来价值和带来多大价值。它包括两方面：一是全面论证决策方案的价值，就是要从社会、经济，当前和长远，物质和精神，投入和产出等多方面综合平衡方案的价值，并通过各方面的价值平衡，得一个总的价值评价；二是历史论证决策方案的价值，就是要把决策目标和方案放在事物发展的过程中来看，重视其连续性，要看方案是否比过去进步，是否有助于今后的发展。经过全面衡量和历史比较得出的总价值评价如果是肯定的，就可以进行下一步的论证。

2. 可行性论证

论证该方案是否可以在实践中付诸行动，首先要进行机遇研究，即研究该决策方案实施的时机是否成熟。其实，要进行初步可行性研究，即要抓住主要矛盾，分析有无利用机遇和达到增加经济效益和社会效益的条件。最后要进行系统可行性研究，不仅对主要矛盾，而且要对整个过程中能预见到的每个环节，进行可行性分析。

3. 应变论证

这是指估计原有决策条件发生变化的各种可能性，提出相应的应变措施，对这些措施进行论证，论证的结果就是应变方案。制定应变方案是从最坏的可能性准备，而向最好的方向努力，即使最坏的情况出现时，也因事先作了准备，可以应付自如，不致造成损失或尽量减少损失。

二、选择方案

选择方案是在比较鉴别诸方案优劣的基础上，选取一个满意方案的过程，它是决策过程中的关键环节。如果说，寻求对策属于"谋"的性质，可由专家承担，那么选择方案则属于"断"的范畴，应由决策者负责。

决策者在选择方案时,可采取三种基本方法:(1)经验;(2)试验;(3)研究和分析。这三种基本方法可视情况选用或综合运用。

经验可能是最好的老师,但完全把过去的经验作为未来行动的指南却是危险的。如果能认真分析经验,从中提炼出成败的根本原因,那么,经验作为决策分析的基础可能是有用的。

试验也许是所有方法中成本最高的,但有时是必须要做的,如设计制造一种新型飞机时通常会在试验之后再加以改进。此外,人们对试验证明过的东西仍然会存有疑问,因为未来不可能是现在的简单重复。

涉及重要决策时,挑选备选方案的最有效方法之一,就是研究和分析。从投入的资源来看,研究和分析通常比试验要划算得多。在研究和分析中,通常要建一个模拟问题的模型,最有用的模拟或许是借助数学模型进行模拟。

5.3.4 评审活动

选定的方案由准备到付诸实践,必须经过试验实证。即使对一个特定问题的决策有了严密论证,付诸实践后,仍有效果评价的需要。只有经过试验实证、效果评价两个环节,一个完整的决策过程方告结束。

一、试验实证

试验实证通常发生在特定的领域,其决策问题往往是性质复杂的、或有全局意义的、或属开创性的。试验实证可以选择方案的关键部分,也可以模拟试验方案的整体性能。决策者要根据试验实证的不同结果,采取不同的后续手段。

二、评价效果

在方案正式实施后,决策者要及时追踪评价实施的效果。如果发现方案实施中由于各种不确定因素影响而发生了偏离目标的情况,要采取有效措施加以修订和补充,以确保既定目标的顺利实现。

5.4 定性决策方法

决策方法包括定性决策方法和定量决策方法两大类。

定性决策法又称主观决策法,是指在决策中主要依靠决策者或有关专家的智慧来进行决策的方法,这是一种"软技术"。这种方法适用于受社会、经济、政治等非计量因素影响较大、所含因素错综复杂、涉及社会心理因素较多以及难以用准确数量表示的综合性问题。决策者在系统调查研究分析的基础上,根据所掌握的信息,通过对事物运动规律的分析,在把握事物内在本质联系基础上进行决策。

绝大多数重要的组织决策都是由管理者群体而不是个人制定的,为了激发群体的创造性,组织常采用各种群体决策技术(即定性决策方法)进行决策,常见的定性决策方法如图5-3所示。

图5-3 定性决策方法

5.4.1 头脑风暴法

头脑风暴法,也叫思维共振法,是现代创造学奠基人美国阿历克斯·奥斯本于1938年首次提出的。头脑风暴法即通过有关专家之间的信息交流,引起思维共振,产生组合效应,从而导致创造性思维。

头脑风暴法又可分为直接头脑风暴法(通常简称为头脑风暴法)和质疑头脑风暴法(也称反头脑风暴法)。前者是在专家群体决策时尽可能激发创造性,产生尽可能多的设想的方法;后者则是对前者提出的设想、方案逐一质疑,分析其现实可行性的方法。

采用头脑风暴法组织群体决策时,要集中有关专家召开专题会议,由主持者以明确的方式向所有参与者阐明问题,说明会议的规则,在融洽轻松的会议气氛中,由专家们"自由"提出尽可能多的方案。

为便于提供一个良好的创造性思维环境,应该确定专家会议的最佳人数和会议进行的时间。经验证明,专家小组规模以10—15人为宜,会议时间一般以20—60分钟效果最佳。

头脑风暴法专家小组应由下列人员组成:(1)方法论学者——专家会议的主持者;(2)设想产生者——专业领域的专家;(3)分析者——专业领域的高级专家;(4)演绎者——具有较高逻辑思维能力的专家。

头脑风暴法应遵守如下四项原则:

(1)自由思考。要求与会者尽可能解放思想,无拘无束地思考问题并畅所欲言,不必顾虑自己的想法或说法是否"离经叛道"或"荒唐可笑"。

(2)庭外判决。要求与会者在会上不要对他人的设想评头论足,不要发表"这主意好极了""这种想法太离谱了"之类的"捧杀句"或"扼杀句"。至于对设想的评判,留在会后组织专人考虑。

(3)以量求质。鼓励与会者尽可能多而广地提出设想,以大量的设想来保证质量较高的设想的存在。

(4)结合改善。鼓励与会者积极进行智力互补,注意思考如何把两个或更多的设想结合成另一个更完善的设想。

实践表明,头脑风暴法可以排除折中方案,对所讨论问题通过客观、连续的分析,找到一组切实可行的方案,因而头脑风暴法得到了较广泛的应用。

下面是运用"头脑风暴法"解决难题的一个有趣的事例。

有一年,美国北方格外严寒,大雪纷飞,电线上积满冰雪,大跨度的电线常被积雪压断,严重影响通信。过去,许多人试图解决这一问题,但都未能如愿以偿。后来,电信公司经理应用奥斯本发明的头脑风暴法,尝试解决这一难题。他召集不同专业的技术人员参加座谈会,要求他们必须遵守头脑风暴法的四条原则。

大家七嘴八舌地议论开来。有人提出设计一种专用的电线清雪机;有人想到用电热来化解冰雪;也有人建议用振荡技术来清除积雪;还有人提出能否带上几把大扫帚,乘坐直升机去扫电线上的积雪。对于这种"坐飞机扫雪"的设想,大家心里尽管觉得滑稽可笑,但是按照会议的规则,会上无人提出批评。相反,有一工程师在听到用飞机扫雪的想法后,灵机一动,一种巧妙的清雪方法冒了出来。他想,每当大雪过后,出动直升机沿积雪严重的电线飞行,依靠高速旋转的螺旋桨即可将电线上的积雪迅速扇落。他马上提出"用直升机扇雪"的新设想,顿时又引起其他与会者的联想,有关用飞机除雪的主意一下子又多了七八条。不到一小时,与会的10名技术人员共提出90多条新设想。

会后,公司组织专家对设想进行分类论证。专家们认为设计专用清雪机,采用电热或电磁振荡等方法清除电线上的积雪,在技术上虽然可行,但研制费用大,周期长,一时难以见效。那种因"坐飞机扫雪"激发出来的几种设想,倒是一种大胆的新方案,如果可行,将是一种既简单又高效的好办法。经过现场试验,发现用直升机扇雪真能奏效,一个久悬未决的难题,终于在头脑风暴会议中得到了巧妙的解决。

5.4.2 德尔菲法

德尔菲法,在我国习惯被称为"专家预测法",最早出现于20世纪50年代末,是当时美国为了预测在其"遭受原子弹轰炸后,可能出现的结果"而发明的一种方法。德尔菲法的实质是利用专家的主观判断,通过信息沟通与循环反馈,使预测意见趋于一致,逼近实际值。1964年美国兰德(RAND)公司的赫尔默(Helmer)和戈登(Gordon)发表了"长远预测研究报告",首次将德尔菲法用于技术预测中,之后便迅速地流传开来。

德尔菲是古希腊地名。相传太阳神阿波罗(Apollo)在德尔菲杀死了一条巨蟒,成了德尔菲主人。阿波罗不仅年轻英俊,而且对未来有很高的预见能力。在德尔菲有座阿波罗神殿,是一个预卜未来的神谕之地,于是人们就借用此名,作为这种方法的名字。

德尔菲法以匿名的方式,轮番征求一组专家各自的预测意见,具有反馈性、匿名性和统计性的特点,其一般工作程序如下:

(1) 确定调查目的,拟订调查提纲。首先必须确定目标,拟订出要求专家回答问题的详细提纲,并同时向专家提供有关背景材料,包括预测目的、期限、调查表填写方法及其他希望要求等说明。

(2) 选择一批熟悉本问题的专家,一般至少为20人左右,包括理论和实践等各方面专家。

(3) 以通信、电话、网络等方式向各位选定专家发出调查表,征询意见。

(4) 对返回的意见进行归纳综合、定量统计分析后再寄给有关专家。如此往复,经过三四轮,意见已经比较集中,再进行数据处理与综合得出结果。每一轮时间7—10天,总共约一个月即可得到大致结果,时间过短专家难以反馈,时间过长则外界干扰因素增多,都会影响结果的客观性。

德尔菲法的优点:(1) 便于独立思考和判断;(2) 低成本实现集思广益;(3) 有利于探索性解决问题;(4) 应用范围广泛。

德尔菲法的不足:(1) 缺少思想沟通交流;(2) 易忽视少数人的意见;(3) 存在组织者主观影响。

虽然德尔菲法的应用具有广泛性,但在下述情形下运用较其他方法更能体现效果:(1) 缺乏足够的资料;(2) 作长远规划或大趋势预测;(3) 影响预测事件的因素太多;(4) 主观因素对预测事件的影响较大。

5.4.3 哥顿法

这是美国人哥顿于1964年发明的一种预测方法,又称抽象提喻法,是由头脑风暴法衍生出来的,适用于自由联想的一种方法。

哥顿法有两个基本观点：一是"变陌生为熟悉"，即运用熟悉的方法处理陌生的问题；二是"变熟悉为陌生"，即运用陌生的方法处理熟悉的问题。该法能避免思维定式，使大家跳出框框去思考，充分发挥群体智慧以达到方案创新的目的。

具体作法和要求是：召集一个 6—10 人的专家会议，通过会议形式让与会专家提方案。主持人一开始仅把要解决的问题作抽象介绍，但是，具体研究什么问题，会议的目的是什么，只有会议主持者知道，参加会议的其他人都不知道，以免思路受到约束。在整个会议过程中，会议主持者采用"抽象台阶"的方式，将人们对方案的思考逐步由抽象引向具体。当会议进行到适当的时机，在与会专家充分讨论和发表意见的基础上，会议主持者再把研究的问题和会议的具体目的告诉大家，综合大家的意见和设想，形成若干方案。

以有名的稻谷脱粒机案例为例，主持人首先提出如何使物体"分离"，与会者可以回答"切断""锯断""剪断""烧断"等方法，会议主持人再进一步提出如何使稻谷与稻草分离的问题，最后会议形成一种高效率圆筒式稻谷脱粒机的方案。

哥顿法的优点是将问题抽象化，有利于减少束缚，产生创造性想法，难点在于主持者如何引导。

5.4.4　名义小组法

在集体决策中，如对问题的性质不完全了解且意见分歧严重，则可采用名义小组法。具体说来，名义小组法的步骤如下：

(1) 组织者先召集有关人员，把要解决的问题的关键内容告诉他们，并请他们独立思考，要求每个人尽可能地把自己的备选方案和意见写下来。

(2) 再按次序让他们一个接一个地陈述自己的方案和意见，以便把每个想法都搞清楚。

(3) 在此基础上，由小组成员对提出的全部备选方案进行投票和排序，赞成人数最多的方案即为所选方案。当然，管理者最后仍有权决定是接受还是拒绝这一方案。

这种方法的主要优点在于，使群体成员正式开会但不限制每个人的独立思考，可以有效地激发个人的创造力和想象力。而传统的会议方式往往做不到这一点。在这种方法下，小组的成员互不通气，也不在一起讨论、协商，从而小组只是名义上的。

5.4.5　电子会议法

电子会议法是群体决策与计算机技术相结合的决策方法，是一种新颖的定性决策方法。在使用这种方法时，先将群体成员集中起来，每人面前有一个与中心计算机相连接的终端。群体成员将自己解决有关问题的方案输入计算机终端，然后再将它投影在会议室的大型屏幕上。

电子会议法的特点：(1) 匿名，决策参与者可以采取匿名的方式将自己的方案提出来，参与者只需把个人的想法输入键盘就行了；(2) 可靠，每个人的想法都能如实的、不被改动地反映在大屏幕上；(3) 快速，在使用计算机进行决策时，不仅没有闲聊，而且人们可以在同一时间中互不干扰地交换见解，它要比传统的面对面的决策咨询的效率高出许多。

这种方法也有其局限性：(1) 对那些善于口头表达，而运用计算机的技能却相对较差的专家来说，电子会议会影响他们的决策思维；(2) 在运用这种预测方法时，由于是匿名，因而无法对提出好的政策建议的人进行奖励；(3) 人们只是通过计算机来进行决策咨询的，从而是

"人—机对话",其沟通程度不如"人—人对话"那么丰富。

5.4.6 其他定性决策方法

常见的定性决策方法还有淘汰法、环比法等。

淘汰法是根据一定的条件和标准,对全部备选的方案筛选一遍,淘汰达不到要求的方案,缩小选择的范围。

环比法是在所有方案中进行两两比较,优者得 1 分,劣者得 0 分,最后以各方案得分多少为标准选择方案。

定性决策方法具有灵活简便、费用较少,特别适用非规范化的综合决策问题,还有利于调动专家、员工的积极性,提高他们的创造力。此外,吸收他们参与决策,便于统一思想,为决策的实施创造了有利条件。但是,这种方法是建立在个人主观意见基础上,缺乏严格论证,主观成分强,有一定的倾向性。

团 体 迷 思
——共识为什么有可能是危险的

1972 年,美国心理学家艾尔芬·詹尼斯用"团体迷思"一词形容团体作出不合理决定的决策过程。1982 年,詹尼斯提出了团体迷思理论,团体迷思是指团体在决策过程中,由于成员倾向让自己的观点与团体一致,因而令整个团体缺乏不同的思考角度,不能进行客观分析。团体迷思可能导致团体作出不合理、甚至是很坏的决定。

詹尼斯研究了许多决策失败的案例,如美国入侵猪猡湾事件、越战、古巴导弹危机等,发现它们都有以下共性:一个智囊团的成员通过建立错觉不知不觉地形成一种"团体精神"。这些错觉之一就是无限的信任:"假如我们的领袖和团体坚信计划可行,幸运就会站在我们这一边。"然后,出现意见一致的错觉:"如果其他人意见一致,我的异议一定是错误的。"还有,人们不想做个有可能破坏统一意见的扫兴的家伙。毕竟你会为自己属于一个团体而高兴,提出异议则有可能意味着被隔离在团体之外。

2004 年,美国参议院情报委员会发表的伊拉克情报失误报告,严厉批评美国情报部门在伊拉克战争前,夸大伊拉克大规模杀伤性武器的威胁。美国情报部门的过失,最后归咎于团体迷思。在经济界也会出现团体迷思,瑞士航空公司 2001 年的倒闭就是一个经典例子。一个以当时的首席执行官为首的顾问团体,在过去的成功的狂热推动下,是那样的意见一致,根本没人对高风险扩张政策提出不同意见。

管理心得:如果你是一个智囊团的成员,无论何时,你都要讲出你的看法——哪怕这看法不是很中听。你要仔细考虑没有讲出的意见,必要时要甘冒被隔离在温暖团体之外的风险。如果你领导着一支团队,请你指定某人唱反调。他将不是团队里最受欢迎的人,但也许是最重要的那个。

5.5 定量决策方法

定量决策方法是指建立在数学模型的基础上,运用统计学、运筹学和电子计算机技术来对决策对象进行计算和量化研究以解决决策问题的方法,又称决策的"硬"方法。对决策问题进行定量分析,可以提高常规决策的时效性和决策的准确性。运用定量决策方法进行决策也是决策方法科学化的重要标志。

根据数学模型涉及的问题的性质(或者说根据所选方案结果的可靠性),定量决策方法一般分为确定型决策、风险型决策和不确定性决策方法三种。

5.5.1 确定型决策方法

确定型决策方法的特点是只有一种选择,决策没有风险,只要满足数学模型的前提条件,数学模型就会给出特定的结果。属于确定型决策方法的主要有盈亏平衡分析模型和经济批量模型。这里主要介绍盈亏平衡分析模型。

盈亏平衡分析模型是通过考察产量(或销售量)、成本和利润的关系以及盈亏变化的规律来为决策提供依据。

我们知道:利润=收益−成本($\pi=Y-C$)。所谓盈亏平衡,就是成本=收益,这个时候利润 $\pi=0$。我们再增加一个变量:产量(Q),因为利润、收益、成本都与产量有关,它们之间存在着函数关系。比如:

$$收益=价格\times产量$$

即
$$Y=P\times Q$$

$$总成本=固定成本+可变成本=固定成本+单位可变成本\times产量$$

即
$$C=F+V\times Q$$

它们的关系如图 5-4 所示。

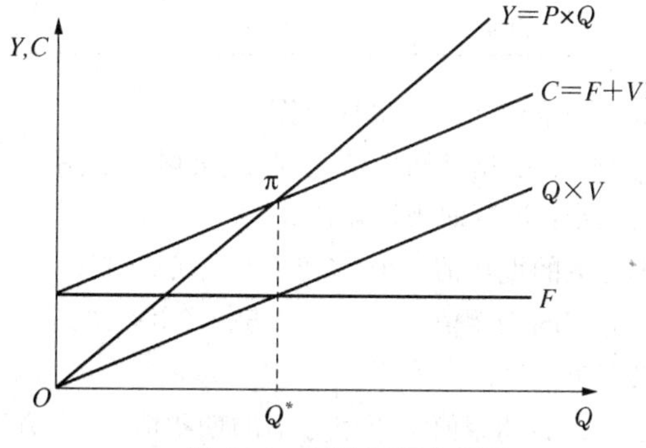

我们可以看到,总收益曲线 Y 与总成本曲线 C 的交点 π 对应的产量 Q^* 就是盈亏平衡时的产量(总收益 Y 与总成本 C 相交即相等),π 点就是盈亏平衡点。产量低于这一点会亏损(左边),高于这一点则盈利(右边)。

盈亏平衡点存在以下关系式:
总收益=总成本,即 $Y=C$,
盈亏平衡点产量 $Q^*=F/(P-V)$,

图 5-4 盈亏平衡分析图

如果存在盈利 π,则 $\pi=Y-C$,即 $\pi=(P\times Q)-(F+V\times Q)$,
则,利润 π 对应的产量 $Q=(F+\pi)/(P-V)$。

例:某化妆品厂生产一种化妆品需投入固定成本 30 万元,单位产品可变成本为 80 元,产品销售价格为 100 元/件。

(1) 试用盈亏平衡分析方法确定盈亏平衡产量；
(2) 如果企业的利润目标是 15 万元，企业至少应维持多大的生产规模？

解：(1) 盈亏平衡点产量：

$$Q^* = F/(P-V) = 300\,000/(100-80) = 15\,000(件)$$

(2) 盈利 15 万元的产量：

$$Q = (F+\pi)/(P-V) = (300\,000 + 150\,000)/(100-80) = 22\,500(件)$$

即盈亏平衡点的产量为 15 000 件。利润目标为 15 万元时，产量应为 22 500 件。

5.5.2 风险型决策方法（决策树）

有时我们会碰到这样的情况，一个决策方案对应几个相互排斥的可能状态，每一种状态都以一定的可能性（概率 0—1）出现，并对应特定结果，这时的决策就被称为风险型决策。风险型决策的目的是如何使收益期望值最大，或者损失期望值最小。期望值是一种方案的损益值与相应概率的乘积之和。下面我们用决策树来说明风险型决策方法。

决策树就是用树枝分叉形态表示各种方案的期望值，剪掉期望值小的方案枝，剩下的最后的方案即是最佳方案。决策树由决策结点、方案枝、状态结点、概率枝四个要素组成。方块结点代表决策结点，由决策结点引出的若干条树枝称为方案枝。圆圈结点代表状态结点，由状态结点引出的若干条树枝称为状态枝，状态枝上标明状态的情况和可能的概率。

例如：某企业在下年度有甲、乙两种产品方案可供选择，每种方案都面临滞销、一般和畅销三种市场状态，各种状态的概率和损益值如表 5-2 所示。

表 5-2 各种状态的概率和损益值

损益值 方案	市场状态（概率）	滞 销 0.2	一 般 0.3	畅 销 0.5
甲方案		20 万元	70 万元	100 万元
乙方案		10 万元	50 万元	160 万元

试用决策树法选择最佳方案。

第一步：依据已知条件，绘制决策树。如图 5-5 所示。
第二步：计算期望损益值。
甲方案的期望值：$20 \times 0.2 + 70 \times 0.3 + 100 \times 0.5 = 75$（万元）
乙方案的期望值：$10 \times 0.2 + 50 \times 0.3 + 160 \times 0.5 = 97$（万元）
第三步：剪枝决策。
乙方案的期望值大于甲方案的期望值，将甲方案枝剪去，选择乙方案。

5.5.3 不确定型决策方法

我们看到，在风险型决策方法中，计算期望值的前提是能够判断各种状况出现的概率。如果出现的概率不清楚，就要用不确定型决策方法。常用的不确定型决策方法主要有四种，即冒险法、保守法、折中法和后悔值准则。采用何种方法取决于决策者对待风险的态度。

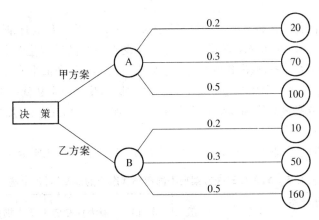

图 5-5 决策树

一、冒险法(大中取大准则)

这是一种乐观的方法,它基于对未来前景的乐观估计,不放弃任何一个获得最好结果的机会,愿意承担风险以争取最大收益。在方案取舍时,首先,取各方案在各种状态下的最大损益值(即最有利的状态发生),然后,在各方案的最大损益值中取最大者对应的方案。

例如:某企业计划开发新产品,有三种设计方案可供选择。不同设计方案制造成本、产品性能各不相同,在不同的市场状态下的损益值也不同。有关资料如表5-3所示。

表 5-3 A、B、C 三种方案在不同市场状态下的损益值(冒险法)　　　　单位:万元

市场状态 方案	畅 销	一 般	滞 销	最大损益值
方案 A	50	60	20	**60**
方案 B	80	40	10	**80**
方案 C	100	30	−40	**100**

三者中方案 C 的最大损益值最大,因此选择方案 C。

二、保守法(小中取大准则)

这是一种悲观的方法,在方案取舍时,首先,取各方案在各种状态下的最小损益值(即最不利的状态发生),然后,在各方案的最小损益值中取最大者对应的方案。

例如,同样的事例,用保守法决策如表5-4所示。

表 5-4 A、B、C 三种方案在不同市场状态下的损益值(保守法)　　　　单位:万元

市场状态 方案	畅 销	一 般	滞 销	最小损益值
方案 A	50	60	20	**20**
方案 B	80	40	10	**10**
方案 C	100	30	−40	**−40**

三者中方案 A 的最小损益值最大,因此选择方案 A。

三、折中法

保守法和冒险法都是以各方案不同状态下的最大或最小极端值为标准。但多数场合下决策者既非完全的保守者,亦非极端冒险者,而是介于两个极端的某一位置寻找决策方案,即采用折中法。方法如下:首先,找出各方案在所有状态下的最大值和最小值;其次,根据自己的冒险偏好程度,给定最大值一个乐观系数 $a(0<a<1)$,那么,最小值系数就是 $1-a$;第三,用给定的系数和对应的各方案最大值和最小值计算各方案的加权平均值;最后,加权平均值的最大值对应的方案就是最佳方案。

例如,同样的事例,若取 $a=0.7$,用折中法进行决策,则如表 5-5 所示。

表 5-5　A、B、C 三种方案在不同市场状态下的损益值(折中法)　　　　单位:万元

损益值 市场状态 方案	畅销	一般	滞销	最大损益值	最小损益值	加权平均数
方案 A	50	60	20	**60**	**20**	**48**
方案 B	80	40	10	**80**	**10**	**59**
方案 C	100	30	−40	**100**	**−40**	**58**

最大系数为 0.7,则最小系数为 0.3。

各方案的加权平均值为:

方案 A:$60\times0.7+20\times0.3=48$

方案 B:$80\times0.7+10\times0.3=59$

方案 C:$100\times0.7+(-40)\times0.3=58$

$\max\{48,59,58\}=59$,因此选择方案 B。

四、后悔值法(最小机会损失决策准则)

管理者在选择了某方案后,如果实际发生的自然状态表明其他方案的收益更大,那么他(或她)将会为自己的选择而后悔。后悔值准则就是使后悔值(又称机会损失)最小的方法。采用这种方法进行决策时,首先计算各方案在各自然状态下的后悔值(某方案在某自然状态下的后悔值=该自然状态下的最大收益−该方案在该自然状态下的收益),并找出各方案的最大后悔值,然后进行比较,把最大后悔值最小的方案作为最终的选择。

例如,同样的事例,用后悔值准则进行决策,则应先作出后悔值表,如表 5-6。

表 5-6　后悔值表

后悔值 市场状态 方案	畅销	一般	滞销	最大损益值
方案 A	50	0	0	**50**
方案 B	20	20	10	**20**
方案 C	0	30	60	**60**

$\min\{50,20,60\}=20$,因此选择方案 B。

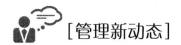[管理新动态]

大数据决策应用

最早提出大数据时代到来的是全球知名咨询公司麦肯锡。麦肯锡称:"数据,已经渗透到当今每一个行业和业务职能领域,成为重要的生产因素。人们对于海量数据的挖掘和运用,预示着新一波生产率增长和消费者盈余浪潮的到来。"

大数据分析是指对规模巨大的数据进行分析。大数据可以概括为 5 个 V,数据量大(Volume)、速度快(Velocity)、类型多(Variety)、价值密度低(Value)、真实性(Veracity)。大数据会带给我们三个颠覆性决策分析方法的转变:是全部数据,而不是随机采样;是大体方向,而不是精确制导;是相关关系,而不是因果关系。

大数据分析应用将渗透到各行各业,实现行业趋势洞察、客群精准触达、科学营销决策、风险危机防控等决策应用价值。

问题追踪

随着大数据时代的到来,管理者如何把握大数据决策?

本章小结

1. 决策是人们为实现一定的目标而制定和选择行动方案的过程。决策应遵循满意原则、系统原则、信息原则、预测原则、比较优选原则、反馈原则。影响组织决策的主要因素有个人特质、外部环境、组织文化、以往决策、紧迫程度。

2. 依据各种不同的标准,决策可以分成许多类型,了解各种类型决策的特点,有助于管理者进行决策。

3. 决策的过程有着一般的规律性,包含前后衔接的四个活动阶段:信息活动、设计活动、抉择活动、评审活动。

4. 定性决策方法是决策的"软"方法,常见的有头脑风暴法、德尔菲法、哥顿法、名义小组法、电子会议法等。

5. 定量决策方法是决策的"硬"方法,一般分为确定型决策、风险型决策和不确定性决策方法三种类型。

[问题与讨论]

1. 什么是决策?决策有哪些特点?决策须遵循哪些原则?
2. 简述程序化决策和非程序化决策的差异。
3. 什么是头脑风暴法?头脑风暴法应遵循哪些原则?
4. 什么是德尔菲法?它有哪些优点?它有哪些缺点?哪些情形下适合运用德尔菲法?

5. 法国哲学家埃米尔·卡蒂埃说过:"当你只有一个念头时,你那个念头也许是最危险的念头。"你如何理解这一观点?你认为这句话对企业进行决策有何启示?

[实战练习]

刮头脑风暴,为学校分忧

目的: 通过运用头脑风暴法为学校解决实际问题,掌握头脑风暴法的基本原理和操作步骤。

内容: ① 通过推荐和选拔组成一支10—15人的"专家"队伍,并进行角色和工作分配。

② 从"专家"队伍中选派代表到学校有关部门了解学校面临的一个实际难题,然后由"专家"队伍运用头脑风暴探讨解决方案,并把方案反馈给该部门。

要求: "专家"小组写出报告,介绍头脑风暴法的运用心得,分析所提交的方案为什么最终被学校采用或被舍弃。

[案例思考]

案例一 万豪因何成为百年老店?

万豪的前身是一家根汁汽水店,一开始仅能坐下9个顾客。后来他们在菜单里添加了有着辛辣风味的墨西哥菜品,便将店名改为热辣铺子,并将其扩张为连锁店。随后,玛里奥特家族继续在连锁餐饮之路上狂奔,直到1958年1月,位于弗吉尼亚阿灵顿的双桥万豪汽车旅馆开业,玛里奥特家族才开始正式涉足酒店业。又等了6年,当威拉德·玛里奥特的儿子小比尔·玛里奥特于1964年出任公司总裁后,万豪才将公司的业务重心从餐饮转移到住宿业上。从卖根汁汽水到经营酒店,万豪涉及领域无数,小比尔·玛里奥特在接过父亲的班后,更是辛勤耕耘了近60载。如今的万豪酒店集团总裁兼首席执行官是阿恩·索伦森,时过90年,万豪依然名列前茅,作为一家传统企业,它有哪些特殊之处?

威拉德·玛里奥特是这个集团的创始人,是小比尔·玛里奥特的父亲。在做餐厅和酒店的时候,威拉德·玛里奥特最喜欢的事情就是和顾客以及员工聊天,听他们倾诉内心的烦恼。幸运的是,他的儿子比尔继承了这一点。除了倾听,小比尔·玛里奥特还学会了用互联网沟通。然而,即使是在互联网发达的时代,小比尔·玛里奥特认为作为酒店的总经理还是应该走出办公室,不走出去意味着决策可能没有考虑实际的情况进而有可能将公司带入危机中。每一年,比尔的飞行里数都有9—10万公里,所到之处他都会留下便条以记录自己的感想。

在20世纪90年代末,喜达屋"W酒店"的出现冲击了看似毫无波澜的酒店业。多年的行走,让万豪反应机敏,随即便做出应对。比尔率领团队开始大规模采访目标客户,他们加班加点地记录竞争对手的家具陈设、服务细节等信息。对细节的苛求和对成本的极致把控为万豪的标准化营造了可能,标准化的好处不言自明,餐饮界的肯德基和麦当劳就是很好的例证,对于酒店业来说,万豪不用在每次开店时都重复投入广告做品牌宣传。

在经历和总结了无数经验教训后,万豪终于掌握了酒店规模化的诀窍,轻资产加标准化管理成为万豪的全球化利器。在找到经营密码以后,企业随即开始迅速扩大规模,事实上万豪大多数情况下并不拥有酒店所有权,在建设完酒店后,万豪将所有权卖给投资者再签订酒店运营合同,资金不用沉淀在房地产上,这样无疑让万豪的扩张规模快了许多。

在一些领域取得小成就后,万豪开始筹划着多元化,不过万豪的多元化并不顺利。开旅行社,因为太过高调,得罪了曾经是合作伙伴的旅行行业,以至于这些公司拒绝将客流等资源给万豪。做游轮生意,遇上希腊群岛战争,损失很大。做主题公园,低估了建设和维护成本,开支太大。

后来,万豪成立了战略规划部,这个部门的建立为后来"保全"万豪,作出了不可磨灭的贡献。1989年,万豪将经营最久的航空餐饮部和餐厅卖掉,给出的理由是"太了解行业了"。餐饮竞争激烈,而那时同行投入巨资,万豪业务线比较多不能完全顾及,在还没有被业务掣肘的情况下出售,在后来被认为是一个明智的决定。

20世纪80年代,万豪推出了"万怡"品牌,这让人们认识到这家公司不仅仅只会做高大上的酒店。和以往涉及游轮、主题公园等业务不同,万怡是战略规划部提出的几乎以绝密的形式进行的项目。由于万怡酒店是在广泛听取商务人员意见后,经过精心设计后推出的,一问世即获成功,这无疑增强了万豪在酒店业的竞争力和信心。万豪也由此拉开了一个酒店创新的序幕。在随后的30年里,万豪增加了相当多的酒店品牌,它让这些品牌独具特色又不失精髓。

长期劳累和饮食不规律、缺乏运动让小比尔·玛里奥特住进了医院。2011年12月,比尔将CEO之位交给了阿恩·索伦森,虽然后者并不是玛里奥特家族成员,不过比尔认为,阿恩·索伦森可以做得非常出色。从创立之初到2011年,万豪由一个卖汽水的小店发展成年收入120亿美元的跨国巨头,放手对于比尔来说何其艰难。在中国,患上"创始人综合征"的人不计其数,有的人猝死在办公桌上,创始人往往将信息严防死守以至于接替他的人一时间云里雾里。后来的事实证明,在玛里奥特家族里,有的人的确更适合做企业家而不是职业经理人。

回顾万豪的成长之路,今天的大好局面得益于一些重要的决策。比尔自己总结了决策的几个原则:敢于做选择,不要把问题抛在一边;提前做好功课;听从内心的召唤;不要在后悔上浪费时间。

▲ 思考题

1. 本案例中出现了哪几个重要的决策?
2. 这几个决策是否都正确?请结合所学的决策理论进行分析。
3. 你如何理解比尔关于决策的几个原则?

资料来源:改编自《从卖汽水起家到如今的5 700家酒店,万豪因何成为百年老店?》,钛媒体。

案例二 李宁公司的国际化之殇

李宁在其整个运动员生涯中共计获得过14个世界冠军头衔,其中更是包含3个奥运会冠军。如此辉煌的经历注定了他一手创办的企业绝不会只以"中国第一"为目标,可以说,"国际化的冲动"是这家公司与生俱来的本能。不过在成为国际化品牌之前,李宁公司最大的希望是先抢回中国市场第一的王位。此前的2003年,李宁在中国保持了9年的领先位置被耐克和阿迪达斯超越。

"李宁一直不愿意把他跟李宁公司混为一谈,他喜欢自由,不愿意成为企业形象代表。他不希望自己毁了企业,也不愿意企业把他毁了。"一位前李宁公司高管向记者表示,为了维持这种游离状态,李宁自1999年起逐渐退居幕后,将决策大权移交给职业经理人。自2002年起张志勇成为李宁选定的接班人,在任职CEO的第一年,张志勇就给李宁公司制订了一项秘密的计划:用15年时间在中国市场上超越耐克。

为此,提高供应链效率、降低库存周转天数成为张志勇上任后主攻方向,2004年李宁公司平均存货周转天数较2003年下降了23%,达到124天,2007年则下降至不到70天。张志勇还一直通过增加特许加盟店的数量在短期内扩大李宁公司的市场份额。从财务数据来看,这种以外延式扩张换取市场份额的策略获得了空前的成功。2004年,李宁公司收入18.78亿元,至2008年已达66.9亿元。

2005年1月,李宁公司与NBA联盟在北京签署战略合作协议。2006年1月,在NBA联盟的牵线搭桥下,李宁公司签下了克里夫兰骑士队的后卫达蒙·琼斯,就此成为第一个跻身NBA赛场的中国运动品牌。仅仅半年之后,李宁公司又带给国内球迷一则更加震撼的消息——签约超级明星"大鲨鱼"奥尼尔。

内部人士告诉记者,2004年李宁公司篮球鞋的销量只是8万双左右,而到2008年,这个数字已经达到了100万双。而得益于篮球鞋的突破,李宁公司鞋类产品的销售额2006年、2007年连续两年保持了40%以上的高增长。然而匪夷所思的是,李宁公司在这个时候却放缓了在篮球领域前进的脚步,在此后的近两年时间里,李宁在篮球领域再没有让人印象深刻的大动作出现。

2007年起,李宁公司转而开始主推跑步系列产品,凭借在篮球上积累的经验,李宁很快将跑步业务做得风生水起,然而随着2008年的临近,公司开始全力备战奥运,对跑步的重视又戛然而止。

2008年,奥运会在北京召开,虽然赞助金额不敌阿迪达斯而失去北京奥运会官方赞助商的资格,但李宁手擎火炬在空中奔跑并点燃奥运会主火炬的形象,就似在全世界数十亿观众面前播放了一条史无前例的超值广告。点燃圣火让李宁公司的声望达到了巅峰,然而危机的种子也就此埋下了。在向理想前进的路上,目标看上去突然变得那么近在咫尺,这让李宁公司在错误的时间开始了冲刺。

这一年,张志勇给李宁公司找到了一条参与北京奥运的国际化捷径。除中国体操、跳水、乒乓球、射击队等的长期赞助商身份,李宁公司还迅速签下了西班牙、阿根廷男篮队。北京奥运会前后,市场上流传着一句话"中国穿NIKE,西班牙穿李宁"。

此时的本土市场已经是另外一番格局,"晋江系"的匹克和安踏先后通过签约球星成功登陆NBA,其中匹克更是接替李宁公司成了NBA官方市场合作伙伴。在李宁公司将注意力分散到其他业务的这段时间,"晋江系"一刻也没有停止追赶的脚步,短短两年,李宁公司在篮球业务上辛苦积累起的优势几乎被蚕食殆尽,这也让公司决策层对篮球业务有些心灰意冷。

2009年,在经历了两年漫无目的的摸索后,李宁公司终于开始重新聚焦一项运动——羽毛球。羽毛球在中国乃至整个东南亚地区都有着广泛的群众基础,而中国的羽毛球实力更是世界第一,且这一市场当中并不存在耐克和阿迪达斯这样体量的对手,好像是一个非常好的突破口。然而,羽毛球运动却并没有一个像NBA或英超那样足够职业化的赛事平台,这使得这项运动的商业价值相当有限。

而这一时期,李宁公司的众多经销商在张志勇的指挥下,扩张节奏不断加速,2008年其净增新店数量达到1 012间,创下开店新纪录。2009年,李宁公司新增店铺1 004间,达到7 249间。凭借奥运的余威,李宁公司以84亿元的销售额超越阿迪达斯,成为国内体育市场的第2名,距离耐克只有一步之遥。

超越阿迪达斯释放了一个错误的信号,张志勇未能清醒地看清李宁公司的实际运营能力和"侥幸"因素,就将公司未来发展营销重点寄托在了销售额占比尚不足2%的海外市场。管理层希望能够毕其功于一役,以品牌重塑的激进方式彻底扭转战局。

2010年6月30日李宁换标,"李宁交叉动作"的全新Logo亮相,同时新品牌口号"Make The Change"取代了消费者早已熟知的"一切皆有可能",目标直指90后。然而,这一新标志却被指在取悦了90后的同时伤了70后与80后;新口号释放出李宁公司拓展海外市场的讯号,却又被认为失了原有的大气。

2010年的品牌重塑表面上是在寻求品牌的年轻化,但内核部分却是要实现品牌的国际化。换标之后,李宁品牌宣称将重点放在了一线城市,在北京、上海、广州、深圳等地开设70家第六代旗舰店,与耐克等国际品牌展开正面争夺。

然而,当李宁公司在国际化的道路上大步前进的时候,危机却已悄悄来临。2008年和2009年的繁荣景象很大程度上是因为奥运引发的民族情结高涨所致,一旦民众热情消退,一切又恢复了原样。

2009年,很多分销商都出现了严重的库存问题,随着消费市场在北京奥运后迅速降温,库存数量像雪球一样越滚越大。2009年李宁公司财报中显示,当年存货值6.3亿元,平均存货周转天数53天。但这些只是理论数字,其中很多产品库存其实还在经销商、分销商们的手里,没有消化。后来的财报数据也确实表明,正是彼时未能及时展开库存清理,成为2011—2012年李宁公司业绩不断"滑坡"的根源。

北京奥运会后仅仅四年时间,关店、高层换血、不断高企的库存、4年跌幅达76%的市值、遭高盛抛弃、不断下滑的订单……一个运动品牌能遇到的所有疑难杂症,几乎都摊在了李宁公司面前。为李宁公司服务20年的张志勇于2012年卸任行政总裁,随后,当时公司第二大股东TPG,派出包括金珍君在内的8名全职高级管理员,入驻李宁公司。2012年7月,金珍君任公司CEO,但是被业内称为有"三头六臂"的金珍君也没能扭转李宁公司的颓势。2012年公司大量裁员关店,年亏损近20亿元,2013年亏损3.9亿元,2014年亏损7.82亿元。

实际上,李宁公司之前一段时间对于增长的追求已经让其整个体系承受了非常大的张力,从产品到渠道,再到营销体系,都有非常多的问题要梳理和解决。这就如同一辆轮胎已经严重磨损的赛车,不但不进入维修站加油整修,还继续疯狂加速,希望一条轮胎一箱油完成整个比赛。最终,李宁公司为此前的国际化决策付出了惨痛代价。

作为一个社会有机体,企业同任何生物有机体一样,成长的过程必然伴随着痛苦和风险。

美国管理大师彼得·德鲁克早在20世纪70年代就注意到了这个问题。他认为,如果企业都以每年10%的速度增长,很快就会耗尽整个世界的资源。而且,长时期保持高速增长也绝不是一种健康现象。它使得企业极为脆弱,一有风吹草动,就会酿成重大危机。他甚至预言:"目前快速成长的公司,就是未来问题成堆的公司,很少有例外。"

2015年年初李宁本人重新全面掌管李宁公司。从2012年开始连亏3年,总计亏损额达31

亿元的李宁公司,终于在2016年3月17日,正式对外宣布了扭亏为盈的消息。李宁公司还在经历成长的烦恼,过去几年时间里,这家公司为追求理想付出了沉痛的代价,但危机还没有动摇这家公司的根本。"只要李宁还在,这家公司就有希望。"一位已经离职的员工说道,"他的存在是这家公司文化重建的基础。"

▲ 思考题

1. 李宁公司在国际化的进程中犯了哪些重大决策错误?
2. 李宁公司多次出现决策失误的主要原因是什么?

资料来源:改编自杨钊:"李宁公司:对国际化理想主义付出代价",《商业价值》,2012年第12期。

[阅读书目]

1. 克里斯·布雷克著,殷翔宇译.决策学的诡计:解密扑克牌游戏与商业决策.中国青年出版社,2009年
2. 岳晓东著.决策中的心理学.机械工业出版社,2010年
3. 罗杰·道森著,刘祥亚译.赢在决策力.重庆出版社,2010年
4. 詹姆斯·马奇著,王元歌、章爱民译.决策是如何产生的.机械工业出版社,2013年
5. 亨德森·胡珀著,侯君等译.决策的智慧.机械工业出版社,2015年
6. 加里·克莱因著,黄蔚译.如何作出正确决策.中国青年出版社,2016年

第六章

DI LIU ZHANG

计 划

- 计划的意义和内容
- 计划的类型
- 计划的流程
- 现代计划的技术和方法
- 目标管理
- 管理新动态
- 问题与讨论
- 实战练习
- 案例思考
  - 案例一　王健林的一个小目标
  - 案例二　苹果的"印度制造"计划
- 阅读书目

第六章 计 划

■ 学习目标 ■

学完本章,你应该能够:
1. 理解计划工作的含义以及计划为什么重要。
2. 区别和分析各种不同类型的计划工作。
3. 掌握计划工作的编制步骤。
4. 了解几种广泛应用的现代计划的方法和技术。
5. 描述目标在计划工作中所起的作用。
6. 掌握目标管理的基本理念和方法。

■ 关键概念 ■

计划　计划的类型　计划的流程　现代计划技术　甘特图　网络计划技术　目标管理

游戏引导

打造"超级明星"

游戏方法:

1. 教师给每一名同学发一张白纸,让同学们写下各自最想从事的领域,以及要想在该领域获得成功自己最需要掌握的技能。

2. 两人一组互相交换白纸,让每一名同学为他的搭档制定一个行动计划,以帮助其在列出的领域内成为超级明星。

3. 教师抽选部分行动计划进行点评,并请有关的同学谈谈搭档为其编制的行动计划对自己有什么样的启示。

问题讨论:

① 计划是否有助于我们获得成功?
② 什么样的计划是最有效的?

6.1 计划的意义和内容

6.1.1 计划的定义

在日常生活、工作、学习中,我们常常会听到、看到或用到"计划"这个词,大到阿波罗登月计划,小到班级的春游计划甚至个人的学习计划,计划可谓无处不在。古人运筹帷幄、决胜千里、未雨绸缪等指的就是计划。"凡事预则立,不预则废",这个"预"字指的也是计划。在组织的管理工作中,计划更是与每一个人形影不离。营销部门要有营销计划,生产部门需作生产计划,管理高层也免不了要为组织的发展作好战略计划。

那么,什么是计划呢?

在管理学发展的历史过程中,许多专家、学者、管理大师在不同的背景下,从不同角度对"计划"这个词进行了诠释,这里我们并不作一一列举和比较分析,只给出两种常见的定义。

狭义的计划,指为实现既定目标所制定的具体行动方案。

广义的计划,指为实现组织既定的目标,对未来的行动进行规划和安排的活动。

正如哈罗德·孔茨所言,"计划工作是一座桥梁,它把我们所处的这岸和我们要去的对岸连接起来,以克服这一天堑。"计划,就是针对明确的工作目标,去配置为达到目标所必需的各种资源,去排除各种不确定因素,去选择一条适合自身特点的达到工作目标的道路,落实在纸上。在日本,有这么一种认识——"管理就是做计划",他们把《孙子兵法》《三国演义》等奉为管理学的教科书,正是基于这种认识。如果从计划的角度来看,《孙子兵法》是教授如何计划的指导书,而《三国演义》则是各种计划的案例库。

图 6-1 计划的内容

我们通常把计划的内容概括为 5W2H——5W:What、Who、When、Where、Why;2H:How、How many(图 6-1)。

(1) What:要做什么或完成什么;明确工作任务;
(2) Who:由谁、哪些人执行;明确工作任务的担当者;
(3) When:什么时候执行到什么程度;明确工作任务进度;
(4) Where:在什么地方进行工作;明确工作开展地点、区域;
(5) Why:为什么要这样做;明确工作起因、动机;
(6) How:怎么开展工作;明确工作方式方法;
(7) How many:完成多少工作;明确工作量。

计划工作具有承上启下的作用。一方面,计划工作是决策的逻辑延续,为决策所选择的目标活动的实施提供了组织实施保证;另一方面,计划工作又是组织、领导、控制和创新等管理活动的基础,是组织内不同部门、不同成员行动的依据。因此,计划在管理活动中具有十分重要的地位,它是所有管理职能中最基本的。

> 人无远虑,必有近忧。
>
> ——孔子
>
> 长期的计划不包括未来的决定,而是包括现阶段你对未来所下的决心。
>
> ——[美]彼得·德鲁克

6.1.2 计划的性质

计划工作的性质可以概括为五个主要方面,即目的性、首位性、普遍性、效率性和创新性。

(1) 目的性。计划是为了实现组织的目标而制定的,而非为了计划而计划,因此每项计划及其派生计划都应根据组织的目标来制定,其目的都是为了促进组织目标的实现。

(2) 首位性。计划由于具有确认组织目标的独特作用,而成为其他各项职能执行的基础,具有优先性。任何组织只有把实现目标的计划制订出来后,才能确切地知道需要什么样的组织层次与结构,配备什么样的合格人选,按照什么样的方针、政策来实行有效的领导及采取什么样的控制方法。所以,如果要使所有其他管理职能发挥效用,必须首先制订好计划。

(3) 普遍性。体现在两方面:一方面,各项管理工作都要作计划,并根据已制定的计划来安排具体的工作,可以说计划是一切行动的指南;另一方面,计划作为一项管理职能,无论是处于哪个层次、哪个部门的管理者,都要制订计划,计划渗透于各项管理活动中。当然,不同组织层次的管理者,计划内容的侧重点是不一样的。

(4) 效率性。计划不仅要促进组织目标的实现,而且要合理利用资源并提高效率。简言之,就是既要"做正确的事",又要"正确地做事"。一个良好的计划,可以通过协调一致、有条不紊的工作流程来避免组织内部联系脱节的现象,从而减少重复性和浪费性活动。

(5) 创新性。为了解决新问题、应对新变化和抓住新机会,计划工作总是要打破旧观念的束缚,及时提出一些新思路、新观点和新方法,因而它是一个创新性的管理过程。计划有点类似于一项产品或一项工程的设计,它是对管理活动的设计。正如一种新产品的成功在于创新,成功的计划也依赖于创新。

6.1.3 计划的作用

随着生产技术日新月异,生产力水平的提高,生产规模的不断扩大,分工与协作的程度空前提高,社会组织的活动不但受到内部环境的影响,还要受到外来多方面因素的制约。组织要不断地适应这种复杂的、变化的环境,只有科学地制订计划才能协调与平衡多方面的活动,求得本组织的生存与发展。计划是社会组织以及企业管理中不可缺少的一个环节。具体地说,计划的作用可以归纳为如下四个方面。

一、计划是管理者开展活动的有力依据

管理者开展活动要根据计划来进行。一份科学、周详的计划为组织确立了明确而具体的目标,并且选择了有利于实现组织目标的方案,是管理者有效开展活动的有力依据。

二、计划是管理者降低风险、掌握主动的手段

当今世界正处于剧烈变化的时代中,社会在变革,技术在变革,人们的价值观念也在不断变化。资源价格在不断变化,新的产品和服务由竞争者不断推出,国家对企业的政策、方针在变化,顾客的意愿和消费观念也在变化。

这些变化增加了管理的难度,但也打开了一片广阔的天空,因此对管理者而言,既是坏事也是好事。海阔凭鱼跃,天高任鸟飞;正所谓"风险"和"机遇"并存。科学有效的计划可以帮助管理者进行合理预测,降低风险,同时在复杂多变的局势中"浑水摸鱼",掌握主动。

三、计划是管理者提高效益的重要方法

计划工作的一项重要任务就是根据未来可能的情况,采取相对应的措施,使未来的组织活动均衡发展。同时,计划工作要对各种方案进行技术分析,选择最适当的、最有效的方案来达到组织目标。此外,计划将组织活动进行合理分解来对各种资源的使用进行适当分配。

因此,计划工作有助于用最短的时间完成工作,减少盲目性所造成的浪费,降低成本,促进各项工作能够均衡稳定的发展,帮助管理者提高效益。

四、计划是管理者进行控制的标准

计划工作包括建立目标和一些指标,这些目标和指标是管理者进行控制的标准。计划职能与控制职能具有不可分离的联系。计划的实施需要控制活动给予保证。在控制活动中发现的偏差,又可能使管理者修订计划,建立新目标。因此,计划是控制的基础,它为有效控制提供了标准和尺度。没有计划,控制工作也就不存在。

计划是连接现在与将来的桥梁。计划能使不确定的未来变得可以捉摸,也能使可能发生的意外得以避免。"三思而后行""谋定而后动",计划是对未来的预测,是未来行动的具体化,可以帮助管理者开展活动,提高效益,实现目标,创造未来。

林肯解放奴隶的渐进计划

林肯出生于一个农民家庭,青年时代就同情黑人农奴的悲惨遭遇。1834年林肯跨入政界后,多次发表关于解放黑人的演说。

1861年3月,林肯担任了美国总统,当时有人就敦促林肯马上实行解放奴隶的政策,但林肯清醒地看到南部种植园奴隶主集团的势力还十分强大,北部领导集团与士兵、人民内部又对此看法不一,因此没有贸然行事。

过了一年,即1862年3月,林肯才签署了一项法案,结束了哥伦比亚特区的黑人奴隶制度,联邦政府以每个奴隶不高于200美元的价格把他们购买过来,然后给予自由。同年7月,林肯又签署了一项《敌产没收法》,宣布凡是参与了反联邦活动的奴隶主所拥有的奴隶都永远地获得自由。9月,《初步解放宣言》公开发表。1863年1月1日,《解放宣言》即《最高解放宣言》公布,宣布从这一天起,奴隶"永远获得自由"。

后来,林肯在一封信中说:"我生来就是反对奴隶制的,如果奴隶制都不算错的话,那么天下就没有错事可言了……我没有一天不是这样想、这样感觉的。我不认为是我控制事态的发展,应该坦率地承认是事态的发展控制了我。"

> **管理心得**：计划要顺应规律，循序渐进，才能保证我们一步一个台阶、平稳地实现组织的目标。林肯解放奴隶就是这么做的，为我们树立了榜样。

6.2 计划的类型

6.2.1 计划的分类

在现实中，计划是五花八门、多种多样的。对计划进行适当的分类，有助于管理者在制订计划时把握要点，提高计划的有效性。对计划的分类可以有许多不同的标准，由此引出许多不同的计划类型。例如，以组织职能为分类标准，通常可以把计划划分为供应计划、生产计划、销售计划、财务计划、人力资源计划、新产品开发计划和安全计划等。当然，组织的类型和规模不同，职能部门的设置也不同，实际的计划种类会随之变化。常用的计划分类如表 6-1 所示。

表 6-1 计划的类型

分类标准	类型	分类标准	类型
时间跨度	长期计划 中期计划 短期计划	明确程度	指导性计划 具体性计划
范围广度	战略计划 策略计划 作业计划	组织职能	生产计划 销售计划 财务计划 人力资源计划等

一、长期计划、中期计划和短期计划

管理人员常采用长期、中期和短期来描述计划，这是根据计划的时间跨度来划分的。长期通常指 5 年以上，短期一般指 1 年以内，中期则介于两者之间。长期计划描述了组织在较长时期（通常为 5 年以上）的发展方向和方针，规定了组织的各个部门在较长时期内从事某种活动应达到的目标和要求，绘制了组织长期发展的蓝图。中期计划是根据长期计划提出的目标和内容并结合计划期内的具体条件变化进行编制的，它比长期计划更为详细和具体，具有衔接长期计划和短期计划的作用。短期计划是根据中长期计划规定的目标和当前的实际情况，具体规定了组织的各个部门在目前到未来的各个较短的时段，特别是最近的时段中，应该从事何种活动，从事该种活动应达到何种要求，因而为各组织成员在近期内的行动提供了依据。

二、战略计划、策略计划与作业计划

按计划范围的广度可将计划划分为战略计划、策略计划和作业计划。

战略计划是指应用于整个组织，为组织未来较长时期设立总体目标和寻求组织在环境中的地位的计划。战略计划一般由组织的高层管理人员来制定。策略计划是为实现战略计划而采取的手段，比战略计划具有更大的灵活性。策略计划一般由中层管理人员制定。作业计划是指规定总体目标如何实现的细节的计划,是根据战略计划和策略计划而制定的执行性计划。作业计划一般由低层管理人员制定。

三、指导性计划和具体性计划

按计划的明确程度可把计划划分为指导性计划和具体性计划。指导性计划只规定一些重大方针,指出重点,但不把管理者限定在具体的目标或特定的行动方案上。具体性计划则明确规定了目标,并提供了一整套明确的行动步骤和方案。与指导性计划相比,具体性计划更容易执行和控制,但缺少灵活性,而且实际上它所要求的明确性并不容易得到满足。

6.2.2 计划的层次体系

与以上的分类方式不同,哈罗德·孔茨和海因·韦里克从抽象到具体,把计划分为一种层次体系:(1) 使命或宗旨;(2) 目标或目的;(3) 战略;(4) 政策;(5) 程序;(6) 规则;(7) 方案;(8) 预算。如图 6-2 所示。孔茨和韦里克的分类深刻而细致,有较高的实用价值,值得学习和借鉴。

图 6-2 计划的层次体系

一、使命或宗旨

它指明一定的组织机构在社会上应起的作用和所处的地位。它决定组织的性质,是某一组织区别于其他组织的标志。各种有组织的活动,只要有意义的话,就应该有使命或宗旨。例如,一般而言,企业的使命是生产和分配商品和服务,法院的使命是解释和执行法律,大学的使命是教书育人和科学研究,医院的使命是治病救人。

二、目标或目的

组织的使命或宗旨往往太抽象、太原则化,要进一步具体转化为组织一定时期的目标和各部门的目标。组织的使命支配着组织各个时期的目标和各部门的目标,而且组织各个时期的目标和各部门的目标是围绕组织存在的使命所制定的,并为完成组织使命而努力。虽然教书育人和科学研究是一所大学的使命,但一所大学在完成自己使命时会进一步具体化不同时期的目标和各院系的目标,比如最近 3 年培养多少人才、发表多少论文等。

三、战略

战略是为了达到组织总目标而采取的行动和利用资源的总计划,其目的是通过一系列的主要目标和政策去决定和传达一个组织期望自己成为什么样的组织。战略并不打算确切地概述组织怎样去完成它的目标,那是无数主要的和次要的支持性计划的任务。

四、政策

政策是管理人员决策的指南,它规定了行动的方向和界限。

政策是组织活动中必不可少的,它使各级管理人员在决策时有一个明确的思考范围,同时也有利于统一和协调组织成员之间的思想和行动。政策允许管理人员有斟酌裁量的自由,它是一种鼓励自由处置问题和进取精神的手段,当然其自由处置的权限有一定的限度。任何一个组织为了确保其目标的实现,都应当尽量保证其政策具有一贯性和完整性。

五、程序

程序是按时间顺序对必要的活动进行的排列,是用来处理未来活动的一种方法。通常,程序说明了进行某种活动或完成某项工作的方法、时间、承担人员及需要的资金、工具等。

人们常常将反复出现的业务编制成程序,一旦该项业务再次出现便可依例而行。程序规定了如何采取行动,而不是说明如何思考问题,因此它是行动的指南,而不是思想指南。

通过对例行活动制订程序,有利于管理人员将注意力集中于例外事情上。

六、规则

规则详细、明确地阐明了必需的行动或非必需的行动,没有例外的余地。规则通常是最简单形式的计划。"禁止吸烟"是一条规则,在落实上不容许有任何偏差。规则的本质是,它反映一种必须或无须采取某种行动的管理决策。

规则不同于政策。政策的目的是指导决策,并给执行人员留有酌情处理的余地;但是在运用规则时,执行人员没有自行处理之权。

七、方案或规划

方案是一个综合性的计划,它包括目标、政策、程序、规则、任务分配、要采取的步骤、要使用的资源以及为完成既定行动步骤所需的其他因素。一项方案可能很大,也可能很小。通常情况下,一个主要方案(规划)可能需要很多支持计划。

八、预算

预算是一份用数字表示预期结果的报表,可以称为是一份"数字化"的计划。预算通常是为规划服务的,其本身可能也是一项规划。例如,白宫管理和预算办公室制定的综合预算可称为最复杂的预算之一,其结果要由美国总统呈交到美国国会。

6.3 计划的流程

虽然可以用不同标准把计划分成不同类型,计划的形式也多种多样,但在管理人员的计划工作中,实质上都遵循着相同的逻辑和步骤。

一、估量机会

留意外界环境和组织内部的机会是计划工作的真正起点。所谓估量机会,即初步考察未来可能出现的机会以及本组织认识和把握机会的能力,根据自身的优势和劣势判断本组织的竞争地位,明确进行计划的理由以及期望得到的结果。

二、确定目标

计划工作的第二步是为组织以及各组成部分确立目标。目标要说明预期的成果,应当指明将要做的工作有哪些、重点应放在哪里、将必须完成哪些任务,等等。企业或组织的总目标将成为所有计划的指南,各个领域的分目标和各个部门的目标必须反映总目标的要求,通过各领域、各层次目标的相互支持,相互协调,形成一个完整的目标系统。

三、认清前提

计划工作的第三个逻辑上的步骤是,要确定一些关键性的计划前提条件,并设法取得一致的意见。计划的前提条件就是预期的计划实施时的内外部环境条件。由于未来环境的复杂性,要搞清楚其每一个细节是不现实的,也是不经济的。因此,所要确定的计划前提仅限于关键性的且对计划的实施影响最大的那些前提。

四、拟订可行方案

在认清计划的前提条件以后,就要着手去寻找实现目标的方案和途径。完成某一项任务总会有很多方法,即每一项行动都有异途存在,这就是"异途原理"。如果看起来似乎只有一种行动方案,这一方案很可能就是错误的。

只有发掘了各种可行的方案,才有可能从中选出最佳方案。要发掘出多种可行方案,必须发扬民主,群策群力;开阔思路,大胆创新。如果发掘出的可行方案很多,就要对其进行筛选,选出最有希望的若干方案作为备选方案,没有必要对全部可行方案进行彻底的评估,以免事倍功半。

五、评价备选方案

评价备选方案就是要根据计划目标和前提来权衡各种因素,比较各个方案的利弊,对各个方案进行评价。

有的方案利润大,但支出大,风险高;有的方案利润小,但收益稳定,风险低;有的方案对长远规划有益;有的方案对眼前有利。评价备选方案的工作往往是非常复杂的,除了依靠管理者的经验和判断外,还必须借助运筹学和计算机技术等各种手段来进行。

六、选择可行方案

选择可行方案就是从诸多备选方案中选择一个最优方案。选择可行方案是计划工作最关键的一步,也是抉择的实质性阶段。

有时我们在评选中会发现一个最佳方案,但更多的时候可能有两个或多个方案是合适的,在这种情况下,管理者应决定首先采用哪个方案,而将其余的方案也进行细化和完善,作为后备方案。

七、制定派生计划

选定一个基本的计划方案后,还必须围绕基本计划来制定一系列派生计划,来辅助基本计划的实施。当一家航空公司决定需要一批新飞机时,这个计划还包含着要制定很多派生计划,如雇用和培训各种各样的人员的计划,采购和安置零部件计划,建立维修设施计划,制定飞行时刻表计划,以及广告、筹集资金和办理保险计划。

派生计划是由各个职能部门和下属单位制定的,但必须协调一致,以支持总体计划。

八、编制预算

计划工作的最后一步就是编制预算,使计划数字化,即将选定的方案用数字更加具体地表现出来,如收入和费用总额,取得的利润和发生的亏损等。

通过编制预算,对组织各类计划进行汇总和综合平衡,控制计划的完成进度,才能保证计划目标的实现。

6.4 现代计划的技术和方法

计划工作的效率高低和质量的好坏在很大程度上取决于所采用的计划方法。现代企业面对更加复杂和动荡的外部环境,要保证企业能够稳定地、持续地、高速地发展,就要更加准确地预测环境的变化,制定出可靠的计划指标,同时要做好综合平衡。此外,还要考虑当前利益与长远利益的一致性,既能确保眼前的繁荣,又能顾及将来的发展。要做好这些工作,首要的一步就是要有切实可行的计划。现代计划方法可以帮助确定各种复杂的经济关系,提高综合平衡的准确性,并能采用计算机辅助工作,加快计划工作的速度,已为越来越多的计划工作者所采用。下面简要介绍五种常用的方法。

6.4.1 滚动计划法

滚动计划法是一种定期修订未来计划的方法。这种方法根据计划的执行情况和环境变化情况定期修订未来的计划,并逐期向前推移,将短期计划、中期计划和长期计划有机地结合起来制订计划。由于在计划工作中很难准确地预测影响未来发展的各种因素的变化,而且计划期越长,这种不确定性就越大,因此,若硬性地按几年前制定的计划实施,可能会导致重大的损失。滚动计划法则可避免这种不确定性可能带来的不良后果。

滚动计划法的具体做法是,在计划制定时,同时制定未来若干期的计划,但计划内容采用近细远粗的办法,即近期计划尽可能详尽,远期计划的内容则较粗;在计划期的第一阶段结束时,根据该阶段计划执行情况和内外部环境变化情况,对原计划进行修订,并将整个计划向前滚动一个阶段,以后根据同样的原则逐期滚动。

滚动计划法适用于任何类型的计划。其优点是:

(1) 使计划更加切合实际,由于滚动计划相对缩短了计划时期,加大了对未来估计的准确性,从而提高了计划的质量;

(2) 使长期计划、中期计划和短期计划相互衔接,保证能根据环境的变化及时地进行调节,并使各期计划基本保持一致;

(3) 大大增强了计划的弹性,从而提高了组织的应变能力。

滚动计划法的缺点是计划编制的工作量较大。

6.4.2 甘特图

甘特图(Gantt Chart)是对简单项目进行计划与排序的一种常用工具,最早由美国工程师和社会学家亨利·甘特(Henry L. Gantt)于 1917 年提出,又称条线图或横道图。甘特图用横轴表示时间,纵轴表示要安排的活动,线条表示在整个期间上计划的和实际的活动完成情况。它能使管理者先为项目各项活动做好进度安排,然后再随着时间的推移,对比计划进度与实际进度,进行监控工作,调整注意力到最需要加快速度的地方,使整个项目按期完成。甘特图是基于作业排序的目的,将活动与时间联系起来的最早尝试之一。

如图 6-3,我们用一个图书出版的例子来说明甘特图。不难看出,在本例中,除了打印长条校样以外,其他活动都是按计划完成的。

甘特图的优点是直观地标明了各活动的计划进度和当前进度,能动态地反映项目进展情况;缺点是难以反映多项活动之间存在的复杂的逻辑关系。

6.4.3 网络计划技术

20 世纪 50 年代,为了适应科学研究和新的生产组织管理的需要,国外陆续出现了一些计划管理的新方法。1956 年,美国杜邦公司研究创立了网络计划技术的关键路线法(缩写为CPM)。1958 年初,这一方法被用于一个价值 1 000 万美元的新化工厂的建设,使整个工程的

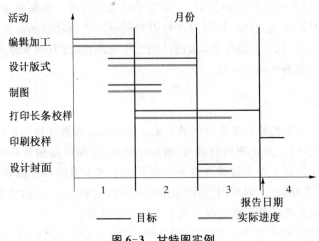

图 6-3 甘特图实例

工期缩短 4 个月。

  1958 年,美国海军特种计划局和洛克希德航空公司在规划和研究在核潜艇上发射"北极星"导弹的计划时首先提出了计划评审方法(缩写为 PERT),这一方法的使用,使原定 6 年的研制任务提前两年完成。20 世纪 60 年代著名的阿波罗登月计划也采用了计划评审方法,该计划运用了一个 7 000 人的中心实验室,把 120 所大学、2 万多个企业、42 万人组织在一起,耗资 400 亿美元。1969 年,人类的足迹第一次踏上了月球,计划评审方法声誉大振。

  关键路线法与计划评审方法是最早的网络计划技术,随后,网络计划技术风靡全球。网络计划技术最初是作为大规模开发研究项目的计划、管理方法而被开发出来的,但现在已应用到世界军用、民用等各方面大大小小的项目中。

  我国对网络计划技术的推广与应用也较早,1965 年著名数学家华罗庚教授首先在我国推广和应用了这种新的计划管理方法,他把这种网络计划技术称为"统筹法"。

一、基本原理

  应用网络计划技术于项目进度计划,主要包括以下三个阶段。

  (1) 计划阶段——将整个项目分解成若干个活动,确定各项活动所需的时间、人力、物力,明确各项活动之间的先后逻辑关系,列出活动表或作业表,建立整个项目的网络图以表示各项活动之间的相互关系。网络图可分为总图(粗略图)、分图、局部图(详细图)等几种,视需要而定。

  (2) 进度安排阶段——这一阶段的目的是编制一张表明每项活动开始和完成时间的时间进度表,进度表上应重点明确为了保证整个项目按时完成必须重点管理的关键活动。对于非关键活动应提出其时差(富余时间),以便在资源限定的条件下进行资源的处理分配和平衡。为有效利用资源,可适当调整一些活动的开始和完成日期。

  (3) 控制阶段——应用网络图和时间进度表,定期对实际进展情况作出报告和分析,必要时可修改和更新网络图,决定新的措施和行动方案。

  用数学定量分析方法,通过时差的计算,做好工程安排,以最少的人力、物力和时间完成总目标,并达到最好的经济效益,这就是网络计划技术所研究的内容。

二、基本特点

  这种方法与甘特图相比,具有以下四个特点。

(1) 系统性。网络图通过箭线关系，把计划中的各项工作之间的内在联系和制约关系都清楚地表示了出来，使管理者对它们各自在计划中所处的地位和作用都能一目了然，这就易于对一项复杂的任务有条不紊地进行全面考虑与安排，并可促进相关人员之间的相互了解、协调和配合，有利于发挥各自的作用，处理好局部和整体之间的关系，从而实现系统整体效益的最优化，保证计划的顺利完成。

(2) 动态性。利用网络技术编制的计划是一种灵活性很强的弹性计划，它把计划执行过程看成是一个动态过程，并不断根据有关实际执行情况的信息反馈，进行调整和滚动，确保预定目标的最终实现。

(3) 可控性。网络图提供了明确的活动分工以及相应的期限要求，这就为管理人员提供了现实的控制标准；网络图通过对每一道工序或作业的计算与分析，指明了计划中的关键工序和关键路线，这就给管理人员指明了控制的重点，从而有助于提高控制效果。不仅如此，网络图还为管理人员采取适当的控制措施指明了方向，使管理人员明确应向关键路线要时间，向非关键部分要资源，从而有助于挖掘潜力、提高效益。

(4) 易掌握。由于网络计划技术把图示和数学方法结合起来，计算简便，直观性强，容易掌握运用，有利于普及推广。而且，由于网络图可以通过计算机进行运算，所以采用网络计划技术还有利于实行计算机管理，从而提高管理效率。

虽然通过网络图可以了解计划全貌，了解各项活动之间的依存制约关系，从而掌握关键路线进行有效的控制，但网络图也不是万能的。它推动了计划工作，但并不等于计划工作；它建立了一种正确理解和使用合理控制原则的工作环境，但不会使控制自动进行。如果计划本身模糊不清，并对时间进度作出不合情理的"瞎估计"，那么网络计划技术也许毫无用处。所以，网络计划技术的有效性取决于对该项技术的正确运用。

6.4.4 线性规划方法

线性规划方法是企业进行总产量计划时常用的一种定量方法。线性规划是运筹学的一个最重要的分支，理论上较完善，实际应用得最广泛。由于有成熟的计算机应用软件的支持，采用线性规划模型安排生产计划，并不是一件困难的事情。在总体计划中，用线性规划模型解决问题的思路是，在有限的生产资源和市场需求条件约束下，寻求利润最大的总产量计划。该方法的最大优点是可以处理多品种问题。

实际运用线性规划模型进行总生产计划时要注意以下三个问题：

(1) 线性规划模型考虑的因素可能不全面，实际中有些情况没有被考虑到，这就使得线性规划模型过于理想化；

(2) 实际运用线性规划模型时，虽然一些因素或约束条件被考虑到了，但是由于这些因素或约束条件不易量化或求得（如进行总生产计划常需考虑到的能源单耗就不易求得）时，线性规划模型的运用和有效性会受到一定的限制；

(3) 对一些基础管理不善的企业而言，很难得到模型中的一些系数，如单位产品资源消耗系数。

线性规划模型用在原材料单一、生产过程稳定不变、分解型生产类型的企业是十分有效的，如石油化工厂等。对于产品结构简单、工艺路线短或者零件加工企业，有较大的应用价值。要注意的是，对于机电类企业用线性规划模型只适用于进行年度的总生产计划，而不宜用来做月度计划。这主要与工件在设备上的排序有关,计划期太短,很难安排过来。

6.4.5 计量经济学方法

计量经济学是运用现代数学和各种统计的方法来描述和分析各种经济关系的方法,它以经济学中关于各种经济关系的学说作为依据,运用数理统计方法,根据实际统计资料,对经济关系进行计量,然后把计量的结果和实际情况进行对照。这种方法对于管理者调节经济活动,加强市场预测,以及合理地安排生产计划,改善经营管理等都具有很大的实用价值。用计量经济学方法解决实际问题的四项程序如下。

（1）因素分析。按照问题的实际情况分析影响它的因素种类、因素之间的相互关系以及各因素对问题的影响程度。

（2）建立模型。根据分析的结果,把影响问题的主要因素列为自变量,所有次要因素都用一个随机误差项表示,而把问题本身作为因变量,然后建立起含有一些未知参数的数学模型。

（3）参数估计。由于模型有许多参数需要确定,这就要用计量经济方法,利用统计资料加以确定。参数估算出来之后就要计算相关系数,以检查自变量对因变量的影响程度。此外,还要对参数进行理论检验和统计检验,如果这两项结果不好就要分析原因,修改模型,重新进行第三步骤,直至模型满意为止。

（4）实际应用。计量经济模型主要有三种用途;第一是经济预测,即预测因变量在将来的数值;第二是评价方案,即对计划工作的各种方案进行评价,以选择出最优方案;第三是结构分析,即利用模型对经济系统进行更深入的分析。

6.5 目标管理

6.5.1 目标管理的含义和特点

一、什么是目标管理

1954 年,彼得·德鲁克在其名著《管理的实践》中提出了一个具有划时代意义的概念——目标管理,目标管理是德鲁克所发明的最重要、最有影响的概念,并已成为当代管理学的重要组成部分。

目标是指个人或组织所期望的工作成果。德鲁克认为,并不是有了工作才有目标,而是相反,有了目标才能确定每个人的工作。唐僧取经的故事在中国家喻户晓,在取经团队中:孙悟空能 72 般变化,负责探路化斋、降妖除魔、搬取救兵;猪八戒虽然贪吃贪睡,但打起仗来也能上天入海,助猴哥一臂之力;沙僧憨厚老实、任劳任怨,踏踏实实地干好了本职工作;唐僧没本事,干的活最少,还需要大家保护。但是,在他们 4 个当中,谁最重要呢?是唐僧!因为他肩负起普度众生的使命,确立了到西天取经的目标,然后才有了这个团队,才有了团队成员的分工。

德鲁克认为,"企业的使命和任务,必须转化为目标",如果一个领域没有目标,这个领域的工作必然被忽视。因此,管理者应该通过目标对下级进行管理。

目标管理就是让组织的主管人员和员工亲自参加目标的制定,在工作中实行"自我控制"并努力完成工作目标的一种管理制度或方法。这种方法的实质,是以目标来激励员工的自我管理意识,激发员工行动的自觉性,充分发挥其智慧和创造力,以期最终形成员工与企业共命运、同呼吸的共同体。

德鲁克对这一概念做了精辟的解释:"所谓目标管理,就是管理目标,也是依据目标进行的管理。"

目标管理这一概念具有哥白尼"日心说"般的突破性效应,有专家指出:"德鲁克注重管理行为的结果而不是对行为的监控,这是一个重大的贡献。因为它把管理的整个重点从工作努力——输入,转移到生产率——输出上来。"

德鲁克认为,任何企业必须形成一个真正的整体。企业每个成员所作的贡献各不相同,但是,他们都必须为着一个共同的目标作贡献。他们的努力必须全都朝着同一方向,他们的贡献都必须融成一体,产生出一种整体的业绩——没有隔阂,没有冲突,没有不必要的重复劳动。

因此,企业的运作要求各项工作都必须以整个企业的目标为导向;尤其是每个管理人员必须注重企业整体的成果,他个人的成果是由他对企业成就所作出的贡献来衡量的。经理人必须知道企业要求和期望他作出什么贡献,否则他可能会搞错方向,浪费精力。

有这样一个故事:有人问三个石匠在做什么。第一个石匠回答:"我在混口饭吃。"第二个石匠一边敲打石块一边说:"我在做全国最好的石匠活。"第三个石匠眼中带着想象的光辉仰望天空说:"我在建造一所大教堂。"

不难看出,只有第三个石匠才是真正的经理人。第一个石匠知道他要从工作中得到什么并设法得到它,他很可能会"正当地工作,以便得到公平的报酬",但他不是而且永远不会是一位经理人。容易让人产生迷惑的是第二个石匠。当然,技艺是极为重要的,如果一个组织不要求其成员贡献出尽可能高的技艺,该组织就可能士气不振。但是,对个人技艺的过度推崇会产生这样一种危险:一个技艺高超的工人或专业人员在雕琢石块或聚集了很多下脚料时,可能会误以为这就是成就。在企业中应该鼓励个人发挥技艺,但个人技艺始终应该同整体的需要相联系。

目标管理思想诞生于美国,最早应用却是在日本,直到 1965 年以后才在美国企业中得到迅速普及。20 世纪 70 年代以后,目标管理思想在我国得到广泛应用。

二、目标管理的特点

目标管理的特点主要表现在以下四个方面。

1. 目标明确

美国马里兰大学的早期研究发现,明确的目标要比只要求人们尽力去做有更高的业绩。企业只有具备了明确的目标,并在组织内部形成紧密合作的团队才能取得成功。德鲁克认为:"设定清晰的目标不是一个被动的行为,它不会自动发生,你必须采取有意识的行动才能做到。每件事都很肯定,没有什么是模糊的。你不是正向目标前进,就是离它越来越远。"

2. 参与管理

目标管理提倡民主、平等和参与的管理思想,不主张管理者闭门造车、独断专行。目标的实现者同时也是目标的制定者,主张由上下级在一起共同商讨确定目标。首先确定出总目标,然后对总目标进行分解,逐级展开,通过上下协商,制定出企业各部门、各车间直至每个员工的目标;用总目标指导分目标,用分目标保证总目标,形成一个"目标——手段"链。因此,组织应该具备民主、平等和参与的宽松的组织氛围与文化。

3. 自我控制

目标管理的主旨在于,用"自我控制的管理"代替"压制性的管理",它使管理人员能够控制他们自己的成绩。这种自我控制可以成为更强烈的动力,推动他们尽自己最大的力量把工作做好,而不仅仅是"过得去"就行了。

4. 注重成果

采用传统的管理方法,评价员工的表现,往往容易根据印象、本人的思想和对某些问题的态度等定性因素来评价。其结果往往不是很客观。目标管理则注重成果,由于有了一套完善的目标考核体系,从而能够按员工的实际贡献大小如实地评价一个人。

6.5.2 目标管理过程

由于各个组织活动的性质不同,目标管理的步骤可以不完全一样,但一般来说,其具体做法分三个阶段:第一阶段为目标的设置;第二阶段为组织实施;第三阶段为检查和评估。目标管理过程如图6-4所示。

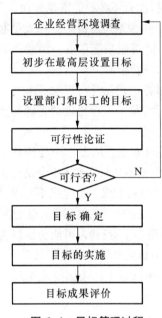

图 6-4 目标管理过程

一、目标设置

1. 企业经营环境调查

经营环境调查是企业目标确立的依据。目标设置得明确、合适与否,取决于企业管理人员对外部环境的评价是否准确,以及对内部环境的分析是否完整、透彻。外部环境可以分为总体环境和运营环境,前者包括政治环境、经济环境、社会环境和技术环境,后者一般考虑产业、竞争地位、市场需求、融资、劳动力等要素;内部环境则主要分析营销功能、理财功能、生产经营及技术功能、人员功能和组织管理功能。只有在对企业外部环境和内部环境的分析的基础上,才能扬长避短,设置科学而客观有效的组织发展目标,为目标管理奠定基础。

2. 初步在最高层设置目标

在内外环境分析的基础上,确定企业的宗旨或使命以及战略目标。经营宗旨是企业管理人员对企业性质和活动特征的认识,是企业各项活动的最终依据,通常是一个试图抓住企业想要做的事的本质的文件,内容一般包括企业的基本产品、市场和技术、经营目的、经营哲学和自我评价。战略目标是企业经营宗旨的具体化,在企业整体的高度上告诉全体员工:如何运用本企业的资源,才能在最大限度地利用环境提供的机会的同时,使环境对企业造成的威胁降到最低。

3. 设置部门和员工的目标

这一步是目标分解的过程。在确保企业经营宗旨和战略目标传达给下级后,由上下级一起工作来设置下属人员的目标,经过可行性论证后,就可将其作为部门和员工的工作目标。目标分解如图6-5所示。

设置部门和员工的目标要经过以下过程。

首先,要预定目标。预定的目标,既可以由上级提出,再同下级讨论;也可以由下级提出,由上级批准。无论采用哪种方式,目标必须由上下级共同商量确定。

其次,重新审议组织结构和职责分工。目标管理要求每一个目标都有确定的责任主体,预设目标之后需要重新审视现有的组织结构,根据新的分解目标进行调整,明确目标责任者和协调关系。

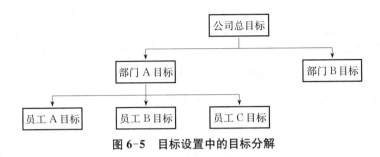

图 6-5 目标设置中的目标分解

最后,商定下级的目标。商定下级的目标时要充分的交流沟通。在讨论中,上级要尊重下级,平等待人,耐心倾听下属的意见,帮助下级建立与组织目标相一致的支持性目标。分目标要具体、量化,便于评估;要分清轻重缓急,以免顾此失彼;既要有挑战性,又要有实现的可能。每个员工和团队的分目标要同组织中其他员工的团队的分目标协调一致,共同支持组织总体目标的实现。

4. 反复循环修订

目标的设置不仅是一个连续的过程,也是一个相互作用的过程。下级的目标可能会影响相应的组织结构和上级的目标,企业战略和上级的目标也会影响下级的目标。从最高层开始确定目标再分派给下属,或者从基层开始,都是不合适的。实际上,两者应以战略目标为导向,在相互作用过程不断反复循环地协调,最终趋于一致。

在设置目标的过程中,人们往往要考虑的一个问题就是什么样的目标是好的目标。判断一个目标是否是好目标,可以参照表 6-2 所示的标准。

表 6-2 恰当的目标与不恰当的目标

不 恰 当 的 目 标	恰 当 的 目 标
·仅以过程或活动的形式来表述 ·没有具体的完成目标的期限 ·对期望达到的目标定义得模棱两可 ·理论化或理想化 ·没有真正的结果 ·过于简练、不清楚,或者太复杂、太长 ·重复,一项陈述中包含两个或多个承诺 ·缺乏对改进的要求	·以最终结果来表述 ·在确定的时间内可以完成 ·确定目标的完成形式 ·从公司管理的实际出发 ·对公司的成功很重要 ·尽可能地用数字精确地说明

恰当的目标与不恰当的目标的区分还表现在是否可以评估。我们在设置目标的时候,应该尽量使目标可量化、可评估。表 6-3 将一些可以评估的目标和不可评估的目标进行了对照。

表 6-3 可以评估的目标与不可评估的目标

不可评估的目标	可 以 评 估 的 目 标
·获得很高的利润	·在本年末实现利润 15%
·提高生产部门的生产率	·在不增加费用和保持现有质量水平的情况下,本季度的生产率比上季度增长 10%

（续　表）

不可评估的目标	可以评估的目标
·保证产品的质量	·产品抽查的不合格率低于2‰
·主管人员增加与下属的沟通	·主管人员每周花费在与每个下属人员沟通的时间不少于2小时
·维持电脑网络系统的稳定性	·由于技术问题网络中断的次数每季度不超过1次，每次能够在半小时内恢复正常

二、组织实施

目标管理重视结果，强调自主、自治和自觉，并不等于领导可以放手不管。相反，由于形成了目标体系，一环失误，就会牵动全局，因此领导层在目标实施过程中的管理工作是不可缺少的。

首先，进行定期检查，利用双方经常接触的机会和信息反馈渠道自然地进行；其次，要向下级通报进度，便于互相协调；再次，要帮助下级解决工作中出现的困难问题，当出现意外事件严重影响组织目标实现时，也可以通过一定的程序修改原目标。

三、检查和评估

目标管理的第三个步骤就是检查和评估。对各级目标的完成情况，要事先规定出期限，定期进行检查。检查的方法可灵活地采用自检、互检和责成专门的部门进行检查。检查的依据就是事先确定的目标。

对于最终结果，应当根据目标进行评价，并根据评价结果进行奖罚。达到预定的期限后，下级首先进行自我评估，提交书面报告；然后上下级一起考核目标完成情况，决定奖惩；同时讨论下一阶段目标，开始新循环。如果目标没有完成，就分析原因总结教训，切忌相互指责，以保持相互信任的气氛。

目标管理中目标的设置、组织实施和检查评估三个阶段是前后衔接、相辅相成的。当所有的阶段完成后，管理将进入下一轮循环过程。

6.5.3 对目标管理的评价

目标管理在全世界产生很大影响，但实施中也出现许多问题。因此，必须客观分析其优点和缺点，了解其利弊，这样就可以兴利除弊，尽可能地发挥目标管理的优势，而将其弱点降低到最低限度。

一、优点

1. 使组织的目标性增强，促成了管理的改进

目标管理法迫使企业管理人员去考虑计划的执行效果，而不仅仅是计划本身。而且，有了一套明确的目标，就有了控制的标准，同时也是评价各部门和个人绩效的标准。

2. 有助于改进结构和职责分工

目标管理法要求尽可能把完成一项组织目标的成果和责任划归一个职位或部门。这条原则的实施，常常使我们发现组织的缺陷——授权不足与职责不清。此外，目标管理法的授权和权力下放，可以使组织具有弹性。

3. 形成激励

当目标成为组织的每个层次、每个部门和每个成员自己未来时期内欲达成的一种结果，且实现的可能性相当大时,目标就成为组织成员们的内在激励。特别当这种结果实现时,若组织还有相应的报酬,目标的激励效用就更大。从目标成为激励因素来看,这种目标最好是组织每个层次、每个部门及组织每一个成员自己制定的目标。他人强加的目标有时不但不能成为激励,反而成为一种怨恨对象。

二、缺点

在实际操作中,目标管理也存在许多明显的缺点,主要表现在以下三个方面。

1. 目标设置困难

组织内的许多目标难以定量化、具体化;许多团队工作在技术上不可分解;组织环境的可变因素越来越多,变化越来越快,组织的内部活动日益复杂,使组织活动的不确定性越来越大。这些都使得对组织的许多活动制定数量化目标是很困难的。

2. 偏重短期目标

大多数的目标管理中的目标通常是一些短期的目标,如年度的、季度的、月度的等。短期目标比较具体且易于分解,而长期目标比较抽象且难以分解,另一方面短期目标易迅速见效,长期目标则不然。所以,在目标管理方式的实施中,组织似乎常常强调短期目标的实现而对长期目标不关心。这种观念若深深植入组织所有成员的脑海中,对组织的长远发展是有害的。

3. 缺少灵活性

目标管理要取得成效,就必须保持其明确性和肯定性,如果目标经常改变,就难以说明它是经过深思熟虑和周密计划的结果,这样的目标是没有意义的。目标一旦确定就不能轻易改变,这使得组织运作缺乏弹性,无法通过权变来适应变化多端的外部环境。

目标管理在我国仍存在"水土不服"的问题,管理者还需要在实践中不断探索,在理论上继续完善,循序渐进,长期坚持,才能使目标管理发挥预期的作用。

德鲁克的时间管理技巧

"人不善于管理自己的时间,"管理大师彼得·德鲁克在《卓有成效的管理者》一书中这样说。对于管理者来说,时间管理是一项至关重要的计划工作。早在1966年,德鲁克便指出,管理者的首要之务是获致成效,而获致成效的第一关键,则是管理好自己的时间。

根据德鲁克的观察发现,想要有效管理时间,可通过四个步骤达成。

一、详细记录自己的时间耗用情况

德鲁克认为,只有检查自己的时间用到哪里去了,才能清楚地认识自己在时间安排与分配上的不足。很多时间,用在哪里,并不如自己想象的那样用到正事上去了。人的记忆并非是这么可靠。通过记录自己的时间耗用状况,可以推翻对自己在运用时间方面的良好印象,确确实实地清楚时间运用的状况,期待下次的改进。

二、杜绝浪费时间的因素

德鲁克指出,管理者必须从记录中找出无生产力、浪费时间的活动,并且尽可能避免这类情形。哪些事情是在浪费我们的时间呢?
(1) 根本不必要去做的事情;
(2) 可由别人代为完成又不影响后果的事情;
(3) 不自觉地浪费别人的时间同时也浪费自己的时间的事情。

三、找出完整的时间区块

无论是记录和分析时间,或是排除不重要的活动与浪费时间的因素,都是为了让管理者可以腾出时间从事更重要、对组织或个人更有贡献的工作。然而,无论多么"大刀阔斧",管理者所剩余的时间还是不会太多。管理者管理时间的第三个步骤,就是找出一段完整的时间,以便能专心地完成重要的事情。

四、重要的事最优先,一次只做一件事

在记录和分析,并且挪出可以用来做事的时间之后,接下来就是做出成果和有所贡献。德鲁克认为,获致效能的秘诀,便是"专注"。换言之,重要的事情摆第一,而且一次只做一件事。

一次只做一件事,意味着迅速完成任务;而越能够集中时间、心力和资源,实际完成的任务就越多。德鲁克还指出,找出优先完成的重要事项,其实很容易,困难在于找出哪些是次要的事,亦即决定什么事不要做。到了执行的阶段,决定事情该做与否,需要的不是分析,而是勇气。

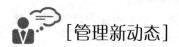

[管理新动态]

权 变 计 划

权变计划(Contingency Planing)是指在特定关键时间未能按照预期设想发生时可以生效执行的替代计划。权变计划法全面考虑各种危机,属于综合性的计划。编制方法可以是利用头脑风暴法等搜集信息的方法,查找出公司可能遇到的各种危机,针对每一种危机,聘请专家咨询,群策群力,商量出解决方案,并形成书面的计划。一旦事先预料到的危机发生,就可以有备无患,按照已制定好的危机处理计划采取行动。

制定有效权变计划的七个步骤:一是识别可能使战略失效的有利和不利事件;二是具体确定突发事件的导火线;三是评价每一突发事件的影响,估算这些突发事件可能带来的好处和坏处;四是制定权变计划,要确保权变计划与现行战略的兼容性和经济可行性;五是评价各个权变计划的相互影响,也就是估计每一项权变计划在多大程度上可以利用突发事件带来的机会或抵消该事件带来的不利影响;六是确定各重要突发事件的早期警示信号,并监控这些信号;七是对于已经出现警示信号的突发事件,制定事先行动计划,以争取有利时间。

问题追踪

怎样的情况下,组织要编制权变计划?

本章小结

1. 狭义的计划是指为实现既定目标所制定的具体行动方案。广义的计划是指为实现组织既定的目标,对未来的行动进行规划和安排的活动。

2. 计划工作的性质可以概括为五个主要方面,即目的性、首位性、普遍性、效率性和创新性。

3. 计划是社会组织以及企业管理中不可缺少的一个环节,计划的作用可以归纳为四个方面。

4. 计划工作的效率高低和质量的好坏在很大程度上取决于所采用的计划方法;现代计划方法可以帮助确定各种复杂的经济关系,提高综合平衡的准确性,并能采用计算机辅助工作,加快计划工作的速度,已为越来越多的计划工作者所采用。常见的现代计划方法有滚动计划法、甘特图、网络计划技术、线性规划方法、计量经济学方法等。

5. 目标管理就是让组织的主管人员和员工亲自参与目标的制定,在工作中实行自我控制并努力完成工作目标的一种管理方法。这种方法的实质,是以目标来激励员工的自我管理意识,激发员工的行动的自觉性,充分发挥其智慧和创造力,以期最终形成员工与企业共命运、同呼吸的共同体。

[问题与讨论]

1. 什么是计划?计划主要有哪几个方面的性质?
2. 制订计划的基本步骤是什么?你认为每一步骤都是必需的吗?如果省略了其中的某些步骤,会有什么样的结果?
3. 计划有哪些分类标准?按不同标准列出相关的类型。
4. 计划包括哪些层次体系?
5. 目标管理有哪些特点?目标设置有哪些步骤?目标管理有哪些优缺点?
6. 美国行为科学家艾得·布利斯提出:"用较多的时间为一次工作事前计划,做这项工作所用的总时间就会减少。"你赞成这种观点吗?能否举出实例以支撑你的看法?

[实战练习]

个人的目标管理

目的: 通过个人目标管理的尝试,加深对目标管理的理解。
内容: ① 列出自己3个月内的主要个人目标,并进行分解和细化。
② 1个月后进行检查和评估。
要求: 每位学生写出个人目标管理的体会和心得,选部分代表在课堂上进行交流。

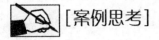

案例一 王健林的一个小目标

2017年1月23日,万达集团旗下院线美国AMC宣布以9.3亿美元(约合63.71亿元人民币)并购北欧最大院线北欧院线集团(Nordic Cinema Group)。这是AMC继并购欧洲最大院线欧典院线(Odeon & UCI)之后,再次在欧洲并购大型院线。

北欧院线集团在北欧地区拥有118家影院、664块屏幕,影院分布在北欧50个主要大中城市。并购完成后,AMC在北美和欧洲15个国家拥有1 000家影院、11 000块屏幕。

至此,王健林的电影产业版图又扩大了。此次将北欧院线收入囊中,王健林向占据全球电影市场20%份额的预期又近了一步,这是王健林计划在2020年前完成的小目标。

王健林曾在2016年年会上表示,文化产业在2016年的收入占万达集团整体收入比重超过四分之一,已经真正成为万达的支柱产业。而电影产业目前在文化产业中占据着重要地位。

王健林一直对于万达集团成为世界电影史上首个跨国院线集团引以为豪。

王健林在万达集团2016年年会上称:"当初万达并购美国AMC时,有一个知名教授洋洋洒洒写了三千多字的文章,论证万达必然失败,他说人类历史上从来没有跨国电影院线,万达一个地产商凭什么可以成功?我就想,如果从来没有过就等于不可能有,那人类就不可能有汽车,也不可能有飞机,也不会有五星级酒店了!所以有人把有些专家叫'砖家',砖头的'砖'。"

王健林近年来不断地扩大万达在电影产业的版图。2012年,万达集团以26亿美元的价格收购美国第二大院线AMC,使万达一跃成为全球规模最大的电影院线营运商。并购后,AMC短时间内扭亏、上市等表现,也使得万达一年半内投资收益翻番。

之后万达集团又进行了几次大的并购。2016年7月12日,AMC又以9.21亿英镑并购欧洲第一大院线——Odeon & UCI院线,这也是万达首次在欧洲的电影院线投资。这次并购完成后,万达将控制15%的全球票房收入。

王健林还一直表示想要买下好莱坞六大影业公司的其中之一,他也的确在努力尝试。此前有消息称,万达正积极推进收购派拉蒙的相关交易,意图获得49%的派拉蒙股权。但随着维亚康姆前总裁菲利普·多曼出局,这一交易搁浅。

而目前的好莱坞六大均不肯出售,所以王健林目前只能考虑曲线入股。

王健林在此前接受采访时曾表示:"我想收购六大中的一个,但是能不能收购就是另外一回事了,还不确定。我也许会从任何可能的地方开始,比如投资全部六家公司。"

▲ 思考题

1. 案例中王健林的小目标是什么?你认为这个目标能实现吗?为什么?
2. 根据案例中的信息,你认为王健林更大的目标可能是什么?

资料来源:改编自《王健林的海外第1 000家影院:9.3亿美元买北欧院线》,澎湃新闻网。

案例二 苹果的"印度制造"计划

经过数月的协商,苹果的"印度制造"计划终于尘埃落定。

尽管此前美国总统特朗普希望能够将制造业拉回美国本土,增加就业岗位。而苹果CEO库克也适时回应称,去年公司已经向美国供应商投资了500亿美元,试图回应特朗普政府方面的压力。但是,苹果在此同时,有条不紊地启动了"印度制造"的计划。

2017年2月,印度卡纳塔克邦(Karnataka)信息科技部长Priyank Kharge宣布,苹果代工厂最快当年4月份就可以在"印度硅谷"班加罗尔郊区的工厂投入生产组装,负责组装的工厂是中国台湾厂商纬创资通。

"干嘛不把这些工作拿回来呢?""这些工作是不会回来的。"六年前,乔布斯在一次晚宴上回应了总统奥巴马的提问,此前乔布斯以有利因素的理由把苹果整条供应链搬到了中国,正是时任首席运营官的库克主导了这一计划。

如今,苹果以同样的理由把目光投向了印度。据媒体报道,苹果未来在印度生产依然是采取代工模式,合作伙伴不是鸿海旗下的富士康,而是宏碁集团分割出来的纬创。

不过,富士康可能也会参与,据《印度时报》报道,苹果计划如果市场需求超出预期,富士康会分担一部分组装订单,但纬创资通是主要供应商。

此前,苹果在全球范围内的组装工厂有18家,其中14家位于中国、2家位于美国、1家位于南美、1家位于欧洲。

2007年,苹果进驻了中国这个"世界工厂"。2008年,中国第一家苹果专营店在北京开业。随后几年,苹果迅速打开了中国智能手机的消费市场,市场份额一路飙升,利润更是让国产手机望尘莫及。苹果的贸然闯进却给中国的智能手机市场带来了"鲇鱼效应",唤醒了国产手机的自主研发意识。

经历了几年的痛苦挣扎,国产手机以差异化的发展战略重新夺回市场。2016年国产手机OPPO、华为、Vivo分别占据了中国智能手机市场份额的前三名,而苹果的份额自2015年4—6月到达顶峰之后便出现了下滑。2017年3月初,国家工业和信息化部发布数据显示,我国智能手机产量占全球产量份额超过八成,成为全球智能手机生产制造大国。随着中国智能手机市场的日渐饱和,苹果增长有所放缓,开始谋求开辟另一方市场。

数据显示,去年全球智能机年度出货量达15亿台,同比增长仅为3%左右,而第四季度是全球的增长高峰期,增长率接近9%。Strategy Analytics市场分析师Linda Sui认为,这主要是靠发展中国家的需求拉动的。随着全球智能手机出货量增长逐渐放缓,发展中国家的新兴市场将成为兵家必争之地。

根据IDC的统计数据显示,2016年印度智能手机新注册用户多达1.091亿,年度增长率为5.2%。目前印度有超过3亿的智能手机用户,有望成为继中国之后的世界第二大智能手机市场。此外,印度中央统计办公室公布数据,2016年第四季度印度经济总量较去年同比增长7%,随着"废钞令"的负面影响逐渐放缓,印度经济有望出现反弹。汇丰银行首席印度经济学家Pranjul Bhandari在今年亚洲前景综合报告中指出,由于更强劲的宏观环境,投资者对印度充满信心。

尽管2016年第四季度苹果市场占有率高达18%,为全球第一,但在印度市场份额仅为2%

左右,挤不进前五。面对着印度庞大的潜在智能手机用户群体和日渐蓬勃的经济势头,去年苹果 CEO 库克访问印度时就表示,非常看好印度市场。

印度是世界人口第二大国,按照 IMF 公布的全球购买力平价(PPP)数据,印度是世界第三大经济体。但印度同时也是一个贫富差距极大的国家,人均年收入仅为 1 500 美元左右,而苹果在美国的定价大约为 600 美元,但来到印度后价格高达 780 美元。对印度而言,iPhone 真的太贵了,印度的高关税直接导致了苹果的售价比其他国家还要高。

为了扶植"印度制造",现任印度总理纳伦德拉·莫迪出台了新政策。2015 年 2 月莫迪将智能手机成品的进口关税由以往的约 6% 提高至 12.5%,而在印度国内组装则只征收约 1% 的货物税。

苹果在印度没有设厂生产和开设直营店成为价格过高、难以扩大销售的主要障碍。而印度政府要求外资企业得以在印度开设直营店的前提是,必须在印度采购 30%(按金额计算)的产品零部件。为此,苹果一方面携手纬创在印度本土进行采购生产,另一方面布局苹果的直营店网络,希望降低价格打开市场。

去年 5 月份,库克与莫迪在印度新德里谈判,双方表达了各自的利益诉求。苹果探讨在印度生产和开设直营店的可能性,希望能获得印度关税方面的优惠,而莫迪则希望苹果帮助印度网络信息化的建设。

印度卡纳塔克邦(Karnataka)信息科技部长 Priyank Kharge 称,苹果在班加罗尔建厂将促进该州最前沿的技术生态系统和供应链发展。此外,苹果的入驻也会为当地创造可观的就业岗位,而大量创新型的编程人才则是库克垂青印度的另一个重要原因。IDC 市场分析预测,2017 年印度的智能手机市场竞争将更加激烈。

▲ 思考题

1. 苹果的"印度制造"计划是属于哪种类型的计划?为什么苹果不顾美国政府施加的压力,有条不紊地启动了"印度制造"的计划?
2. 苹果实施"印度制造"计划的有利条件有哪些?这一计划的前景如何?

资料来源:改编自吴怡:"苹果的印度计划:纬创承接苹果大单 复制中国模式?",《时代周报》,2017 年 3 月 7 日。

[阅读书目]

1. 阿兰·拉金著.如何掌控自己的时间和生活.金城出版社,2005 年
2. 吕国荣著.使命感.机械工业出版社,2007 年
3. 格莱恩·布兰德著,理子、罗鲲译.一生的计划.江西人民出版社,2012 年
4. 詹文明著.杜老师的目标管理.东方出版社,2014 年
5. 肖恩·柯维著,陈允明等译.杰出青少年的七个习惯.中国青年出版社,2015 年

第七章

DI QI ZHANG

战略管理

- 战略管理概述
- 公司层战略
- 事业层战略
- 职能层战略
- 战略管理的阶段与程序
- 管理新动态
- 问题与讨论
- 实战练习
- 案例思考
  - 案例一 京东的新五大战略
  - 案例二 小米手机的2016战略
- 阅读书目

第七章 战略管理

■ 学习目标 ■

学完本章,你应该能够:
1. 理解战略管理的基本内涵,区分战略管理的层次。
2. 准确描述公司层战略的四种类型。
3. 掌握事业层次战略的五种竞争战略类型。
4. 描述职能层次战略的特点和重要性。
5. 掌握战略管理的阶段与程序。

■ 关键概念 ■

　　战略管理　超额利润　公司层战略　事业层战略　职能层战略　总成本最低战略　差异化战略　聚焦战略

游戏引导

航空公司的经营

游戏方法:

1. 将学生分成5—6个组,每个组将分别代表一家航空公司在市场经营。
2. 市场经营的规则是:所有航空公司的利润率都维持在9%;如果有三家以下的公司采取降价策略,降价的公司由于薄利多销,利润率可达12%,而没有采取降价策略的公司利润率则为6%;如果有三家和三家以上的公司同时降价,则所有公司的利润都只有6%。
3. 每个小组派代表到小房间里,交代上述游戏规则。告诉小组代表,你们需要初步达成协商。初步协商之后小组代表回到小组,并将情况向小组汇报。
4. 小组经过讨论5分钟之后,要作出最终的决策:降价还是不降价?将决定写在纸条上,同时交给老师。
5. 老师公布结果。

问题讨论:

① 降价会导致两败俱伤,为什么大部分公司却会选择降价?
② 企业在进行战略决策时应从哪些方面进行考虑?

7.1 战略管理概述

7.1.1 战略管理的含义

战略(Strategy)一词最早是军事方面的概念。在西方,"Strategy"一词源于希腊语"Strategos",意为军事将领、地方行政长官。后来演变成军事术语,指军事将领指挥军队作战的谋略。公元579年,罗马皇帝毛莱斯用拉丁文写了一本名为Stratajicon的书,被认为是西方第一本战略著作。在中国,战略一词历史久远,"战"指战争,"略"指谋略。春秋时期孙武的《孙子兵法》被认为是中国最早对战略进行全局筹划的著作。在现代,"战略"一词被引申至政治和经济领域,其含义演变为泛指统领性的、全局性的、左右胜败的谋略、方案和对策。

企业战略是制定企业总体目标和寻求企业在环境中地位并不断发展的谋划和方略。它是有关企业全局性、长远性和根本性的重大谋划,而不是长期总体计划;它是确立企业未来发展的方向和总体框架,而不是面面俱到的对未来行动的详细规定;它是在竞争激烈、变化多端的市场环境中谋求企业生存和发展的重要手段。日本战略学家大前研一认为,经营战略就是如何实现竞争优势。如果没有竞争对手,就没有必要制定战略。制定战略的唯一目的就是使企业尽可能有效地比竞争对手占有持久的优势。

企业制定战略的目的就是建立一种竞争优势,即以最有效的方式努力提高企业相对优于竞争对手的实力,为日常的经营活动建立一种有利的态势,先将自己立于不败之地,然后寻找竞争对手的弱点,取得竞争的最终胜利。但是,在激烈竞争和快速变化的市场上,企业可以依赖一个有利的定位获得一个暂时的优势,却难以通过维持一个特定的竞争优势来获得持续的成功。要想实现长期的繁荣,企业就必须不断地根据客观情况的变化创造新的竞争优势。因此,企业要保持竞争优势,就必须要求自身的不断进步,以更优、更适、更廉的产品和服务来创造、引导和满足社会需求。

战略管理(Strategic Management)是企业高层管理人员为了企业长期的生存和发展,在充分分析企业内外部环境的基础上,确定和选择达到目标的有效战略,并将战略付诸实施、控制和评价的一个动态管理过程。战略管理是一系列制定战略和执行战略的决策和行动,是一个连续过程。战略管理有助于管理者思考和回答这样一些战略问题:组织目前的状况如何?处于一个什么样的位置?组织想达到什么目标?竞争环境正在发生哪些变化?其趋势是什么?采取哪些行动有助于组织目标的实现?通过战略管理,有助于经理们明确组织的发展方向、发展重点、行为方式、资源配置的优先次序以及组织如何作为一个整体有效运作,从而更好地实现战略目标。

一般而言,战略管理涉及如下四个基本要素:

(1) 业务范畴(Scope):指涉及哪方面的业务、产品或服务?

(2) 独有优势(Distinctive Competence):优于竞争对手的优势是什么?如成本、分销网络或客户关系,等等。

(3) 资源配置(Resources Deployment):对资源的认识、运用和分配。

(4) 协同作用(Synergy):组织中不同部门如何有效合作以取得协作增效的效果?

在战略上要藐视敌人,在战术上要重视敌人。

——毛泽东

谁能控制太空,谁就能控制世界。

——[美]约翰·肯尼迪

在战略上,那漫长的迂回道路,常常是达到目标的最短途径。

——[英]哈利

7.1.2 战略管理的任务

美国战略管理学者迈克尔·希特(Michael A. Hitt)认为企业战略的唯一任务是获得超额利润。所谓超额利润是指一项投资的利润超过投资者预期能够从其他相同风险的投资项目可获得的利润。企业要获得超额利润,必须具有相对于竞争对手而言的竞争优势,同时这种竞争优势是可持续的。20世纪60—80年代,人们始终认为外部环境是决定企业能够获得超额利润的主要因素,超额利润的行业组织模型就是在这一背景下提出的。在20世纪80年代中期,随着资源基础理论的提出,人们又逐渐认识到内部的资源禀赋同样是决定企业能获得超额利润的主要因素,而且企业所追求的竞争优势更多的是来自企业内部的资源和能力。

超额利润的资源基础模型揭示了外部环境对公司战略行为的决定性影响,它认为公司业绩主要取决于所在行业的特征,包括规模经济、市场进入壁垒、多元化、产品差异化以及市场集中度等。该模型建立在四个理论条件基础上:第一,外部环境的压力和限制决定了获取超额利润的战略方案;第二,大多数公司在某一行业或行业内某一细分市场内相互竞争,他们掌握了相似的战略资源,因此采取相似的战略;第三,实施战略所需的资源可以自由地在不同公司间转移,因此任何公司获得的资源差异不会持续太久;第四,公司总是追求利润最大化。因此,超额利润的行业组织模型要求公司必须选择进入最具吸引力的行业,即波特提出的五种力量模型需要解决的问题。如图7-1所示。

超额利润的资源基础模型认为,任何一家企业都是资源与能力的独特组合,这些资源和能力是组织战略的基础,也是企业利润的决定因素。一个公司在不同时期的盈利能力是由他们独特的资源和能力决定,而不是产业结构所致。资源不一定在公司间自由流动,资源和差异性决定了不同的竞争优势,同时公司可以持续地获取不同资源并发展独特的能力。资源是指公司生产过程的投入部分,包括资本设备、员工技能、专利技术以及管理人员,大致可以分为三类,即实物资源、人力资源和组织资源。单一的资源无法创造竞争优势,只有资源相互配合才会产生战略优势。能力是指将众多的资源结合在一起来完成一项任务或执行一项活动的技能。但是,并非所有的资源和能力都能够成为竞争优势的基础,只有当这种资源和能力是有价值的、稀缺的、难以模仿的、并无法替代的,它才能够为公司创造超额利润。对于大多数公司来说,管理能力是很重要的,例如,经理人员拥有的有价值的特质(教育背景和工作经验)和社会资源(与重要客户、供应商等外部组织之间的良好关系)等,这些能力可能是高效的组织协调控制多种复杂业务的能力,创建并传达战略愿景的能力。如图7-2所示。

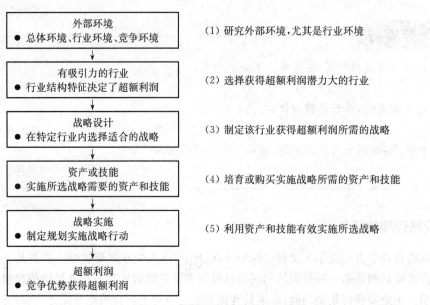

图 7-1 超额利润的行业组织模型

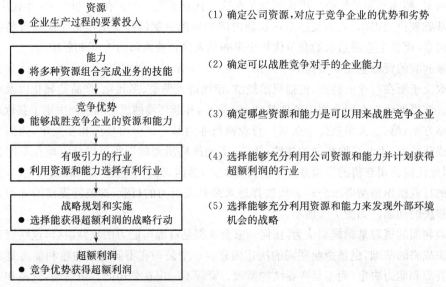

图 7-2 超额利润的资源基础模型

追求超额利润是企业战略管理的终极目标,具体而言,战略管理根据其目的要求,战略管理的任务可以细分为以下五项任务。如图 7-3 所示。

(1) 提出公司的战略展望,指明公司的未来业务和公司前进的目的地,从而为公司提出一个长期的发展方向,清晰地描绘公司将竭尽全力进入的事业,使整个组织对一切行动有一种方向感。

(2) 建立目标体系,将公司的战略展望转换成明确具体的业绩目标,从而使得公司的进展有一个可以测度的标准。

(3) 制定战略以达到期望的效果。

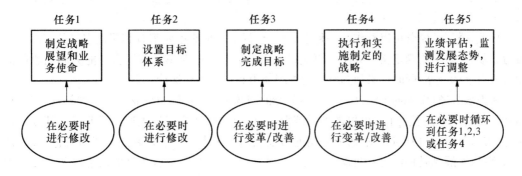

图 7-3　战略管理的五项任务

（4）有效地实施和执行所选择的公司战略。

（5）评价公司的经营业绩，采取完整性措施，参照实际的经营事实、变化的经营环境、新的思维和新的机会，调整公司的战略展望、公司的长期发展方向、公司的目标体系、公司的战略以及公司战略的执行。

7.1.3　战略层次

如果公司只生产单一产品或提供单一服务，那么，管理层只需制定单一的战略计划就可以了。但事实上许多公司是多元化的，这些公司往往还拥有多种职能部门。因此，我们有必要区分战略层次，如图 7-4 所示。

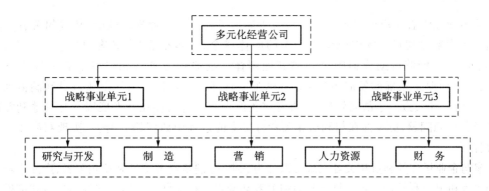

图 7-4　战略的层次

一、公司层战略

如果公司拥有一种以上的业务就需要一种**公司层战略**（Corporate-level Strategy）。其关心的问题是：公司的事业（业务）是什么？公司应拥有什么样的事业（业务）组合？其战略行为一般涉及拓展新的业务，如事业单元、产品系列的增加（或剥离），以及在新的领域与其他企业组建合资企业等。公司层战略应当决定每一种事业在组织中的地位。

二、事业层战略

当一个组织从事多种不同事业时，建立**战略事业单元**（Strategic Business Unit）更便于计划和控制。战略事业单元代表一种单一的事业或相关的业务组合，每一个事业单元应当有自己独特的使命和竞争对手。这使得每一个战略事业单元应该有自己独立于公司其他事业单元的战略。

因此,公司的经营可以看作是一种事业组合,每一个事业单元都有其明确定义的产品——细分市场,并具有明确定义的战略。事业组合中的每一个事业单元按照自身能力和竞争的需要开发自己的战略,同时还必须与整体的组织能力和竞争需要保持一致。

事业层战略(Business-level Strategy)关心的问题是:在我们的事业领域里如何进行竞争?事业层战略规定该事业单元提供的产品或服务,以及向哪些顾客提供产品或服务。其战略行为包括广告宣传、研究与开发(研究是指通过发明新技术来创造一种新产品或新工艺,或改进现有产品;发展则是将已有发明推广于生产过程或其他产品)、设备条件的改善以及产品系列拓展、收缩的方向和程度。全部事业单元必须符合作为一个整体的公司的利益,在可接受和控制的风险水平下,使销售、收益和资产结构获得均衡发展。

三、职能层战略

职能层战略(Functional-level Strategy)回答这样的问题:我们如何支持事业层战略。职能部门如研究与发展、制造、市场营销、人力资源和财务部门,应当与事业层战略保持一致。职能战略描述了在执行公司层战略和事业层战略的过程中,企业中的每一职能部门所采用的方法和手段。职能战略在三个方面不同于公司层战略和事业层战略。首先,职能战略的时间跨度要较公司层战略短得多。其次,职能战略要较公司层战略更具体和专门化,且具有行动导向性。公司层战略只是给出公司发展的一般方向,而职能战略必须指明比较具体的方向。最后,职能战略的制定需要较低层管理人员的积极参与。

7.1.4 战略管理的利益相关者

美国管理学者弗里曼(Freeman)1984年提出了利益相关者管理理论,利益相关者是指任何一个影响公司目标完成或受其影响的团体或个人,包括雇员、顾客、供应商、股东、银行、政府,以及能够帮助或损害公司的其他团体。利益相关者概念引发了有关战略管理(即公司如何制定正确的发展方向)的新思维。管理者不再仅仅关注企业自身利润最大化的单一目标,通过致力于战略管理,管理者更关注企业自身的存在和发展以及与其他利益团体和谐共存的问题,更关注在与利益相关者打交道的过程中如何趋利避害,实现双赢或共赢的目标。

参与企业运作的利益相关者大致可以分为三类,分别是资本市场利益相关者、产品市场利益相关者和组织利益相关者。每一利益相关者都希望有利于自己目标实现的领导方式能够被战略决策者所采纳实施,认为不同利益相关者的目标通常各不相同,有时企业管理者不得不作出妥协。股东和投资者希望他们的投资回报能够达到最大化,这样他们的财富也会越来越多,然而收益最大化有时是以牺牲公司的长期利益为代价的,例如,追求短期利益最大化就会减少对未来业务的投资。因此,公司管理者对企业的长期目标和短期目标都负有责任。与股东相反,顾客则希望公司产品的质量和性能提高,但价格不上涨,顾客利益得到最大化,但与此同时,股东的利益就可能减少。员工总是希望能够在一个充满活力、催人向上、激励奋斗的工作环境,在一个成长型的企业中工作,员工可以主动提高他们的能力;另一方面,在这样的环境中,员工对企业所提供的经济激励的预期就更高,例如,获得更高的薪酬,一些核心员工甚至希望得到公司股票,以激励他们贡献自己的才能。

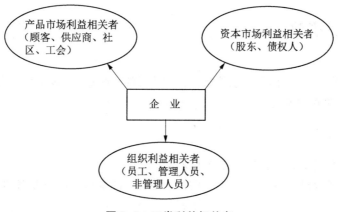

图 7-5 三类利益相关者

由于潜在利益冲突的存在,对管理者来说如何对企业的利益相关者进行有效的管理就显得非常重要。首先,公司必须识别所有重要的利益相关者;其次,一旦公司无法满足所有利益相关者的要求时,就要对他们差异化对待。如果公司能够赚取超额利润,有效管理利益相关者的难度就会大大下降。有了超额利润带来的能力和灵活性,公司更容易同时满足多个利益相关者的需求。如果公司只能获得平均利润,就很难实现所有利益相关者的利益最大化,退而求其次,公司的目标就只能变成最低限度地满足所有利益相关者。如果公司连平均利润也赚不到,那么管理者的目标就只能是追求利益相关者的损失最小化。

学 会 放 弃

在夏日干枯的非洲大陆上,一群饥渴难耐的鳄鱼身陷水源快要断绝的池塘中,较强壮的鳄鱼已经开始弱肉强食同类了,眼看物竞天择、强者生存的理论正在上演。

这时,一只瘦弱勇敢的小鳄鱼却起身离开了快要干涸的水塘,迈向未知的大地。干旱持续着,池塘中的水愈来愈混浊、稀少,最强壮的鳄鱼已经吃掉了不少同类,剩下的鳄鱼看来难逃被吞食的命运,却不见有鳄鱼离开;也许栖身在混水中,等待迟早被吃掉的命运,似乎总比离开、走向完全不知水源在何处的大地还是要安全些。池塘终于完全干涸了,唯一剩下的大鳄鱼也耐不住饥渴而死去,它到死还守着它残暴的王国。

可是,那只勇敢离开的小鳄鱼呢?在经过多天的跋涉,幸运的它竟然没死在半途上,而在干旱的大地上,找到了一处水草丰美的绿洲。

管理心得:战略管理大师迈克尔·波特在《哈佛商业评论》上发表"什么是战略",提出了一个新的视角:战略就是在竞争中作出取舍,其实质就是确定什么可以不做。持久的战略定位需要作出放弃。迈克尔·波特也曾断言:除非公司作出一定的取舍,否则,任何一种战略定位都不可能持久。

7.2 公司层战略

基于对现有业务的认知,公司层战略存在四大类的战略选择,即加强型战略、一体化战略、多元化战略和防御型战略。

7.2.1 加强型战略

加强型战略是对现有核心业务的现状及其未来充满信心的体现,这一类型战略的共同特征是扩大现有业务规模,加强其在行业中的竞争地位。围绕这一核心思想,加强型战略可分以下四种形态。

一、市场渗透

市场渗透指通过努力,提高现有产品或服务在现有市场上的销售量和市场份额。 这种渗透可通过两种途径来实现:一是地理上的渗透,如可的便利连锁店采用的即是这种渗透——其战略目标是将可的店的密度加大到每 500 米一家(据研究,便利店的最佳经营半径是 500 米);二是营销上的渗透,"脑白金"这一产品的广告轰炸便属于这种战略。市场渗透的基本战略理论是:现有产品在现有市场上还有足够的增长潜力,通过渗透可以将这种潜力充分地挖潜出来。

在下述情况下,企业可以考虑采用市场渗透战略:

(1) 企业特定产品与服务在当前市场中还未达到饱和;
(2) 现有用户对产品的使用率还可显著提高;
(3) 在整个产业的销售额增长时主要竞争者的市场份额在下降;
(4) 在历史上销售额与营销费用曾高度相关;
(5) 规模的提高可带来很大的竞争优势。

二、市场开发

市场开发指以现有产品或服务打入新的地区市场。 在全球经济一体化和全球产业结构大调整的背景下,市场开发战略越来越被企业所注重。市场开发的战略考虑基于对新市场和自身实力的信心。

市场开发战略的适用情形如下:

(1) 可得到新的、可靠的、经济的和高质量的销售渠道;
(2) 企业在所经营的领域非常成功;
(3) 存在未开发或未饱和的市场;
(4) 企业拥有扩大经营所需的资金和人力资源;
(5) 企业存在过剩的生产能力;
(6) 企业的主业属于迅速全球化的产业。

三、产品开发

产品开发战略通过开发新型产品或提供新型的服务来拓展公司的业务。 这种战略是不满足于现有产品经营状态的体现。例如,英特尔公司就是一个不断追逐技术领先的公司。2003 年 9 月英特尔宣布了其正在研制的多芯设计的芯片。该芯片将在一块硅片上集成 16 个处理器。同时英特尔还成功将 90 纳米技术应用于其下一代微处理器芯片,而其竞争对手如 AMD 还没有转移到这一技术。除了计算机芯片以外,2004 年英特尔还推出数字电视芯片,这种芯片可用于等离子电视、背投电视和液晶电视等产品,不仅可以显著提高大屏幕数字电视的图像质量,还可以大幅度降低大屏幕数字电视的价格,将有力推动数字电视的普及。

产品开发战略的适用情形是:
(1) 企业拥有成熟产品;
(2) 产业属于快速增长的高技术产业;
(3) 主要竞争对手提供可比价格下更高质量的产品;
(4) 企业拥有很强的研发能力。

四、协同业务开发

协同业务开发指进入一个新的产业,其根本目的不是在该新业务领域内获利,而是希望通过这一新业务的开发而为企业的现有主业带来更大的回报或增强主业的竞争能力。例如,为了提高在相纸和冲印药水业务上的收入,柯达公司开发了照相机产品。柯达公司在照相机业务上并不盈利,但据统计分析,每多销售 1 个照相机,每年市场就会多销售 2.3 卷胶卷,按照柯达公司的市场份额,便可测算出柯达公司的收益。协同产业开发的准则只有一个,就是对现有主业提供强大的支持。

7.2.2 一体化战略

一体化战略基于两个方面的考虑:一是看好某一产业的长期发展,期望在这一产业链上获取更多的利润;二是通过一体化战略来提升竞争能力,降低经营风险。一体化战略大体分为横向一体化和纵向一体化两大类,其中纵向一体化又分前向一体化和后向一体化两种类型。

一、前向一体化

前向一体化指向产业链的下游延伸,即将业务延伸到企业的客户端。例如,显像管企业向电视机业务延伸、空调压缩机企业进入空调器生产领域等。前向一体化的适用情形为:
(1) 销售商成本高昂、不可靠、不能满足企业发展的需要;
(2) 产业快速增长或将会快速增长;
(3) 前向产业具有较高的进入壁垒;
(4) 前向产业收益水平较高;
(5) 企业具备进入前向产业的条件;
(6) 企业需要稳定的生产。

二、后向一体化

后向一体化指向产业链的上游延伸,即将业务扩展到自己的供应商的领域内。例如,美国金光纸业(APP)在造纸业务扩大后,大规模地建设自己的林业基地,为造纸业务提供原材料上的保障。后向一体化的适用情形有:
(1) 供应商成本过高、不可靠或不能满足企业对供应品的需求;
(2) 供应商数量少而需方竞争对手多;
(3) 产业快速增长;
(4) 企业具备自己生产原材料的能力;
(5) 原材料成本的稳定性极为重要,供应商利润丰厚。

三、横向一体化

横向一体化指同业间的兼并(合并)。惠普公司与康柏公司的合并是两个同一业务类型的公司的合并,这种合并活动在商界越来越活跃。1996年全球最大的飞机制造公司美国波音公司兼并全球第三大航空制造公司麦道公司,深刻改变了世界航空工业的格局。通过兼并,波音掌握了更大的市场份额。兼并后,波音的民用客机的市场份额成为其最强劲对手空中客车公司的两倍多,再次拉开了空中客车已经追赶了25年才刚刚缩短的距离。而且,麦道曾经是军用飞机方面的老大,兼并使得波音军用产品销售额超过150亿美元,成为当时世界上最大的军用飞机公司。更重要的是兼并增加了波音军用飞机的技术开发能力,同时也扩大了波音公司的生产能力。这桩兼并案是典型的强强联手。

横向一体化战略的适用情形有:
(1) 为获取垄断;
(2) 企业处于成长型的产业中;
(3) 规模具有部分优势;
(4) 企业具有扩大经营规模的能力,竞争对手停滞不前。

7.2.3 多元化战略

多元化战略表现出的是不满足于现有产业链的经营,或对现有产业链的前景抱不乐观的预期,基于分散风险的考虑,开展其他多元业务。多元化战略按与现有业务相关的程度,从强到弱依次分为集中多元化、横向多元化和混合多元化。

一、集中多元化

集中多元化指进入一个与原有业务在技术、市场上都相关的新业务领域,这一战略发挥现有业务在技术上、市场上的协同作用。例如,以生产照相器材闻名的日本佳能公司利用其在光学、影像与微处理器控制领域的技术能力,将其产品扩展到复印机、打印机、传真机等办公设备。由于这些产品存在技术相关性,因此,这些不同的业务可以在技术上、内部资源上实现共享。当佳能发现数字激光打印机市场大有可为时,它授权该事业部的经理到其他事业部搜罗人才,以便建立业务所需的人才库。当佳能的复印产品部着手开发由微处理器控制的复印机时,也曾向照相产品部门求助,因为后者曾开发了世界上第一台由微处理器控制的照相机。

当以下情况出现时,可考虑采用集中多元化战略:
(1) 所属行业处于零增长或慢增长;
(2) 增加新的相关产品会显著促进现有产品的销售;
(3) 有高度竞争力提供相关的产品;
(4) 新的相关产品所具有的季节性波动正好弥补现有生产周期的波动;
(5) 现有产品处于衰退期;
(6) 企业拥有强有力的队伍。

二、横向多元化

横向多元化指进入一个市场相关但技术不相关的业务领域,即向现有客户提供新的不相关的产品。例如,中燃大连公司既提供海上供油服务,又提供海上供水服务。横向多元化有利于公司对现有资源、人员进行整合,无形中也是降低成本的一个过程。

横向多元化在下述情况下可以考虑使用:

(1)增加新的不相关产品可以从现有产品中获得显著的收益;
(2)现有产业属于高竞争或低增长的行业;
(3)可利用现有销售渠道营销新产品;
(4)新产品的销售波动周期与企业现有产品的滚动周期可以互补。

三、混合多元化

混合多元化指进入一个与现有业务完全不相关的领域。这种战略主要基于对现有业务增长的极限的应对、分散业务风险、吸收企业富余资金等三个方面的考虑。例如,身为白酒巨子、称霸酒业多年的五粮液就已先后进入服装、电子、制药等行业,2005年更是花费重金3亿元在重庆生产汽车机械模具及发动机零部件,择机大步踏入汽车业。

混合多元化的适用情况为:
(1)企业主营业务销售和盈利下降;
(2)企业拥有新产业成功竞争的条件;
(3)有机会收购不相关但极具投资价值的企业;
(4)收购与被收购企业间存在资金的融合;
(5)企业现有产品已饱和;
(6)集中经营可能受到垄断的指控。

7.2.4 防御型战略

在一个竞争性的市场上,所有的公司都会受到来自其他公司的挑战。市场上的进攻性行动既可以来自行业的新进入者,也可以来自那些寻求改善现有地位的竞争对手。防御型战略属一种弱战略,这种战略基本上处于一种退或守的态势,其更多的是出于对风险防范或产业退出的考虑。但是,从另一方面看,某一业务的退出在很大程度上也是为了在一个更好的领域内有所作为,因此不能把这种战略看成是消极的行为。防御型战略可分合资经营、收缩、剥离和清算等四种类型。

一、合资经营

合资经营指与其他企业合资,共同组成一个新的企业,其目的可能是借双方的力量共同把握一个机会、增加抵御风险的能力、绕开某种政策的限制等。合资经营固然有积极性的向度,同时也确是实力有所不足的体现,因此属防御型战略类型。

存在以下情况时,可考虑采用合资经营的战略:
(1)合资方优势互补;
(2)与国外公司合作以利用当地管理和经营资源或利用某些政策的便利;
(3)投资基础上具有很大的盈利潜力,但需大量资金,风险很大;
(4)组成战略联盟与对手竞争;
(5)存在迅速利用新技术的需要。

二、收缩

收缩战略指通过减少某项业务的资产与成本,或陆续抽出资金,使该业务逐步萎缩,以减少损失。这种战略也被称为转向或重组战略。收缩战略包括出售资产、压缩产品系列、停产、裁员等一系列手段。破产也是一种常用的收缩方法,破产可使公司躲避大额的债务或使一些重大的合同失效。

收缩战略的适用情形为:

(1) 企业具有明显而独特的竞争力，但没能做到持续实现企业目标；
(2) 企业在产业中属于弱者；
(3) 企业受低效率、低盈利、低士气的困扰；
(4) 企业在战略上遭受失败，或企业迅速发展，需要大规模改组。

三、剥离

剥离战略指出售公司的分公司、分部或一部分业务。 剥离可以是全面收缩战略的一部分，也可以是为下一步战略投资筹集资金的手段。在竞争不断加剧，分工日益细化的今天，剥离成为非常风行的战略性活动。1999年，陕西长岭股份有限公司进行了大规模的剥离，最终公司只保留了一条冰箱的总装线、少部分资产以及军工生产车间。剥离完后的长岭股份的大部分生产来自外包，通过市场竞争提高了效率，降低了生产成本。

剥离战略的适用情形为：
(1) 企业已采取了收缩战略但没得到改善；
(2) 为保持竞争力而需要投入的资源超出公司的供给能力；
(3) 分公司的失利使公司整体业绩不佳；
(4) 分公司与其他公司组织不相适宜；
(5) 企业急需大量资金而不能从其他途径得到资金，反垄断措施已对企业构成威胁。

四、清算

清算指将公司全部资产整体或分块出售，又称结业清算。 清算是对业务经营的彻底放弃，也是避免更大损失的无奈之举。摩托罗拉的铱星公司拥有由66颗低轨道卫星组成的移动通信网络，旨在突破基于地面的移动通信的局限，通过太空向任何地区、任何人提供语音、数据、传真及寻呼信息服务。然而，由于技术选择失误，过于先进的技术导致成本过高，维护费用巨大；市场定位错误，价格过高导致用户数量远远达不到预计规模；迫于外界压力匆匆投入商用，低质量的服务给用户留下的第一印象对公司造成灾难性的打击；销售渠道不畅，用户数量损失，导致铱星公司经营不善，背负40多亿美元债务无力偿还，最终于纽约当地时间2000年3月17日，宣布破产重组失败，法院批准铱星公司破产清盘。

清算战略的适用情形为：
(1) 已采取收缩和剥离战略，但均未成功；
(2) 除清算和破产外没有其他选择；
(3) 通过出售企业资产而将损失降至最小。

7.3 事业层战略

事业层战略，也称之为业务层战略(Business-level Strategy)，它是与战略业务单位(Strategic Business Unit，SBU)这一概念相对应的，是指一整套相互协调的使命和行动，旨在为顾客提供价值，并通过对某一特定产品市场的核心竞争力的利用而获得竞争优势。事业层战略所要解决的主要问题是：企业提供给顾客的是什么样的产品和服务，如何生成，以及如何将产品和服务分送到市场。因此，事业层战略反映了该公司对自身优势的理解：相对于竞争对手而言，我的优势在哪里，是如何获得这些优势的。事业层战略的核心是：以不同于竞争对手的方式采取行动,或者采取与竞争对手不同的行动。

7.3.1 顾客:谁、什么和如何做

顾客是事业层战略成功的基石,有效的事业层战略能够反映企业为创造最大的价值与最合适的人建立和维持关系的能力。事业层战略首先需要回答三个问题:(1)为谁服务;(2)满足目标顾客的哪些需求;(3)如何通过对选定战略的执行来满足这些需求。

一、谁是企业的顾客

在业务层决策中,其中非常重要的一项就是确定企业的产品和服务的目标客户(谁)。在确定企业的目标客户之前,首先要进行市场细分(Market Segmentation),就是把具有相似需求的人群集中起来,形成独立的可以识别的顾客群的过程。消费品市场与工业品市场具有不同的市场细分变量,如用于消费品市场细分的主要变量有人口统计特征、社会经济因素以及地理和心理等因素,而用于工业品市场细分的变量则是终端产品用户类型或者产品的技术特征等(见表7-1)。

表7-1 市场细分基础

消费品市场
人口统计因素:年龄、收入、性别等
社会经济因素:社会阶层、家庭生命周期阶段等
地理因素:文化、地域及国家间的差异
心理因素:生活方式、个性特征
消费模式:频繁使用者、适度使用者、偶尔使用者
感觉因素:利益细分、偏好定位
工业品市场
终端用户细分:根据SIC编码
产品细分:根据技术类型和商品经济学
地理细分:国与国或地区与地区的界限划分
共同购买因素细分:融合产品和地理因素
顾客规模细分

二、目标顾客的需求是什么

企业在决定目标顾客的同时,还应该识别出其产品和服务所能满足目标顾客的那些需求。从企业的角度看,顾客需求就是指产品的利益、特征和属性。从战略的角度看,顾客的基本需求是购买能为其创造价值的产品。大多数的产品或服务提供价值的方式是,以低成本提供可接受的利益,或者以可接受的价格提供独特性的利益。成功的企业一般总是能够预测到顾客需求的变化,如果不能做到这一点,企业将会由于竞争对手给顾客提供更多的产品特征和功能方面的价值而丧失顾客。

管理大师德鲁克在1954年就提出,顾客购买和消费的不是产品,而是产品能够为其提供的价值。Zeithaml(1988)提出顾客感知价值是顾客所能感知到的利得与其在获取产品或服务中所付出的成本进行权衡后对产品或服务效用的整体评价。Woodruff(1997)则提出顾客价值层次模型,该模型认为顾客以"途径—目标"的方式形成期望价值,包括属性层、结果层和最终目的层,分别对应的是顾客价值的属性价值、结果价值和目标价值。其中,属性价值包括产品的具体形式、特征和组成部分等;结果价值是顾客使用产品的效果,包括正向效果和负向效果;目标价值是

顾客价值的最顶层,包括使用者的核心价值、目标和目的,是顾客使用产品和服务的最终结果。

为确保能够获得超额利润,企业应当能够充分理解其所服务的目标市场的顾客的需求,从这个意义上,顾客的需求没有对和错、好和坏的区分。事实上,顾客的需求只是代表了顾客对一些特性和性能的期望,而这种期望是以这些顾客为目标客户的企业运用其产品和服务来满足的。成功的企业是由那些愿意理解顾客现在和未来需求的人员所组成。如图7-6所示。

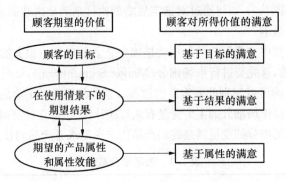

图7-6 顾客价值层次模型

三、什么是企业的价值创造能力

确定了企业的目标顾客以及企业能够为目标顾客提供的价值之后,下一个决策就是企业以什么方式为顾客提供这种价值,即企业价值创造能力。价值创造能力是指企业根据顾客的需求和偏好创造优异顾客价值的能力,它是整合研究开发能力、产品生产能力以及员工能力等要素的核心能力。如图7-7所示。

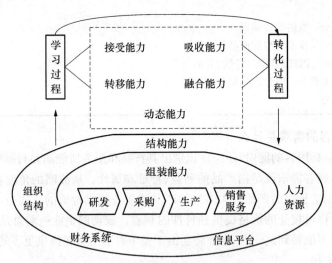

图7-7 企业价值创造能力的三维结构

企业在生存发展过程中,驱动其通过经营管理活动创造价值的能力体现在企业经营业务、管理支持以及适应环境发展三个层面,因此企业价值创造能力是一个三维结构,包括业务层面的组装能力(Component Capabilities)、支持层面的结构能力(Architectural Capabilities)以及发展层面的动态能力(Dynamic Capabilities)。

组装能力建立在企业从研发、采购、生产到销售服务的价值链之上,与企业在某个或某几个业务环节的优势有关,包括研发高技术含量满足客户需求的产品、设计先进的工艺流程、生产高质量的产品、建立适合产品特点的销售体系、形成有效的营销方案、提供快捷方便的售后服务等。

结构能力建立在组织结构、人力资源、信息平台和财务系统等管理支持平台之上,是指能够有效地确定、复制、整合与管理组分能力的能力,表现为良好的柔性组织结构、卓越的人力资源管理、顺畅的信息传递与沟通、安全高效的财务系统。结构能力使企业获得组织协同效应,形成结构性优势。

动态能力反映企业适应环境变化发展的能力,是指企业改变其作为竞争优势基础的能力,形成于由企业资产地位及其路径塑造的组织管理过程中。动态能力体现在企业的学习和转化过程中,包括转移能力、接受能力、吸收能力和融合能力。

转移能力是企业有效传递所需知识的能力,取决于知识可接近性、默会程度以及复杂系统程度。接受能力是组织将转移来的知识纳入自己知识库的能力,是一种储存的能力,取决于接受态度和组织开放程度。吸收能力是企业在理解新知识价值的基础上将其分解的能力。新知识可以被拆分为企业有可能加以利用的片断,有效的拆分需要企业本身具有一定的知识积累,能够与外部知识处于同一平台上,以最大程度保留新知识中的价值。融合能力指将吸收的知识融合到企业知识体系中,使之成为企业新能力的有机组成部分,并将其贯彻到行动中去,创造新知识,实现企业能力的不断发展,根本意义上的融合必须通过反复的实践来实现。

7.3.2 事业层战略的种类

迈克尔·波特的《竞争战略》《竞争优势》和《国家竞争力》为竞争战略理论建立了一整套的分析体系。对于一个企业而言,如何才能保持企业的竞争优势,突出自己的定位?波特指出:能够使企业获得竞争优势的途径虽然很多,但是最基本的只有三种,即低成本(Low Cost)、差异化(Differentiation)和聚焦(Focus)。将这三个基本战略进行组合,可得到五种竞争战略类型:总成本最低战略、差异化战略、基于低成本的聚焦战略、基于差异化的聚焦战略、最优供应商战略。如图7-8所示。

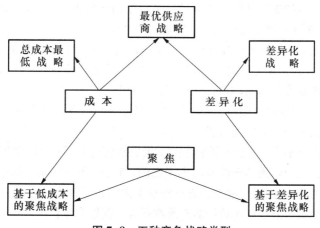

图7-8 五种竞争战略类型

一、总成本最低战略

总成本最低战略指通过规模化生产或依靠独特的生产工艺,在成本水平上大大领先于竞争对手,从而获取价格上的竞争优势。在消费者对价格敏感、产品标准性较强、产品品牌效应不显著的情况下,总成本最低战略是有效的。总成本最低战略往往意味着巨大的生产规模和专业化程度很高的生产设施。

总成本最低战略一般在以下情况时更容易获得成功:
(1) 市场上的产品或服务基本上是标准化的,而且产品或服务差异化的途径并不多;
(2) 行业中各公司的价格竞争十分激烈;
(3) 价格是决定顾客购买的主要因素,价格弹性较大;
(4) 顾客转换供应商或品牌基本不需要什么成本,而且顾客有很强的价格谈判能力;
(5) 对单个公司而言,获得低成本的优势并不容易,而且降低成本的方法也难以模仿,这是公司保持持久低成本优势的关键。

二、差异化战略

差异化是通过形成自己的特色,以与其他企业的产品形成区别,从而避开正面的价格竞争的战略手段。差异化一般通过品牌、技术性能、新功能、服务等方式来实现。

在市场需求快速变化、顾客日益追求个性的现代社会,产品或服务的差异化具有特殊的意义和价值。如果面对购买者太强的多样性要求,具有相同能力的生产经营厂商难以完全满足,那么,实施差异化战略就很有吸引力且非常有必要了,它将使企业获得有力的竞争优势。事实上,差异化战略也是许多公司追求的首选竞争战略。

成功的差异化战略可以使企业在以下三个方面受益:
(1) 收取较竞争对手更高的产品或服务价格;
(2) 提高并稳定地保持产品销量(因为差异化的特色可以赢得额外的购买者);
(3) 获得购买者对其品牌的忠诚(因为有些顾客会被产品或服务的差别化特色强烈吸引住,从而强化其对公司及公司产品的联系)。

值得注意的是,差异化战略并不意味着可以忽略成本控制,不过此时成本不是企业首要的战略目标。

三、基于低成本的聚焦战略

聚焦战略是指公司把优势资源集中于某一个特定的细分市场,在该特定市场建立起比较竞争优势,比竞争对手更好地服务于这一特定市场的顾客,并以此获取较高收益率。

聚焦战略与其他竞争战略最明显的区别在于它将精力集中于整体市场中某一个狭窄的部分,而不是整个市场。公司聚焦的对象可以是某一特定类型的顾客群,某一特定市场区域,或是具有特定用途的产品等。例如,劳斯莱斯只设计、制造超豪华高级轿车,只供应那些事业有成的百万富翁;如家连锁酒店则将自己的注意力聚焦于城市廉价酒店市场,以区别于那些提供名目繁多的附加服务的豪华星级酒店。

聚焦战略有两种基本类型:基于低成本的聚焦战略和基于差异化的聚焦战略。

基于低成本的聚焦战略是基于成本领先考虑的,将业务集中在某一细小领域内的战略手段。实施这一战略的企业,以某个狭窄的细分市场上的购买群体为目标顾客,通过为这个小市场上的购买者提供比竞争对手成本更低的产品或服务来获取竞争优势。

企业在某一领域内的拥有特殊能力,或能够集中资源把这一领域内的业务规模做得非常大,导致其在成本上具有优势,是这一战略的实施基础。

四、基于差异化的聚焦战略

基于差异化的聚焦战略,是以某个狭窄的细分市场上的购买者群体为目标顾客,通过为这个小市场上的购买者提供比竞争对手更能满足购买者需求的定制产品或特色服务来获取竞争优势。

联邦快递公司是采用基于差异化的聚焦战略的典型。当公司的创始人史密斯看到社会正朝着以服务为导向的方向发展，而且他感觉到了随之产生的人们对文件及小包裹快速安全投递的需要，创造出小件邮包隔夜递送的业务。与传统的爱默瑞和航空快递公司收集各种大小的运输包裹、通过航空运输机和商业航空公司将包裹运至指定地点的经营方式不同，联邦快递公司只集中经营小型包裹和文件的隔夜递送。联邦快递公司不但拥有自己的飞机和货车，还在曼菲斯国际机场设立中枢，邮件从当地的投递点收集，其中有些邮件是下午比较晚的时候投递的，然后用公司自己的飞机将邮件送到曼菲斯中心，工人每天从晚上的 11:00 到凌晨的 3:00 对邮件分类，再重新装到飞机上，在早晨较早时候运到指定地点，然后由公司员工在第二天早晨用卡车送到收件人手中。联邦快递公司的成本很低，所以可以保证将小件包裹隔夜递送到美国任何一个地方，而每件只有 13 美元。

无论是基于低成本还是基于差异化，企业的聚焦战略在下列情况下会更具吸引力，同时也更容易获得成功：

（1）公司所聚焦的目标市场足够大，而且具有较大的增长潜力，能够保证公司的盈利；

（2）整个行业中有很多小的细分市场，没有一家公司具备足够的资源和能力以进入整个市场中更多的细分市场；

（3）公司具备服务特定目标市场所需要的资源和能力；

（4）公司可以通过聚焦战略建立起的竞争优势构筑一定的进入该目标市场的壁垒，以防御行业中的挑战者和潜在进入者；

（5）公司所聚焦的目标市场不是行业中主要竞争者的重点市场，甚至被它们所忽视，或者它们在这一特定的细分市场并没有很强的竞争优势；

（6）极少或根本没有其他的竞争对手在相同的目标市场上开展专业化经营。

五、最优供应商战略

最优供应商战略也可称为"既成本领先又差别化的战略"，物美价廉是这一战略最通俗的诠释。它要求企业同时在产品成本和差别化两方面相对于竞争对手赢得优势，为顾客所支付的价格提供更多的价值。最优供应商战略的顾客价值传递目标是：在产品或服务的品质、性能、特色上满足或超过顾客的期望，而在价格上低于顾客的期望，从而为顾客创造超值的价值和感受。

在消费者高度理性的市场中，最优供应商战略是极具吸引力的。大宗的工业原材料产品、大多数的房地产等产品都适宜采用最优成本供应商战略。在这样的市场中，顾客既考虑价格，同时又对其品质或其产品性能有较高的要求。最优供应商战略往往是行业过度竞争后的产物。

7.4 职能层战略

职能层战略是在事业层战略指导下，按照专业职能将事业层战略进行具体落实和具体化，它的制定是将企业的总体战略转化为职能部门具体行动计划的过程。根据这些行动计划，职能部门的管理人员可以更清楚地认识到本职能部门在实施总体战略中的责任和要求。

职能层战略与总体战略的主要区别有三点。

（1）期限。 职能部门的策略用于确定和协调短期的经营活动，它的期限较短，一般在一年左右。职能部门策略期限较短的原因:一是职能部门管理人员可以根据总体战略的要求,把注意力集中于当前需要进行的工作上;二是职能部门管理人员可以更好地认识到职能部门当前的经营条件,及时地适应已经变化的条件,相应地作出调整。

(2) 具体性。企业战略为企业的生存和发展确定了目标,指明了方向。企业总体战略是笼统的、欠精确的,职能部门的策略要比总体战略更加具体、更加精确、更加明确。总体战略为企业指出了一般性的战略方向,而职能部门的策略则为负责完成年度目标的管理人员提供了具体的指导,使他们知道应该实现的年度目标。另外,具体的职能策略还可以增强职能部门管理人员实施战略的能力。

(3) 职权与参与。企业高层管理人员负责制定企业长期经营目标和总体战略,职能部门的管理人员在总部的授权下负责制定年度经营目标和部门策略。这些策略最后要得到总部的核准。职能部门的管理人员参与制定职能策略,可以更加自觉地实现自己的年度经营目标和职能策略所需要进行的工作,从而增强他们实施战略的责任心。

加强职能部门策略的制定工作,有助于企业总体战略的实施,是企业总体战略实施的重要环节,其重要性表现为以下三点:

(1) 职能部门策略是具体而丰富的,因而在企业总体战略中增加了实际的内容,明确了企业内部职能部门必须完成的工作,从而丰富、完善甚至发展了企业总体战略。

(2) 具体的职能部门策略是向企业高层管理人员阐明了各职能部门准备如何实施总体战略,可以增加高层管理人员实施与控制总体战略的信心。

(3) 具体职能部门的策略可以说明职能部门间相互依赖的战略关系,以及潜在的矛盾,有利于促进各职能部门间的协调,也有利于总体战略的实现。

职能部门的战略必须在市场营销、财务会计、研究开发、生产作业、人力资源开发等企业主要职能部门中制定,即制定出市场营销战略、财务投资战略、研究开发战略、生产战略以及人力资源开发战略等。由于各职能部门主要任务不同,不可能归纳出一般型战略。各职能部门的关键变量也是不同的,即使在同一部门里,关键变量的重要性也会因为经营条件的不同而不同,因此职能部门的策略必须分别加以制定。

例如,一家公司采取了一种差异化战略,并推出了一种新产品,而且预计在产品生命周期的早期阶段会取得较快的增长。为保证其增长,人事部门应制定适当的方案,包括雇佣新职员、培训中层管理人员适应新的岗位。市场部门必须进行市场试销(新产品试销活动,先在一个较小地区试销,据以判断该产品是否受消费者欢迎,并据以决定是否进行大量生产),发起广告宣传攻势,以及对消费者进行追踪调查。财务部门应制订计划筹措资金。

对于成熟期的产品或低成本战略,则应采取不同的职能层战略。人事部门应采取措施保留或培养一支稳定的职工队伍,包括调任、晋升以及鼓励和激励高效安全生产。市场部门应致力于巩固品牌忠诚,发展与已经建立起来的分销渠道之间的良好关系。生产部门应保持长期生产作业,使生产作业标准化并努力降低成本。财务部门应着眼于净现金流量和积极的现金平衡。

7.5 战略管理的阶段与程序

简单地说,战略管理是对"企业的战略"进行管理,即战略管理涵盖了管理的所有基本职能。总体上讲,战略管理分为战略制定(计划职能)、战略实施(组织、领导、人事职能)和战略的反馈控制(控制职能)三个阶段。

战略决策虽然不是一种程序化的活动,但战略管理过程一般包括九个步骤。如图7-9所示。

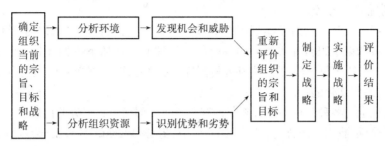

图7-9 战略管理过程

一、确定组织当前的宗旨、目标和战略

定义公司的宗旨旨在促使管理层仔细确定公司的产品和服务范围。对"我们到底从事的是什么事业"的理解关系到公司的指导方针。如一些学者指出,美国铁路公司之所以不景气是因为他们错误地理解了自己所从事的事业。在20世纪三四十年代如果美国铁路公司认识到他们从事的是运输事业而不仅仅是铁路事业,他们的命运也许会完全不同。

当然,管理层还必须搞清楚组织的目标以及当前所实施的战略的性质,并对其进行全面而客观的评估。

二、分析环境

环境分析是战略管理过程的关键环节和要素。组织环境在很大程度上规定了管理层可能的选择。成功的战略大多是那些与环境相适应的战略。松下电器是家庭娱乐系统的主要生产商,自20世纪80年代中期开始,在微型化方面出现了技术突破,同时家庭小型化趋势使得对大功率、高度紧凑的音响系统的需求剧增。松下家庭音响系统的战略的成功,就是因为松下及早地察觉到环境中正在发生的技术和社会变化。

管理层应很好地分析公司所处的环境,了解市场竞争的焦点,了解政府法律法规对组织可能产生的影响,以及公司所在地的劳动供给状况等。其中,环境分析的重点是把握环境的变化和发展趋势。

关于环境的信息可以通过各种各样的外部资源来获取。

三、发现机会和威胁

分析了环境之后,管理层需要评估环境中哪些机会可以利用,以及组织可能面临的威胁。机会和威胁都是环境的特征。威胁会阻碍组织目标的实现,而机会则相反。

在分析机会与威胁时,以下因素是关键的:竞争者行为、消费者行为、供应商行为和劳动力供应。技术进步、经济因素、法律、政治因素以及社会变迁等一般环境虽不对组织构成直接威胁,但作为一种长期计划,管理者在制定战略时也必须慎重考虑。分析机会和威胁还必须考虑利益集团、债权人、自然资源以及有潜力的竞争领域。如某公司发现竞争对手在开发新产品并削减价格,该公司所做的反应首先应是加强广告宣传、提高其品牌的知名度。

四、分析组织的资源

这一分析将视角转移到组织内部:组织雇员拥有什么样的技巧和能力?组织的现金状况

怎样？在开发新产品方面一直很成功吗？公众对组织及其产品或服务的质量的评价怎样？

这一环节的分析能使管理层认识到，无论多么强大的组织，都在资源和能力方面受到某种限制。

五、识别优势和劣势

优势是组织可以开发利用以实现组织目标的积极的内部特征，是组织与众不同的能力。劣势则是抑制或约束组织目标实现的内部特征。经理们应从如下方面评价组织的优势和劣势：市场、财务、产品、研究与发展。内部分析同样也要考虑组织的结构、管理能力和管理质量，以及人力资源、组织文化的特征。

管理者可以通过各种各样的报告来获得有关企业内部优势和劣势的信息。

上述四个步骤，我们一般称为优势(Strengths)、劣势(Weaknesses)、机会(Opportunities)、威胁(Threats)分析，即 **SWOT 分析**。在内外环境分析之后，下一步的工作就是识别来自外部环境的机会或威胁与来自内部资源的优势或劣势之间的适应性和差异性，即进行 SWOT 适应性分析。**适应性与差异性**的含义是指内外部环境因素的相互一致、相互重叠或相互偏离的程度。

在适应性分析过程中，企业高层管理人员应在确定内外部各种变量的基础上，采用杠杆效应、抑制性、脆弱性和问题性四个基本概念进行这一模式的分析。

(1) 杠杆效应(优势+机会)。杠杆效应产生于内部优势与外部机会相互一致和适应时。在这种情形下，企业可以用自身内部优势撬起外部机会，使机会与优势充分结合发挥出来。然而，机会往往是稍瞬即逝的，因此企业必须敏锐地捕捉机会，把握时机，以寻求更大的发展。

(2) 抑制性(机会+劣势)。抑制性意味着妨碍、阻止、影响与控制。当环境提供的机会与企业内部资源优势不相适合，或者不能相互重叠时，企业的优势再大也将得不到发挥。在这种情形下，企业就需要提供和追加某种资源，以促进内部资源劣势向优势方面转化，从而迎合或适应外部机会。

(3) 脆弱性(优势+威胁)。脆弱性意味着优势的程度或强度的降低、减少。当环境状况对公司优势构成威胁时，优势得不到充分发挥，出现优势不优的脆弱局面。在这种情形下，企业必须克服威胁，以发挥优势。

(4) 问题性(劣势+威胁)。当企业内部劣势与企业外部威胁相遇时，企业就面临着严峻挑战，如果处理不当，可能直接威胁到企业的生死存亡。

六、重新评价组织的宗旨和目标

按照 SWOT 分析和识别组织机会的结果，管理层应重新评价公司的宗旨和目标。

七、制定战略

战略需要分别在公司层、事业层和职能层设立。在这一环节组织将寻求组织的恰当定位，以便获得领先于竞争对手的相对优势。

八、实施战略

无论战略制定得多么有效，如果不能恰当地实施仍不可能保证组织的成功。另外，在战略实施过程中，最高管理层的领导能力固然重要，但中层和基层管理者执行计划的主动性也同样重要。管理当局需要通过招聘、选拔、处罚、调换、提升乃至解雇职员以确保组织战略目标的实现。

九、评价结果

战略管理过程的最后一步是评价结果，战略评价的基本活动包含三个方面：

(1) 重新审视企业所处的外部环境和内部因素,这是决定现时战略的基础;

(2) 度量业绩;

(3) 纠正错误。

战略评价对企业来说是必需的,因为今天的成功不能保证明天的成功,失败的公司往往是因为"克隆"了昨天的成功经验。

《孙子兵法》中的战略思想

《孙子兵法》也被称为《孙子》,是我国古代春秋末期杰出的军事家孙武所著,也是我国现存最古老的兵书。《孙子兵法》继承和发展了伊尹、姜尚和管仲等前人的军事战略思想,结合了当时复杂的社会环境和军事战争实践,论述了数以百计的计划和谋略方法,充满了军事战略的管理思想和科学系统观。《孙子兵法》在世界上流传甚广,受到国内外许多政治家、军事家、企业家和学者的推崇。

《孙子兵法》对战略目标选择的原则是:"上兵伐谋,其次伐交,其次伐兵,其下攻城";战略环境分析的具体工具是"经之以五事,校之以七计";在战略方案的制订上,强调"兵贵胜,不贵久,并敌一向,出奇制胜";在战略决策的问题上,孙子强调量化:"度、量、数、称、胜"。在战略的实施过程中,孙子强调主动和权变:"制人而不制于人,通九变之利。"在保证战略的顺利实施的问题上,孙子提出了"择人任势,登高而去其梯,投之亡地后存"的战略控制思想。

战 略 联 盟

组织战略联盟是两个或两个以上的组织为了实现特定的战略目标而采取的股权或非股权形式的共担风险、共享利益的长期联合与合作协议。自从美国DEC公司总裁简·霍普兰德(J. Hopland)和管理学家罗杰·奈杰尔(R. Nigel)提出战略联盟的概念以来,战略联盟就成为管理学界和企业界关注的焦点。

目前,战略联盟已成为最广泛使用的战略之一,它可以使来自不同组织的企业共同分担风险、共享资源、获取知识、进入新市场。战略联盟不仅包括股权合资企业,还包含涉及生产、营销、分销、研发的非股权协议。国际的战略联盟是利用来自两个或多个国家的自立组织的资源和治理结构的跨国界合作协议。构建联盟现已成为企业进入新兴国际市场的常用方式,也是企业实现快速成长的重要战略之一。

问题追踪

组织战略联盟带来怎样的优势和可能的问题?

■ 本章小结 ■

1. 战略管理是企业高层管理人员为了企业长期的生存和发展,在充分分析企业内外部环境的基础上,确定和选择达到目标的有效战略,并将战略付诸实施、控制和评价的一个动态管理过程。

2. 运用战略管理观念的企业比不采用战略管理观念的企业更能盈利,更为成功。

3. 许多公司是多元化的,这些公司往往还拥有多种职能部门,因此有必要区分战略层次。公司的战略一般可分为三个层次:公司层战略、事业层战略、职能层战略。

4. 公司层战略存在四大类的战略选择:加强型战略、一体化战略、多元化战略、防御型战略。

5. 事业层战略包括五种竞争战略类型:总成本最低战略、差异化战略、基于低成本的聚焦战略、基于差异化的聚焦战略、最优供应商战略。

6. 职能层战略的制定是将企业的总体战略转化为职能部门具体行动计划的过程。

7. 战略管理分为战略制定、战略实施和战略的反馈控制三个阶段,战略管理过程一般包括九个步骤。

[问题与讨论]

1. 什么是战略管理?战略管理的任务是什么?
2. 战略管理分为哪几个层次?公司层战略包括哪些基本战略类型?事业层战略包括哪些基本战略类型?
3. 试分析职能层战略与总体战略的主要区别。
4. 战略管理可分为哪几个阶段?哪几个步骤?
5. SWOT分析的主要内容和步骤是什么?你能否将SWOT分析应用于自己的个人管理?
6. 有人坚信"战略决定成败",有人高呼"细节决定成败"。你支持哪种观点?你的理由是什么?如果两种观点都不支持,那么,你的个人观点是什么?

[实战练习]

为国内著名企业做战略分析

目的: 通过为某个国内著名企业进行战略分析,深入理解战略管理的基本思想,掌握战略管理的基本步骤和相关分析方法。

内容: ① 将学生分成若干小组,每组5—6人,让每个小组自己选择一个国内著名企业作为研究对象。
② 通过各种途径收集该企业的相关资料,对该企业下一步应该采取何种战略进行分析。

要求: 每组学生写出分析报告,在课堂上进行交流评比,最后由教师进行评点。

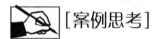

案例一　京东的新五大战略

1. 技术：移动网络和大数据技术

为什么是移动网络？

截至2014年12月底，我国网民规模达5.64亿，较2011年新增网民5 090万人，增长率10%；手机网民规模为4.20亿，较2011年增加约6 440万人，增长率18%。手机网民增长率高于网民增长率。网民中有70.6%通过台式电脑上网，较2011年下降了近三个百分点。通过笔记本电脑上网的网民比例较2011年相比略有降低，为45.9%。手机上网的比例保持较快增速，从69.3%上升至74.5%。手机网民已超过了台式电脑网民，位列第一，而且保持高速增长。2015年网络购物交易13 030亿元，较2014年增长66%；其中移动手机购物交易600亿元，同比增长500%，占网络购物交易4.6%。移动购物交易额增长率远远高于网络购物交易额。

列举这几组数字，就是为了说明移动零售正在默默地取代互联网零售成为主流趋势。随着4G时代的到来，移动网络有PC网络不可取代的优势，就拿3G网络来说，相信已经有部分用户都能感觉到，其网络速度已然超过了PC网络速度，4G是对3G时代的革命，同时手机用户能在任何时间、任何场所进行网络体验，这些是PC网络带不来的便捷性。

再来看看为移动购物，各大互联网企业做了哪些布局。阿里发布来往，入股新浪微博，将淘宝定向流量免费，将支付宝移动支付功能渗入到线下支付渠道，如出租车付费，与宜美家连锁达成条码支付合作，等等；腾讯将微信植入B2C；各大电子商务企业，如苏宁易购、京东商城纷纷优化移动APP，提升移动购物消费体验。阿里是引领潮流的，腾讯是幸运的，各电子商务企业还是在专注于传统商业。移动购物入口大战时代已经来临。

京东将移动隐藏在技术战略里面，也许是为了明修栈道、暗度陈仓，也许是为了隐藏目前京东移动购物的弱势，但总归来说，京东已经将移动这一块重视起来了。

为什么是大数据？

先列举两个案例：一、阿里为了进军海外业务，将在海外建立云数据服务中心，地方可能是亚马逊的大本营美国，兵马未动、粮草先行，我相信阿里决心干全球业务，他必有建立云数据的实力。二、美国旧金山时间11月19日，苏宁美国研发中心暨硅谷研究院隆重揭幕，聚焦于智能搜索、大数据、高性能计算、互联网金融等领域的前沿技术研究。

按供求关系方法分析，大数据就相当于传统行业的产能，前几年由于社会零售总额爆发式增长，各大制造业纷纷跑马圈地建工厂以提升产能，为的就是满足社会需求；在互联网行业用户数量急骤增长的情况下，大数据就是支撑的互联网服务体验的产能，如果大数据跟不上，互联网服务体验就无法完善，用户数量也会逐渐减少。所以刘强东将大数据列为技术的核心任务。

2. 金融：从组织架构上成立独立的金融集团

京东2014年年底单月小额贷款业务规模5亿元，同时阿里巴巴的小额贷款业务单月规模接近60亿元。2013年上半年，全国小额贷款公司共有7 086家，贷款余额7 043亿元，新增贷款1 121亿元,这些数字还在以每年50%的速度增长。这类未来的明星业务,不仅可以盘活其庞大的现金流资源,还可以带来高效的收益,如此利人又利己的事,当然要重点发扬起来。

3. O2O业务:将物流资源社会化,同时试点生鲜配送业务。

又是O2O,这个词最近很火。京东没有线下店,所以京东将O2O业务放在了不前不后的第三位置,至于刘强东阐述的物流资源社会化,这并非京东的核心竞争力,在物流能力与建设方面可能还不如苏宁强大;其次生鲜配送业务,1号店超市已经上线了此购物频道,京东要到明年6月才能推出此项服务。而且,站在O2O业务的角度来看,这两大块与O2O业务扯上关系实在有点牵强,倒不如阿里聚焦于支付方式来得直接,而且能够真正撼动线下业务。在O2O业务上,也许刘强东不便透露,也许刘强东在酝酿更大的动作,但纵观京东的服务、产品,都还没有实质性地推进O2O业务。

4. 渠道下沉

在目前物流布局三四线城市较好的条件下,通过线下广告落地等形式加大京东在当地市场的推广力度。京东提出渠道下沉,确实有点让我摸不着头脑。狭义来说,渠道下沉四个字对于厂家来说是非常重要的,毕竟厂家的渠道直接关系到客户群的覆盖面,但是对于电商来说,电商企业本身只是属于厂家销售的一种渠道,其无论是在一二级市场,还是三四级市场,都没有自己所谓的渠道。所以,刘强东本意是想通过渠道下沉的方式抓住三四级快速增长的网购市场,但京东又没有渠道,所以强加了一个线下广告落地,京东征战三四级市场的举措还未找到真正的突破口。

5. 国际化

关于国际化业务,刘强东披露的原文:"京东过去的国际化业务比较缓慢,明年将有所布局,但具体形式还没有确定。"不仅仅是京东,阿里对国际化业务的具体形式亦没有确定,近日又传出阿里或组建国际B2C事业部以拓展国际业务;苏宁的全球购商品也多是通过开放平台的商家代购的。综此来看,国际化业务还处于混沌状态,细分市场、用户需求、法定法规等都存在众多变数。目前各大电子商务企业都将国际化业务作为自己的下一个目标市场,但都面临着同样的模式问题,谁能探索出最佳的模式,谁就能领先一步。

浅析京东的五大战略方向

第一个就是互联网金融。在互联网金融领域京东有三个主要方向。第一是消费者金融,京东已推出京东白条。对于在京东购物的用户,你可以开白条并进行分期支付。第二是供应链金融,供应链金融其实京东做的时间比较长了,甚至是在前几年也都一直在做。因为供应商给我们供货,而我们则有相应账期。比如说,假设京东账期是45天,京东要是在30天把货卖出去,甚至在京东进货之后我们把欠供应商的货款作为抵押,向供应商提供贷款,这就是供应链金融中的一种。第三,还有譬如众筹等业务,也是我们非常看好的。

第二个是渠道下沉,在这方面,与当下广受热议的O2O类似。具体举措有,其一是努力将仓配等基础建设推送到省级、市级甚至是县级。另外,京东帮服务店就是渠道下沉的一个主要举措。在一些四到六线城市,符合条件的商户都能参与加盟京东帮服务店。加盟店需帮助京东做营销、配送、安装和维修,可以帮助当地农民等人群下单网购。京东可以为该店主带来相应的分成奖励,通过一系列激励政策,这种模式将为京东的渠道下沉提供有益助推。还有一个是京东近期正在做的乡村推广员。京东乡村推广员,必须是农村的村民,负责帮助本村村民在京东下单,以及配送和刷墙推广等职责,为我们的农村消费者提供下单、配送方面的服务,我们对其进行提成等奖励,相信这样对这些村民也是增加额外收入的一个良好契机。

第三是大数据战略,在大数据方面京东有着非常大的优势积累。京东有很多高端的用户,他们是一些比较欣赏品质、欣赏优质服务的高端用户,电商平台会记录其购买浏览历史,包括购买行为和与之相关的兴趣爱好方面的数据。另外,京东还把腾讯社交的数据有效地融合了起来,在消费者数据的积累规模和结构完善上,京东还是有一定优势的。

根据这些大数据,京东在营销方面做了很多事情来提升整个流量运营效率,比如如何去外面采买一些优质流量,如何更好提升流量带来的下单量和新客,以及怎么来提升用户体验,就是如何让用户在看到这些广告的时候,发现广告信息和自己兴趣更相关,更有意愿去购买,形成共赢的局面。

在互联网金融方面,京东也正在不断挖掘与利用大数据来提升贷款效率,缩短贷款审批时间和减少坏账。又如,在供应链管理上面,通过大数据分析可以预判哪些地区对哪些商品有比较强烈的需求,然后可以提前把这些货放到那里,用户下单的话就能够立刻拿到货,整个效率就可以大幅提升。此外,京东更在努力实现从产商那里一出厂就能够到达京东的仓库,从那个仓库就能够直接到消费者手上。这里其实我们需要很多大数据的挖掘,然后去计算、去规划,最终提升整个链条的效率,这对于社会来说也是一个很大的贡献。

仓配也是一样,其实京东的配送员跟一般的快递员不一样,京东提出的211承诺,允许京东至少有几个小时做规划。仓库里面会先把订单生产出来,打好包,同时对快递员规划好在什么地方送什么货,在哪个小区送什么东西,通过什么最佳路线。这样的话快递员可以很高效地到仓库取货,把更多时间花在高效送货上。这样他的产出也是很大的。而这跟一般的快递公司不太一样,快递公司的快递员大都是被动性地等单取货和被动性地去送货,规划性较差,效率难以提升。

第四从国际化来说,京东是很有优势的。京东的海外购战略是从海外品牌商直接进货,需要大量资金。从自营供应链管理来说,京东的自由现金流还是很大的,因为京东其实在卖掉货和需要给供应商还款之间,是有一段时间的空当的,因此京东的资金是很充足的。比如,2015年京东海外直采将引入100多个进口葡萄酒品牌,同时,京东也将增加食品、母婴、个人护理等品类在内的进口品牌。这样一方面可以最大限度地保证产品质量,另一方面也能最大幅度让利消费者。

国人为什么想去国外买东西呢?这个很显然。因为同样品牌的商品在国外就比国内卖的便宜得多,这正是出自供应链中的问题。海外商品在供应链中被倒了很多手,到了消费者手里自然会比国外贵。京东的海外品牌直采和供应链管理的强大优势可以有效解决这个问题,同时可以保证是正品。京东这方面的未来发展是很有想象空间的。

还有京东智能,具体名称是JD+。基本的想法是打造三个连接。第一,消费者与智能产品之间的连接:(1)通过渠道资源、用户画像,京东更加了解智能硬件产品的消费者;(2)智能产品与消费者接触后,真正的连接才开始。第二,智能产品之间的连接:是指真正的智能产品,一定可以实现彼此间的联动,之后京东又推出了京东智能云,就是希望让产品之间实现联通。第三,京东与智能产品之间的连接:主要是说京东搭建智能硬件生态体系的优势,京东与消费者、供应商的关系更近,与生产制造业有深层合作关系;京东作为渠道商更具有中立性;京东拥有全渠道销售体系(自营、POP、拍拍、众筹、微信、线下体验店等);京东通过数据整合与共享不断完善用户画像数据体系。

▲ 思考题

1. 京东的新五大战略分别属于哪个层次的战略,公司层、业务层还是职能层,为什么?
2. 京东如何在新的战略中应对来自阿里巴巴、腾讯以及其他电商平台的竞争?

案例来源:http://www.xuexila.com/chuangye/guanli/zhanlue/272477.html。

案例二 小米手机的 2016 战略

2007 年,苹果发布第一款 iPhone,IOS 的到来改变了当时智能手机仅有 WM 和塞班的格局,其 UI 设计和 AppStore(2008 年苹果对外发布应用开发包)的模式改变了塞班和 WM 作为智能手机的呆板和操作繁琐的现状,优异的用户体验使得 iPhone 迅速崛起。与此同时,谷歌以免费开源的姿态与几十家手机厂商组成安卓联盟,并于 2008 年由 HTC 发布第一款搭载安卓系统手机,此时智能手机市场开始形成以 WM、塞班、IOS、安卓为主的四股力量。

塞班在之后的几年里依然存在并没有没落,然而诺基亚似乎并不看好,转而联合 Intel 开发 Megoo 的手机操作系统,并运用在 N9 这一手机之上,不过好景不长,Megoo 系统也不被看好。与此同时,微软的 Window Mobil 系统一直没有大幅度改良用户体验,不温不火,这促使微软决定重新打造手机操作系统,取名为 Windows Phone,这得到了诺基亚的倾力支持,并宣布放弃塞班、Megoo 两个操作系统,然而 Windows Phone 的迟迟到来使双方都错过了许多时间,它们原有的市场份额被大量瓜分。

iPhone 发布后的接下来几年里,苹果一直对其硬件、软件和服务等层面进行迭代优化升级,使得 iPhone 的竞争优势大幅度加强,不过碍于 iPhone 高昂的售价,依然局限于高端智能手机用户。与此同时,安卓虽然以开源的姿态联合了诸多手机厂商,但是它们推出的智能手机大多搭载谷歌原生系统,并没有针对中国本土化优化,操作系统的运用并不十分让用户认可,同时与 iPhone 相似的是,诸多安卓手机都处于高价状态。在 2010 年,一款高性能智能手机的售价依然在 4 000 元左右,过高的定价让大多用户望而却步,这也是为什么从 2007 年 iPhone 出现,到 2008 年首款安卓手机 G1 问世,一直到 2010 年这几年来智能手机没有得到全面的发展。

在这个大背景之下,雷军看到了这个巨大的机会窗口,并很快联合林斌、黎万强等一批有志之士创立了小米公司,并于 2010 年 8 月发布第一款基于安卓深度优化的 MIUI 操作系统产品,并通过快速迭代模式持续更新;同年 12 月份,小米发布第一款应用类产品米聊,定位为可以语音聊天的即时通信应用;次年 8 月份,小米打着普惠价格的旗号(顶配 1 999 元价格)发布搭载 MIUI 系统的小米手机,迎合社会大众用户的需求,之后小米手机品牌借助网络优势开始广泛传播,同时小米手机销量亦快速增长。

MIUI、米聊和手机三种产品发布之后,小米形成了知名的"硬件+软件+服务"为主的铁人三项战略,其中米聊随后在与微信的竞争中败下阵来,2014 年 2 月,米聊与另一支团队合并组建"小米互娱"。铁人三项战略的真正意义是小米想通过硬件、软件和服务三个层面整合服务,形成超越竞争对手的全新优势,这在当时普遍认为互联网服务与硬件系统是不同领域的环境下,是一个巨大的创新,并给小米带来了两大竞争优势。

1. 产品之间建立深度连接

小米产品包含硬件、软件、服务三个层面,汇总之后如下:

硬件层面：小米手机、智能电视、路由器、周边产品（移动电源、贴膜、保护套、耳机、米健、后盖、贴纸、挂饰、小米支架等）和生态链产品（小米手环、摄像机、空气净化器、血压计、智能插座、体重秤等）。

软件层面：MIUI、小米桌面、应用商店、主体商店等。

服务层面：米聊、小米网（电商服务）、MIUI社区、云服务、多看。

上述三个层级的布局带来以下两点优势：

（1）深度打通上下层级之间的连接，其中硬件是三个层级中的底层，软件是附着于硬件之上的层级，服务是建立在软件之上的最高层级。在PC互联网时代，硬件、软件和服务分别属于不同的领域，各自依靠Intel（硬件厂商）、微软和网络巨头为中心，彼此之间是较为分裂的，并导致彼此之间的合作程度降低，这使得PC阵营在产品质量上慢慢落后于苹果MAC这种纵向整合厂商。在安卓手机阵营中，也存在类似的情况，不过小米果断采用硬件、软件和服务纵向整合的策略，不仅深度打通彼此之间产品连接，而且能够按照最优产品的目标调整各个层级产品的演进路线。

（2）下部层级对上部层级具有巨大的驱动作用。比如：在一级关联领域，小米手机的崛起，带动了MIUI、小米官网、小米手机周边的崛起；在二级关联领域，小米通过MIUI驱动了通讯录、邮件终端、云存储、应用商店、桌面主题、内置内容APP等服务的增长，这些产品都获得了很不错的发展；在三级关联领域，应用商店推动了视频、音乐、阅读、游戏等内容产业的发展，手机上统一账号体系又加大彼此产品之间的连接与便捷度，智能家居统一连接标准使各种硬件彼此建立深度的连接。最终在产品之间建立深度连接，并由一个单一的产品形成一簇产品，或者说是产品群，从而广泛而又深度地触达众多互联网用户，满足他们的各种需求，并形成以"中心"带"周边"、"周边"护"中心"的战略联动。

2. 成本定价法成为可行

相比于其他手机厂商而言，小米的产品并不仅仅是硬件，还包含庞大的软件和服务体系，后者可以带来可观的利润收入，因此小米可以进行相互补贴战略，并对手机硬件进行成本定价，相比之下，其他硬件厂商跟随则意味着可能亏损，因为它们没有依靠的其他业务来赚钱弥补补贴。

其实，在互联网领域补贴战略是常见的策略，百度、QQ、微信、淘宝等这些产品核心均采用免费模式对用户进行补贴，转而依靠一些边际业务进行赚钱。在整个智能手机领域，小米可能是第一家采用类似补贴的手机厂商。当小米手机采用成本定价法，相比于iPhone、Galaxy以及国产厂商的旗舰手机，同样是顶级配置旗舰手机，后者售价可能高达4 000元甚至更高，但小米手机售价只有1 999元，只有前者一半左右，如此大的差价，使用户明显感知到小米手机在价格与服务方面的优势，从而给用户带来较大触动感，并使小米手机在用户心中形成一定的认知优势，最终驱动小米手机销量的爆发式增长。随着小米手机销量的快速增长，手机产品为上层的软件、服务类产品提供了大量的潜在用户，同时后者又稳固了用户对小米手机的忠诚度。因此，在小米所有运作模式里，如果说铁人三项是第一个关键策略，那么，成本定价法是第二个关键策略。

3. 小米营销矩阵

然而，小米的营销模式创新起因是因为小米诞生初期作为创业公司，其资金不充足，不能够像其他智能手机厂商一样砸广告，只好顺着互联网产品与用户沟通，以及2010年正在爆发的微博这两条路径进行探索,初试牛刀之后发现收货颇丰(可见资源匮乏并非坏事,创业初期探索力量多么重要)。

于是,开始模式复制,构建社会化媒体营销矩阵,并坚持和用户做朋友的谦逊姿态,让用户参与吐槽、调研、产品开发、测试、传播、营销、公关等多个环节,使其不断受小米文化的熏陶,不仅收获了大量用户认可,而且还使得小米以极低成本获取了非常好的品牌宣传。小米营销创新主要体现在以下三个方面:

(1) 优势驱动营销,指以高性价比、成本定价进行营销驱动,使产品服务获得迅速传播的动能;

(2) 构建社会化营销矩阵,用户在哪里,营销渠道就建立在哪里,从微博、微信、QQ、QZone、微信,到贴吧、百科、知乎等,从而深度触达用户;

(3) 小米不是把渠道当作营销工具,而是真实接触到用户,在与用户进行沟通,倾听用户的真实声音,及时了解用户对产品的反馈,并对自己的产品改进。

之后,小米又率先在 QZone 上发布预约红米手机,深度触达 QZone 的数亿活跃用户,接下来随着微信这一平台的崛起,小米采取在微信上预约小米手机的方式,发展微信上的用户,这些行为都是在充分利用社会化媒体社区平台,来深度触达用户,传递小米的品牌、产品和服务理念。

除此之外,小米还先见之明地借鉴了双 11 的模式推出米粉节,根据小米发布的数据,其在 2016 年米粉节总销售额达到 18.7 亿元,参与人数超过 4 600 万名,取得了巨大的成功。

一场又一场强大的营销活动,一年一度感恩回馈用户的米粉节,以及持续不断的社会化媒体营销,造就了小米题材内容的高流量属性,高流量的吸引力,又促使媒体也乐于报道宣传,最终支撑起小米强大的营销能力。

4. 小米手机布局

小米手机在诞生之初,就为其设计一系列的周边服务性质产品,其中五大相关产品为小米网、MIUI、仓储配送、应用商店等、手机周边,这五大产品随着小米手机的崛起而顺势发展,现在都有了非常不错的成绩。小米敏锐地抓住了智能手机这个大风口,借助互联网销售渠道与成本定价的优势,率先推出小米系列手机,定位中端市场(性能旗舰,价格中端),之后推出红米系列,下探千元智能手机市场,仅用五年时间就成为国内智能手机市场第一品牌。同时,小米手机的网上抢购方式,使得小米网成为国内第三大电商平台,以及国内最大的以智能硬件为主的销售平台,其在全国拥有 23 个小米之家服务中心,520 余家授权服务网点,以及超过 4 000 人的客服团队,从而在全国形成了一张广泛覆盖的服务网络。

5. 产品组合

目前小米官网上共销售 9 款智能手机,分别为小米 5、小米 4S、小米 Note、小米 4C、小米 4、红米 Note3、红米 Note、红米 3、红米 2,这 9 款手机大概分为两个价位段,完成了对中低端手机的覆盖,如下所示:

2 000 元价位段的小米系列:小米 5、小米 Note、小米 4S、小米 4C、小米 4。

1 000 元价位段的红米系列:红米 Note3、红米 Note、红米 3、红米 2。

6. 增长放缓

小米手机经历了几年的爆发式增长之后,目前的销售增长速度在放缓,这源于两点。

第一,智能手机市场增速放缓。

从整个智能手机市场来看,大多用户已经完成从功能机到智能机的转变,新增用户日渐减少,整个手机市场开始趋于饱和,并进入用户周期更新阶段,在这种大趋势之下,手机市场增长速度正在放缓,甚至已经进入滞涨阶段。从小米的销售数据来看,小米2015年的年销量约7 000万部,同比增长率仅为14.5%,而对比过去三年的数据,从2012—2014年,小米手机销量增长率分别为2 296%、160%、226%,显然小米的增长速度同整个智能手机市场一道在快速放缓。

第二,小米抢夺对手份额难度加大。

如果小米手机最初高速增长是因为在整个功能手机向智能手机切换的高速期,也即智能手机空白市场时期,小米依靠创造性商业模式迅速抢占了大量的空白市场,但如今整个手机市场圈地已经接近尾声,大多国内用户已经用上智能手机,此时小米如果继续增加市场份额,势必需要从竞争对手手中抢夺市场份额,难度可想而知。从别人手中抢夺市场份额主要看竞争优势与用户切换成本之间的比值,如果前者较大,则容易抢来市场份额,反之则较难。小米的竞争优势在于其产品的用户体验、产品售价、品牌知名度等方面,而用户的切换成本则来自购买渠道、触网能力、网购习惯、用户爱好、价值观差异、品牌认知等非常多因素,由于两者都是一个很难量化的概念,因此我们很难比较双方的比值大小,我们能从销售数据看到的是,小米手机的销量依然在增长,在从竞争对手处抢来市场份额,但是这个难度在加大。

这可能是因为智能手机在现阶段已经成为一个成熟型产品,产品创新空间日渐趋小,大家开始进入同质化时期(硬件、软件、应用等带来综合体验),或者称为延续性创新阶段,各大智能手机厂商能做的就是伴着供应链的发展而自然的升级,彼此的市场份额变化开始趋缓,除非出现下一个大的创新,来打破这种平衡。与此同时,我们看到在国内市场,主要的竞争对手华为(荣耀系列)、联想(乐檬系列)、中兴(nubia系列)、奇虎(360系列)、魅族、乐视等都在跟进小米的模式,虽然目前来看效果各异,但能够看到它们对小米模式的认可。

7. 战略方向

小米手机业务如果想继续保持快速增长,必须突破现有布局,寻找其他出路。显而易见的出路有两条:其一是国际化,把手机卖到风速还很猛的其他发展中国家,这件事,小米的确在做;其二,进军智能手机高端市场。

第一,进军海外市场。

小米最明智的策略是,借助于成本价模式,迅速开拓国际市场,提升小米手机的出货量,扩大小米手机在全球的市场份额。

不过,小米手机在国外市场的销量虽然在大幅度增长,但相比国内市场,销量差距依然非常大。这是由于许多国家为保护本国相关产业而采取较高税率,比如印度,这使得小米不得不与富士康联合在印度建立工厂,从而启动产地销售模式,从而避开高额税收,因此小米国外的销量提升仍需要时间。

第二,布局线下渠道。

小米手机诞生初期,为了降低在销售渠道方面的投入,主要采用小米网等线上销售方式,这在当时也一度引起大量黄牛疯抢,最终部分流入线下销售渠道,并形成线上小米手机低价难抢,线下用户不得不多出钱买货的局面。现如今,小米已经发展成为大的互联网集团,拥有充足的现金储备,虽然牢牢固守线上最大的手机销售商,不过毕竟线下仍是智能手机的主要销售渠道,因此开拓线下销售渠道来提升小米手机销量是明智的举措。

开拓线下渠道的方式有许多种,包括自建、加盟、代理等诸多模式,我们看到的是今年小米之家已经开始销售小米手机,比如小米之家五彩城店,已经拥有不错的客流量。不过鉴于自建模式成本较高,不利于大规模扩展,因此未来势必会走向加盟或代理的模式。另外,线下销售渠道不仅是对于小米手机,而且对于TV、路由器以及小米生态的硬件产品,都有非常好的用户体验、推广效果,能在一定程度上提升销量。

第三,涉足高端手机。

按照一般竞争规律而言,小米在中低端市场占据大量市场份额之后,应该努力抢占高端手机(4 000元价位)市场份额,然而小米高管或许认为这与小米的大战略稍相悖(成本定价法,普惠手机战略),于是小米至今仍未涉足高端手机市场。或许有一天小米会想通,在此稍微展示进军高端市场的方法。在智能手机市场上,决定高端手机与低端手机销量的因素截然不同。对于低端手机市场,价格决定一切,因为目标购买者能够分配到购买手机方面的钱少之又少,因此,只要手机性能基本能用,当优先选择低价手机购买。

高端手机的售卖则与之恰恰相反,大部分目标购买者已经很有钱,根本不在乎价格是高了一千还是少了一千,而手机品牌自身的公众认知对于他们来说,才是核心,因为这更多的彰显他们有钱的身份,并基于此在社会上获得更多的认可与资源获取。因此,高端手机绝不仅仅是卖产品配置,配置仅仅是一个非常基础的选项,而真正卖的是品牌的溢价给消费者带来的炫耀与认可,这就是为什么仍处于双核时代的iPhone却卖得比所有四核的安卓高端手机好,是因为苹果品牌的超强溢价给用户带来身份上的炫耀与认可,并基于此获取更多的优势。

手机再贵,贵不到哪儿去。对于买得起苹果的人来说,价格不是问题。他们买苹果手机,买最新款的苹果手机,一个无法开口的理由是苹果体现着身份和社会地位,这背后是中国的中产阶层渴望认同的复杂心态。客观地说,小米用四年的时间完成了中国智能手机低端市场的整合。向高端市场扩张,这算得上是一个务实的战略。但是,越往高端走,产品定位、创新能力、产品设计、外观设计以及专卖店体系就越来越重要,尤其是专卖店体系,在建立企业品牌方面,扮演着至关重要的作用,它是品牌的一张脸,对小米来说,仅靠小米之家和几百家第三方维修点是不足以支撑小米的高端战略的。

最后,虽然说小米应该涉足高端市场,但并不意味着小米想通过高端用户人群赚钱,而是不想错过这部分高价值人群,毕竟这部分人群对于小米整个智能家居战略有着重要的意义。

8. 其他产品

小米除了智能手机之外,还有电视与盒子、小米路由器、小米平板等硬件产品,这些产品是小米手机产品的有效补充。其中,小米尤为重视智能电视产品,并通过投资爱奇艺等视频网站,来实现小米电视与视频内容平台的深度捆绑,以此来丰富视频内容。

除此之外,小米也可以选择进军PC市场,鉴于小米在用户心中具有较高的品牌效应,小米已经拥有的海量用户规模,以及PC笔记本的成本定价模式,将使小米很容易从PC市场获取不错的市场份额,这对于小米来说,或许是丰富小米生态的一个不错的方法。

9. 智能硬件生态

目前来看,小米已经成为一系列产品组合的大互联网公司集团,产品不仅涵盖硬件(手机、TV、路由器)、软件(MIUI)、服务(应用市场、小米网、游戏、阅读、视频)三大领域,还在金融、云计算、虚拟运营商和广告业务等诸多领域有所布局。但是,除了目前的手机业务(包含MIUI)价值数百亿美元业务之外,其他硬件、内容服务尚没有看到有成为年营收数百亿,估值数千亿的潜力,而互联网金融、云计算、虚拟运营商和广告业务短期内仍看不到大的发展可能,更多是跟随趋势做必要的布局。

虽然小米仍在智能手机领域寻找新的增长途径,但这些措施都是稳固小米现有核心业务,实质上并不会驱动小米持续的大规模增长。当我们回顾BAT的发展轨迹时,会发现它们最初和小米一样诞生于不是很赚钱的领域(相对于BAT,小米铁人三项中的软件/服务能创造的营收/利润依然很小,小米公司整体利润不高),比如腾讯的QQ、阿里的阿里巴巴和百度搜索,但是它们后续都逐渐找了更加能创造营业收入的业务,分别是游戏、淘宝和竞价搜索,从而为公司的成长输送源源不断的资金资源,推动公司走向二次扩张与转型,这种基础业务和营收业务的转换使得它们经历了超过15年以上的高速增长历程,方可成为如今BAT般的网络巨头。

相比之下,小米从2010年成立至今只有六个年头,恰恰是阿里探索淘宝、腾讯探索游戏的时间点,这对于小米保持持续增长来说至关重要。因此,小米需要寻找一个类似于手机一样的、全新的巨大市场,并在这个市场蓬勃发展过程中带动小米走向下一波巅峰,并开辟新的、更大的利润源泉。

大互联网公司转型不易,尤其对于小米这样的小巨头而言,可能首先需要做的即是从现在激烈的手机市场竞争中走出来,并把更多精力投向美好的未来。在2016年1月15日的小米年会上,雷军认为2016年小米将重点放在三个方面:"第一个事情是聚焦,聚焦核心业务,突破关键技术;第二个就是补课,苦练内功,夯实基础;而第三个就是探索,筹建小米探索实验室,研究最前沿的技术和方向,为小米的发展奠定下一个台阶。"如果说前两点的重点依然局限在智能手机领域,那么,第三点则是在探寻小米的未来,也是雷军尤为在意的点。从大的方向上看,小米只有两个可能的前进方向,一个是电动汽车,另一个是智能硬件。前者是比智能手机更大的单品市场,小米需要做的即是复制其曾经走过的经验路径;后者是面向散乱的硬件市场做纵向一体化的整合。

可能是为了规避电动汽车复杂的技术体系、巨大的生产研发困境,小米选择放弃前者,从而拼尽全力压住智能硬件市场(另一个类似于小米的颠覆者乐视,则恰恰相反,法拉第未来开入特斯拉的腹地,正在热火朝天地干),那么,意味着智能硬件与家居生活领域则是小米的未来。

至此为止,可以说小米的布局已经与诸多手机领域的竞争对手(华为、联想、中兴、酷派、魅族、锤子、vivo)不再一个层面上竞争,随着时间的推移,它们之间的距离会越来越大,只剩下360奇酷一个彼此吵吵闹闹的玩伴。

宏观上看,目前的智能手机、PC仅仅是小荷才露尖尖角,放眼未来的智能硬件,会和电商、社区、搜索一样成为一个独立且规模巨大的领域,小米作为智能硬件领域的新物种代表,犹如2003年时的腾讯、阿里和百度,虽然看似面临各自不可挣脱的忧愁,但随着布局的完善,资源的逐步积累,很有可能会成为互联网中的一极,现在要做的就是遵循自己独特的智能硬件之路一直坚定地走下去。

所谓小米的独特道路,即为将小米现有优异的商业模式(迭代研发、网络直销、成本定价、内容营销、关联组合等)推广到智能硬件各个细分领域,并借助于小米现有的各种资源,完成对整个智能硬件生态的布局,从而形成一种局部近似垄断的现象。

▲ 思考题

1. 从公司层战略来看,小米手机执行的是什么类型的战略?为什么?
2. 小米手机的各个不同业务单元的主要竞争对手有哪些?每个业务单位的竞争战略是

什么?

案例来源:http://mt.sohu.com/20160421/n445348647.shtml。

[阅读书目]

1. 迈克尔·波特著.竞争战略.中信出版社,2014年
2. 弗雷德·戴维著.战略管理:概念与案例(第13版).中国人民大学出版社,2012年
3. 林文德、马赛斯著.让战略落地:如何跨越战略与实施间的鸿沟.机械工业出版社,2016年
4. 伊斯梅尔,马隆、范吉斯特著.指数型组织:打造独角兽公司的11个最强属性.浙江人民出版社,2015年

第八章

组 织

- 组织概念
- 组织的基本结构形式
- 组织设计
- 管理幅度与管理层次
- 组织结构运行
- 非正式组织
- 管理新动态
- 问题与讨论
- 实战练习
- 案例思考

    案例一　借三国历史故事，看组织架构如何从创业公司到大公司的变化

    案例二　滴滴出行公布2017年战略和新组织架构
- 阅读书目

第八章

DI BA ZHANG

第八章 组 织

■ 学习目标 ■

学完本章,你应该能够:
1. 掌握正式组织与非正式组织的含义及其对管理的意义。
2. 了解组织设计相互作用的结构性和关联性维度及组织设计流程。
3. 掌握管理的基本组织形式,并熟悉这些组织形式的特点、优点和缺点。
4. 熟悉管理幅度与管理层次的含义和关系,不同层次的管理分工。
5. 理解权力的含义,掌握不同权力的区分和它们之间的关系。
6. 理解授权的重要性,掌握授权的基本原则。
7. 理解集权与分权的含义及其相对性,分析影响集权与分权的主要因素。

■ 关键概念 ■

正式组织　非正式组织　管理幅度　管理层次　直线职权　参谋职权　职能职权

游戏引导

他的授权方式

游戏方法:

1. 游戏材料为:眼罩4个,20米长的绳子一条。
2. 游戏形式8人一组为最佳,游戏时间30分钟。
3. 每组选出一位总经理、一位总经理秘书、一位部门经理,一位部门经理秘书、四位操作人员。
4. 老师把总经理及总经理秘书带到一个看不见的角落而后给他说明游戏规则:
——游戏具体内容见游戏说明。
——全过程不得直接指挥,一定是通过秘书将指令传给部门经理,由部门经理指挥操作人员完成任务。
——部门经理有不明白的地方也可以通过自己的秘书请示总经理。
——部门经理在指挥的过程中要与操作人员保持5米以上的距离。

5. 活动目的：让学生体会及学习，作为一位主管在分派任务时通常易犯的错误以及改善的方法。

问题讨论：
① 作为操作人员，你会怎样评价你的这位主管经理？如果是你，你会怎样来分派任务？
② 作为部门经理，你对总经理的看法如何？对操作人员在执行过程中看法如何？
③ 作为总经理，你对这项任务的感觉如何？你认为哪些方面是可以改善的？

8.1 组织概念

组织是无形的。我们可以看见诸如一个购物中心、一个计算机工作站或一个快递公司雇员的出现，但是整个组织对于我们看来却模糊不清的，并且同一个组织可能分布在不同的地点。我们意识到组织的存在是因为我们每天都接触它们，只要我们想到的地方就有组织的存在。我们几乎不会注意到我们出生在医院并在公安部门登记，在小学、中学和大学受教育，由农业生产的食物养大，由医生为我们治疗疾病，购买由建筑公司建造的房子并由房地产代理商出售，从银行借款，当出现火情时求助于警察和消防部门，由搬家公司来搬家，从政府机构处获得安全上的保障，每周在一个组织中工作5个工作日，等等。

组织就像学校、医院和中国移动通信股份有限公司一样具有共性特点，也存在差异性。管理学中所描述的组织的具有如下的特性：**是社会实体；有确定的目标；有精心设计的结构和协调的活动性系统；与外部环境相联系**。组织的关键要素不是一个建筑、一套政策和程序，组织是由人及其相互关系组成的。当人们彼此作用并发挥基本功能以达到目标时，一个组织就存在了。一个组织的成员们为共同目标一起努力学习和工作，管理者精心构造结构，努力协调组织资源以实现组织的目标。虽然今天的工作人员绝大多数为独立的部门工作，处于一种稳定的结构单元之中，但是大多数组织都在努力架构横向协调，通常以建立团队的方式实现不同功能区域的雇员之间的横向协作。

组织是指经过精心设计的，为了到达一定目标而按一定程序建立的、具有明确的职责关系和协作关系的群体。这种群体有明确的目标、任务、结构、职能以及成员间的责权关系，对个人具有某种程度的强制性。合理、健康的正式组织无疑为组织活动的效率提供了基本的保证。

我们生活在各种各样的组织之中，组织对我们产生潜移默化的影响，我们如何把组织的所有作用表述出来呢？表8-1列出了7个方面的原因说明组织的重要性。企业是典型的组织，它生产为消费者或厂商提供有效需求的商品和服务，它寻求交换与运输途径的创新，以便更加有效地分配产品和服务。企业通过运用现代的制造技术和新的信息技术重新设计组织结构和管理实践，从而提高组织的效率。为了获得超额利润，企业不断寻求创新，只有那些不具备创新能力的小企业或者濒临破产的企业才依靠标准的产品和陈旧的工作方式以维持生计；当然，像富士康那样的公司虽然生产标准化产品，但他已经做到管理模式的创新，使企业保持了获得利润的能力。当今时代，更多的企业试图建立学习型组织，其目的就是满足企业不断创新的要求，达到在激烈的市场竞争中立于不败的目的。计算机辅助设计、程序化制造、信息技术的运用，使得企业促进创新能力不断增强。这些内容将在下一章详细展开论述。

表 8-1　组织的重要性

1. 整合所有的可利用资源以达到组织期望的目标
2. 生产具有有效需求的商品和服务
3. 为创新提供条件和支持
4. 运用以计算机为基础的现代技术
5. 适应并影响不断变化的环境
6. 为企业所有者(股东)、顾客和企业员工创造价值
7. 适应劳动力多样化、伦理、社会责任以及对员工的激励与协调等不断产生的挑战

资料来源：理查德·达夫特著.组织理论与设计精要.机械工业出版社,2002年.第7页.

我们所熟悉的组织总是希望自己长期生存下去,特别是那些大的企业集团。因此,组织必须适应并影响迅速变化的环境,有些大公司拥有专门的部门负责监视外部环境并找出适应或影响环境的方式。今天,一个最重要的外部变化就是全球化,例如,为了试图适应和影响环境,中国石油天然气集团公司与中国石油化工集团公司正在加快海外并购能源资源的步伐,以便不断满足中国经济发展引致的能源需求;美国的耐克公司和阿迪达斯公司把生产基地放到中国和东南亚国家,并在全球构筑营销网络,以便在全球化的竞争中立于不败之地。通过所有这些活动,组织为企业所有者(股东)、顾客和企业雇员创造价值。管理者需要清楚哪些经营活动创造价值而哪些不创造价值。一家公司只有当创造的价值超过所耗资源的成本时才能实现盈利。最后,组织也必须适应今天劳动力多样化的挑战,即更加注重伦理和社会责任,在符合伦理并肩负起社会责任的前提下,找出有效办法激励雇员完成组织的目标。组织改变着我们的生活,提倡普世价值的、信息充分的管理者也能改变组织,对组织理论的系统学习和理解能够使管理者们去设计组织,并使其更有效地发挥作用。

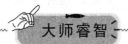

　　一个企业不是由它的名字、章程和公司条例来定义的,而是由它的任务来定义的。企业只有具备了明确的任务和目的,才可能制定明确和现实的企业目标。
　　　　　　　　　　　　　　　　　　　　　　　　　　——[美]彼得·德鲁克
　　组织结构的设计应该明确谁去做什么,谁要对什么结果负责,并且消除由于分工含糊不清造成的执行中的障碍,还要提供能反映和支持企业目标的决策和沟通网络。
　　　　　　　　　　　　　　　　　　　　　　　　　　——[美]哈罗德·孔茨

8.2　组织的基本结构形式

　　组织结构可以用组织图清晰地描述出来。组织图是对一个组织的一整套基本活动和过程的可视化的描述。组织结构定义的三个关键要素是：(1)组织结构决定了正式的组织关系,包括层级数和管理者的管理跨度；(2)如何由个体组合成部门,再由部门到组织,这也是由组织结构来确定的；(3)组织结构包含了一套系统,以保证跨部门的有效沟通、合作与整合。组织结构的这三个要素包含于组织过程的横纵两个方面。例如：前两个要素是组织结构性框架,属于组织图上的纵向层级内容,第三个要素则是关于组织成员之间的相互作用类型的。一个理想的组织结构应该鼓励其成员在必要的时候提供横向信息,进行横向协调。组织结构设计受组织环境、组织目标、技术和规模的影响。图8-1是一张股份有限公司的结构简图,它具有一般性特征,几乎适合于各行各业的股份有限公司。

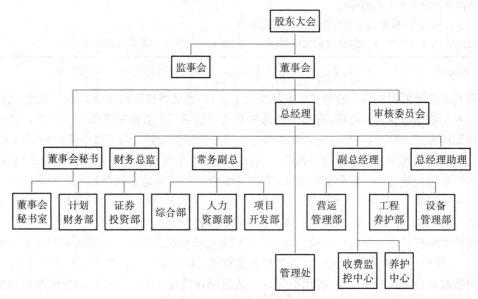

图 8-1　股份有限公司结构简图

图8-1虽然只是一幅简图,但让我们初学管理学的人感觉到复杂。事实上,这种复杂的结构不是企业一开始诞生时就有的,它是企业发展到一定阶段的产物。我们学习管理学需要从企业诞生之初的简单结构入手,逐步了解企业结构设计过程中的各种组织结构。

8.2.1　直线型组织结构

直线型组织结构(Simple Structure)是最古老的组织结构形式。所谓的"直线"是指在这种组织结构下,职权直接从高层开始向下"流动"(传递、分解),经过若干个管理层次达到组织最低层。其特点是：

(1) 组织中每一位主管人员对其直接下属拥有直接职权；

(2) 组织中的每一个人只对他的直接上级负责或报告工作；

(3) 主管人员在其管辖范围内,拥有绝对的职权或完全职权,即主管人员对所管辖的部门的所有业务活动行使决策权、指挥权和监督权。这种组织结构如图8-2所示。

它的优点是结构比较简单,所有的人都明白他们应向谁报告和谁向自己报告,责任与职权明确。每个人有一个并且只能有一个直接上级,因而作出决定可能比较容易和迅速。缺点是在组织规模较大的情况下,业务比较复杂,所有管理职能

图 8-2　直线型组织结构

都集中由一个人承担,是比较困难的。当这位全能管理者离职时,很难找到一个具有全面知识和技能的人去替代他。此外,每个部门基本上只关心本部门的工作,部门间协调性差。因此,这种类型的组织结构应用范围有限,一般只适用于那些没有必要按职能实行专业化管理的小型组织,或应用于现场作业管理。

8.2.2 职能型组织结构

职能型组织结构(Functional Structure)是在组织内设置若干职能部门,并都有权在各自业务范围内向下级下达命令,也就是各基层组织都接受各职能部门的领导。它与直线型组织结构不同,它的特点是采用按职能分工实行专业化的管理办法来代替直线型的全能管理者,即在上层主管下面设立职能机构和人员,把相应的管理职责和权力交给这些机构,各职能机构在自己业务范围内可以向下级下达命令和指示,直接指挥下属。如图8-3所示。

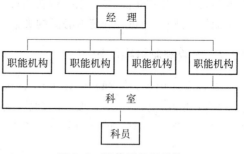

图 8-3 职能型组织结构

这种结构的优点是适应管理工作分工较细的特点,能够充分发挥职能机构的专业管理作用;由于吸收专家参加管理,减轻了上层主管人员的负担,使他们有可能集中注意力以实现自己的职责。其缺点是由于实行多头领导,妨碍了组织的统一指挥,容易造成管理混乱,不利于明确划分职责与职权;各职能机构往往从本位的业务出发考虑工作,不能很好地配合,横向联系差;在科学技术迅速发展,经济联系日益复杂的情况下,对环境发展变化的适应性也差,不够灵活;强调专业化,使主管人员忽略了本专业以外的知识,不利于培养上层管理者。在实际工作中,事实上不存在纯粹的职能型组织结构。

8.2.3 直线职能型组织结构

直线职能型组织结构(Unitary Organization Structure)简称 U 型结构,是指在组织内部,既设置纵向的直线指挥系统,又设置横向的职能管理系统,以直线指挥系统为主体建立的两维的管理组织。如图8-4所示。最早是由成立于1892年的通用电气公司发展起来的,由铁路公司发展的高层管理方法和家族式企业发展的中层管理方法综合而成的。正因为 U 型公司具有的优势,所以到1917年时,U 型结构在美国制造业占据统治地位,当时236家公司中有80%以上采用了这种结构。

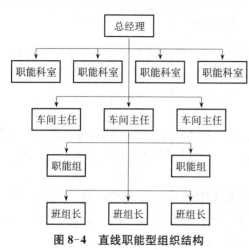

图 8-4 直线职能型组织结构

这种组织结构把组织管理机构和人员分为两类:一类是直线指挥部门和人员,另一类是参谋部门和人员。直线部门和人员在自己的范围内有一定的决策权,对其所属下级实行指挥和命令的权力,对自己的工作部门的工作负全部责任。职能部门及其人员,是直线的参谋,他对下级直线部门只能提供建议和业务指导,没有指挥和命令的权力。

这种组织结构的优点是各级直线主管人员都有相应的职能机构和人员作为参谋和助手,因而能够对本部门进行有效管理,以适应现代管理工作比较复杂而细致的特点,而每个部门都是由直线人员统一指挥,这就满足了现代组织活动需要统一指挥和实行严格的责任制度的要求。

这种组织结构形式的主要缺点是:在实际生活中,各职能部门在面临共同问题时往往容易从本位出发,从而导致意见和建议的不一致甚至冲突,加大了上级管理者对各职能部门之间的协调负担;其次是职能部门的作用受到了较大的限制,一些下级业务部门经常忽视职能部门的指导性意见和建议。为了克服这个缺点,可以有限制地扩大职能部门的权力。例如,可以授予职能部门强制性磋商权,要求直线行政指挥人员在一些重大的决策问题上必须与职能部门讨论和商量,并把这个过程确定为必要的决策环节。

8.2.4 事业部制组织结构

事业部制组织结构(Multidivisional Organization Structure)简称 M 型组织结构,是一种分权式结构,是在总公司领导下按产品、地区或市场划分,统一进行产品设计、采购、生产和销售,相对独立经营、单独核算的部门化分权结构。如图 8-5 所示。

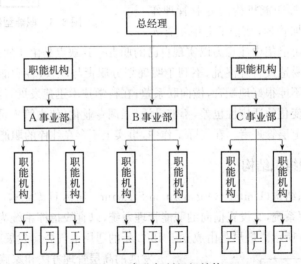

图 8-5 事业部制组织结构

事业部制对那些实行多样化经营的大型企业具有很强的生命力。事业部制组织结构是美国管理学家斯隆在 20 世纪 20 年代针对企业实行多样化经营所带来的复杂管理而提出来的。最早采用 M 型组织结构的是美国通用汽车公司。正是通用汽车公司在 1920 年的危机中发明了这套新型的组织结构,通用汽车公司起死回生。

事业部制的主要优点是:组织最高层管理者摆脱了具体的日常管理事务,可以集中精力做好战略决策和长远规划;提高了组织的灵活性和适应性;增强了各事业部领导者的责任心,有利于培养和训练全面型管理人才。

事业部制也存在一些相对的不足:由于机构重叠,以致机构庞大,结构臃肿,易造成管理人员的浪费,削弱了各事业部之间的协作关系;各事业部自主权较大,容易产生本位主义,较多地考虑本部门的利益,忽视了整个组织的利益,从而使管理失去控制。

8.2.5 矩阵型组织结构

矩阵型组织结构(Matrix Structure)是把按职能划分的部门和按产品(项目)划分的小组结合起来组成一个矩阵,一名管理人员既同原职能部门保持组织与业务上的联系,又参加项目小组的工作。如图 8-6 所示。职能部门是固定的组织,项目小组是临时性组织,完成任务以后就自动解散,其成员回原部门工作。适用于一些集中多方面专业人员集体攻关的项目或企业。航天航空企业、工程建设企业等采用这种组织结构形式,效益比较明显。

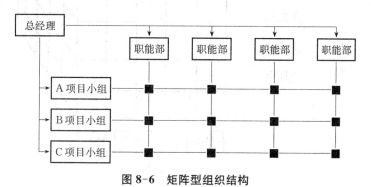

图 8-6 矩阵型组织结构

这种组织结构形式的优点是:加强了各职能部门的横向联系,具有较大的机动性和适应性;实行了集权与分权较优的结合,有利于发挥专业人员的潜力,有利于各种人才的培养。其缺点是:由于这种组织形式实行的是纵向、横向的双重领导,处理不当,会在工作中出现扯皮现象和矛盾;组织关系较复杂,对项目领导人的要求较高;由于这种形式的临时性特点,也可能导致人员的经常变动,从而影响组织的正常工作秩序。

矩阵制组织结构形式适合于外部市场变化较快,要求企业有较强的适应能力的组织,特别是企业的一些重大工程攻关项目以及以开发与实验项目为主的单位。

8.2.6 多维立体组织结构

在矩阵组织的基础上再加上其他内容,就形成了多维立体组织。例如,在产品和职能部门之上增加一个市场经理,就构成了三维立体组织。

美国生产化学和塑料产品的科宁公司采取了四维立体组织形式,该公司在产品经理与职能经理的矩阵上又增加了营业经理与市场经理。该四维立体组织的关键是营业委员会的设立,营业经理负责一个地区的业务经营,他们对这个地区的业务负责,直接归公司的最高主管领导。营业委员会通常由研究、生产、销售、技术服务以及发展部门的代表形成,此外,还包括有关成本与物价方面的专家。多维立体组织结构是按产品划分的事业部、按职能划分的管理机构和按地区划分的管理机构三个系统结合而成的组织结构,这种组织形式适合于跨国公司或者跨地区的大公司。如图 8-7 所示。

8.2.7 网络型组织结构

网络型组织(Network Structure)是采用现代管理理念和生产方式,利用现代信息技术手段而建立和发展起来的新型组织结构。现代信息技术使企业与外界的联系加强了,利用这一

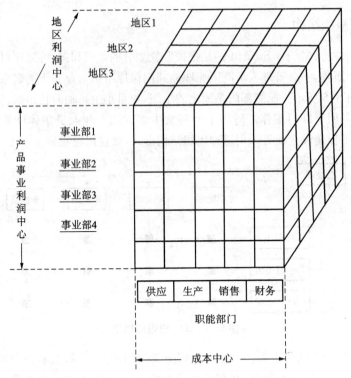

图 8-7 多维立体型组织结构示意图

有利条件,企业可以重新考虑自己的业务安排和自身机构的边界,并不断缩小内部生产经营活动的范围,相应地扩大与外部单位之间的分工协作。这就产生了一种基于契约关系的新型组织结构形式,即网络型组织。如图 8-8 所示。

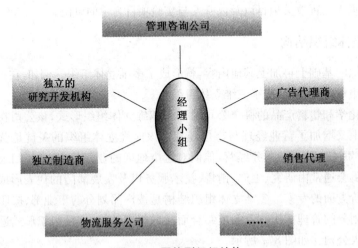

图 8-8 网络型组织结构

网络型组织结构是以契约关系的建立和维持为基础的,依靠外部机构进行制造、销售或其他重要业务活动的组织结构形式。被联结在这一结构中的两个或两个以上的单位之间并没有正式的资本所有关系和行政隶属关系,但却通过契约纽带,运用一种互惠互利、相互协作、相互信任和支持的机制来进行密切的合作。

网络型组织结构的特色是将企业内部各项工作(包括生产、销售、财务、物流等),通过承包等契约合同交给不同的专业企业去承担,而总公司只保留为数不多的职员,其主要职责是制定政策和协调各承包公司的关系。这种结构的优点是,能使企业减少行政开支,并具有较强的应变能力。缺点是,总公司对各承包公司的控制能力有限。

网络型结构可以使企业利用现有的社会资源迅速发展壮大起来,它不仅是小型组织的一种可行的选择,也是大型企业,特别是跨国公司在联结集团松散层单位时通常采用的组织结构形式。

8.3 组织设计

8.3.1 组织设计的维度

考察具体的组织设计时,我们发现有某些因素是必不可少的,我们称这些因素为组织设计的维度,这些描述组织的维度与描述人的个性和身体特征的方式是非常相似的。组织的维度分为两类:结构性和关联性(见图8-9)。结构性维度描述了一个组织的内部特征,它们为衡量和比较组织提供了前提和基础。关联性维度反映整个组织的特征,包括组织规模、技术、环境和目标等,它们描述了影响和改变组织维度的环境。要了解和评价组织,必须同时考察结构性和关联性维度,这些组织设计的维度相互作用,能够调节并完成图8-9所列示的目标。

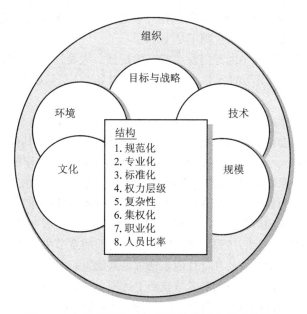

图8-9 组织设计相互作用的结构性和关联性维度

资料来源:理查德·达夫特著.组织理论与设计精要.机械工业出版社,2002年.第8页.

一、结构性维度

规范化是指组织中书面文件的数量。这些文件包括工作程序、工作描述、规章和政策手册等。这些书面文件描述组织的行为和活动,规范化通常是通过对组织内的文档数目的简单清点来衡量的。例如:一所综合性大学就需要较高的规范性,因为它们有许多成卷的有关学生注册、课程增减、学生会、管理等方面的书面规章。而一个较小规模的家族企业,相比之下就几乎没有书面规章,因而也就被认为是非规范化的。

专业化是将组织的任务分解成为单个工作的分工程度。如果专业化的范围广,那么每个员工只需从事组织工作的很小一部分。如果专业化程度低,员工从事工作的范围也就较广。专业化有时也被称为劳动分工。

标准化是指相类似的工作活动以统一的方式来执行的程度。在像富士康科技集团这样高标准化的组织中,工作内容已有详细的描述,并且相似的工作在所有的地方都以同样的方式来完成。

权力层级是描述谁向谁报告,以及每个管理者管理的幅度。这个知识点将在本章的最后一节中展开论述。

复杂性是指组织活动中子系统的数量。复杂性可以从三方面衡量:横向、纵向和空间。纵向的复杂性是层级的数量;横向的复杂性是横向跨越组织的部门和工作的数量;空间复杂性是指地理位置等方面的数量。

集权化是指有权作出决策的层级。当决策处在高层级上时,组织就被集权化,当决策处于较低的组织层级上时,就是分权化。组织可能集权化的决策包括:购买设备、确定目标、选择供应商、制定价格、雇佣员工和决定市场范围等。

职业化是指雇员的培训和正规教育程度。当雇员需要较长时间的训练才能掌握工作时,该组织被认为具有较高的职业化特性。职业化一般通过员工的平均受教育年限来衡量,如医药行业可能高达20年,而从事建筑业则不足10年。

人员比率是指组织人员在不同部门及功能间的配置。人员比率包括管理、文秘、专业人员和从事间接和直接劳动的雇员等的比率,人员比率通过以各类人员除以组织人员的总数来衡量。

二、关联性维度

组织规模是以组织中的人数来反映的组织的大小。它可以根据整个组织或具体构成来衡量。由于组织是一个社会系统,规模一般是用人数来衡量。当然也有其他方式衡量,如销售总额或总资产也反映组织大小,但它们不能反映社会系统中人员方面的规模。

组织技术是生产子系统的属性,它包括用以改变组织从投入到产出的具体运作和相关技术,如一条装配线、大学的教室和一个炼油厂等都是组织技术,尽管它们之间彼此各不相同。

组织环境包括所有组织边界之外的因素,主要有资源提供者、服务对象、竞争对手、政府主管部门、社会特殊利益代表组织,组织环境已经在本书之前的章节中详细论述,此处不再多论,但值得强调的是影响组织的最大的环境性因素通常是其他组织。

组织的目标和战略决定它在目的和竞争技巧上区别于其他组织。目标通常作为公司长远计划的说明书而记载下来;战略是为应付环境和达到组织目标而设计的,它通常描述资源分配方式,指引组织的行动计划。目标和战略决定组织的经营范围以及雇员、客户和竞争者之间的关系。

组织文化是由雇员共享的价值观、信念、理解与标准等的基本组合,在之前章节已经详细论述。这些基本的价值观可能与伦理行为、对员工的承诺、效率、对顾客的服务等有关,并使组织的成员紧密地团结在一起。组织文化是非书面的,但它可以通过口号、礼仪、穿着和办公室的布设等表现出来。

这里讨论结构性和关联性的13个维度是相互依存的,例如,巨大的组织规模、通用的技术和稳定的环境等都为试图创造一个具有较高的规范化、专门化和集权化程度的组织服务。这些维度为衡量和分析那些不能被观察到的组织特征提供了基础保障,同时也揭示了有关组织的重要信息。

8.3.2 组织结构设计的程序

一般来说,组织结构设计的过程是在因素分析的基础上进行组织职能分解和职能整合。考虑到动态发展的过程还必须通过保障措施的设计才能保证组织结构设计的实际运转,并且要进行程序化的反馈以确保组织设计的科学有效。从最新的观念来看,企业的组织结构设计实质上是一个组织变革的过程,它是把组织的任务、流程、权力和责任重新进行有效组合和协调的一种活动。根据时代和市场的变化,进行组织结构设计或组织结构变革(再设计)的结果是大幅度地提高企业的运行效率和经济效益。具体来说,企业组织设计的程序一般包括如下五方面。

一、因素分析

因素分析就是分析制约组织结构设计的因素。内容包括三个方面:(1)企业目标。企业目标及其保证体系是建立企业组织结构的依据。(2)企业外部环境。① 微观环境,主要由企业的供应商、竞争者、相关企业、顾客、社会公众等构成;② 宏观环境,主要包括人口环境、经济环境、自然环境、政治环境、社会文化环境等;(3)企业内部因素。不同行业的企业,或同行业但资源拥有的状况不同,其自身的特点也决定了企业组织结构的特点,主要体现为:① 不同行业,生产工艺要求不同,其组织结构以及集权与分权的关系不同;② 企业拥有的资源数量与水平影响企业组织结构的选择。

二、职能分解与设计

职能分解与设计,是对企业的任务及其各项职能进行设计并层层分解到各部门、各岗位的工作。职能设计的主要内容有:(1)基本职能设计,即把国内外相关企业的企业基本职能与本企业的客观情况相结合,确定本企业应具备的基本职能;(2)关键职能设计,即根据业务的实际情况,在众多的基本设计中找出一两个起关键作用的职能,把关键职能置于企业组织结构的中心地位,确保其他目标的实现;(3)职能分解,即将所确定的基本职能和关键职能逐步细分为各部门、各岗位的职能;(4)横向协调设计,即企业经营活动分解为若干部分,形成专业化分工体系,横向设计就是将这些部分连接成一个整体,保证各部门为实现企业总目标而建立良好的协作关系。

三、组织结构的框架设计

结合现存的组织结构模式在纵向部门和横向协调方式明确的基础上,统筹考虑企业的权责划分关系,寻求优化的分工协作关系。其主要内容有:(1)企业高层权责关系的形式;(2)企业各部门岗位的责权划分。

四、组织运行保障设计

主要内容有:(1)管理规范设计,包括企业管理中的各种规章制度、方式方法等,是使企业组织结构能够按照设计要求正常运行的重要保障;(2)人员配备与训练设计,这是人事组织职能的实施。

五、反馈与修正

及时接受反馈信息有助于及时发现问题并进行必要的修正。

8.4 管理幅度与管理层次

8.4.1 管理幅度与管理层次的概念

管理幅度又称管理宽度,是指上级管理者能够有效地监督、管辖的直接下属人员的数量。 管理学家格兰丘纳斯(Graicunas)指出,当增加一个下属时,直接单独联系的数量按算术级数增加,而相应的联系总数,由于加上直接团体联系和交叉联系,是按指数比例增加的。**管理层次是指组织中所形成的不中断的等级系列的环节数,即组织在职权等级链上所设置的管理职位的级数。**

当组织规模一定时,管理幅度与管理层次成反比关系。管理幅度越宽,层次越少,其管理组织结构呈扁平型(Flat Structure)。管理幅度越窄,管理层次越多,其管理组织结构呈高耸型(Tall Structure)。因此,在同一个组织中,较大的组织幅度(或组织宽度)意味着较少的管理层次,较小的管理幅度则意味着较多的管理层次。扁平型组织结构有利于缩短上下级的距离,上下级关系密切,信息的纵向流通速度快,管理费用低,而且由于管理幅度较大,被管理者的自主性也较大,同时有更大的余地去选择和培训下层人员。但是,管理者的时间、精力和能力都是有限的,较大的管理幅度可能难以有限地控制下属的行为,也加重了同级之间沟通的困难。高耸型的组织结构有利于上下级之间的沟通和协调,管理严密,分工明确。但是,由于管理层次的增加,也可能产生一些问题:管理层次越多,需要从事管理工作的人员迅速增加,彼此间的协调工作也急剧增多,互相扯皮的事就会层出不穷;在各管理层次所花费的设备、管理费用的支出增加,所浪费的时间和精力也有所增加;较多的管理层次还造成组织内信息传递的失真;由于高层管理者对处于基层人员的影响力削弱,增加了高层管理者对整个组织控制的难度;另外,由于管理的严密而可能限制下级人员的主动性和积极性。

当组织规模相当有限时,一个管理者可以直接管理每一位作业人员的活动,这时组织就只存在一个管理层次。当规模的扩大导致管理工作量超出了一个人所能承担的范围时,为了保证组织的正常运转,管理者就必须委托他人来分担自己的一部分管理工作,这使管理层次增加到两个层次。随着组织规模的进一步扩大,受托者又不得不进而委托其他的人来分担自己的工作,依此类推,而形成了组织的等级制或层次性管理结构。从一定意义上来讲,管理层次是一种不得已的产物,其存在本身带有一定的副作用。首先,层次多意味着费用也多。层次的增加势必要配备更多的管理者,管理者又需要一定的设施和设备的支持,而管理人员的增加又加大了协调和控制的工作量,所有这些都意味着费用的不断增加。其次,随着管理层次的增加,沟通的难度和复杂性也将加大。一道命令在经由层次自上而下传达时,不可避免地会产生曲解、遗漏和失真,由下往上的信息流动同样也困难,也存在扭曲和速度慢等问题。此外,众多的部门和层次也使得计划和控制活动更为复杂。一个在高层显得清晰完整的计划方案会因为逐层分解而变得模糊不清失去协调。随着层次和管理者人数的增多,控制活动会更加困难,但也更为重要。

8.4.2 组织层次的分工

在组织的纵向结构中,通过组织层次的划分,组织目标也随之呈梯状的分化。因此,客观上要求每一管理层次都应有明确的分工。

一个组织中管理层次的多少,应具体地根据组织规模的大小、活动的点以及管理宽度而定。如前所述,一般说来,大部分组织的管理层次往往可以分为三层,即上层、中层、基层。(1)对于上层来讲,其主要任务是从组织整体利益出发,对整个组织实行统一指挥和综合管理,并制定组织目标及实现目标的一些大政方针;(2)中层的主要任务是负责分目标的制定、拟定和选择计划的实施方案、步骤和程序,按部门分配资源,协调下级的活动,以及评价组织活动成果和制定纠正偏离目标的措施等;(3)基层的主要任务就是按照规定的程序,协调基层员工的各项工作,完成各项计划和任务。1965年,美国斯隆管理学院的安东尼(Anthony)等企业管理研究专家通过对欧美制造型企业长达15年的大量实践观察和验证,创立了制造业经营管理业务流程及其信息系统构架理论,即著名的"安东尼结构",该理论认为经营管理业务活动,即企业管理系统可分为战略规划、战术决策和运行管理三个层次。这相当于我们上面所说的上层、中层、基层的划分法。如表8-1所示。

表8-1 安东尼结构

项目 \ 层次	战略规划 上层	战术计划 中层	运行管理 基层
主要关心的问题	是否上马 什么时候上马	怎样上马	怎样干好
时间幅度	3—5年	半年—2年	周或月
视野	宽广	中等	狭窄
信息来源	外部为主 内部为辅	内部为主 外部为辅	内部
信息特征	高度综合	中等汇总	详尽
不肯定的冒险程度	高	中	低

资料来源:wiki百科,http://wiki.mbalib.com/wiki/.

安东尼结构中的战略规划层考虑的是组织的局限性、方向性以及涉及与目标有关的方针问题,例如,一个项目要不要上马,什么时候上马合适,这些都是一个组织中最基本的决策问题。一旦决策失误,那么,效率越高就意味着损失越大。战术计划层主要考虑的是在一定方针下怎样组织和安排,即要回答的是怎样上马的问题。运行管理层关心的是怎样干好的问题,即具体实施计划、组织生产是他们的主要任务。任何组织无论怎么划分其管理层次,各层次之间的相互关系总是一定的,即管理层次是自上而下地逐级实施指挥与监督的权力。较低层次的主管人员处理问题的权限由较高一级的主管人员给予规定。他必须对上级的决策作出反应,并且向他的上一级主管汇报工作。组织的上层管理在一般情况向更高一级的委派者负责。在西方国家,无论组织采取什么形式,上层主管只向业主或股东(代表)大会或董事会汇报工作。在我国,尤其是在全民所有制性质的组织中,上层主管具有双重身份,既代表国家又代表职工,因此他必须向这个组织的上级管理机关以及职工代表大会汇报工作。

8.4.3 影响管理幅度的因素

对于一个组织来说,多大的管理幅度才是合适的呢?根据众多的管理学家所进行的大量的实证研究,影响管理幅度的因素主要有以下七个方面。

(1) 主管人员与其下属双方的素质和能力。凡是受过良好训练的下属,不但所需的监督较少,而且不必事事都请示汇报,减少了管理的工作量,从而可以增加管理幅度;同样,素质和能力较强的主管人员也能够在不降低效率的前提下,担负起较多人员的管理工作而不会感到过分的压力。

(2) 所面对的问题的性质。主管人员若经常面对的是较复杂、困难的问题或涉及方向性的问题,则直接管辖的人数不宜太多;相反,如果主管人员大量面对的是日常事务,已有规定的程序和解决方法,则管辖的人数可以较多一些。

(3) 管理活动的相似性。下属的工作和活动的内容越是相似,上级管理者的协调活动就越是可以制度化、标准化和程序化,从而节省上级管理者的时间和精力,增加其管理的幅度。

(4) 授权的状况。适当的和充分的授权可以减少上下级之间的接触次数和密度,节省上级管理人员的时间和精力,这样,上级管理者可拥有较大的管理幅度;相反,不授权、授权不足、授权不当或授权不明确,都会增加上级管理者指导和监督的工作量,从而限制了管理幅度的扩大。

(5) 组织沟通渠道的状况。在组织沟通渠道畅通、信息传递迅速和准确、所运用的控制技术比较有效、对下属的考核制度比较健全的情况下,管理幅度可考虑加大一些。

(6) 下属员工的空间分布。下属人员在地域上越是集中,越是可以节省协调和沟通的时间与精力,这样,可以适当增加管理幅度;反之,就会限制管理幅度的扩大。

(7) 管理者的领导风格。如果上级管理者属于集权的领导风格,不想更多地发挥下级人员的积极性,要求对下级人员进行严格的控制和管理,则只能有一个较小的管理幅度。

除此之外,工作对象的复杂性、管理者所承担的非管理职责、计划的完善程度等因素也影响着管理幅度的确定。

8.5 组织结构运行

在完成组织结构的设计以后,必须使组织结构按预先的设想有效地运转,从而实现组织的目标。组织的运转过程主要需处理好授权、集权与分权、个人管理与集体管理等关系。

8.5.1 职权划分

要对职权进行划分,首先需要界定权力的含义。权力通常是指处在某个管理岗位上的人对整个组织或所管辖的单位与人员的一种影响力。权利主要包括三种类型:专长权、个人影响权和制度权。我们这里所说的职权的划分指的是制度权的划分。

职权是指职务范围内的管理权限。所有的管理者想要通过其下属人员去完成某项任务,就必须拥有包括指挥、命令在内的各种必须具备的权力。在组织内,员工基本的信息沟通就是通过职权关系来实现的。通过职权关系上传下达,使下级按指令行事,上级得到及时的反馈,从而进行有效的控制,作出合理的决策。

组织内的职权有三种类型:直线职权、参谋职权、职能职权。

一、直线职权

直线职权是直线人员所拥有的包括发布命令及执行决策等的权利,即通常所指的指挥权。在组织的各管理层之间,在指挥权的基础之上,形成自上而下的指挥链系统,各种信息在其中进行传递。在这个指挥链中,职权关系必须分明。

二、参谋职权

参谋职权是指对他人提供咨询和建议、供他人参考的权力。参谋的种类有个人与专业之分。参谋人员是直线人员的咨询人,协助直线人员执行职责。专业参谋常为一个单独的组织部门,即所谓的"智囊团""顾问班子",它聚合了一些专家的集体智慧,协助直线人员进行工作。

就一个管理者来说,他在组织中的身份是双重的,既可以是直线人员也可以是参谋人员,取决于其发挥作用及行使职权时的环境。当他处于自己领导的部门时,他行使的是直线职权;而当他同上级或其他部门发生联系时,他又成为参谋人员。

三、职能职权

职能职权是指由直线人员把原来属于自己行使的直线权力委托给参谋人员去行使的那部分权力。在纯粹参谋的情况下,参谋人员拥有的仅仅是辅助性职权,并无指挥权,但是,随着管理活动的日益复杂,直线人员仅仅依靠参谋的建议还很难作出最后的决定,因此,为了改善和提高管理效率,直线人员将部分权力转化为职能职权。职能职权大多数是由部门的负责人来行使,例如,一个公司的总经理统揽管理公司的职权,为了节约时间,加速信息的传递,他就可能授权财务部门直接向生产经营部门的负责人传达关于财务方面的信息和建议,也可能授予人事、采购、公共关系等部门一定的职权,让其直接向有关部门发布指示。

四、正确处理直线和参谋的关系

在实际工作中,三种职权经常容易混淆,它们的关系如果处理不当,就有可能导致管理的混乱和管理效率的低下。其主要原因有:忽视参谋的作用;参谋职权扩大,削弱了直线人员的职权乃至威信;职能职权的扩大导致"多头领导"。因此,如何正确处理它们的关系对一个组织来讲是至关重要的。要处理好直线与参谋的关系,必须注意以下五个方面的问题。

(1)每个管理者应该明确自己的角色。组织中的每个管理者都具有双重身份,管理者应该明确自己在什么场合是直线人员,在什么场合是参谋人员,以正确履行自己的职责与作用。

(2)建立强制性的参谋助理制度。组织中的直线人员在进行管理决策时,应先征求和听取有关参谋人员和参谋部门的意见,以提高决策的科学性。

(3)直线人员与直线部门要及时地向参谋人员与参谋部门提供各种信息和帮助。指导和支持参谋人员与部门的工作,直线人员对各种活动具有最后的决策权。

(4)明确规定职能职权的应用范围。职能职权的应用有利于高层管理者集中精力于重大问题的决策,但是,为了避免造成多头领导和多头指挥的现象,必须适当限制职能职权的使用,明确规定职能职权的范围。

(5)明确建立工作责任制。直线人员在进行决策时,应听取参谋人员的意见。如果参谋人员提出了好的建议而未被采纳,并给组织带来严重的后果,就应追究直线人员的责任;如果参谋人员提出了不恰当的建议,或提供了不准确的情报,或有越权行为,给组织造成了严重的后果,也应对此负责。

8.5.2 集权与分权

组织进行部门化以后,组织是属于集权还是分权,这取决于高层管理者权力的下放程度。集权意味着职权集中在较高的管理层次;分权则意味着职权分散到整个组织中。集权与分权是相对的,较好的管理是建立在集权与分权和谐一致的基础上,许多企业都是在寻找两者的平衡中发展的。

一、集权与分权程度的衡量

(1) 决策的数目。基层决策的数目越多,分权的程度就越高;反之,上层决策的数目越多,则集权的程度就越高。

(2) 决策问题的重要程度。若较低一级管理层次作出的决策事关重大,涉及面广,则表明分权的程度较高;相反,若下级作出的决策无关紧要,则集权程度较高。

(3) 决策审批手续的简繁。在下一级作出决策时,需要请示审批的手续越繁琐、程序越多,则集权程度越高;否则,能够在较低的管理层次的控制之下作出决策,则分权的程度较高。

一般来说,集权制的特点是:(1) 经营决策权大多数集中于高层管理者,中下层只有日常的业务决策权限;(2) 对下级的控制较多,下级在决策前后都要经过上级的全面审核;(3) 实行统一经营;(4) 事先统一核算。分权制则相反,体现在:(1) 中下层有较多的决策权;(2) 上级的控制较少,往往以完成规定的目标为限;(3) 在统一的规划下可独立经营;(4) 实行统一核算,有一定的财务支配权。

二、影响集权与分权程度的因素

对一个组织来说,其集权或分权的程度,应综合考虑各种因素。

(1) 决策后果的严重程度。对于较重要的决策、耗费较多的决策以及后果涉及面较大的决策,更多地由较高管理层来作出,由其承担相应的责任,即重大决策的正确与否责任重大,不宜授权,倾向于集权管理。

(2) 组织内部政策的一致性要求。不同的组织对内部政策的一致性要求不同。有的组织采取不一致的内部政策,以求得更充分地调动基层的积极性,这时,组织倾向于分权;有的组织采取一致的内部政策,以求得内部各基层单位的协调平衡和行动统一,这时组织应倾向于集权。

(3) 组织的规模。组织规模大,决策数目多,协调、控制较难,宜于分权;相反,组织规模小,决策数目少,度较低,则宜于集权。

(4) 组织的发展史。组织的发展史说明了组织的由来和组织中决策的习惯做法。一般而言,若组织是由小到大扩展而来,集权程度较高;若组织是由联合或合并而来,则分权程度较高。

(5) 管理者的指导思想。管理者的个性与所持的理念影响着权力的分散程度。如果高层管理者倾向于对人的不信任,则往往会采取集权的方式进行管理;相反,则会把一定的权力下放。

(6) 控制技术和手段是否完善。如果管理者能够对下放的权力进行有效的控制,则会倾向于分权。现代通信技术的发展、统计方法、会计控制以及其他技术的改进都有助于趋向分权。但值得注意的是,电子计算机的应用反而会导致出现集权的倾向。

(7) 组织的动态特性及职权的稳定性。组织正处于迅速发展中,要求分权。原有的较完善的组织或比较稳定的组织,一般倾向于集权。有些问题的处理有很强的时间性,而且要随机应变,权力过于集中容易贻误时机,处理此类事项的权力应当分散,以便灵活地解决问题。

8.5.3 授权

一、授权的概念

授权是指上级委托和授予下属一定的权力,使下属在一定的监督下,有相当的自主权和行动权。授权者对被授权者有指挥和监督的权力,被授权者对授权者负有报告及完成任务的责任。

二、授权的过程

授权实际上是一个过程,主要包括以下三个阶段。

(1) 职责的分派。管理者必须明确下级运用被授予的权力所要完成的任务,并把这个任务分派给下级管理者。

(2) 职权的授予。把完成任务所必需的职权授予下级管理者,使之能够运用这个权力去完成任务。值得注意的是,上级管理者把权力授予下级之后,仍然保留着权力回收的权利。当上级管理者认为有必要时,他可以采取改组组织、撤销下级人员的职务或将权力更新授予等方式来收回已经下放的权力。

(3) 责任的建立。根据权责一致的原则,在授权之后,下级管理者必须承担起履行权力、完成目标的义务,确立相应的责任范围和责任项目,以利于监督和控制。

三、授权的原则

(1) 因事设人,视能授权。授权前,必须分析本单位的工作任务,选择最合适的人选,再授予相应的权力。一旦授予下属职权而下属不能承担职责时,应明智地及时收回权力。

(2) 责任绝对性原则。责任的绝对性原则是指上级管理者可以把任务和权力分派给下级,但上级却不可以把责任也分派给下级。尽管下级在授权的过程中要承担起责任,但上级管理者却不能因此而减少自己的责任,即上级管理者所承担的责任是绝对地存在的,不会因为任务的分派和权力的授予以及下级管理者责任的建立而减少。

(3) 权责相符的原则。授予的职权应以所要完成的任务为度,既不可过度地授权,也不可授权不够。如果权力大于职责,就可能造成下级管理者滥用权力,重则会影响到组织的全局;如果权力小于职责,则会给下级管理者造成巨大的心理压力,使下级管理者不能真正承担起责任去完成任务。

(4) 分级原则。不同管理层次的管理者在管理的过程中,其职责和任务是不一样的,因此,应当明确规定各个层次的管理者的职权范围,使得各个层次的管理者明确自己的职责与权力,知道该向谁请示或如何向自己的下级发布命令和指示。

(5) 适当控制。管理者在实施授权之前,应先建立一套健全的控制制度,制定可行的工作标准和适当的报告制度以及能在不同的情况下迅速进行补救的措施。

(6) 不可越级授权。只能对直接下属授权,不可越级授权。越级授权必然造成中层管理人员的被动以及部门之间关系的混乱。

8.5.4 委员会管理

一、委员会的概念

委员会可以解释为从事执行某些方面管理职能的一组人。存在于各种组织中的委员会,其形式和类型可以说是多种多样的。它可以是直线式的,也可以是参谋式的;它可以是组织结构的正式组成部分,有特定的职权和职责,也可以是非正式的,虽然未授予决策权,但能发挥正常的辅助决策职能;它可以是永久性的,也可以是临时性的,达到特定目的后就予以解散。在组织的各个管理层次都可以成立委员会。除此之外,还有其他多种不同的委员会形式。总体上来说,委员会的设立要考虑其利弊。

二、委员会管理的优点

（1）集思广益。利用委员会的最重要的理由,就是为了获得集思广益的好处。通过集体讨论、集体判断可以避免仅凭个人的知识和经验所造成的主观判断错误。

（2）协调作用。通过委员会把具有决策权的部门召集来解决问题,既可以减轻上层管理者的负担,又有利于促进部门之间的合作,协调各部门之间的活动。各部门的管理者还可通过委员会了解其他部门的情况,使之自觉地把本部门的活动与其他部门的活动结合起来。

（3）避免权力过于集中。委员会作出的决策一般都是对组织前途具有举足轻重影响的重大决策,通过委员会的形式,可避免个人的独断专行、以权谋私等弊端,起到权力互相牵制的作用。

（4）代表各方面的利益。委员会的成员一般由各方面利益集团的代表组成,这样,委员会作出的决策在一定程度上反映了各方的利益。

三、委员会管理的缺点

（1）成本较高。委员会召开会议、讨论问题,一般都要花费较多的时间和费用开支。会议期间,要讨论各种观点,每个人都有发言权,要考虑集体结论而反复推敲,所有这些都要耗费较多的时间。

（2）妥协折中。当议题意见分歧较大时,委员会中的成员常常出于礼貌、互相尊重或屈于权威而采取折中的方法以求取得全体一致的结论,导致得出的结论往往不是最优的。

（3）拖延时间。由于委员会成员各自的地位、经历、知识等不同,容易对某一议题争论不休,难以取得一致意见,这时往往最后导致问题悬而未决。

（4）职责分离。委员会是集体负责,实际上也就没有一个人能对集体的行为负责,都负责往往导致都不负责。

（5）一个人或少数人占支配地位。委员会的决议应该反映集体的决断,但是,经常出现少数人要把自己的意志强加于他人甚至整个集体,借集体的形式行使个人意图的现象。

四、成功运用委员会管理的原则

（1）权限和范围要明确。事先应该明确规定委员会的权限究竟是决策,还是提供直线主管参谋。对于委员会会议上要讨论的议题,也必须让与会者了解清楚,以免讨论时超出这一范围,造成各种浪费。

（2）规模要适当。一般说来,委员会要有足够的规模,以利于讨论的全面性,但也不能过大,以免造成时间的拖延。有人认为,委员会的成员一般是5~6人,最多不超过16人。

（3）委员的选择要恰当。要尽可能地选择与议题匹配的专业人员作为委员会的成员,同时,还要注意成员的级别相近,每一成员在重要问题的决策上具有同等的权力,这样才能真正做到广开言路,得出正确的结论。

（4）决议案需审校。开会完毕后,会议主席应将作出的决议向全体成员公布,并得到全体与会人员对决议同意或不同意的明白表示以及对决议的修正和补充意见。

8.6 非正式组织

不论组织设计的理论如何完善,设计人员如何努力,人们都无法规范组织成员在活动中的所有联系,都无法将所有这些联系都纳入正式的组织结构系统中。一般在社会经济单位中,还存在着一种非正式的组织。

非正式组织是伴随着正式组织的运转而形成的。在正式组织展开活动的过程中,组织成员必然发生业务上的联系,这种工作上的接触会促进成员间的相互认识和了解。他们会渐渐发现在其他同事身上也存在一些自己所具有、所欣赏、所喜爱的东西,从而相互吸引和接受并开始工作以外的联系。频繁的非正式联系又促进了他们之间的相互了解。这样,久而久之,一些正式组织的成员之间的私人关系从相互接受、了解逐步上升为友谊,一些无形的、与正式组织有联系、但又独立于正式组织的小群体便慢慢地形成了。这些小群体形成以后,其成员由于工作性质相近、社会地位相当、对一些具体问题的认识基本一致、观点基本相同,或者在性格、业余爱好以及感情相投的基础上,产生了一些被大家所接受并遵守的行为规则,从而使原来松散、随机性的群体渐渐成为趋向固定的非正式组织。

非正式组织是指人们在共同工作或活动中,由于具有共同的兴趣和爱好,以共同利益和需要为基础而自发形成的群体。 形成过程和目的的不同,决定了它们的存在条件也不一样。正式组织的活动以成本和效率为主要标准,要求组织成员为了提高活动效率和降低成本而确保形式上的合作,并通过对他们在活动过程中的表现予以正式的物质与精神的奖励或惩罚来引导他们的行为。因此,维系正式组织的主要原则是理性的原则。非正式组织则主要以感情和融洽的关系为标准,它要求其成员遵守共同的、不成文的行为规则。不论这些行为规范是如何形成的,非正式组织都有能力迫使其成员自觉或不自觉地遵守。对于那些自觉遵守和维护规范的成员,非正式组织会予以赞许、欢迎和鼓励,而那些不愿就范或犯规的成员,非正式组织则会通过嘲笑、讥讽、孤立等手段予以惩罚。因此,维系非正式组织的,主要是接受与欢迎或孤立与排斥等感情上的因素。

由于正式组织与非正式组织的成员是交叉混合的,加之由于人们感情的影响在许多情况下要多于理性的作用,因此非正式组织的存在必然要对正式组织的活动及其效率产生影响。

一、非正式组织的积极作用

非正式组织可以满足职工的需要。非正式组织是自愿性质的,其成员甚至是无意识地加入进来。他们之所以愿意成为非正式组织的成员,是因为这类组织可以为他们带来某些需要的满足。比如,工作中或作业间的频繁接触以及在此基础上产生的友谊,可以帮助他们消除孤独的感觉,满足他们被爱及施爱于他人的需要;基于共同的认识或兴趣,对一些共同关心的问题进行谈论、甚至争论,可以帮助他们满足"自我表现"的需要;从属于某个非正式群体这个事实本身,可以满足他们"归属""安全"的需要等。组织成员的许多心理需要是在非正式组织中得到满足的。而我们已经知道,这类需要能否得到满足,对人们在工作中的情绪,从而对工作的效率是有着非常重要的影响的。

非正式组织加强人们的合作精神。人们在非正式组织中的频繁接触会使相互之间的关系更加和谐、融洽,从而易于产生加强合作的精神。这种非正式的协作关系和精神如能带到正式组织中,则无疑有利于促进正式组织的活动协调地进行。

非正式组织可以帮助正式组织起到一定的培训作用。非正式组织虽然主要是发展一种业余的、非工作性的关系,但是它们对其成员在正式组织中的工作情况也往往是非常重视的。对于那些工作中的困难、技术不熟练者,非正式组织中的伙伴往往会给予自觉地指导和帮助。同伴的这种自觉、善意的帮助,可以促进他们技术水平的提高,从而可以帮助正式组织起到一定的培训作用。

非正式组织自发地帮助正式组织维护正常的活动秩序。非正式组织也是在某种社会环境中存在的。就像对外界的评价会影响个人的行为一样,社会的认可或拒绝也会左右非正式组织的行为。非正式组织为了群体的利益,为了在正式组织中树立良好的形象,往往会自觉或自发地帮助正式组织维护正常的活动秩序。虽然有时也会出现非正式组织的成员犯了错误互相掩饰的情况,但为了不使整个集体在公众中留下不受欢迎的印象,非正式组织对那些严重违反非正式组织纪律的害群之马,通常会根据自己的规范、利用自己特殊的形式予以惩罚。

二、非正式组织的消极作用

非正式组织的目标如果与正式组织冲突则可能对正式组织的工作产生极为不利的影响。比如,正式组织力图利用职工之间的竞赛以达到调动积极性、提高产量与效益的目标,而非正式组织则可能认为竞赛会导致竞争造成非正式组织成员的不和,从而会抵制竞赛,设法阻碍和破坏竞赛的展开,其结果必然是影响企业竞赛的气氛。

非正式组织要求成员一致性的压力,往往也会束缚成员的个人发展。有些人虽然有过人的才华和能力,但非正式组织一致性的要求可能不允许他冒尖,从而使个人才智不能得到充分发挥,对组织的贡献不能增加,这样便会影响整个组织工作效率的提高。

非正式组织的压力还会影响正式组织的变革,发展组织的惰性。这并非因为所有非正式组织的成员都不希望改革,而是因为其中大部分人害怕变革会改变非正式组织赖以生存的正式组织的结构,从而威胁非正式组织的存在。

管理故事

鹦 鹉

一个人去买鹦鹉,看到一只鹦鹉前标着:此鹦鹉会两门语言,售价二百元。另一只鹦鹉前则标道:此鹦鹉会四门语言,售价四百元。该买哪只呢?两只都毛色光鲜,非常灵活可爱。这人转啊转,拿不定主意。结果突然发现一只老掉了牙的鹦鹉,毛色暗淡散乱,标价八百元。这人赶紧将老板叫来:"这只鹦鹉是不是会说八门语言?"店主说:"不。"这人奇怪了:"那为什么又老又丑,又没有能力,会值这个数呢?"店主回答:"因为另外两只鹦鹉叫这只鹦鹉老板。"

管理心得:这故事告诉我们,真正的领导人不一定自己能力有多强,只要懂信任、懂放权、懂珍惜,就能团结比自己更强的力量,从而提升自己的身价。相反,许多能力非常强的人却因为过于完美主义,事必躬亲,认为什么人都不如自己,最后只能做最好的公关人员或销售代表等,成不了优秀的领导人。

[管理新动态]

团 队 型 组 织

团队型组织是指以自我管理团队作为基本的构成单位的组织。所谓自我管理团队,是以响应特定的顾客需求为目的,掌握必要的资源和能力,在组织平台的支持下,实施自主管理的单元。一个个战略单位经过自由组合,挑选自己的成员、领导,确定其操作系统和工具,并利用信息技术来制定他们认为最好的工作方法。

这样的结构有一些新的特征:对于团队的控制淡化,而更多的是授权,这是非常重要的一个特点。控制淡化的一个重要方面就是从高层到基层的管理职权链的淡化甚至消失,员工的工作时间、工作方式都是非常自由的,可以由他们自己来安排。这样的团队型组织在很多行业中被越来越多地采用,如银行、保险、证券公司、连锁经营的公司等。应用这样的组织方法和结构可以大大提高组织的柔性、适应性和经营效率。

问题追踪
分析团队型组织的优缺点及适应条件?

本章小结

1. 组织无处不在,组织结构是组织中正式确定的使工作任务得以分解、组合和协调的框架体系。正式组织是指经过精心设计的,为了到达一定目标而按一定程序建立的、具有明确的职责关系和协作关系的群体。非正式组织是指人们在共同工作或活动中,由于具有共同的兴趣和爱好,以共同利益和需要为基础而自发形成的群体。维系正式组织的主要原则是理性的原则。而非正式组织则主要以感情和融洽的关系为标准。

2. 组织设计各个维度之间是相互关联的,组织结构的设计就是把为实现组织目标而需完成的工作,不断划分为若干性质不同的业务工作,然后再把这些工作"组合"成若干部门,并确定各部门的职责和职权的过程。组织结构设计主要是部门划分和职权划分。

3. 管理幅度是指上级管理者能够有效地监督、管辖的直接下属人员的数量。管理层次是指组织中所形成的不中断的等级系列的环节数。安东尼结构将企业管理系统划分为战略规划、战术决策和运行管理三个层次。影响管理幅度的因素主要有:主管人员与其下属双方的素质和能力、所面对的问题的性质、管理活动的相似性、授权的状况、组织沟通渠道的状况、下属员工的空间分布、管理者的领导风格等。

4. 组织结构形式就是表明组织各部分排列顺序、空间位置、聚散状态、联系方式,以及各要素之间相互关系的一种模式。常见的组织结构形式主要有直线型、职能型、直线职能型、矩阵型、事业部制、多维立体型、网络型等。

5. 组织的运转过程主要需处理好授权、集权与分权、个人管理与集体管理等的关系。

[问题与讨论]

1. 什么是组织？请将组织分类并举出具体的例子。
2. 什么是管理幅度和管理层次？如何确定有效的管理幅度和合理的管理层次？如何理解安东尼结构？
3. 组织的基本结构形态有哪两种类型？这两种结构形态各有什么特点？
4. 什么是矩阵组织？有何特点？如何运用之？请举例说明。
5. 有效的管理要求适度的集权和分权，怎样才能使集权与分权合理地组合？请举例说明。
6. 何谓授权？授权应遵循哪些原则？

[实战练习]

描述杜邦公司组织结构的演变

目的：通过查阅资料，描述杜邦公司组织结构的演变，加深对组织结构的理解。
内容：① 要求学生通过各种途径查找有关杜邦公司的资料。
② 在查找的资料的基础上，描述杜邦公司组织结构的演变及其带来的启示。
③ 制作PPT演示文稿，并准备在课堂上演示交流。
要求：要求每位学生或每组学生制作PPT演示文稿，进行小组课堂演示和交流。

[案例思考]

案例一　借三国历史故事，看组织架构如何从创业公司到大公司的变化

如今创业真是火，公司的组织架构如何适应创业公司的发展，本案例借用三国历史故事，详尽有趣地剖析组织架构从创业公司到大公司的变化。本文作者李宁，系北京金诚同达律师事务所合伙人。

组织架构可分为公司股权结构和内部组织架构。两个架构都是为商业目的服务的。

以刘备、关羽、张飞三人的创业经历为例，做一个简化模型供参考（示例而已，不必当真）。

第一阶段：开始创业

公元184年，刘备、关羽、张飞三人开始创业，设立"刘皇叔公司"，主营消灭黄巾军业务。

（一）股权结构

（二）内部组织架构

三位创始人都是又当将军又当士兵。

(1) 股东会成员：刘备、关羽、张飞；

(2) 执行董事：刘备；

(3) 监事：关羽；

(4) 总经理：刘备；

(5) 部门：不好意思，没有部门可分。

第二阶段：天使融资，解决生存问题

公元198年，曹操等天使投资人断言"天下英雄，唯使君与操耳"，对刘皇叔公司进行了天使投资。

（一）股权结构

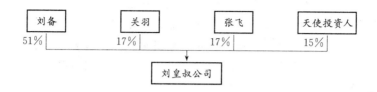

（二）内部组织架构

(1) 股东会成员：刘备、关羽、张飞、天使投资人；

(2) 执行董事：还是刘备；

(3) 监事：还是关羽；

(4) 总经理：还是刘备；

(5) 部门：实行所谓扁平化管理，还是没分部门。

第三阶段：A轮融资，验证商业模式

公元201年，刘表等投资人对刘皇叔公司进行了A轮投资，为刘皇叔公司进行商业模式验证提供资金，将新野等市场交给刘皇叔公司经营。

(1) 刘皇叔公司的主营业务转变为光复汉室。

(2) 从人员配备上，刘皇叔公司招兵买马，吸引了诸葛玲、徐庶等人才。

(3) 为了留住人才，刘关张三人创始团队拿出了10%的股权设置了期权池，期权由大股东刘备代持。

(4) 商业模式上，确定了先占荆州，立足益州，外结孙权，从荆州汉中以钳形之势平定中原的思路。

(5) 投资人要求任命一名董事，所以必须设董事会了。

（一）股权结构

（二）内部组织架构

（1）股东会成员：刘备、关羽、张飞、天使投资人、A轮投资人；

（2）董事会：刘备、诸葛亮、刘表；

（3）董事长及CEO：刘备；

（4）监事：关羽；

（5）总经理：诸葛亮；

（6）部门：有人了，开始分部门了。

第四阶段：B轮融资，占领市场

公元208年，刘皇叔公司的商业模式初见效果，孙权等投资人对刘皇叔公司进行了B轮投资，所投资金主要用于刘皇叔公司占领市场。同年，在孙权等投资人的支持下，刘皇叔公司取得赤壁之战的关键胜利。

（1）诸葛亮等核心员工的期权成熟并行权，成为公司股东。

（2）B轮投资人也要任命一名董事，所以董事会要扩大规模。

（3）刘皇叔公司下一步的目标是稳定荆州市场，并进一步占领益州市场。

（4）作为对关键员工的激励，刘皇叔公司与关羽合资成立荆州公司，关羽的出资实际是刘皇叔公司代为出资的。

（一）股权结构

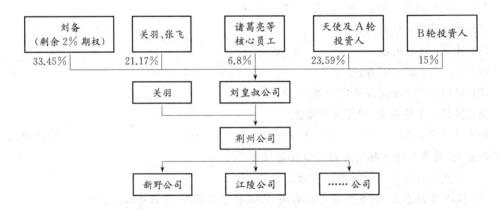

（二）内部组织架构

（1）股东会成员：刘备、关羽、张飞、天使投资人、A轮投资人、B轮投资人；

（2）董事会：刘备、诸葛亮、张飞、刘表、孙权；

（3）董事长及CEO：刘备；

（4）监事：关羽；

（5）总经理：诸葛亮；

（6）部门：部门划分进一步明确。

第五阶段：C轮融资，为上市冲利润

公元211年，刘皇叔公司又迎来C轮投资人刘璋等，刘璋将刘皇叔公司引入益州市场。公元214年至219年，公司占领并进一步稳固了益州、汉中等市场，利润大好，上市指日可待。

(一)股权结构

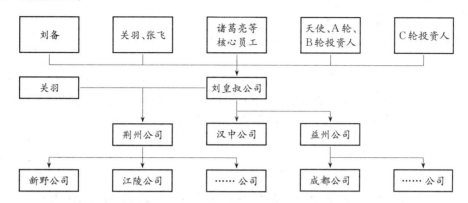

(二)内部组织架构

(1)股东会成员:刘备、关羽、张飞、天使投资人、A轮投资人、B轮投资人、C轮投资人;

(2)董事会:刘备、诸葛亮、张飞、孙权、刘璋;

(3)董事长及CEO:刘备;

(4)监事会:监事若干;

(5)总经理:诸葛亮;

(6)部门:各部门分工明确。

第六阶段:买壳上市

公元221年,刘备称帝,国号"汉"。刘皇叔公司通过上市壳公司"大汉公司"实现上市,买壳的原因主要是自己上市(以其他国号称帝)太困难。

(一)股权结构

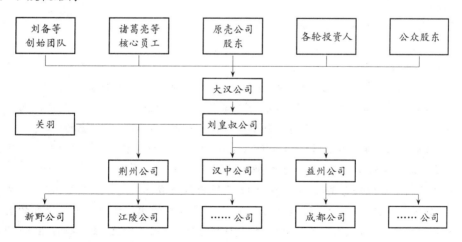

(二)内部组织架构

(1)股东大会成员:刘备、关羽、张飞、天使投资人、A轮投资人、B轮投资人、C轮投资人、原壳公司股东、公众股东;

(2)董事会:刘备、诸葛亮、张飞、孙权、刘璋等以及独立董事;

(3)董事长及CEO:刘备;

(4)监事会:若干;

(5) 总经理：诸葛亮；

(6) 部门：部门进一步完善。

(7) 出于上市合规和风控目的，各子公司和孙公司也对内部组织架构进行了完善。

▲ 思考题

1. 从组织结构设计角度解释为什么企业在不同的发展阶段需要建立不同的组织结构？

2. 从上述案例来看，刘备如何处理创业员工（关羽、张飞）与后来加入的骨干员工之间的关系？

案例来源：知乎网站。

案例二　滴滴出行公布2017年战略和新组织架构

2017年2月16日下午，滴滴出行（以下简称"滴滴"）通过全员邮件宣布了2017年的五大战略关键词及全新升级的组织阵形。

滴滴CEO程维和总裁柳青在邮件中表示，2017年滴滴的五大战略关键词为：修炼内功、智慧交通、专车决胜、全球布局、洪流落地。根据内部信，升级之后，滴滴内部将形成两大事业群、一个FT团队、多个事业部。两大事业群为快捷出行事业群和品质出行事业群。快捷出行事业群，下设出租车事业部、快车事业部、优步事业部、平台运营部和运力中心。

作为今年滴滴五大战略的其中之一，新成立的智慧交通FT团队，下设公交事业部（原巴士事业部），由章文嵩领导。程维、柳青在邮件中表示，在这一领域，滴滴希望能成为全球最大的智慧交通综合服务提供商。此外，在此次组织阵形升级中，滴滴成立了国际化事业部，由战略部负责人朱景士负责。

以下是程维、柳青发送的全员邮件全文：

亲爱的小桔人：

大家新年好！

过去的一年是滴滴里程碑式的一年，通过安全、体验和效率的不断提升，我们在出行的各个垂直领域获得突破，实现快速成长，并成为全球最大的一站式出行平台。然而，这只是交通出行和汽车产业未来5—10年变革的一个序章。正如在年会上和大家交流的，今年开始，我们共同努力，推动滴滴成为引领汽车和交通行业变革的世界级科技公司，在出行平台的基础上，进一步成为全球最大汽车运营商和智能交通技术的引领者。

经过多轮的战略讨论与思考，公司在2017年提出五个战略关键词：修炼内功、智慧交通、专车决胜、全球布局、洪流落地。这对我们自身，尤其是我们的组织能力提出了很高的要求，为了更好地支撑战略落地，聚焦资源协同发力，更好服务客户，创造价值，公司将对组织阵形做如下升级：

1. 成立快捷出行事业群，包括快车事业部、出租车事业部、优步事业部、平台运营部和运力中心。原快车事业部/平台运营负责人陈汀担任事业群负责人，并兼任出租车事业部负责人。原出租车事业部负责人曹放将调任CTO助理，参与CTO线前沿业务建设。孙枢担任快车事业部负责人，汪莹担任优步事业部负责人，向陈汀汇报。

未来快捷出行事业群将通过打通出租车、快车融合发展，建立健康的司机生态，不断提升效率,为用户提供安全、便捷、可信赖的出行服务。

2. 成立品质出行事业群,包括专车事业部、企业级事业部、豪华车事业部、代驾事业部。原专车、代驾、海浪事业部负责人付强担任品质出行事业群负责人。杜锦程担任企业级事业部负责人,仇广宇担任专车事业部负责人,龚昕担任代驾事业部负责人,杨楠担任豪华车事业部负责人,向付强汇报。未来事业群将以打造品质出行服务为己任,为滴滴注入服务基因,让滴滴成为世界领先的优质服务平台。期待品质出行事业群充分整合资源、发挥合力,打造服务品牌。

3. 新成立智慧交通FT团队,由章文嵩整体负责,巴士事业部将正式更名为公共交通事业部,继续由李锦飞负责,汇报给章文嵩。未来智慧交通FT团队将与各地政府一起携手打造智慧交通体系,让整个城市的交通效率更高,公众出行的体验更好,用大数据赋能城市交通治理。

4. 新成立国际业务事业部,由朱景士负责,启动实质性全球业务拓展。作为第一站,顾涛将担任巴西团队负责人,向朱景士汇报,助力当地合作伙伴,陈熙将接替顾涛负责总裁办工作。国际业务事业部将把我们在中国探索出来的创新产品、技术与服务,在全球市场进行推广,服务更广大的人群、更多元化的城市。

5. 由杨峻担任汽车资产管理中心及海浪事业部负责人,任命肖双生为海浪事业部AGM,向杨峻汇报。在可见的新能源汽车和智能驾驶时代,滴滴一定会成为世界上最大的汽车运营商之一,为此我们必须提前锤炼、沉淀我们的汽车资产管理及运营能力,推动洪流战略落地。

6. 由侯景雷担任安全管理部负责人,直接向Will汇报。任命包峰为安全管理部AGM,向侯景雷汇报。安全工作是滴滴最为重要的事情,不容有失。希望安全管理部和公司各部门、各团队协同一致,大幅提升安全系数,降低交通事故率,满足广大民众安全出行的需要。

7. 由王嘉杰担任市场部负责人,向朱景士汇报。伴随着业务的快速发展,滴滴品牌已深入人心,成了万千消费者出行的第一选择,结合公司的战略方向,希望市场品牌团队再接再厉,为滴滴品牌升级、美誉度提升作出新的贡献。

2017年,我们的征程是星辰大海,更大的梦想在前方召唤着我们前行! 前路依然会有荆棘,会有数不清的困难,但期待全体小桔人不忘初心,坚持使命驱动,做正确的事情。与此同时,牢记对用户、对司机、对合作伙伴的感恩之心、敬畏之心。2017,我们一起加油!

▲ 思考题

1. 事业部制组织结构是否适合滴滴出行公司? 为什么?
2. 根据案例内容画出滴滴出行公司的组织结构图,并从管理层级和管理幅度角度分析公司总裁的管理风格。

案例来源:http://tech.sina.com.cn/i/2017-02-16/doc-ifyarrcc7447821.shtml?source=cj&dv=1,1,1。

[阅读书目]

1. 理查德·达夫特.组织理论与设计精要.机械工业出版社,2003年

2. 贾长松著.企业组织系统.北京大学出版社,2014年
3. 王蔷著.跨国公司组织结构.上海财经大学出版社,2010年
4. 杨家诚.管理 3.0 时代:互联网时代的组织进化、管理变革与战略转型.中国铁道出版社,2016年

第九章

DI JIU ZHANG

变革与创新管理

- 组织变革
- 组织变革的相关因素
- 创新管理的内涵
- 创新的过程与组织
- 管理新动态
- 问题与讨论
- 实战练习
- 案例思考

    案例一　华为的创新实践

    案例二　共享单车，解决人们的短途出行问题

- 阅读书目

第九章 变革与创新管理

■ 学习目标 ■

学完本章,你应该能够:
1. 掌握组织变革的概念和过程。
2. 熟悉组织变革的相关因素及如何克服变革阻力。
3. 掌握创新的基本内容。
4. 熟悉创新的过程与组织。

■ 关键概念 ■

组织变革　组织结构战略　组织成长　技术创新　管理创新　制度创新

游戏引导

圆 球 游 戏

游戏方法:

1. 所有的人分成三组,每个小组约20人,分别配有1、2、3号球。

2. 游戏要求将球按1、2、3号的顺序从发起者手里发出,最后按此顺序回到发起者手里。在传递过程中,每一个人都必须触及球,所需时间最少的获胜。

3. 球掉在地上一次额外加10秒。

问题讨论:

① 请赢方和输方分别总结各自的经验。
② 设想一下,有没有更好的方法使时间再缩短一些?
③ 这个游戏对组织变革有什么启发意义?

9.1 组织变革

组织变革(Organizational Change)是指对组织的权力结构、组织规模、沟通渠道、角色设定、组织与其他组织之间的关系,以及对组织成员的观念、态度和行为,成员之间的合作精神等进行有目的的、系统的调整和革新,以适应组织所处的内外部环境、技术特征和组织任务等方面的变化,提高组织效能。

组织的发展离不开组织变革,内外部环境的变化,企业资源的不断整合与变动,都给企业带来了机遇与挑战,这就要求企业关注组织变革。组织变革是对全部组织进行有计划、系统的、长远的变革和开发,有一整套开发和变革的战略、措施和方法。组织变革的现实意义是为了提高组织的效能,促使组织顺利地成长和发展。任何一个组织,无论过去如何成功,都必须随着环境的变化而不断地调整自我并与之相适应。

组织变革是组织发展过程中的一种经常性活动。美国著名的组织学者哈佛大学教授拉里·格雷纳(Larry E. Greiner)指出,组织变革伴随着企业成长的各个时期,组织变革与组织演变相互交替,进而促使组织发展。有的人甚至认为组织变革的正确名称应该叫作"再组织"(Reorganize)。组织变革是任何组织不可回避的问题,是否顺利地引导组织变革是衡量管理工作有效性的重要标志。

9.1.1　组织变革的动因

组织是一个不断地与其环境发生作用的开放系统。内外部环境因素的改变,必然要求组织做出相应的变革。当组织面对危机的时候,组织变革尤为重要。危机会通过各种各样的形式表现出来,成为组织变革的先兆。亨利·西斯科(W. L. Sisk)认为一个组织在下列情况下应考虑进行变革:(1) 决策效率低或经常出现决策失误;(2) 组织沟通渠道阻塞、信息不灵、人际关系混乱、部门协调不力;(3) 组织职能难以正常发挥,目标不能如期实现,人员素质低下,产品产量及质量下降等;(4) 缺乏创新。

组织变革的基本动因研究是研究组织变革的起点。组织变革的根本目的就是为了提高组织的效能,组织变革是多种因素综合作用的结果。概括起来,组织变革的基本动因可分为三个方面。

1. 组织经营环境的变化

组织是从属于社会大环境系统中的一个子系统,它无法控制外部环境,而只能主动适应外部环境。外部环境变了,整个组织就要进行相应的变化。只有以变革的态度对待环境的变化,组织才能获得新的发展机遇。

导致组织变革的外部环境因素主要有:科学技术的进步;国家有关法律法规的颁布与修订;国家宏观经济调控手段的改变;国家产业政策的调整与产业结构的优化;国际、国内经济形势的变化;国内政治形势及政治制度的变化;国外外交形势及本国外交政策的变化;国际、国内市场需要的变化及市场竞争激烈程度的加剧。企业组织结构是实现企业战略目标的手段,企业外部环境的变化必然要求企业组织结构作出适应性的调整。

2. 组织内部条件的变化

影响组织变革的内部条件主要包括:(1) 技术条件的变化,如企业实行技术改造,引进新的设备要求技术服务部门的加强以及技术、生产、营销等部门的调整;(2) 人员条件的变化,如人员结构和人员素质的提高等;(3) 管理条件的变化,如实行计算机辅助管理,实行优化组合等;(4) 组织运行政策与目标的改变;(5) 组织规模的扩大与业务的迅速发展;(6) 组织内部运行机制的优化。

上述因素都会影响到组织目标、结构及权力系统等的调整和修正,从而引起组织的变革,而且有些变革是全面而深刻的。例如,当某一企业的产品单一且规模较小时,它往往实行的是集权型的直线职能制的组织结构;当产品品种增多,市场变化加快,且生产批量急剧扩大时,直线职能制就显然不适应了,这时必须建立分权型的事业部制,这是结构上的一种质的改变。

3. 组织本身成长的要求

组织的规模往往与组织的成长或发展阶段相关联。伴随着组织的发展,组织活动的内容会日趋复杂,人数会逐渐增多,活动的规模和范围会越来越大,这样组织结构也必须随之调整,才能适应成长后的组织的新情况。组织变革伴随着企业成长的各个时期,不同的成长阶段要求不同的组织模式与之相适应。例如,企业在成长的早期,组织结构常常是简单、灵活而集权的。随着员工的增多和组织规模的扩大,企业必须由创业初期的松散结构转变为正规的、集权的,其通常的形态就是直线职能型结构。当企业的经营进入多元产品和跨地区市场后,分权的事业部结构可能更为适宜。企业进一步发展而进入集约经营阶段以后,不同领域之间的交流与合作以及资源共享、能力整合、创新力激发问题愈发突出,这样,以强化协调作为主旨的各种创新组织形态便应运而生。总之,组织在不同的发展阶段所适合采取的组织模式是各不一样的。管理者如果不能在组织步入新的发展阶段之际及时地、有针对性变革其组织设计,那就容易引发组织发展的危机。这种危机的有效解决,必须依靠组织结构的变更。所以,哈佛大学格雷纳教授指出,组织变革伴随着企业发展的各个时期,组织的跳跃式变革与渐进式演进相互交替,由此推动企业的发展。

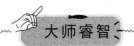

比你的竞争对手更快学习的能力可能是组织唯一的持久性的竞争优势。

——[英]阿里·德·格斯

每一个组织,不论是具有百年历史的跨国企业,还是各种政府机构,都需要不断地进行变革,才能保持旺盛的生命力,不断地取得进步。

——[英]伯纳德·伯恩斯

9.1.2 组织变革的过程

组织变革是一个连续的过程,而且必须是一种有计划的过程。它体现出组织变革必须有明确的目的性,有变革的政策,以及对变革结果的追踪检查。无目的的变革对组织来讲,是一种灾难。"顺其自然"的演变也必然使组织远远地落在竞争对手的后面。

组织变革应遵循什么样的程序,不同学者曾提出了不同的观点,我们仅列举有代表性的两种观点。

一、库尔特·卢因的观点

库尔特·卢因(Kurt Lewin)提出了三步骤变革过程理论,图9-1很好地表述了库尔特·卢因的观点。

按照卢因的观点,成功的变革是可以策划的。它要求对现状予以解冻,然后变革到一种新的状态,并对新的变革予以再冻结,使之保持长久。

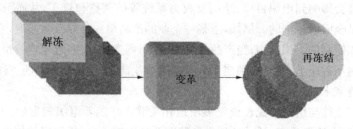

图 9-1 组织变革过程

1. 解冻

现状可以看作是一种平衡状态。要打破这一平衡状态,解冻就是必要的。解冻可理解为对所需变革的准备。可以通过以下三种方式实现解冻:(1)增强驱动力,这种驱动变革的力量能使行为脱离现有状态;(2)减弱制约力,这种阻挠变革的力量使行为维持现有平衡状态;(3)混合使用以上两种方法。这一步骤的焦点在于创设变革的动机。鼓励员工改变原有的行为模式和工作态度,采取新的适应组织战略发展的行为与态度。为了做到这一点,一方面,需要对旧的行为与态度加以否定;另一方面,要使员工认识到变革的紧迫性。可以采用比较评估的办法,把本单位的总体情况、经营指标和业绩水平与其他优秀单位或竞争对手加以一一比较,找出差距,明确解冻的依据,帮助员工"解冻"现有态度和行为,迫切要求变革,愿意接受新的工作模式。此外,应注意创造一种开放的氛围和心理上的安全感,减少变革的心理障碍,提高变革成功的信心。

2. 变革

变革阶段的任务就是按照所拟定变革方案的要求开展具体的组织变革或行动,以使组织从现有结构模式向目标模式转变。这是变革的实质性阶段,通常可以分为试验与推广两个步骤。这是因为组织变革的涉及面较为广泛,组织中的联系相当错综复杂,往往"牵一发而动全身",这种状况使得组织变革方案在全面付诸实施之前一般要先进行一定范围的典型试验,以便总结经验,修正进一步的变革方案。在试验取得初步成效后再进入大规模的全面实施阶段。还有另一个好处,那就是可以使一部分对变革尚有疑虑的人们能在试验阶段便及早地看到或感觉到组织变革的潜在效益,从而有利于争取组织成员在思想和行动上支持所要进行的组织变革,并踊跃跻身于变革的行列,由此实现从变革观望者、反对者向变革的积极支持者和参加者转变。

3. 再冻结

组织变革过程并不是在实施变革行动后就宣告结束。涉及人的行为和态度的组织变革,从根本上说,只有在前面有个解冻阶段,后面又有一个解冻阶段的条件之下变革才有可能真正地实现。现实中经常出现组织变革行动发生之后,个人和组织都有一种退回到原有习惯的行为方式中的倾向。为了避免出现这种情况,变革的管理者就必须采取措施保证新的行为方式和组织形态能够不断得到强化和巩固,这一强化和巩固的阶段可以视为一个再冻结的过程。缺乏再冻结阶段,变革的成果就有可能退化消失,而且对组织及其成员也将只有短暂的影响。

值得注意的是,卢因的三步骤过程是将变革看作对组织平衡状态的一种打破。现状被破坏以后,就要经过变革而建立起一种新的平衡状态。换句话说,组织变革是变革推动力量和变革阻力较量的结果,推动力量强于阻力,则会促使组织变革;阻力强于推动力量,则会维持现状甚至倒退,如图 9-2 所示。

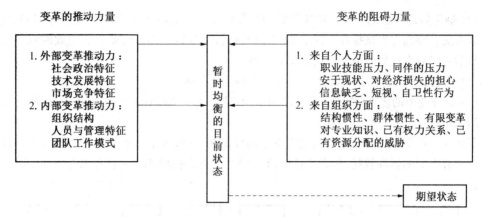

图 9-2　组织变革的推动力量与阻力

二、弗里蒙特·卡斯特等人的观点

弗里蒙特·卡斯特(Fremont E. Kast)是美国华盛顿大学的教授,也是管理理论中系统管理学派的主要代表人物。他与詹姆斯·罗森茨韦克(James E. Rosenzweig)合著的《组织与管理——系统方法与权变方法》一书中,把组织变革分为六个步骤,如图 9-3 所示。

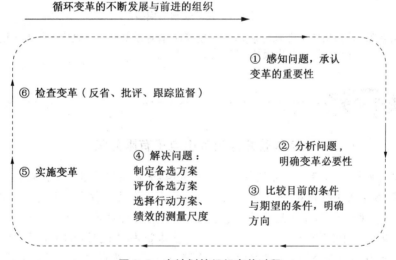

图 9-3　有计划的组织变革过程

图 9-3 描述了一项有计划的变革过程中通常所具有的步骤。

(1)问题的感知,包括承认了解变革的必要性。对问题的了解和察觉可来源于各种不同的方面,而其中最重要的来源是正式组织自身的反省、自我批评以及跟踪监督的过程。如果要使有计划的变革过程成为组织文化不可分割的部分,必须制定出常规化的自我批评的规定,领导带头执行,并使之成为领导风格的一部分,从而能够对组织本身、组织取得的成就和缺陷进行回顾、反省和检查,分析研究组织所处的内外部环境,为组织变革作准备。

(2)分析组织中存在的问题,明确进行变革的必要性。为了理解变革的必要性,可以寻找一标杆企业进行比较,把本企业和标杆企业之间的差距讲述清楚。

(3)将组织的现状与所期望的状态比较,进一步探明问题,发现差距,明确变革的方向。

（4）确定解决问题的方案。解决问题的阶段包含有制定备选方案、评价备选方案和选择未来行动方案。要确定出试探性行动步骤，并对其可行性进行检测。还要建立绩效的测量尺度，以备日后可以对有计划变革努力的成果进行评价。

（5）实施变革。按照选定的方法进行变革的具体行动。

（6）检查变革的成果，找出今后改进的途径，进而使变革过程又回到第一步，如此循环，以便使组织不断地得到完善。

其他的一些学者也都十分强调组织变革的计划性。《管理学基础——职能·行为·模型》是一本很有影响的管理教材，作者小詹姆斯·唐纳利等人把组织变革的过程描述为图9-4 的模式。

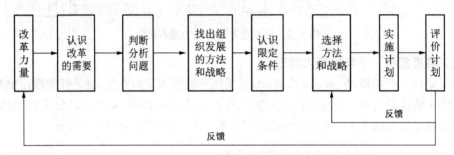

图9-4　改革管理的模型

资料来源：小詹姆斯·唐纳利等著，李柱流等译.管理学基础——职能·行为·模型.
中国人民大学出版社,1990年.第324页.

海尔兼并合肥黄山电子有限公司

海尔集团从1991年起开始实施资产扩张战略，先后兼并了原青岛空调器厂、红星电器公司等18家大中型企业，成为中国家电第一特大型企业。黄山电子有限公司自1993年以来，由于管理不善，生产经营每况愈下，到1997年已经严重亏损。

海尔集团于1997年12月将黄山电子公司整体兼并，在之后的10个月，海尔的管理模式同化着黄山电子公司，以海尔的无形资产盘活了原黄山电视机厂的有形资产，迅速开展了市场、产品、人员和内部组织结构方面的调整，使企业很快出现蒸蒸日上的新气象。

1998年6月，合肥海尔要求全体员工签订"劳动合同"，并规定除技术人员签订五年期合同外，其余人员一律签订一年的劳动合同。部分员工不理解，加上少数人恶意煽动，最后发展成为聚众闹事、上街游行。在整个事件中，以孙群利为首的领导班子是团结的，指挥是得力的。他们无私的精神感动了每一个在场的员工，不少人的眼圈都红了。海尔本部梁海山部长等亲自到合肥，对形势的转变起到了重要作用，梁部长执行集团的指示，作出了在大是大非问题上决不让步的决策。

前五个月合肥海尔迅速发展的实践证明，海尔的管理是正确的、先进的。没有严格的管理,企业是无法走向正轨的。对于签订劳动合同的规定,大家不理解,然而这在海尔是非常正常的。合肥海尔的管理只能上,不能下,只能强,不能弱。在这种思路下,本部领导、孙群利部长带领公司领导班子作出重大决策:为使员工真正转变观念,理清思路,决定全厂停产三天,组织全体员工进行讨论。通过几轮认真的讨论,员工思想真正有了转变。同时,绝大多数员工都表明了复工的决心。

9.2 组织变革的相关因素

9.2.1 组织变革应考虑的关键因素

在组织变革过程中,往往要考虑各方面的因素,其中有一些因素更应引起人们的格外重视。如图 9-5 所示。

一、组织结构战略

组织结构战略是指根据企业总体经营战略要求、经营环境、方针以及组织之间的相互关系,对企业内部组织结构模式的发展变动所作的长期性策划。美国著名企业史学家小阿尔弗雷德·钱德勒通过对美国 70 家大型公司,特别是通用汽车公司、杜邦公司、美孚石油公司和西尔斯-罗巴克公司的发展史的考察,对企业战略与组织结构之间的关系进行了深入研究,得出"组织必须服从企业战略"的著名结论。组织设计与变革必须考虑未来的发展战略。

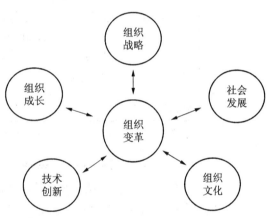

图 9-5 组织变革应考虑的关键因素

企业所拟定的战略决定着组织结构类型的变化。当企业确定战略之后,为了有效地实施战略,必须分析和确定实施战略所需要的组织结构。因为战略是通过组织来实现的,要有效地实施一项新的战略,就需要一个新的或者至少是被改革了的组织结构。经营单位的战略与公司总部给予的自治权相匹配,对经营单位的业绩有影响。这说明,组织结构应当服从于战略。虽然组织结构应当适应和服从于企业战略,但对最优的组织结构设计却缺乏一致的意见。因此,寻求类似战略的企业倾向于采用类似的组织结构。

二、组织成长

组织成长(Organizational Growth),指组织在其所处的市场竞争环境中维持生存和繁荣的能力。组织成长意味着组织规模的扩大、经营范围的拓展、生存期限的延长,在组织成长的不同阶段中,有着不同的组织工作重点和不同的组织特征。从某种意义上说,组织成长是因为不断的组织变革得以实现的。

这方面的论述很多,其中拉里·格雷纳教授的模型更具影响,如图 9-6 所示。他认为组织成长的第一个阶段是因为创新而成长,这时候靠的是领导者或合伙人的领导魅力。其后因为人员不断增加,产量和市场不断成长,这时候需要一个具有知识与技术的管理人才出来领导,此时出现组织的第一层次变革,即所谓的领导危机。

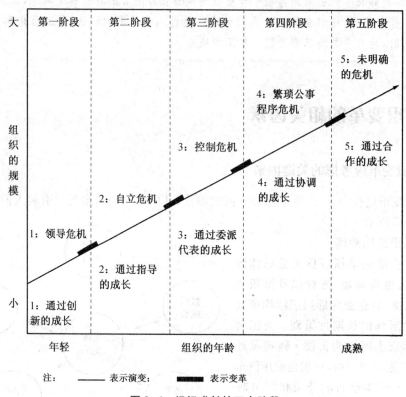

图9-6 组织成长的五个阶段

资料来源:拉里·格雷纳著,孟光裕译."当组织成长而出现的演变和变革".《哈佛管理论文集》.中国社会科学出版社,1985年.第360页.

通过强有力的集权管理后,组织会进一步成长,但当产品及市场逐渐复杂后,这种指导式的管理模式无法让基层员工应付市场随时变动的危险,因此必须展开第二层次变革,通过授权以应付自立危机。

当权力下放到某个程度,企业会发现内部产生竞争,并因竞争产生资源利用效率低下的问题,同时组织结构也因市场的扩大出现区域重叠的混乱状况,这时需要进行第三层次变革,即展开协调。企业在总部设立总管理部门,集中处理战略规划、人力资源、投资等重大决策问题,以应付控制危机。

当组织规模继续扩大,进入国际市场,管理更加复杂化,带有部分集权形式的战略规划部门也无法掌握各种不同文化、不同顾客需求、不同国家政策法规的变化,决策活动常常因为决策过程太长、职能部门只凭报表及文件进行管理,企业类似政府而成为一个庞大的官僚系统,效率低下。因此,企业又面临第四层次的变革,即以联邦分权的形式,通过合作来克服繁琐公事的程序危机。

对于企业成长的下一个阶段会遇到什么危机,格雷纳教授并未论述,只是以"未明确的危机"而一笔带过,这也正是目前企业进行组织变革时应着重考虑的问题。

三、社会发展

社会发展指以个人为基础的社会关系出现从个人到社会总体的自由延伸,包含个人的物质及精神自由发展到社会层面,并取得社会化的一致。这其中包含经济、人文、政治等一系列的社会存在的总体发展。纵观世界上成功的企业,无一不把企业发展与社会发展统一起来。关注社会发展,关心大众利益,会使企业获得更加广阔的生存空间,并有利于企业的持续发展。

组织变革的结果会改变组织成员的思维方式和行为准则。因此,为确保组织变革成功,必须始终关注社会发展的大趋势,这其中不仅包括经济技术发展趋势,也包括社会对组织要求的变化,管理者应把社会发展趋势纳入发展战略,并转化为全体员工的行动观念,切实体现于员工工作行为中。

四、技术创新

技术因素是组织演变的基本动因。20世纪50年代,英国管理学家琼·伍德沃德(Joan Woodward)对英国南埃塞克斯郡的100家工业企业进行了直接而全面的调查研究。她把调查的企业按经营绩效分为上、中、下三个等级,从而发现经营成功的企业的组织结构同其所属的技术类型之间存在着相互对应的关系,如表9-1所示。经营不成功的企业(处于平均成功程度以下),通常其组织结构特征偏离了其技术特征。

表9-1 技术类型与企业组织结构特征间的相互关系

组织结构特征	技术类型		
	单件小批生产	大批大量生产	连续生产
管理层次数目	3	4	6
高层领导的管理幅度	4	7	10
基层领导的管理幅度	23	48	15
基本工人与辅助工人的比例	9:1	4:1	1:1
大学毕业的管理人员所占比重	低	中等	高
经理人员同全体员工的比例	低	中等	高
技术工人的数量	高	低	高
规范化的程序	少	多	少
集权程度	低	高	低
口头沟通的数量	高	低	高
书面沟通的数量	低	高	低
整体结构类型	柔性的	刚性的	柔性的

今天讨论组织的技术影响面,应该更多关注信息技术。美国管理学家斯坦·戴维斯(Stanley M. Davis)等人曾预言:"目前,信息经济正处在中年的初期阶段,随着信息经济到达中年的晚期,它连同自己的适当的经济和组织形式,将会开始流行起来。如果说,斯隆模式是在工业经济走过三分之二的路程才出现的话,那么,2010年(早10年或晚10年)则会是现在的经济走过四分之三的路程的标志。而在2020年以后的几十年时间里,生物经济将会处于统治地位;与此同时,信息经济将变得衰老起来。当我们进入21世纪的最后25年时,建立在生物经济基础上的企业的增长速度将超过国民生产总值的增长速度;而建立在信息基础之上的企业

的增长速度将放慢下来,就像制造业在从工业经济向信息经济过渡时放慢增长速度那样。"

信息技术对企业组织的影响已经十分明显。信息技术有助于非程序化决策向程序化决策的转化,有助于重大决策问题的集中以及次要决策问题的分散,进而更好地解决组织管理实践中长期困扰人们的集权与分权的结合问题。另外,企业内部信息网络化将促进内部信息沟通,真正做到资源共享,也便于控制。信息技术的发展将使企业组织产生一种既高度集中又机动灵活的柔性特征。

五、组织文化

组织文化是在组织中长期形成的共同思想、作风、价值观和行为准则,是一种具有组织个性的信念和行为方式。组织文化建设的重要任务之一就是把职工个人利益和组织的兴衰融为一体,激励职工尽责尽力的群体意识。组织变革应建立在组织文化的基础上。另一方面,组织变革也可能会改变组织文化的某些内涵,甚至重新塑造组织文化。总之,只有从组织文化这样较深的层次上考虑组织变革,变革才会成功,才会塑造出更为强大的竞争优势。

9.2.2 组织变革的阻力

把握环境与市场的变化趋势,积极进行组织变革已经成为一个组织获得竞争优势的必不可少的重要因素,但组织变革经常包括很大的不确定性和风险,因而必然带来变革的阵痛和变革阻力。变革阻力是一定存在的,如果表面没有,那它一定隐藏着。在变革的过程中,我们必须首先预测和分析变革阻力的来源,设法引导人们提高对变革的认识,让组织成员真正了解变革的原因,尽快适应变革,减少痛苦,才能使变革朝着理想的目标迈进。

一、组织变革阻力的主要来源

组织变革的阻力一般来自以下五个方面。

1. 组织的惯性

随着组织年龄的增长,组织往往有保持其稳定性的倾向,这会促使其反对变革,使组织产生一种惯性。组织中的绝大多数人都是在昨天的组织中成长起来的,他们的态度、期望和价值观都是在早期形成的。他们一般倾向于把昨天的经验强加于现在,把组织以前所发生的事看作是常规,对任何一种不合"常规"的事都会持强烈的拒绝态度。这种变革阻力严重制约着组织变革。

2. 组织的保守倾向

国外学者对组织寿命周期研究表明:所有组织除非它处于快速增长或内部动荡的时期,否则其年龄越长或越成熟,它就变得越保守。其原因是:(1)随着组织年龄的增长,组织内部建立起来的制度化的规则就越多。这些规则约束了组织对环境的反应,限制了组织变革;(2)随着组织年龄的增长,组织中具有创新精神的管理者将会被具有保守倾向的管理人员所取代,使组织失去创新型人才。

3. 对变革的恐惧

一般而言,组织变革会导致个人对未来产生不安全感和恐惧感。变革用模糊和不确定性代替已知的东西,组织变革是改变组织的现状,以达到预期的未来状态的过程。这就意味着组织变革本身充满不确定性,而人们一旦处在不确定的环境中,就会对未来产生不安全感和恐惧感,组织成员都有理性避险的倾向,从而与组织变革发生抵触。如何帮助员工克服这种对变革的恐惧心理,树立其对未来变革的信心,激发员工对变革的参与激情,是变革管理的主要任务。

4. 既得利益者的反对

领导者在对变革进行管理时,一定要注意组织变革的死亡之区。组织的中层管理者往往是改革的"死亡之区",不仅难以成为变革的推动力量,而且容易成为抵制变革的中坚力量。这是因为中层管理者是既得利益群体,他们非常担心变革把自己的利益革掉了。中层管理者是资源的现有控制者,是现状的最大受益者,也可能是改革中的最大失利者;中层管理者最了解现有组织的升迁之道,而变革将很可能破坏这条路径。但是,如果组织的最高管理层和中级管理层联合起来,倡导组织变革,变革成功的可能性就更大。

5. 对组织变革缺乏有效的保护

组织变革本身是一种社会发明,尤其是那些解决组织管理中的一般性问题的组织变革更是如此。但是,组织变革从来没有像技术创新那样得到严格的保护,是一种没有专利权的社会发明。一项组织创新成果可以被其他组织无偿使用,这使组织失去了创新的动力。

从产生阻力的主体来看,阻力可能来自三个方面:个体、群体和组织层次。个体对组织变革的阻力,主要是因为其固有的工作和行为习惯难以改变、就业安全需要、经济收入变化、对未知状态的恐惧以及对变革的认识存有偏差等。群体对变革的阻力,可能来自群体规范的束缚,群体中原有的人际关系可能因变革而受到改变和破坏等。来自组织层次的对组织变革的阻力,包括现行组织结构的束缚、组织运行的惯性、变革对现有责权关系和资源分配格局所造成的破坏和威胁,以及追求稳定、安逸和确定性甚于革新和变化的保守型组织文化等,这些都是可能影响和制约组织变革的因素。

二、组织变革阻力的克服

组织变革就意味着要付出代价甚至是高昂的、惨重的代价,所以变革常常会遇到阻力。

1. 审视和分析变革的阻力

组织可以运用"5W2H"对变革中可能产生的抵制等关系问题进行调查、分析,有的放矢地解决变革的阻力。

(1) who:谁更适合做这项任务?领导者有能力吗?变革中可能涉及的利益团体是些什么人?是什么因素激励着他?他们的诱因是什么?他们对问题的认识和可能的解决方案是什么?如果让情况继续发展,谁将受到损害,谁又将受益?对于牵涉问题中的各种人来说,解决该问题各自的重要性如何?这些人对于作出决策的管理者而言有多重要?他们的权力有多大?他们对未来的决策者将能施加什么影响?等等一系列问题。

(2) Where:该项变革在何地做,囊括哪些单位、人员、业务?

(3) What:变革产生阻力的主要问题是什么?该问题是否值得解决?如果问题没有得到解决将会带来什么样的损失?如果成功地解决了,其收益又是什么?解决该问题对于解决其他问题而言有多重要?它对于管理者所管辖领域正常业务的影响有多大?

(4) When:必须现在做吗?变革的最佳时间到了吗?变革的时间进度是什么?存在的问题、阻力需要何时予以解决?

(5) Why:为什么必须进行变革?为什么没有达到预想的成果?是什么因素阻碍了结果的取得?是否有某些环境因素被忽略了,现在需要重新加以考虑?目前有哪些因素不相适宜等。

(6) How:如何操作?成功的可能性有多大?这是最好的方法吗?还有其他方式吗?

(7) How much:预计花费多少成本进行变革?克服变革的阻力预计会额外投入多少时间、金钱?变革后的成本、效益会怎样?

2. 动力和阻力的博弈：力场分析

库尔特·卢因认为，当变革遇到阻力时，如果用控制的手段压下去，可能一时会风平浪静，但是反抗的因素会积聚力量，卷土重来。因此，他主张把变革的动力和阻力因素进行分析，了解哪些是促进发展的因素，哪些是限制发展的因素，确定什么力量是要消除的，什么力量是要增强的。他认为动力因素与阻力因素常常是相互作用，你进我退、此消彼长的。要对变革的阻力进行有效的管理，就要了解阻力和动力的博弈，这可以借助"力场分析"方法来解决。

"力场分析"理论由卢因创立，卢因用数学和物理学的概念、原理来解释心理现象。他认为，"场"可用来解释行为、情绪和人格。人的行为是由现存的"动力场"所引导出来的。力场分析常可以用来识别组织变革的阻力和动力的博弈，就是把对变革的两种态度、两种力量（支持的和反对的）运用对称图示方法排队，对比分析强弱，然后分别采取措施，通过增强支持因素和削弱抵制因素的方法推行变革。力场分析有助于帮助组织变革的管理者识别哪些力量是能够改变的，哪些力量是不可改变的，从而使领导者集中精力去对付那些能够消除的阻力。在列举变革的阻力和动力时，可以采用头脑风暴法来进行，并且要让尽可能多的利害相关者参与制作立场分析图（图9-7），使之更具代表性，更为全面。立场分析的具体步骤可以分为四步：（1）先把变革的动力和阻力排列出来；（2）在图上以箭头线的长短表示各种力量强弱的程度；（3）然后进行综合分析；（4）确定变革措施，使变革顺利进行。

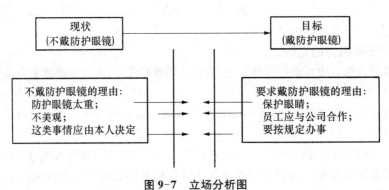

图9-7 立场分析图

3. 应对变革阻力的管理策略

变革管理者最重要的任务是：化阻力为动力。很多领导者经常抱怨变革遭遇的阻力太大，没有足够的能力和办法来扫除这些障碍，并且因为这些障碍，变革的步伐越来越慢，甚至停滞不前。美国管理学家斯蒂芬·罗宾斯在总结了众多观点的基础上，概括出六种应对变革阻力的管理策略。

（1）教育与沟通。他提出：可通过个别会谈、备忘录、小组讨论或报告会等教育组织成员，并与其沟通，帮助他们了解变革的缘由。这种策略适合在变革阻力来源于不良沟通或误解时使用，它要求管理者与被管理者双方相互信任和相互信赖。

（2）参与。可吸收持反对意见者参与决策，能降低阻力，取得支持，同时提高变革决策的质量，当然这是假定参与者能以其专长为决策作出有益的贡献为前提的。事实证明人们对事件的参与程度越大，就越会承担工作责任，支持工作的进程。因此，当有关人员能够参与有关变革的设计讨论时导致承诺的机会就多，抵制变革的情况就显著减少。变革中如果能让与变革有关的人，尤其是将持反对意见的人吸收到决策过程中来，他们就不容易形成阻力。并且能使部分员工充分认识到变革的必要性,主动加入到变革中,利用自己的专长为决策作出有力的贡献。参与和投入方法在管理人员所得信息不充分或者岗位权力较弱时使用比较有效。

(3) 促进与支持。对员工给予足够的精神及物质支持和激励,提供一系列支持性措施,如组织成员心理咨询和治疗、新技能培训以及短期的带薪休假等,当然这需要时间,花费也较大。

(4) 谈判。在阻力来自少数有影响力的人物时,谈判是必要的措施,这需要作出一定的让步,以某种有价值的东西来换取阻力的减少。

(5) 操纵与合作。操纵是将努力转换到施加影响上,如有意扭曲某些事实,隐瞒具有破坏性的消息,制造不真实的谣言等。合作是介于操纵和参与之间的一种形式,合作便于争取反对派的支持,但要是欺骗或利用的意图被察觉,易适得其反。

(6) 强制。当改革势在必行,而上述方法又不奏效时,管理当局就不得不直接对抵制者使用威胁和控制来强制实施变革,如改换工种、开除、降低薪酬、不给予提升机会等。采取强制措施的前提是变革的方向和方案是正确的,如果有必要,甚至可以把那些不同的声音从组织中剔出。强制的优点是快速,能够克服各种抵制;缺点是放任人员对倡导者的愤怒,影响公司运营。直接使用威胁或强制手段,可能是不合法的,即便是合法的强制也容易被看出是一种暴力。

9.3 创新管理的内涵

美国经济学家熊彼特在其《经济发展理论》一书中首次提出创新的概念,认为创新是对"生产要素的重新组合",具体包括五种情况:一是引进新的产品,即产品创新;二是采用一种新的生产方法,即工艺创新或生产技术创新;三是开辟一个新的市场,即市场创新;四是获得一种原料或半成品的新的供给来源,即开发新的资源;五是实行一种新的企业组织形式,即组织管理创新。因而,创新的概念包含的范围很广。创新并不一定是全新的东西,旧的东西以新的形式出现或以新的方式结合也是创新。

企业创新管理就是由企业家根据市场需求的变化,在战略创新目标指导下,在整合自有资源和社会资源过程中,对企业经营管理各层面提出创新要求,集中企业内外创新智慧,运用先进的创新技术,对企业创新活动的组织、计划、领导和控制不断优化的过程。

这可以从以下四个方面理解:(1) 企业创新管理的主体是企业家;(2) 企业创新管理的对象是企业内外的社会资源和自然资源;(3) 企业创新管理的目标是用较小的创新投入取得显著的创新成果;(4) 企业创新管理是一个过程,属于企业战略管理的范畴。

企业创新管理具有以下特点:先导性、协同性、适应性、市场性、收益性等。

从社会经济生活中大量存在的企业角度来分析,创新的内容很广泛,涉及不同的社会系统,也涉及技术、经济和管理方方面面,我们仅以企业系统为例来介绍创新的内容。

一、思维创新

思维创新,这是一切创新的前提。任何人都不可能封闭自己的思维。首先,什么是思维呢?思维就是指向理性的各种认识活动。创新思维最大的特点在于差异性,同样一个问题,不同的人有不同的思维。思维有多种形式,有抽象思维、概念思维、逻辑思维、形象思维、意象思维、直感思维、社会思维、灵感思维、反向思维、相关思维等。创新思维是其中一个。创新思维就是不受现成的常规的思路的约束,寻求对问题的全新的独特的解答和办法的思维过程。创新思维是相对于传统性思维而言的。每个人都有创新思维。但是，不是所有的人都能够运用它，大量的创新思维被埋没了。

创新思维是创新实践、创造力发挥的前提。思路决定出路，格局决定结局，同时，创新思维也是企业竞争的法宝，一个故步自封、闭门造车的企业终究会被时代的大潮所淹没，因此，我们要打破创新性思维的障碍。创新思维主要有三大障碍：第一，思维定式；第二，思维惯性又称习惯性思维、传统性思维；第三，思维封闭。

二、技术创新

技术创新是企业发展的不竭动力。企业在市场上的竞争，表面上是终端产品和服务的竞争，实际上是该产品和服务背后隐含的科技的竞争。如何将技术创新与市场需求相结合？如何制定技术创新战略？怎样利用技术创新的动力？怎样掌握技术创新中的信息？怎样控制技术创新中的风险？这些都是企业在技术创新时需要深思的问题。

技术创新是企业创新的主要内容，具体体现在材料创新、手段创新、工艺创新、产品的创新。其中，材料创新主要是寻找和发现现有材料的新用途和利用新知识和新技术制造新的合成材料；手段创新主要是指生产的物质条件的改造和更新；工艺创新主要是指生产工艺的改革和操作方法的改进；产品创新包括新产品的开发和老产品的改造。产品创新是技术创新的核心和主要内容，其他创新都是围绕着产品创新进行的，而且其成果也最终在产品创新上得到体现。

按照诱发技术创新活动的诱因，技术创新的模式可以划分为三种模式。

(1) 技术推动模式。 这是指由技术发展的推动作用而产生的技术创新。技术推力表现为科学和技术的重大突破，使科学技术明显地走到生产的前面，从而创造出全新的市场需求，或是激发市场的潜在需求。在经济发展过程中，许多重大的技术创新成果，如尼龙、人造纤维、核电站、半导体等都属于这一模式。这种模式的创新过程如图9-8所示。

图 9-8 技术推动模式的创新过程

(2) 市场需求拉动模式。 市场需求拉动模式是指技术创新始于市场需求。具体表现为由于市场的需求，对产品和技术提出了明确的需求，从而导致科学技术的发展，进而制造出适销的产品，最终满足市场的需求。随着社会、经济与科技的发展与进一步融合，近代的众多技术创新都属于这种模式，如通讯产业、化工产业、汽车产业、工业用仪表、测试仪器以及大多数改进产品的许多创新等。美国学者厄特巴克(Utterback)在1974年的一项调查结论为，60%—80%的重要创新是由于需求拉动的。市场需求拉动模式的创新过程如图9-9所示。

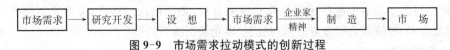

图 9-9 市场需求拉动模式的创新过程

(3) 双重作用模式。 双重作用模式是指在技术创新时，创新者在拥有或部分拥有技术发明或发现的条件下，受到市场需求的诱发，并由此开展技术创新活动的一种模式。事实上，由于技术与经济的相互渗透，以及技术创新过程越来越复杂，涉及的因素越来越多，从而很难断定是技术推动还是市场需求拉动才是技术创新的决定因素。例如，VCD影碟机成功地进入了家庭消费，使VCD影碟机制造业取得了极大的商业成功。在这个例子中，就很难说是消费需求迫切推动了创新,还是由于微电子技术的发展产生了解码芯片并使成本不断降低,从而激发了消费需求。其实,这两种作用都是客观存在的,也很难明确区分其强弱,这样的例子还很多。双重作用模式强调把技术与需求综合考虑,认为技术创新是在科学技术研究可能得到的成果和市场对此成果需求平衡的基础上产生的,即技术机会和市场机会合成的结果,导致了技术创新的开展。双重作用模式的创新过程可用图 9-10 表示。

图 9-10 双重作用模式的创新过程

三、管理创新

管理创新是一种创造新的资源整合范式的动态性活动,它同技术一起构成现代企业中不可缺少的投入组合。作为一种与生产技术知识有着本质不同的知识体系,管理是一种"知识的知识",具有"整合"和"优化"生产要素(包括技术)的特征,它对技术有着一定的驾驭性。通过资源、市场、战略、组织和流程等领域的管理创新,企业可以形成科学的管理,最终提高现有资源的配置效率。

复旦大学芮明杰教授认为管理创新至少包括五种情况。

(1) **提出一种新发展思路并加以有效实施**。新的发展思路如果是可行的,这便是管理方面的创新。

(2) **创设一个新的组织机构并使之有效运转**。组织机构是组织内管理活动及其他活动有序化的支撑体系。创设一个新的组织是一种创新,但如果不能有效运转则成为空想,不是实实在在的创新。

(3) **提出一个新的管理方式方法**。一个新的管理方式方法能提高生产效率,或使人际关系协调,或能更好地激励组织成员等,这些都将有助于组织资源的有效整合,以实现组织既定目标和责任。

(4) **设计一种新的管理模式**。所谓管理模式是指组织综合性的管理范式,以及企业总体资源有效配置实施的范式,这样一个范式如果对所有组织的综合管理而言是新的,则自然是一种创新。

(5) **进行一项制度的创新**。管理制度是对组织资源整合行为的规范,既是对组织行为的规范,也是对员工行为的规范。制度的变革会给组织行为带来变化,进而有助于资源的有效整合,使组织更上一层楼。

四、制度创新

在上文描述管理创新的内容上,芮明杰教授实际上将制度创新列为管理创新之一。为了突出制度创新的重要性,我们主张将制度创新从管理创新中单列出来。制度是对组织运行方式的原则和规定,制度创新是企业发展的基础,也是管理创新和技术创新的基础,制度创新是从社会经济角度来对企业各成员间的正式关系的调整和改革。

当前的许多企业中,往往是昂贵的企业制度和廉价的企业家并存,亦即普遍存在着激励制度不足和约束制度缺失的问题,它严重地影响了,而且还在继续影响着企业的长远发展。制度创新意味着对原有企业制度的否定,本质上是权力、责任和利益三者的调整和再分配,是一个破旧立新的过程,它将为企业的经营活动提供基本的行动框架,并通过约束企业及其成员追求效用最大化的行为,最终形成企业发展的推动力。

制度创新具体包括产权制度的创新、经营制度的创新和管理制度的创新。其中,产权制度是决定企业其他制度的根本性制度,它规定着企业最重要的生产要素的所有者对企业的权利、利益和责任;经营制度是有关经营权的归属及其行使条件、范围、限制等方面的原则规定。经营制度的创新应是不断寻求企业生产资料最有效利用的方式;管理制度是行使经营权、组织企业日常经营的各种具体规则的总称,包括对材料、设备、人员及资金等各种要素的取得和使用的规定。在管理制度的众多内容中,分配制度是极重要的内容之一。

产权制度、经营制度、管理制度这三者之间的关系是错综复杂的,实践中相邻的两种制度之间的划分甚至很难界定。一般来说,一定的产权制度决定相应的经营制度。但是,在产权制度不变的情况下,企业具体的经营方式可以不断进行调整;同样,在经营制度不变时,具体的管理规则和方法也可以不断改进。管理制度的改进一旦发展到一定程度,则会要求经营制度作相应的调整;经营制度的不断调整,则必然会引起产权制度的革命。因此,反过来,管理制度的变化会反作用于经营制度;经营制度的变化会反作用于产权制度。

企业制度创新的方向是不断调整和优化企业所有者、经营者、劳动者三者之间的关系,使各个方面的权力和利益得到充分的体现,使组织的各种成员的作用得到充分的发挥。

五、营销创新

当前,结合我国企业的营销现状,最普遍的营销现象就是功利营销的味道太浓,这导致许多商家营销战术花样翻新,但大多是盲目跟风,这无疑是众多企业营销乏术、缺乏创新的原因。可口可乐与百事可乐的长期以来的竞争给我们一个很好的启示:一味地模仿只会永远处于落后状态,只有敢于创新、勇于挑战,才能在激烈的竞争中赢得优势。因此,在我国这个环境变化快、竞争日趋激烈、消费者越来越成熟、越来越理智的市场中,要想赢得消费者、赢得竞争优势,必须在变化的环境中变革营销模式,并运用具有创新性的营销手段。目前,企业所要面对的是更为激烈的国际竞争,所以营销创新成为当前企业营销管理的重要研究课题之一。

所谓营销创新就是根据营销环境的变化情况,并结合企业自身的资源条件和经营实力,寻求营销要素某一方面或某一系列的突破或变革的过程。在这个过程中,并非要求一定要有创造发明,只要能够适应环境、赢得消费者的心理且不触犯法律、法规和通行惯例,同时能被企业所接受,那么这种营销创新即是成功的。还要说明的是,能否最终实现营销目标,不是衡量营销创新成功与否的唯一标准。

营销创新是市场竞争的必然结果,亦是企业在竞争中生存与发展的必要手段。目前,国内市场与国际市场的对接直接导致企业竞争环境的改变和竞争对手的增强。面对竞争如此激烈的营销环境,我国企业表现出诸多问题,而要解决这些问题,则须从营销管理方面入手进行变革和创新。因为营销创新是提高企业市场竞争力最根本、最有效的途径。另外,通过营销创新,企业能科学合理地整合各种资源,并能提高产品的市场占有率。

六、组织文化创新

组织文化是一个组织在特定的历史条件下,在长期的生产实践中逐步形成的共同的价值观念和行为规范的总和。它具有导向功能、凝聚功能、激励功能、辐射功能等。任何一种组织文化都是特定历史的产物,当组织内外条件发生变化时,组织必须不失时机地丰富、完善、发展组织文化。例如,IBM公司的创始者托马斯·沃森建立了"追求完美、为顾客提供最佳服务、尊重雇员"这样一种文化。大约 75 年后,总裁路易斯·郭士纳为了使"患病"的 IBM 重新恢复生机,丢弃了这种文化而代之以一些诸如"市场驱使我们做每一件事"和"以一种紧迫的意识思考和行动"的指导性原则。

简言之,一个组织的文化并不是总与公司的发展目标和环境相互一致,企业文化所确定的价值准则也需要进行修正。为了适应外部环境和内部流程的重新组合,组织可以利用标志、口号、仪式等来进行组织文化的创新。

七、市场创新

企业的一切生产经营活动都是围绕市场这一中心展开的,市场创新主要是通过企业的营销活动来创造新市场,引导新消费,开发新需求。它是在产品的结构、材料、性能不变的前提下,通过市场的转移,或通过广告宣传等促销活动,来赋予产品一种新的使用价值,从而诱发和强化消费者的购买动机和购买欲望,增加产品的销售量。市场创新既是技术创新的一个基本起点,又是技术创新的一个基本目标。以满足市场需求为基本出发点的技术创新,其市场实现程度是检验技术创新成功与否的最终标准,因此市场创新是创新理论体系中一个重要的组成部分。

按照市场最新的发展规律,任何市场都将经历新生期、成长期、稳定期、衰退期直至死亡。市场创新并不能彻底改变市场自身的发展规律,但是可能延缓市场的衰退或者从衰退的市场中派生出新的市场,从而避免了企业同市场一同消亡。

市场创新的内容十分广泛,主要包括市场观念创新、市场组织创新、市场网络创新、开拓新市场等。

> **管理故事**
>
> 据人民网报道,在长三角青年创业论坛上,江苏红豆实业股份有限公司董事长周海江讲起新编的"三个和尚有水喝"的故事。
>
> 第一种办法是:让三个和尚搞接力赛,每人挑一段,大家都不累,水很快就挑满了,这是协作的方法,叫"机制创新";
>
> 第二种办法是:老和尚立了新庙规,谁水挑得多就吃饭加一道菜,谁水挑得少就吃白饭,结果三个和尚都拼命去挑水,这个办法叫"管理创新";
>
> 第三种办法是:三个和尚商量着天天挑水太累,就用山上竹子做成管道引水到庙里,这叫"技术创新"。
>
> **管理心得**:创新让三个和尚不再为吃水发愁。其实,企业的当家人就是要让"懒和尚"变成"勤快的和尚"。

9.4 创新的过程与组织

要有效地组织系统的创新活动,就必须研究和揭示创新的规律。

9.4.1 创新的过程

创新有无规律可循?对这个问题是有争议的。美国创新活动非常活跃。3M 公司的一位常务副总裁在一次讲演中甚至这样开头:"大家必须以一个坚定不移的信念作为出发点,这就是创新是一个杂乱无章的过程。"

创新在本质上是杂乱无章的,是因为创新是对旧事物的否定,是对新事物的探索。对旧事物的否定,创新者必须突破原先的制度,破坏原先的秩序,必须不遵守原先的章程;对新事物的探索,创新者只能在不断的尝试中去寻求新的程序、新的方法,在最终的成果取得之前,可能要经历无数次反复,无数次失败。因此,它看上去是杂乱的,但这种"杂乱无章"是相对于旧制度、旧秩序而言的,是相对于个别创新而言的。就创新的总体来说,它们必然遵循一定的步骤、程序和规律。

总结众多成功企业的经验,成功的创新要经历"寻求机会、提出构想、迅速行动、坚持不懈"这样四个阶段的努力。

一、寻求机会

创新是对原有秩序的破坏。之所以要打破原有秩序,是因为其内部存在着或出现了某种不协调的现象。这些不协调对系统的发展提供了有利的机会或造成了某种不利的威胁。创新活动正是从发现和利用旧秩序内部的这些不协调现象开始的,不协调为创新提供了契机。旧秩序中的不协调既可存在于系统的内部,也可产生于对系统有影响的外部。

就系统的外部说,有可能成为创新契机的变化主要有:

(1) 技术的变化,从而可能影响企业资源的获取、生产设备和产品的技术水平;

(2) 人口的变化,从而可能影响劳动市场的供给和产品销售市场的需求;

(3) 宏观经济环境的变化。迅速增长的经济背景可能给企业带来不断扩大的市场,而整个国民经济的萧条则可能降低企业产品需求者的购买能力;

(4) 文化与价值观念的转变,从而可能改变消费者的消费偏好或劳动者对工作及其报酬的态度。

就系统内部来说,引发创新的不协调现象主要有:

(1) 生产经营中的瓶颈,可能影响了劳动生产率的提高或劳动积极性的发挥,因而始终困扰着企业的管理人员。这种卡壳环节,既可能是某种材料的质地不够理想,且始终找不到替代品,也可能是某种工艺加工方法的不完善,或是某种分配政策的不合理。

(2) 企业意外的成功和失败,如派生产品的利润贡献不声不响地、出人意料地超过了企业的主营产品,老产品经过精心整顿改进后,结构更加合理、性能更加完善、质量更加优异,但并未得到预期数量的订单……这些出乎企业意料的成功和失败,往往可以把企业从原先的思维模式中驱赶出来,从而可以成为企业创新的一个重要源泉。

企业的创新,往往是从密切地注视、系统地分析社会经济组织在运行过程中出现的不协调现象开始的。

二、提出构想

敏锐地观察到了不协调现象的产生以后,还要透过现象究其原因,并据此分析和预测不协调的未来变化趋势,估计它们可能给组织带来的积极或消极后果,并在此基础上,努力利用机会或将威胁转换为机会,采用头脑风暴、德尔菲等方法提出多种解决问题、消除不协调、使系统在更高层次实现平衡的创新构想。

三、迅速行动

创新成功的秘密主要在于迅速行动。提出的构想可能还不完善,甚至可能很不完善,但这种并非十全十美的构想必须立即付诸行动才有意义。"没有行动的思想会自生自灭",这句话对于创新思想的实践尤为重要,一味追求完美,以减少受讥讽、被攻击的机会,就可能坐失良机,把创新的机会白白地送给自己的竞争对手。彼得斯和奥斯汀在《志在成功》一书中介绍了这样一个例子:20 世纪 70 年代,施乐公司为了把产品搞得十全十美,在罗彻斯特建造了一座全由工商管理硕士(MBA)占用的 29 层高楼。这些 MBA 们在大楼里对第一件可能开发的产品设计了拥有数百个变量的模型,编写了一份又一份的市场调查报告……然而,当这些人继续不着边际地分析时,当产品研制工作被搞得越来越复杂时,竞争者已把施乐公司的市场抢走了 50% 以上。创新的构想只有在不断的尝试中才能逐渐完善,企业只有迅速地行动才能有效地利用"不协调"提供的机会。

四、坚持不懈

构想经过尝试才能成熟,而尝试是有风险的,是不可能"一打就中"的,是可能失败的。创新的过程是不断尝试、不断失败、不断提高的过程。因此,创新者在开始行动以后,为取得最终的成功,必须坚定不移地继续下去,决不能半途而废,否则便会前功尽弃。

9.4.2 创新活动的组织

企业是人的集合体,企业的绩效及其生存与发展的能力首先取决于成员的努力。因此,一个企业要想成为"创新型"首先必须积极培养员工的创新意识。

一、营造自主创新氛围

追求创新的公司认识到,在企业内对创新思想严加控制是愚蠢的,他们对自主权的态度基于如下的权威意见:招聘自我激励的员工并尽量"放任"他们。要相信员工会自动调整他们的行动,向企业的目标看齐。企业文化决定了其成员的创新自由度。公司必须建立一种文化,鼓励每个员工都奋发向上、努力进取、大胆尝试。要造成一种人人谈创新、无处不创新的组织氛围。索尼公司鼓励员工进行实验并在市场上实验新产品的行为予以奖励。与其他公司不同,索尼"明知不能全部成功,仍将大批新产品投放市场"。因此,索尼文化鼓励创新行为,如果不是这种文化,索尼随身听也许永远不会出现在市面上。

二、人才资源是组织创新的基本保证

创新性组织积极对其干部员工开展培训,加快干部员工的知识与经历更新。同时,通过职业生涯设计,给员工提供工作保障,鼓励员工成为创新能手。一旦产生新思想,创新者会主动而热情地将新思想深化提高并克服阻力,以确保组织创新方案得到推行。有研究表明,创新型企业家具有共同的个性特征:自信、坚持、精力旺盛、冒风险等。另外,他们一般处于拥有相当大决策自主权的职位,这使他们能在组织中引入并推行所提倡的组织创新。

三、接纳缺陷和失败

追求开拓创新的企业致力于创造重要的产品和服务,但这并不是一个零缺陷过程。创新与持续改进长期存在的工作流程是完全不同的。不容许任何错误的公司绝不可能期望它的员工公开发表他们那些未经尝试的想法。管理人员应该允许失败,支持失败,甚至鼓励失败。组织成员通过从失败中吸取经验和教训,使下次失败到成功的路程缩短。美国一家成功的计算机设备公司在它那只有五六条的企业哲学中甚至这样写道:"我们要求公司的人每天至少要犯 10 次错误,如果做不到这一条,就说明谁的工作不够努力。"

四、建立合理的奖酬制度

要激发每个人的创新热情,还必须建立合理的评价和奖酬制度。奖酬制度是否科学合理,

不仅关系到员工个人的切身利益,也将直接影响员工创新动力。如果创新的努力得不到组织和社会的承认,不能得到公正的评价和奖酬,继续创新的动力就会渐渐失去。

促进创新的奖酬制度至少要符合下述三个条件。

1. 注意物质奖励与精神奖励的结合

奖励不一定是金钱上的,而且往往不需要是金钱方面的,精神上的奖励也许比物质报酬更能满足驱动人们创新的心理需求。

2. 奖励不能视为"不犯错误的报酬"

奖励应是对特殊贡献甚至是对希望作出特殊贡献的努力的报酬,奖励的对象不仅包括成功以后的创新者,而且应当包括那些成功以前甚至没有获得成功的努力者。就组织的发展而言,也许重要的不是创新的结果,而是创新的过程。如果奖酬制度能促进每个成员都积极地去探索和创新,那么对组织发展有利的结果是必然会产生的。

3. 奖励制度要既能促进内部的竞争,又能保证成员间的合作

内部的竞争与合作对创新都是重要的。竞争能激发每个人的创新欲望,从而有利于创新机会的发现、创新构想的产生,而过度的竞争则会导致内部的各自为政、相互封锁;协作能综合各种不同的知识和能力,从而可以使每个创新构想都更加完善,但没有竞争的合作难以区别个人的贡献,从而会削弱个人的创新欲望。要保证竞争与协作的结合,在奖励项目的设置上,可考虑多设集体奖,少设个人奖,多设单项奖,少设综合奖;在奖金的数额上,可考虑多设小奖,少设甚至不设大奖,以给每一个人都有成功的希望,避免"只有少数人才能成功的超级明星综合征",从而防止相互封锁和保密、破坏合作的现象。

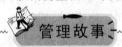

兔子的智慧

一天,一只兔子在山洞前写文章,一只狼走了过来,问:"兔子啊,你在干什么?"答曰:"写文章。"问:"什么题目?"答曰:"浅谈兔子是怎样吃掉狼的。"狼哈哈大笑,表示不信,于是兔子把狼领进山洞。

过了一会,兔子独自走出山洞,继续写文章。一只野猪走了过来,问:"兔子啊,你在写什么?"答:"文章。"问:"题目是什么?"答:"浅谈兔子是如何把野猪吃掉的。"野猪不信,于是同样的事情发生。

最后,在山洞里,一只狮子在一堆白骨之间,满意地剔着牙读着兔子交给它的文章,题目"一只动物,能力大小关键要看你的老板是谁"。

这只兔子有次不小心告诉了他的一个兔子朋友,这消息逐渐在森林中传播;狮子知道后非常生气,他告诉兔子:"如果这个星期没有食物进洞,我就吃你。"于是,兔子继续在洞口写文章。

一只小鹿走过来,"兔子,你在干什么啊?""写文章。""什么题目?""浅谈兔子是怎样吃掉狼的。""哈哈,这个事情全森林都知道啊,你别糊弄我了,我是不会进洞的。"兔子回答说:"我马上要退休了,狮子说要找个人顶替我,难道你不想把这篇文章的兔子变成小鹿么?"小鹿想了想,终于忍不住诱惑,跟随兔子走进洞里。

第九章 变革与创新管理

过了一会,兔子独自走出山洞,继续写文章。一只小马走过来,同样的事情发生了。最后,在山洞里,一只狮子在一堆白骨之间,满意地剔着牙读着兔子交给它的文章。题目是"如何发展下线动物为老板提供食物"。

随着时间的推移,狮子越长越大,兔子提供的食物已远远不能填饱他的肚子。一日,他告诉兔子:"我的食物量要加倍,原来4天一只小鹿,现在要2天一只,如果一周之内改变不了局面我就吃你。"于是,兔子离开洞口,跑进森林深处,他见到一只狼:"你相信兔子能轻松吃掉狼吗?"狼哈哈大笑,表示不信,于是兔子把狼领进山洞。过了一会,兔子独自走出山洞,继续进入森林深处。这回他碰到一只野猪:"你相信兔子能轻松吃掉野猪吗?"野猪不信,于是同样的事情发生了。原来森林深处的动物并不知道兔子和狮子的故事。最后在山洞里,一只狮子在一堆白骨之间,满意地剔着牙读着兔子交给它的文章。题目是"如何实现由坐商到行商的转型为老板提供更多的食物"。

时间飞快,转眼之间,兔子在森林里的名气越来越大,因为大家都知道它有一个很厉害的老板。这只小兔开始横行霸道,欺上欺下,没有动物敢惹。它时时想起和乌龟赛跑的羞辱,它找到乌龟说:"三天之内,见我老板!"扬长而去。乌龟难过地哭了,这时却碰到了一位猎人。乌龟把这事告诉了他,猎人哈哈大笑。于是,森林里发生了一件重大事情。猎人披着狮子皮和乌龟一起在吃兔子火锅,地下丢了半张纸片歪歪扭扭地写着:"山外青山楼外楼,强中还有强中手啊!"

在很长一段时间里森林里恢复了往日的宁静,兔子吃狼的故事似乎快要被大家忘记了。不过,一只年轻的老虎在听说了这个故事后,被激发了灵感,于是他抓住了一只羚羊,对羚羊说,如果你可以像以前的兔子那样为我带来食物那我就不吃你,于是,羚羊无奈地答应了老虎,而老虎也悠然自得地进了山洞。可是三天过去了,也没有见羚羊领一只动物进洞。他实在憋不住了,想出来看看情况:但是,羚羊早已不在了,他异常愤怒。正在他暴跳如雷的时候,突然发现了羚羊写的一篇文章,题目是"想要做好老板先要懂得怎样留住员工"。

管理心得:环境在变,新的情况在不断地出现,而聪明的管理者总能在不断变化的环境面前找出解决问题的方法,其中的核心就在于不断创新。

[管理新动态]

创 造 力

创造力,是人类特有的一种综合性本领。创造力是指产生新思想,发现和创造新事物的能力。它是成功地完成某种创造性活动所必需的心理品质。它是知识、智力、能力及优良的个性品质等复杂多因素综合优化构成的。

创造力与一般能力的区别在于它的新颖性和独创性。它的主要成分是发散思维,即无定向、无约束地由已知探索未知的思维方式。按照美国心理学家吉尔福德的看法,发散思维当表现为外部行为时,就代表了个人的创造能力。可以说,创造力就是用自己的方法创造新的、别人不知道的东西。

问题追踪

个人或组织的创造力可以培养吗?

本章小结

1. 组织变革是指组织为了适应各种相关因素的变化,对组织的权力结构、组织规模、组织成员的观念、成员之间的合作精神等进行有目的的、系统的调整和革新,以提高组织效能。

2. 库尔特·卢因提出了三步骤变革过程理论,并认为成功的变革是可以策划的,它要求对现状予以解冻,然后变革到一种新的状态,并对新的变革予以再冻结,使之保持长久。

3. 企业所拟定的战略决定着组织结构类型的变化。当企业确定战略之后,为了有效地实施战略,必须分析和确定实施战略所需要的组织结构;战略是通过组织来实现的,要有效地实施一项新的战略,就需要一个新的或者至少是被改革了的组织结构;经营单位的战略与公司总部给予的自治权相匹配,对经营单位的业绩有影响,组织结构应当服从于战略。

4. 管理创新是一种创造新的资源整合范式的动态性活动,它同技术一起构成现代企业中不可缺少的投入组合。作为一种与生产技术知识有着本质不同的知识体系,管理是一种"知识的知识",具有"整合"和"优化"生产要素(包括技术)的特征,它对技术有着一定的驾驭性。通过资源、市场、战略、组织和流程等领域的管理创新,企业可以形成科学的管理,最终提高现有资源的配置效率。

5. 制度创新具体包括产权制度的创新、经营制度的创新和管理制度的创新。其中,产权制度是决定企业其他制度的根本性制度,它规定着企业最重要的生产要素的所有者对企业的权利、利益和责任;经营制度是有关经营权的归属及其行使条件、范围、限制等方面的原则规定。

6. 创新是企业家对生产要素的新组合,即把一种从来没有过的生产要素和生产条件的"新组合"引入生产体系。创新的过程包括从发现潜在的需求开始,经过新事物的技术可行性研究阶段的试验和检验,到新事物的广泛应用为止。

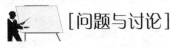

[问题与讨论]

1. 什么是组织变革?它的动因是什么?
2. 库尔特·卢因提出的三步骤变革过程理论的内容是什么?
3. 组织变革应考虑哪些关键因素?
4. 觉醒阶段如何克服组织变革的阻力?
5. 管理创新包括哪五种情况?
6. 创新过程在逻辑上可分为哪些步骤?

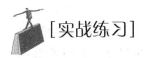

给自己来个学习变革

目的： 通过开展分析自己的练习，提出如何改善自己的生活行为模式，设计自己的学习模式，培养和提升自我学习能力，关注现代经济管理问题以及提高分析问题的能力。

内容： ① 自主成立 4—5 人的学习小组，设计小组队名、队标，并提出学习的口号。

② 每个小组成员经过思考总结并列出自己学习方法、思维模式。

③ 小组交流，小组成员开展相互学习和研究，并进行讨论。

要求： 要求每组学生根据议题拟写一份小论文，教师批阅，全班交流。

案例一　华为的创新实践

华为是一家创新型的企业吗？然而，令人纳闷的是，"创新"一词在华为的"管理词典"中却不多见，在任正非 20 多年来的上百次讲话、文章和华为的文件中，"创新"是被提到最少的。尤其在近两年所谓的"互联网思维"大行其道、风靡整个中国产业界的氛围下，任正非却在华为 15 万员工中大谈以乌龟精神追赶龙飞船，要求上上下下"拒绝机会主义"，沿着华为既定的道路，并且不被路旁的鲜花所干扰，坚定信心地朝前走……

华为的创新实践之一：技术创新

华为到 2012 年年底拥有 7 万多人的研发队伍，占员工人数的 48%，是全球各类组织中研发人数最多的公司。从 1992 年开始，华为就坚持将每年销售额的至少 10% 投入研发，什么事情都可以打折扣，但"研发的 10% 投不下去是要被砍头的"——这是华为主管研发的负责人说的。2013 年华为研发投入 12.8%，达到 53 亿美元，过去 10 年的研发投入，累计超过 200 亿美元；华为在全球有 16 个研发中心，2011 年又成立了面向基础科学研究为主的 2012 实验室，这可以说是华为的秘密武器。另外，数学在华为研发上有重大贡献。10 多年前，任正非就有明确认知：中国人擅长数理逻辑，数学思维能力很强，这跟中国人的哲学有关系，中国哲学是模糊哲学——儒、道基础上的模糊哲学。缺乏形而上学的思辨传统，太多辩证法。基于这一点，华为在材料学研究、物理领域尽量少地投入，但在数学研究方面的投入是巨大的。

正是这样一个革命性、颠覆性的产品，过去几年给华为带来了欧洲和全球市场的重大斩获。一位国企的董事长见任正非时说了一句话，"老任，你们靠低价战术怎么在全世界获得这么大的成功？"任正非脱口而出，你错了，我们不是靠低价，是靠高价。在欧洲市场，价格最高的是爱立信，华为的产品平均价低于爱立信 5%。但高于阿尔卡特—朗讯、诺基亚—西门子 5%—8%。

华为的创新实践之二:"工者有其股"的制度创新

如何在互联网、全球化的时代对知识劳动者进行管理,在过去百年是管理学研究的薄弱环节。从常理上讲,任正非完全可以拥有华为的控股权,但创新一定是反常理的。在26年前,华为创立的第一天起,任正非就给知识劳动者的智慧——这些非货币、非实物的无形资产进行定价,让"知本家"作为核心资产成为华为的股东和大大小小的老板,到今天为止,华为有将近8万股东。最新的股权创新方案是,外籍员工也将大批量地成为公司股东,从而实现完全意义上的"工者有其股",这无疑是人类有商业史以来未上市公司中员工持股人数最多的企业,也无疑是一种创举,既体现着创始领袖的奉献精神,也考验着管理者的把控能力:如何在如此分散的股权结构下,实现企业的长期使命和中长期战略,满足不同股东阶层、劳动者阶层、管理阶层的不同利益,从而达成多种不同诉求的内外部平衡。

华为的创新实践之三:产品微创新

早期,不管西方公司还是华为给运营商卖设备都是代理商模式,是华为改变了当年中国市场的营销模式,由代理模式走向了直销模式。这个模式首先是被逼出来的——产品差,不断出问题,然后就得贴近客户去服务。华为的老员工经常说一个词,叫"守局"。这里的局指的是邮电局,就是今天的运营商。设备随时会出问题,华为那些年轻的研究人员、专家,十几个人经常在一台设备安装之后,守在偏远县、乡的邮电局(所)一个月,两个月,白天设备在运行,晚上就跑到机房去检测和维护。设备不出问题是侥幸,出故障是大概率。这就逼出了华为的微创新文化。举个例子,华为交换机曾经卖到湖南,一到冬天许多设备就短路,什么原因呢?把一台出故障的设备拉回深圳,一帮人黑天白夜琢磨到底是什么问题。最后发现外壳上有不知道是猫、还是老鼠撒的尿,就研究是不是症结在这儿?好,试一试,在设备上撒一泡尿,电一插发现没问题,又苦思冥想。到了第二天有人突然说不对,昨天那个谁谁撒尿之前喝了水,人也年轻,找一个老一点的同事,几个小时别喝水,撒一泡尿再试试。果不其然,撒完尿,电源一插崩一下断了。最终确定,尿里面所含的成分是断电的原因。湖南冬天的时候老鼠在屋内到处窜,交换机上的污渍可以肯定是老鼠尿,撒尿导致断电,华为的工程师们就针对这一具体问题进行产品改造,很快问题就解决了。

华为的创新实践之四:决策体制的创新

美国的美世咨询(Mercer)公司,在2004年对华为进行决策机制的咨询。让任正非主持办公会,任正非提了一个模型,叫轮值COO。七位常务副总裁轮流担任COO,每半年轮值一次。轮值COO进行了8年,结果是什么呢?首先是任正非远离经营,甚至远离管理,变成一个头脑越来越发达,"四肢越来越萎缩"的领袖。真正的大企业领袖在企业进入相对成熟阶段时一定是畸形的人,脑袋极其发达,聚焦于思想和文化,以及企业观念层面的建设;"四肢要萎缩",四肢不萎缩,就会时常指手画脚,下面的人就会无所适从。

轮值COO成功实践后,华为开始推行轮值CEO制度。EMT管理团队由7个常务董事组成,负责公司日常的经营管理,7个人中3位是轮值主席,每人轮值半年。3年来的运行效果是显著的,最大成效之一是决策体系的动态均衡。如果上任轮值主席偏于激进,那么整个公司战车隆隆,但半年以后会有偏稳健的人上来掌舵,把前任风格调节一下,而过于稳健又可能影响发展,再上来的人可能既非左又非右,既非激进又非保守。

▲ 思考题

1. 你如何认识技术创新与制度创新的关系?
2. 华为的创新实践带给你怎样的启示?

资料来源:田涛."华为是如何创新的".i黑马.2014年12月25日.

案例二 共享单车,解决人们的短途出行问题

共享单车(Bicycle-sharing)近年来在国内兴起并快速发展,它借鉴了共享经济的模式,将传统自行车产业与互联网应用进行了结合,主要解决人们的短途出行问题。

共享经济,也被称为分享经济、协同消费等。它指的是利用互联网等现代信息技术,整合、分享少量的分期化闲置资源,满足多样化需求的经济活动总和。自2011年5月美国一家名为Spinlister的公司将共享理念应用于自行车行业以来,共享单车正式走入市场。2014年,北大毕业生戴威与4名合伙人共同创立ofo,致力于解决大学校园的出行问题。2015年5月,超过2 000辆共享单车出现在北大校园。2015年1月,摩拜单车创始人胡玮炜成立了摩拜科技公司,公司成立后,业务发展迅速。

共享单车一经出现,就受到了市场的热捧。共享单车运营企业如雨后春笋,层出不穷。到2016年年底,全国出现了至少23个以上品牌的共享单车品牌。除龙头摩拜和ofo两家规模较大(共占据了约90%的市场份额)外,其他如小鸣单车、小蓝单车等也都取得了不错的业绩。相关资料显示,截至2016年年底,中国共享单车市场整体用户数量已达到1 886万。预计到2017年底将达到5 000万用户规模。

共享单车能够在短短两年多的时间内风靡大江南北,关键还在于它很好地解决了市民出行的"最后一公里"的难题,一些短途旅行(5公里以内)需求也得到充分释放,而且它符合国家鼓励的绿色出行的低碳环保理念。目前共享单车普及程度较高的北上广深等城市政府管理部门都明确了促进互联网自行车健康发展的管理规定。共享单车引入互联网技术,无桩理念让用户的租借和归还更加便捷简单。车辆设计时尚,外观靓丽,租金低廉。手机应用软件使用过程比较流畅,操作简单,支付便捷,增加了体验感,使得男女老幼都乐于参与其中。最重的还有资本的强大推动力。作为共享经济的类型,以滴滴和Uber为代表的共享出行模式在"互联网+"时代被证明具有非常强的用户集聚能力。共享经济在改变出行方式上的成功应用让资本嗅到了它的魅力,并迅速涌向了共享单车市场。

摩拜和ofo成立以来融资情况一览表

融资方	融资时间	融资轮次	融资金额	投 资 方
摩拜	2015.10.30	A轮	数百万美元	JOY Capital愉悦资本
	2016.8.19	B轮	数千万美元	熊猫资本、创新工场、JOY Capital愉悦资本
	2016.8.30	B+轮	数千万美元	祥峰投资、Vertex、创新工场
	2016.9.30	C轮	1亿美元	红杉资本中国、高瓴资本

(续表)

融资方	融资时间	融资轮次	融资金额	投资方
摩拜	2016.10.13	C+轮	近亿美元	高瓴资本、华平投资、WI Group、红杉资本、腾讯、贝塔斯曼亚洲投资基金
	2017.1.4	D轮	2.15亿美元	腾讯、华平投资、携程、WI Group、华住酒店、TPG德太资本、红杉资本中国、贝塔斯曼、启明创投、愉悦资本等
	2017.1.23	D轮	/	富士康
	2017.2.20	D轮	/	淡马锡、高瓴资本
ofo	2015.3	天使	数百万美元	唯猎资本
	2015.12	Pre-A	900万元	东方弘道、唯猎资本
	2016.2.1	A轮	1500万元	金沙江创投、东方弘道
	2016.8.2	A+轮	1000万元	真格基金、王刚
	2016.9.2	B轮	数千万美元	经纬中国、唯猎资本、金沙江创投
	2016.9.26	C1轮	数千万美元	滴滴出行
	2016.10.10	C2轮	数千万美元	Coatue、小米、中信产业基金、元璟资本、滴滴、Yuri Milner、经纬中国、金沙江创投
	2017.3.1	D轮	4.5亿美元	DST、滴滴、经纬中国、中信产业基金、Coatue、Atomico、新华联集团

▲ 思考题

1. 为什么社会资本青睐共享单车模式？它有怎样的创新之处？
2. 分析共享单车的发展前景和盈利模式？

资料来源：汪浚源."共享单车：经营现状、盈利模式与经营前景"[J].领导科学论坛.2017(6)：78-86.

[阅读书目]

1. 苏敬勤、洪勇、吕一博编著.创新与变革管理.清华大学出版社,2010年
2. 托马斯·沃格尔著,陶尚芸译.创新思维法：打破思维定式,生成有效创意.电子工业出版社,2016年
3. 胡世良著.移动互联网商业模式创新与变革.人民邮电出版社,2013年

第十章

DI SHI ZHANG

领　导

- 领导与权力
- 领导理论的演变
- 领导特质理论
- 领导行为理论
- 领导权变理论
- 领导理论研究的新进展
- 管理新动态
- 问题与讨论
- 实战练习
- 案例思考

　　案例一　唐骏的"学历门"风波

　　案例二　三个领导，三种风格

- 阅读书目

第十章 领 导

学习目标

学完本章,你应该能够:
1. 理解领导的内涵,区分领导与管理,描述权力的构成。
2. 掌握领导特质理论的研究目的和基本内容。
3. 掌握领导行为理论的三个子理论。
4. 理解领导权变理论的基本思想,掌握三种比较有影响的领导权变理论。
5. 理解魅力型领导和变革型领导的内涵及特征。

关键概念

领导　权力　领导特质理论　领导行为理论　领导权变理论　魅力型领导　变革型领导

游戏引导

船长的决断

游戏方法:

1. 教师先进行背景介绍:

假设你是一名船长,从某地出发,船行驶的过程中不知不觉已经临近暮色了,一路风平浪静,行驶极为顺利,突然间,浓雾弥漫,视野不佳,当雷达发现对方船只时已经成了避之不及的状态,船撞上了……这时候,身为船上最高领导的你要采取应急措施,对以下的15个项目,请作出判断,你认为最急切需要处理的就写上1,最不急切的写上15,依次进行排列。

A. 放点音乐,舒缓船上人员紧张情绪;B. 命令乘员放下救生艇;C. 命令检查发电机是否运转中;D. 检查附近海域图;E. 分配各救生艇准备钓具;F. 请船医准备医疗品;G. 为同舟共济,准备捆绑身体的绳索;H. 于相撞现场配置人员确认事故状况;I. 通知船上人员紧急事故戒备中;J. 让各救生艇准备信号弹;K. 求神拜佛;L. 封锁船体破损区的闸门;M. 为救助对方的乘客而放下救生艇;N. 准备搬出便携式无线电;O. 向附近船只发出SOS求救信号。

2. 10分钟后,教师公布标准答案。每位学生根据教师给出的排序算出自己排列的各项与标准答案的差,求出差的总和,并算出个人平均差,分数越低说明越具有领导能力。

问题讨论:
① 谁分数最低?他(或她)具有哪些特质?
② 你的得分是高还是低?你认为原因是什么?

10.1 领导与权力

10.1.1 领导的内涵

当分散的个体无法处理复杂工作时,个体就自然形成分工协作的群体。在任何群体中,领导无处不在、无时不在。"一头绵羊带领一群狮子,敌不过一头狮子带领的一群绵羊",领导者对于组织如此重要。在当今全球竞争加剧的时代里,组织领导者的领导力缺乏是一个全球性问题。据调查,有47%的被调查公司认为他们缺乏有领导力的人才。

那么,究竟什么是领导呢?学界、政界和商界对领导的定义众说纷纭,有多少人试图给领导下定义,领导就有多少种定义。

(1) 文艺复兴时期的意大利政治思想家尼科罗·马基雅维利(Niccolò Machiavelli)认为:有效的领导者是"权力的使者,是那些能够利用技巧和手段达到自己目标的人"。

(2) 德国著名社会学家和哲学家、西方古典管理理论的奠基者之一马克斯·韦伯(Max Weber)认为:有效的领导者"有一种魅力,即某种精神力量和个人特征,能够对人施加个人影响"。

(3) 美国前国务卿亨利·基辛格(Henry A. Kissinger)认为:"领导就是要带领他的人们,从他们现在的地方,去他们还没有去过的地方。"

(4) 现代管理学之父彼得·德鲁克(Peter F. Drucker)认为:"领导者的唯一定义就是其后面有追随者。一些人是思想家,一些人是预言家。这些人都很重要,而且也很急需。但是,没有追随者,就没有领导者。"

(5) 通用电气(GE)前董事长兼首席执行官杰克·韦尔奇(Jack Welch)认为:领导者"是这样一种现实的人,他们能将其想做的事或设想形成一种视野,使其他人理解和采纳,并推动这种视野成为成功"。

(6) 变革领导理论的创始人伯纳德·巴斯(Bernard M. Bass)认为:领导力是"改造追随者,创建可能达到的目标愿景,并清楚明确地告知追随者实现这些目标的方式方法"。

(7) 管理过程学派的创始人哈罗德·孔茨(Harold Koontz)认为:领导力是"一种影响力,或施加影响的艺术或过程,旨在使人们心甘情愿地为实现群体或组织的目标而努力"。

(8) 权变领导理论的创始人弗雷德·菲德勒(Fred E. Fiedler)认为:领导力是"指导和协调群体成员的工作"。

虽然这些对于领导力的定义各有差别,但学者们在以下四个基本方面达成了共识:

(1) 领导力是一种群体现象,是领导者和追随者之间的相互影响和服从。"君者,舟也;庶人者,水也;水则载舟,水则覆舟。"没有追随者,就没有领导者。

(2) 领导力以群体中的共同目标为导向,强调领导者和追随者必须在方向上保持一致,以此取得有效的群体结果。

(3) 领导力是在某个行动过程中或要达到某一行动目标时所施加的影响力。影响力是领导力的必要条件；没有影响力，就没有领导力。

(4) 领导是一种活动过程。领导不仅是领导者自身拥有的特质或性格，更是发生在领导者和追随者之间的一种交互作用。在领导过程中，领导者影响追随者，也受到追随者的影响。

综上所述，领导者可被定义为"**对组织内的个人或群体施加影响、帮助他们确立目标、引导他们完成目标的人**"。这个定义将领导过程中的各项要素有机地联结起来。

10.1.2 领导与管理的区别

领导与管理有什么区别？美国著名学者史蒂芬·柯维曾做了这样一个生动的比喻：一群工人在丛林里清除低矮灌木。他们是生产者，解决的是实际问题。管理者在他们的后面拟定政策，引进技术，确定工作进程和补贴计划。领导者则爬上最高的那棵树，巡视全貌，然后大声嚷道："不是这块丛林！"韦尔奇先生也以其丰富的领导实践和人生感悟，形象地指出："把梯子正确地靠在墙上是管理的职责，领导的作用在于保证梯子靠在正确的墙上。"

事实上，领导和管理是两套各司其职而又相辅相成的行为。它们各自有各自的职能和活动，在一个日益复杂和变化多端的商业环境中，好的领导和管理是企业成功的基础。

从共性上看，领导与管理都是一种在组织内部通过影响他人的协调活动，实现组织目标的过程。两者的基本权力都是来自组织的岗位设置。

从差异上看，两者有着本质的区别：

(1) 领导是管理的一个方面，属于管理活动的范畴，但除了领导，管理还包括其他内容。

(2) 管理的权力是建立在合法的、强制性权力基础上的；而领导的权力既可以建立在合法的、强制性权力基础上，也可以建立于个人的影响力和专家权力等基础上。

(3) 领导者不一定是管理者，管理者也不一定是领导者。领导者既存在于正式组织中，也存在于非正式组织中；管理者只存在于正式组织中。

当我的员工有100名时，我要站在员工前面指挥部属；当员工增加到1 000人时，我必须站在员工中间，恳求员工鼎力相助；当员工达到10 000人时，我只要站在员工后面，心存感激即可。

——[日] 松下幸之助

当你试图挥师前进的时候，最可怕的是回头发现身后空无一人。

——[美] 富兰克林·罗斯福

人们喜欢为他们喜欢的人做事。

——[美] 瑟夫·吉尔伯特

10.1.3 权力与领导

领导的核心在权力，领导者以权力为基础形成影响力，进而指挥下级以实现组织目标。

一、权力的含义与分类

权力是指一种影响决策的能力,它既是一种控制力,也是一种影响力,是构成管理者的第一个要素,是领导者在管理过程中影响他人的基础。

关于管理者的权力,不同的学者有不同的看法。

法国管理学家法约尔将权力划分为职务权力和个人权力。职务权力是由相应的职位和权限形成的。个人权力是由个人的智力、经验、道德价值、能力和过去的工作经历形成的。

德国学者韦伯认为,权力是任何组织的基础,它能建立工作秩序,防止混乱,提高组织效率。他将权力划分为理性权力、传统权力和神授权力三种形式。理性权力是依法建立起来的权力体系,其实质在于其合乎理性和法律。传统权力属于继承下来的权力体系,其根本在于古老传统的神圣性。神授权力是属于继承下来的由信徒们的信仰而产生的权力,其基础在于对某一人的超凡魅力的信服,对其英雄业绩或高尚品德的虔诚信仰。在这三种纯粹形态的权力当中,理性权力是企业和行政组织体系的基础。

管理心理学家约翰·弗伦奇(John French)和伯特伦·雷文(Bertram Raven)将权力划分为五种形式,即强制权、奖赏权、法定权、专家权和感召权,如图10-1所示。

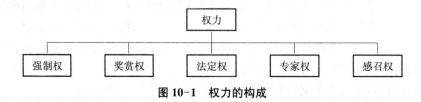

图 10-1 权力的构成

(1) 强制权,也称为惩罚权。它是指通过精神、感情或物质上的威胁,强迫下属服从的一种权力。惩罚权源于下属的恐惧感:下属认识到,如果不按照领导的指示办事,就会受到领导诸如扣发工资奖金、批评、降职乃至开除等惩罚。

(2) 奖赏权。它是指提供奖金、提薪、表扬、升职和其他任何令人愉悦的东西的权力,是基于被影响者执行命令或达到工作要求而给其进行奖励的一种权力。奖赏权源于被影响者期望奖励的心理。

(3) 法定权。它是指组织内各管理职位所固有的、法定的、正式的权力。这种权力来自领导者在组织中担任的职务,来自下属传统的习惯观念,即下属认为领导者拥有的职务权力是合理、合法的,得到了社会公认的,他必须接受领导者的影响。

(4) 专家权,也称为专长权。它是指由个人的特殊技能或某些专业知识而产生的权力。一个人由于具有某种专业知识、特殊技能或经验,因而赢得了他人的尊敬,他人就会在一些问题上服从于他的判断和决定。

(5) 感召权,也称为模范权。这是与个人的品质、魅力、经历、背景等相关的权力,也被称为个人的影响力。一个拥有独特的个人特质,超凡魅力和思想品德的人,会使你认同他、敬仰他、崇拜他,以至达到你要模仿他的行为和态度的地步,这样他对你就有了感召权。

前三种权力都是与职位有关的权力,统称为制度权,亦称行政性权力。这种权力是由上级和组织所赋予的,并由法律、制度明文规定。制度权不依任职者的变动而变动,有职者就有制度权,无职者就无制度权。

后两种权力都与组织的职位无关,因此也称为非职位权力。这种权力是由于领导者自身的某些特殊条件才具有的。这种来自个人的权力通常是在组织成员自愿接受的情况下产生影响力的,因而易于赢得组织成员发自内心的长时期的敬重和服从。

显然,有效的领导者不仅要依靠正式的职位权力,还必须具有个人的影响力。

二、权力与领导的关系

权力与领导是有差别的：最主要的差别在于目标的相容性。权力不要求构成权力关系的双方有着一致的目标,而领导则要求领导者与被领导者有着相互一致的方向。

但是,权力对于领导工作是极为重要的,两者相互联系、相互影响。

首先,领导者应当正确认识领导者影响力的来源及其彼此关系。表面上看,有些领导者的影响力似乎来自上级的任命,但归根到底是来自其所领导的下属的信任,来自组织的员工。职权与威信是实施领导的基础,领导者应当注意将个人的德、能、智、资、绩与领导的职权有效地结合起来,树立自己在组织中的良好形象,这样才能更好地领导组织完成任务。

其次,领导者要正确对待权力的作用,要明白自己肩负的重任,明白自己既对完成组织任务负有责任,又对组织内部员工的利益及发展负有责任。领导者必须意识到。权力只是管理活动中的一种工具,不是为个人利益服务的私人财产,而是为实现组织目标服务的。领导者追求权力的动机和使用权力的目的是否正确,衡量的标准就在于他追求和使用什么性质的权力,是以组织或群体的进步为导向的积极权力,还是以个人的需要和目标为导向的消极权力。

最后,领导者正确地使用权力,要有高度的责任感和良好的敬业精神,要全身心地投入工作,在工作需要的正确时间与正确地点正确地使用权力。领导者的职位权力往往是通过强制手段而产生影响作用的,应客观一致地使用这种权力,让大家知道在何时、何种情况下使用权力并始终一贯遵守这种行事方式。这样,权力的使用就成为工作秩序的一部分,并有助于树立领导者的威信。相反,领导者一旦滥用权力,不注意个人权威的建立,就会在下属心目中失去亲和力,使下属惧而远之。这不但会阻碍组织目标的实现,还会导致人际关系恶化、组织凝聚力下降,最终会导致领导者权力的丧失。同时,个人权威也必须与职位权力结合起来。没有职位权力支持的个人权威,其力量必然有局限性,甚至会有权力是否合法的问题。

10.2 领导理论的演变

20世纪30年代以来,西方国家很多学者对于领导及其效能问题的研究有各种各样的学派和理论,内容丰富多彩。很多学者将20世纪80年代中期看作是领导理论研究的分水岭：在此之前的研究被称为"传统领导理论"；此后的研究被称为"新领导理论",而两者最主要的区别就是变革型领导范式的出现。如表10-1所示。

表10-1 领导理论研究的演进过程

	时　　　代	研　究　重　点
传统领导理论	20世纪50年代前	有效领导者的特质
	20世纪50—60年代	有效领导者的行为、技能
	20世纪60—70年代	权力、情境、领导风格

(续 表)

	时 代	研 究 重 点
传统领导理论	20世纪70—80年代	领导者的象征角色
	20世纪80—90年代	回归到特质和行为
新领导理论	20世纪90年代	多元文化下的领导
	21世纪初	全球化领导

由表 10-1 可以看出，20 世纪对领导理论的研究大致经历了三个阶段：领导特质理论阶段、领导行为理论阶段及领导权变理论阶段。领导特质理论的出发点是领导效率的高低主要取决于领导者的特质，包括领导者先天具备的诸如身体、性格、气质、智力等基本特性。领导特质理论研究的重点是通过对领导者的特质进行分析论证，预测领导的效果，指导人们选拔领导者。领导行为理论认为，领导者的行为是领导效果的决定因素，其研究的主要切入点是以工作任务为中心和以关心人为中心两种领导风格，如何相互结合以取得好的领导效果。

领导权变理论与前两种理论过分强调领导者对领导效果的主导作用，忽视被领导者和环境的影响力不同，它综合考虑了领导者、被领导者和环境的影响，认为领导者不能一厢情愿地去实施某种领导行为和领导风格，必须要结合不同的领导对象和领导环境随机制宜的调整领导行为或风格，以取得好的领导效果。到了 20 世纪 70—80 年代，领导理论和研究进一步发展。研究的重点转向了领导的象征角色，部分学者的研究又重新回归到特质和行为。

唐纳利等认为，领导特质理论、领导行为理论和领导权变理论三者之间的关系如图 10-2 所示。第一种理论尝试了解领导者与非领导者相比具备哪些人格特质；第二种理论尝试根据领导者所采取的行为解释领导效能。由于两者均以不尽正确和过于简单化的领导概念为基础，因此常被行为科学理论界称为"错误的开始"。从 20 世纪四五十年代开始，领导理论的研究中开始综合考虑领导者、被领导者以及领导情景因素对领导效能的影响，这就是领导的权变理论。

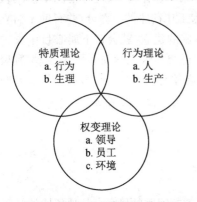

图 10-2 三种领导理论的关系

进入 20 世纪 90 年代，随着管理理论的发展，研究的重点逐渐转向多元化和全球化的领导，陆续出现了魅力型领导理论、变革型领导理论、柔性领导理论等许多前沿性的新理论。

10.3 领导特质理论

国内外很多学者针对领导行为进行了大量的研究，提出了各种各样的领导理论。尽管这些领导理论千差万别，但目的都是探究如何造就一个有效的领导者。从研究的角度来看，到 20 世纪 80 年代以前，这些领导理论大体上可以归纳为三种类型：第一种是研究领导者应当具有哪些人格特质，称为领导特质理论；第二种则试图根据个体的行为倾向解释领导，称为领导行为理论;第三种观点运用权变模型弥补了先前理论的不足,并将各种领导理论的研究成果综合在一起,称为领导权变理论。这种领导理论认为,针对不同的情境,需要选择不同的领导方式,所以它又称为领导情境理论。

10.3.1 传统领导特质理论

传统的领导特质理论开始于20世纪初,被称为"天才论""伟人论"。这一时期的领导特质理论认为,不管在什么样的情境下,领导者都具有相同的特质,而且这些特质在很大程度上是先天的、与生俱来的,不具备先天领导特质的人是不能当领导者的。这种观点的渊源可追溯到古希腊,例如亚里士多德便认为,所有的人从出生之日起就已注定了其治人或治于人的命运。为此,这一时期的研究者们进行了大量的研究,以求发现领导者在个性、生理、智力等因素方面有别于非领导者的特点。在长达半个多世纪的研究中,产生了各种各样的领导特质理论。

例如,亨利(W.Henry)1949年在调查研究的基础上指出,成功的领导者应具备十二种品质:(1)成就需要强烈,他把工作成就看成是最大的乐趣;(2)干劲大,工作积极努力,希望承担富有挑战性的工作;(3)用积极的态度对待上级,尊重上级,与上级关系较好;(4)组织能力强,有较强的预测能力;(5)决断力强;(6)自信心强;(7)思维敏捷,富于进取心;(8)竭力避免失败,不断地接受新的任务,树立新的奋斗目标,驱使自己前进;(9)讲求实际,重视现在;(10)眼睛向上,对上级亲近而对下级较疏远;(11)对父母没有情感上的牵扯;(12)效力于组织,忠于职守。

又如,心理学家吉普(J.R.Gibb)于1954年指出,天才的领导者具有7种个性特点:(1)外表英俊潇洒,有魅力;(2)善于言辞;(3)智力过人;(4)具有自信心,心理健康;(5)善于控制和支配他人;(6)性格外向;(7)灵活敏感。

然而,随着研究的深入和实践的反馈,传统的领导特质理论受到了各方面的异议,归纳起来,主要反映在三个方面:(1)据有关统计,1940—1947年的124项研究中,所得出的天才领导者的个人特质众说纷纭。但各特质之间的相关性不大,有的甚至产生矛盾;(2)进一步的研究发现,领导者与被领导者、卓有成效的领导者与平庸的领导者有量的差别,但并不存在质的差异;(3)许多被认为具有天才领导者特质的人并没有成为领导者。

10.3.2 现代领导特质理论

20世纪70年代以来,人们逐步认识到领导者的特质并非天生,而是在实践中形成的。以这种思想转变为基础,现代领导特质理论一反传统领导特质理论夸大遗传、天赋的片面观点,强调领导者的个性特征和品质是在后天的实践中形成的,并且可以通过培养和训练加以造就。

现代领导特质理论的研究者们提出了不少富有见地的观点。例如,美国普林斯顿大学教授包莫乐(W.J.Baumol)针对美国企业界的实际情况,提出了企业领导者应具备的十项条件:

(1)合作精神:能赢得人们的合作,愿意与其他人一起工作,对人不是压服,而是感动和说服;

(2)决策才能:依据事实而非想象来进行决策,有高瞻远瞩的能力;

(3)组织能力:善于组织人力、物力和财力;

(4)精于授权:能抓住大事,把小事分给部属去完成;

(5)善于应变:权变通达、机动进取而不抱残守缺、墨守成规;

(6)勇于负责:对上下级以及整个社会抱有高度责任心;

(7) 勇于求新：对新事物、新环境、新观念有敏锐的接受能力；
(8) 敢担风险：要敢于承担改变企业现状时遇到的风险，并有创造新局面的雄心和信心；
(9) 尊重他人：重视和采纳别人的合理化意见；
(10) 品德超人：在品德上为社会和企业员工所敬仰。

现代领导特质理论家的研究一般从两个方面着手：一是采用心理测量法对领导者的气质、性格、行为习惯进行测验，并通过心理咨询予以矫正或治疗；二是根据现代企业的要求提出评价领导者素质的标准，并通过专门的方法训练、培养有关素质。一般认为，前一种研究主要注意领导者素质与遗传因素的关系，因而比较注重领导者素质的测量和改善。后一种研究主要注意后天的环境因素等对领导者素质的作用，因而比较重视领导者素质的培养。

这方面研究比较突出的有美国心理学家吉色利(E.E.Chiselli)。吉色利采用语义差别量表测定领导者的素质，并对结果进行因子分析。吉色利得出的领导者素质可分为三大类，十三个因子。如表10-2所示。

表10-2　领导者素质表

一类：能力	二类：个性品质	三类：激励
管理能力	自我督导	职业成就需要
智　力	决　策	自我实现需要
创造力	成熟性	行使权力需要
	工作班子的亲和力	高度金钱奖励需要
	男女性别差异	工作安全需要

表10-2中所列素质因子的重要性并不一致。保证领导有效性最强有力的六个因子的等级顺序为：管理能力、职业成就需要、智力、自我实现需要、自我督导、决策。不大重要或作用较小的因子的等级顺序为：工作安全需要、工作班子亲和力、创造力、高度金钱奖励需要、行使权力需要、成熟性、男女性别差异。

领导特质理论侧重于比较领导者与被领导者、高层领导者与基层领导者、成功的领导者与不成功的领导者之间的个体差异，试图确定成功的领导者具有什么样的人格特质，也就是确定具有什么样特质的人适合做领导者，进而在此基础上确定进行什么样的训练能够培养出胜任领导工作的人。但是，大量研究使我们得出这样的结论：具备某些特质确实能提高领导者成功的可能性，但没有一种特质是成功的保证。为什么领导特质理论在解释领导行为方面并不成功？原因有三个：(1) 它忽视了下属的需要；(2) 它没有对因和果进行区分(例如，到底是领导者的自信导致了成功，还是领导者的成功建立了自信？)；(3) 它忽视了情境因素。这些方面的欠缺使得研究者的注意力转向其他方向，实际上，从20世纪40年代开始，领导特质理论就已不再占主导地位了，有关领导理论的研究开始着重于对领导者偏爱的行为风格的考察，这种情况一直持续到20世纪60年代中期之前。

10.4　领导行为理论

领导行为理论认为：作为一个领导者是否成功，最重要的不是领导者个人的性格特性，而是领导者采用什么领导方式,形成怎样的领导作风,领导者具体怎么做。领导行为理论与领导特质理论初看起来似乎是相同的。其实,它们有微妙的而且是很重要的差别。举例来说,某领导人有羞怯的素质,而且并不真心想和别人沟通。但他知道,和别人对话是他工作的重要组成部分,所以他总是和职工打招呼,至少每天一次。可见,领导者尽管有羞怯的素质,但他的行为却表现出不害羞。这种行为与素质不符的现象往往成为领导行为理论的兴奋点。当然,领导行为理论是一个不小的家庭,包括许多子理论。

10.4.1 领导行为四分图

领导行为理论始于俄亥俄州立大学20世纪50年代早期的研究。该校的研究者首先拟出了一千多种领导行为特征,后经不断提炼概括、归纳为"关心人"(Consideration)与"关心组织"(Initiating Structure)两大方面。由于每一方面都有高低之别,因而两方面联系起来便构成四种情况,即领导行为四分图,如图10-3所示。

图10-3说明,由于领导者在"关心人"与"关心组织"方面的投入不一样,因此在工作成就与协调人际关系,稳定人们的情绪方面效果也大不一样。

领导者关心人或关心组织的行为都可以通过一定手段检测。例如用"领导意见问卷"(Leadership Opinion Questionaire,LOQ)和"领导行为描述问卷"(Leadership Behavior Description Questionaire,LBDQ)调查。前者由督导或愿意知道自己行为风格的领导者填写。后者由部属完成,以便勾勒他们所感受到的领导行为。

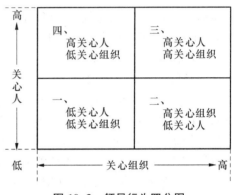

图10-3 领导行为四分图

继俄亥俄州立大学之后,密执安大学的管理心理学家们也提出了领导行为的两大方面:面向职工与面向生产。面向职工的领导者,重视人与人之间的关系,重视下级的需要,并承认成员的个别差异。面向生产的领导者,则往往重视工作的技术,重视任务,他们主要关心的是完成任务,组织内的成员则被视为达成目标的工具。此外,面向职工的领导者倾向于较高程度的集体生产和给职工较大的满足,而面向生产的领导者则倾向于较低程度的集体生产和给职工较少的满足。

10.4.2 管理方格理论

管理方格理论是美国管理学者布莱克(R. R. Blake)和莫顿(J. S. Mouton)在俄亥俄州立大学领导行为四分图基础上,进一步研究后在1964年出版的《管理方格》一书中提出的。布莱克和莫顿认为,在企业管理的领导工作中往往出现一些极端的方式,或者以生产为中心,或者以人为中心,或者以X理论为依据而强调靠监督,或者以Y理论为依据而强调相信人。为避免趋于极端,克服以往各种领导方式理论中的"非此即彼"的绝对化观点,他们指出:在对生产关心的领导方式和对人关心的领导方式之间,可以有使两者在不同程度上互相结合的多种领导方式。他们把领导行为四分图的纵、横坐标都分为九等分,纵横交错便形成有81种领导风格的"九·九图",如图10-4所示。

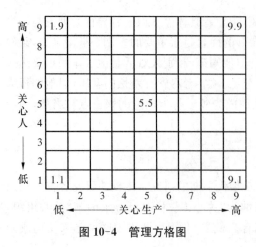

图 10-4 管理方格图

图 10-4 说明,领导者关心人员与关心生产的程度可以由低到高变化。把关心人员与关心生产(任务)统一起来,可以看到其中五种典型的形态:

(1) 平庸型领导(Impoverished Leadership,又称贫乏型领导,即 1.1 型),这种类型的领导者既不关心生产又不关心人的情感与福利等,缺乏主见,逃避责任,与世无争,最低限度地完成任务。

(2) 任务型领导(Task-centered Leadership,又称任务中心型领导,即 9.1 型),这种类型的领导者非常关心生产,但不大关心人。他们主要借助权力等组织人们完成任务,独断专行,压制不同意见。这种领导者在短期内可能提高生产效率。但是,由于不关心人,不注意提高职工的士气,因而生产效率不能持久。时间一长,人们会牢骚满腹,生产效率自会下降。

(3) 俱乐部型领导(Country Club Leadership,又称乡村俱乐部型领导,即 1.9 型),这种类型的领导者只关心人,而不大关心生产。他们高度评价温暖和友好的人际关系,尽量多结友少树敌,以多方面满足人们的需要来换取人们的支持和拥戴。但这种领导行为在竞争激烈的现代社会生活中很难立足,因为它不利于生产效率的提高。

(4) 中间型领导(Middle-of-the-road Leadership,又称中庸之道型领导,即 5.5 型),这种领导者推崇"折中",而不用恰当的方法解决问题。也就是在处理生产与人的需要的矛盾上,不是去寻求对生产和人都有利的优化策略,而是寻找两者可以妥协的地方,如将生产目标降到人们乐于接受的程度。因此,这种领导行为虽然既要求完成必要的任务,又要求保持必要的士气,但工作效率与人们的积极性都有较大的局限性。

(5) 团队型领导(Team Leadership,即 9.9 型),这种类型的领导者既十分关心生产,又十分关心人的因素。他们总是努力寻找解决问题的优化方法,使关心生产与关心人协调一致,统筹解决。他们的目标是使组织不断得到改善,组织中的人不断发展。这种领导行为是比较有效的,因为关心生产与关心人两个方面会相互影响,相互促进。

除了这五种典型的领导形态外,管理方格图还提供了大量的介于这些形态之间的形态,这里就不详述了。不过就这五种形态而言,也有优劣之分。布莱克与莫顿认为团队型最佳,其次是任务型,再次是中间型、俱乐部型,最差的是平庸型。布莱克与莫顿以理想主义的姿态,试图在管理活动中寻找出最优模式和原则,他们认为团队型领导是迄今最理想的管理模式,作为领导者应该客观地分析组织内外的各种情况,把自己的领导方式改造成团队型领导方式,以求得最高效率。

10.4.3 领导系统模式

继爱俄华大学的勒温、李比特、怀特等提出专制、民主、放任领导作风类型之后,密执安大学社会研究中心的利克特(R. Likert)长期研究领导行为。他曾对以生产为中心和以人为中心的领导方式进行比较研究,结果发现后者对生产有效,并得出以下四个结论。

(1) 高生产效率和低生产效率的部门,职工的士气可能无差别。

(2) 部门领导者凡是关心职工的,生产效率就高;经常施加压力的,生产效率则低。

(3) 部门领导者与下级和职工接触多的,生产效率就高;反之生产效率则低。

(4) 部门领导人注意向下级授权,听取下级意见并让他们参与决策的,生产效率就高;相反,采取独裁领导方式的,生产效率则低。

利克特根据大量研究材料,证明单纯依靠奖惩来调动职工积极性的管理方式将被淘汰。只有依靠民主管理,从内部来调动职工的积极性,才能充分发挥人力资源的作用。独裁管理方式不仅永远不能达到民主管理所能达到的生产水平,也不能使职工对工作产生满足感。

1961年利克特发表了《管理新模式》一书,介绍了四种领导作风方式,如表10-3所示。

表10-3 利克特的管理系统表

领导作风	第一系统 极端专制	第二系统 仁慈专制	第三系统 民主协商	第四系统 民主参与
下级对领导人的信心与信任	毫无信心与信任	有点信心与信任	有较大信心与信任	有充分的信心与信任
下级感到与领导人在一起的自由度	根本没有自由	只有非常少的一点自由	有较大的自由	有充分的自由
在解决工作问题方面领导人征求和采纳建议的程度	很少采纳下属的意见和建议	有时采纳下属的意见和建议	一般能听取下属各种意见和建议,并积极采纳	经常听取下属意见和建议,总是积极采纳和运用这些意见和建议
奖惩措施	恐吓、威胁和偶然报酬	报酬和有形无形的惩罚	报酬和偶然惩罚	优厚报酬,启发,自觉

第一系统是极端专制式领导,效果最差。权力集中在最高一级,下级无任何发言与自由,领导与下层存在不信任气氛,因而组织目标难以实现。

第二系统是仁慈专制式领导,权力控制在最高层,但领导者对下级较和气,授予中下层部分权力,下层自由非常少,奖惩并用,上下有点沟通,但是表面的、肤浅的,领导不放心下级,下级对上级存有畏惧心理,工作主动性差,效率有限。

第三系统是民主协商式领导,领导者对下级有一定信任,重要问题决定权仍在最高一级,中下级对次要问题有决定权,上下级联系较深,所在执行决策时,能获得一定的相互支持。

第四系统是民主参与式领导,上下关系平等,有问题民主协商,参与讨论,领导最后决策,按分工授权,下级也有一定的决策权;上下级有充分沟通,相互信任,感情融洽,上下都有积极性。

利克特提出的管理系统,有一定积极意义,为我们推行民主管理提供了心理学依据。在非常时期,紧急决策时采用第一、第二系统也是可行的;在常规阶段、有充分时间讨论,采用第三、第四系统的领导方式较好。利克特还采用"组织特性调查表"来测评企业领导者属于哪种领导作风类型,这对领导作风的研究与评价也有重要的意义。

10.5 领导权变理论

领导权变理论是20世纪60年代以来,在西方国家处于主导地位的领导理论。它认为领导的有效性既不完全取决于领导者个人的素质,也不完全取决于某种固定不变的领导行为,而在一定程度上取决于领导者所处的具体环境。换言之,没有一成不变的和适用于一切情况的最好的领导风格,领导的有效性依赖于领导者所处的情境因素或条件。

这意味着,随着环境的改变而改变领导行为,或许才是最有效的领导。在诸多权变理论中,以下两种是比较有影响的。

10.5.1 费德勒的权变模型

费德勒(F.Fiedler)经过长达 15 年之久的研究,把人格测验与情境分类结合起来,创建了权变式的领导模型理论。

费德勒认为,个人的领导风格是一生经历的结晶,因而很难改变。所以,他的权变模型(Contingency Model)的基本思想是:任何个人的领导风格都只在某种具体的情境中有效。因此,增强领导有效性的方法是帮助领导者认识自己的领导风格,并使之与情境相适应。为此,费德勒设计了 LPC(Least-preferred-coworker)量表。这种量表的使用方法是让领导者对"最不喜欢的同事"作"正反两面"的评价。这种评价分数用来测定一个人对其他人的态度。一个领导者如果对自己最不喜欢的同事给予很高或较高的评价,其 LPC 得高分(即 73 分以上),那他会被认为是关心人或宽容性的领导者,是关系型领导;而那些对其最不喜欢的同事给予很低或较低评价的人,LPC 得低分(即 64 分以下),则被认为是以工作为中心的领导者,又叫任务型领导;若 LPC 得分在 64 分与 73 分之间,则为中间型领导。

他认为,领导的有效性依赖于情境的有利性,而情境的有利性取决于三个变量:

(1) 领导者与被领导者的关系,包括双方的信任程度,被领导者对领导者的忠诚、尊重和追随程度。这个变量被看成是三种变量中最重要的。

(2) 任务的结构性(又叫任务结构化),包括任务是否已标准化、规格化,目标、程序、内容是否是明确的。任务越是结构化,情境就越有利。

(3) 领导者的岗位权力,包括领导者是否拥有权力,对下属是否能直接控制,以及被上级和组织的支持程度。领导者的岗位权力越大,情境越有利。

将上述每一变量分成三种情况:上下关系好与差,任务结构性明确与不明确,岗位权力强与弱,则可组合出八种主要的领导情境。

费德勒调查了 1 200 个团体的领导者,收集了将领导风格同对领导的有利条件或不利条件的三维情境因素联系起来的数据,得出如下结论:在组织情况极有利或极不利时,任务型是有效的领导形态;在组织情况一般时,关系型是有效的领导形态。如图 10-5 所示。

图 10-5 表明在编号 1、2、3 和 8 的条件下,有效的工作成就和领导者的指令式任务型作风相关;在编号 4、5 条件下的工作成效与关心人的领导作风相关。这些研究结果表明,对于某一领导风格,不能简单地区分优劣,因为在不同条件下都可能取得好的领导绩效。换言之,在不同情境下,应采取不同的领导方式。

10.5.2 道路—目标理论

继费德勒的权变理论之后,20 世纪 70 年代初,一种新型的领导权变理论引起了人们的关注,这就是加拿大多伦多大学教授豪斯(R.J.Howse)的道路—目标理论(Path-goal Theory)。该理论的基本前提是:某些领导行为之所以有效,乃是因为在该情境之中,这种行为有助于下

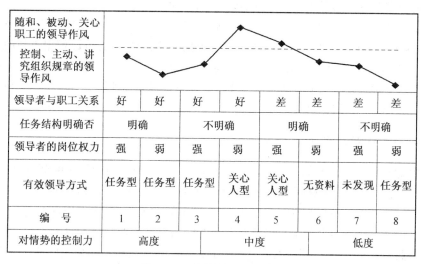

图 10-5 费德勒的权变模型

属人员达成和工作有关的目标。豪斯等人认为:领导是一种激励部下的过程,领导方式只有适用于不同的部下和环境时,才是有效的。该理论的核心是要求领导者用抓组织、关心生产的办法帮助员工扫清达到目标的道路,用体贴精神关心人、满足人的需要,帮助员工通向自己预定的目标。

豪斯通过实验和研究,认为高工作和高关系的组合,不一定是最有效的领导方式,在这里还应该补充考虑环境因素。当工作任务不明确,员工无所适从时,他们希望有"高工作"的领导,帮助他们对工作作出明确规定和安排。对例行性的工作或内容已经明确时,员工只希望领导是"高关系"的,能够给予生活等方面的关心,使个人需要得到满足。如果工作任务已经明确,领导者还在喋喋不休地发布指示,员工就会感到厌烦,甚至认为是侮辱。

豪斯进一步提出,领导者在不同环境下应采用不同的领导方式。环境的差异主要由两种偶然性因素决定:一是员工的个人特质;二是员工需要应付的环境压力。豪斯提出了四种领导方式,供领导者在不同环境下选择使用。

(1) 指令型领导方式——领导者发布指令、决策时没有下级参与。如果下属是教条的和乐于服从的,任务是不明确的,组织的规章和程序是不清晰的,那么,指令型领导方式最适合。

(2) 支持型领导方式——领导者对下级友善关心,从各方面予以支持。对于结构层次清晰,或者令人不满意,或者是令人感到灰心的工作,领导者应该使用支持型领导方式。当下属从事机械重复性的和没有挑战性的工作时,支持型领导方式能够为下属提供工作本身所缺少的"营养"。

(3) 参与型领导方式——领导决策时征求并采纳下级的建议。当任务不明确时,参与型领导效果最佳,因为参与活动可以澄清达到目标的道路,帮助下属懂得通过什么道路去实现什么目标。另外,如果下属具有独立性,具有强烈的控制欲,参与型领导方式也具有积极影响,因为这种下属喜欢参与决策和工作建构。

(4) 成就导向型领导方式——领导给下级提出挑战性的目标,并相信他们能达到目标。如果组织要求下属履行模棱两可的任务,成就导向型领导方式效果最好。在这种情境中,激发挑战性和设置高标准的领导者,能够提高下属对自己有能力达到目标的自信心。事实上,成就导向型领导可以帮助下属感到他们的努力将会导致有效的成果。

与费德勒的理论不同,道路—目标理论主张领导方式的可变性。豪斯认为,领导方式是有弹性的,这四种领导方式可能在同一个领导者身上出现,因为领导者可以根据不同的情况斟酌选择,在实践中采用最适合于下属特征和工作需要的领导风格。豪斯强调,领导者的责任就是根据不同的环境因素来选择不同的领导方式。如果强行用某一种领导方式在所有环境条件下实施领导行为,必然会导致领导活动的失败。

10.5.3 领导生命周期理论

领导生命周期理论(Situational Leadership Theory,SLT)由俄亥俄州立大学的卡曼(Karman)创立,后由保罗·赫西和肯尼斯·布兰查德予以发展,也称情景领导理论,这是一个重视下属的权变理论。赫西和布兰查德认为,依据下属的成熟度,选择正确的领导风格,就会取得领导的成功。西方不少企业在培训其管理者的领导艺术时常使用这一理论,如《财富》杂志 500 家企业中的美国银行、IBM 公司、美孚石油公司、施乐公司等都采用此理论模型,甚至美国军队中的一些部门也采用这一模型培训其军官。

这一理论认为,人们在考虑领导行为有效性的时候,应该把领导者的"工作行为""关系行为"与被领导者的成熟程度结合起来。赫西和布兰查德将成熟程度定义为:个体对自己的直接行为负责任的能力和意愿。它包括两项要素:工作成熟度与心理成熟度。前者包括一个人的知识和技能,工作成熟度高的个体拥有足够的知识、能力和经验完成他们的工作任务而不需要他人的指导。后者指的是一个人做某事的意愿和动机,心理成熟度高的个体不需要太多的外部激励,他们主要靠内部动机激励。领导生命周期理论认为,每一个人都有一个从不成熟到成熟的发展过程,即不成熟→初步成熟→比较成熟→成熟四个阶段。面对分别处于这四个阶段的员工,领导行为不能一成不变,而应随他们成熟度的变化而变化,这就是领导生命周期理论的精髓,如图 10-6 所示。

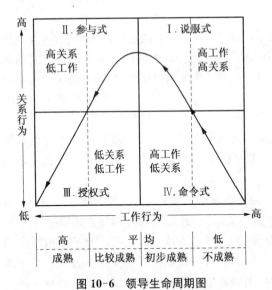

图 10-6 领导生命周期图

赫西和布兰查德对下属成熟度的四个阶段的定义是:第一阶段(不成熟):这些人对于执行某任务既无能力又不情愿,他们既不胜任工作又不能被信任。第二阶段(初步成熟):这些人缺乏能力,但愿意执行必要的工作任务,他们有积极性,但目前尚缺足够的技能。第三阶段(比较成熟):这些人有能力,却不愿意干领导者希望他们做的工作。第四阶段(成熟):这些人既有能力又愿意干让他们做的工作。

图 10-6 表明,有效的领导行为要能适应特定环境的变化。当员工的平均成熟度处于不成熟阶段时,领导者应采取"高任务、低关系"的行为,即命令式。命令式即领导者以单向沟通方式向部属规定任务:干什么,怎样干。图中第Ⅳ象限表示的是命令式。

面对处于初步成熟阶段的员工,领导者应采取任务行为和关系行为均高的领导方式,即说服式。说服式即领导者与部属通过双向沟通,互通信息,达到彼此支持。图中第Ⅰ象限表示的是说服式。

当员工进入比较成熟阶段时,领导者的任务行为要适当放松,关系行为要加强,即形成参与式。参与式与说服式有一定相似之处,一方面领导者与部属相互沟通,另一方面领导鼓励部属积极参与管理。图中第Ⅱ象限表示的是参与式。

当员工发展到成熟阶段时,领导者应采取低任务、低关系的领导方式,即授权式。授权式是领导者给部属以权力,让他们有一定自主权,"八仙过海,各显神通",而领导者本人只起检查监督作用。图中第Ⅲ象限表示的就是授权式。

餐车何以越稳越易翻

一个读书人带着他的几名弟子外出,遇到天下雨,路滑,很不好走,他们看到一辆餐车,正停在高高的山路上。读书人用手指着那辆餐车对弟子们说:"你们看,那辆餐车要不了多会儿肯定会翻掉。"弟子们皆不信。

他们继续行路,走了十几步远,听到一片吵闹声从山路那边传来,回头看时,那辆餐车果然已经被人们推翻在路边。几个弟子见老师果然料事如神,便请老师赐教。读书人说:"你们看,天下着雨,道路泥泞难行,唯独那高高的山路没有烂泥浆,比较好通行,众人驾着车都奔向那里。可是那条山路却又高又窄,而那辆餐车上了山路就顽固地占据在高高的位置上,阻碍大家前进的道路,不顾别人着急,怎么会不被推翻呢?它停得越稳,被推翻的可能性就越大。"

管理心得:在很多组织里,比餐车翻倒更大的危险正在逼近主管,而那些主管却仍然兀自停在高处,浑然不知。主管必须改变高高在上的形象,而要进退有度,提携和帮助员工,才不至于进退维谷。

10.6 领导理论研究的新进展

世界经济不断发展,科学技术日益更新,在给全社会带来巨大财富的同时,这些进步也给社会带来了更多的不确定性。价值多元、竞争加剧和组织环境不确定性增强,给管理者和领导们带来了极其严峻的挑战和考验,就在这种时代背景下,从20世纪70年代末开始,诞生了一些新的领导理论,如魅力型领导理论、变革型领导理论等,这些理论的提出使整个领导学界产生了一次大的革命,成为近三十年来学界和企业界共同关注的焦点。

10.6.1 魅力型领导

一、什么是魅力型领导

早在20世纪初,德国社会学家马克斯·韦伯就提出了领导者"魅力"的概念,这一观点对当前的魅力型领导理论有着强烈的影响。魅力是希腊词汇,指"神的智慧的礼物",意味着能创造出惊人的奇迹和预言未来的事情,因此韦伯用"魅力"这个词描述下属对领导者特殊才华的看法。根据韦伯的观点,如果一个领导者在别人没有意识到危机存在的时候,已经洞察出某种危机的到来,他不仅提出了解决危机的方案而且使下属认同这种方案,那么下属们就认为魅力出现了。如果这时领导者能给下属描绘一个美好的愿景,并且带领他们克服种种困难、成功实现了这个愿景,那么下属们就认为魅力领导出现了。

"魅力"这一概念真正被纳入领导科学研究领域,是在20世纪70年代后期。从这时开始,一些学者对这一概念作了重新解释和定义,进行了深入的研究,充实了新的内容。1976年,道路—目标理论的创建者豪斯提出:由于"魅力"的神秘性和不确定性,应该用一系列可验证的假设对其进行具体研究。豪斯的魅力型领导理论用具体的指标描述出了魅力领导者有何种行为、其行为与一般人有何种不同、在什么样的情境下魅力型领导最容易出现等。根据该理论,魅力型领导者对下属产生了深刻的、不同凡响的影响。下属坚信领导者的想法是正确的、毫不怀疑地接收和遵守领导的意愿、震撼于领导者非凡的影响力、全身心地投入到组织任务中,坚信自己可以为完成组织任务作出贡献,并且为自己制定高绩效的目标。

由此可以看出,魅力型领导体现的是一种领导和下属间的关系。**魅力型领导是指对下属的情感会产生深刻影响的领导者**。下属不仅仅把他们当上级看待,而且把他们当作一个史诗般的英雄或楷模式的人物。

二、魅力型领导的特征和类型

对魅力型领导者的特征,有许多不同的研究结果,也有许多种不同的概括方式。

例如,豪斯于1977年指出,魅力型领导者有三种个人特征,即高度自信、支配他人的倾向和对自己的信念坚定不移。随后,本尼斯(W. Bennis)在研究了90名美国最有成就的领导者之后,发现魅力型领导者有四种共同的能力:有远大目标和理想;明确地对下级讲清这种目标和理想,并使之认同;对理想的贯彻始终和执著追求;知道自己的力量并善于利用这种力量。

作为魅力型领导理论构成要素——"魅力"一直受到来自历史事实的质疑。在美国,人们往往把魅力同罗斯福、肯尼迪这些令人钦佩的领袖联系在一起,而在欧洲,魅力却常常让人联想到独裁者。在欧洲历史上,利用权力操纵他人为自己个人目标服务的人曾被看成是有魅力的。希特勒等独裁者便曾用魅力控制公众,惨痛的历史教训令欧洲人对魅力心怀警惕。

为回应质疑,豪斯等人撰文区分了两类魅力型领导:个人化的领导和社会化的领导。个人化的魅力型领导是自我膨胀的、掠夺性的、独裁的,希特勒对德国的统治就是这种领导极端例子;社会化的魅力型领导是无私的、集体主义的和平等主义的,他们的存在更为普遍,广泛见于政治、公共服务和商业领域。

魅力型领导理论从20世纪80年代起日益受到研究者的重视。这是因为随着经济全球化的发展,市场竞争日趋激烈,各类组织,尤其是企业组织迫切需要魅力型领导者的改革和创新精神,以对应环境的挑战。

10.6.2 变革型领导

1978年,美国政治学家、历史学家詹姆斯·麦格雷戈·伯恩斯(James MacGregor Burns)在其获普利策奖的经典著作《领袖论》(*Leadership*)一书中,在对政治型领导人进行定性分类研究的基础上,提出领导过程应包含交易型和变革型两种领导行为,这一分类为领导行为的研究开辟了新的思路。1985年,巴斯(Bass)正式提出了交易型领导行为理论和变革型领导行为理论,它比以往理论采取更为实际的观点,是以一个"走在大街上的"普通人的眼光看待领导行为,具有实际的应用价值,在实践中得到了广泛应用。

一、交易型领导行为和变革型领导行为

伯恩斯、巴斯等人认为传统的领导行为可以看作是一种契约式领导行为,即在一定的体制和制度框架内,领导者和被领导者总是进行着不断的交换,领导者的奖励和被领导者对领导者的服从是交换的条件,双方在一种"默契契约"的约束下完成获得满足的过程。整个过程类似于一场交易,所以传统领导也被称为交易型领导。

变革型领导行为是一种领导向员工灌输思想和道德价值观,并激励员工的过程。在这一过程中,领导除了引导下属完成各项工作外,常以领导者的个人魅力,通过对下属的激励、刺激下属的思想、对他们的关怀去变革员工的工作态度、信念和价值观,使他们为了组织的利益而超越自身利益,从而更加投入于工作中。

巴斯认为,变革型领导者同交易型领导者的行为方式有本质区别。交易型行为聚焦于领导的管理方面,是指业绩监控、纠正错误和奖励成绩这样的行为;而变革型领导者能够把追随者从自我中心的个体变成忠于群体的成员,激发追随者取得超出预期的成绩。

巴斯开发了一个评估工具——《多因素领导问卷》(MLQ),既测试变革型领导,又测试交易型领导和不作为领导,同时测试可以观察到的结果,如努力、效果和满意度等,不过其重点还是测试变革型领导。他通过MLQ收集的数据证明交易型领导和变革型领导并非处于对立的两极,而是领导的彼此独立的不同方面;他认为变革型领导是交易型领导的一种扩充。

二、变革型领导的特征

变革型领导行为可以使下属产生更大的归属感,满足下属高层次的需求,获得高的生产率和低的离职率。变革型领导行为的前提是领导者必须明确组织的发展前景和目标,下属必须相信领导。变革型领导的主要特征为:

(1) 超越了交换的诱因,通过对员工的开发、智力激励来鼓励员工为群体的目标、任务和发展前景而超越自我的利益,实惠预期的绩效目标。

(2) 集中关注较为长期的目标,强调以发展的眼光鼓励员工发挥创新能力,并改变和调整整个组织系统,为实现预期目标创造良好的氛围。

(3) 引导员工不仅为了他人的发展,也为了自身的发展承担更多的责任。

(4) 变革型领导能在组织中制造兴奋点,产生强大的影响力和冲击力,也能帮助个人发现工作与生活的价值与兴奋点,但如果其目标和价值体系与文明社会基本准则相反,则会对社会构成极大威胁。

变革型领导理论是建立在马斯洛的需要层次理论基础之上的。变革型领导者诱发并引导追随者追求在马斯洛的需要层次结构中较高层次的需要:尊重和自我实现的需要。变革型领导理论非常重视员工自身的价值实现,把他们当作能动的人看待,鼓励他们自我实现,相信他们有无限的潜能。这一理论之所以成为近年来领导学研究的热点,在于它迎合了时代发展的需求。

10.6.3 柔性领导理论

柔性领导理论是柔性管理情境、知识员工和领导者互动的产物。我们可以从四个层面来

界定柔性领导。

一、战略层面的柔性领导——愿景领导

柔性领导与20世纪80年代提出的愿景领导有很强的一致性。愿景领导是一种把领导与战略结合起来的领导观念。愿景领导是指高度认同组织的目标和愿景,对战略具有坚定的信念。柔性领导的战略管理宗旨强调博弈而不是计划性,强调制造变化形成竞争优势,而不是仅仅满足于适应环境,强调战略依赖于组织的柔性系统,通过战略设计来发现甚至创造行动机会,而不是机械地按照战略规划守株待兔。创造变化和应对变化被柔性领导视为圭臬。在组织战略管理过程中,柔性领导与传统领导相比,具有更强的主动性、灵活性、适应能力、创新能力和更宽广的战略视野。但是,柔性领导的创新和应变并不是突发奇想、率性而为;相反,其高度的柔性来自强烈的原则性,组织愿景是柔性领导执行战略的决策准则和行为边界。

二、团队层面的柔性领导——多角色领导

由新型的组织结构、组织战略和人力资源结构构成的柔性管理情境对传统团队管理中刻板的英雄式领导角色提出了挑战。在柔性管理情境中,英雄式领导已不合时宜。随着知识水平的提升,员工自我意识的不断增强,他们早已不满足于仅仅做领导者个人自我实现过程的旁观者、陪衬者甚至工具。正如德鲁克(1993)所指出的那样,"过去的领导要知道如何下命令,而未来的领导却要懂得如何发问"。柔性领导不是以单一的角色出现的,而是根据情况承担多种角色,以满足柔性领导履行职能的需要。Peters和Austin指出,柔性领导热衷于发展事业、发现人才、培养人才,他们是啦啦队队长、剧作家、教练,同时也是团队建设者。与传统领导不同,柔性领导不再处于组织舞台的中心位置,而是充当起令人信任的沟通者角色。他们让组织成员发挥自身才能,成为组织创新活动的主角,而自己则为组织物色英雄人物,传播组织文化,充当组织的"啦啦队队长"。领导者在组织中担任不同角色,不仅可以推动组织塑造不同的文化,而且可以通过角色调整来达到塑造创新型组织文化的目的。在柔性领导转换角色的同时,组织的文化不再是所谓的"老板的文化"或"某团队使命感的结晶",而是知识员工个人、工作团队与组织文化之间相互影响、融合甚至博弈的结果,也就是所谓的"俱乐部式文化"。在各方的共同影响下,组织文化便逐渐显现出柔性。

三、柔性领导——与下属建立平等、互信关系的领导

柔性领导组织角色的变化使组织成员对领导者产生了不同于以往的角色期望,从而直接导致了组织领导者与下属关系的变化。这种变化的实质是领导者与下属的关系由传统的权力关系向平等、互信的新型对偶关系转变。

柔性领导者与下属的对偶关系是组织网络关系的重要组成部分。在现代组织中,组织结构逐步实现了扁平化和网络化,组织成员间的关系也呈现网络化,员工成为组织人际网络中的节点。网络化组织结构中组织成员间的信息对称性消解了不同层级间的权力差距,致使不同层级组织成员间的关系日益走向平等与协作。柔性管理情境的网络化特征决定了柔性领导者与下属之间平等、协同的对偶关系。

组织管理的柔性化有助于组织在复杂的环境中建立竞争优势。柔性领导是一种组织成员与组织双向平等的关系,即双方在平等的基础上承担各自的责任以赢得对方的信任。这种信任关系的基础是,组织成员凭借自身拥有的资源足以对组织目标的实现或组织的发展产生实质性影响。换句话说,组织成员通过掌握组织所需的资源,获得了与组织平等谈判的资格。这种信任关系是组织成员在对自身与组织利益关系进行权衡之后作出的理性选择。理性的信任

为柔性管理情境下组织与成员间平等、互信的关系打下了基础,但柔性领导者与下属的信任关系不能局限于这一层次较低的信任水平。柔性领导者在与下属的长期人际交往中不断通过自身的道德和人格魅力实现与下属的良性人际互动,逐步与下属之间建立起超越利益交换、由人际关系驱动的一种信任关系。在领导实践中,柔性领导将这种信任转化为组织文化的一部分,通过组织文化的传播与影响,缩短组织及其成员间的信任关系由交换关系驱动型向人际关系驱动型升级的时间,从而提高领导效能。

四、柔性领导——后现代人本主义领导

人本主义管理的开创者马斯洛认为,信任是人本主义管理的基本前提。人本主义思想强调人的价值和尊严,把人看作衡量一切的尺度。必须强调的是,柔性领导者与以往组织中秉持人本主义思想的领导者不同,在柔性领导模式中,尊重人、信任人、发展人是柔性领导哲学的核心。柔性领导将人本主义视为一种社会存在。柔性领导者是肩负组织使命,对组织目标负责的领导者,柔性领导者的人本主义思想与组织目标的有效实现相互依存。因此,柔性领导的人本主义思想更接近德鲁克所代表的后现代人本主义范式,不是追求本源意义上的"人性",而是强调"人性"与效率的紧密联系,将人性与科学、竞争与协作看成是不可分割的整体,这就必须用组织内生的伙伴关系和信任机制取代人与人之间的对抗、管理规则与人性的对立,以及厂商与顾客的对立。

柔性领导是在柔性管理情境中出现的新型领导,柔性领导以人本主义为领导哲学,以实现组织战略目标为使命,通过建立开放、平等、互信、动态的领导者与下属关系和组织氛围,来构建适合知识经济时代管理需要的和谐组织和组织文化。柔性领导者是一群在快速变化与混沌的环境中具备高度适应性和高速应变与创新能力,为实现组织目标和愿景而努力的凝聚者和革新者。

10.6.4 未来领导理论的方向

未来领导理论的研究除了研究领导类型与组织绩效、员工满意度、组织公民行为等相关的影响效果变量的关系外,还需要在以下四个方面进行深入的研究:

一、女性与领导的关系

自 20 世纪 70 年代以来,随着妇女解放运动的发展,越来越多的女性进入组织的领导层。那么,探讨女性是否能够胜任领导职位、两性领导风格是否存在差异以及女性领导是否能够促进组织的高绩效和员工满意度的提高等方面的问题,就成了研究者未来努力的方向。这一研究对组织的管理实践具有重要的现实意义。例如,这类研究可以帮助组织在选拔和培养女性领导方面作出科学的决策。

二、领导伦理(Leadership Ethics)

在当代组织中,无论是在领导者进行决策的过程中,还是在领导者与下属相互作用的过程中,都会越来越多地涉及道德问题。这些问题包括:领导者在制定组织目标时是否考虑了社会道德规范;领导者是否公正地对待每一个下属;领导者与下属在沟通过程中是否诚实;领导者有没有关注下属需要、有没有为下属服务的意识;领导者在带领组织实现目标的过程中是否承担了社会责任等。对这些问题的研究无疑同组织的绩效和声誉有着密切的关系。Craig 和 Gustafson 曾在此方面做了一些探索,并开发了领导正直度量表(Perceived Leader Integrity Scale)。

三、虚拟领导(Virtual Leadership)

虚拟领导又称在线领导(E-Leadership)，是指领导者通过电脑技术，影响与自己处于不同地理位置的员工实现组织目标的过程。今天的领导者与下属越来越多地通过网络进行联系，那么，就有必要提供一些在这种背景下使领导更为有效的指导原则。例如，不同的领导风格在虚拟领导中是否仍然存在差异，以及虚拟领导和传统领导对领导技能的要求是否有所不同等问题，还需要做进一步的研究。另外，在虚拟领导过程中因为缺失了表情、姿态等非语言成分，领导者应该如何通过书面表达和情绪图标等方式与下属进行准确的沟通，以实现组织的目标。

四、领导的跨文化(Cross-Cultural)研究

各种领导理论为我们提供的原则是放之四海而皆准的吗？这显然是不可能的。大型跨国组织的增加，不同国家和地区社会文化的巨大差异，为有效领导风格的选择增加了很大的困难，也给领导理论的研究提供了机会和挑战。

管理实务

4E 领袖：韦尔奇的制胜法则

尽管颂扬杰克·韦尔奇的经营策略是如何高明的书层出不穷，但涉及韦尔奇 4E 领导模式的书却寥寥无几。管理学著作方面的这种缺失是引人注目的，因为杰克·韦尔奇对如何成功地领导大型企业深有研究，而 4E 领导模式正是取得这种成功的核心所在，相关记录也清楚地证实了这一点。

在执掌通用电气公司的 20 多年间，韦尔奇把通用从一家成熟的制造公司转变成为领军全球的生产服务型龙头企业。企业的价值因他增长了超过 30 倍。这一切的获得都要归因于他有胆量藐视通用公司一些最神圣不可侵犯的传统规则，进行那些"棘手的通话"（他解雇了超过 10 万名工人）以及让通用死板、封闭的企业文化改头换面（他把那些所谓的战略规划者打发回家，确保经理人能直接听到工人的心声）。

然而，最为关键的是韦尔奇选择和培养了领导者。（在韦尔奇任通用公司董事长期间，通用公司的首席执行官上榜《财富》杂志世界 500 位首席执行官"的次数超过了历史上任何一个企业。）韦尔奇曾经说过这么一句著名的话："世界上最聪明的人聘用的是世界上最聪明的人。"然而，事实上对韦尔奇来说，只是聪明人远远不够，他所要求的要多得多。

这是"4E 领导法则"帮助韦尔奇找到并培养了能和谐融入通用富有生机、注重绩效的企业文化的领导者。韦尔奇的目标是打造全球最具竞争力的企业，而那些在"4E"评价系统中都能获得高分的领导者正是最终帮助韦尔奇实现这一目标的人。

那么，这些杰出的领导者所共有的四个特性是什么呢？

活力充沛(Energy)：韦尔奇说，活力旺盛者的座右铭是"向前，向前，向前"。这种人我们都见识过：他们的活力似乎无穷无尽，由于急迫地想要完成手头的工作而按捺不住，每日早早起床。他们是在这个以时速 55 英里运行的世界里以 95 英里每小时的速度飞奔的一群人。

擅长激发活力(Energize)：擅长激发活力的人知道如何激励他人行动起来。他们能

够描绘前景,鼓舞众人为之奋斗。这些号召者知道怎样催发众人对投身一项事业或使命的热情。事情进展顺利时,他们将功劳归于其他人,遇到挫折时却自己迅速担负起责任。其原因何在?这是因为这些人了解,归功于人和引咎自责才能够激发同行者的活力。

锐意进取(Edge):锐意进取者是竞争型选手。他们知道如何进行极其艰难的决策,从不让困难阻碍他们前行的脚步。他们是在彼得·德鲁克所说的"生死抉择"(比如聘用、晋升、解雇等问题)面前毫不犹豫的人。

执行有力(Execute):前三个 E 素质至关重要,然而没有显著的成效,它们对企业来说就一文不值。执行有力的人深知活力和生产力绝不是一回事。最英明的领导者懂得如何把活力和决心转变成为行动和成效。他们是执行的行家。

跨 文 化 领 导

跨文化领导是在经济交流和市场扩展的过程中逐渐产生出来的一种独特的领导现象。在跨文化领导产生之前,关注的是某单一文化体系中的领导现象。跨文化领导的崛起,使得领导活动必须在多种文化体系的交融中才能得到完整的理解。当不同的文化在一个跨国组织中相遇的时候,文化之间的碰撞与交融则是不可避免的。

什么是跨文化领导呢?有两种理解。一种是从组织的角度来理解跨文化领导,即跨文化领导就是领导者在由不同国籍、不同价值观念和不同文化背景的员工构成的组织中所实施的一种统领和协调的行为。从这个角度来说,跨文化领导是存在于跨国企业和跨国组织之中的。另外一种理解是从文化交流和文化变迁的角度,把跨文化领导视为适应全球化浪潮和服务世界性文化浪潮的一种新型领导活动。从这个角度来说,跨文化领导乃是考验领导者驾驭和适应文化挑战能力的一种独特现象。

问题追踪
如何寻找跨文化领导的有效方法?

■ 本章小结 ■

1. 领导就是领导者通过先行、沟通、指导、灌输和奖惩等手段对人们施加影响的过程,从而使人们积极主动地为实现组织或群体的目标而努力。领导和管理是两套各司其职而又相辅相成的行为,两者有着本质的区别。

2. 有代表性的关于权力的学说主要有三种:(1)能力说;(2)强制意志说;(3)关系说。权力有五种来源:强制权、奖赏权、法定权、专家权和感召权。

3. 领导特质理论着重研究领导者的人格特质,以便发现、培养和使用合格的领导者。20

世纪 70 年代以来,人们逐步认识到领导者的个性特征是在实践中形成的。

4. 领导行为理论认为:作为一个领导者是否成功,最重要的不是领导者个人的性格特性,而是领导者采用什么领导方式,形成怎样的领导作风,领导者具体怎么做。

5. 领导权变理论是 20 世纪 60 年代以来,在西方国家处于主导地位的领导理论。它认为领导的有效性既不完全取决于领导者个人的素质,也不完全取决于某种固定不变的领导行为,而在一定程度上取决于领导者所处的具体环境。

6. 魅力型领导是指对下属的情感会产生深刻影响的领导者。下属不仅仅把他们当作上级看待,而且把他们当作一个史诗般的英雄或楷模式的人物。

7. 领导过程应包含交易型和变革型两种领导行为,变革型领导行为是一种领导向员工灌输思想和道德价值观,并激励员工的过程。

[问题与讨论]

1. 什么是领导?领导和管理有什么不同?
2. 领导权力来源于哪些方面?
3. 领导理论有哪些主要类型?各类领导理论的主要思想分别是什么?
4. 领导行为理论有哪些子理论?你认为其中哪种理论较有实用价值?
5. 比较有影响的领导权变理论有哪些?讨论为什么领导权变理论会成为自 20 世纪 60 年代以来在西方国家处于主导地位的领导理论。
6. 简述交易型领导行为与变革型领导行为的区别和联系。
7. 英国行为科学家波特指出:"当遭受许多批评时,下级往往只记住开头的一些,其余就不听了,因为他们忙于思索论据来反驳开头的批评。"你认为波特描述的是一种普遍的现象吗?对于领导者而言,可以从这句话中得到怎样的启发?

[实战练习]

领导风格调查

目的:对某一位企业领导进行访谈,分析其领导风格,加深对领导理论的理解。

内容:① 把学生分成若干小组,每组 5—6 人,各组独立寻找一位企业领导进行访谈,了解其实际的领导内容和方式。

② 将访谈情况进行记录、整理、分析,判断该领导的领导风格。

要求:每组学生写出报告,在课堂上进行交流,最后由教师点评。

[案例思考]

案例一 唐骏的"学历门"风波

2010 年 7 月 1 日,作家方舟子在自己的微博上一连发出 21 条记录,把矛头指向新华都集团总裁兼CEO——著名的"打工皇帝"唐骏。在这一系列微博中,方舟子针对唐骏在《我的成功可以复制》一书中透露的其个人学位、求学及工作经历提出了多个质疑,并出示了部分查证证据,提出唐骏的"美国加州理工大学计算机科学博士"学位是假的。据了解,在唐骏的《我的成功可以复制》一书中,第2章第56节最后一段写道:"办到第二家公司,我差不多已放弃了学业。但凭借语音识别方面的应用性研究成果,我最后还是拿到了加州理工学院的计算机博士学位。"自此,唐骏"学历造假门"之争正式拉开序幕。

2011年年底,唐骏在出席2010中国企业领导年会时,对之前的"学历门"风波做出了首次回应。对于"学历门"事件,唐骏坚持表示自己没有造假。他说,西太平洋大学在当时是一所被加州政府认可的大学。西太平洋大学的博士学位也是通过翻译和补充自己在名古屋大学的博士论文而获得的,这是对自己在日本攻读5年博士的一个交代,你可以认为这个学位含金量不高,但绝不是买来的。唐骏认为自己:"错在我对自己的学历采取一个含糊、不透明的方式。如果说我错在哪里,我说我毕业于美国西太平洋大学就可以了,就不会有这样的事,起源就是我没有透明起来,含糊了,这是我的错。是一点点虚荣心使然。"

▲ 思考题

1. 你怎么看"学历门"事件中领导者的诚信问题?
2. 你认为最重要的领导者特质有哪些?

案例二 三个领导,三种风格

刚刚大学毕业的吴君通过学校推荐来到某集团总公司下属的分公司,给张总经理作秘书。张总经理可谓日理万机,因为公司的大小事情都必须要向他汇报,得到他的指示才能行事。尽管如此,吴君感到工作还是比较轻松。因为任何事情她只是需要交给总经理,再把总经理的答复转给相关责任人,就算完成任务了。可是好景不长,因为张总经理每日太过奔波劳碌,终于病倒了。

新上任了王总经理,王总经理开始对吴君每日无论大小事宜都要请示提出了批评,让她慢慢学会分清轻重缓急,有些事情可以直接转交其他副总经理处理。这样,王总经理每日有更多的时间去考虑公司的长远目标,确立组织发展方向,然后在高层领导者之间召开会议,进行研讨。自王总经理上任以来,公司出台了新的发展战略、市场定位及公司内部的规章制度。公司的业绩也在短期内有了很大的提高。同时,吴君也很忙碌,有时需要跑很多的部门去协调一件工作,让她觉得学到了很多东西,也充实了不少。

因为业绩突出,王总经理干了一年就被调到总公司,公司又来了李总经理。相对于张总经理的事必躬亲以及王总经理的有张有弛,李总经理就要随意得多了。他到任之后,先是了解了一下公司的总体情况,感到非常满意,就对下面的经理说:"公司目前的运营一切顺利。我看大家都做得比较到位,总经理嘛,关键时刻把把关就可以了,不是很重要的事情你们就看着办吧。"这样一来,吴君享受到了自工作以来没有过的轻松,因为一周也没有几件事情要找总经理。

吴君现在有时间了,她对比、思考着这三个领导,真是各有各的特点。

▲ 思考题

1. 你认为三个领导的风格有区别吗？请按照所学的领导生命周期理论进行归类。
2. 你认为哪位领导的管理风格更可取？

[阅读书目]

1. 大卫·葛根著,刘萱译.见证权力——从尼克松到克林顿的领导艺术.辽宁画报出版社,2004年
2. 肯尼斯·梅杰著.舵手.人民邮电出版社,2005年
3. 史蒂芬·柯维著,高新勇译.高效能人士的七个习惯.中国青年出版社,2015年
4. 约翰·马克斯维尔著,路本福译.领导力21法则.文汇出版社,2017年

第十一章

激 励

- 激励和激励过程
- 满足型激励理论
- 过程型激励理论
- 强化理论
- 激励的方法
- 管理新动态
- 问题与讨论
- 实战练习
- 案例思考

　　案例一　90后员工离职带来的思考

　　案例二　联想的魅力薪酬

- 阅读书目

第十一章　激　　励

■ 学习目标 ■

学完本章,你应该能够:
1. 定义激励,了解激励的一般过程。
2. 掌握基于员工需要的满足型激励理论及其优缺点。
3. 掌握过程型激励理论及其优缺点。
4. 明确强化在激励中的作用。
5. 掌握设计激励性工作的主要方法。

■ 关键概念 ■

激励　需要　动机　行为　奖励　激励因素　公平　效价

游戏引导

争夺奖品

游戏方法:

1. 教师准备一件奖品,在奖品上贴上速贴标签,上面写着"成功来自能,而不是不能"。选择2个组,每组10人以下。关于如何使班级更加团结和更有竞争力展开讨论。

2. 说明游戏规则和奖励机制,游戏时间5分钟。

3. 比赛过程中只要有人提出了一个深刻的独到见解或者用一句幽默的话语打破了房间里的沉闷气氛,就给该队记一分。游戏时间为5分钟,5分钟后比较两队分数,分数多的团队获得奖品。

问题讨论:

① 为什么大家会积极参与?
② 如果教师有一次没有记分,会出现怎样的后果?

11.1 激励和激励过程

11.1.1 激励的定义

为什么有些员工能够比其他人做得更出色?我们能够采取哪些措施来促使每一位员工都取得优秀的工作业绩呢?张贤在一家建筑设计院工作,他的工作是为一位一级建筑设计师做助手,他在工作中不仅承担了他分内的绘图设计工作,还主动承担了与客户沟通的任务,在他的上司为其他项目忙碌的时候,他还可以成功地担当项目负责人的工作。是什么促使他如此乐于承担额外的任务呢?是被金钱所激励,还是喜爱与人打交道?是因为特别崇拜他所服务的设计师,还是设计院提供了良好的职业前景?这是管理者们每天都在思考的问题。优秀的管理者应该真心诚意地尊重每一位员工,也就是说,管理者既要了解员工的才干,又要认识到他们的特点,将员工看成是企业的人力资本。针对员工的需求设立适合的激励制度,才可能使企业取得良好的业绩。那么,什么是激励呢?

虽然对"激励"的看法众说纷纭,但这里我们只取其最基本的含义:**激励就是组织通过运用某些手段或方法让组织成员在心理上处于兴奋和紧张状态,积极行动起来,付出更多的时间和精力以实现组织所期望的目标**。员工的激励水平会影响生产率的高低,管理者的一部分工作职责就是,通过激励手段去激发员工为实现组织目标而努力工作。对激励的研究可以帮助管理者们理解,是什么因素促使员工主动采取行动,影响行动选择的因素有哪些,以及员工为什么会持续坚持采取某种行动。

虽然"激励"是管理者们经常提及的管理手段,但真正做好激励工作却是不容易的,主要有三个方面的因素会起到阻碍作用:(1)员工工作动机的多样性。像我们前面提到的张贤,他的工作动机可以是金钱,也可能是因为做喜欢的事情,也可能为了地位、尊重等。(2)员工文化背景的差异性。不同的文化背景可以导致人们对相同的激励手段有不同的反应,如日本人注重信任忠诚,把企业当成一个大家庭,美国则强调个人奋斗、注重利润等。(3)员工行为原因的不确定性。组织中每个人的行为可能与某种激励有关也可能无关,即人们在不同时间、不同阶段做出同种行为的原因却不尽相同。

11.1.2 激励的过程

要有效地提高激励水平,就必须了解有关个人行为的基本概念和周期模型。激励的基本组成因素是需要、动机、行为、奖励。图11-1是一个简单的描述激励过程的模型。人们有一些基本的需要,如饮食、安全、成就等,这些因素会转化为内在压力从而形成动机,动机在条件成

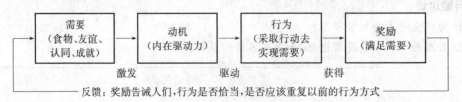

图 11-1 简单的激励过程模型

熟的情况下驱使人们采取某些具体行动,从而最终达到能够满足这些需要的奖励目标。

"需要"是指个体在生存和发展所必须具备的内在要素或外在条件得不到满足时,大脑神经中枢所感知的生理失衡或心理紧张状态。不同的个人面对同一个环境之所以会出现不同的反应,或者不同的个人对环境的适应行为之所以有所不同,其重要的原因之一是个人的需要不同。人的需要很复杂:一方面,人的需要分为基本需要和第二位需要,前者如水、空气、食物、安全等生理需要,后者主要指自尊心、地位、情感、归属、自信等;另一方面,人的需要受到后天环境的影响,一般来说,人们在工作环境下的需要都是后天次生的,是外界环境诱发的。

"动机"则是由需要引起的、促进个体采取某种满足需要行为的内在驱动力,它与个体的人性属性和社会文化环境约束有关。人们通常对动机有一种错误的认识,认为动机是人的一种个性特质,有些人有,有些人没有。其实,所有的人的所有行为都有动机,只是每个人的行为动机有所差别。"动机"与"需要"紧密相关:动机以需要为基础,有动机必有需要;许多情况下,很难区分何者是"需要",何者为"动机"。动机实质上是由需要驱使、刺激强化和目标诱导各种因素相互作用的一种合力。

"行为"是指人在环境的影响下,引起的内在心理和心理变化的外在反应。或者说,人的行为是动机产生的结果。例如,当一个员工有升职的动机,他就会产生提前完成工作、主动加班、利用业余时间进修等一系列的行为。

"奖励"是人们行为的目标,分为内在奖励和外在奖励两种类型。内在奖励是指人在完成某个特定行为的过程中所获得的满足感。完成一个复杂的任务可以使人体验到一种愉悦的成就感,解决某个有益于他人的问题也会让人有一种完成个人使命之感。例如,去山村执教的城市大学生由于帮助儿童获得学习机会而得到了内在的奖励。**外在奖励是由他人(特别是管理者)给予的奖励,包括提升和加薪**。外在奖励来自外部,是取悦他人的结果。有资料显示,仅仅通过金钱和福利待遇,甚至包括表扬和荣誉这些手段,很难激励那些最有才干的创新性员工。所以,优秀的管理者应努力帮助人们实现内在激励。

综上所述,激励的过程即需要决定动机,动机产生行为的过程。在过程中,如果获得奖励,即达到目标,动机实现,需要满足,产生"满足感"或"成就感",从而紧张心理得到放松,得到应该重复以前的行为方式的反馈;否则,就会产生"不满足感",从而产生紧张心理,得到行为不够恰当、不应重复以前的行为方式的反馈。反馈的结果会影响下一周期的行为。当一个目标达到后,新的需要就会产生,接着就会又伴随紧张、产生动机等。因此,激励是一种持续的周期性过程。

用数字说话

什么激励员工?一项研究的结果如下(按照重要性排序):

96%工资　　　　　　95%工作保障　　　　92%上司/管理者
91%培训　　　　　　91%绩效反馈　　　　 89%领导力
87%休假/带薪休假　　85%职位晋升　　　　 81%决策参与度
75%公司文化

资料来源:斯蒂芬・罗宾斯等.管理学(第13版).中国人民大学出版社,2017年.

11.2 满足型激励理论

满足型激励理论强调被激励对象的需要。需要是指人们尚未实现的生理和心理的需要,这些需要会转化为内在动力,并激发人的某种特定行为。优秀的管理者和领导者会为员工创造出通过工作能够实现自身需要的环境。同时,他们也采取措施减少妨碍员工满足重要需要的因素。

11.2.1 需要层次理论

美国心理学家亚伯拉罕·马斯洛(Abraham Maslow)在1943年所著的《人的动机理论》一书中,提出了需要层次理论。他指出,人会受到多种需要的激励,人的需要是有层次的(如图11-2),可按照优先顺序将人的需要分为五大类。

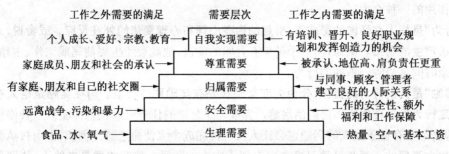

图11-2　马斯洛的需求层次理论

一、生理需要

生理需要是人类最基本的物质需要,即衣食住行等生存方面的基本需要。在组织环境中,这些需要表现为对足够的热量、空气和基本工资的需要,以维持人的生存。

二、安全需要

安全需要是指人们对安全的、有保障的物质环境和情绪环境的需要以及人们不受威胁的需要,即不受暴力威胁及追求有序社会环境的需要。在组织环境中,安全需要体现为人们对工作的安全性、额外福利和工作保障的需要。

三、归属需要

归属需要是指包括对社会交往、友谊、情感以及归属感等方面的需要,反映了人们渴望获得良好人际关系的需要。在组织里,归属需要表现为人们希望与同事建立良好的人际关系,参与团队工作,与上级友好相处等。

四、尊重需要

尊重需要是指人们需要树立良好的自我形象,并赢得他人的注意、认同和尊重。一是内在的尊重要求,如自尊、自主等;二是外在的尊重要求,如社会地位、社会认可、受他人尊敬等的需要。在组织中,尊重需要体现为期望得到认同以及职责的扩大、地位的提高和因为对组织的贡献而获得荣誉。

五、自我实现需要

自我实现需要是人类最高级的需要。它包括最大限度地发挥人的潜能,实现心中理想、追求最大成就的需要。在组织里,满足自我实现需要有几种途径:为员工提供良好的职业规划;给予员工发挥创造力的机会;加强培训;使人们能够承担有挑战性的工作任务等。

马斯洛认为,**一般情况下,人们按照上述层次逐级追求自身需要的满足,只有低层次的需要得到满足之后,才会产生较高层次的需要,已得到满足的需要不能成为行为激励的因素**。同时,在自我实现层次需要满足得越多,就会有越多的新需要出现。根据马斯洛的理论,只要其他的需要得到了满足,自我实现的需要就会持续发挥激励作用。马斯洛理论使管理者明白,妨碍需要的满足或不能满足需要会对员工的工作态度和工作行为产生负面的影响。换句话说,提供满足需要的机会可以产生积极的激励作用。

由于马斯洛的理论简单明了,易于理解,具有内在的逻辑性,因而有广泛的影响。

11.2.2　ERG理论

克莱顿·奥德费(Clayton Alderfer)于1972年对马斯洛需要层次理论进行了修改和简化,提出人的核心需要可归纳为生存需要(Existence Needs)、关系需要(Relatedness Needs)和成长需要(Growth Needs)三类,如图11-3所示。

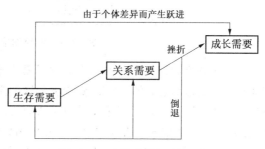

图11-3　奥德费的ERG理论

一、生存需要

生存需要是人类对物质富足的需要。相对于马斯洛需求层次理论中的生理需要和安全需要。

二、关系需要

关系需要是和他人维持令人满意的人际关系的需要。相对于马斯洛需求层次理论中的归属需要。

三、成长需要

成长需要是与自身发展、竞争、提高能力和创造相关的需要。相对于马斯洛需求层次理论中尊重需要和自我实现需要。

马斯洛理论和ERG理论很相似,都认为需求是有层次的。但是,两者又有着明显的区别:前者是一种完成—前进式的模式,即低级的需求获得满足后,人们就会产生高层次的需求;后者将需求的层次减少至三层,不强调需求层次的顺序,是一种挫折—倒退的模式,即人们在追求较高层次的需求中一旦受阻,就会转而回到较低层次的需求上。例如,如果一个员工在公司里未能满足个人发展的需要,他便会转而追求较低层次的需求如金钱。另外,其强调了人们并不是在低层次的需求完全满足后才会去追求较高层次的需求,多种层次的需求可能同时并存。例如,一个人可以在关系需求没有得到满足的情况下为成长的需求而工作。因此,总体说来,ERG理论更加灵活,认为人们会因为个体的差异而可能沿着需求层级结构上升或下降。

11.2.3　双因素理论

弗雷德里克·赫茨伯格(Frederick Herzberg)的双因素理论为理解工作中的激励情况提供了另一种分析模式。他采用"关键事件法"对200多名工程师和会计师进行了调查研究,当问到什么使他们"积极"时，人们趋向于将其归结为工作自身的性质；当问到什么使他们"消极"时，人们趋向于将其归结为工作环境。这个研究使赫茨伯格获得了双因素理论的基本思想。

双因素理论的内容如图11-4所示。双因素理论认为有两种完全不同的因素影响着人们的工作行为。**第一类是保健因素(Hygiene Factor)**，这些因素是与工作环境或条件有关的、能防止人们产生不满意感的一类因素，包括工作环境、工资薪水、公司政策、个人生活、管理监督、人际关系等。当保健因素不健全时，人们就会产生不满意感。但是，保健因素仅仅可以消除工作中的不满意，却无法增加人们对工作的满意感，所以这些因素是无法起到激励作用的。

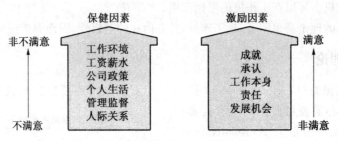

图11-4　赫茨伯格的双因素理论

第二类是激励因素(Motivator)，这些因素是与组织成员工作本身或工作内容有关的、能促使人们产生工作满意感的一类因素，是高层次的需要，包括成就、承认、工作本身、责任、发展机会等。当激励因素缺乏时，人们就会缺乏进取心，对工作无所谓，但一旦具备了激励因素，员工则会感觉到强大的激励力量而产生对工作的满意感，所以只有这类因素才能真正激励员工。

虽然，赫茨伯格的双因素理论也存在许多缺陷。例如，研究方法的可靠性问题；缺乏普遍使用的满意度评价标准；理论与研究结论的不完全一致；缺少满意度与生产率之间关系的研究等，特别是他的研究样本只是美国20世纪50年代末200多个工程师和会计，这显然不具备普遍性。但是，其对管理者的启示是非常重要的：管理者的任务就是要消除员工的不满意因素，即提供足以满足人们基本需要的保健因素，然后再运用激励因素来满足员工较高层次的需要，进而推动员工达到更好的工作业绩，同时获得更大的满足感。

11.2.4　习得需要理论

美国心理学家大卫·麦克莱兰(David C. McClelland)和他的助手们于1961年在成就导向研究中，发现人的某些需要是在个人的成长经历中逐渐学习得来的。也就是说，这种需要并不是天生的，而是在个人的生活经历中不断学会的。这些需要分为三种，即权力需求、归属需求以及成就需求。

一、权力需求

麦克莱兰和其他一些研究者发现，具有强烈权力需求的人往往非常重视运用影响力和控制力。这种人对领导地位有着强烈的渴求，他们通常都很健谈，甚至喜欢辩论，性格坚强，敢于发表意见，头脑冷静，并且勇于提出自己的需求，喜欢影响和控制他人。

二、归属需求

拥有强烈归属需求的人通常会从别人的关爱中找到乐趣，而且他们会尽量避免由于被某一社会群体排斥所带来的痛苦。作为单独的个体，他们希望建立亲密的人际关系，避免冲突、互相帮助。一旦看到别人有困难，他们会马上挺身而出，伸出援助之手，十分乐于交朋友。

三、成就需求

有着强烈成就需求的人,对成功怀有无限的渴望,获得高水平的成功,同样对失败也怀有无限的恐惧。他们喜欢有挑战性的工作,并为自己设立颇有难度(而非不可能)的目标。对于风险他们会采取一种现实的态度,他们会分析评价问题,为完成任务而主动承担责任,并且希望自己所做的事情能得到快速而且明确的反馈。这样的人往往不喜欢休息,有坚强的意志力,倾向于长时间的工作,即使失败也不会过分沮丧。

麦克莱兰经过研究发现,这些需求都跟人们早期的生活经历有关。例如,一个人从小生活在大家庭中并且是长子,就会被鼓励教育他的弟弟、妹妹,从控制他人中体验满足感,那他就学习得到了权力需要。理想的管理者应是三种需要兼备的,但是研究发现不同地位、不同环境的管理者三种需要的强度有所不同:那些自己创办公司的企业家呈现出较高的成就需求和权利需求,对归属需求却不热衷;大公司的CEO却只有一般的成就需要,但表现出极高的权力需求和归属需求。所以,并不是公司的管理者都必须具备较高的成就需要,而是不同公司、不同部门会需要具有不同需要的管理者。

11.3 过程型激励理论

过程型激励理论注重从组织目标与个人目标的一致性的角度,研究激励实现的过程和机制,使管理者了解人们在实际中是如何基于他们的个人偏好、可预见的工作结果等因素来决定是否努力工作的。

11.3.1 公平理论

公平理论又称"社会比较理论",是美国心理学家斯达西·亚当斯(J. Stacy Adams)在其1965年发表的《社会交换中的不公平》一书中提出的。公平理论认为个体会对自己的付出和所得到的报酬作出比较,然后再和其他人的报酬比较,得出公平与否的主观判断,如图11-5所示。公平理论认为公平是一种激励状态。

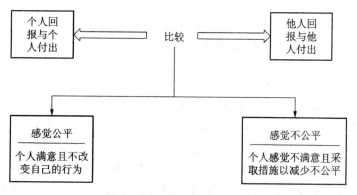

图 11-5 亚当斯的公平理论

人们用投入产出比衡量是否公平。工作投入包括教育、经验、努力以及能力。工作产出包括工资、赏识、福利和晋升。公平就是一个人的投入产出比等于另一个人的投入产出比。

$$\frac{Q_p}{I_p}=\frac{Q_x}{I_x}$$

其中：Q_p 是指自己对所获报酬的感觉；

Q_x 是指自己对别人所获报酬的感觉；

I_p 是指自己对所投入量的感觉；

I_x 是指自己对他人所投入量的感觉。

如果 $\frac{Q_p}{I_p}=\frac{Q_x}{I_x}$，人们感觉是公平的，即感觉自己获得的报酬与他人的类似业绩所获取的报酬是相等的，那么他们就会认为自己受到了公正和公平的对待，就会继续维持产出水平。

如果 $\frac{Q_p}{I_p}<\frac{Q_x}{I_x}$，人们感觉是不公平的，即投入与产出的比例失调，就会使个体出现不满意情绪，通过减少输出的数量或降低质量，甚至离开组织的方法来减少心理上的紧张情绪。

如果 $\frac{Q_p}{I_p}>\frac{Q_x}{I_x}$，人们感到自己所得远远超过其付出，就会感觉到自己应该更勤奋地工作、接受更多的教育或者考虑领取更低的工资，以改变这种不公平的局面。

最常见的减少明显不公平的方法有以下四种。

一、改变投入

人们会选择增加或减少他们对组织的投入。例如，认为自己工资偏低的人可能会减少他们的努力程度、消极怠工或者增加缺勤次数；与此相反，薪水过高多的人则会加倍努力地工作、主动接受更多的教育。

二、改变产出

人们可以改变自己或他人的产出。例如，认为自己工资偏低的人可能会要求增加工资或者调换更大的办公室；通过推卸工作，使工资较高的人多产出。

三、心理调节

研究表明，如果人们不能改变投入或产出，他们就会进行自我心理调节和自我安慰。例如，换一个对象比较，以获得主观上的公平感。

四、离职

不公平待遇使人们内心产生紧张情绪，当这种情绪不能被上述方法所缓解，人们会选择回避的态度，即离开该公司以免受到工资过高或者过低的不公平待遇。他们期待在新工作中获得公平的待遇。

公平理论对管理者的启示在于，员工是在通过与他人相比后获得公平性的基础上，决定自己是否受到了激励。如果感觉不公平，哪怕是升职或加薪也不会产生任何激励作用。所以，力图为员工们创造一种公平感，以使其下属持续受到激励，成为管理者的重要任务之一。例如，捷依网络设计公司是一家出色的网页设计公司，一直以来由于其双轨制的工资体系和舒适的、鼓励创新的企业文化，员工受到高度激励，一举拿下多个网页设计大奖。然而，由于公司的快速发展和当年设计人才的紧缺，主管发现他必须迅速雇用人员并且得支付高于现行工资标准的工资。不久，在闲谈中，公司的老员工发现新进入的新手拿到了比自己高的工资，于是他们感觉自己被忽略了，不仅激励水平大大下降，许多员工开始在工作中投入较少的精力和努力，不公平的工资待遇也给员工施加了很大的压力，最终出现了多位设计人员突然辞职的现象，给公司带来了难以估量的损失。

11.3.2 期望理论

到目前为止有许多学者都对期望理论的发展作出了贡献,其中最具代表的人物还是著名的心理学家和行为科学家维克多·弗罗姆(Victor Vroom),他于1964年在其名著《工作与激励》中首先提出该观点。期望理论关注的不是人们的需要的类型,而是人们用来获取报酬的思维方式,认为当人们预期某一行为能给个人带来既定结果,且这种结果对个体具有吸引力时,人们就会采取这一特定行动。它包括努力、绩效、回报三个要素,如图11-6所示。

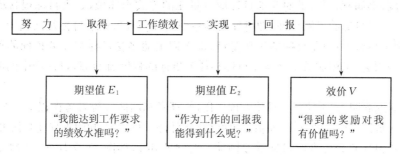

图11-6 弗罗姆的期望理论的主要构成要素

努力—绩效期望值(即第一级期望值 E_1)是指个人对通过努力工作会达到预期的绩效水平的认识。如果一个人要想将这一类的期望值提高的话,他就必须具备相应的能力、学历、经验以及必要的机械、工具和机遇。比如,如果一个人英语基础较好,在应聘某公司国际市场专员的职位时,他的期望值就较高,于是他会通过突击口语的方法来努力使自己达到职位的要求;但是如果他从未学过英语,他对该职位的期望值就很低,认为无论如何努力都无法达到职位的要求,因此而放弃进一步的努力。

绩效—回报期望值(即第二级期望值 E_2)是指个人对一定水平的绩效会带来相应的回报和其他潜在的结果的认识。例如,如果某销售人员受到激励,期望得到与工作有关的奖励,那么,他的期待就成为一种动力,即良好的绩效确实能够获得嘉奖。绩效—回报期望值较高,人们受到的激励水平也较高,比如房地产的销售人员;绩效—回报期望值较低,人们受到的激励水平也较低,比如便利店的销售人员;倘若人们预想即使取得了卓越的绩效也不可能获得理想的回报,那么个体就没有什么动力了,比如计划经济时代的分配体制。

效价(即 V 值)是指可能的奖励和其他与工作相关的结果对个体的吸引力的大小。如果员工对努力工作加上卓越绩效之后获得的回报是无所谓的,那么员工从事该项工作的动力就小;反之,如果员工认为他们得到的回报是非常有价值的,那么,他们努力工作的动力就比较大。

弗罗姆的激励期望理论模型可表示为:

$$M = V \times E = V \times (E_1 \times E_2)$$

从模型公式可以看出,激励力 M 由第一级期望值乘以第二级期望值乘以效价决定。从数学上讲,方程右边任何一个因子(也就是 V、E_1、E_2)为零都将使得激励力为零。这一乘数效应具有重要的管理学意义,即管理者应该使员工在与组织目标一致的前提下乐于与每一个人共同工作,并使他(她)的第一级期望值、第二级期望值、效价最大化。

11.3.3 目标设置理论

1968年,美国的埃德温·洛克(Kdwin Locke)提出了理解目标设置效果的理论框架,通常称之为目标设置理论。

目标设置理论认为,可以得到恰当设置和良好执行的目标可以产生巨大的激励效用,目标设置为人们指明了方向归并阐明了组织中上级与下级之间、同事之间、各个层级部门之间的工作绩效期望,合理的目标设置能够提升个人的工作绩效和工作满意度。

要确定合适的目标必须从以下三个方面来考虑:一是目标的具体性,即能够被明确地观察和测量的程度,例如,销售人员的业绩目标应以量化的方式来体现,如果目标很含糊就不能产生激励作用;二是目标的可实现性,即目标的难易程度,例如,当业绩目标过高则使组织成员丧失斗志,从而不再努力;三是目标的可接受性,即人们主动接受目标和任务指标的程度,例如,当目标较有吸引力,组织成员主动接受目标和任务指标的程度就会高,目标产生的激励作用也就比较强烈。

大量的研究表明,为了使这一理论发挥效用,管理者和团队应统筹考虑以上三个方面目标。用正确的方式来设置正确的目标,使员工更好地理解目标的具体性和困难程度并认可和接受。

有学者将制定符合标准的目标的原则缩写为SMART,如图11-7所示。SMART目标应当是定义明确,可有效衡量,且可实现,并与公司业务相关的,并能够在既定的时间框架内完成。

图11-7 SMART目标

资料来源:George T. Doran, "There's a S. M. A. R. T. Way to Write Management's Goals and Objectives," *Management Review*, November 1981, pp.35-36.

管理实务

目标设置的陷阱和可能的解决方案

陷　阱	可能的解决方案
承担过高风险	明确可以接受的风险水平,以及超出水平可能导致的后果
员工压力升级	确保员工具备应有的技能,并提供相应的培训支持
天花板式目标	重新校订目标,设置循序渐进的过程,奖励超出目标要求的业绩表现
忽略非目标区	确定目标是经过全面考量,对非目标区域已有统筹考虑
导致思维狭隘	将目标与更高的组织目标相关联,看到目前目标的长远意义
不诚信和欺骗	树立诚实做事的样板,对不诚信的做法进行严厉处罚

资料来源:兰杰·古拉蒂等著.管理学.机械工业出版社,2014年.

11.4 强化理论

哈佛大学著名心理学家斯金纳(Skinner)研究并提出了强化理论,又称行为修正理论。该理论回避了满足型激励理论与过程型激励理论中所提到的员工需要与思维过程等问题,而只研究行为与其结果之间的关系。

强化理论认为,当人们因采取某种行为而受到奖励时,他们就倾向于重复这种行为;当某种行为没有受到奖励或者是受到惩罚时,则其重复的可能性就会非常小。通常有四种强化方式:正强化、负强化、惩罚、废止。图11-8概括了这四种强化方式。

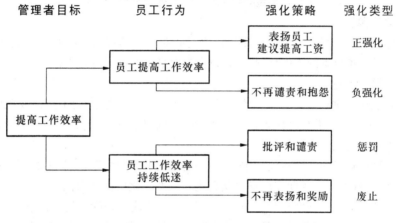

图11-8 通过强化改变行为

正强化是通过对合意行为给予令人愉快的奖励性认可来增加其发生的频率。例如,如果员工加班,管理者马上给予一定加班费,来向员工传达鼓励这种行为的信息,从而使加班这一行为被员工认为是良好的行为而得以重复出现。

负强化也称规避性学习,是通过避免令人不快的结果来增加合意行为发生的频率。例如,如果员工平时总是因为迟到而受到批评,一旦某一天准时上班,管理者就应停止对他的批评。

惩罚是通过导致令人不快的结果来减少不合意行为的发生频率。例如,管理者会因为员工不适当的行为方式而给予批评或惩罚,从而告诫员工这种行为是不良的行为,应该予以避免。

废止是通过撤销正面的奖励来减少不合意行为的发生频率。例如,如果某位员工上班总是迟到,在年终的时候,既没有得到表扬也没有获得加薪,那么他就会开始认为该行为并不能为自己带来合意的结果。

对所有的管理者来说都应该很好地理解强化的两个重要法则:第一,权变强化法则,指只有在令人满意的行为发生时才给予奖励,才能使奖励的强化效果最大化;第二,立即强化法则,指对令人满意的行为给予奖励的速度越快,这一奖励所产生的强化效果就越大。

另外,实施强化的时间对员工学习的速度也有重要影响,人们应选择恰当的强化时间,从而使强化对员工的工作行为产生最大的影响力,下面介绍五种强化时间的选择。

一、连续性强化

连续性强化是指每一次令人满意的行为出现时都给予强化。这种方法在学习某些新行为方式的初始阶段是很有效的,因为每一次努力都会带来令人欣喜的结果。

二、固定间隔强化

固定间隔强化是指按某一特定的时间间隔奖励员工。定期领取工资或者季度奖金就是固定间隔强化的实例。例如,某公司规定每季度员工请假天数少于5天将会领取1 000元的季度考勤奖。

三、固定频度强化

固定频度强化是指在特定的良好行为累积到一定数量以后的奖励,例如,每当一种良好行为第三次出现时就给予奖励。例如,美容店的美容师如果累积三次被顾客评为优秀美容师,就可以得到1个月的基本工资作为奖金,大多数计件工资制都属于这一范畴。

四、变动间隔强化

变动间隔强化是指在员工无法预测的任意时间对员工的行为进行强化。例如,生产车间的制造主管随机检查员工的工作情况,并且每次都对员工的良好行为进行表扬。

五、变动频度强化

变动频度强化是建立在完成任意数量的良好行为的基础之上,而不是以变化的时间段为基础。比如,销售人员知道自己如果认真工作就会得到奖励,但是他们不知道上司何时会检查以及何时给予何种奖励。

以上的五种强化时间的选择模式中,第一种是连续型强化程序,其他四种则是间歇型强化程序。一般地,管理者可以预期连续型强化会比间歇型强化更快地引出令人满意的行为,间歇型强化下引出的行为将比连续型强化下的行为更具持久性,而五种强化方式中最强有力的是变动频率强化,因为这种强化是在员工行为发生以后较长时间才进行的,所以员工的这种良好行为会持续出现。

11.5 激励的方法

通过以上的学习,我们了解到激励理论是多种多样的,而面对千变万化的企业环境,如何综合利用激励理论找到适当的激励方法是现代管理者思考的问题。对于激励的方法主要有以下三大类:薪酬激励、工作方式激励、情感激励。

11.5.1 薪酬激励

薪酬激励是指通过对薪酬体系的合理设计对员工进行激励的方法。薪酬激励中的薪酬是组织成员通过完成组织所安排的工作目标而获得的经济方面的报酬,一般包括基本工资、奖金、津贴和补贴等。相对于其他激励方法,薪酬方法是最直接和最常用的激励方法。薪酬对于员工极为重要,它不仅是员工的一种谋生手段,而且也能满足员工的价值感,在很大程度上决定了员工的满意度。一般的薪酬激励形式有以下两类。

一、直接增加薪酬额度

金钱的激励作用在人们生活达到宽裕水平之前是十分明显的,包括工资、津贴、货币性福利等。显然,如果能将金钱激励与员工的工作成绩紧密联系起来,它的激励作用将会持续相当长的一段时期。

二、间接增加薪酬额度

有很多薪酬激励方式并没有直接增加员工的薪酬额度,但是却通过各种方式间接地增加了薪酬收益,这些薪酬激励方法在实践中也受到员工的普遍欢迎。

带薪休假。带薪休假对很多员工来说都具有吸引力,特别是对那些追求丰富的业余生活的员工来说,更是情之所钟。

在职消费。这类非货币性消费包括豪华的办公室、到风景名胜地作经常的商业性旅游、增加手下员工等。这种激励通常对于管理人员实施,但在实施过程中应避免其激励强度过高。在这方面比较可行的有两个办法:一是在管理人员的报酬与一般员工的报酬之间建立明确的挂钩关系;二是将付给管理人员的报酬限制在一个事先约定的乘数之内。

员工持股。员工持股是一种有效的长期奖励方式,主要形式是员工持有一定数额的股票和股票期权等。长期奖励的作用就是能克服员工的短期行为,从而保证组织的持续发展。许多公司的实践证明,一旦员工变成所有者,他们就会以主人翁的精神投入工作,并基本不会做出损害公司效率和利润的行为。

特别福利。特别福利是管理人员在一定职位上享有的特别待遇。当这种待遇可观时,也能起到一定的激励作用。这种特殊福利包括无偿使用组织的车辆、带家属旅行、离职费、从组织获得无息和低息贷款等。

薪酬激励作为激励员工的常用方法也存在一些缺陷,比如长期以金钱为激励手段会助长人们的自私心理,以自我利益为中心,对组织的忠诚度较低,同时,还会产生单位金钱激励效果递减的现象。例如,如果以前年终奖为500元,今年的年终奖是5 000元,就会产生很大的激励效果。但是,如果明年还是5 000元,所产生的激励效果就会大大不如今年。随着时间推移,人们甚至认为这5 000元已成为自己固有收入的一部分而失去激励效果。所以,薪酬激励不是万能的,综合使用多种激励方式才可起到持久有效的激励作用。

11.5.2 工作方式激励

工作方式激励是指通过对工作进行再设计和多样化地安排工作时间来改变工作方式,从而激发组织成员工作积极性的一种激励方法。工作方式激励具体通过以下两个方面来实现。

一、对工作进行再设计

管理者应该了解工作的哪些方面可以为员工带来激励。对于那些从事枯燥的重复性工作、内心几乎不会有什么满意度的员工而言,工作的再设计可以使组织成员提高工作兴趣,激发工作热情,增强工作责任感和改善人际关系等。工作再设计就是要运用激励理论来设计工作结构,以提高员工的劳动生产率和工作满意度。工作再设计的主要方法通常包括工作轮换、工作扩大化以及工作丰富化。

工作轮换是指通过使员工定期地承担不同的任务来增加工作的多样性。这种方法是改进工作简单化的有效方法,它通过增加工作涉及的任务的数量和多样性来扩大工作的范围。

工作扩大化是指将几种工作综合成为一种新型的、涉及面更广泛的工作,从而横向扩大组织成员的工作范围,让员工感受到工作的多样性。

工作丰富化是指纵向扩大组织成员的工作范围,不仅仅是改变工作任务的数量和频度,而且还包括了将高效的激励因素(如工作责任、赏识、发展机遇、学习机会以及成就感等)融合到工作之中。

在一个丰富化的工作环境中,员工对完成工作所必需的资源享有控制权,对如何完成工作拥有自主决策权,完成工作时能体验到个人的成长,并且还能自己决定工作的时间与速度。

二、多样化地安排工作时间

随着社会的发展和互联网技术的快速发展,人们发现在工作安排上出现了许多新的方法可供大家选择。由于这些方法能够兼顾工作和生活的需要而越来越多地被大家青睐,主要包括压缩每周工作日、弹性工作时间、工作分担、远程上班、独立承包与兼职工作等。

压缩每周工作时间,是指采取一种比每天工作8小时、每周工作5天这样的工作安排更少的时间来完成全职工作。这种方法的最普通的形式是"4—40",也就是说,以4个10小时的工作日来完成40小时的工作。"4—40"制度的优点是可以使员工每周有三个连续的休息日。这样做,对员工来说,可以有更多的休闲时间并节约部分的交通费用,对组织来说,可以降低缺勤率并因此使组织的绩效得到提高。但是,实行这种制度也会产生一些潜在的不利因素,包括增加了疲劳和为个人而调整家庭生活的困难度。同时,还有工作日程安排的问题、消费者可能的抱怨、工会可能的反对等问题。

弹性工作时间,也可以称为弹性时间,即可以给员工更多的权力去选择自己每天工作的时间。在保证每天工作时间的情况下,员工可以随意支配自己的时间,比如早来早走或晚来晚走。在两段工作时间之间,员工可以有机会处理自己的个人事务。这一优点对于某些员工特别重要,如有创造力并酷爱自由的员工、双职工家庭、有小孩的单亲家长和要赡养老人的员工。这种工作方式使他们有选择工作时间的权力,从而能够处理更多的事情。弹性工作时间带来的满意度可以更多地增加工人对组织的好感。

分担工作,是指一份全职工作分别由两个及以上组织成员共同完成。工作分担经常涉及几个人,他们每人每天工作半天,但是也可以按周或月来分担工作。因为工作可以分拆和分担,所以组织如今能够从雇用高才能的员工中获得更多的效益,而这在以前是不可能的。对于有些人来说这种方式非常具有吸引力,如为人父母的资深专家。工作分担可以把两个员工当成一个来雇用。尽管有时候会出现调节问题,但是这种工作时间安排对所有的员工都是有益的。

远程办公,有时候也称灵活地点或者电子上班,是指在不同电子通信形式的支持下,电子计算机媒介将客户和中心办公室联系在一起。因而,至少工作时间表中几个小时的工作是在办公室以外完成的。远程办公有许多优点,如节省了时间和交通费用、跨越了区域的限制等,甚至有些人已经通过网络在几千公里以外的公司上班。目前,在市场营销、金融分析、行政服务、计算机编程等行业,这种工作方式也逐渐开始流行。

独立承包与兼职工作。独立承包是指由外部人而不是由内部的正式职工完成某一特定的工作或任务,任务完成后,承包人则会与其他公司合作。独立承包使承包人的工作有了灵活性和多样性,也同时使一些雇员有了兼职的可能。因为可以容易地雇用到兼职人员,所以雇主可以根据需要随时签订和解除工作合约。许多雇主都偏爱这种灵活的工作形式,因为它可以帮助雇主更好地控制劳动力成本和应付周期性需要。这种工作方式也带来了一些问题,比如兼职人员缺乏长期工作的那种责任感,从而可能导致生产率下降;兼职工作者的待遇缺乏保障等。

开发你激励员工的技能

简单的、放之四海而皆准的激励准则是不存在的,下面的建议仅仅是利用我们所了解的员工激励内容的精髓所提出的。

练习技能的步骤

- 识别个体差异。几乎所有的当代动机理论都承认员工并不是同质化的。他们有不同的需求。他们在态度、人格和其他重要的个人变量上也有所不同。

- 匹配人员与工作。大量研究表明,谨慎地进行人员与工作的匹配能够对员工起到激励作用,缺乏出色完成工作的必要技能的员工将会处于劣势。

- 利用目标。你应该确保员工拥有困难而具体的目标,并且在追求这些目标的过程中,他们能够获得有关完成情况的反馈。在很多情况下,应该让员工参与到这些目标的设置过程中。

- 确保员工认为这些目标是可实现的。无论这些目标实际上能否实现,一旦员工认为这些目标实现不了,他们就会减少自身的努力。因此管理者应该确保员工自信地认为只要不断付出努力就能够实现绩效目标。

- 个别化奖励。由于各个员工的需求有所不同,对某位员工起作用的强化物也许对另一位员工并不起作用。利用你对员工差异的认识,在你所能控制的范围内对员工进行个别化奖励。你所能进行分配的一些更为显而易见的奖励包括薪酬、晋升、自主性和提供员工参与目标设置和决策过程的机会。

- 将奖励与绩效联系起来。你需要依据绩效表现来确定奖励。针对非绩效因素进行奖励只会强化这些因素的重要性。加薪和晋升等关键奖励只有在员工实现了某些特定目标的情况下才能给予。

- 检查系统的公平性。员工应当认为自己的付出与所获得的奖励或成果是公平的。简单而言,经验、能力、努力和其他一些明显的付出应该能够解释薪酬、职责以及其他一些明显结果的差异。

- 不要忽视金钱。我们很容易过分注重目标设置、创造有趣的工作和提供参与机会等,以至于忘记了金钱是大多数人工作的主要原因。因此,基于工作绩效的加薪、计件奖金、员工持股计划和其他一些薪酬激励在决定员工动机上非常重要。

资料来源:斯蒂芬·罗宾斯等.管理学(第13版).中国人民大学出版社,2017年.

11.5.3 精神激励

精神激励是指通过使员工在精神和心理上得到满足而对员工进行激励。精神激励的具体形式有五种。

一、目标激励

目标激励是指组织中的上下级共同制定组织的目标,并由此确定组织成员的分目标,使组织成员通过完成各自的分目标来为完成组织的目标作贡献的一种管理激励方法。目标激励的实质是以目标设置来激发组织成员的自我管理意识和指导行为。

我们知道,古典激励方法强调物质刺激,人际关系和人力资源的激励方法则以不同的程度强调以人为本。目标激励的成功之处正是在于把物的问题和人的因素紧密地结合在一起,从而成为一种新型的被广泛接受的激励方法。此外,目标激励既是一种激励手段,又是一个管理过程。通过这一管理过程,组织的上下级人员明确了共同的目标,并规定了各成员为达到组织目标而应承担的职责范围,即分目标和具体任务,在此基础上,组织可以衡量每个成员的绩效,并据此给予奖惩。

二、信任激励

信任激励是指企业管理者对员工给予足够关注和信任,把重大任务授予下属,从而提高了对员工完成任务的激励水平。例如,某企业对各部门年轻人组成的新产品开发团队的激励就包括两种:一是物质金钱激励,小组成员的奖金是一般员工的2—3倍,而且是按月实现,达到指定任务就给奖励,任务全部完成后还要追加;二是精神激励,主要是高层管理人员对这些年轻人给予充分重视,给其重大的任务,为他们创造良好的工作环境,让他们的潜能得到充分发挥。这两种方式相结合取得了很好的效果,企业的研发速度大大加快,占领了广阔的市场并获得了高额利润。

三、价值观激励

尽管组织价值观的发展呈多元化和个性化的趋势,但杰出企业的共同价值取向是树立崇高目标、建立共识和追求卓越,因此,良好的价值观能增强组织的凝聚力,培养奋发向上的精神,并对每个成员的目标和行为具有导向和激励作用。

四、榜样激励

榜样的力量是无穷的,组织典范人物的树立对组织中的其他人员会具有很强的激励功能。

五、文化激励

企业文化是一个组织在长期的经营过程中提炼和培养出来的一种适合组织特点的经营管理的方式,是组织群体所共同认可的特有的价值观念、行为规范及奖惩规则等的总和。一个具有激励特性的、优良的企业文化能调动组织成员的积极性、主动性和创造性。

如何激励你不喜欢的下属

你手下的每个人都招你喜欢,这种可能性相当低。通常让管理者去激励自己不喜欢的人,几乎是不可能的(除非通过让下属畏惧的方式,但这种情况并不理想)。因此,为了让员工努力工作,也为了自己的心理健康,管理者有必要投入部分精力,学着喜欢自己的直接下属,至少学会欣赏他们身上的部分闪光点。

在你尝试激励自己不喜欢的人之前,先掌控你自己的情绪,关注自己产生反感的原因,寻找问题的根源所在。要为你的负面情绪负责的是你自己,不是你的团队成员。如何找出引起自己情绪反应的是何种行为或特征,下面有三种相应的策略供你选用。

1. 如果你觉得与某位员工共处使你感到不舒服，那就增加你们相处的时间。创造更多的相处机会，了解这名员工。这样做有两个好处：第一，你会习惯他的怪癖和个性，跟他相处不再那么别扭；第二，你会了解到能够给他推动力的因素，找到激励这位员工的适当方法。试试这样的开场白："我们两人一直没什么机会互相了解。你身上最需要别人了解的是什么呢？"

2. 如果你觉得某位员工的某些习惯惹人讨厌，那就多关注他的优点。始终盯着别人身上你不满意的特质，会让你们两个都心情不佳。把注意力转移到你喜欢的、值得你尊敬的那些特点上去吧。关注他作出的积极贡献，予以鼓励。让他知道团队的成功有赖于他的能力，他就会得到激励。假如有一位销售员对顾客死缠烂打，你可以把他的这种特质看作是坚持不懈，一方面鼓励他发挥优势，另一方面在适当的时候劝他收敛一些。你可以这样说："今天我看见你在工作，你真是尽心尽力。你的坚持让我钦佩。不过，我发现你的推销风格好像并不是对每个人都奏效。你想想看，有时候是不是别再去打扰顾客比较好？"

3. 如果你觉得员工行为不得体，发掘一下这种行为的根源吧。如果你反感某位员工是因为他品行不佳（如欺凌、傲慢、不尊重他人），那你就无法激励这个人，除非你自己也有那些恶劣行径、有所共鸣。不得体的行为大部分并非出于恶意，而是由于自我保护。你要找出产生这种行为的根源，问一些开放式问题，比如"你最近怎么样？"或者"这场讨论效果怎么样？"抑或"你在担心什么？"等你找到了不当行为背后的原因，就会更清楚该如何激励员工向良性的方向发展。例如，你了解到自尊方面的问题，可能就会知道某位员工需要更多的亮相机会，而适合另一位员工的激励方法则是派给可控的小型任务，留出一定的成长空间且不用承担过分的风险。

无论引起你反感的原因为何，要激励自己讨厌的员工总是很困难。要想降低难度，你需要增进那位员工与你之间的联系。如果想直击重点，你可以直接表达出改善关系的愿望："我觉得我们的关系刚开始就有些僵，这样不好，我想改变这种状况。"如果想表达得委婉一些，你可以逐渐让那位员工参与各种活动，在对整个团队讲话时把那位员工作为正面范例，借此表示你有意改善关系，或者用目光接触和肢体语言来表达你的包容也可以。

身为管理者，你的职责并不是跟大家交朋友。如果与员工关系冷淡影响了你激励员工的能力，那么，他就有可能表现欠佳，反过来对你产生负面影响。你要把握好与直接下属之间的关系，做出一点小小的改变来转变你对他们的看法。就算最终无法成为朋友，你和员工之间的关系至少足以让员工得到激励。

资料来源：http://www.hbrchina.org/2014-12-10/2621.html。

[管理新动态]

股 权 激 励

股权激励是一种通过经营者获得公司股权形式给予企业经营者一定的经济权利，使他们能够以股东的身份参与企业决策、分享利润、承担风险,从而勤勉尽责地为公司的长期发展服务的一种激励方法。

经理人和股东实际上是一个委托代理的关系,股东委托经理人经营管理资产。事实上,在委托代理关系中,由于信息不对称,股东和经理人之间的契约并不完全,需要依赖经理人的"道德自律"。股东和经理人追求的目标是不一致的,股东希望其持有的股权价值最大化,经理人则希望自身效用最大化,因此股东和经理人之间存在"道德风险",需要通过激励和约束机制来引导和限制经理人行为。

为了使经理人和股东的利益追求尽可能趋于一致。对此,股权激励是一个较好的解决方案。通过使经理人在一定时期内持有股权,享受股权的增值收益,并在一定程度上以一定方式承担风险,可以使经理人在经营过程中更多地关心公司的长期价值。股权激励对防止经理的短期行为,引导其长期行为具有较好的激励和约束作用。

问题追踪
在怎样的情景下适宜采用股权激励?

■ 本章小结 ■

1. 激励就是组织通过运用某些手段或方法让组织成员在心理上处于兴奋和紧张状态,能积极行动起来,付出更多的时间和精力,以实现组织所期望的目标。激励过程的基本组成因素是需要、动机、行为、奖励。

2. 满足型激励理论主要强调被激励对象的需要,包括马斯洛的需求层次理论、奥德费的ERG理论、赫茨伯格的双因素理论、麦克莱兰的习得需要理论。

3. 过程型激励理论主要注重从组织目标与个人目标的一致性的角度,来研究激励实现的过程和机制,主要包括亚当斯的公平理论、弗罗姆的期望理论、洛克的目标设置理论。

4. 强化理论认为,当人们因采取某种行为而受到奖励时,他们就倾向于重复这种行为;当某种行为没有受到奖励或者是受到惩罚时,则其重复的可能性就会非常小。通常有四种强化方式:正强化、负强化、惩罚、废止。在强化时间的选择模式中,变动频率强化是最强有力的一种模式。

5. 激励思想的运用主要体现在激励方法的选择中。激励方法主要有薪酬激励、工作方式激励和精神激励三大类。其中,薪酬激励分为直接增加薪酬额度和变相增加薪酬额度两种;工作方式激励主要是通过对工作进行再设计和多样化地安排工作时间两方面来激励员工;精神激励的具体形式有目标激励、价值观激励、榜样激励和文化激励。

[问题与讨论]

1. 什么是激励?激励的过程是怎样的?

2. 满足型激励理论包含哪些?比较需求层次理论和赫兹伯格的双因素理论,为什么后者的理论比较受欢迎?

3. 根据麦克莱兰的习得理论,分析自己的三种需求中哪一种得到了优先发展,为什么?根据公平理论,当个人认为不公平时会有哪些表现?

4. 根据目标设置理论,要确定合理的目标应从哪几方面考虑?

5. 阐述强化理论中主要的强化方式。

6. 访问沃尔玛、家乐福、百安居等大型零售企业的网站,查看这些公司给员工提供的福利,讨论大型零售企业常采取的激励方法。

[实战练习]

是什么激励了你?

目的: 通过课堂讨论,调查并了解激励自己努力学习的因素有哪些。

内容: 在班里展开一次调查并要求同学回答下面的两个问题:

① 你能否详细描述出哪些因素促使你努力学习并保持良好状态?

② 你能否详细描述当自己无心学习的时候,是哪些因素导致这样的不良状态?

要求: 每位学生或每组学生在一张纸上写下自己的答案,并鼓励同学之间互相交流,分享自己好的或者坏的经验。最后根据赫茨伯格的双因素理论进行归纳分类,并指出这些分析的不足之处。

[案例思考]

案例一 90后员工离职带来的思考

由TF公司重点培养的90后储备干部谭星提出离职,这令管理层很震惊。其实在入职时,人事经理清楚描绘了他的晋升通道:储备干部—领班—生产主管—生产经理。在每个晋升的节点将花费多少时间,完全取决于员工的个人表现。入职后,谭星虚心学习,很快掌握了生产流程和产品知识。车间各级管理人员及工人,均对他的虚心学习的态度给予积极评价。正当公司准备将他晋升为生产领班时,此刻他却提出了辞职!原来,他的同学来到深圳之后,大部分从事的是结构设计方面的工作。在同学聚会时,大家纷纷劝他转行做设计,说这样才专业对口,并且工资的成长性也更好!众口铄金!他动摇了。

出了这种事情,公司管理层开始省思:90后难道都那么容易被他人的意见所左右。没有太多主见?没能留住谭星这个公认的"潜力股",会给公司将来的发展带来什么损失?90后的职业生涯是否不够清晰?不知道自己究竟该往什么方向发展?

精心培养的"潜力股"谭星要离去,这个冰冷的现实让TF公司高层十分震惊。经过深入分析,管理人员认为造成谭星离职的原因如下。

(1) 员工立场不够坚定。

从这个案例可以看出,90后年轻人怀着梦想而来,并且愿意为了实现自己的梦想而努力工作,扎扎实实从基层做起,向自己的职业目标迈进。但是,当在聚会时同学们众口一词劝他"跳槽"时,他动摇了。可以看出90后员工的心智还不够成熟,在做决定时很容易受到他人的影响。

(2) 职业规划不清晰。

人事经理回忆起在华南理工大学的校园招聘会上,大部分应届生对自己的职业规划懵懵懂懂,觉得似乎什么岗位自己都可以胜任,但又对能否在选择的岗位上有好的发展表示怀疑。正是因为90后不知道自己想要什么,所以在要做决定的时候,选择就比较随意和任性。

(3) 偏好"即时满足",排斥"延时满足"

聚会时谭星发现同学很多的头衔是工程师或助理工程师,而他只是个储备干部,这对他的心理造成了一定的阴影。如果TF公司在他入职时直接给他生产领班的职务并重点培训,相信结局会不一样。因为90后们从小便是家中的宝贝,无论要什么,只要开口,家长都会立刻双手奉上,唯恐稍有延迟惹得他们不开心,这种不断的即时满足,就是使得90后对侧重较长期激励的"延时满足"的目标不感兴趣。

此案例折射出90后都非常关注职业生涯的发展,TF公司管理层也一直在深入探讨,在新形势下该如何更好地帮助90后进行职业生涯规划,以引导他们将个人发展目标与企业的战略目标结合起来,从而更好地融入企业,与企业共同成长,在助力企业进步的同时也同步实现自己的人生价值。所以公司经研究,决定采取相应措施,具体如下表。

相应措施	要　点	备　注
将职业规划纳入内部沟通机制管理范畴	当员工咨询时,由人事部牵头,与其上司一起听取员工的心声,三方共同帮助其设计职业规划	任何人均可与人事部或直接上司沟通职业规划
健全人才开发与培养机制	一、部门负责人应严格按照年度培训计划推进培训工作,既有理论培训,又有实操培训,就培训的实施及效果评估,人事部进行监督。二、人事部积极组织外训。"走出去请进来"相互结合。而外训的课程须建立在培训需求调查之上,并结合了企业的实际需要	通过向90后提供受教育的机会和不断提高自身技能的学习机会,培养他们对专业的兴趣爱好和敬业精神,使其在专业领域得到发展,体验到成就感
完善内部晋升机制	首先,制定职位职级表并公示,让全体员工均了解;其次,入职时人事部、部门负责人与员工进行职业规划的谈话。在分析了优、缺点后,为其量身打造职业发展路径;最后,在有机会时让其参与竞聘,凭本事晋升	公司主动了解员工职业发展方向,创造适合其发展方向的晋升通道,让他们随着企业成长而获得晋升

▲ 思考题

1. 分析本案例,TF公司应用了哪些激励理论?
2. 经过研究,TF公司提出的相应措施里主要采取了哪些激励方法?

资料来源:改编自刘丰.90后员工的沟通与激励案例分析.西南交通大学硕士学位论文,2015年.

案例二　联想的魅力薪酬

联想的薪酬结构并无神秘可言:根据岗位、能力和市场情况而定的工资,根据完成目标情况而定的奖金、各种津贴和表彰性奖励，此外还有保险、工作午餐、带薪休假、出国考察等福利，以及为业界所称道的认股权。

计算标准是用按标准评估确定的个人工资级别，乘以部门业绩系数，再乘以个人业绩考评表现系数，最后加减其他奖励和扣款。

个人工资级别的确定包括两方面：联想采用世界著名的 CRG 平衡体系对员工的职位、能力价值进行量化评估，并参照人才的市场竞争环境状况，以此确定联想的岗位级别工资；个人定级，指处在某个岗位的员工的工资定级。

个人绩效考评表现系数由直接上级和考核小组根据员工的业绩表现，确定其绩效考评。

部门业绩系数根据部门的不同特点确定不同权重，考虑财务、市场等指标，确定考核系数。

采用 KPI 指标来考核员工绩效，以此确定奖金数额。奖励包括公司表彰奖、部门表彰奖。公司表彰奖是对公司内重大事件进行表彰。部门表彰奖是对部门内表现突出的个人或团队进行表彰。

津贴指异地工作将享有外派补贴，补贴数额与岗位工资呈线性关系。同时，对于生产线上特殊工种的工人给予一定的津贴。

红包是个人工资级别与个人年度绩效考评表现系数、年度公司业绩系数、时间系数的乘积。年度公司业绩系数，由全年公司利润完成的百分比确定。个人年度绩效考评表现系数是根据四个季度绩效平均分和年度评估重点项目得分的加权平均结果确定。

福利可以根据地区选择福利组合。福利主要有保险、实物发放、工作午餐、带薪休假、出国考察等。

认股权也就是股票期权，是指公司为了激励员工，使员工的个人利益与公司的整体利益有机地结合起来，允许满足一定条件的员工以公司规定的优惠价格，认购一定数量的公司股票的权利。目的是激励员工参与公司发展，并且通过股票期权的分期兑现，将对过去业绩的奖励变为对未来赢利和收益能力的预期，即长期激励。

住房公积金是一种义务性住房储蓄金。它是按照国家政策规定，通过"个人存储，单位自助"的办法建立的一笔属于个人的住房消费资金，专项用于支付住房方面的费用。

联想的养老保险制度是根据国家法律、法规的规定，在劳动者达到国家规定的退休年龄或解除劳动义务的年龄界限，以及因年老丧失劳动能力离开劳动岗位后，为保障劳动者的基本生活而建立的一种社会保险制度。联想按照我国法律实行"社会统筹与个人账户相结合"的基本养老保险制度。

联想为员工交纳失业保险。失业保险是指国家通过立法强制实行的，由社会集中建立基金，对因失业而暂时中断生活来源的劳动者提供物质帮助的制度。另外，还为职工交纳医疗保险。

薪酬的调查与调整。进行市场调查，修订个人定级对应的工资，以保证具有竞争力的薪酬水平。根据公司组织结构和岗位的调整，确定新的岗位定级。根据员工的适岗程度，确定员工的个人定级。

现在联想由产品型向服务型转变，考核和激励方式也要作出相应调整。据介绍，在为 IT 服务员工确定薪酬时，首先就要调整市场比较的对象，考核时间也不能像以往那样按照季度进行，而是按照项目周期开展，并把能力素质设计成若干纬度进行综合考评。随着公司战略转型进一步深入，联想还会不断地运用一些先进工具来帮助这个体系不断优化，使它更公平、更合理、更有效。

▲ 思考题

1. 运用激励理论,对联想薪资结构给予评价。
2. 结合所学,分析什么是强化理论。

资料来源:周劲波主编.管理学案例研究.中南大学出版社,2012年.

[阅读书目]

1. 博恩·崔西著.激励.机械工业出版社,2014年
2. 乌力吉孟和著.图解员工激励36计.化学工业出版社,2016年
3. 芬尼著.激励的真理.人民邮电出版社,2011年
4. 贺清君著.绩效考核与薪酬激励整体解决方案.中国法制出版社,2014年
5. 马永斌著.公司治理与股权激励.清华大学出版社,2010年

第十二章

DI SHI ER ZHANG

沟 通

- 沟通的过程和方式
- 组织沟通
- 沟通的障碍和改善
- 冲突管理
- 团队建设
- 管理新动态
- 问题与讨论
- 实战练习
- 案例思考

　　案例一　小王的升职沟通困境

　　案例二　走遍世界
- 阅读书目

第十二章 沟 通

■ 学习目标 ■

学完本章,你应该能够:
1. 定义沟通,了解沟通的基本过程与方式。
2. 掌握正式沟通与非正式沟通的区别。
3. 了解人际沟通中可能存在的障碍。
4. 掌握人际沟通改进的主要方法。
5. 掌握冲突的定义和原因,了解激发冲突和解决冲突的方法。
6. 掌握团队建设的基本概念及方法。

■ 关键概念 ■

沟通　沟通渠道　噪声　沟通过程　正式沟通　非正式沟通　冲突　团队

游戏引导

撕 纸

游戏方法:

1. 了解平时在沟通过程中,我们经常使用单向沟通,结果人们会按照自己的理解来执行,导致结果的巨大差异。当使用双向沟通后,沟通的效果得到提高,但差异依然存在,从而了解沟通过程的繁杂性。

2. 第一阶段:(1) 给每位同学发一张 A4 纸。(2) 教师发出以下指令:① 大家闭上眼睛;② 全程不许问任何问题;③ 把纸对折;④ 再对折;⑤ 再对折;⑥ 把右上角撕下来,转 180 度,把左上角也撕下来;⑦ 睁开眼睛,把纸打开。(3) 教师会发现各种各样的答案。

3. 第二阶段:(1) 教师请一位同学上来。(2) 重复上述指令,唯一不同的是,这次同学可以提问。

问题讨论:

① 完成第一步后可以问大家,为什么会有那么多不同结果?
② 完成第二步后又问大家,为什么还会有误差?

12.1 沟通的过程和方式

沟通贯穿于管理的每一个阶段，它不仅影响到计划是否被顺利执行、决策是否被准确理解等环节，还最终决定了整个组织的绩效。有研究表明，大部分管理者每个工作日至少要花80%的时间与他人进行直接沟通。也就是说，他们每天大部分时间是花在开会、打电话、在线交流或者一边散步一边进行非正式交谈上。管理者另外20%的时间一般是花在文书工作上，但实际上这些工作也是以阅读和写作的方式在进行的沟通。所以，一个优秀的管理者也一定是一位非常有效的沟通高手，为了达到整个组织的共同目标，不断运用各种沟通方式与成员之间进行信息交流。

对于什么是沟通，学者们有各自的看法：美国主管人员训练协会把沟通解释成人们进行的思想或情况交流，以此取得彼此的了解、信任及良好的人际关系。孔茨和韦里克认为，沟通就是信息从发出者到接受者的传递，而接受者能够理解信息的内容。达夫特和马西克认为，沟通是指两个或者两个以上的人交流并理解信息的过程，其目的常常是为了激励或者影响人的行为。虽然对沟通的解释各位学者各不相同，但它们都包含三个要素：（两个及两个以上的）人、信息、理解。基于以上的看法，我们认为**沟通是两个或两个以上的人或人群通过一定渠道传递可以理解的信息并最终形成信息交流的过程。**

要了解的是，有效的沟通并不是达成协议或共识，而只是通过一定的方式明白无误地表达了各自观点，并对双方的观点准确地理解。例如，在无数的谈判中，我们都非常明白谈判对手传递的观点，但是我还是不赞同它，这个交流过程已经实现了有效的沟通，但却未达成共识。在事后人们往往把谈判的失败归结于没有进行充分的沟通，事实上这是一种把有效的沟通和意见一致混为一谈的错误认识。

跟亚里士多德学沟通

说服的艺术可以追溯到早期的古希腊民主政治时期，亚里士多德定义了沟通的三个基本要素：逻辑、情感和人品。

逻辑指用于所需传达的信息或是事实中的逻辑。本质上，这是行为的基本原理。事实上，一位优秀的沟通者必须表达对其论证内容的热诚或者情感。情感的目标是与听众

信任		专业	
• 履行诺言 • 保持自信 • 价值观统一 • 鼓励对观点的探索	+	• 调查研究观点 • 获得一手经验 • 列举可信来源 • 基于既往成功 • 获取支持认可	= 信誉

建立情感练习。换言之,它是为赢得观众的心而非脑。成功的变革需要逻辑上取胜,同样也需要赢得情感。逻辑提供的是变革的合理性,情感则提供了行动上的推动力。人品是指发言者或沟通者的信誉,信誉源自信任和专业的综合(见上图)。

资料来源:"Persuasion I: The Basics," *Power, Influence, and Persuasion: Sell Your Ideas and Make Things Happen.* Boston, MA: HBS Press, 2006.

12.1.1 沟通的过程

沟通的过程指的是信息交流的全过程,它涉及信息发送者、信息接收者、信息渠道、编码、解码、反馈六个要素。如图 12-1 所示。

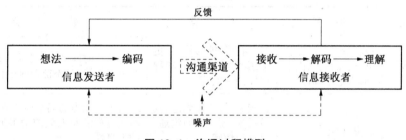

图 12-1 沟通过程模型

"**信息发送者**"是指拥有某个想法或主张,并希望将信息传达给另一方的人,他是沟通的主动者。"**编码**"是指信息发送者将自己拥有的想法和主张,按照接收方能够理解的信号进行转换的过程,如将中文翻译成英语、将古文译成现代文、将设计思路转化为图画、将想法变为计算机语言等都是解码的过程。

"**沟通渠道**"是指一条连接信息发送者和信息接收者的通道。没有合适的通道,信息就无法传递,沟通也就无法完成。沟通的渠道有很多,可以是口头的如面谈、电话交谈等,也可以是书面的如备忘录、公告等,还可以是借助媒介如计算机、互联网、电视等。各种渠道各有利弊,选取何种沟通渠道应根据沟通双方的性格、时间、设备条件以及场合、方便程度等来综合考虑。总之,恰当的渠道对于沟通是否成功起着重要的作用。

"**信息接收者**"是指接收并解释信息的个人。接收者将所收到的信息进行解码,以了解该信息的内涵。"**解码**"是指信息接收者将收到的信号,按照相应的方法还原成自己能够理解的信息的过程。编码和解码是产生沟通错误的潜在根源,因为知识、态度、心理以及背景等因素的影响使人们在编码和解码中出现差错,使信息接收者发生一定的误解,从而影响有效的沟通。

"**噪声**"是在信息传递过程中,妨碍人们进行有效沟通的各种因素。例如:糟糕的环境和场所;模棱两可的符号而导致的编码错误;粗心大意导致的接收错误;由于用词和其他符号的错误造成的解码错误;妨碍理解和传达的各种心理活动;不同的文化和社会背景;手势和姿势等。

"**反馈**"是检验信息沟通效果的再沟通,即信息接收者对信息发送者的信息作出反应。没有反馈的沟通是"**单向式沟通**",有了反馈的沟通才是"**双向式沟通**"。反馈是能够增强沟通效果的强有力因素,因为反馈能够使信息发送者判断信息接收者是否正确理解了信息的内容,从而及时调整自己的信息发送，以便达到更好的沟通效果。本篇开头的撕纸游戏，就反映了反馈能够明显增强沟通的效果。

综上所述，"沟通过程"就是信息发送者将自己要传递的信息进行正确的编码后，通过有效的渠道传递给信息接收者，接收者按照相应的程序对收到的信息进行解码，最终形成能够理解的信息而被接收者接收的过程。

12.1.2 沟通的方式

沟通的方式主要是指沟通的形式，即信息通过什么媒介进行传递并被接收者理解。采取不同的信息媒介，即形成不同的沟通方式。沟通的形式主要分为书面语言沟通、口头语言沟通和非语言沟通三大类。如表 12-1 所示。

表 12-1　各种沟通方式的比较

沟通方式	举例	优点	缺点
书面语言沟通	备忘录、信件、报告书、通知布告、内部刊物、电子邮件等	持久有形、能够核实、更加缜密、促进政策和程序保持一致等	更加耗费时间、由于撰写者水平有限而产生编码错误、不能及时进行反馈
口头语言沟通	面谈、会议、电话、演说、讨论等	比较灵活、快速到达、及时反馈、便于双向沟通、具有亲切感	口头表达能力的局限性造成词不达意；沟通过程涉及人数的增多加大了信息的失真性
非语言沟通	动作、表情、体态、声调等	适当的非语言沟通能够强化语言沟通的效果，并且更加生动和直接	单独使用非语言沟通形式容易导致错误或模糊的信息传递；不当的非语言沟通形式还可能起到削弱沟通效果的作用；只是在面对面的沟通中使用

一、书面语言沟通

书面语言沟通是指用书面文字作为信息媒介来传递信息的沟通方式，主要包括备忘录、信件、报告书、通知布告、内部刊物、电子邮件等任何传递书面文字或符号的手段。法国的管理者可能是最热衷于书面语言沟通的管理者，他们无论正式或非正式的通知和文件都会尽量采取书面语言形式来传达。一位法国管理者曾经说过，除非被写下来，否则一切都是不真实的。

书面语言沟通的优点：提供持久有形的记录和参考、能够作为合法凭证进行核实、由于精心准备而更加缜密、促进政策和程序保持一致等。基于以上优点，对于复杂而长期的沟通来说，书面语言形式显得尤为重要。

书面语言沟通的缺点：相对于口头沟通更加耗费时间、由于撰写者水平有限而可能产生编码错误、不能及时进行反馈以便了解信息是否到达，以及是否被正确地理解。

二、口头语言沟通

口头语言沟通是指用口头语言作为信息媒介来传递信息的沟通方式。口头语言沟通可以是两个人面对面的会谈，也可以是管理者面对广大听众进行演讲，它可以是正式的，也可以是非正式的，主要包括面谈、会议、电话、演说、讨论等。

口头语言沟通的优点：比较灵活、快速到达、及时反馈、便于双向沟通、具有亲切感。在这种沟通方式中人们可以马上提出疑问并获得解答，同时还可以借助表情、手势等来增强沟通的效果,而且上级与下属的直接面谈可以使下属感到自己很受重视。基于以上优点,对于难度较大的、需要频繁而及时地反馈的信息沟通来说,口头语言形式显得较为重要。

口头语言沟通的缺点:口头表达能力的局限性造成词不达意;沟通过程涉及人数的增多加大了信息失真的可能性。

三、非语言沟通

非语言沟通是指通过人的动作和行为等非语言来传递信息的沟通方式,包括动作、表情、体态、声调等。

有研究表明,在面对面的沟通中,三种沟通信号源在信息解释过程中的相对重要性如下:言语(实际说出的语言)影响力7%、声音(音调、音高、音质)影响力38%、面部表情和体态影响力55%。这些数据充分地说明了非语言沟通方式对语言沟通效果的影响力。

非语言沟通的优点:适当的非语言沟通能够强化语言沟通的效果,并且更加生动和直接。比如教师上课时,当看到学生们的眼神无精打采或者有人开始打瞌睡时,无须言语说明,学生们已经告诉她(他),他们厌倦了。同样,当纸张沙沙作响,笔记本开始合上时,所传达的信息已十分明确——该下课了。

非语言沟通的缺点:单独使用非语言沟通形式容易导致错误或模糊的信息传递,比如在下班时遇见一言不发、脸色阴沉的老板,员工就会猜疑是否自己犯了错误,但实际上老板只是牙痛病犯了;不当的非语言沟通形式还可能起到削弱沟通效果的作用,比如一位管理者一边宣称自己非常愿意听取下属的建议,一边又让秘书替自己去会见来访下属,这就给人造成了言行不一的感觉;非语言沟通的应用范围较窄,往往只是在面对面的沟通中使用。

由于非语言沟通方式对沟通效果的强大影响力,管理者应当时刻注意一切非语言要素的表达,尽可能了解非语言沟通的技巧,准确表达和理解非语言沟通要素。

12.2 组织沟通

在组织内,沟通的方式和类型多种多样。按照沟通的渠道和途径不同可分为正式沟通与非正式沟通。

12.2.1 正式沟通

组织内的正式沟通是指组织内部或组织与组织之间按照正式安排的信息沟通渠道进行的人际沟通。比如,组织中的例行会议按正式组织系统发布的命令、指示、文件、电子邮件,上下级或同事间因工作而进行的正式交流等。正式沟通的形式与组织的结构密切相关,是组织中沟通的主要渠道。

组织中正式沟通的优点有沟通效果好、比较规范、约束力强、形式严肃、易于保密等,可以使信息沟通保持权威性。重要的信息和文件的传达、组织的决策等,一般都采取这种方式。正式人际沟通的缺点有中间环节多、传播路线刻板、沟通速度较慢、信息易损耗和失真等。

一、正式沟通的信息流向

正式沟通的信息流向有自上而下的沟通、自下而上的沟通、横向沟通三种形式,如图12-2所示。

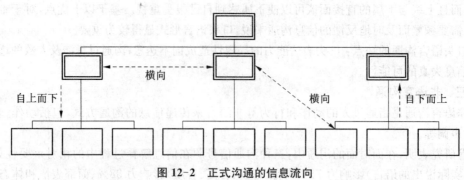

图 12-2　正式沟通的信息流向

1. 自上而下的沟通

这是我们最熟悉、最常见的正式沟通流向,一般是指政策、计划、规定之类的信息从最高管理层向下传达给下属的过程。自上而下的口头沟通方式所运用的媒介包括命令、讲话、会议、电话、广播、甚至口头通知,而书面沟通方式常用的有备忘录、信函、手册、小册子、规章制度、工作程序及电子新闻显示等。

如果组织的结构包括有多个层次,则通过层层转达,其结果往往使下向信息发生歪曲,甚至遗失,而且过程迟缓,这些就是通常被提到的信息离散现象。信息离散现象虽难以完全避免,但灵活而正确地使用各种沟通技巧将帮助我们保持信息的准确性。

2. 自下而上沟通

这主要是指下属向上级管理者所提出的正式书面或口头报告。许多机构还花了很多精力致力于自下而上的沟通渠道的建立,如意见箱、员工调查、建议制度、座谈会、开放政策、管理者公开电子邮件、员工和管理者面对面的交流、上访制度及管理信息系统报告等。

但是,无论人们如何努力,自下而上的沟通依然存在着各种障碍:(1)管理者出于各种原因拒绝真正听取员工的建议,从而使沟通成为形式,如管理者通常会认为"员工们总是站在自己的角度,而从不站在全局的角度去考虑问题,所以他们的意见是片面的";(2)员工由于对管理者的不信任,从而放弃了这种渠道,如很多员工都会认为"那个意见箱不过是个形式,谁会当真";(3)员工由于希望博得管理者的好感,从而对信息进行筛选或歪曲等,如很多员工都会在管理者面前对其实施的新政策大唱赞歌,而对其带来的问题避而不谈。

3. 横向沟通

这主要是指同伴或同事之间进行的沟通。横向沟通可以存在于部门内部,也可以存在于部门之间。它不仅可以起到沟通信息的作用,还可以有助于协作关系的建立,因而在组织沟通中占有重要的位置。

通常横向沟通有以下三种形式:(1)解决部门内部的问题。这种沟通通常在部门内部的员工之间进行,常常与工作的进程有关。例如,"小王,你的报表已经提交了吗?"(2)促进部门之间的协作。这种沟通通常在与部门之间进行,常常与合作项目或任务完成有关。例如,"陈春,今天下午销售部和市场部有一个会议请你通知一下,是关于新产品促销的问题。"(3)提高积极性和改进工作。这种沟通通常在部门内或部门之间进行,常常与信息分享、组织变革及成长改进有关。例如,"李益,这个季度我们巴氏奶的销售额又增加了5%,你觉得我们可以在哪些方面再做些努力以维持这个增长势头呢?"

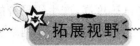

危 机 沟 通

组织每天都会面临来自社会多方面的批评。在一些破坏性事件发生的时候,危机沟通为公共关系管理的一个重要组成部分,可以帮助公司建立良好口碑,减轻长期影响。充分准备与合理协调是危机沟通的两个要点。对于可能有负面影响的事件,迅速反应、诚实沟通、坦诚交流是危机沟通需要实现的目标。2006年,塔可钟快餐店因为被发现产品中有大肠杆菌遭到批判,而公司没有及时回应,社会负面影响强烈。相反,20世纪80年代中期,强生公司在接到产品泰诺包装存在问题后,在新型包装上市时全面撤掉相关产品,较好地维护了企业的社会声誉。

请进行以下讨论:

1. 当危机事件发生后,组织有哪些应对步骤?
2. 举例说出一个在负面事件发生后依然保持良好声誉的组织。这个组织成功处理危机的原因是什么?
3. 举例说出一个未能成功应对危机的组织。这个组织应当怎样应对才能避免这种情况的发生?

资料来源:兰杰·古拉蒂等著.管理学.机械工业出版社,2014年.

二、正式沟通的网络

不同的组织结构形成了多种多样的沟通网络模式,组织内正式沟通常见的网络类型主要有以下三种,即链式、轮式、全通道式。

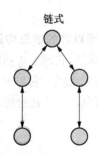
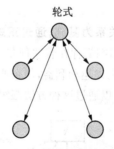
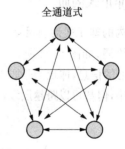

图 12-3 三种常见的沟通网络类型

1. 链式

这是一个纵向沟通网络,无论是上行沟通,还是下行沟通,都是沿着正式的指挥链流动。

这种网络中组织的集中化程度较高,信息传播的准确度高,解决问题速度中等,产生领导的可能性中等,组织成员的平均满意度中等。

2. 轮式

这是一个控制型网络,其中只有一个中心成员是各种信息的汇集点与传递中心。在组织中,经理与四个下属沟通,而四个下属之间没有相互联系,所有的沟通都是通过经理完成的。

此网络中组织的集中化程度高,解决问题的速度快,信息传播的准确度高,产生领导者的可能性高,但是组织沟通的渠道很少,组织成员的普遍满意程度低,士气较为低落。该网络适用于组织接受紧急攻关任务、需加强控制、争取时间的情况。

3. 全通道式

这是一个开放式的网络系统,允许每一个成员与其他四位成员自由地交流,该网络中交流是平等的,无明显的中心人物。

此网络中组织信息的传播速度快,但集中化程度和产生领导的可能性均很低。由于沟通渠道很多,组织成员的平均满意程度高且差异小,所以士气高昂,合作气氛浓厚。但是,沟通渠道太多,同时也造成了管理的混乱和工作效率低下的问题。该网络适于一个需要解决复杂问题和增强组织合作的团队,如委员会。

上述种种沟通形态和网络,都有其优缺点。作为一名主管人员,在管理工作实践中,要进行有效的人际沟通,就需发挥其优点,避免其缺点,使组织的管理工作水平逐步提高。如表 12-2 所示。

表 12-2 三种沟通的效能比较

沟通形态 评价标准	链 式	轮 式	全通道式
集中性	较高	高	低
速度	中	快	快
准确度	高	高	中
产生领导的可能性	中	高	低
员工满意度	中	低	高

12.2.2 非正式沟通

组织内的非正式沟通是指以社会关系为基础,通过正式组织途径以外的信息沟通渠道进行的人际沟通,如图 12-4 所示。任何组织都存在着这种非正式沟通途径,它的主要功能是传播职工所关心的信息,体现的是职工的个人兴趣和利益,与企业正式的要求无关。它与正式沟通并存于组织中,但却可以跨越层级,人们可以通过这种方法跟组织中的任何一个人进行沟通。

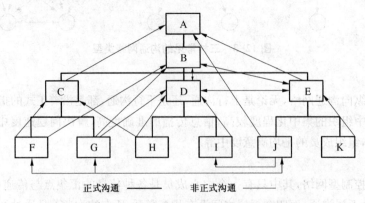

图 12-4 组织内的正式沟通与非正式沟通

当正式沟通途径闭塞时,非正式沟通途径就会成为组织的主要沟通方式。它提供的信息能够帮助管理人员弄清不明确或者不确定的事实,也能使员工填补信息的空白,了解管理层决策的含义。

非正式沟通发挥作用的基础是组织中良好的人际关系。非正式沟通的优点在于:沟通形式不拘,信息传递直接明了,沟通速度很快,容易及时了解正式沟通难以提供的"内幕新闻"。其缺点表现为:沟通过程难以控制,信息常常不完整,容易失真,可能导致小集团、小圈子,影响组织的凝聚力和人心稳定等。

通常以下三种情况会产生较多的非正式沟通:(1)信息越新鲜,人们越容易谈论;(2)越被周围的人熟悉,越容易招致人们讨论;(3)越关系到人们的共同利益,越容易被提起。

非正式沟通的途径非常繁多且无定型,因而在美国人们用"葡萄藤"(Grapevine)来称呼非正式沟通的网络,用以形容它的枝繁叶茂、随处延伸。这种藤式网络把所有员工联系起来,从总裁到中层管理者、支持性参谋人员和直线员工等无所不包。

在传统的管理理论中,并不承认这种沟通形式的存在,即使承认也认为要将其消除或减少到最低。一些管理者认为非正式沟通一般都是私人的、恶意的流言,对组织的良性发展不利。国外有研究表明,80%的藤式网络中涉及的是与企业相关的话题,而且这些传递的信息中有70%—90%的细节都是准确无误的。因而,当代的管理者认为非正式沟通的存在是根深蒂固的、无法消除的,只有加以合理地适应、理解、整合、引导,才能使这种沟通方式有利于组织发展。精明的管理者应当注意:

(1)了解组织非正式沟通网络的情况。知道谁与谁有关,谁是信息传播的关键人物,在有必要时利用这些关键人物来传递和澄清某些事实。曾经美国西南部的一家公司在调查谁是公司最有影响力的人物时获得了一份耐人寻味的名单,它包括了一些工程师、中层管理者,还包括了收账员、司机、秘书,甚至还包括了一名清洁工。

(2)及时正确地处理非正式沟通中的信息。对传播面广、传播速度快的小道消息,不能不管不问、听之任之,而应调查其产生的原因,从而发现管理中存在的问题。

(3)提前对小道消息进行预防。当企业制定重大决策之前,应预见到这一决策有可能会产生的小道消息,及时采取防范措施。

(4)不能滥用非正式沟通。管理者应避免过多地采用和鼓励非正式沟通方式,在组织内部还是应该以正式沟通为主要沟通手段,以非正式沟通作为辅助。

12.3　沟通的障碍和改善

12.3.1　沟通的障碍

在沟通的过程中,由于存在各种各样的沟通障碍,信息往往被丢失或曲解,使得信息的传递不能发挥正常的作用。这些障碍主要存在于信息发送者、信息接收者、沟通过程等方面。

一、存在于信息发送者方面的障碍

存在于信息发送者方面的障碍也就是存在于信息编码过程中的障碍。这类障碍主要是由于对信息的理解不同、表达不清、编码失误等造成的,它主要由以下五个方面的因素造成。

1. 发送者对沟通缺乏计划性

没有计划的沟通往往是混乱而缺乏逻辑的,因而效果不佳。一位销售冠军曾经说过每一次他去拜访顾客前总是事先做好了充分的准备,包括对方的喜好、专业、收入等都作了详尽的调查和思考,然后才选择合适的时间和地点进行拜访。所以,要想实现有效的沟通必须对沟通的目的有所计划,而不是盲目和随机地进行交谈或撰写。

2. 发送者的表达含糊不清

发送者的表达如果含糊不清将直接导致编码环节的失败,造成用词不当、思路混乱、句式复杂、缺乏条理、晦涩难懂等现象。例如,管理者说"该部门增加了向企业实体发放数据采集表格的时间间隔,以获得客观的经济效果"时人们可能一脸茫然,而他的实际意思只不过是"该部门减少向供应商发出的问卷以节省开支"。

3. 发送者使用了引起误解的非语言沟通形式

当人们进行交谈时,常常伴随着一系列有含义的动作,这些无言的信号强化了所表述的含义。但是,当发送者使用了矛盾的非语言沟通形式就会导致接收者的误解。例如,当一个管理者非常希望通过沟通与对手达成谅解,但却采取了非常强硬的语气,就可能会使对方怀疑他的诚意。

4. 发送者对沟通的不良态度

通常发送者存在的不良态度有主观、漠视、筛选等形式。其中,筛选通常是指有意曲解或片面选择信息,使信息更易被接收者接受。例如,经常有人告诉上司一些他爱听的东西,而将其不爱听的信息隐藏起来。

5. 发送者未经核实的假设

这是一个通常被人忽略但又时时存在的沟通障碍,人们总是想当然地认为对方已经知道了自己信息的假设。例如,江苏某公司的采购主管通知其供货厂家销售部,他在下周会前往该公司厂区参观。他想当然地认为对方会到机场接他、安排好客房、做好参观计划,但是对方可能由于该城市正好举办该行业的展会而误以为他只是顺便来参观一下而已。这些未经核实的假设造成了信息沟通的失败。

二、存在于信息接收者方面的障碍

存在于信息接收者方面的障碍也就是存在于信息解码过程中的障碍。这类障碍主要是由于以下四个方面的因素造成的。

1. 接收者与发送者在经验水平、知识结构上相差过大

人与人之间由于性别、年龄、智力、社会地位、兴趣、价值观、能力等方面的不同而造成了经验水平和知识结构的巨大差异,形成了沟通的障碍。一般来说,如果接收者和发送者很相近,那么他将比较容易接受对方的意见,并且达成共识。相反,如果接收者和发送者的差别过大,那么信息的传递将很难进行下去。

2. 接收者对信息的选择性接收

选择性接收是指人们从一组信息中倾向性地接收其中一部分,以强化或显得与自己的信仰、价值观或需要一致。研究表明,人们往往听或看他们感情上有所准备的东西,或他们想听到或看到的东西,甚至只愿意接受中听的,拒绝不中听的。

3. 接收者与发送者的文化差异较大

这里所指的文化差异主要是指在国际环境中,由于人们语言、文化、礼节、习惯的不同而造成的沟通困难。例如,在中国文化中,语言有时并不是人们的真实想法,因为他们想通过这些

表示自己的谦逊。例如,他们在一个新的高级职位面前,往往会说自己没有完全的把握做好这个工作。如果恰好这个信息的接收者是一个美国上司,那么就有可能出现问题。

4. 接收者对发送者的不良态度

接收者对发送者的不良态度主要包括不够信任、抵触等形式。当接收者对发送者的人品、动机、经验等有所怀疑时,就会产生不信任的情绪。例如,某产品的推销员对你说在行业里他的产品是质量最好的,你就会在心里打个问号;一个根本不会用电脑的人向你推荐最新款的笔记本电脑时,你就会产生怀疑。但是,另一种重要的不良情绪——抵触则可以产生于任何原因,比如方式、心情、关系,甚至是由于对方的外貌等意想不到的因素都有可能产生抵触心理,从而影响沟通效果。

三、存在于沟通过程中的障碍

沟通过程中存在的障碍主要是由以下四个方面的因素造成。

1. 沟通渠道过长

当组织结构过于庞大、组织层级过于繁多,信息从最高层决策层到下级基层单位时就更容易产生失真、遗忘、迟缓等现象,所以沟通渠道越长就越容易造成沟通障碍。一项研究表明,企业最高管理层的决定通过五个层级后,信息损失平均达80%。其中,第一级的保真率为63%,第二级为56%,第三级为40%,第四级为30%,到了具体执行者员工这一层则仅为20%。

2. 沟通环境不良

沟通会因为不良的环境条件导致失败,这种不良的环境因素主要指沟通现场的外部环境因素,如嘈杂的噪声、分心的事、紧迫的时间等。例如,管理者的办公室中经常存在着令人分心的事,如电话的打断、意外的访问者以及缺乏隐私等。

3. 沟通媒介的选择不当

不同的沟通媒介适合不同的场合,如果选择了错误的媒介就会引起误解。例如,当管理者要公布一项令员工难以接受或容易产生疑惑的决定时,采用口头语言形式胜过任何书面语言的形式;当管理者要邀请重要客户来参加企业盛典时,正规的书面请柬是必不可少的,这时如果仅仅是早早地发一封Email会使对方感到被轻视。

4. 信息过剩导致的迷茫

也许人们会认为大量的不加限制的信息流有助于人们克服沟通中的问题,但实际上不加限制就会导致信息过剩,而这种过剩最终导致了人们在信息沟通方面的问题。这些问题主要表现在以下四个方面:(1) 无视某些信息,例如人们如果收到的电子邮件过多时,就会对这些邮件置之不理;(2) 理解信息时出错,例如当人们面临过多的信息要处理时,就会进行快速浏览,这样也许他们会把信息中的"不"字漏掉,从而错误地理解了信息;(3) 拖延时间或进程,例如当人们觉得怎么看都看不完时,他们可能会把信息工作搁置起来,直到被想起或被忘掉;(4) 对信息进行过滤,例如为了时间进程而优先处理那些最为紧迫的任务,而将不太重要的任务暂时搁置,那么这种过滤是有益的,但是往往人们优先选择的却是那些容易处理的事情,而把真正重要的信息忽视了,这样就造成了沟通问题。

12.3.2 沟通的改善

一、个人技能

1. 锻炼主动倾听的技巧

对我们来说,别人说话的时候我们通常在听,但往往是漫不经心地在听,而不是主动认真地倾听。"听"绝不是件轻而易举的事情,积极地倾听常常比说话更容易引起疲劳,因为它要求脑力的投入,要求集中全部注意力(见图12-5)。有研究表明,说话的速度是平均每分钟150个词汇,而倾听的能力则是每分钟可接受将近1 000个词汇。两者之间的差值显然留给了大脑充足的时间,使其有机会神游四方。如何才能较好地"听"呢?约翰·纽斯特罗姆(John W. Newstrom)和基思·戴维斯(Keith Davis)提出了旨在改善聆听的十条建议:(1)自己不再说话;(2)让谈话者放松;(3)向谈话者表示你很想听下去的愿望;(4)不要心不在焉;(5)与谈话者心领神会;(6)要有耐心;(7)不要发火;(8)在争辩和批评时要和蔼宽容;(9)适当及时地提出相关的问题;(10)自己不再说话。

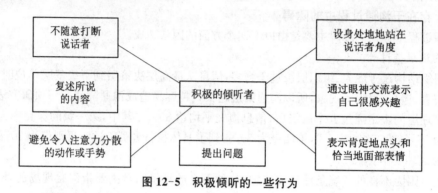

图 12-5 积极倾听的一些行为

资料来源:Based on J. V. Thill and C. L. Bovee, Excellence in Business Communication, 9th ed. (Upper Saddle River, NJ: Prentice Hall, 2011), pp.48-49; and S. P. Robbins and P.L. Hunsaker, Training in Interpersonal Skills, 5th ed.(Upper Saddle River, NJ: Prentice Hall, 2009), pp.90-92.

2. 培养表达的技能

要达成有效的沟通还必须提高自己的表达能力,这种表达能力即人们通常所说的"说"与"写"的能力。训练自己表达能力时应注意:(1)多使用对方容易接受的语言文字,避免批评性、挑战性的文字;(2)语言文字应朴实,避免使用华而不实的语言;(3)用词要准确,避免含糊不清、模棱两可;(4)在一般交谈中,应尽量少用晦涩难懂的学术语言;(5)加强逻辑思考能力,避免文理不通、逻辑混乱等。

3. 选择恰当的沟通渠道

人们应选择恰当的信息沟通渠道。复杂信息可以通过能够建立双向沟通的途径来发送,比如面对面的讨论或者电话交谈;常规信息和数据可以通过书面沟通的途径来传递,比如备忘录、信件、公告等,因为这些渠道产生误解的概率较小。日常的例行工作可以采取正式的沟通渠道,私人的想法可以通过非正式的沟通渠道来传递。

4. 积极地换位思考

真诚地从别人角度看事情、理解别人是有效沟通的关键要素。研究表明,我们对别人行为的理解都是高度依赖于自己的直接经验。由于直接经验的限制,我们在很多时候不能很好地理解别人。学会换位思考,当你将自己的眼光移到对方的角度,用对方的心体验世界时,你会获得许多从来没有的理解,对别人看来荒唐的念头和做法,也会觉得是自然的事情。

5. 进行建设性的反馈

反馈是告诉对方你对其言行或某种情况的感受。特别是对于必须定期对别人的表现给予反馈的人来说,给予建设性反馈是非常重要的。这种建设性反馈即使是批评也不会引起怨恨,而且容易为信息接收者所接受,并发挥有利的作用。给予建设性反馈的技巧有:(1)与接收者建立相互信任的关系;(2)进行带有真实感情的直接反馈;(3)尽量使用近期的实例说明来使反馈显得更加具体;(4)在接收者最愿意接受的时机进行;(5)确保反馈信息是正确的、客观的;(6)给予接收者能够把握的范围内的反馈。

6. 积极利用新技术

目前已进入沟通的新技术时代,管理者已开始学习并在逐步习惯于运用改进沟通的各种新型电子设备。这些设备包括大型计算机、微机、个人电脑、互联网、电子打印机、移动电话等。这些设备的逐步推广使人们有了更多、更便捷的沟通方式,如电子邮件、声讯邮件、在线讨论、视频会议、虚拟会议等。管理者应积极了解这些新沟通方式的优缺点,掌握其应用技术,并积极地加以使用。

自 我 测 试

测试主题:倾听自我评估

1. 测试说明:以下每一题请选择一个答案,请根据你平时的所作所为进行选择,而不是根据你认为在该情况下一个人应该怎么做来选择。

2. 测试题:

(1) 当你与一位朋友共进午餐时,你会:

  a. 注意菜单和所提供的服务。

  b. 问你朋友生活中发生的事情并注意倾听。

  c. 在进餐的同时相互交流彼此发生的一些事情。

(2) 当某人不停地说话时,你会:

  a. 适时提问以使对方将话题集中在你们所讨论的问题上。

  b. 找个借口结束谈话。

  c. 努力保持耐心并理解对方的谈话内容。

(3) 如果某一团体成员在抱怨另一位同事,而你也认为该同事在败坏团体的名声,你会:

  a. 注意事态的发展,但保留自己的观点。

  b. 谈一些你对该同事的看法和感受。

  c. 认同抱怨者的情绪并询问他有什么建议。

(4) 如果某人对你百般挑剔,你会:

  a. 尽量不作出反应,也不沮丧。

  b. 不自觉地变得非常好奇并想了解更多的情况。

  c. 仔细倾听,然后为自己辩解。

(5) 你很忙,但是有人要你改变你的工作方式,你认为他的说法是错误的,所以你会:

  a. 感谢他,但继续做你的事情,我行我素。

  b. 试图找出他为何要让你改变。

  c. 承认也许他是对的,但告诉他你现在很忙,并答应以后改正。

(6) 当你准备对别人作出反应时,你会:
   a. 有时会打断他人,如果有必要的话。
   b. 几乎总是在别人讲话结束之前插话。
   c. 总是在确信别人讲完以后才作出反应。
(7) 当你与某个整天不得不在一起工作的人争论一番后,你会:
   a. 安定下来,努力理解对方的立场,然后再重申自己的观点。
   b. 让这一切都过去吧,该做什么还是做什么。
   c. 继续坚持你的立场。
(8) 某位同事打电话告诉你,他因为被安排去做一项新工作而很不安,于是你决定:
   a. 问他是否能想出解决该问题的方法。
   b. 让他坚信自己工作得很好,而且这些工作最后也会很好地完成。
   c. 让他知道你已经听说了他情绪不好。
(9) 如果一个朋友总是向你抱怨他的问题,却从不过问你的事情,你会:
   a. 试图找出双方共同感兴趣的领域。
   b. 表示理解和关注,即使你感觉很无聊。
   c. 支持他的抱怨,并提出你自己的烦恼。
(10) 在一场争论中,保持冷静的最好方式是:
   a. 以平和而坚定的方式不断重申自己的立场。
   b. 重申你的信仰就是对方的立场。
   c. 告诉对方你愿意在双方比较冷静的时候重新探讨该问题。

每一问题的得分如下:
(1) a=0, b=10, c=5   (6) a=5, b=0, c=10
(2) a=10, b=0, c=5   (7) a=0, b=5, c=0
(3) a=5, b=0, c=5   (8) a=5, b=5, c=10
(4) a=5, b=10, c=0   (9) a=0, b=10, c=5
(5) a=0, b=10, c=5   (10) a=0, b=10, c=5

你的总分为_____

3. 测试评估分析:

80—100 分:你是一位积极的、优秀的倾听者。你能够很好地平衡倾听与提问的关系,你还努力去理解对方。

50—80 分:你是一位良好的倾听者。你倾听的表现不错,尽管你可能有时候反应太快,对方讲话尚未结束时你就开始插话。

25—50 分:你有一些倾听技巧,但有待提高。你可能在倾听他人谈话时经常会感到不耐烦,希望他们能闭嘴,让你来发表意见。

0—25 分:你很少倾听他人讲话。你可能希望垄断发言权,当等待他人陈述自己的观点时,你会体验到极度的挫折感。

资料来源:选自小约翰·谢默霍恩著.管理学原理.人民邮电出版社,2005 年.

网络沟通的主要形式

随着互联网技术的发展，越来越多的企业运用互联网进行组织沟通，目前主要的方式有如下五种。

1. 电子邮件

电子邮件（Electronic Mail，简称 E-mail）又称电子信箱，它是一种用电子手段提供信息交换的通信方式，是 Internet 应用最广的服务；通过网络的电子邮件系统，用户可以用非常低廉的价格、以非常快速的方式与世界上任何一个角落的网络用户联系。同时，用户可以得到大量免费的新闻、专题邮件，并实现轻松的信息搜索。正是由于电子邮件的使用简易、投递迅速、收费低廉、易于保存、全球畅通无阻，使得电子邮件被广泛地应用，它使人们的交流方式得到了极大的改变。另外，电子邮件还可以进行一对多的邮件传递，可以向某个群体发送会议通知及备忘录等，极大提高了工作效率。

2. 网络电话

网络电话（IP，Internet Phone）按照信息产业部新的《电信业务分类目录》，实现PCtoPHONE，具有真正意义的 IP 电话，且双方通话时完全免费。网络电话的发展经历了三个阶段：电脑对电脑的通话、电脑对电话的通话、电话对电话的通话。

3. 网络传真

网络传真（Internet Facsimile）也称电子传真，它整合了电话网、智能网和互联网技术。原理是通过互联网将文件传送到传真服务器上，由服务器转换成传真机接收的通用图形格式后，再通过 PSTN 发送到全球各地的普通传真机或任何的电子传真号码上，具有价格低廉的优点。

4. 电子论坛（BBS）

电子论坛是供企业发布信息和员工自由发表言论的地方。目前电子论坛一般与电子公告牌相结合使用，用户可以将自己对某产品的建议或对某事的看法写成小文章张贴在电子公告牌上，也可以对公告牌上自己感兴趣的话题进行讨论。电子论坛的另一重要作用是发布新闻。基于内部网络的新闻发布，可以满足内部员工对公司经营信息的需求，为此企业可以借助内部网络新闻发布系统出版电子刊物，替代传统的内部刊物。

5. 即时通信

即时通信（IM）是指能够即时发送和接收互联网消息等的业务，目前已迅速发展为人们最常用的网络通信方式之一，也是目前使用率最高的网络软件。QQ、MSN、微信等都是目前非常流行的网络即时聊天工具，已经非常深刻地融入我们的日常生活和工作。目前即时通信不再是一个单纯的聊天工具，它已经发展成集交流、资讯、娱乐、搜索、电子商务、办公协作和企业客户服务等为一体的综合化信息平台。

资料来源：改编 https://wenku.baidu.com/view/6671f6bcc77da26925c5b0bf.html。
http://wiki.mbalib.com/wiki/%E7%BD%91%E7%BB%9C%E6%B2%9F%E9%80%9A。

二、组织行动

1. 营造坦诚的组织气氛

坦诚沟通的组织气氛可以鼓励人们开诚布公地与他人沟通。上级可以坦诚地向下属表达自己对其工作的建议和批评,而不必担心下属心存芥蒂;下属也可以像汇报好消息一样地汇报坏消息,而不必担心受到惩罚。公司可以通过开展企业内训课的形式来培养公开、诚实与信任的气氛。

2. 保持通畅的正式渠道

当企业保持全方位的、通畅的正式沟通渠道时,将更有利于公司和员工分享公司所有的最新信息、减少流言蜚语的产生、提高员工的参与度等。例如,通用汽车公司将财务、未来发展计划、质量及绩效等信息都予以公布,这些信息使员工们做到心中有数;再如 Dana 公司开辟了"思想专栏"专门搜集员工的想法和反馈,收到了非常好的效果;还有一些公司开辟了直接邮件、公告牌和员工调查等多种形式的正式沟通渠道,都取得了很大收获。

3. 采取巡回管理的方式

巡回管理(Management by Wandering Around,MBWA)是由《追求卓越》和《追求卓越的激情》这两本书提出的。巡回管理认为,管理者可以跟员工直接交流并建立某种良好的工作关系,并通过他们直接了解有关他们所在的部门、事业部或组织的情况。这种管理适合所有层级的管理人员。在这种沟通中管理者可以直接了解到员工最迫切的需求,同时也有机会向员工说明公司的重要想法和价值观念。例如,沃尔玛的高级经理们办公室总是空的,原因是他们的大部分时间总是在该公司的服务区现场里度过的。

4. 加强多元的横向交流

一般说来,企业内部的沟通以与命令链相符的垂直沟通居多,部门间、车间间、工作小组间的横向交流较少,而平行沟通却能加强横向的合作。具体说来,组织可以进行设计,使用团队、任务小组、项目经理或矩阵结构促进信息的横向交流,以达到协调和解决问题的目的。例如,春兰公司就通过加强横向沟通建立起矩阵管理结构,这种结构减少了管理层次,消除了信息阻隔,在加强统一规划和法规管理的基础上提高了运行部门的积极性和创造性,较好地解决了大型企业管理的统分矛盾。

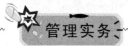

大公司这样与员工沟通

全球许多大公司都有着成功的沟通经验,这些经验为我们在组织管理中建立顺畅的沟通渠道提供了良好的借鉴。

1. 总裁亲自参与

韦尔奇的继任者伊梅尔特在谈怎样支配自己的有效工作时间时说:"我差不多有30%—40%的时间跟人打交道,进行交流、沟通,在我们的领导发展中心里传播 GE 的企业文化;还要用差不多 20% 的时间访问客户,确保我们的处理方式令他们满意,而且非常成功;另外用 10%—20% 的时间用来审查业务计划、产品计划、财务计划;最后剩下的时间用来跟外部沟通。"

2. 建立全面的沟通渠道

迪特尼·鲍威斯公司是一家拥有12 000余名员工的大公司,早在20年前就认识到与员工沟通意见的重要性,并且不断地加以实践。现在,该公司的员工"意见沟通系统"已经相当成熟和完善。迪特尼公司的员工意见沟通系统主要分为两个部分:一是每月举行的员工协调会议;二是每年举办的主管汇报和员工大会。迪特尼公司每年在总部要先后举行10余次的员工大会,在各部门要举行100多次员工大会。那么,迪特尼公司员工意见沟通系统的效果究竟如何呢?事实是,在20世纪80年代全球经济衰退中,迪特尼公司的生产率每年平均以10%以上的速度递增。公司员工的缺勤率低于3%,流动率低于12%,属同行业最低。

3. 减少沟通层级

管理者在与员工进行沟通的时候,应当尽量减少沟通的层级。越是高层的管理者越要注意与员工直接沟通。在惠普公司,总裁的办公室从来没有门。员工受到顶头上司的不公正待遇或看到公司发生问题时,可以直接提出,还可越级反映。这种企业文化使得人与人之间相处时,彼此之间都能做到互相尊重,消除了对抗和内讧。

4. 员工参与决策

福特公司每年都要制定一个全年的"员工参与计划",动员员工参与企业管理。此举引发了职工对企业的"知遇之恩",员工投入感、合作性不断提高,合理化建议越来越多,生产成本大大减少。

5. 积极采用巡回管理

三星首席执行官巡视基层,直接讨论。三星电子CEO尹钟龙说:"我花了很多时间巡视公司在国内外的工作场所,从基层开始检查运营情况,听取面对面的报告,表扬他们取得的进展。这使我有机会随心所欲地与直接参与者讨论事务,从高级管理层到较低级别的职员我都能接触到。尽管许多人认为,数字技术的发展为打理全球企业业务提供了便利,但我仍认为没有任何革新能够取代通过直接讨论得到的信息真实。"

6. 一对一的面谈制度

英特尔采取开放的沟通模式,既有自上而下的也有自下而上的。管理层通过网络向全球员工介绍公司最新的业务发展,同时也会通过网上聊天,与员工进行互动的沟通,回答员工提出的各种问题。每个季度,公司都会定期出版员工简报,让员工及时了解公司最新情况。此外,公司还有一个"一对一面谈"制度,即公司与员工之间就工作期望与要求进行沟通。面谈通常通过员工会议的形式进行,要求员工来制定会议议程,由员工来决定会议议题。

资料来源:改编自http://www.class.com.cn/magz。

12.4 冲突管理

人们在同一个组织内部工作的时候,并非总是非常顺利的。事实上,冲突是组织人际关系中不可避免的一部分。**冲突是指发生在同一空间两个或两个以上事物的互相对抗的过程。**通常包括实质性冲突和情感性冲突。实质性冲突是指对目标、资源配置、奖金分配、政策和程序、工作安排等方面意见的不一致。情感性冲突是指不信任、不喜欢、愤怒、怨恨以及个性不合等感情方面的不一致。

多年来,在对冲突的研究中主要发展出三种不同的观点。第一种是**传统的冲突观点**,认为冲突是有害的,是应当避免的东西。冲突成为组织机能对抗、敌意、不快和争执的同义词。因此,传统观点强调管理者应尽可能避免和清除冲突。第二种是**冲突的人际关系观点**,认为冲突是任何组织无法避免的自然现象,不一定给组织带来不利的影响,只要形式是诚恳或建设性的,就有可能成为有利于组织工作的积极动力。既然冲突是不可避免的,管理者就应该接纳冲突,承认冲突在组织中存在的必然性和合理性。第三种是新近产生的**冲突的互动作用观点**,与人际关系观点只是被动地接纳冲突不同,互动作用观点强调管理者要鼓励有益的冲突,认为和平、安宁的组织容易对变革和革新的需要表现为冷漠和迟钝,适度、有益的冲突会使组织保持旺盛的生命力,善于自我批评和不断革新。

12.4.1 冲突的原因

引起人际冲突的原因是多方面的,但大体有以下六个方面。

一、资源稀缺

组织内的资源包括金钱、信息和物质等。个体为了达到自己的目标,通常会希望增加自己的资源拥有量,于是就带来了相互冲突。只要组织中的资源是稀缺的,个体或者团队就必须为了日渐枯竭的资源而进行竞争,冲突就不可避免。

二、权限不清

当工作界限和工作职责含糊不清时,也容易产生冲突。当公司对任务责任进行过明确的界定并且具有可预见性,人们就会很清楚自己该干什么。但是,如果公司对某种责任界定不清楚,人们就会对谁负责完成任务或者谁有权使用资源产生意见分歧。

三、沟通障碍

由于文化和历史背景的不同、语义困难、误解及沟通过程中的噪声干扰等都有可能形成沟通障碍,造成人们之间意见的不一致。不良沟通导致了人们之间的隔阂和误解。

四、个性冲突

每个人的社会背景、教育程度、阅历、修养不同,塑造了每个人各不相同的个性、价值观和态度。人们之间这种个体差异往往造成了合作和沟通的困难,从而成为某些冲突的根源。有些个性差异是可以克服的,但是严重的个性冲突是难以消除的。一般的解决方法是将冲突各方彼此分开,让他们远离对方,不相互影响。

五、权力争夺

当一方对另一方施加有争议的影响力时,权力与地位的差异就会表现出来。权威小的个人或部门可能对自己的低下地位不满,为了提高自己在组织中的权力和影响力,而陷入冲突之中。

六、目标冲突

仅仅因为人们追求的目标是相互矛盾的也会产生冲突。目标冲突是组织与生俱来的。例如,销售部的目标可能和生产部的目标有冲突,营销部的目标可能和财务部的目标不一致。

12.4.2 冲突的激发

现代冲突管理理论认为,适当的冲突是必要的,过高或过低的冲突都应当加以调整,应在组织内部维持一个适当的冲突水准。冲突激发则是组织应对冲突不足、缺乏活力的一种手段。冲突激发通常可以采取以下三种手段。

一、创造竞争环境

组织可以通过积极创造竞争环境来激发冲突。例如,可以组织销售竞赛或提案比赛,制定激励计划、奖金和其他竞争激励品以激发竞争。当基本规则是公平的,竞争所激发的冲突就是建设性的,因为每一方都会努力获胜。

二、引进外来者

在群体中引入外来者,也是一种有效激发冲突的方法。外来者可以是新员工、现有工作群体中的员工或者临时聘用的顾问。由于外来者具有不同的态度、背景或价值观,其进入虽会引发新、旧成员间的意见冲突,但却可以带来新的观点和创意。例如,许多企业采用外部董事的方式,聘请顾客、利益团体的成员、社区人士、学者或专家来担任董事,以引入新的观点或思考,为组织增添活力。

三、改变现有程序和结构

变革已经确立的程序和组织结构,特别是那些已经过时的程序和组织结构,也可以激发冲突。这样的行动可以促使人们重新评估自己完成工作的方式及他们的做法是否正确。例如,决策集中、重组工作群体、增加正式化程度等,都可以有效增加组织的冲突水平。

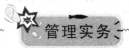

如何避免群体盲思

当团队成员把一致性作为最重要的准则,尤其是当这种一致性体现出较差的判断力并限制了创造力时,就会造成群体盲思。研究者发现,群体盲思主要有下列三种表现形式:

- 过高估计群体意见:坚信群体是无懈可击的,不会受到外在因素的影响;
- 思维闭塞:不愿寻求不同意见;
- 群体一致性压力:为了维持群体的和谐而遏制不同意见。

为了避免在团队决策过程中出现群体盲思,领导者应当鼓励团队成员进行理智的辩论;当团队成员如何想提出不同或反对意见而可能担心他人会对自己的看法进行反击时,领导有责任消除这种顾虑。在这种情况下,唱唱反调、挑战团队现有的设想,可能是更恰当的做法。过少的冲突会导致群体盲思,而过多的冲突则会在团队成员中造成紧张情绪,并导致人心涣散。高效的管理应当有适度的认知冲突,同时又可以把情感冲突的影响降到最低。

资料来源:兰杰·古拉蒂等.管理学.机械工业出版社,2014年.

12.4.3 冲突的解决

团队和个人都有许多解决冲突的特殊方法,具体方法取决于当事人的愿望。有些人试图回避,而有些人会以积极的态度接受冲突的存在。表12-3描述了五种面对冲突时人们通常采取的方法。

表12-3 五种冲突解决方法

方法	描述	适用情境
回避	因人为不同意见可能会造成紧张局面而回避冲突。人与人之间的问题并未得到解决,会导致长期的挫折感	问题并不重要,或者可以拖延一段时间,让双方能够有时间收集更多的信息或让双方都能够冷静下来
接纳	认为保持一种和谐的关系最为重要,因此尽量不让对方感到不安。在有些时候,主动选择接纳态度的一方,会有利益损失	问题对另一方来说更为重要,某一方希望为将来构建某种社会资本,或保持友好的合作关系更为重要
妥协	因持续存在的冲突会让人们无法专心工作并造成负面情绪,希望尽快达成一致意见。这种做法可能导致最终的解决方案并不是最有效的	目标对于双方的重要性相同,或需要给出临时或权宜的解决方案
强制	最终达成的一致意见要满足自己的需求,而不用过多考虑对方的需求,因为解决问题比顾及他人的情绪更重要	面临危机,或需要颁布执行一项不受欢迎的决策
合作	因双方地位同等重要,可以合作解决问题。通常这种方法也是解决问题的唯一有效方式,因为双方都会致力于解决问题且因被平等对待而感到满意	双方的观点都很重要,无法对任何一方妥协,需要双方都承担义务

资料来源:T. Ruble and K. Thomas, "Support for a Two-dimensional Model of Conflict Behavior," *Organizational Behavior and Human Performance*, Vol. 16, 1976; and D. Whetton and K. Cameron, *Developing Management Skills* (Upper Saddle River, NJ: Prentice Hall, 2002).

没有一种最佳的冲突解决方法,应该视具体情况来选择。例如,当时间很紧急、需要快速果断地做出决策时,运用强制的方式比较适合;在分裂的严重性远高于冲突解决的利益时,采取回避的方式比较适合;在双方的目标同等重要,人们迫于时间压力需要达成暂时的权宜之计时,应用折中的方式比较适合;在追求和睦与稳定的阶段,迁就方式则比较适合;协作方式是冲突管理优先选择的方法,尤其是当冲突各方都有意寻求共赢的解决方案,而时间压力又不大的情况下,协作方式可能是最佳的解决方法。

12.5 团队建设

12.5.1 团队与团队工作

有一种新崛起的、强有力的管理工具以不同寻常的方式打破了组织中的界限,管理变得更加灵活、员工变得更加满意、劳动生产率变得更高、产品质量也变得更好,这就是团队。

团队是指由两个或两个以上的成员组成的相互影响、相互协调,以期实现共同目标,并为目标的实现而相互负责的单位。

虽然团队是由一群人组成的,但是团队和群体这两个概念是不能互换的。团队和群体之间的区别有以下七个方面:(1)领导方面。作为群体应该有强有力的领导人,团队可能就不一样,尤其团队发展到成熟阶段,成员共享决策权。(2)目标方面。群体的目标必须跟组织保持一致,但团队中除了这点之外,还可以产生自己的目标。(3)协作方面。协作性是群体和团队最根本的差异,群体的协作性可能是中等程度的,有时成员还有些消极,有些对立;但团队中是一种齐心协力的气氛。(4)责任方面。群体中一般是个人负责制,其中的领导者要负很大责任;而团队则是个人负责制和集体负责制并存,其中除了领导者要负责之外,每一个团队的成员也要负责,甚至要一起相互作用,共同负责。(5)技能方面。群体成员的技能可能是不同的,也可能是相同的,而团队成员的技能是相互补充的,把不同知识、技能和经验的人综合在一起,形成角色互补,从而达到整个团队的有效组合。(6)结果方面。群体的绩效是个人工作成果,团队的结果或绩效是集体的工作成果。(7)方式方面。群体多是采取召开高效率会议的沟通方式,来讨论、决定并将工作安排给员工去完成;团队则采取会议鼓励、自由讨论等沟通方式,来讨论、决定、分担工作和解决问题。

团队工作是指人们共同工作以实现共同目标的过程。通过团队工作进行领导,需要对团队如何运作有专门的了解,还需要利用这些知识帮助团队取得高水平的工作绩效和员工满意度。

团队的优点在于整体大于部分之和的协同效应,其主要表现在以下六点:(1)可以增加用于解决问题的资源;(2)可以提高创造性和创新性;(3)可以提高成员对工作的热情;(4)可以改进决策的质量;(5)可以增强员工的责任感,从而实现自觉控制和约束;(6)可以较好地同时满足组织和个人的需要。

团队潜在的缺点主要表现在:(1)由于权力的重新分配,导致基层管理者的恐慌和不满。当公司把一线的员工组成团队时,由于团队具有的自我管理功能,使基层管理者不再显得那么必要。(2)由于团队以集体的工作成果作为评价绩效,使其中一些没有付出过努力的人也获得了同样回报。(3)由于参与对话和讨论的人较多,决策耗费的时间也比较长。在某些情况下,额外的时间可能代价过高,甚至妨碍采用团队决策。

12.5.2 组织中的团队

在今天的组织中,最常见的团队类型有四种:职能型团队、自我管理型团队、跨职能型团队、虚拟团队。

一、职能型团队

职能型团队由一名管理者及来自特定职能领域的若干员工组成。由于在同一职能领域,其职权、决策、领导等问题都清晰明确。这种团队经常在他们特定的职能领域中进行着改进工作活动或解决具体问题等努力。例如,客户服务团队的工作就是解决客户抱怨,销售团队的工作就是寻找更有价值的客户向其销售公司的产品和服务。

二、自我管理型团队

自我管理型团队即在组织中由成员自己来为工作负责、制定决策、控制绩效、改变工作方式、适应环境变化的团队。这种正式的员工群体中没有一个管理者负责整个的或局部的工作流程。自我管理型团队负责完成工作,并进行自我管理。具体而言包括:进行工作计划与日程安排,给成员分配工作,监督工作进度,共同参与决策,针对问题采取行动等。

在全球各地有许多应用自我管理型团队的成功案例。例如,美国 Whole Foods Market 公司的每个商店都有一个自主的利润中心,平均由10个自我管理型团队组成,如杂货团队、生产团队等。团队具有充分的权力,不仅可以自己挑选员工,而且对所有相关产品、顾客、卖主负责。该公司为支持团队的工作提供了充分的资源支持。虽然推行自我管理团队并不总是能带来积极的效果,但大多数采用它的组织认为这种方式是成功的,而且准备在未来几年里继续推广使用。

三、跨职能型团队

跨职能型团队是由来自不同职能领域的员工组成,为了解决一个具体问题或任务而形成,成员之间交换信息,激发新的观点,目的是满足整个组织的需要。很多组织都在使用跨职能型团队。跨职能型团队由于可以迅速回应外在环境变化与服务对象需求,因而被许多组织所采用。例如,20世纪60年代爱必尔诺威开发了卓有成效的360类反馈系统,该系统采用的是一种大型的任务攻坚团队,成员来自公司各个部门。由于团队成员知识、经验、背景和观点不太相同,加上处理复杂多样的工作任务,因此实行这种团队形式,建立有效的合作需要相当长的时间,而且要求团队成员具有很高的合作意识和个人素质。

四、虚拟团队

虚拟团队指通过信息和通信技术把实际上分散的成员联系起来以实现共同目标的工作团队。虚拟团队可以包括组织内部成员,也可以吸收临时工、合伙组织的成员、客户、顾问、供货商或其他外部人士。团队成员通常通过电子邮件、语音邮件、电子视频、内部网络、因特网以及各种协作网络软件来完成工作任务,偶尔他们也会碰面。

12.5.3 团队的发展阶段

团队的发展和某些动态的因素有关,它们会随着时间的变化而改变。一般来说,任何团队的生命周期都有五个明显的阶段:形成、风暴、规范、发挥作用以及终止。如图12-6所示。

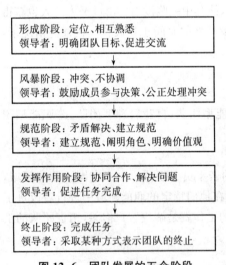

图12-6 团队发展的五个阶段

一、形成阶段

形成阶段即团队成员定位和相互熟悉的阶段。在这一阶段里,人们的行为特征主要有情绪既兴奋又困惑、对未来期望值较高、进行任务定位、试探建立友谊的可能性、尝试了解环境条件和关系结构、依赖职权等。例如,人们往往会问:"团队能够为我提供什么呢?""会要求我做出什么贡献?""当我努力为团队的需要服务时,我的需要能够得到满足吗?"等相关的问题。这些都是团队成员在一个不同的环境中的最初经验,每个人对组织的哲学、目标以及政策的印象都会在新的团队中影响成员之间的关系。在文化和地域日趋多样化的团队中,形成阶段的困难也会更多。

团队领袖在这一阶段应该尽快明确团队的目标和发展远景,积极公布团队相关资讯,为员工提供相互认识的时间,鼓励他们参与非正式的社团讨论以增进了解。

二、风暴阶段

团队发展的风暴阶段是感情高涨的时期,团队成员的个性、角色意识以及由此产生的冲突开始暴露出来。此阶段团队的特点是：围绕个性或利益产生一些直接的敌意和钩心斗角；基于群体任务或共同兴趣爱好形成小团体；在出现问题时对领导权不满；激情渐渐消失；无法统一行动等。除非能够成功地过这个阶段，否则它就会停滞不前，甚至解散。

团队领袖在这一阶段应该鼓励团队成员参与决策，公正地认识并处理冲突，根据问题建立规范，不以权压人。

三、规范阶段

团队发展的规范阶段是矛盾得到解决，团队逐步达到和谐统一的阶段。这一阶段合作是一个重要的基调。这时团队的特点是：成员开始作为一个工作单位进行协调，倾向于按照共同的行为规则行事；人们对谁掌握权力、谁是领导者以及各成员的角色达成了一致；由于规范化建立起了最初的整合，不同意见得到化解；成员普遍培养了团队归属感。

团队领袖在这一阶段应该强调团队内部的一致性，并帮助阐明团队的行为规范与价值观，增加凝聚力，防止团队瓦解。

四、发挥作用阶段

团队发展的发挥作用阶段是团队已经成熟、团队机能开始发挥的阶段。其工作重点是解决问题和完成上级下达的任务。这时团队的特点是：成员能够相互协作，用有利于完成任务的方式处理复杂的任务和人际关系冲突；团队以明确和稳定的结构运行；成员忠实于团队的使命。

团队领袖在这一阶段应集中精力管理好良好的工作业绩，而花费较少的时间在处理团队关系上。

五、终止阶段

团队发展的最后阶段是终止阶段，即团队成员准备解散的阶段。这对委员会、任务小组、项目小组等形式的临时群体来说是共同的阶段。在理想情况下，团队解散时应感觉到其重要目标已经实现了，成员的贡献得到了承认，整个群体获得了成功。

但是，原来越具有凝聚力的团队，此时越可能感到压抑和遗憾，人们对团队解散后失去的联系而感到痛苦。此时，团队领袖可以采取某种方式来表示团队的终止，如发放纪念奖状、开告别宴会等。团队解散的理想结局是，其成员感觉在需要时或者有机会时，他们将愿意在未来继续合作。

团队发展的五个阶段是依次经历的。对于有时间压力或持续时间较短的团队，这个过程可能会很短；对于成员结构复杂或没有时间压力的团队，这个过程也许会较长。

12.5.4 高效团队的特征

一个高效的团队由一群相互独立却拥有共同目标的人员所组成，同时成员也认同共同努力是达成目标的最佳方式。

一、具有凝聚力的目标

高效的团队对于所要达到的目标应该非常清晰，并相信这一目标包含着重大的意义和价值。这种明确而激励人心的目标会产生一种凝聚力，鼓舞着团队成员把个人目标升华到群体目标中去。在有效的团队中，成员愿意为团队目标做出努力，清楚地知道团队希望他们做什么，怎样做，以及达成目标时他们个人可以获得什么。

二、互相补充的技能

高效的团队是由一群具有互补技能的成员组成的。他们具备实现团队目标所必需的各种技术和能力,而且相互之间有能够良好合作的个性品质,从而出色完成任务。

三、高度的忠诚与信任

高效的团队成员对团队表现出高度的忠诚和承诺,为了能使群体获得成功,他们愿意去做任何事情。成员间相互信任是有效团队的显著特征,就是说,每个成员对其他人的品行和能力都深信不疑。

四、适当的领导

在高效的团队中领导者应充分鼓励团队成员参与到各种决策中来,团队领导人对于所领导团队任务的达成与人员情感的凝聚,保有高度的弹性。在需要充分交流的时候给予成员足够的自由气氛,而在处理冲突的时候应保持应有的权威。

五、明确的角色与任务分配

高效团队成员的角色和任务必须明确,否则就会造成混乱,最终影响组织目标的实现。为了使团队工作能够顺利进行,就必须将每项工作明确地分配到具体的个人(或小组)中,同时明确不同的个人(或小组)在这项工作中的职责,而且每项工作只能有唯一的负责人(或小组)。同时,由于角色和任务可能随时间而变化,在结果中也需要明确这层关系。

六、清晰的工作规范和框架

高效的团队应具有清晰的工作规范和框架,这些可以指导成员明白自己的职责,知道必须完成什么计划、由谁来完成、什么时候开始、什么时候结束、按什么顺序等。明确的工作规范和清晰的工作框架可以减少团队冲突的产生。

七、融洽的沟通环境

高效的团队应时刻保持畅通的沟通渠道和融洽的沟通环境。其成员可以随时随地自由交换信息,包括各种言语和非言语信息。此外,管理层与团队成员之间健康的信息反馈也是良好沟通的重要特征,有助于管理者指导团队成员的行动,消除误解。就像一对已经共同生活多年、感情深厚的夫妇那样,高效团队中的成员能迅速准确地了解一致的想法和情感。

八、充分的资源共享

为了最大限度地利用有限的资源为团队创造价值,高效的团队中应保持充分的资源共享,这种资源包括各种设备、知识、信息、技术等方面。资源共享的阻力各种各样:技术人员可能由于不愿透露自己的独有技术而拒绝资源共享;营销人员可能由于不愿透露自己的人脉关系而拒绝资源共享。这时团队的领导者应根据不同的原因进行充分的教育,然后制定一种有利于资源共享的制度,从而在团队中形成资源共享的良好气氛。

九、实现最佳的绩效

作为团队,最终的目标还是出色地完成团队任务,所以能够在有限的资源之下,创造出最佳的绩效,即团队能够根据环境作出当时的最佳决策并有效执行,是高效团队最重要的一个特征。

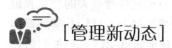

[管理新动态]

员工多样性管理

员工是企业发展的关键,随着经济全球化的发展,企业招聘的员工越来越多样化,以员工为组成单位的团队的多样性趋势更加明显。

多样性管理是指一种旨在提高组织使用不同类型人力资源的管理实践。这是因为现在企业人员的性别、种族、宗教、年龄、文化、专业领域和其他许多个人特征越来越多元化。一种固定模式的管理方式已经不合时宜,所以多样性管理才应运而生。

由于认识到组织成员的多样性,许多著名公司在 20 世纪 80 年代末就开始开展多样性管理运动。这些运动由此扩散开来,到现在还是一项主要的人力资源管理活动。把这些方法用于有效地管理多样性的例子包括:非传统的工作安排,如工作分享、弹性上班制和远程办公;旨在减少刻板印象、偏向和偏见,提高文化敏感和在多元文化环境中发展工作人际技能的教育和培训项目;为改善对员工的建设性反馈、辅导员辅导关系和进入非正式网络的通路而设计的职业管理项目;还有新的员工福利,如延长双亲休假和可靠的职业援助等。

问题追踪

员工多样性管理的有效措施有哪些?

本章小结

1. 沟通是两个或两个以上的人或人群通过一定渠道传递可以理解的信息并最终形成信息交流的过程。沟通的过程指的是信息交流的全过程,它涉及信息发送者、信息接收者、信息渠道等关键要素,还涉及编码、解码、反馈等行为环节。沟通的形式主要分为书面语言沟通、口头语言沟通和非语言沟通。

2. 组织内的沟通分为正式沟通和非正式沟通两种。所谓正式沟通是指组织内部或组织与组织之间按照正式安排的信息沟通渠道进行的人际沟通,而非正式沟通是指以社会关系为基础,通过正式组织途径以外的信息沟通渠道进行的人际沟通。

3. 组织内正式沟通的类型主要有链式、轮式、全通道式三种。正式沟通的信息流向有自上而下的沟通、自下而上的沟通、横向沟通三种。

4. 沟通中存在着由于个人因素、人际因素、结构因素、技术因素而导致的障碍,这些障碍主要存在于信息发送者、信息接收者、沟通过程等方面,人们可以采取各种有效的方法加以克服。

5. 冲突是指发生在同一空间两个或两个以上事物的互相对抗过程。引起人际冲突的原因是多方面的,但大体有资源稀缺、权限不清、沟通障碍、个性冲突、权力争夺、目标冲突。激发冲突通常可以采取创造竞争环境、引进外来者、改变现有程序和结构等手段。解决冲突主要有强制、回避、折中、协作、迁就五种方式。

6. 所谓团队是指由两个或两个以上的成员组成的相互影响、相互协调,以期实现共同目标,并为目标的实现而相互负责的单位。团队工作是人们共同工作以实现这些目标的过程。组织中最常见的团队类型:职能型团队、自我管理型团队和跨职能型团队、虚拟团队。

7. 任何团队的生命周期都有五个明显的阶段:形成阶段、风暴阶段、规范阶段、发挥作用阶段以及终止阶段。高效团队的特征包括具有凝聚力的目标、互相补充的技能、高度的忠诚与信任、适当的领导、明确的角色与任务分配、清晰的工作规范和框架、融洽的沟通环境、充分的资源共享、实现最佳的绩效等。

[问题与讨论]

1. 什么是沟通？沟通的形式主要有哪几类？它们的优缺点分别是什么？
2. 什么是正式沟通？正式沟通的主要类型及其特点是什么？
3. 正式沟通中的信息流向主要有哪些类型？
4. 什么是非正式沟通？非正式沟通的主要优缺点有哪些？
5. 有效沟通的障碍有哪些？如何克服？
6. 什么是冲突？冲突产生的原因主要有哪些？
7. 激发冲突和解决冲突的方法主要有哪些？
8. 什么是团队和团队工作？最常见的团队类型有哪些？它们各自具有什么特点？
9. 讨论生活或工作中的某个情形，确定你所看到或经历过的沟通问题。谈谈本章的沟通模型是如何帮助你找出这些问题的。

[实战练习]

目的： 通过查阅资料，了解人的性格对沟通的影响。
内容： 去图书馆查询那些以擅长沟通而闻名于世的历史人物，将他们的性格特征加以总结和分析，从中找出最有利于沟通的五个性格特征，并结合历史事件进行描述。
要求： 每位学生写出读书笔记，教师批阅，并优选部分学生的读书笔记进行小组或全班交流。

[案例思考]

案例一　小王的升职沟通困境

初入职场的小王这几天很不高兴。领导指派他出差，这一去就是20多天。且不说连续加班20天还开夜车的日子如何难熬，光是想想将要面临的困难就让他望而却步：母亲生病住院，家里大小的事情急需兼顾；周末在读研究生，这一节课就是好几百元钱呀；连着这么长时间不回单位，工作堆积如山之景可想而知；眼看着毕业的日子即将到来，这一周几千字的论文该如何是好……

小王觉得心烦意乱，就差没跑去打公用电话匿名臭骂领导一顿。可他知道这于事无补，因为与领导沟通上的困境存在已不是一两天了。工作4年，小王最近陷入了瓶颈期，就像一块海绵，刚参加工作时吸水性好，容量大得惊人，能吸收一切新鲜事物，哪怕偶尔遭受打压，也能马上恢复原状。可如今年复一年，海绵组织早已硬化，有时新思维进来也会难以吸收。尤其是与领导的沟通，似乎总处于低效率状态，自己的心声总是难以有效表达，也很难得到倾听。

事情来龙去脉

小王大学毕业后就到了一个政府机关工作，单位不冷不热，不忙也不闲。所在的处室只有6个人，半数都是领导，手下3个兵中小王最小，平时工作任务也压给他最多。小王觉得年轻人多做事、多锻炼也是好事。大学生不差理论,但社会经验大大不足,价值观也仍需磨炼,从拥有知识到懂得做事,这需要方方面面的指导和实践,因而就一味地埋头苦干。只是最近接踵而至的沟通困境让他心里不停地犯起嘀咕。他认为,领导要下属工作积极富有干劲,就应该具备两个条件:一是对下属要一视同仁,不搞区分对待。不应因为谁有后台就对谁特别好,也不能因为谁任劳任怨就欺负老实人;二是要让下属有认同感,谁有能力、谁把事情办好了,咱就事论事表扬谁。做到这两点了,哪怕多做一半的工作,下属也会欣然接受。但现在,事实却并非如此。

小王为人低调,酒桌上不会特别奉承领导,私底下也不刻意讨好;他向来不喜邀功,总是努力搜集所需资料,加班加点把任务完成好,从不刻意展现自己。反观其他一些同事,大半精力都用来讨好领导,工作却毫不上心,上班时间喝茶、网购、看报纸,工作状态疲软。个别同事还因为一点小事就三天两头往领导办公室里钻,无限放大工作中存在的问题和困难,继而表明自己排除万难,加班加点,争取按时按质完成任务的决心,而在小王看来那些都根本算不上"事儿"。小王认为这是多此一举,并且对这种"小人"做法嗤之以鼻。无论怎样都是要把事情做完,结果是一样的,何必浪费时间去跟领导废话呢?更何况所谓的困难根本不值一提。但事实是,这些人却混得极好。

在单位,功劳总归功于会说话的人,在领导面前出镜率高的人功劳往往就比别人大,像小王这种默默奉献型的在单位似乎并不吃香,尤其是在一个业绩无须量化考核的机关。领导总觉得小王工作量不够大,任务完成不够多,也没什么工作难度,认为小王没有一门心思扑到工作上来,不该因为家庭和学业影响了工作积极性。日子久了,小王不禁怀疑起自己奉行多年的处世原则和价值标准:是否一切成绩都来自工作完成量?为何领导看到的跟事实总是大相径庭?

学习沟通技巧

在最近的研究生课程学习中,小王接触到了《管理沟通》这门课程,看到老师讲解升职的几个要点之后,才有点豁然开朗。他参照升职沟通必备的几个技巧对自己的工作实际进行了分析,找出了自己的不足。

沟通技巧之一:自动报告工作情况——让上司知道

为节约时间,小王一般都是充分了解领导意图后就埋头苦干。两耳不闻窗外事,也不喜欢三天两头往领导办公室跑,在他看来,跟领导见面过频似乎有溜须拍马、浪费工作时间之嫌。

沟通技巧之二:对上司询问有问必答——让上司放心

小王经办的事项繁多,事无巨细均需亲力亲为,而他没有记笔记的习惯,有时杂事一多难免犯迷糊。小王每每看到领导那双鬼精的眼睛总有些畏惧,确实有过领导问问题答不上话的时候。

沟通技巧之三:充实学习才能了解上司语言——让上司轻松

小王想过站在领导的角度考虑问题吗?没有!在他看来,完成好自己分内的工作已经很对得起领导了,每个人都有自己的角色和角度,做好自己应做的即可。

沟通技巧之四:接受批评,不犯第三次错误——让上司省事

细想起来,领导找自己谈话,来来去去内容都差不离,无非是两个方面的要求:一是要他兼顾工作和生活,提高工作积极性;二是增加他工作的饱和度。而小王的心态总是:我做的已经比别人多很多了,为什么领导还觉得我工作不够多呢?

沟通技巧之五:不忙时主动帮助他人——让上司有效

由于看不惯某些人的为人世故和官僚作风,小王不太愿意主动和同事沟通,更别提提供帮

助了。他总是认为,大家都是公平的,你分内的事为什么要我来做?

沟通技巧之六:毫无怨言地接受任务——让上司圆满

小王拒绝过领导的任务安排吗?没有!当然也是因为拒绝不会生效。但是小王真的是毫无怨言吗?事实并非如此。私底下小王还跟要好的同事埋怨过几句。正如英语俗语所言:流言总会钻到不该钻的耳朵里去的。因而领导对你原本有的好印象也挥之而去了,最终大概都是功过相抵了。

沟通技巧之七:对自己的业务主动提出改善计划——上司进步

小王寻思看,自己的工作内容都是沿袭下来约定俗成的吧,机关体制不健全、制度腐朽,如何能够创新思维、科学发展?

这么一对比,小王发现自己平时的工作确实存在很多漏洞。换位思考一下,小王平时在领导眼中应该是这样的一个下属:工作积极性差、时有怨言、偶犯迷糊、不愿帮助他人、故步自封、重复犯错,工作汇报不积极、不主动。反观领导对他的表扬,无非是智商高、高等院校毕业等,却没有对在工作之后的小王的进步加以认可。领导连小王平时在做什么,碰到并解决过什么困难都不知道,何谈发现他工作的闪光点,当然会觉得他的工作不够出色。

理论结合实际

这下小王感觉到了问题的严重性。虽然评价是双向的,对方对自己的看法存在不可抗力,但是有90%却是自己能控制的。于是,小王决定用下表帮助自己改正缺点。

表12-4 工作改进表

序号	现状(不足)	如何改进	可预见阻力	期望目标
1	与领导沟通不足	坚持一周汇报两次工作,遇有重大任务则每天汇报,以面谈为佳	遇出差或有重大事项汇报时,至少以短信告知	让领导对自己的工作状况了然于心
2	偶尔回答不上领导问题	启用备忘录和记事本,每天梳理一遍待办事项,漏记、错记的问题要反复整理	觉得繁琐,不愿坚持	除坚持梳理存在的问题之外,事后总结经验,对特别重要的工作数据、素材铭记于心
3	未能理解上司语言	学习沟通技巧,多换位思考	沟通障碍	领导想的就是我想的,甚至要想到领导前头去
4	重复犯错	那就不重复犯错	错误转移,出现新弱点	改正缺点,并不再犯
5	不能主动帮助他人	忽略他人身上的缺点,将帮助他人看成是应尽义务和锻炼机会	因主观偏好而选择性地提供帮助	自己、他人工作两不误,同事关系和谐,工作能力有所进步
6	对工作有怨言	欣然接受工作安排,如果对任务有异议,那么消化3天后再提	分不清同事和朋友,在同事面前抱怨工作	对待同事笑脸相迎,不做任何与工作有关的负面谈话
7	满足现状,不求突破	多思考,多用心,特别是觉得工作受阻时,要思考相应对策	消极怠工,认为工作仅是生活的一部分,完成就好	多以全局观念统筹工作,工作越来越得心应手

在这个向上沟通的案例中,小王注重"个人所得"而忽略了"领导所想"。他认为自己付出很多而得不到相应回报,因此对工作产生了消极,既不愿主动跟领导汇报工作,也不想积极改进工作方式。而领导曾多次找小王谈话,希望他全身心投入到工作中来,却因为对小王过少正面鼓励而使他产生了负面情绪,久而久之,领导与下属便陷入了沟通的死循环当中。

可见,沟通应该是双向的,要基于平等、耐性和换位思考。在沟通过程中下属讲求的是公平和认同感,与此相应,领导需要的是下属的尊重和工作的积极主动。只有不厌其烦地保持沟通的常态化、规范化,才能理顺关系、提高效率,确保沟通顺畅,及时在工作的道路上走得更好、更远。

▲ 思考题

1. 小王与领导的沟通存在哪些问题?你是否认同作者对于案例的后续分析?
2. 你认为机关内部上行沟通存在哪些障碍?
3. 结合小王的案例谈一谈与上级有效沟通应注意哪些问题?

资料来源:杜慕群编著.管理沟通案例.清华大学出版社,2013年.

案例二 走遍世界

世界上大多数人都喜欢旅游。你是否去过其他国家旅游过,或者你是否希望有一天能到其他国家旅游?对于那些真正到国外旅游的人来说,旅游指南显得非常有价值。澳大利亚公司孤独星球出版社(Lonely Planet)在提供准确的最新旅游指南上颇有建树。该公司提供的指南陪伴了全世界几百万旅游者的旅程。

孤独星球出版社是1971年由托尼·韦德和他的妻子莫林创立的。托尼在伦敦完成学业后,决定在开始"真正"工作前来一次冒险之旅。于是,他们带上几张地图驾车横穿亚欧大陆,行至阿富汗时卖掉了车子。从那以后,他们利用当地的公共交通(公共汽车、小船、火车、地铁),甚至搭顺风车,就这样在维持每日6澳元的预算下一路前行。他们花了9个月穿越了巴基斯坦、印度、尼泊尔、泰国、马来西亚和印度尼西亚,到达他们的目的地——澳大利亚时,只剩下27美分。他们的计划是在悉尼找一份工作,直到他们能够赚足回到伦敦的旅费。然而,他们无意间发现很多人对于他们的旅行经历非常感兴趣。在朋友的鼓动下,他们开始致力于出版一本名为《便宜走亚洲》(Across Asia on the Cheap)的旅行指南。在一周内,他们完成了96页的一本书,并成功在悉尼的书店上架,他们销售了1 500本,而作为一家出版公司孤独星球出版社也就此诞生。他们也因此从第一本书的成功中赚足了再次横穿亚洲的旅费,并出版了他们的第二本旅游指南《鞋带上的东南亚》(South-East Asia on a Shoestring)。托尼和莫林撰写的一系列旅行基本指南为他们带来了足够的收入,足以支付他们自身的旅费和印刷费,但也只是不盈不亏。他们希望出版一本700页的旅行指南《印度》(India)的决定几乎压得他们喘不过气,但这本书的推出迅速获得了极大的成功,为孤独星球出版社的未来提供了稳定的经济来源。最终,他们得以招聘一些编辑、制图员和作家,而这些员工都是在合同基础上以个人的团队项目形式开展工作的。

那么,孤独星球出版社是如何制作指南书这类产品的呢?这一切都源于工作团队。责任编辑分别负责某个特定的地理区域,并负责委派当地的撰稿者为孤独星球的旅游产品提供内容,包括数字产品和印刷出版的产品。责任编辑会对某个目的地进行一番彻底的调查,以了解旅行者在寻找些什么——什么是关注点,而什么不是。责任编辑也会从这方面的专家和当地的专家那里获取一些信息。基于这些信息,责任编辑会为撰稿者编写一份简要说明。然后,责任编辑将任务委派给这些自由撰稿者,他们通常会在收拾行囊出去旅行之前作大量的旅行前期调查。带着这些简要说明、一个笔记本和一台笔记本电脑,撰稿者就开始了他们的行程,在某一地点开始费尽心血地开展基础工作。在总结调查结果后,他们就开始撰写稿件了,并且必须在截止日期之前完成。一旦完成了稿件的撰写,责任编辑和孤独星球公司总部的编辑就得开始忙活了,他们需要确保稿件符合公司的标准风格和质量要求。根据这些撰稿者的材料,制图员开始制作新的地图。与这些编辑一同工作的还有版式设计者,他们将这些文字、地图和图片组合在一起。设计团队和形象研究人员着手设计封面和图片部分。然后,由校对员确保没有印刷或排版错误。随后,书稿将被送往印刷厂进行印刷和装订,并送往书店销售。

从简陋地自行出版旅行指南书开始,如今孤独星球已经成长为世界上最大的独立旅行指南出版商。托尼和莫林意识到企业的发展需要一位能够为未来发展提供必要资源的合作伙伴,尤其是在数字化领域。英国广播公司旗下的商业子公司 BBC Worldwide 成为他们的合作伙伴,如今该公司已经收购了孤独星球出版社。

▲ 思考题

1. 在一家由独立合同工组成的组织中,打造一支高效团队将会面临什么挑战?管理者应该如何应对这些挑战?
2. 为什么团队工作对孤独星球的商业模式而言至关重要?
3. 你认为对于孤独星球旅行指南团队而言,高效团队的什么特征最为重要?

资料来源:斯蒂芬·罗宾斯.管理学(第 13 版).中国人民大学出版社,2017 年.

[阅读书目]

1. 奥罗克著,康青译.管理沟通——以案例分析为视角(第 4 版).中国人民大学出版社,2011 年
2. 玛丽·蒙特等著.管理沟通指南:有效商务写作与演讲(第 10 版).清华大学出版社,2014 年
3. 康青编著.管理沟通(第 4 版).中国人民大学出版社,2015 年
4. 吉田幸弘著.不懂说话,你怎么带团队?北京联合出版公司,2016 年
5. 尼基斯坦顿著.沟通圣经:听说读写全方位沟通技巧(修订第 5 版),北京联合出版公司,2015 年

第十三章

DI SHI SAN ZHANG

控 制

- 什么是控制
- 控制的过程与要求
- 控制的方法
- 信息控制
- 管理新动态
- 问题与讨论
- 实战练习
- 案例思考

　　案例一　俏江南的内部控制
　　案例二　国美电器控制权的变化
- 阅读书目

第十三章 控 制

■ 学习目标 ■

学完本章,你应该能够:
1. 了解控制职能的含义,理解控制机制与要领。
2. 理解管理控制的几种基本类型。
3. 掌握控制的基本程序。
4. 理解预算控制与非预算控制的主要技术与方法,特别是现代方法。
5. 理解信息系统的构成与功能。

■ 关键概念 ■

控制　前馈控制　预算控制　成本控制　作业控制　信息系统

游戏引导

你的预算控制有效吗?

游戏规则:

1. 给每位同学发一张评测表,来评测学生的预算控制能力。其内容如下:

大学读书期间,你至少可以掌管好自己的财务。你对个人预算的管理能力或许预示着你今后对公司的管理能力。请按照下面的表述回答问题,以评测你对预算的控制是否有效。

① 钱一到手我就花光。
② 每周(月、学期)初,我都要列出我全部的固定支出。
③ 每周(月)末,我好像从来就没有什么钱节余下来。
④ 我能支付所有的花销,但好像总是没钱用于娱乐。
⑤ 我用信用卡进行透支。
⑥ 我全部用现金支付。
⑦ 朋友需要时,我就会借钱给他们,即使这样做会使我的现金告急。
⑧ 我从不向朋友借钱。
⑨ 我入不敷出。
⑩ 我每个月存点钱,以备真正需要时使用。

2. 要求学生根据评测表判断自己的预算控制类型。如果对①③⑤⑦⑨题的回答为是,说明你的预习习惯非常糟糕;如果对②④⑥⑧⑩题的回答为是,说明你有着训练有素的预算习惯。

问题讨论:
① 如果你有训练有素的预算习惯,那么请问你在预算中采用了哪些预算方法?
② 如果你的预算习惯非常糟糕,请问是什么原因导致了你的习惯?

13.1 什么是控制

13.1.1 控制的概念及作用

一、控制的概念

在现代组织中,控制是每一位管理者都要面对的重要问题。因为控制是管理的一项重要的职能,它与计划、组织、领导工作是相辅相成、互相影响的,它们共同被视为管理链的四个环节。在组织中计划提出了管理者追求的目标,组织提供了完成这些目标的结构、人员配备和责任,领导提供了指挥和激励的环境,而控制则提供了有关偏差的知识以及确保与计划相符的纠偏措施。

所谓控制,是指通过对组织内部各种行为进行监视和调节,以确保其与计划、目标和绩效标准中的预期相一致的系统过程。控制的概念主要包括以下三点内容:

(1) 控制有很强的目的性,即控制是为了保证组织中的各项活动按计划进行;
(2) 控制是通过"监视"和"调节"来实现的;
(3) 控制是一个过程。

控制与计划紧密相关的,一些管理学作者认为这两大职能本来就是不可分割的,计划和控制可被视为一把剪刀的两片刃,只有两者协作,剪刀才能正常工作。控制与计划既互相区别,又紧密联系。计划为控制工作提供标准,在管理者对已经完成的工作与计划所应达到的标准进行比较之前,他并不知道他的部门的工作是否进行得正常,所以没有计划,控制也就没有依据。控制保障了计划工作的实现,如果只编制计划,而不对其执行情况进行控制,计划目标就很难得到实现。

> **大师睿智**
>
> 控制是指按照通过计划活动而决定的政策、计划、指标或经济性原则,进行企业经营的管理活动。因此,为了控制,事先必须有计划,计划如不伴随着控制,就变得毫无意义。计划和控制是密切而不可分割的。
>
> ——[日]占部都美
>
> 计划与实际相脱节是极其自然的,不必为之过分担心。重要的是,当出现这一情况时能否迅速应变处理。凡是好的计划,都包括这样的内容:一旦发生脱节或失调现象,能立即采取措施加以纠正。
>
> ——[日]矢泽清弘

二、控制的意义和作用

1995年2月27日,英国中央银行突然宣布:巴林银行不得继续从事交易活动并将申请资产清理。这个消息让全球震惊,因为这意味着具有233年历史、在全球范围内掌管270多亿英镑的英国巴林银行宣告破产。由于组织内部控制体系的漏洞,年仅28岁的交易员尼克·里森将已有233年历史的英国巴林银行赔了个精光。缺乏有效的控制系统会严重破坏一个公司的运行,并威胁到它未来的生存。尽管计划可以制定得非常合理;组织结构可以调整得非常有效;员工的积极性也可以调动起来,但是这仍然不能保证所有的行动都按计划执行。组织内部或者外部诸多因素的变化都会对原有计划的执行产生影响。例如,员工消沉的士气影响了工作进度,资金周转的意外困难影响了投资计划的实施,银行贷款利率的调高影响了融资计划,关税政策的改变可能使原来制定的出口计划面临困难,等等。

控制工作的意义就是要发现计划执行中的问题和偏差,并且采取纠正措施,使得原计划能够得到顺利执行。

一种有效的控制系统,可以起到以下作用:(1)限制偏差的累积。一般来说,工作中出现偏差是不可避免的。但是,小的偏差失误在较长时间里会积累放大并最终对计划的正常实施造成威胁,因此管理控制应当能够及时地获取偏差信息。(2)适应环境的变化。从制定出目标到目标实现前,总是需要相当一段时间。在这段时间里,组织的内部条件和外部环境可能会发生一些变化,需要构建有效的控制系统帮助管理人员预测和把握这些变化,并对由此带来的机会和威胁作出反应。

13.1.2 控制的内容

控制的内容也就是控制的对象,美国管理学家斯蒂芬·罗宾斯将控制的内容归纳为对人员、财务、作业、信息和组织绩效等五个方面的控制。

一、对人员的控制

组织的目标是要由人来实现的,员工应该按照管理者制定的计划去做,为了做到这一点,就必须对人员进行控制。对人员控制最常用的方法是现场巡视和绩效评估。通常现场巡视非常直接,可以发现问题立即纠正,而绩效评估则属于事后控制,要等到工作完成以后进行系统化的评估。通过评估对绩效好的予以奖励,使其维持或加强良好表现;对绩效差的就采取相应的措施,纠正出现的行为偏差。

组织中常用的行为控制手段如表13-1所示。

表13-1 组织中常用的行为控制手段

甄 选	识别和雇用那些价值观、态度和个性符合管理者期望的人
目 标	当员工接受了具体的目标,这些目标就会指导和限制他们的行为
职务设计	职务设计的方式在很大程度上决定着人们可从事的任务、工作的节奏、人们之间的相互作用,以及类似的活动
定 向	员工定向规定了何种行为是可接受的或不可接受的
直接监督	监督人员亲临现场可以限制员工的行为和迅速发现偏离标准的行为
培 训	正式培训计划向员工传授期望的工作方式

(续 表)

传　　授	老员工非正式和正式的传授活动向新员工传递了"该知道和不该知道"的规则
正 规 化	正式的规则、政策、职务说明书和其他规章制度规定了可接受的行为和禁止的行为
绩效评估	员工会以使各项评价指标看上去不错的方式行事
组织报酬	报酬是一种强化和鼓励期望行为和消除不期望行为的手段
组织文化	通过故事、仪式和高层管理的表率作用,传递符合组织文化的行为的信息

资料来源:斯蒂芬·罗宾斯.管理学.中国人民大学出版社,2004年.

二、对财务的控制

为保证企业获取利润,维持企业的正常运作,必须进行财务控制。财务控制包括审核各期的财务报表,保证一定的现金存量,保证债务的负担不致过重,保证各项资产都得到有效的利用,等等。财务预算为管理者提供了一个比较与衡量支出的定量标准,据此人们能够指出标准与实际花费之间的偏差,因此它也是最常用的财务控制衡量标准。

三、对作业的控制

所谓作业,就是指从劳动力、原材料等资源到最终产品和服务的转换过程。组织中的作业质量在很大程度上决定了组织提供的产品或服务的质量。作业控制就是通过对作业过程的控制,来评价并提高组织转换过程的效率和效果,从而达到提高组织产品或服务质量的目的。

组织中常见的作业控制有:监督生产活动以保证其按计划进行的生产控制;评价购买能力,使所购买的原材料满足需要的原材料购买控制;监督组织产品或服务的质量,以保证满足预定标准的质量控制;在满足生产要求的情况下,尽可能减少仓储费用的库存控制,等等。

四、对信息的控制

一个有效的组织控制要求掌握大量的、正确的信息,如绩效标准、实际绩效以及纠正偏差时应采取的行动等,这些信息是管理者决定如何采取行动的依据。

不精确的、不完整的、不及时的信息会大大地降低组织效率,因此在现代组织中对信息的控制显得尤为重要,信息在组织运行中的地位也越来越高。随着计算机和互联网的发展,管理者拥有了对信息进行控制的各种新方法,如建立一个网络管理信息系统。网络管理信息系统可以使全球性企业的管理者随时获得所有分部的数据,使信息控制更加实时、便捷、可靠。

五、对组织绩效的控制

组织绩效是组织管理者需要控制的对象,组织目标的达成与否都从这里反映出来。但是,除了管理者之外还有许多利益相关者关心着组织的绩效,如组织内部人员、顾客、委托人、合作伙伴、竞争对手、证券分析人员、潜在的投资者、贷款银行、供应商以及政府部门,等等。

要有效实施对组织绩效的控制,关键在于科学地评价、衡量组织绩效。一个组织的整体效果很难用一个指标来衡量,生产率、产量、市场占有率、员工福利、组织的成长性等都可能成为衡量指标,关键是看组织的目标取向,即要根据组织完成目标的实际情况并按照目标所设置的标准来衡量组织绩效。

13.1.3　控制的基本类型

控制可以发生在某个过程之前,例如超市在进货之前对货物质量的检查。也可以发生在某个过程之中,例如超市营业人员在销售中受到的监督。还可以发生在某个过程结束之后,例如每月计算各个品类销售额的情况等。根据控制在执行过程中发生作用的时段,人们将控制工作分为前馈控制、现场控制、反馈控制三类,如图13-1所示。

图 13-1　根据控制时点不同划分的控制类型

一、前馈控制

前馈控制有时也被称作预备控制或者预防控制,指发生在系统运行的输入阶段,目的是提前识别和预防偏差的控制行为。前馈控制的特点是将注意力放在行动的输入阶段上,能够在没有造成损失时及时告知管理者采取行动,所以前馈控制的效果才是管理者追求的目标。

前馈控制在现实生活中有很多实例。例如,汽车上坡前的加速;工厂在需求高峰来临之前,添置机器、安排人员、加大生产量的行动;公司在预计到产品需求量下跌之前就开始准备开发新产品上市等。

前馈控制的优点在于:(1)避免了事后控制对已铸成差错无能为力的弊端;(2)由于是在工作开始之前针对某项计划行动所依赖的条件进行控制,不是针对具体人员,因而不易造成对立面的冲突,易于被职工接受并付诸实施;(3)适用于一切领域的所有工作。前馈控制的缺点在于:(1)系统相当复杂;(2)需要及时和准确的信息;(3)要求管理人员充分了解前馈控制因素与计划工作的影响关系。

前馈控制大大地改善控制系统的性能,但要进行切实可行的前馈控制,一般应满足以下几个必要条件:(1)在对系统进行详细分析的基础上,确定重要的输入变量;(2)建立前馈控制系统的模式;(3)保持该模式的动态特性,即经常检查模式以了解所确定的输入变量及其相互关系是否仍然反映实际情况;(4)定期地收集输入变量的数据,并把它们输入控制系统;(5)定期地估计实际输入的数据与计划输入的数据之间的偏差,并评价其对预期的最终成果的影响;(6)有措施来保证解决问题。

二、现场控制

现场控制也被称为并行控制或实时控制,指发生在计划的同步执行中的控制行为,目的是监控员工行为,使之与组织绩效目标相符合。现场控制的特点是将注意力集中在行动过程当中,依靠一定的绩效标准,引入规章制度来指导员工工作。

现场控制作为一种有效指导工作的方法被基层管理人员普遍采用,他们深入现场亲自监督检查下属人员的活动。例如:向下级指示恰当的工作方法;监督下级的工作以保证计划目标的实现;发现不合标准的偏差时,立即采取纠正措施等。一个主管人员的管理水平和领导能力常常会通过这种工作表现出来。现场控制的有效性取决于主管人员的个人素质、个人作风、指导的表达方式以及下属对这些指导的理解程度。其中,主管人员的"言传身教"具有很大的作用。例如,工人的操作发生错误时,工段长有责任向其指出并做出正确的示范动作帮助其改正。当然,现场控制不仅仅包括管理者对员工的控制,还包括组织对员工施加影响的其他方式,如组织文化和价值观等。

现场控制的优点：能够及时发现偏差，及时纠正偏差，立竿见影，使损失控制在较低的程度，是一种积极有效的方法。现场控制的缺点：(1) 容易受到管理者时间、精力、业务水平的制约；(2) 由于是现场管理，容易在控制者和被控制者之间形成心理上的对立；(3) 应用范围较窄。

三、反馈控制

反馈控制有时也被称作事后控制或者结果控制，指发生在计划完成后的控制行为，目的是监测组织的产出结果是否符合标准。反馈控制的特点：将注意力放在行动的输出阶段上，能够发现组织最终产品或者服务中存在的问题，督促其不断改进。

反馈控制在现实中有很多实例。例如，教育管理部门对学校极小的控制；工厂对出厂的产品进行的检验；零售商认真听取用户的意见等。它不仅可用来控制系统的最终成果，如产量、销售收入、利润、利润率等，也可用来控制系统的中间结果，如新产品样机、生产计划、生产过程、工序质量、在制品库存量等。前者称为端部反馈，后者称为局部反馈。局部反馈对于改善管理控制系统的功能起着重要作用。通过各种局部反馈，可以及时发现问题，排除隐患，避免造成严重后果。例如，工序质量控制、月度检查、季度检查等就属于局部反馈。它们对于保证最终产品的质量和保证年度计划的实现无疑起着重要作用。局部反馈与端部反馈之间是一种多重嵌套关系。这种结构是复杂的动态系统的一个主要特征。

反馈控制的优点：(1) 可行性强。对于许多计划，反馈控制常常是唯一能够采用的控制手段，因为许多事件只有在发生后才能看清结果。(2) 可以稳定系统。当系统不稳定时，加强反馈控制具有稳定系统的作用。例如，当员工对某些问题意见纷纷，情绪不稳定时，通过开辟对话渠道，加强领导与员工的对话，能够在一定程度上起到稳定员工情绪的作用。(3) 便于总结经验。许多事物的发展是循环往复，呈螺旋状推进的，反馈控制能给后面的工作提供信息和借鉴，以便改进工作。

反馈控制的缺点：无法避免的滞后性。从衡量结果、比较分析到制定纠偏措施及实施，都需要时间，很容易贻误时机，所以当实施反馈控制时，偏差已经产生，损失已经造成，这都是管理者不愿看到的。

13.2 控制的过程与要求

13.2.1 控制的过程

管理者实施控制的过程通常包括三个基本步骤：确定标准、衡量绩效、纠正偏差。

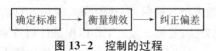

图 13-2 控制的过程

一、确定标准

确定标准即根据计划和组织目标，确定某些标准，作为共同遵守的衡量尺度和比较的基础。标准的制订是全部控制工作的第一步，根据标准，管理者无须监督工作的全过程就可以了解整个工作的进展情况，一个周密完善的标准体系是整个控制工作的质量保证。

标准的制定原本是属于计划工作的范畴，但由于计划的详细程度不一，它的标准不一定适合控制工作的要求，而且控制工作需要的不是计划中的全部指标和标准，而是其中的关键点。所以，管理者实施控制的第一个步骤是以计划为基础，设置更加具体的标准。

控制标准可分为定量标准和定性标准两大部分,定量标准便于度量和比较,但定性标准也是不可缺少的,为了使定性标准便于掌握,有时也尽可能地采用一些可度量的方法。在工商企业中,经常使用以下五种类型的标准:(1)时间标准,是指完成一定工作所需花费的时间限度,表现为工程周期等一系列的时间指标;(2)生产率标准,是指在规定时间里所完成的工作量;(3)消耗标准,是指完成一定工作所需的有关消耗;(4)质量标准,是指工作应达到的要求,或是产品或劳务所应达到的品质标准;(5)行为标准,是对员工规定的行为准则要求等。

不同的组织、不同的计划、不同的控制环节,控制标准也有所不同。无论是何种控制标准都应符合下列基本要求,即明确性、适用性、稳定性。明确性指标准应具有明确的、不会产生歧义的说明,以保证这些标准的法定作用;适用性指标准应具有普遍的适应性和实际的可操作性;稳定性指标准应当相对稳定和公正,可以有弹性,但不能无原则地朝令夕改。

二、衡量绩效

衡量绩效就是按照标准衡量工作实际达到标准的程度,其实也是控制当中信息反馈的过程。 在衡量绩效的过程中,主要包括两方面的工作。

首先,应准确地评估实际绩效。管理者通常不愿意评估他人的工作成绩,但是没有准确的评估就无法实现有效的控制,实际业绩的确定将直接关系到控制措施的采取。在确定实际绩效时应注意以下五点:第一是系统检查,通过调查、汇报、统计、分析等来比较全面而确切地了解实际的工作业绩;第二是力求真实,防止文过饰非,空洞无物;第三是定期进行,要成为一项经常性的工作,定期而持续地进行;第四是制度保证,要建立一些制度来保证系统检查工作的进行,如工作进度报告制度、统计报表制度、工作总结报告制度等;第五是抓住重点。对于需要加强的关键之处,则应重点检查,以便使控制更有针对性。

其次,应将实际绩效与标准相比较,从中找出偏差。这一步骤的目的在于确定是否有必要采取纠偏措施。在正常情况下,实际业绩与控制标准之间总存在若干差距,这也在所难免。但当这种差距足够大,管理者就应采取行动。在进行差距分析时管理者应保持实事求是的态度,抓住重点和关键,当确定偏差已经足够对组织目标产生危害时,果断地采取有效得力的纠偏措施。因此,控制的目的不是为了衡量绩效,而是为了达到预定的绩效,所以在控制过程中也要预测可能出现的偏差,以控制未来的绩效。

三、纠正偏差

纠正偏差是指当发现实际绩效偏离计划或者预期标准时而采取必要的纠正措施的行为。 纠正偏差是控制过程的关键,纠正偏差使得控制过程得以完整,并将控制与管理的其他职能相互联结,通过纠正偏差,使组织计划得以遵循,使组织结构和人事安排得到调整。

纠正偏差,首先要分析偏差性质。偏差可分正偏差和负偏差。正偏差指实际业绩超过了计划要求,而负偏差指实际业绩未达到计划要求。负偏差固然引人注目需要纠正,正偏差也要引起注意正确处理。其次要分析偏差产生的原因,并根据不同原因采取相应的行动。一般造成偏差的原因有以下三类:一是计划或标准本身就存在偏差,如计划不切实际、好高骛远等。有时人们把目标定得过高,根本达不到,如制定过高的利润目标、市场占有率等,这时就应根据实际情况及时调整计划和标准,使之在合理的水平,否则就会使员工士气低落,失去激励效果;二是由于组织内部因素的变化,如营销工作的组织不力、生产人员工作的懈怠等,这种情况就应对组织内部要素进行及时的调整,如调整组织结构、重申规章制度、明确责任、改变激励措施、加强员工培训等;三是由于组织外部环境的影响,如国家政策发生变化、国际政治风云突变、宏观经济的调整、某个大客户突然破产等。由于这些因素都是不可控的,所以只能在仔细分析的基础上采取一些补救措施,以尽量消除不良影响,然后改变目标,另辟蹊径。事实上,虽然各种原因都可以归结为这三点,但要做出具体分析不仅要求有一个完善的控制系统,还要求管理者具备细致的分析能力和丰富的控制经验。

13.2.2 有效控制的要求

任何组织要想达到计划目标,必须有一个适宜有效的控制系统作保证,这个控制系统应具有以下七个方面的特征。

一、有效的控制应充分考虑计划和环境的要求

组织的目标是实现计划,每个计划都有其独一无二的特点,抛开计划的控制往往是没有方向和无效的。同样,控制也应当充分考虑当时组织所处的环境。不同的宏观环境和微观环境都会对组织产生不同的影响,同样的控制设计在不同的环境下会得到完全不同的结果。所以,在进行控制设计时应充分考虑组织的战略计划,并随时关注给组织带来异常的环境变化。

二、有效的控制应指明控制关键点和例外情形

任何控制不可能面面俱到,而是应根据具体情况选择关键点重点控制,取得事半功倍的效果。选择关键点除了要有丰富的经验、敏锐的洞察力和决策能力外,还可以借助有关的方法。例如,在有着众多大型项目的业务中,当需要控制整个工期的时间进度时,就可用计划评审技术来确定关键路线和关键作业,这样,控制关键作业的进度就可以控制整个工期。

有效的控制不仅要对关键点进行控制,还要对超出一般情况的特殊点给予足够的关注,即指出例外的情形。要指出的是,只紧紧盯着例外情形是不够的,我们还应根据具体的情况判断例外情形的意义。例如,一个销售主管可能会因为产品的市场占有率降低2%而担忧,却不会因为电话费用超出20%而烦心。

指明控制关键点强调选择控制点,例外原则强调观察在这些点上的异常变化,所以管理者应该把两者结合起来,把注意力集中在对关键点的例外情况的控制上。

三、有效的控制应具有充分的客观性和足够的灵活性

管理难免有许多主观因素在内,但是对于下属工作的评价,不应仅凭主观来决定。在需要凭主观来控制的那些地方,主管人员或下属的个性也许会影响对工作的准确判断。但是,如能定期检查过去所拟定的标准和规范,并使之符合现实的要求,那么人们客观地去控制他们的实际执行情况就不会很难。因此,可以概括地说,有效的控制工作要求有客观的、准确的和适当的标准。

同时,由于出现意外情况的不可避免性,控制系统应该具有足够的灵活性来适应各种不利的变化。在某种特殊情况下,一个复杂的管理计划可能失常。控制系统应当报告这种失常的情况,它还应当含有足够灵活的要求,以便在出现任何失常情况下,都能保持对运行过程的管理控制。

四、有效的控制应具有全局的观点

控制不能仅仅考虑各部门的局部利益,更应该有全局的观念。在组织结构中,各个部门及其成员都在为实现其个别的或局部的目标而活动着。许多管理者在进行控制工作时,就往往从本部门的利益出发,只求能正确实现自己局部的目标,而忽视组织目标的实现,因为他们忘记了组织的总目标是要靠各部门及成员协调一致的活动才能实现的。一个合格的管理者应用

全局观念进行控制工作，从整体利益出发来实施控制，将各个局部的目标协调一致。

五、有效的控制应充分考虑经济效益

控制所支出的费用必须是经济的，这个要求很简单，但做起来却常常很复杂。因为一个管理者很难了解哪个控制系统是值得的，以及它所花费的费用多少。所谓考虑经济效益就是指管理者在应用控制系统时，应对其产生的效益和成本进行比较，在他认为重要的方面选择某些关键问题来进行控制，并选择最小费用或代价的控制技术和方法来实现。

六、有效的控制应充分与组织文化相匹配

有效的控制系统应与企业的组织文化相匹配，充分体现组织文化的内涵。例如，在一个员工享有高度自由和参与权的组织里，使用一套严格的控制系统往往会事与愿违，引起员工的反感。通常那些不愿参与管理或者不习惯参与的员工大都需要明确的标准尺度和详尽的指导。

七、有效的控制应鼓励自我控制

有效的控制应积极培养员工的责任感，使员工具有自我控制的欲望和动力。自我控制不仅能够促使员工对工作中出现的问题主动设法去解决，还可以减轻管理人员的负担，减少企业控制费用的支出。当然，鼓励和引导员工进行自我控制，并不意味着对员工可以放任自流。员工的工作目标必须服从于组织的整体目标，并有助于组织整体目标的实现。

13.3 控制的方法

13.3.1 预算控制

预算控制最清楚地表明了计划与控制的紧密联系，是管理控制中使用最广泛的一种控制方法，企业中几乎所有活动都可以利用它进行控制。所谓预算就是用财务数字的形式来描述企业未来的活动计划，它预测企业未来的经营收入和现金流量，同时也为各部门或各项活动规定了在资金、劳动、材料、能源等方面支出的额度。预算可以称作是"数字化"或"货币化"的计划，它通过财务形式把计划分解落实到组织的各层次和各部门中去，使主管人员能清楚地了解哪些资金由谁来使用、计划将涉及哪些部门和人员、多少费用、多少收入，以及实物的投入量和产出量等。预算控制就是组织为了保证在完成既定目标、实现利润的过程中对经营资源的合理利用，而根据预算规定的收入与支出标准来监控实际执行情况，并在必要时作出调整的组织活动。

编制预算有四个基本目的：(1) 根据战略计划做进一步的安排；(2) 协调组织各部门的工作；(3) 指定管理者的责任，授权其开支的数额，告知他要达到的业绩；(4) 获得一个评估管理者实际业绩的基本标准。

很多人轻视非营利组织的预算，认为这些组织不会去创收，不为利润开展工作，因而预算只是形式。例如，政府部门、大学等就普遍存在着计划与预算脱节的情况。在那里，两者是分别进行的，而且往往互不通气。预算编制工作往往被简化为一种在过去基础上的外推和追加的过程，预算审批也很简单，甚至不加调查研究，就以主观想象为根据任意削减预算，从而使得预算完全失去了应有的控制作用，偏离了其基本目的。正是由于存在这种不正常的现象，促使一些新的预算方法发展起来，它们使预算这种传统的控制方法恢复了活力。

一、预算的种类

预算的种类很多,概括起来可以分为以下五种。

1. 收支预算

收支预算包括收入预算和支出预算。收入预算列出某个时期组织的预期收入及其来源,如销售收入、租金收入、专利收入及其他投资收益来源等。支出预算列出计划期各种费用支出,如材料费、人工费、管理费、销售费等。收支预算应尽可能准确地估计各项收入的数量和时间,并努力提高其实现的可靠性。

2. 实物预算

这是一种以实物单位来表示的预算,是货币量收支预算的重要补充。常用的实物量预算包括产量预算、人工预算、机时预算、原材料消耗预算、燃料消耗预算、库存预算等。

3. 投资预算

投资预算列出了组织在主要资产项目(如厂房、机器、设备等)方面的资本支出。在通常情况下,资本支出项目都是1年以上的。较长的回收周期使资本支出不仅大大影响未来的费用支出状况,同时也对企业的盈利能力有着重要影响。因此,为了预测资本投资对于现金流量和盈利能力的影响,投资预算不仅要包括资本投资金额,还必须评估预期的投资回报率是否切实可行。合理的投资预算可以帮助管理者将投资与组织的长期计划工作密切结合起来,判断向某一项目投资的价值。

4. 现金预算

现金预算列出了每天或者每周的现金收支情况,以确保管理者有足够的现金保持企业的运行。在现金预算中管理者可以发现流入和流出企业的资金数量以及现金支付的性质,当企业的现金拥有超出清偿债务所需时,企业就会把多余部分用作再投资的考虑;相反,企业则必须靠借入现金来渡过难关。

5. 综合预算

综合预算是考虑各种因素后的多项内容总预算,通过编制预算汇总表,用于公司的全面业绩控制。它把各部门的预算汇总起来,从中可以看到销售额、成本、利润、资本的运用、投资利润率及其相互关系。综合预算可以向最高管理层反映出各个部门为了实现公司总的奋斗目标而运行的具体情况。

二、预算工作中的危险倾向

预算可以使管理控制的目标更加明确,让人们清楚了解所拥有的资源和开支范围,使工作更加有效,但过分依赖预算,也会在一定程度上带来危害。

1. 预算过于详细

预算过繁是一种危险。过于详细的预算会导致人们丧失了创造力,产生不满甚至于放弃工作,同时还带来预算费用过大。所以,预算究竟应当细微到什么程度,应联系授权的程度进行认真酌定,过细过繁的预算会导致授权的名存实亡。

2. 预算目标取代了组织目标

预算工作中的另外一种危险倾向是让预算目标取代了企业目标,也就是说,发生了目标的置换。在这种情况下,主管人员只是热衷于使自己部门的费用尽量不超过预算的规定,但却忘记了自己的首要职责是千方百计地去实现企业的目标。例如,某个企业的销售部门为了不突破产品样本的印刷费预算,在全国的订货会上只向部分参加单位提供了产品样本,因此丧失了大量的潜在用户,失去了可能的订货。

3. 预算使工作效能低下

预算有一种惯性,有时会保护既得利益者。因为过去所花费的某些费用,可以成为今天预算同样一笔费用的依据,如果某个部门曾支出过一笔费用购买物料,这笔费用就成了今后预算的基数。此外,主管人员常常知道在预算的层层审批中,原来申请的金额多半会被削减。因此,申报者往往将预算费用的申请金额有意扩大,远远大于实际需要,这样既增加了预算的不合理性,又降低了工作效能。

4. 预算缺乏灵活性

在计划执行过程中,有一些因素的变化会使一个刚刚制定的预算很快过时,如果这种情况下还受预算的约束,可能会给组织造成重大的损失。

为了克服预算存在的不足,防止预算过程中的危险倾向,使预算在控制中更加有效,有必要采用可变的或灵活的预算方案,如弹性预算法、零基预算法、项目预算法等。

三、预算方法

1. 静态预算与弹性预算

静态预算是指在编制预算时,只根据预算期内特定的业务水平(如生产量、销售量)来编制预算的一种方法。

弹性预算是指在成本按性质分类的基础上,以业务量、成本和利润之间的相互关系为依据,按照预算期内可能实现的各种业务水平编制的有伸缩性的预算。其基本思想是按固定成本(在一定范围内不随产量变化的费用)和变动成本(随产量大小变化而变化的费用)分别编制固定预算和可变预算,以确保预算的灵活性。编制弹性预算所依据的业务量可以是产量、销售量、直接人工工时、机器工时、材料消耗量和直接人工工资等。

弹性预算主要包括以下步骤:(1)选择最能反映组织活动特征、比较容易搜集的业务量计量单位;(2)确定使用的业务量范围;(3)根据成本与产量之间的相互关系,应用多水平法、公式法和图式法等把企业成本分为固定成本、变动成本;(4)确定预算期内各业务活动水平;(5)分别编制对应不同业务水平的预算;(6)考核预算控制的执行情况。

弹性预算的优点在于与效率相一致的最大限度的灵活性,主要表现在:(1)预算范围宽。弹性预算能够反映预算期内与一定相关范围内的可预见的多种业务量水平相对应的不同预算额,从而扩大了预算的适用范围,便于预算指标的调整。(2)可比性强。在预算期实际业务量与计划业务量不一致的情况下,可以将实际指标与实际业务量相应的预算额进行对比,从而能够使预算执行情况的评价与考核建立在更加客观和可比的基础上,比较确切并容易为被考核人所接受,便于更好地发挥预算的控制作用。(3)便于实时调整。弹性预算在制定预算时就考虑到了未来事项的不可预知性,只确定了行为的基本原则或范围,实际执行时可以根据具体情况调整,灵活性强。

弹性预算的缺点在于可控性差、克制力度弱等。

2. 增量预算与零基预算

增量预算又称基线预算法,是指以上一年度的实际发生数为基础,结合预算期的具体情况,通过调整有关原有费用项目而编制预算的一种方法。这是一种传统的预算方法。增量预算基本上都是从前一期的预算推演出来的,很少考虑某项费用是否必须发生,或其预算额有没有必要这么大,而且只有那些要求增加预算的申请才会得到审查。

零基预算是指在每个预算年度开始时,将所有还在进行的管理活动都看作是从零开始,根据组织目标对现有的每项活动重新审查,并在费用—效益分析的基础上,重新排出各项管理活动的优先次序。资金和其他资源的分配,是按重新排出的优先次序,即按每个方案与其他同时点方案相比的优点进行的,而不采用过去那种外推的办法。

这种方法是由美国得州仪器公司首创的,美国一些州政府还将这种方法推广应用于部门的设立,称为"日落法"。也就是说,每年年终,现有的各个部门,特别是一些临时设立的部门像太阳落山一样将宣告结束。当新的一年开始时,各部门必须向专门的审议机构(在美国是州议会)证明自己确有存在的必要,才能像"旭日东升"那样重新开始。

零基预算法主要包括以下四个步骤:(1)在审查预算前,主持这一工作的管理人员应首先明确组织的目标,并将长远目标、近期目标、定量目标和非定量化目标之间的关系和重要次序搞清,建立起一种可考核的目标体系。(2)在开始审查预算时,将所有过去的活动都当作重新开始。要求凡是在下一年度继续进行的活动或续建的项目,都提交计划完成情况的报告;凡是新增的项目都必须提交可行性分析报告;所有要继续进行的活动和项目都必须向专门的审核机构证明自己确有存在的必要;所有申请预算的项目和部门都必须提交下一年度的计划,说明各项开支要达到的目标和效益。(3)在确定出哪些项目是真正必要的之后,根据已定出的目标体系重新排出各项活动的优先次序。(4)编制预算。资金按重新排出的优先次序分配。尽可能满足排在前面的需要,如果分配到最后,对于一些可进行但不是必须进行的活动,已无多少剩余的资金可供分配,那么最好将这些活动暂时放弃。

零基预算法的优点:有利于对整个组织作全面的审核,有利于克服机构的庞大臃肿,有利于限制组织内部各种随意性的支出,有利于上层主管人员把精力与时间集中于战略性的重大计划项目,有利于提高主管人员计划、预算、控制与决策的水平,有利于把组织的长远目标和当前目标以及实现的效益三者有机地结合。

零基预算法的缺点:每年对各部门提出的预算计划逐一进行审查所耗费的人力、时间和物力极其可观;在安排项目的优先次序上难免存在着相当程度的主观性;比较适用于事业单位、政府机关以及企业组织内的行政部门和辅助性部门,对于制造活动那种具有明显的投入产出关系的组织则不太适合。

13.3.2 作业控制

作业控制是为了保证各项作业计划的顺利进行而进行的一系列工作。作业控制主要包括成本控制、质量控制和库存控制。

一、成本控制

目前成本领先已成为企业在竞争中取胜的关键战略之一,企业无论采取何种改革、激励措施都代替不了强化成本管理、降低成本这一工作,它是企业成功最重要的方面之一,也是企业利润的源头。

成本全面控制,是指在对系统的所有工作做全面详细分析后,层层分解成本指标,以该指标作为衡量标准对经营活动全过程进行控制,从而确保在预定成本下获得预期目标利润的过程。

成本全面控制包括以下四个步骤:(1)确定目标成本,制定具体控制标准。这一阶段企业会根据利润的要求,通过反复的测算,确定先进合理、效益最佳的目标成本,然后根据目标成本,层层分解指标,为每一项活动制定具体的控制标准。确定目标成本的方法有计划法、预算法和定额法等。(2)根据原始记录,进行成本核算。成本统计所用的原始记录是反映核算期人力、物力、财力等支出的全部原始记录,是进行成本核算和控制最基本的依据。通常该阶段需要进行的成本核算有:可比产品总成本、可比产品单位成本、商品产品成本、主要产品单位成本、可比产品成本降低率等。通过成本核算,管理者可以了解实际成本,并为分析改进提供数据资料。(3)差异分析。将实际成本与目标成本相比较,就会发现差异。分析就是通过比较,找到实际成本与目标成本的差异,发展趋势,找出控制和降低成本的措施。差异分析的主要内容有直接材料费用分析、直接人工费用分析、管理费用分析、销售费用分析等。(4)采取措施,降低成本。一旦发现实际成本高于目标成本,就应积极采取措施,控制成本上升趋势。一般来说,可采用的方法有价值工程、严格投入管理、改进产品设计或生产工艺、精简机构等。

成本控制的先进经验

目前国内外企业已经形成不少成本控制的先进经验,其中较为突出的如下。

邯钢模式。 邯郸钢铁总厂在1991年针对原材料大幅度涨价、钢材市场严重疲软、产品成本升高、经济效益下滑的严峻局面下,在全厂实行"模拟市场,成本否决",顺利渡过难关。所谓"模拟市场",指采用最终产品的市场价格来"模拟"确定内部转移价格的过程。其具体方法为,首先以钢材的市场价格为基础,减去税金和目标利润之后为钢材的目标成本,实际成本与目标成本的差异即为全厂应挖掘的潜力。班组再把指标落实到人,形成一个以保障全厂目标利润为中心由十几万个指标组成的成本控制体系。这个体系中的每个指标都与厂内各部门和个人密切相关,成为一个严密的责任网络。这样,由于目标成本的测算是以市场价为基础的,是客观存在的,市价有无可争辩的权威性,从而避免了不必要的讨价还价。所谓"成本否决",是指无论其他指标完成得再好,只要突破了分配给分厂、班组或个人的目标成本,工资和奖金就要受到影响。这样,邯钢就树立起了"成本权威",并将成本作为影响、诱导和矫正人的行为的杠杆。

邯钢模式的优点是坚持从实际出发,实行集约经营,推进技术改进,自觉遵循价值规律和供求规律;企业管理以财务管理为重点,财务管理以资金运作为中心,加速资金周转;全心全意依靠职工办企业,让广大职工当家理财,使职工真正成为企业的主人。

邯钢模式的缺点是成本否决法很难适应生产不均衡、品种多且变化频繁的场合;易产生低质量问题;易失去激励作用。

宝钢模式。 宝钢于1996年正式采用标准成本制度。其具体方法为:首先是制定成本中心,分清部门责任。将某种产品在其生产过程中所经过的有投入产出的单元设为成本中心,并分为各个等级:一级为全厂;二级为分厂;三级为作业区。成本中心按其功能又分为生产性成本中心、服务性生产中心、辅助性成本中心和生产管理性中心。其次是制定并修正成本标准。成本标准是各成本中心针对具体产品而制定的,分为消耗标准和价格标准。消耗标准根据工艺技术规程、生产操作规程、计度值指标、历史消耗资料来确定;价格标准根据成本补偿来确定。在标准制定过程中,工程技术方、生产方、财务人员一起参与。最后是成本差异的揭示及分析。差异由实际成本减标准成本来揭示。差异揭示出来后,由责任中心的生产人员、技术人员、管理人员共同分析差异产生的原因,提出改进措施。

宝钢模式的优点是便于决策,便于成本控制,便于分清成本责任中心。

宝钢模式的缺点是在实际操作中,由于内部结算中心无法发挥作用等原因导致标准成本的制定不尽合理,要么高不可攀,要么太低失去控制作用;由于信息反馈制度不够及时,造成各责任中心控制人员后知后觉,无法及时校正偏差,导致成本的事中控制沦为事后分析。

作业成本管理模式。该模式是美国现代成本控制的一种代表模式。作业成本管理是把管理重心深入到作业层次的一种新的管理观念,从认识导致成本发生的根本原因入手,将企业这个生产经营过程视为一个前后一贯、上下关联的各种作业构成的链状结构,并进一步假设企业所耗用的一切资源都是由作业的发生所导致的,通过对作业及作业成本的确认、计量,最终计算出相对真实的产品成本。同时,通过对所有与产品相关联作业活动的追踪分析,它尽可能消除"不增值作业",改进"增值作业",优化"作业链"和"价值链",最终增加"顾客价值"和"企业价值"。

这种模式以"作业"作为企业管理的起点和核心,比传统的以"产品"作为企业管理的起点和核心,在层次上大大深化了,是企业管理领域又一重大的革命性变革。

成本企划模式。"成本企划"是日本人倡导的一种成本管理方法。它是一种有助于达成高品质、多功能、低成本的成本管理方法,旨在企业策划、开发产品时,设定符合顾客需求的品质、价格、信赖性及交货期等目标,并通过从上流到下流的所有过程,同时实现那些目标的综合效益。"源流"思想与"筑入"思想是成本企划的重要思想。"源流"思想主张在产品的设计阶段乃至企划阶段就开始降低成本的活动。这种从源流着手的分析有助于避免后续制造过程的大量无效作业,从而耗费无谓的成本,其实施使得大幅度削减成本成为可能。成本"筑入"意味着在将材料、半成品等汇集在一起装配成产品的同时,也将成本一并"装配"进去。成本企划着眼于成本的源泉,立足于源泉,作事前的、周密的、全盘的分析考察,把产品的装配成形视为"成本的装配成形"。这是现代成本管理思想的巨大飞跃。

这四种模式虽然在成本控制的切入点等方面存在一定差异,但它们都是顺应不同社会需要和客观经济环境而产生的、先进的成本控制模式,企业在实践中应根据自身所处的环境、管理基础等,选择适当的成本控制模式。

二、质量控制

全面质量管理(Total Quality Management,TQM)是基于分权控制哲学的一种广为流行的方法,即为了保证产品质量符合规定标准和满足用户需求,企业在生产的全过程中始终贯彻质量观念,从而全方位提升质量水平的方法。

20世纪80年代,随着国际竞争的加剧和顾客期望值的提升,越来越多的企业采用全面质量管理(TQM)的方法来控制质量,把质量观念渗透到企业的每一项活动中,以实现持续的改进。全面质量管理有四大特征。

（1）全过程的质量管理。质量管理不仅仅在生产过程，而且应"始于市场，终于市场"，从产品设计开始，直至产品进入市场，以及售后服务等，质量管理都应贯穿其中。

（2）全企业的质量管理。质量管理不仅仅是质量管理部门的事情，它和全企业各个部门都休戚相关，因为产品质量是做出来的，不是检验出来的，故每项工作都与质量相关。

（3）全员的质量管理。每个部门的工作质量，决定于每个职工的工作质量，所以每个职工都要保证质量，为此，由职工成立了很多质量小组，专门研究在部门或工段的质量问题。

（4）全面科学的质量管理方法。以统计分析方法为基础，综合应用各种质量管理方法，工作步骤按"计划—执行—检查—处理"四步循环进行。

PDCA循环也称戴明环，是由美国统计学家戴明博士提出来的。它反映了质量管理活动的规律：P(Plan)表示计划；D(Do)表示执行；C(Check)表示检查；A(Action)表示处理。PDCA循环是提高产品质量、改善企业经营管理的重要方法，是质量保证体系运转的基本方式。其主要步骤见图13-3。

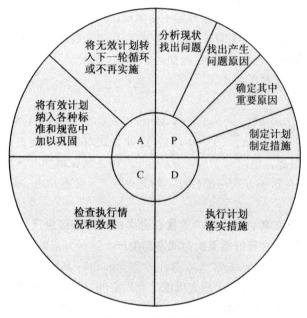

图13-3 PDCA循环

PDCA循环不仅是质量管理活动规律的科学总结，是开展质量管理活动的科学程序，也是一种科学管理的工作方法。它同样可以在质量管理活动以外发挥重要效用。例如，海尔集团就纯熟地将PDCA管理法应用到销售任务的计划、组织和控制上，并取得了较好的效果。

实施全面质量管理还可以采用许多具体的技术方法，如QC小组、标杆管理、六西格玛管理、缩短周期、持续改进等。

三、库存控制

库存控制是指在保障企业生产的前提下，尽量地减少库存，降低各种占用的过程。通常人们采取以下两种方法对库存进行控制。

1. 经济采购批量

经济采购批量（Economic Order Quantity，EOQ）是一种被广泛应用的库存控制方法，也称最佳进货批量。它是指在一定时期内进货总量不变的条件下,使采购费用和储存费用总和最小的采购批量。经济采购批量计算公式如下:

$$Q=\sqrt{\frac{2DC_1}{C_2}}$$

式中:Q——经济采购批量;D——定时期内采购总量;C_1——每次采购费用;C_2——单位商品储存费用。

这个模型考虑三种成本:一是订购成本,即每次订货所需的费用(包括通讯、文件处理、差旅、行政管理费用等);二是保管成本,即储存原材料或零部件所需的费用(包括库存、利息、保险、折旧等费用);三是总成本,即订购成本和保管成本之和。

经济采购批量运用必须符合一定的条件要求,主要包括:(1)采购需要量应当均衡稳定,计划期(如一年)的采购总量是一定的,并且是已知的;(2)货源充足,库存量不允许发生短缺;(3)货品单价和运费率固定,不受采购批量大小的影响;(4)每次的采购费用和每单位货品的储存费用均为常数;(5)仓储和资金条件等不受限制。

所以,经济采购批量适合那些需求相对稳定的产品的采购。如果需求量断断续续波动,即使采取经济采购批量法仍然会造成库存时而短缺、时而积压。为了解决这个问题人们找到了更为有效的方法——准时制库存系统。

2. 准时制库存系统

准时制库存系统(Just-in-time Inventory Method,简称JIT)是由日本丰田汽车公司在20世纪60年代实行的一种生产方式。1973年以后,这种方式对丰田公司渡过第一次能源危机起到了突出的作用,后引起其他国家生产企业的重视,并逐渐在欧洲和美国的日资企业及当地企业中推行开来。现在这一方式与源自日本的其他生产、流通方式一起被西方企业称为"日本化模式"。

JIT指的是,将必要的零件以必要的数量在必要的时间送到生产线,并且只将所需要的零件、只以所需要的数量、只在正好需要的时间送到生产。这种方法的别称或与之相似的方法还可以叫"零库存"(Zero Inventory)或"无库存生产"(Stockless Production)。JIT系统不仅在许多场合下减少了成本,而且还有助于最大限度地利用空间,提高产品质量。

JIT的运用必须符合一定的条件要求,主要包括:(1)要求零件是高质量的,不能出现次品;(2)与供货商保持着长期、融洽的战略合作关系;(3)最为理想的条件是,供应商具有良好的物流基础,如便利的交通、适时的计算机管理系统等。

13.3.3 其他控制方法

控制的方法还有很多,这里简单介绍以下三种。

一、审计法

审计是对反映企业资金运动过程及其结果的会计记录及财务报表进行审核、鉴定,以判断其真实性和可靠性,从而为控制和决策提供依据。

根据审查主体和内容的不同,可将审计划分为三种主要类型:(1)外部财务审计,即由专门的审计部门定期对某一组织的有关经济账目和财产程序进行综合的调查和审核。其目的在于判明组织财务活动是否符合财经政策和法令。(2)内部财务审计,即由内部专职人员对企业财务控制系统进行全面评估的内部审计。其目的在于使管理人员及时了解企业的财务状况。(3) 管理审计,即检查一个单位或部门管理工作的好坏,评价人力、物力和财力的组织,以及利用的有效性。其目的在于通过改进管理工作来提高经济效益。

二、财务分析法

财务报表是用于反映企业经营的期末财务状况和计划期内的经营成果的数字报表。财务分析法,也称经营分析,就是以财务报表为依据来判断企业经营的好坏,并分析企业经营的优劣势。它主要包括:(1) 利润率分析,指分析企业收益状况的好坏;(2) 流动性分析,指分析企业负债与支付能力是否相适应,资金的周转状况和收支状况是否良好等;(3) 生产率分析,指分析企业在计划期间内生产出多少新的价值,又是如何进行分配将其变为人工成本、应付利息和净利润的,等等。

财务报表分析法主要有实际数字法和比率法两种。实际数字法是用财务报表分析中的实际数字来分析,但有时这种绝对的数字因为可比性问题,不能准确地反映企业的不同时期或不同企业间的实际水平。比率法是求出实际数字的各种比率后再进行分析,因为是用相对数进行分析,所以,体现出了对比的科学准确性,比较常用。参见表 13-2。

表 13-2　组织中常用的财务比率指标

目　的	比　率	计算公式	含　义
流动性检验	流动比率	$\dfrac{流动资产}{流动负债}$	检验组织偿付短期债务的能力
	速动比率	$\dfrac{流动资产-存货}{流动负债}$	对流动性的一种更精确的检验,尤其当存货周转缓慢和难以售出时
财务杠杆检验	资产负债比	$\dfrac{全部负债}{全部资产}$	比值越高,组织的杠杆作用越明显
	利息收益倍比	$\dfrac{纳税付息前利润}{全部利息支出}$	度量当组织不能偿付它的利息支出时,利润会下降到什么程度
运营检验	存货周转率	$\dfrac{销售收入}{存货}$	比值越高,存货资产的利用率越高
	总资产周转率	$\dfrac{销售收入}{总资产}$	用于获取一定销售收入水平的资产越少,管理当局利用组织全部资产的效率越高
盈利性	销售利润率	$\dfrac{税后净利润}{销售收入}$	说明各种产品产生的利润
	投资收益率	$\dfrac{税后净利润}{总资产}$	度量资产创建利润的效率

三、统计报告法

统计报告法是使用统计方法对大量的数据资料进行汇总、整理、分析,以各种统计报表的形式及分析报告,自下而上向组织中有关管理者提供控制信息。这种方法的关键在于健全而准确的原始记录和统计资料、简明扼要的报告形式、快速及时的上报速度、良好的企业制度和组织基础。管理者通过阅读和分析统计报表及有关资料,找出问题,分析问题并解决问题。

13.4 信息控制

13.4.1 信息与信息系统

信息科技和工具的进步，使管理者面临新的机会和挑战，了解信息在控制上的新运用，是现代管理者不可忽略的一环。

目前，信息系统已成为管理者进行信息控制的有效方法，一个有着科学管理思想的信息系统若能在企业实施，它会起到规范业务流程、提高企业管理水平的作用。再通过综合分析系统对各业务系统的数据加以综合、分析，以图形、表格等多种形式表现，这样就能便于领导找到管理上的薄弱环节，及时加以控制；同时，还可以从这些数据分析的结果中得出新的结论，供领导参考决策。

信息系统是与信息加工、信息传递、信息存贮以及信息利用等有关的系统。信息系统可以不涉及计算机等现代技术，甚至可以是纯人工的。但是，现代通信与计算机技术的发展，使信息系统的处理能力得到很大的提高。在现在各种信息系统中已经离不开现代通信与计算机技术，所以现在所说的信息系统一般均指人、机共存的系统。

13.4.2 信息系统的类型

信息系统依照其功能和目的，可以分为日常营运信息系统、管理者支持系统和企业资源规划系统。

一、日常营运信息系统

日常营运信息系统包括业务处理系统与办公室信息系统，主要着重记录日常运营中例行的组织交易和活动。日常营运信息系统是管理者支持系统的基础，它记录的信息和结果，往往变成管理者支持系统的资料来源。

1. 业务处理系统(Transaction Processing System，TPS)

业务处理系统是信息处理在企业日常基本业务上的应用。对于一个想要信息化的企业，建立业务处理系统是第一步，包括订单的处理与跟催、进货、存货与出货的记录，以及发票、分录、入账与相关报表的处理等。

2. 办公室信息系统(Office Information System，OIS)

办公室信息系统主要协助办公室员工进行数据处理和其他办公活动，帮助员工更好地与管理者沟通。主要工具有电子邮件、互联网、企业网络、网络电话及视频会议等。

二、管理者支持系统

管理者支持系统包括管理信息系统、决策支持系统等。

1. 管理信息系统(Management Information System，MIS)

管理信息系统是随着数据库技术和网络技术的发展而成熟起来的一种企业计算机应用系统，它能系统地组织、保存、处理企业的信息，以达到辅助企业管理的目的。从技术角度来看，管理信息系统的外在标志是应用了数据库管理系统及计算机网络技术而使系统本身具备了分布式数据处理能力。这种分布式数据处理能将组织中的数据和信息集中起来，进行快速处理，统一使用,从而实现了真正意义上的信息管理的系统化。

2. 决策支持系统(Decision Support System,DSS)

随着信息技术应用的深入,信息系统已不仅仅支持管理者的信息处理,而是开始向上发展支持管理者的决策。决策支持系统是利用计算机分析和模型能力对管理决策进行支持的系统。从其功能来讲是通过人和计算机的交互帮助决策者探索和评价可能的方案,并为其提供决策所需的信息支持。DSS在组织中可能是一个独立的系统,也可能作为 MIS 的一个高层子系统而存在。

但是,决策支持系统与原来的管理信息系统相比有着自己的特点:(1)它的目标在于帮助解决结构不良的高层管理决策问题;(2)它所处理的数据不是企业管理中具体业务处理的事务型数据,而是面向决策分析主题的分析型数据;(3)它综合了应用模型和分析技术,同时也具有传统的数据存取和检索功能;(4)它特别注意让不熟悉计算机的用户方便地使用,并采取交互方式;(5)它们强调灵活性和适应性,强调 DSS 适应跟踪用户的决策环境、方式和过程,而不是强调人适应设计者的方式和过程;(6)DSS 是支持而不是代替人们的认识过程。

三、企业资源计划系统

企业资源计划系统(Enterprise Resource Planning System,ERPS)是整个公司层面的整合电脑控制系统。将公司个别的控制系统(诸如订单处理、生产控制、会计系统等)通过计算机整合在一起,其目的是为了及时给予管理者企业中各项作业与项目的成本与状态信息。

信息系统是一个不断发展的概念。20世纪90年代以来,出现新的概念有智能决策支持系统(Intelligent Decision Support System,IDSS)、群体决策支持系统(Group Decision Support System,GDSS)、电子商贸系统(Electronic Business Processing System,EBPS)、总裁信息系统、战略信息系统、计算机集成制造系统和其他基于知识的信息系统等。

13.4.3 信息系统开发的步骤

信息系统开发的步骤一般认为包括五个环节,它们分别是系统规划、系统分析、系统设计、系统实施、系统运行与评价。

一、系统规划

信息系统的系统规划是企业战略规划的组成部分,是关于信息系统的长远发展规划。系统规划的主要内容包括:企业目标的确定、解决目标的方式的确定、信息系统目标的确定、信息系统主要结构的确定、工程项目的确定、可行性研究等。

二、系统分析

信息系统的系统分析是整个信息系统建设的关键阶段,它的任务是在对现有信息系统进行详细调研的基础上,通过各种可能的方式充分描述现有系统的业务流程及所需处理的数据,并分析这些处理过程及数据结构的逻辑合理性,最后给出新系统的逻辑方案。

新系统的逻辑方案主要描述目标系统的功能结构,如新系统的子系统及进一步的功能分解,这其中也包括新系统中的管理模型,即具体管理业务中采用的管理模型和处理方法。

系统分析的主要内容包括数据的收集、数据的分析、系统数据流程图的确定、系统方案的确定等。

三、系统设计

系统设计是指根据系统分析得到的系统功能和信息需求,设计新系统的处理流程及软件结构,并对软件结构的每一功能模块给出其实现的输入、输出及处理过程的设计。系统设计的主要内容包括:系统流程图的确定;程序流程图的确定;编码;输入、输出设计;文件设计;程序设计等。

四、系统实施

系统实施是将根据规划所设计的新系统应用软件进行物理实现,产生一个可运行的系统的过程。其主要内容包括硬件设备的购买、硬件设备的安装、数据准备、程序的调试、系统测试与转换、人员培训等。

五、系统运行与评价

系统运行与评价是信息系统开发的反馈阶段。其主要内容包括:系统投入运行后的管理及维护;对新系统从目标、功能、性能及经济效益方面的评价;发现问题并提出系统更新的请求等。

13.4.4 信息系统的应用对管理者的影响

信息系统的发展对企业管理者有着以下四个方面的主要影响。

一、提高管理者的决策能力

管理者需要依靠大量的信息作出决策,而信息系统的应用通过提高信息传递的速度、增加信息的数量、强化信息处理的准确性等有效方法提高了管理者掌握信息的能力,从而提高了管理者的决策能力。

在备选方案的设计和评价以及最终方案的确定过程中,信息系统对决策的重要性是非常明显的。在线实时系统使管理者几乎可以在问题发生的同时就找到它,从而避免了严重的脱节现象和缺乏识别问题能力的现象;数据库处理程序可以使管理者不必查阅大量纸张文件,快速直接地找到自己需要的数据。这样使得管理者不再依靠他人来提供数据,从而大大提高分析问题的效率和准确性。今天的管理者可以通过信息系统快速地确定可行性方案并对其进行充分的比较,然后从中找出针对当前特定问题的最优方案。

二、改变组织交流的形式

信息系统的进步,极大地增强了我们收集、综合、整理、监督和传播信息的能力,而这种变化又引起了组织交流方式的巨大变革。员工可以跨越组织层次的限制,利用组织内部网络更有效地完成他们的工作。管理者则可以打破纵向交流模式,获得过去在组织中只有通过非正式渠道才能获得的信息。

管理者在面对面的交谈、电话、旅行去参加会议、等待下属提交进展报告等传统交流形式上将花费更少的时间。他们会利用网络传递电子邮件,开电视电话会议,并更密切地关注组织的活动。

三、优化组织结构

复杂的信息系统正改变着组织的结构,管理与被管理者的界限越来越淡化。原来传统的金字塔形的组织结构,被一些扁平型、网状型或无中心组织形式所替代。传统的部门界限不再严格地按照部门、小组、地理位置和组织层次来划分,组织的层次变得更少、更有机化。

由于计算机的控制替代了人的监督,其结果是控制的范围更广,组织的管理层次更少,管理者可以管理更多的下属。由于信息系统的原因,使管理者能够直接查询信息,因而不再需要过去整理资料、编制表格和分析数据之类的人员,大大减少了组织中辅助人员的数量。

四、改变权力层次

信息系统在改变组织结构的同时改变了组织的权力层次。以信息系统为主的控制系统对权力结构的最大影响是强化了高级管理层的控制手段。前些年,高级管理层依靠中级管理人员定期向他们提供信息,由于信息经过了过滤和"强化",管理者只知道下属想让他们知道的东西。然而,终端用户系统能将完整的信息传送到高层管理者手边,他们可以直接读取数据,而不需要依赖中层管理者,于是中层管理人员的影响力下降,在组织中的地位也随之下降。与此类似,普通办公人员的优越性也大大降低了,因为管理者不再依赖他们获得评价和忠告。例如,在20世纪70年代极有影响的集中化的计算机部门,其职责已经改变,权力也大大降低了,随后建立的信息支持中心,也丧失了对进入数据库的控制权力。

扁鹊的医术

魏文王问名医扁鹊说:"你们家兄弟三人,都精于医术,到底哪一位最好呢?"

扁鹊答:"长兄最好,中兄次之,我最差。"

文王再问:"那么,为什么你最出名呢?"

扁鹊答:"长兄治病,是治病于病情发作之前;由于一般人不知道他事先能铲除病因,所以他的名气无法传出去。中兄治病,是治病于病情初起时;一般人以为他只能治轻微的小病,所以他的名气只及本乡里。然而,我是治病于病情严重之时,一般人都看到我在经脉上穿针管放血、在皮肤上敷药等大手术,所以以为我的医术高明,名气因此响遍全国。"

管理心得:事后控制不如事中控制,事中控制不如事前控制,可惜大多数的事业经营者均未能体会到这一点,等到错误的决策造成了重大的损失才寻求弥补。然而,往往是即使请来了名气很大的"空降兵",结果却于事无补。

智 能 控 制

智能控制是具有智能信息处理、智能信息反馈和智能控制决策的控制方式,是控制理论发展的高级阶段,主要用来解决那些用传统方法难以解决的复杂系统的控制问题。智能控制研究对象的主要特点是具有不确定性的数学模型、高度的非线性和复杂的任务要求。

智能控制是由智能机器自主地实现其目标的过程。智能机器是指在结构化或非结构化的熟悉的或陌生的环境中,自主地或与人交互地执行人类规定的任务的一种机器。智能控制以控制理论、计算机科学、人工智能、运筹学等学科为基础,扩展了相关的理论和技术,其中应用较多的有模糊逻辑、神经网络、专家系统、遗传算法等理论,以及自适应控制、自组织控制和自学习控制等技术。

问题追踪

智能控制有哪些主要应用领域?

■ 本章小结 ■

1. 控制是通过对组织内部各种行为进行监视和调节,以确保其与计划、目标和绩效标准中的预期相一致的系统过程。

2. 控制的内容归纳为对人员、财务、作业、信息和组织的总体绩效等五个方面的控制。

3. 根据控制在执行过程中发生作用的时段,人们将控制工作分为前馈控制、现场控制、反馈控制三类。

4. 控制的基本过程主要包括以下三个步骤:确定目标、衡量绩效、纠正偏差。

5. 有效的控制系统应具备以下特征:充分考虑计划和环境的要求,指明控制关键点和例外情形,有充分的客观性和足够的灵活性,具有全局的观点,充分考虑经济效益,充分与组织文化相匹配,鼓励自我控制等。

6. 控制的方法主要有预算控制、作业控制等。作业控制主要包括成本控制、质量控制和库存控制等。

7. 信息系统依照其功能和目的,可以分为日常营运信息系统、管理者支持系统和企业资源计划系统。

8. 信息系统开发工作的步骤一般有系统规划、系统分析、系统设计、系统实施、系统的运行与评价五个方面。

9. 信息系统的发展对企业管理者有着以下影响:提高管理者的决策能力、改变组织交流的形式、优化组织结构、改变权力层次等。

  [问题与讨论]

1. 试举例说明生活或工作中控制的三种基本类型及其优缺点。
2. 试举例说明有效控制应具备什么特征。
3. 举例说明在进行传统的预算控制时应防止哪些危险倾向。
4. 试比较静态预算与弹性预算、增量预算与零基预算的差异。
5. 作业控制有哪些主要方法?
6. 信息系统的发展对企业管理者的影响有哪些?

  [实战练习]

度量自己的学习情况

目的: 运用所学的控制知识,为管理学的学习设计一套控制系统。

内容: 大学读书期间,你至少应该控制好自己的课业学习。你对个人课业的控制能力或许预示着你今后对公司业务的控制能力。根据本章所介绍的反馈控制和前馈控制知识,制定一套切实可行的控制系统去度量你管理学课程学习的进展状况,并按照系统进行实施。在控制实施后1个月针对以下问题进行课堂讨论:① 你的控制系统对你的课业学习带来什么样的好处? ② 实施后发现又面临了哪些新问题?

要求: 要求每位学生或每组学生在一张纸上写下自己的答案,并鼓励同学之间互相交流,分享自己好或者坏的经验。

[案例思考]

案例一 俏江南的内部控制

1. 案例背景

俏江南集团第一家中餐店于2000年在北京开张,之后十年间在中国八大城市建立了40多家分店,基本上每隔三个月就会有一家俏江南分店开张。金融危机环境下,在大多数企业亏损的大背景下,俏江南集团在2009年却保持了10%的盈利增长。俏江南餐饮成功的秘诀在哪里?

2. 控制环境

控制环境由公司管理层形成,它决定了一个企业内部控制的基调。每一个公司都有着自己不同的控制环境,影响控制环境的因素主要有企业文化和价值观、员工胜任能力、管理理念和经营风格、组织架构、管理层和职责分工、人力资源政策和措施。俏江南不仅有着自己独特的企业文化,并且十分注重人才的培养和激励。

(1) 企业文化

体验过俏江南服务的客户都对俏江南的品牌有着深刻的印象,一张川剧中的变脸加上一个英文单词"South Beauty",中英混搭的结合构成了俏江南整个的品牌形象。对此董事长张兰说,取名俏江南就是要让公司的菜品俏遍大江南北。而一张变脸的人物代表了中国一种古老的文化,代表着中国悠久丰富的历史。俏江南的每一道菜都代表着中国的一个历史故事,顾客在品尝佳肴的同时,不仅可以通过服务人员的介绍了解菜品营养价值,还可以饶有兴致地聆听菜品背后蕴含的历史故事。

(2) 人才培养与员工激励

人才是企业最重要的资源,也是内部控制环境的重要因素。俏江南十分重视人才的选用和员工素质的培养,该公司的一位执行董事说,如果从业人员不能很好地了解企业的文化以及标准,会直接造成企业品牌服务的标准下降,进而客人对品牌的忠诚度下降,造成品牌贬值。为此,对于一线员工,公司建立了自己的员工培训基地,为员工提供能力拓展、企业文化以及服务技能等方面的培训。对于关系菜品质量的厨师,不管等级高低,上岗前都统一培训,做到任何一个厨师对任何一道菜品的制作过程都能信手拈来。公司的调酒师是聘请世界排名前五的大师来进行技术指导的。在管理层方面,公司从麦当劳、可口可乐等国际化公司引进了职业经理人,凭借他们的先进管理经验、对国际市场的深入了解,使得俏江南的管理和运作模式更加规范。在人才激励方面,俏江南集团和北京几所知名的大学合作办学,同时和法国一些大学达成合作关系,他们定期输送学生来俏江南实习工作,而优秀的员工也有机会去法国深造。同时,俏江南每开设一家分店,正厨就从原先老店的副厨中提拔,这样既留住了员工,菜品的质量也有了保证。

3. 风险评估

餐饮业面临的外部风险主要是地理位置能否吸引消费者、菜品质量以及物价波动带来的成本波动风险。

(1) 营销战略

俏江南打破了中式餐饮"淑女矜持"式的营销模式,率先在北京国贸高档写字楼中开张了第一家"俏江南",之后又分别在北京恒基、盈科、东方广场,上海时代广场、新天地广场等CBD繁华商业中心开设了多家分店,在中心的地理位置,分店一开张便引起了人们的关注,加上在广场的大幅海报、适中的价位,目标消费人群直指职场白领,明确的定位和积极的推广很快便吸引了消费人群的眼球,而中心的地理位置方便了商务人士的就餐。

(2) 菜谱创新

餐饮业很难克服的一个问题,就是顾客厌倦了某一餐厅固定菜品之后,会选择新的餐厅进行尝试。俏江南意识到,满足不断变化的客户期望和需求是保持餐厅客座率的关键。革新菜谱,成了俏江南每隔三个月必须做的工作,也成了餐饮业革新频率最快的餐厅。

(3) 锁定原材料价格

俏江南对顾客的承诺一直都是,无论物价怎样上涨,我们承诺保持原价。这是俏江南吸引顾客的另一大诀窍。敢于做出这样的承诺就在于俏江南实行了锁定原材料价格策略。每年年初,俏江南集团都会与中粮集团这样的大公司签订合约,确定该年粮油价格,而这些大公司也看中了俏江南的品牌形象,乐于长期合作,从而使俏江南避免了物价上涨带来的风险,控制了成本的同时也保证了利润。

4. 控制活动

控制活动是指为确保管理层指示得以执行的政策和程序。它们包括审批、授权、确认、核对、审核经营业绩、资产保护以及职责分工等,通过这一系列的活动能够应对企业内部的风险。

中餐做连锁最难的问题就是"标准化",如果无法突破这一瓶颈则很难做大做强。对于"标准化"的做法,俏江南给出了一个独特的见解。俏江南的一位经理说,我们的标准化并不是形式上的标准,我们更注重的是管控标准化。俏江南打破了以往国外快餐连锁统一的店面装修,高薪聘请了英国鬼才设计师菲利普和丹麦新锐设计师约翰针对不同的店面做了不同的风格设计,顾客到不同的分店都能感受到不同的气氛和细节。

但是,在食品和原材料的供应使用上,俏江南采用了严格的标准化操作。比如,鱼香肉丝的用料,必须精细到后臀尖肉三两,油一两五,盐0.3克等;再比如,肘子的各种做法,俏江南都要事先选用大小一致的肘子,在中央厨房统一蒸或炖,然后再运往各个分店由正厨淋汁制作成品。这些统一标准的管理最大限度地保证了不同分店、不同厨师对同一菜品做出相同的口味。

5. 信息与沟通

俏江南在建立完善的信息系统上也下了很大的工夫。餐饮业成本控制当中"跑、冒、滴、漏"一直是比较头疼的问题("跑"指跑单,"冒"指某一道菜原料使用过多,"滴"是指原材料用少了,"漏"是指出现偷漏现象),因为发现问题时往往问题发生的时间已经比较长了,很难追究到个人,也很难实施有效的处理措施。俏江南的每一个分店都有一个和总店相连的信息系统,每天各个分店原材料的采购和使用都要经过核对后由专人录入信息系统,并且每一道菜品每天被点的次数也要经过统计录入信息系统。一般的餐饮公司管理者通常只对原材料的原始购入量比较清楚,但是经过一段时间后便对使用量、库存等问题模糊不清了。俏江南的信息系统对于原材料每天的使用量、库存,包括每天每道菜品卖出去多少,管理层都能了然于胸。这样自下而上的信息反馈机制使得"跑冒滴漏"现象大大减少,即使出现这种现象,每天核对时也能很快发现并及时地追究到个人,明确责任。

▲ **思考题**

1. 俏江南的内部控制中是怎样激励员工和留住人才的?
2. 俏江南做了哪些方面的工作来抵御餐饮业面临的外部风险?
3. 俏江南"中餐"标准化管理给中餐企业的内部控制带来哪些启示?

案例来源:李丹,陈亚光.俏江南的内部控制[J].企业管理,2011(3).

案例二 国美电器控制权的变化

公司概况

国美电器是中国的一家连锁型家电销售企业,也是中国内地最大的家电零售连锁企业之一。国美电器于1987年设立第一间电器零售门店,1999年国美开始全国性跨地域经营。2004年,国美电器在香港上市,自此以后,其在全国各地进行大规模地扩张,如合并永乐电器,全面托管大中电器。到2010年,国美电器在全国大中型城市拥有直营门店1 200多家,年销售收入509亿元。睿富全球最有价值品牌中国榜评定国美电器品牌价值为553亿元,成为中国家电连锁零售第一品牌。

事件介绍

国美电器的大股东与管理层的控制权之争可分为四个阶段。

(1) 第一阶段(2006年7月—2008年11月),黄光裕收购永乐电器,陈晓担任国美电器CEO。

2006年7月,国美电器宣布以52.68亿港元"股票+股票+现金"的形式收购永乐(中国)电器90%股权。7月25日,香港联交所发布公告,国美电器(HK. 0493)与中国永乐(HK. 0503)正式启动合并。8月28日国美电器发布公告称,公司以8.11亿元人民币向总裁兼董事陈晓等购入永乐(中国)电器余下的10%股权。交易完成后,永乐(中国)电器成为国美电器的全资子公司。10月17日,香港联交所发布公告,国美电器并购中国永乐已得到超过90%的永乐股东接纳;永乐(中国)电器的香港上市公司地位由于被国美并购而被撤销。在两公司组建的新公司中,黄光裕持有新公司51%的股份,陈晓通过合并公司和管理层持有12.5%的股份,摩根士丹利持有2.4%左右。2006年11月22日,新国美集团正式成立,黄光裕担任董事会主席,陈晓则担任CEO。经过短短两三年的发展,国美拥有了1 200家门店、占据了18%的市场份额,而排在行业第2位的苏宁拥有650家门店,只及国美门店数的一半。

(2) 第二阶段(2008年11月—2010年5月11日),黄光裕入狱,由陈晓任董事局主席,同时引入贝恩资本。

2008年11月17日晚,黄光裕因涉嫌经济犯罪被警方带走。随后,陈晓出任代理董事局主席,2009年1月18日,黄光裕正式辞职,陈晓出任董事局主席,并初步完成了权力过渡。黄光裕入狱以后,国美电器的股价一路直跌,资金缺口巨大。为解决国美电器的资金问题,2009年6月22日,国美电器召开董事会,全票通过了贝恩资本注资国美电器的方案:贝恩资本向国美电器注入资本15.9亿元购买其发行的于2016年到期的可转换公司债券。但是,国美电器同时与贝恩资本签订了黄光裕认为"极为苛刻"的绑定条款和索赔条款:委任贝恩资本的3名人选担任非执行董事;同时,如果现任董事会中陈晓、王俊洲、魏秋立3个执行董事中两个被免职,属国美电器违约;如果国美电器违约,贝恩资本有权要求国美电器以1.5倍的代价即约24亿元回购债权。大股东(黄光裕)认为,融资条件未能第一时间通知大股东,贝恩资本要求董事席位过多且与管理层捆绑,已经超出了财务投资者对投资安全的需求,有明显控制公司的意图。为表达对管理层不满,在2010年5月11日国美电器股东周年大会上,黄光裕夫妇连投5票否决票,其中包括否决董事会任命贝恩资本竺稼等3人为非执行董事。而管理层认为,贝恩资本要求更多的董事席位来确保其投资利益是一个相对合理的条件。且融资决策在董事会的职权范围内,无须第一时间通知大股东。随后国美电器紧急召开董事会会议否决了股东大会的决议,宣布委任竺稼先生、Ian Andrew Reynolds先生、王励弘女士为非执行董事。

(3) 第三阶段(2010年5月11日—2010年9月28日),双方围绕股权和董事会的控制权进行一系列的较量。

2010年5月之后,大股东和管理层通过公开信的方式展开论战。2010年8月4日,黄光裕致函董事会。在信函中,黄光裕提出5项动议:撤销公司2010年股东周年大会通过的一般授权;撤销陈晓公司执行董事及董事局主席职务;撤销孙一丁公司执行董事的职务,但保留他为公司行政副总裁职务;提名邹晓春为公司执行董事;提名黄燕虹为公司执行董事。对于黄光裕8月4日的信函,国美电器管理层做出了反击,8月5日国美电器起诉黄光裕要求其为违规行为赔偿。8月17日,国美电器的大股东Shinning Crown Holdings Inc发布了《致国美全体员工的公开信》,对陈晓进行了公开谴责。8月19日,国美电器董事局也发布了《致国美全体员工的公开信》,对大股东的批评进行了逐一反驳。8月23日,国美电器在香港联交所发布通告,宣布将于2010年9月28日在香港召开股东特别大会,并提出届时将就8项提议进行表决:(1)撤销公司2010年股东周年大会通过的配发、发行及买卖本公司股份之一般授权;(2)撤销陈晓的公司执行董事及董事局主席职务;(3)撤销孙一丁的公司执行董事的职务,但保留他为公司行政副总裁职务;(4)委任邹晓春为本公司执行董事;(5)委任黄燕虹为本公司执行董事;(6)重选竺稼先生为本公司非执行董事;(7)重选Ian Andrew Reynolds先生为本公司非执行董事;(8)重选王励弘女士为本公司非执行董事。于是,控制权的争夺双方开始为9月28日的股东特别大会做准备,双方都在努力加大自己的筹码。9月28日,国美电器特别股东大会如期召开,在大会上就8项议案进行了一一表决,黄光裕提出的5项决议案除撤销一般授权外,其他4项都被否决。

(4) 第四阶段(2010年9月28日至今)陈晓出局,国美电器进入大股东(黄光裕)与贝恩资本共同执掌的时代。

在2010年9月28日的股东大会上,黄光裕未能如愿。但是,大股东并没有完全失去对董事会的影响力。2010年11月10日,国美电器公告表示,国美电器已经与黄光裕的控股公司Shinning Crown订立了具有法律约束力的谅解备忘录。根据备忘录,双方约定将许可的董事会最高人数从11人增加到13人。新增加的两名董事人选均是大股东方面的提议人员,其中邹晓春被任命为执行董事,黄燕虹(黄光裕胞妹)被任命为非执行董事。2011年3月10日,国美电器发布公告称,陈晓辞去国美董事会主席、执行董事、执行委员会成员兼主席及授权代表职务。公告还称,国美董事会宣布委任张大中先生为国美电器非执行董事及董事会主席。至此,黄光裕在2010年9月28日股东大会上提出的5项提案基本实现。在国美电器大股东与管理层之间的控制权之争基本结束之后,创始股东、跨国资本乃至管理层和离职者,每个角色都找到了自己新的位置。

▲ 思考题

1. 公司治理中股东大会、董事会、监事会、经理层各自的角色和作用是什么?
2. 案例中大股东和管理层就哪些控制权和资源进行了争夺,为什么?

案例来源:祝继高,王春飞.大股东能有效控制管理层吗?——基于国美电器控制权争夺的案例研究[J].管理世界,2012(4):138-158.

[阅读书目]

1. 埃文斯·林赛著.质量管理与质量控制(第7版).中国人民大学出版社,2010年
2. 许国才编著.企业内部控制流程手册.人民邮电出版社,2010年
3. 罗伯特·安东尼、维杰伊·戈文达拉扬著,刘霄仑、朱晓辉译.管理控制系统.人民邮电出版社,2010年
4. 科兹纳著.项目管理:计划、进度和控制的系统方法(第10版).电子工业出版社,2010年
5. 蔡自兴等编著,智能控制原理与应用(第2版),清华大学出版社,2014年

第十四章

DI SHI SI ZHANG

管理的绩效

- 绩效概述
- 组织绩效评价指标体系的构建方法
- 个人绩效的评价方法
- 绩效评价后的工作
- 管理新动态
- 问题与讨论
- 实战练习
- 案例思考

    案例一　2014年中国职业经理人队伍现状调查
    案例二　捷成集团绩效管理的秘诀

- 阅读书目

第十四章

DI SHISI ZHANG

管理的绩效

- 绩效的概念
- 评价组织有效性的主要标准之十二
- 个人绩效的提升方法
- 提交不佳绩效的工作
- 管理绩效的监督
- 问题讨论
- 实战练习
- 案例思考

案例一：2017年中国大学生暑期人力资源调查
案例二：管理团队建设的意义
案例四：某某日

第十四章 管理的绩效

■ 学习目标 ■

学完本章,你应该能够:
1. 掌握绩效的基本内涵,了解绩效的性质。
2. 熟悉绩效管理的基本过程及它们之间的相互关系。
3. 熟悉用平衡计分卡设计组织绩效评价指标体系的方法。
4. 掌握用关键绩效指标设计组织绩效评价指标体系的方法。
5. 掌握个人绩效的评价方法,比较它们不同的特点。
6. 认识绩效反馈的重要性,了解绩效反馈和改进的方法。

■ 关键概念 ■

绩效　工作分析　平衡计分卡　关键绩效指标　目标管理法　关键事件法
360度评价法　标杆超越

游戏引导

总结与反思

游戏方法:
1. 教师准备好讨论题并制作成演示文稿,演示公布下面列出的三个将要讨论的问题。
2. 将授课班级分为每6人一组的讨论小组,小组成员相对集中,每小组选出负责人。
3. 每位学生对三个问题提出自己的观点,并以小组为单位展开讨论。
4. 每位小组选派一位代表在全班进行发言,阐述本组的观点。
5. 授课教师进行总结和归纳,并进入本章的中心话题——管理的绩效。

问题讨论:
① 你从管理学这门课程获得了哪些主要收获?
② 你认为管理的目标是什么?
③ 你认为应该怎样衡量管理的有效性?

14.1 绩效概述

14.1.1 绩效的含义

在第一章中我们已经认识到，管理就是要以有效的方式使用资源来实现组织的目标，管理的目的就是为了提高员工个人的绩效和组织的绩效。因此，提高管理绩效是管理的出发点和落脚点。

从管理历史的演变过程来看，科学管理的奠基人泰勒首创科学管理理论的直接原因就是因为他对企业管理现状不满，急需寻找一种每个工人从事劳动的"最佳方式"和企业管理工人的最有效率的办法。哈林顿·埃默森进一步明确提出管理绩效是科学管理的核心，并对管理绩效进行了深入研究，提出了十二项效率原则。法约尔在对管理过程研究后认为，成功的管理人员想保持较高的管理绩效，必须在工作中遵循经过验证行之有效的管理原则。因此，管理绩效问题是伴随着科学管理的产生而被提出来的，并构成科学管理的重要内容和基本原则。在现代管理中，绩效是管理中的重要概念，绩效管理在现代管理中已经上升到战略性的高度，成为帮助企业实现战略目标的重要手段和保障。

什么是绩效(Performance)呢？从管理学的角度来看，绩效是组织期望的结果，是组织为实现其目标而展现在不同层面上的有效输出，它包括个人绩效和组织绩效两方面。两者既相互区别而又密切联系，组织绩效是建立在个人绩效实现的基础上，但个人绩效的实现并不一定能保证组织是有绩效的。如果组织的绩效按一定的逻辑关系被层层分解到每一个工作岗位以及每一个人的时候，只要每一个人都到达了组织的要求，组织的绩效就实现了。但是，如果组织战略失误，则可能造成个人绩效目标实现而组织却失败的后果。

一、组织绩效

组织绩效包括组织的效益和组织的效率两方面，其中组织的效益是指组织实现其既定目标的程度，组织的效率是指投入与产出之比，它要求用比较经济的方法来到达预定的目标。**概括地说，组织绩效就是指组织在利用资源满足顾客需求和实现组织目标的活动中，在效率和效益上所表现出来的结果。**

组织绩效是多方面的，英国学者布雷德拉普认为，组织绩效应当包括三个方面，即有效性、效率和可变性。有效性是指满足顾客需求的程度，效率是指组织使用资源的节约程度，可变性是指组织适应未来变化的能力。因此，要从多方面、采用多重指标来衡量组织绩效，如近年来在欧美企业中得到广泛应用的卡普兰和诺顿提出的平衡计分卡(BSC)，即从财务、顾客、企业内部业务流程、学习与成长能力四个方面，全面地评价企业的绩效。

> **大师睿智**
>
> 组织绩效是组织所有工作过程和活动的累积性结果。
> ——[美]斯蒂芬·罗宾斯
>
> 平衡计分卡管理系统能够指出任何文化和经济形态下的组织必须解决一个系统性问题：如何描述和实施组织的战略。
> ——[美]罗伯特·卡普兰

二、个人绩效

对个人绩效的定义,主要有两种观点,一种把绩效看作一种结果,另一种则把绩效看作个体的行为。英国学者理查德·威廉姆斯在其所著的《组织绩效管理》一书认为"个人绩效的广义定义包括工作产出和行为",也就是说,绩效是行为和产出的综合,不可将两者完全分割。

我们认为,在绩效管理的具体实践中,应采用较为宽泛的绩效概念,即包括行为和结果两个方面。**概括地说,个人绩效就是指员工在工作结果、工作行为和工作态度方面所表现出来的水准。** 对员工绩效的评估也应该是多因素和多角度去分析和评价,而不是由单一因素决定的。

14.1.2 绩效的性质

根据我们对绩效的定义,绩效具有以下三个性质。

一、多因性

绩效的多因性指绩效优劣不是取决于单个因素,它受到主客观因素的制约和影响。例如,管理心理学经大量的研究表明,影响员工绩效的因素可以用"绩效函数"表示为:$P = f(M, A, E, O)$,P(Performance)代表个人工作绩效,M(Motivation)代表工作积极性(工作态度),A(Ability)为工作能力,E(Environment)为工作条件(环境),O(Opportunity)为机会。环境机会是影响员工绩效的外在因素,而工作技能、工作态度则属于员工自身的内在因素,绩效模型如图 14-1 所示。

图 14-1 影响员工绩效的主要因素

二、多维性

绩效的多维性指绩效表现为多个方面,须沿着多种维度或方面去分析与评估。例如,组织绩效的评估要从不同角度来对组织的生产经营中资源的投入产出结果进行全面、系统的分析和考核。既要设置财务指标评价企业的营业状况和财务状况,又要设置一些非财务指标评价,如对顾客满意度、市场占有率、质量合格率、员工满意度等指标评价对顾客的服务能力内部管理能力和组织未来的成长性。员工绩效的评估既要评价工作的结果,又要看工作行为和工作态度。

三、动态性

绩效的动态性是指绩效并不是不可改变的,绩效受众多因素的制约,随着时间的推移,影响绩效的因素会不断发生变化,绩效也会因此发生相应的变化。所以,对组织的绩效应定期评估,不断改进和提高;对员工的绩效要用发展的眼光来考察,不可僵化对待。

14.1.3 绩效的管理过程

绩效的管理过程从程序上可以划分为前期的基础性工作(目标分解和工作分析)、绩效指标体系的建立、绩效计划、绩效实施与管理、绩效考评、绩效反馈和改进六个环节。其中,绩效计划、绩效实施与管理、绩效考评与绩效反馈和改进四个环节形成一个绩效管理循环,并经绩效改进而呈螺旋上升。如图 14-2 所示。

图 14-2　绩效的管理过程

一、前期的基础性工作

绩效管理工作是建立在企业目标分解和工作分析基础之上，因此目标分解和工作分析又称绩效管理的前期基础性工作。

1. 目标分解

目标分解就是将企业的总目标层层分解，转变成为部门以及个人的目标。反过来，员工个人业绩目标的实现支持部门业绩，部门业绩保证企业总目标实现。它是绩效管理指标体系构建的前提和基础。如图 14-3 所示。

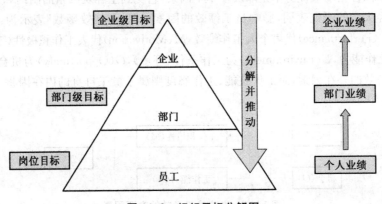

图 14-3　组织目标分解图

2. 工作分析

一个组织的观念、哲学等决定了组织的政策，从而影响了组织的使命和目标。组织的使命和目标被分解成各个工作单元的目标，而各个工作单元的目标又决定了职位描述。职位描述处于各种影响因素的最外层，直接影响个人的行为绩效。因此，要对一个职位的任职者进行绩效管理并设定绩效指标，必须首先有清晰的职位描述信息。

那么，如何得到职位描述的信息呢？这就需要工作分析。**工作分析就是运用系统的方法收集有关工作的各种信息，明确组织中各个职位的工作目标、职责和任务、权限，工作中与组织内外的他人的关联关系，对任职者的基本要求等**。根据工作分析提供的与工作有关的信息，形成完整的工作目的、职责、任务等职位描述。

二、绩效目标体系的建立

绩效目标体系的建立来源于组织目标的层层分解和职位应负责任。首先，根据组织目标确定组织的绩效目标，然后根据组织结构和部门级目标确定各部门的绩效目标，进而，管理者根据员工具体职位应负的责任，将部门目标层层分解到具体责任人。由此可以看出，员工的绩效目标大多数直接来源于部门的绩效目标，而部门的绩效目标来源于企业的战略目标，保证了每个员工按照企业要求的方向去努力。只有这样，企业的战略目标才能真正得以落实。

三、绩效计划

绩效计划是指企业各层级之间、管理者和被管理者之间沟通,对组织和被管理者的绩效目标和标准达成一致意见,形成契约的过程。具体包括建立绩效考核管理制度和确定评价绩效目标达成的标准。在绩效计划阶段,企业各层级之间、管理者和被管理者之间需要就绩效目标和具体指标达成共识。在共识的基础上,部门和被管理者对自己的绩效目标作出承诺。

四、绩效实施与管理

绩效计划在实施过程中,管理者要对被考评的部门和员工进行指导和监督,对发现的问题及时给予解决,并对绩效计划进行调整。绩效计划并不是在制定了之后就一成不变,随着工作的开展会根据内外环境和条件的变化而不断调整。在整个绩效期间内,都需要管理者不断地对员工进行指导和反馈。

绩效实施与管理的过程中主要需要做的事情有两个:一是对工作绩效信息的收集与记录,力图做到客观、公正的绩效评价;二是持续的绩效沟通。绩效沟通的目的之一是为了适应环境中变化的需要,适时地对计划作出调整;绩效沟通的目的之二是为员工提供在执行绩效计划的过程中需要了解的有关信息;绩效沟通的目的之三是为经理人员提供他们需要得知的有关信息,及时掌握员工的动态,这样有利于对员工进行公正客观地评价,对员工的工作进行必要的指导,帮助员工解决遇到的问题,协调团队中的工作。

五、绩效考评

在绩效期结束的时候,依据预先制定好的绩效目标和计划,与所收集到的能够说明被考评对象绩效表现的数据和事实进行对比,对组织、部门和个人的绩效目标完成情况进行考评。要注意的是,绩效考评不是目的,只是一种手段,绩效考评也不是终点,而是绩效管理过程中的一个环节。对组织和员工的绩效评价的目的是希望通过绩效的反馈和管理的改进来不断提高组织的绩效水平。

六、绩效反馈和改进

绩效反馈和改进就是将绩效评价的结果反馈给部门和个人,进行面谈沟通,并寻求绩效改进的方法和途径。在此环节中,有效的沟通是十分重要的:一方面,可以让被考评的部门和个人对自己的考评结果有一个正确的认识,以便在今后的工作中不断改进和提升绩效;另一方面,被管理者也可以提出自己在完成绩效目标中遇到的困难,得到管理者的指导和帮助;再者,通过绩效沟通,往往可以提高被考核者对于绩效管理的理解度和满意度。绩效管理的最终目标是充分开发和利用每个员工的资源来提高组织绩效,即通过提高员工的绩效达到改善组织绩效的目的。

14.2 组织绩效评价指标体系的构建方法

绩效评价指标体系设计是否科学合理,将直接影响绩效评价的效果和有效性,所以组织一开始就应该注重对组织绩效指标体系的设计。下面介绍两种主要的方法。

14.2.1 平衡计分卡

一、平衡计分卡(The Balanced Scorecard,BSC)的内涵

美国哈佛商学院领导力开发课程教授罗伯特·卡普兰(Robert S. Kaplan)和复兴方案国际

咨询企业创始人兼总裁大卫·诺顿(David P. Norton),在总结了12家大型企业的业绩评价体系的成功经验的基础上,经过长达一年的潜心研究,于1992年在《哈佛商业评论》上,发表了关于平衡计分卡的第一篇文章《平衡计分卡——业绩衡量与驱动的新方法》。

平衡计分卡是从组织的财务状况、客户对组织的满意度、组织核心业务流程、组织学习成长和创新能力四个方面来构建组织绩效评价指标体系的工具。平衡计分卡一方面评价企业的产出,另一方面评价企业的未来成长潜力,再从顾客角度和组织的业务角度评价组织的运营状况,充分将组织的长期战略与短期行为结合起来,将远景目标和短期目标结合起来,最终形成一套系统的绩效评价指标体系。平衡计分卡示意图如图14-4所示。

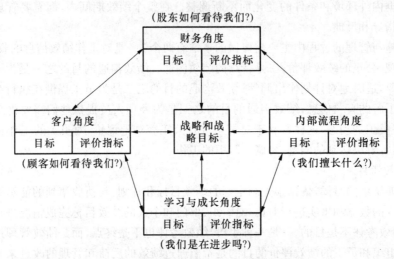

图14-4 平衡计分卡示意图

1. 财务角度

其目标是解决"股东如何看待我们"这一类问题。告诉企业管理者他们的努力是否对企业的经济收益产生了积极的作用,因此财务方面是其他三个方面的出发点和归宿。企业经营的直接目的和结果是为股东创造价值。尽管由于企业战略的不同,在长期或短期对于利润的要求会有所差异。毫无疑问,从长远角度来看,利润始终是企业所追求的最终目标。

2. 客户角度

其目标是解决"顾客如何看待我们"这一类问题。在现今这个客户至上的年代,如何向客户提供所需的产品和服务,从而满足客户需要,提高企业竞争力,已经成为企业能否获得可持续性发展的关键。客户角度正是从质量、性能、服务等方面考验企业的表现。

3. 内部流程角度

其目标是解决"我们擅长什么"这一类问题。报告企业内部效率,关注导致企业整体绩效更好的过程、决策和行动,特别是对顾客满意度有重要影响的企业过程。企业是否建立了合适的组织、流程、管理机制,在这些方面存在哪些优势和不足等问题。

4. 学习与成长角度

其目标是解决"我们是在进步吗"这一类问题。将注意力引向企业未来成功的基础,涉及人员、信息系统和市场创新等问题。企业的成长与员工和企业能力素质的提高息息相关,而从长远角度来看,企业唯有不断学习与创新,才能实现长远的发展。

在平衡计分卡四个方面中,财务指标是企业最终的追求和目标,也是企业存在的根本物质保证;而要提高企业的利润水平,必须以客户为中心,满足客户需要,提高客户满意度;而要满足客户,必须加强自身建设,提高企业内部的运营效率;而提高企业内部效率的前提是企业和员工的学习和创新。也就是说,这四个方面构成一个循环,并且是一个有机的整体,从四个角度满足企业在发展中所需要满足的条件,目的是通过绩效的管理和评估促进企业发展。

由此可见,平衡计分卡以企业的战略为基础,并将各种衡量方法整合为一个有机的整体,它既包含了财务指标,又通过顾客满意度、内部流程、学习和成长的业务指标,来补充说明财务指标,反映了财务与非财务衡量方法之间的平衡、长期目标与短期目标之间的平衡、外部和内部的平衡、结果和过程平衡、管理业绩和经营业绩的平衡等多个方面。这样,就使组织能够一方面追踪财务结果,另一方面密切关注能使企业提高能力并获得未来增长潜力的无形资产等方面的进展,使企业既具有反映"硬件"的财务指标,同时又具备能在竞争中取胜的"软件"指标。

二、平衡计分卡设计实务

1996年,第一本关于平衡计分卡的专著《平衡计分卡:化战略为行动》一书出版,标志着平衡计分卡方法更加成熟,它不仅仅体现为一种组织业绩衡量的新方法,而且已经上升为一种科学和有效的绩效管理工具。哈佛商业评论更是把平衡计分卡称为75年来最具影响力的战略管理工具。Garner Group 的调查显示,在《财富》杂志公布的世界前1 000位公司中,有70%的公司采用了平衡计分卡系统。Bain&Company调查也指出,50%以上的北美企业已采用它作为企业内部绩效评估的方法。国内的鲁能科技集团、报喜鸟集团等也采用了平衡计分卡,并且取得了成功。

在通常情况下,平衡计分卡的制定和实施过程有四大步骤。

(1) 确定和诠释组织的远景和战略。包括组织的战略方向、战略目标和经营战略,并帮助管理者就组织的战略达成一致。

(2) 建立平衡计分卡。包括绘制可视战略地图,找出战略的关键成功因素,开发包括组织的财务状况、客户对组织的满意度、组织核心业务流程、组织学习成长和创新能力四个方面量化指标,确定指标值,并分解到每一个部门,然后再分解到每个部门里面的每一个员工。

(3) 制定实现战略和平衡计分卡的行动计划和运行机制。包括制定战略行动计划、制定预算和具体行动步骤。

(4) 用平衡计分卡进行战略评估、反馈和修正。

图14-5和图14-6是Q公司根据公司战略来制定平衡计分卡的范例。

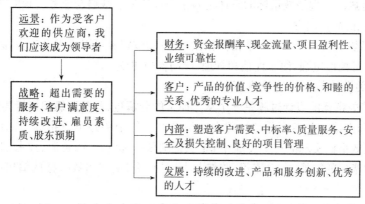

图 14-5 Q公司的战略目标

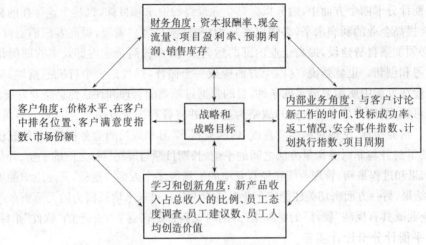

图 14-6　Q 公司的综合平衡计分卡

14.2.2　关键绩效指标

一、关键绩效指标（Key Performance Indication，KPI）的含义

根据一个重要的管理原理——"二八原理"，在一个企业的价值创造过程中，存在着"20/80"的规律，即20%的骨干人员创造企业80%的价值，而且在每一位员工身上"二八原理"同样适用，即80%的工作任务由20%的关键行为完成的。因此，必须抓住20%的关键行为，并对之进行分析和衡量，这样就能抓住绩效考评的重心。

关键绩效指标是通过对组织内部某一流程的输入端、输出端的关键参数进行设置、取样、计算、分析，形成衡量管理绩效的一种目标式、量化式指标体系，把企业的战略目标分解为可运作的组织绩效目标体系的工具。

具体地说，关键绩效指标具有以下四个特征。

(1) **纵向分解**。关键绩效指标将每一岗位的工作、部门职能与企业远景和战略相连接，既有团队指标，也有个人指标。自上而下、目标层层分解、层层支持、相互具有因果关系。

(2) **横向联系**。保证员工、部门的绩效与内部其他单元、外部客户的价值相连接，共同为实现客户的价值服务，最终保证企业整体价值的实现。

(3) **整体考虑**。关键绩效指标的设计是基于企业的发展战略与业务流程的通盘考虑，而非仅仅从单个岗位的职责出发。

(4) **简洁精炼**。与一般业绩评估指标相比，关键绩效指标可以更加简洁精炼地反映实际的业绩，直观性和可控性更强，便于评估和管理，导向性也更强。

二、建立关键绩效指标的注意事项

(1) 关键绩效指标的设计过程是一个从上而下的分解过程，各层级间指标要体现其与企业战略目标导向和支撑的关系。分解过程中应该弄清楚每个关键绩效指标与部门之间的相关度，明确关键绩效指标实现的三个关键环节：关键绩效指标的输入（资源、技术、支持条件等）是什么，关键绩效指标的转换（实现流程、监控节点）是什么，关键绩效指标的输出（形态、评价标准等）是什么。

(2) 在设计关键绩效指标时，应充分考虑企业现有的人力资源、设备资源和其他条件。在符合成本控制的原则下,制定合理的部门和个人关键绩效指标并设定合理的目标值。

(3) 在设计关键绩效指标时,可以结合使用平衡计分卡。兼顾企业长期和短期利益的结合,使指标的制定更加合理和完善。

三、关键绩效指标体系设计范例

G公司是一家创立于20世纪90年代初,集产品研发、生产制造、销售及售后服务于一体的制造型企业,产品海外市场销售额约占公司总销售额的94%,上一年年产值已达到10亿元人民币。该公司的愿景是"成为世界一流的鞋类制造企业"。本年年初,公司经营层决定,在继续扩展国外市场的同时,进一步开拓国内市场,提升公司产品在国内市场上的声誉和影响。

第一步:确定企业级KPI

(1) **明确企业战略和战略目标**。利用SWOT分析法对G公司环境进行分析,公司目前总体上采取成长战略,通过不断开发新产品,实现产品的相关多元化,在提升海外市场的同时,迅速扩大其在国内市场上的占有率和知名度。

(2) **确定关键绩效领域**。根据G公司所处发展阶段和企业战略,通过访谈法和头脑风暴法,确定其关键的绩效领域为开发新产品、控制生产成本、提高市场份额、改善服务质量。

(3) **设计企业级关键绩效指标**。通过对G公司中高层管理者的多次访谈,利用鱼骨图对企业的关键成功因素进行了分析,确定企业级的关键绩效指标。

① 确定KPI维度。根据分析,G公司若要实现企业快速发展,必须关注强大的技术支持、良好的客户服务和优秀的人力资源支撑,从而保证"产品开发——生产制造——产品销售——售后服务"这一流程的通畅。由以上分析得出G公司关键成功要素(KPI维度),如图14-7所示。

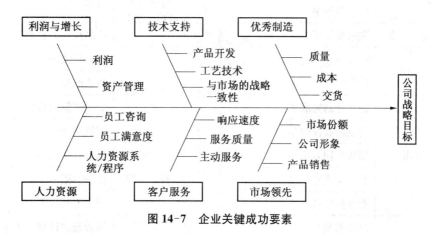

图14-7 企业关键成功要素

② 确定KPI要素。通过访谈法和头脑风暴法,在各个关键绩效范围内选择并确定了关键绩效要素。以"生产制造"为例,企业需要重点关注:产品的质量、单位产品所耗的成本,以及能否按时完成生产及交货,如图14-8所示。

③ 确定KPI指标。以"质量"因素为例,质量主要包括公司自身对产品质量的控制、质量改进效率、市场对产品质量反馈情况,针对这三方面分别选用三个指标,即产品和产品所用物资检验准确率、次品率/返工率和产品质量问题投诉率,如图14-8。其他各关键绩效要素按类似方法进行分解,得到企业级关键绩效指标(KPI)如表14-1。

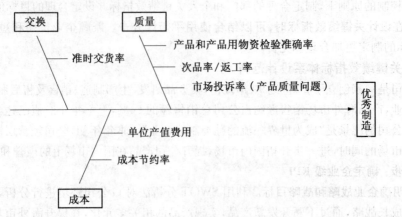

图 14-8 关键绩效要素

表 14-1 企业级 KPI

KPI 维度	KPI 要素	KPI	KPI 维度	KPI 要素	KPI
优秀制造	质量	产品和产品用物资检验准确率	技术支持	工艺技术	产品试制成功率
		次品率/返工率			技术标准的准确率
		产品质量问题投诉率			生产成本预期降低率
	成本	单位产值费用		与市场的战略一致性	相对于竞争对手的产品开发周期
		成本节约率			
	交货	准时交货率			产品投资回收期
市场领先	市场份额	目标市场占有率 销售增长率	利润与增长	资产管理	资产负债率
					货款回收率
	产品销售	销售计划完成率			应收账款周转率
		货款回收及时率			存货周转率
		销售合同差错率			净资产收益率
		准时交货率		利润	投资回报率
		业务拓展效率			销售毛利率
	公司形象	品牌形象	人力资源	员工培训	绩效改进计划完成率
		商誉的价值			员工生产率提高率
技术支持	新产品开发	订单产品开发计划完成率			技能拓展的有效性
		一次开发成功率		员工满意度	员工工作满意度综合指数
		自行产品投产总值		人力资源系统/程序	人力资源规划的合理性
		自行开发产品投产率			招聘效率与效果
	工艺技术	产品开发方案的有效转移率			绩效管理体系的有效性

(续 表)

KPI 维度	KPI 要素	KPI	KPI 维度	KPI 要素	KPI
人力资源	人力资源系统/程序	HR 信息系统	客户服务	主动服务	产品售后调查及时性
		薪酬结构的合理性			产品质量问题一次性处理率
客户服务	响应速度	产品质量问题处理的及时率		服务质量	产品质量问题处理成本
		问题及时答复率			客户流失率
	主动服务	客户拜访计划完成率			准时交货率
		客户拜访效率（费用/销售额）			客户服务投诉率

第二步：确定部门级 KPI

部门 KPI 的来源主要有两个：企业级 KPI 和部门职责。有些部门，如办公室、财务部等，很少能够直接承接企业级 KPI,这些部门的 KPI 更多的是来自其部门职责。企业级 KPI 分为两类：一类是可以由一个部门来承接的 KPI,如产品试制成功率等，这些 KPI 可以根据部门职责直接分配到相关部门成为该部门的 KPI;另一类是不能由一个部门来承接的 KPI,如次品率/返工率等，这些 KPI 必须分解后才可以被分配到相应部门成为部门 KPI。需要根据业务流程和组织结构进行进一步的分解，将其分解为部门能够承接的部门 KPI,从而保证部门目标和企业战略的一致性。例如，对次品率分解我们可以将其指标分解为：(1) 技术开发部：生产中技术问题处理有效性；(2) 采购部：供方评价有效性、采购物质缺陷率；(3) 工艺技术部：生产中技术问题处理有效性、工艺流程的科学性、工艺管理体系建设、技术标准的准确率；(4) 生产制造部：工序产品合格率等。根据以上思路，可以得到部门级的 KPI,工艺技术部的 KPI 如表 14-2。

表 14-2 工艺技术部 KPI

KPI 指 标	目 标 值
产品开发方案的有效转移率	
产品试制成功率	
技术标准的准确率	
生产成本预期降低率	
生产中技术问题处理有效性	
工艺流程的科学性	
工艺管理体系建设	
预期制作完成率	

第三步：确定个人 KPI

在企业级和部门级 KPI 确定之后，各部门主管根据企业级 KPI、部门 KPI、岗位职责和业务流程，将部门关键绩效指标进一步细分，分解出个人 KPI。(G 公司资料来源于：方振邦等人.关键绩效指标与平衡计分卡的比较研究[J].中国行政管理,2005(9):82-83.)

14.2.3 平衡计分卡与关键绩效指标法的对比分析

平衡计分卡和关键绩效指标法分别是两套不同的绩效评价指标体系,它们在设计理念、设计方法以及指标特征上存在如下差异。

一、设计理念上的差异

平衡计分卡在设计理念上强调考评因素之间的"平衡"和"驱动关系":一方面它强调财务指标和非财务指标的平衡、长期和短期的平衡、眼前利益和长远利益的平衡;另一方面则强调四个维度之间的驱动关系,通过学习与创新来优化内部流程,使顾客满意,从而提高企业财务绩效。关键绩效指标 KPI 法在设计理念上强调对企业业绩起关键作用的指标,更多地关注工作任务的完成,它通过设定关键绩效指标来激励、引导员工关注当期业务重点,提高自身绩效来实现公司的中短期战略目标。

二、设计方法上的差异

平衡计分卡是依据企业愿景和战略,考虑各层次的指标间的因果关系来分层分别制定的。关键绩效指标法是通过基于关键成功因素来得到企业级的 KPI,然后结合部门职责和当期业务重点,通过分解企业级 KPI 来得到部门级 KPI,再应用此方法得到个人 KPI。

三、指标特征上的差异

平衡计分卡因其四个维度间存在驱动关系,使各个维度内的关键评价指标有很强的驱动关系,如图 14-9 所示。这种指标间的驱动有利于组织内部各不同部门间的协调以及效率的提升,进而加速组织愿景与战略的实现。而利用关键绩效指标法分解出来的各级 KPI 是相对独立的。

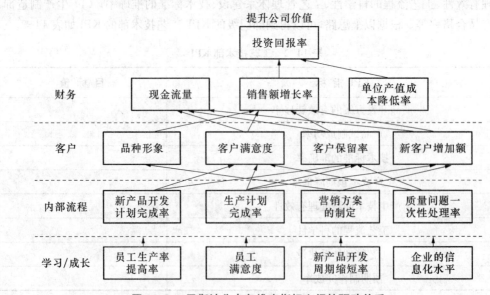

图 14-9 平衡计分卡各维度指标之间的驱动关系

综上所述,平衡计分卡与关键绩效指标各有自身特色,在实施过程中也各有优缺点。平衡计分卡虽然能将企业的短期目标与长期目标相结合,但是使用难度大,设立过程较为复杂,也不适合分解到个人。一位使用平衡计分卡失败的人力资源部经理曾这样说道:"没有明确的组织战略,高层管理者缺乏分解和沟通战略的能力和意愿,中层管理者缺乏指标的创新能力,不适合采用平衡计分卡。"关键绩效指标法虽然设计指标体系时相对简便,但是却容易关注短期产出而忽视企业的无形资产与长远发展。因此,建立基于平衡计分卡的关键绩效指标体系,将两者结合不失为一种好的做法。

此外,平衡计分卡的应用并不仅仅局限于企业当中。事实上,平衡记分卡是一个具有开放性的体系,它更多地为我们提供了思考问题的框架而非解决问题的措施,可以将其应用于非营利组织与政府机构。

14.3 个人绩效的评价方法

14.3.1 个人绩效评价指标的设计原则

员工绩效的评价应该综合体现员工在工作结果和工作行为两方面的实际情况。往往具体体现在"能力""态度""业绩"三个方面。同时,个人绩效评价的设计和实施应该服务于组织绩效的实现,那么,设计员工绩效评价指标的原则是什么呢?

国外有关管理专家把绩效评价指标的设计规范归纳为一个英文单词:"SMART"。其实,这里的"SMART"不是单词,是五个词的词头合起来的一组符号,一个字母一个含义。

S(Specific)——意思是具体的。绩效评价指标设计应当细化到具体内容,应该是组织目标和部门任务的具体化。

M(Measurable)——意思是可度量的。绩效评价指标应当是数量化或者行为化,需收集的绩效指标的数据或者信息是可以获得的。

A(Attainable)——意思是可实现的。绩效指标和标准在付出努力的情况下,在适度的时限内是可以实现的,避免设立过高或过低的目标。

R(Realistic)——意思是现实性的。绩效指标应当设计成能观察、可证明、现实的目标。

T(Time-bound)——意思是有时限的。绩效考核指标应当是有时间限制的,关注到效率的指标。

这一段话点出了设计绩效考核指标的基本原则。我们根据其思想逻辑归纳,认为设计员工绩效评价指标应当遵循如下主要原则。

一、必须注意与组织绩效评价的一致性

员工绩效评价指标的设计应该是以组织绩效评价指标为基础展开,有利于组织目标的实现。例如:以制造为核心能力的工业企业常常以质量为中心实施绩效评价。尤其是在制造工厂,ISO9000认证体系中的要求是最常见的绩效考核重点。因此,在员工绩效考核指标中必须结合这个主题设计并细化。

二、必须注意信度与效度分析

所谓员工绩效考核指标的信度,是指这个考核指标的真实程度。这个指标是企业运作过程中的一个确实存在的工作环节,能用数据或者信息表达,能被证明是可观察的,它所用到的数据的采集方法是科学的、可靠的。

所谓员工绩效考核指标的效度,是指考核指标的有效程度。考核指标是否能考察出员工的工作态度如何？考核指标能反映员工的工作能力高低吗？考核指标能计算出员工的工作业绩吗？最终要形成对员工绩效公正的、客观的和全面的反映，并能对组织绩效的实现起到积极的有利作用。

三、必须关注规范性和可操作性

员工绩效考核指标的设计必须科学、合理，具有可操作性，不能模棱两可，甚至引起歧义。这将直接影响员工绩效考核的可执行性和有效性。按照规范的做法，一项绩效考核指标的设立至少要回答以下十个问题：

第一，这个绩效考核指标的正式名称是什么？

第二，这个绩效考核指标的确切定义怎样阐述？

第三，设立这个绩效考核指标的直接目的何在？

第四，围绕着这个绩效考核指标有哪些相关的说明？

第五，谁来负责收集所需要的数据？用怎样的流程来收集？

第六，所需要的数据从何而来？

第七，计算数据的主要数学公式是什么？

第八，统计的周期是什么？

第九，什么单位或个人负责数据的审核？

第十，这个绩效考核指标用什么样的形式来表达？

14.3.2 个人绩效的评价方法

评价员工绩效的方法有多种，每个企业都有自己的特点，这里列举六种主要方法。

一、目标管理法

目标管理法是使用非常普遍的一种绩效评价方法，它既可用于组织绩效的评价，也可用于个人绩效的评价，并能将两者有效地结合起来。在西方国家，目标管理已作为一种制度，其目的在于结合员工个人目标和组织目标，以改进企业与员工绩效，激励和培训员工等。目标管理是美国著名的管理学家彼得·德鲁克于1954年提出的。根据德鲁克的意见，管理组织应遵循的一个原则是"每一项工作必须为达到总目标而展开"，因此衡量一个管理者是否称职，就要看他对总目标的贡献如何。

目标管理法是根据被考核对象完成工作目标的情况来进行考核的一种绩效考核方式。在开始工作之前，考核人和被考核人应该对需要完成的工作内容、时间期限、考核的标准达成一致，共同确定具体的绩效目标。在时间期限结束时，考核人根据被考核人的工作状况及事先制定的考核标准来进行考核。目标管理的实质是通过目标激励员工的自我管理意识和自我价值发现，是以人为本的价值观的体现。

二、关键事件法

这种方法要求经理人员将每一位下属在工作活动中所表现出来的非同寻常的好行为或非同寻常的不良行为(或事故)记录下来。在评价时，经理人员根据所记录的特殊事件来评价员工的工作绩效。关键事件的记录可以确保经理在对下属人员的绩效进行考察时，所依据的是员工的整个考核期内的表现，而不仅仅是员工在最近一段时间的表现。记录的关键事件是考核的主要依据，但不是唯一的依据，经理一定要避免以某一件事情的好坏来决定员工的整个考核期内的综合绩效。一般不单独使用该考核方法。

三、强制比例法

按正态分布"两头大,中间小"的分布原理,优秀员工和不合格的员工比例应该基本相同,大部分员工应该属于工作表现一般的员工。强制比例法可以有效地避免考核过程中由于考核标准过分宽松或过分严格而产生的考核误差,不至于给考评员工带来一定的危机感和压力。强制比例法适合相同职务员工较多的情况。

例如:某公司在对员工进行绩效评价时,绩效考评分为四档,分别为优秀、良好、合格、末位,其中优秀的比例为10%,良好为70%,合格为15%,末位为5%。当月考核为优秀的,可以领当月薪点的120%,良好为100%,合格为80%,末位为50%,也就是说,每个月有30%的员工可能高于或低于自己的薪点。为鼓励员工争先创优,公司规定,凡年度考核为优秀者,可在本岗位晋升一档工资,连续两年良好的也可晋升一级。而若连续两年考核成绩为末位者,安排待岗培训。

四、360度反馈评价法

360度反馈评价法是一种通过自我评价以及选择其上级、同事、下属和顾客等不同群体,分别根据不同的考评原则,从不同的角度对被考核对象进行全方位绩效评价的方法。由于管理者的工作是多方面的,工作业绩也是多角度的,不同的相关者对管理者的印象是不同的。根据这一原理,通过不同的相关者从不同的角度来评价管理者的绩效,更具有客观性和准确性。此外,管理者通过不同相关者评价的反馈和沟通,更有利于工作积极性的提高和绩效的提高。

360度反馈评价法中,适用于对管理者的评价。如图14-10所示。

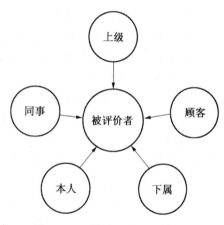

图14-10 绩效评价者人员构成

实践说明,要使360度反馈评价法具有很好的有效性:第一,需要在整个组织中建立信任;第二,需要慎重选择合适的评价者;第三,需要慎重考虑360度反馈评价法对于特定工作的适合程度;第四,采用匿名形式进行而且对评价者事先进行360度反馈评价法培训,将会使评价更加真实可靠。

五、等级评估法

这是绩效考核中常用的一种方法。根据工作分析,将被考核岗位的工作内容划分为相互独立的几个模块,在每个模块中用明确的语言描述完成该模块工作需要达到的工作标准。同时,将标准分为几个等级选项,如"优、良、合格、不合格"等,考核人根据被考核人的实际工作表现,对每个模块的完成情况进行评估,并找出最能符合其绩效状况的分数,然后将每一位员工所得到的所有分值进行加总,即得到其最终的绩效评价结果。

六、自我评价法

每个员工对照自己的工作岗位职务规范上所列要求进行自我总结,并且写出评价意见和等级。这是一种下放权力、促进团队合作、提高质量意识的手段。实践证明,这种方法的优点是:经理人员免去了填表之劳,使他们能有更多的时间与下属进行交流。此外,与经理针对下属所做评估时的情况相比,参与自我评估项目的员工更能坦然接受针对自己的批评意见。

要说明的是,上述每种绩效评价方式都不是十全十美的,没有最好的绩效评价方法,只有适合本企业实际的绩效评价方法。企业在对员工绩效评价方法的选择上,应该根据员工具体的工作特征和工作性质,以及企业的管理目标和管理思想等来决定。

某公司360度反馈评价制度

第一章　总　　则

第一条　评价的目的是为了对中层管理人员的工作能力、态度和业绩进行评价,为工资、晋升、培训提供依据。

第二条　本制度适用于公司总部内部的所有中层管理人员。

第二章　评价原则

第三条　公开、公正、公平、客观的原则。

第四条　多元主体评价原则。每个管理人员都要接受来自直接上级、相关同事、直接下级和自我评价。

第三章　评价内容

第五条　公司人事评价制度主要对中层管理者的德、能、勤、绩四个方面进行评价。

第六条　德包括民主性、品德修养。

第七条　绩包括办事效率、工作质量等。

第八条　能包括业务知识水平、分析决策能力、创新能力、自我学习能力等。

第九章　勤包括协作性、责任心、进取性、纪律性、出勤等。

第四章　评价程序

第十条　月度与季度的评价工作在下一评价期间开始的第一个星期之内完成,由人力资源部统一发放评价表,完成360度反馈评价。

第十一条　年终评价工作在12月的最后一个星期与次年1月的第一个星期之内完成。由人力资源部统一发放评价表,完成360度绩效反馈评价。

第五章　评 价 表

第十二条　评价工作使用公司人力资源部统一印制的评价表。

第十三条　评价表原则上由人力资源部发放表格,由员工自己独立完成填写,并在规定的日期内上交。

第十四条　评价表的计分方法。由人力资源部与被评价者相关人员参与评价。每名参与者填写一份评价表,按照不同权重计算得出一个分数,将得分先按上级、同事、下级、自我评价分类算出平均分,然后按上面提到的不同层次人员比例计算出最终得分,按最终得分确定评价等级。

第十五条　每次评价时,中层管理干部由上级、同事、本人、下级按照30%、30%、10%、30%的比例进行360度反馈评价。

第六章　评价结果

第十六条　评价结果与浮动工资、奖金、激励制度挂钩。

第十七条　被评价者如果对评价结果不满，可以在接到结果之日起一周内向人力资源部提出投诉。逾期不提出异议视为同意。

第七章　评价责任

第十八条　上级在给下级打分时，必须按不低于10%的比例打出"不及格"，所有打分人员对于"优秀"的比例应控制在20%以内，对于"良好"的比例应控制在50%以内，"一般"的比例应控制在20%。

第十九条　在每次评价中，对得分最低及被评为"不及格"的员工实行"末位淘汰制度"，给予转岗、待岗、下岗的处理。

第八章　评价者的培训

第二十条　评价工作是人力资源部各项工作的基础，评价的结果对员工的薪资调整、奖惩、晋升、培训等工作具有极其重要的指导意义。因此，必须对评价者进行培训，从而使他们能够正确掌握评价的理论、方法、工具，并真正客观、公正、合理地进行评价工作。

第二十一条　评价者培训的主要内容应包括公司人事制度的讲解，评价基本知识的介绍，评价中应避免的问题等。

第九章　附　　则

第二十二条　本制度自公布之日起执行。

第二十三条　本制度解释权归人力资源部门。

14.4　绩效评价后的工作

在对管理的绩效进行评价后，必须根据评价结果采取一些管理行动。绩效评价后的工作包括绩效反馈和应用以及绩效改进两方面内容。

14.4.1　绩效反馈和应用

绩效管理的最终目的是不断提高员工和企业的绩效，使组织在日趋激烈竞争环境中建立持久的竞争优势。因此，在绩效管理的过程中，绩效反馈和应用是非常重要的一环。它主要通过考核者与被考核者之间的沟通，就被考核者在考核周期内的绩效情况进行面谈，在肯定成绩的同时，找出工作中的不足并加以改进。绩效反馈的目的是为了让员工了解自己在本绩效周期内的业绩是否达到预定的目标，行为态度是否合格，让管理者和员工双方达成对评估结果一致的看法；双方共同探讨绩效未合格的原因所在并制定绩效改进计划，同时，管理者要向员工传达组织的期望，双方对绩效周期的目标进行探讨，最终形成一个绩效合约。由于绩效反馈在绩效考核结束后实施，而且是考核者和被考核者之间的直接对话，因此有效的绩效反馈对绩效管理起着至关重要的作用。

一、组织绩效的反馈和应用

当组织绩效评价的结果反馈到相应的管理层时，反馈为管理者提供了关于计划效果究竟如何的真实信息。比较实际绩效和标准绩效的偏差,一方面,可以判断实际绩效的完成程度,围绕标准绩效对企业或部门工作进行调整和控制,及时纠正偏差,主要表现为过程控制;另一方面,也可以对原标准绩效水平的合理性进行反思,并为下一个绩效计划的制定以及绩效改进工作提供依据,主要表现为事后控制。再者,通过实际绩效指标与标准的绩效指标对比和分析,可以重新审视和调整组织的战略和目标。

二、员工绩效的反馈和应用

员工绩效反馈是指主管根据下属员工的本期绩效考评结果,在与员工就现有绩效考评结果达成一致的基础上,针对员工在绩效完成过程中存在的问题提出建设性意见,并与员工共同制订绩效改进计划,帮助员工提升绩效的沟通过程。

员工绩效反馈的主要作用表现如下。

(1) **对被考评者的表现达成双方一致的看法**。对同样的行为表现,往往不同的人会有不同的看法。管理者对员工的考评结果代表的是管理者的看法,而员工可能会对自己的绩效有另外的看法,因此,必须进行沟通以达成一致的看法,这样才能制定下一步的绩效改进计划。

(2) **使员工认识到自己的成就和优点**。每个人都有被别人认可的需要。当一个人做出成就时,他需要得到其他人的承认和肯定。因此,绩效反馈的一个很重要的目的就是使员工认识到自己的成就或优点,从而对员工起到积极的激励作用。

(3) **指出员工有待改进的方面**。员工的绩效中可能存在一些不足之处,或者员工目前的绩效表现比较优秀,但如果今后想要做得更好仍然有一些需要改进的方面,这些都是在绩效反馈过程中应该指出的。通常,员工想要听到的不只是肯定和表扬的话,他们也需要有人中肯地指出其有待改进的方面。

(4) **制定绩效改进计划**。在双方对绩效考评的结果达成一致意见之后,员工和管理者可以在绩效反馈的过程中一同制定绩效改进计划。通过绩效反馈,双方可以充分地沟通关于如何改进绩效计划的方法和具体的计划。

(5) **向员工传递组织的期望**。因为组织的战略是要层层分解到具体的工作岗位上的,在与员工进行绩效反馈的过程中,将组织的远景和目标进行传递是一个合适的时机,同时也有利于员工增强责任感和将组织目标的落实到实处。

(6) **协商下一个绩效周期的目标与绩效标准**。一个绩效周期的结束,同时也是下一个绩效周期的开始,因此上一个绩效周期的绩效反馈可以与下一个绩效周期的绩效计划合并在一起进行。由于刚刚讨论完员工在本绩效周期中的绩效结果以及绩效的改进计划,因此在制定绩效目标的时候就可以参照上一个绩效周期中的结果和存在的待改进的问题来制定。这样既能有的放矢地使员工的绩效得到改进,又可以使绩效管理活动连贯地进行。

从员工绩效评价结果的应用上来看,可以用于员工薪酬的分配、工资的晋升、职位变动、个人发展等多方面,具体体现在如下四个方面。

(1) **用于报酬的分配和调整**。这是绩效考评结果的一种非常普遍的用途。一般来说,为了增强报酬的激励作用,在员工的报酬体系中有一部分报酬是与绩效挂钩的。对于从事不同性质工作的人,这部分与绩效挂钩的报酬所占的比例不同。另外,薪酬的调整往往也由绩效来决定。

(2) **用于职位的变动**。绩效考评的结果也可以为职位变动提供一定的信息。员工在某方面的绩效突出,就可以让其在此方面承担更多的责任。如果员工在某方面的绩效不够好,也很可能是目前他所从事的职位不适合他,可以通过职位的调整,使他从事更加适合他的工作。

(3) 用于员工培训和个人发展规划。 这是绩效考评结果最重要的用途。通过绩效考评,员工可以知道自己哪些地方做得好,哪些地方做得不够好,这些做得不够好的地方就是今后需要培训和学习的地方。再者,可以根据员工目前的绩效水平和长期以来的绩效提高过程,和员工协商制定一个长远工作绩效和工作能力改进提高的发展规划,这种规划的制定,不仅对目前员工绩效进行了反馈,还可以增加员工对企业的归属感和满意度。

(4) 用于衡量员工选拔和培训的有效性。 绩效考评的结果可以用来衡量招聘选拔和培训的有效性如何。如果选拔出来的优秀人才实际的绩效考评结果确实很好,那么就说明选拔是有效的;反之,就说明要么是选拔不够有效,要么是绩效考评的结果有问题。员工接受了培训之后的效果如何呢?这也可以通过培训之后一段时期内的绩效表现反映出来。如果绩效提高了或提高得很显著,就说明培训确实有效果;如果绩效没什么变化,就说明培训没有达到预期的效果。

三、绩效反馈中应注意的问题

有效的管理者如何以一种能够诱发积极行动反应的方式来向下一级(包括部门和个人)提供明确的绩效反馈,这将直接影响到绩效反馈的效果。下面的这些反馈原则将会有利于增强绩效反馈过程的潜在作用。

1. 反馈应当是经常性的,而不应当是一年一次的

首先,管理者一旦意识到下一级在绩效中存在缺陷,就有责任立即去纠正它。如果下一级的绩效在 1 月份时就低于标准要求,而管理人员却非要等到 12 月份再去对其绩效进行评价,那么这就意味着企业要蒙受 11 个月的生产率损失。其次,向下一级提供经常性的绩效反馈,使下一级对自己的绩效水平有一个充分的认识,下一级对于评价结果也就不感到奇怪。

2. 管理者在反馈之前,让下一级先对自己的绩效进行自我评价

要求下一级认真思考一下自己在本次绩效周期内所达到的绩效,并鼓励他们寻找自己的不足,这样可以通过将反馈重点放在上下级之间存在分歧的问题上而使得反馈过程得以更快地进行,从而提高绩效反馈过程的效率。

3. 鼓励下一级积极参与到绩效反馈过程中

当下一级参与到绩效反馈过程之中时,往往有利于提高下一级对于上级管理者的满意度。在绩效反馈的过程中,管理者可以在以下三种方法中选择。第一种方法是"讲述—推销法",即上级管理者告诉下一级自己对他们做出了怎样的评价,然后再让他们接受自己对他们做出这种评价的理由。第二种方法是"讲述—倾听法",即上一级管理者告诉下一级自己对他们做出了怎样的评价,然后再让他们谈一谈对自己的这种评价持怎样的看法。最后一种方法是"解决问题法",即上级管理者和下一级管理者在一种相互尊重和相互鼓励的氛围下讨论如何解决绩效中所存在的问题。实践证明,解决问题法的效果是最为突出的。

4. 赞扬肯定下一级的有效业绩

人们通常认为,绩效反馈过程的焦点应当集中在找出下一级绩效中所存在的问题上,然而事实却并非如此。绩效反馈的目的是提供准确的绩效反馈。这其中既包括查找不良绩效,也包括对有效业绩的认可。赞扬下一级的有效业绩会有助于强化下一级的相应行为。此外,它通过清楚地表明管理者并不仅仅是在寻找下一级绩效的不足而增加了绩效反馈的可信程度。

5. 把重点放在解决问题上

为了改善不良的绩效,最好的是把绩效反馈的重点放在下一级的行为或者结果上,科学分

析造成不良绩效的原因,包括与下一级一起来找出导致不良绩效的实际原因,然后就如何解决这些问题达成共识。

6. 制定具体的绩效改善目标,然后确定检查改善进度的日期

研究表明,目标的制定有利于提高下一级的满意度、激发下一级改善绩效的动力以及实现绩效的真正改善。但是,除了确定目标以外,管理者还应当确定对下一级达到目标绩效要求的进展情况进行审查的具体时间。这就提供了另外一种激励措施来使下一级严肃认真地对待目标,并且为达到这一目标而努力工作。

14.4.2 绩效的改进

绩效改进是绩效管理过程中最根本性的一个环节,员工能力的不断提高和组织绩效的持续改进才是绩效管理的根本目的。

一、绩效不良的原因

绩效不良的原因是多方面的,既有外因的影响,又有内因的作用。造成个人绩效不良的原因有工作环境、领导授权、个人能力和工作态度等原因。组织绩效不良的原因总的归纳起来有以下三方面。

1. 外部环境的不断变化

古希腊哲学家赫拉克利特指出,一个人不会两次踏入同一条河流。现代组织也有它们自己的"河流",即它们所处的环境。组织存在于社会环境的大系统中,时时刻刻都在与外部环境进行信息、资金、人员、物资的交流。组织从外部获取资源,在内部进行加工,输出能被外部接受的产品。外部环境是组织存在的出发点和归宿,是管理绩效如何的最终裁决者。尽管企业能在一定范围和程度内对外部环境施加一定影响,使之朝着有利于自身的方向发展,但本质上外部环境是独立于组织的客观存在,组织只能被动地接受它。当今的组织环境变化尤为迅速,全球经济一体化带来巨大利润的同时,也带来了巨大的风险;计算机技术和网络技术的发展,缩短了地球上时间和空间的概念,也为各种投机带来了方便。因而,当今的管理者强烈呼吁组织能够适应变化的环境,要时常改变组织内部机构与运转过程以迎接环境的挑战。

2. 内部制度问题

首要问题是企业的产权是否清晰,是否有与之相配合的激励约束制度,管理者的风险与收益是否对称,这些都直接影响组织的发展和最终绩效。其次,企业内部组织可能出现的各种功能障碍也影响组织的绩效发挥。例如:组织成员之间分工不明确,职责不清,相互扯皮,会带来效率低下;管理者过于集权,往往造成下属缺乏工作积极性,但管理者授权不当,又容易产生下属各自为政,组织战略和目标不能得到有效落实和分解的情况。

3. 文化理念问题

组织文化是组织在长期的实践活动中所形成的并且为组织成员普遍认可和遵循的具有本组织特色的价值观念、团体意识、行为规范和思维模式的总和。文化在组织中存在深刻的影响,它实际上影响着组织中的每一件事,最终影响组织的绩效和发展。因此,管理者面临的主要挑战之一就是发展一种合适的组织文化,通过共同的信念和价值观来保证组织成员精诚团结,同时也为组织的各项活动指明方向。组织文化落后或匮乏的组织,往往缺少凝聚力和战斗力,影响组织绩效的实现。

二、绩效改进的工具

1. ISO 质量认证体系

ISO 质量认证体系是国际通行的规范质量、管理、责任的一种模式,关注的重点是产品和服务的符合性。它从改善建立企业现行质量管理体系要素着手,完善企业基础管理工作,通过各项质量活动的标准化和程序化,实现质量体系的有效运行。目的是为了在市场环境中保证公正,集中在弥补质量体系缺点和消除产品和服务的不符合性。

建立 ISO 质量认证体系的基本原则包括以下八点:(1)以顾客为关注焦点。组织依存于顾客,因此,组织应当理解顾客当前和未来的需求,满足顾客要求,并争取超越顾客期望。(2)发挥领导的作用。领导者确立组织统一的宗旨及方向。他们应当创造并保持使员工能充分参与实现组织目标的内部环境。(3)动员全员参与。各级人员是组织之本,只有他们的充分参与,才能使他们的才干为组织带来收益。(4)采用过程方法。将活动作为过程加以管理,可以更高效地得到期望的结果。(5)过程的系统方法。将相互关联的过程作为系统加以识别、理解和管理,有助于组织提供实现目标的有效性和效率。(6)持续改进。持续改进总体业绩应当是组织的一个永恒目标。(7)基于事实的决策方法。有效的决策是建立在数据和信息分析的基础上。(8)与供方的互利关系。组织与供方是相互依存的,互利的关系可增强双方创造价值的能力。

2. 六西格玛(6σ)管理

六西格玛管理也常被写成 6σ 管理或 6sigma 管理。它最早由摩托罗拉公司提出来,后来被通用电气公司发扬光大。西格玛"σ"是希腊字母,在统计学上用来表示正态分布曲线下的标准偏差。六西格玛即指"6 倍标准差",它是一个严格的质量标准,要求产品的不合格率低于百万分之三点四,即要求产品合格率达到 99.9997%。通常 σ 的个数越多,偏离均值的数量就越少,即不合格品就越少。如表 14-3 所示。

表 14-3 西格玛水平与缺陷率的关系

西 格 玛 水 平	缺陷率(百万分之)	西 格 玛 水 平	缺陷率(百万分之)
2	308 700	5	233
3	66 810	6	3.4
4	6 210	9	0.001 8

大多数企业的运作过程都保持在 3 至 4 个 σ 的水平,也就是说,在 100 万个造成缺陷机会中,存在 6 210 至 66 810 个缺陷。相对而言,保持 6σ 运作的企业,在 100 万个造成缺陷的机会中,只有不到 3.4 个缺陷,这对企业来说是一个很高的目标,对顾客来说是高度符合他们要求的。

六西格玛管理的重点是,集中在测量产品质量和改进流程管理两方面,推动流程改进和节约成本。六西格玛管理的基本思路是,以数据为基础,通过数据揭示问题,并把揭示的问题引入统计概念中去,再运用统计方法提出解决问题的方案。其核心是建立输入变量和输出变量之间的数学模型,通过对输入变量的分析和优化,改善输出变量的特性。

3. 波多里奇卓越绩效标准

波多里奇卓越绩效标准即美国波多里奇质量管理奖,是 20 世纪 80 年代后期美国创建的一种世界级企业成功的绩效管理模式,又称卓越绩效模式。它的核心价值观包括有远见的着眼于未来的领导人、顾客驱动的卓越绩效模式、全面的视野与管理创新、企业和员工的学习、注重雇员和合作伙伴、注重成果和创造价值、对市场的敏捷反应和社会责任。这个标准能帮助企业在瞬息万变的市场环境中提高应变和快速反应能力,关注核心竞争力,帮助企业对未来环境进行策划,改进空间、协调资源,提高有效性和效率,最终实现企业的战略目标。

"卓越绩效模式"得到了美国企业界和管理界的公认,其中施乐公司、通用公司、微软公司、摩托罗拉公司等世界级企业都是运用卓越绩效模式取得出色经营结果的典范。2004年8月30日,我国国家质量监督检验检疫总局和国家标准化管理委员会发布了《卓越绩效评价准则》(GB/T19580),以我国政府名义正式导入"卓越绩效模式标准"。卓越绩效模式强调运用世界质量的最新研究成果,关注以高质量和卓越绩效作为竞争力管理理念,帮助企业在不确定的环境中衡量绩效和运筹帷幄,把握机遇,自我完善,卓越发展。

4. 标杆超越

所谓标杆超越就是通过对比和分析先进企业的行事方式,对本企业的产品、服务、过程等关键的成功因素进行改进和变革,使之成为同业最佳的系统性过程。这种方法是美国施乐公司于20世纪70年代末首创的。当时,一直保持着世界复印机市场垄断地位的施乐遇到了全方位挑战,市场地位不断下滑,处于一种危机重重的境地。因为佳能、NEC等公司以施乐的成本价销售产品且能够获利,产品开发周期、开发人员分别比施乐短或少50%,施乐的市场份额从82%直线下降到35%。面对竞争威胁,施乐公司最先发起向日本企业学习的运动,开展了广泛、深入的标杆管理。通过全方位的集中分析比较,施乐弄清了这些公司的运作机理,找出了与佳能等主要对手的差距,全面调整了经营战略、战术,改进了业务流程,很快收到了成效,并把失去的市场份额重新夺了回来,施乐公司的竞争地位也得到了显著的恢复。以后这一方法逐渐为越来越多的企业及其他各种类型的组织所接受,成为一种获得普遍应用的绩效改进工具。

标杆超越的实质是对组织的变革,是对因循守旧、抱残守缺、按部就班、不思进取等陋习的围剿,它必然伴随着企业原有"秩序"的改变。要在企业中导入标杆超越活动,企业的高层管理者必须是勇于变革的人。标杆超越活动是持续改进的有力武器,应当成为企业的一项常规性的工作,而不应成为面临危机、走投无路时的救命稻草。企业在开展标杆超越活动时,通常是采用成立小组或团队的方式来进行的。小组一般由3—6人所组成,他们应当是最熟悉所要改进领域的人。小组成员应当具备相应领域的专业知识以及把握问题、分析问题的能力和技能,应当具备较强的合作精神。

标杆超越活动由"标杆"和"超越"两个基本阶段所构成。标杆阶段就是要针对企业所要改进的领域或对象,首先确定"谁"在这一方面是最好的,以及他为什么做到了最好?我们为什么差?差在哪里?这意味着要标定学习和赶超的榜样,对之进行解剖和分析,同时也要解剖和分析自己,通过对比找出自身与榜样之间的差距及原因。这一阶段实际上是一个"知己知彼"的过程。但是,实施标杆超越的目的并不在于对于榜样的简单模仿,而是在于"超越"对手,使自己成为"同业之最"。因此,就必须在前一阶段"知己知彼"的基础上,拟定出超越对手的策略并加以实施,努力使自己成为同业最佳便是"超越"或"蛙跳"的阶段。这两大阶段又可以具体细化为以下五个步骤:

第一步,确定实施标杆超越的领域或对象;

第二步,明确自身的现状;

第三步,确定谁是最佳者,也就是选择标杆超越的榜样;

第四步,明确榜样是怎样做的;

第五步,确定并实施改进方案。

以上四种促使企业绩效改进的系统性工具,在西方国家的实践中已经取得了巨大的成功,但在我国的应用仍处于起步和摸索阶段,具体选择哪一种或哪几种绩效改进工具,取决于企业的实际需要和环境的实际要求。

猎人和猎狗

一条猎狗将兔子赶出了窝,一直追赶他,追了很久仍没有捉到。牧羊犬看到此种情景,讥笑猎狗说"你们两个之间小的反而跑得快得多"。猎狗回答说:"你不知道我们两个的跑是完全不同的!我仅仅为了一顿饭而跑,他却是为了性命而跑呀!"

这话被猎人听到了,猎人想:猎狗说的对啊,那我要想得到更多的猎物,得想个好法子。于是,猎人又买来几条猎狗,凡是能够在打猎中捉到兔子的,就可以得到几根骨头,捉不到的就没有饭吃。这一招果然有用,猎狗们纷纷去努力追兔子,因为谁都不愿意看着别人有骨头吃,自己没得吃。就这样过了一段时间,问题又出现了。大兔子非常难捉到,小兔子好捉。但是,捉到大兔子得到的奖赏和捉到小兔子得到的骨头差不多,猎狗们善于观察,发现了这个窍门,专门去捉小兔子。慢慢地,大家都发现了这个窍门。猎人对猎狗说:"最近你们捉的兔子越来越小了,为什么?"猎狗们说:"反正没有什么大的区别,为什么费那么大的劲去捉那些大的呢?"

猎人经过思考后,决定不将分得骨头的数量与是否捉到兔子挂钩,而是采用每过一段时间,就统计一次猎狗捉到兔子的总重量。按照重量来评价猎狗,决定一段时间内的待遇。于是,猎狗们捉到兔子的数量和重量都增加了。猎人很开心。但是,过了一段时间,猎人发现,猎狗们捉兔子的数量又少了,而且越有经验的猎狗,捉兔子的数量下降得越厉害。于是,猎人又去问猎狗。猎狗说:"我们把最好的时间都奉献给了您,主人,但是我们随着时间的推移会老,当我们捉不到兔子的时候,您还会给我们骨头吃吗?"

猎人做了论功行赏的决定。分析与汇总了所有猎狗捉到兔子的数量与重量,规定如果捉到的兔子超过了一定的数量后,即使捉不到兔子,每顿饭也可以得到一定数量的骨头。猎狗们都很高兴,大家都努力去达到猎人规定的数量。一段时间过后,终于有一些猎狗达到了猎人规定的数量。这时,其中有一只猎狗说:"我们这么努力,只得到几根骨头,而我们捉的猎物远远超过了这几根骨头。我们为什么不能给自己捉兔子呢?"于是,有些猎狗离开了猎人,自己捉兔子去了。

猎人意识到猎狗正在流失,并且那些流失的猎狗像野狗一般和自己的猎狗抢兔子。情况变得越来越糟,猎人不得已引诱了一条野狗,问他到底野狗比猎狗强在哪里。野狗说:"猎狗吃的是骨头,吐出来的是肉啊!"接着又道:"也不是所有的野狗都顿顿有肉吃,大部分最后骨头都没得舔!不然也不至于被你诱惑。"于是猎人进行了改革,使得每条猎狗除基本骨头外,可获得其所猎兔肉总量的$n\%$,而且随着服务时间加长,贡献变大,该比例还可递增,并有权分享猎人总兔肉的 $m\%$。就这样,猎狗们与猎人一起努力,将野狗们逼得叫苦连天,纷纷强烈要求重归猎狗队伍。

故事还在继续……

管理心得:薪酬管理是管理中一项十分棘手但又十分重要的工作,它直接关系到员工的积极性和责任感及利益,不同的薪酬制度会带来不同的管理效应,影响组织的效益和效率,如何建立一套系统全面、切实可行、相对稳定的绩效考核体系是薪酬管理成败的基础。

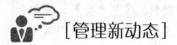[管理新动态]

晕 轮 效 应

晕轮效应又称"光环效应",属于心理学范畴,是指当认知者对一个人的某种特征形成好或坏的印象后,他还倾向于据此推论该人其他方面的特征。本质上是一种以偏概全的认知上的偏误。晕轮效应愈来愈多地被应用在企业管理上,其对组织管理的负面影响主要是体现在各种组织决策上。

在绩效考核中,晕轮效应意味着一个考核者对被考核者的某一绩效要素的评价较高,就会导致他对该人所有的其他绩效要素也评价较高;反之,如果对被考核者的某一绩效要素的评价较差,则会导致他对该人所有的其他绩效要素也评价较差。

问题追踪

在绩效管理中,如何避免晕轮效应的出现?

本章小结

1. 绩效包括组织绩效和员工绩效两方面。组织绩效就是指组织在利用资源满足顾客需求和实现组织目标的活动中,在效率和效益上所表现出来的水准。员工绩效就是指员工在工作结果、工作行为和工作态度方面所表现出来的水准。两者既相互区别而又密切联系,员工绩效的提高是组织绩效得以实现的前提条件,组织绩效的实现是员工绩效提高的最终体现。

2. 绩效的管理过程划分为前期的基础性工作(目标分解和工作分析)、绩效指标体系的建立、绩效计划、绩效实施与管理、绩效考评、绩效反馈和改进六个环节。其中,绩效计划、绩效实施与管理、绩效考评与绩效反馈面谈四个环节形成一个绩效管理循环,并经绩效改进而呈螺旋上升。

3. 平衡计分卡是从组织的财务状况、客户对组织的满意度、组织核心业务流程、组织学习成长和创新能力四个方面来构建组织绩效评价指标体系的工具。它强调评价因素之间的"平衡"和"驱动关系"。

4. 关键绩效指标是通过对组织内部某一流程的输入端、输出端的关键参数进行设置、取样、计算、分析,形成衡量管理绩效的一种目标式、量化式指标体系,把企业的战略目标分解为可运作的组织绩效目标体系的工具。它强调工作任务的完成情况。

5. 目标管理法是根据被考核对象完成工作目标的情况来进行考核的一种绩效考核方式。360度反馈评价法又称全方位绩效评价法,指通过不同的相关者从不同的角度来评价管理者绩效的方法,主要适合用于对管理者的评价。

6. 绩效评价后的工作包括绩效反馈和应用以及绩效改进两方面内容。组织绩效的反馈:一方面,通过比较实际绩效和标准绩效的偏差,可以判断实际绩效的完成程度;另一方面,为下一个绩效计划的制订以及绩效改进工作提供依据;再者,通过实际绩效指标与标准的绩效指标对比和分析,可以重新审视和调整组织的战略和目标。员工绩效反馈的主要作用表现在:对被考评者的表现达成双方一致的看法;使员工认识到自己的成就和优点;指出员工有待改进的方面;制定绩效改进计划;向员工传递组织的期望;协商下一个绩效周期的目标与绩效标准。

7. 组织绩效不良的原因总的归纳起来有三方面:外部环境的不断变化、内部制度问题和文化理念问题。用于绩效改进的工具有:ISO质量认证体系、六西格玛管理、波多里奇卓越绩效标准和标杆超越。

[问题与讨论]

1. 什么是组织绩效?各列举一个你认为是高绩效和低绩效的组织。给出五个理由说明这两个组织的绩效水平为何差异这么大。

2. 什么是员工绩效?管理者的有效性受哪些方面因素的影响?

3. 说明绩效管理的过程。讨论目标分解和工作分析这两项工作在绩效管理过程中的重要性。

4. 试分析和比较目标管理法、关键事件法、360度反馈评价法和自我评估法的不同特点。

5. 假设你从推销员提升为销售部经理,请问你将如何完成自己的角色转换,以适应新的岗位?

6. 访问中国人力资源开发网(http://www.chinahrd.net/),了解当前有关管理绩效的热门话题,确定某一主题并进行讨论。

[实战练习]

访问某一组织中的人力资源管理部门

目的: 通过访问某一组织中的人力资源管理部门,增加对管理绩效重要性的认识,了解绩效评估方法在实际中的应用情况。

内容: ① 了解该组织所采用的绩效管理制度。
② 了解该组织对员工绩效的评价方法。
③ 了解该组织在绩效管理过程中的主要困难和难点。
④ 对该组织的绩效管理工作提出自己的观点和建议。

要求: 每位学生或每组学生写出采访报告,教师批阅,小组或全班交流。

[案例思考]

案例一 2014年中国职业经理人队伍现状调查

中国企业联合会职业经理人资格认证管理办公室于2014年4—10月组织开展了2014年中国职业经理人制度状况调查研究，调查结果如下。

一、职业经理人队伍整体进展

1. 学历水平逐年提升

调查显示，职业经理人学历水平比例最大为本科学历（65.8%），比前两年比例均有上升；其次为硕士学历（17.0%），比前两年略低但比例基本保持。

从职业经理人本科及以上学历水平纵向对比趋势看，2007年比例为67.0%，自2011年上升至80%以上后，近几年基本保持缓慢上升状态，2014年提升至83.6%，学历水平呈逐年提升状态。

2. 复合型职业经理人比例增多

调查显示，职业经理人最高学历学位专业比例一直为管理专业，但2014年比例下降至半数以下；其次为理工专业，相比前两年，理工专业所占比例逐渐上涨，学科交叉、知识技术集成的复合型职业经理人逐渐增多，见表1。

表1 职业经理人近几年专业结构 单位：%

	管理	理工	经济	文史哲	其他
2014年比例	39.9	28.0	19.8	4.5	7.8
2013年比例	50.3	21.0	19.5	3.5	5.7
2012年比例	55.4	18.9	16.3	3.3	6.1

二、职业经理人"四化"水平稳步提升

《国家中长期人才发展规划纲要（2010—2020年）》提出加快推进企业经营管理人才的职业化、市场化、专业化、国际化，职业经理人年度报告对于"四化"调查采用五点量表方法。调查结果显示，同年度测量水平下，职业经理人职业化水平在"四化"水平中最高，国际化水平持续最低，职业化超出国际化分数0.84。从四年统计指标的分指数呈现的趋势看，职业化水平一直相对较高且2014年水平有所提升；国际化水平继续是中国职业经理人队伍发展的短板；往年均是专业化水平略高出市场化，2014年市场化水平相对略高于专业化水平且比往年均有提升，但从总体看市场化水平略低于专业化水平0.04，见表2。

表2 职业经理人近四年"四化"水平

	职业化	市场化	专业化	国际化
2014年	4.04	3.87	3.76	3.49
2013年	3.94	3.64	3.74	3.47

(续　表)

	职业化	市场化	专业化	国际化
2012 年	3.90	3.72	3.79	3.57
2011 年	3.94	3.80	3.90	3.45
四年平均水平	3.96	3.76	3.80	3.42

调查结果显示，中国职业经理人普遍重视职业素养、职业规范、职业道德，三项得分在"四化"细分因素中也最高，其中职业素养相对最佳，说明职业经理人在敬业精神和职业忠诚、遵守规则和工作规范化、维护公司利益和廉洁自律方面能力较强。

调查显示，各市场化细分因素均高于专业化、国际化，相对于职业化水平来讲仍具有提升空间。其中，市场开拓因素相对较高，说明职业经理人重视市场及客户培育、主动捕捉商机及获得市场合作机会方面具有较高意识和行为能力，市场竞争及判断能力相对略低，在市场竞争意识、研究市场形势和竞争特点、总结市场发展特点、判断并适应市场变化方面的能力还需要锻炼和提升。

调查显示，专业化水平各细分因素相对保持往年水平，随着市场化水平的提升，专业化水平仅高于国际化水平，说明职业经理人拥有的专业知识、管理经验及专业技能还需加以提升。相比于"四化"其他因素，专业知识和专业技能通过培训、继续教育等方式会相对容易加强。

从国际知识、国际经验和国际思维几方面看，调查显示，中国职业经理人在"四化"中目前国际经验得分最低，国际知识次之，说明职业经理人在外语沟通、国际商务规则及跨文化管理、涉外工作、国外工作、国际培训学习等方面经验和能力有所欠缺，见图1。

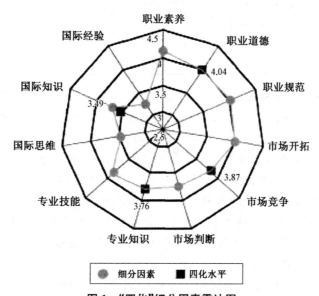

图 1　"四化"细分因素雷达图

三、职业经理人素质能力逐年提升

1. 组织协调、团队合作优势明显，诚信意识、自我控制提升

本次职业经理人个人素质能力调查延续洋葱模型及冰山模型理论，分为三个层面：知识与

技能、自我认知与社会角色、个性与动机。知识是在某一特定领域拥有的事实型与经验型信息水平,技能是运用知识等完成某项具体工作的能力,调查中涉及组织协调、团队合作、沟通能力、领导能力、学习能力、决策能力、监控能力、协同创新、培养人才能力、创新能力;自我认知是对其自身的看法与评价,社会角色是对所属社会群体接受并认可其恰当的行为准则,调查中涉及自我控制、灵活性、主动性、概念性思考、分析性思考、成就导向;个性是对外部环境及信息的反应方式、倾向与特性,动机是为达到目标而采取行动的内驱力,调查中涉及责任意识、建立关系、诚信正直、客户导向。

调查结果显示,职业经理人在知识与技能层面,组织协调、团队合作、沟通能力得分最高,这与前两年的调查数据基本吻合,仅三者顺序略有变动,见表3。

表3　知识与技能

	知识与技能									
	组织协调	团队合作	沟通能力	领导能力	学习能力	决策能力	监控能力	协同创新	培养人才	创新能力
2014年	3.99	3.91	3.89	3.86	3.84	3.82	3.82	3.81	3.78	3.74
2013年	3.95	3.98	3.96	3.92	3.89	3.88	3.81	3.82	3.76	3.73
2012年	3.91	3.91	3.91	3.83	3.89	3.88	3.83	3.81	3.81	3.81
	自我认知与社会角色				个性与动机					
	责任意识	建立关系	诚信正直	客户导向	自我控制	灵活性	主动性	成就导向	分析性思考	概念性思考
2014年	3.99	3.91	3.89	3.86	3.84	3.82	3.82	3.81	3.78	3.74
2013年	3.95	3.98	3.96	3.92	3.89	3.88	3.81	3.82	3.76	3.73
2012年	3.91	3.91	3.91	3.83	3.89	3.88	3.83	3.81	3.81	3.81

这说明当前职业经理人根据工作任务合理分配资源,控制和协调部门或组织的活动过程,化解矛盾,实现目标能力较强;与部门或组织内外沟通较为顺畅;与团队成员通力合作,在工作过程中能相互合作、依赖、支援、协调。在自我认知与社会角色层面,责任意识在本次调查中得分较高,说明职业经理人明确自身职责并能主动、认真地履行;其次为诚信正直与建立关系,其中,诚信正直相对2012年提升幅度较大并继续保持,说明职业经理人对于诚实可靠与不假公济私的工作态度更加认同。在个性与动机方面,自我控制、灵活性能力在本次调查中得分较高,相对前两年均有所提升并保持靠前。说明职业经理人对于压力环境下保持冷静的能力有所改善,不拘泥于单一思维模式,能够根据环境需求变化调整策略与方法,这种素质能力也是适应当前改革大势所必需的。

职业经理人在知识与技能、自我认知与社会角色、个性与动机三个层面中,自我认知与社会角色得分较高,知识与技能较低,个性与动机居中。其中个性与动机是素质能力相对最里层部分,相当于"冰山"水下最深的部分,属于核心素质,长期系统的观测数据对比可以粗略预测长期绩效;知识与技能在三个层面中是相对外围的部分,是可以通过后天培训、实践不断提升的,配合核心素质锻炼,中国职业经理人个人素质水平可以做到内外兼修,不断提升。

2. 创新能力、客户导向需改善

职业经理人素质能力调查中显现出的一些短缺能力也需引起重视。在知识与能力调查中，创新能力、培养人才能力、协同创新能力在三年调查中均属最低。这说明职业经理人在接受新观念的态度、产生新观念的能力、寻求并开发具有新颖性、突破性的问题解决方案方面很欠缺；在发现下属员工潜质并引导员工长期成长方面、充分运用内外创新要素进行深度合作及价值增值方面也需要进行提升。当今时代发展，创新能力对于国家、企业、个人都极为重要，职业经理人作为企业管理层，在企业商业模式方面、管理方面、制度方面、技术方面等创新改革都扮演了无可替代的角色，必须注重创新能力的提升。职业经理人创新能力的培养需要管理经验和长期学习的积累，从个人素质能力相关性分析，创新能力与主动性、分析性思考、沟通能力、学习能力、协同创新、团队合作、概念性思考、灵活性等其他能力具有较大相关性，对创新能力的培养，从个人层面也需同时注意加大这些方面的能力塑造。

从外部因素讲，调查显示，公司治理结构越健全，职业经理人创新能力相对越高；职业经理人运用职权越充分，创新能力越高；职业经理人从业年限越高，整体上创新能力越强；外企中职业经理人创新能力高于民企和国企；东部地区职业经理人创新能力高于中西部地区；大中型企业职业经理人的创新能力高于小微型企业。

在自我认知与社会角色中，客户导向调查得分三年来持续最低，这说明职业经理人在发掘和满足客户需要、以长远的眼光来解决客户问题方面还需要改进。提升客户导向认知也将有利于职业经理的市场开拓及维系，提升职业经理人市场化水平。

在个性与动机层面，概念性思考及分析性思考在三年调查中均处于靠后位置，这涉及职业经理演绎思考及归纳思考能力，提升这方面能力需要职业经理人在工作中按照重要程度设定先后顺序，分析事件可能原因及可能后果并找出多个解决方案；锻炼运用常识或过去的经验分析情况，从不相关的领域中找出复杂资料内有价值关系。这两种能力与创新能力相关性都比较大，需要协同提升。

▲ 思考题

1. 你具备多少职业经理人的素质与能力？
2. 该调查结果给你带来怎样的启示？

资料来源：中国企业联合会课题组.2014 中国职业经理人现状调查[J].企业管理，2015(2)：6-14.

案例二　捷成集团绩效管理的秘诀

案例背景

捷成集团在中国经营的历史可以追溯100多年前，作为第一批在世界贸易组织和内地与香港关于建立更紧密经贸关系的安排双重框架推动下成立的外商投资企业，捷成曾为不计其数的外贸品牌进入中国做过代理服务。保时捷、博世、宾得、卡西欧等知名品牌都来自捷成的代理。

比很多跨国企业早进入中国几十年，捷成集团已经开始选择多条业务并行发展的多元化战略，在工业领域，捷成集团正在尝试从传统的产品代理领域走出去，集成厂商给客户提供完整的一站式解决方案。2010年,捷成的工业业务单位不但成立了汽车工业部,2011年,还将重点放在了新能源领域。

把绩效 Review 变成绩效 Plan

捷成的绩效管理分为四个阶段。

第一是 Plan。年初的时候,公司的目标策略就已经定好了,作为一个领导,有没有把公司的整体目标让员工知道,然后从他们一年的工作表现方面,把公司的目标策略融入进去。假如公司定的目标是销售增长20%,那么除了销售部门知道这个目标之外,支援、协助他们的部门及新招聘的员工也要知道。

第二是 Coordinate。每周的例会、每月的报告,必须让管理层清楚明了地了解工作进度。

第三是 Control。管理者要及时给员工反馈,哪些地方做得好,哪些地方做得不好,都要让员工知道,同时提供足够的资源,让他们可以做好日常工作。

第四是 Review。也就是常说的年终总结与回顾。

莫家麟先生说:"我看到很多企业,以为绩效管理是每年一次,年底的时候 Review 一下,打个分就结束了。其实这是完全错误的,绩效管理不是回顾,过去的工作是已经发生的事情,而最重要的则是前期的 Plan,很多企业的做法都不太正确。"绩效管理到最后的反馈阶段,实际上已是既成事实了,再做绩效回顾也没什么作用了。在前期的规划阶段就应规定每个员工这一年的绩效目标。捷成的绩效周期跟财年一样都是一年,就像财务预算一样,根据捷成的业务目标,来制定公司的人力资源计划,业务的增长需要在人才方面有怎样的配合,预计招聘人数、时间、地域,要让所有执行及相关部门都了解你的 Plan,而不是年终总结大会考核评分,这才是绩效管理的重点所在。

▲ 思考题

1. 捷成集团的绩效管理四个阶段的主要作用?
2. 捷成集团认为绩效管理并不是绩效回顾?

案例来源:程丹丹.百年洋行的用人秘诀[J].企业管理,2012(2):42-44.

[阅读书目]

1. 彼得·德鲁克著.卓有成效的管理者.机械工业出版社,2005年
2. 胡劲松著.绩效管理从入门到精通.清华大学出版社,2015年
3. 秦杨勇著.平衡计分卡——战略绩效管理案例、方法与工具.经济管理出版社,2011年
4. 盘和林主编.哈佛绩效管理决策分析及经典案例.中国人民大学出版社,2006年

综合案例一

谷歌是如何运营的

1998年,拉里(Larry Page)和谢尔盖(Sergey Brin)在美国斯坦福大学的学生宿舍里共同开发了谷歌在线搜索引擎,并迅速传播给全球的信息搜索者;同年9月在加利福尼亚州山景城创立了谷歌公司(Google Inc.)。经过十几年发展,公司业务包括互联网搜索、云计算、广告技术,开发并提供大量基于互联网的产品与服务,开发各类线上软件、应用软件以及Android和Chrome OS操作系统,目前以2 291.98亿元的品牌价值超越苹果公司成为全球第一。

2015年8月10日,谷歌宣布重组成立名为Alphabet的新公司,作为原Google的母公司。也就是说,原先的Google将只保留部分业务,瘦身成为全资子公司,而另外一些前沿项目也分拆成独立子公司,与子公司Google一起组成Alphabet集团。

Alphabet整体可以划归三部分:资本、现有业务、未来实验室。Google Ventures和Google Capital(风投和投资部门)是资本,Google(包括搜索、广告、YouTube视频服务和移动终端系统安卓等)、Calico(抗衰老生物技术)、Nest(物联网相关)是现有业务、Google X(无人机、无人驾驶汽车等研发部门)是未来实验室。

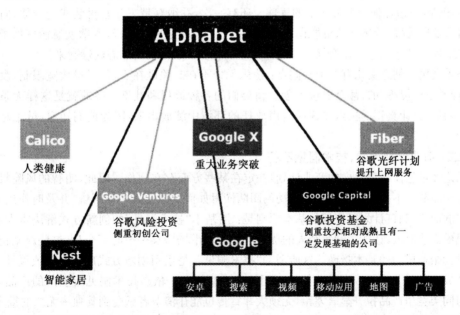

作为信息时代高科技公司中的佼佼者,谷歌聚集了一群聪明的创意精英并着力于营造创新友好的氛围和支持环境,以充分发挥他们的创造力,快速感知客户的需求,愉快地创造相应

的产品和服务。比如,谷歌中的 Google X 团队,专门负责一些最有雄心的产品的研发,他们只用了 90 分钟就研发出谷歌眼镜的最初模型。洞察力、创造力、对客户的感知能力、对知识的综合升华能力是创意精英们的核心特征,他们最主要的驱动力是创造带来的成就感和社会价值。传统公司的管理理念不适用于这群人,创意革命(Creative Revolution)时代下的组织逻辑必须发生变化,不仅如此,企业文化、人才招聘与激励、制定战略和决策过程也必须作出相应的改变。

(一)营造快乐的企业文化

在每周五举行的谷歌 TGIF 大会上,所有新入职员工都被安排在同一区,带上彩色螺旋桨帽子作为新人标志。谢尔盖总是带有淡淡的俄罗斯口音对大家表示欢迎,也常常即兴发挥一些小段子,逗得大家前仰后合。大家可不是为了博创始人开心而强颜欢笑,每个人的笑都发自内心。作为创意精英的领导者,幽默感是谢尔盖的伟大天赋之一。

一家初创的企业、一个炙手可热的项目或者一份好工作,都应该充满乐趣。多数企业都试图制造"快乐",比如举行野餐会、节日派对等游乐活动,或者组织一些秉着"团队建设"初衷的拓展活动。其实,这些活动并非必需,也不一定能让人真正"快乐"。在谷歌,组织员工活动从不考虑什么"团队建设",唯一目的就是让大家好好去玩儿。乔纳森(产品管理和营销高级副总裁)与他的团队足迹遍布北加州:他们游览了红木林和尖峰石阵国家公园,在新年岛公园一睹海象的真容,还徜徉在圣克鲁兹海滨步道。这些活动花费不多,而乐趣并非来自高消费,营造出来的快乐才是最珍贵的。韩国流行歌手"鸟叔"曾经到谷歌的韩国分公司参观,埃里克(前CEO、现任 Alphabet 公司董事长)带领首尔分部全员跟随他一起尬舞,跳了一曲《江南 Style》。

乔纳森曾经和市场部负责人辛迪·麦卡弗里打赌,看看谁的团队参加谷歌年度员工调查问卷(Googlegeist)积极性更高。作为惩罚,输的一方要为赢家洗车。结果,乔纳森输了。于是,辛迪租了一辆加长悍马,涂上厚厚的泥巴,然后把自己的团队招来,一边观赏乔纳森清洗这辆庞大的 SUV,一边往他身上砸注水的气球。还有一次,乔纳森带来几套拼装式篮球架,向几支工程团队发出挑战,看哪支队伍能在最短时间内把篮球架装好。这样,谷歌就有篮球架了。其中有些工程人员连扣篮是什么都不知道,可一旦出现挑战,他们的斗志就燃起来。

快乐文化与创意文化有一个共同点:快乐无处不在。关键在于,要尽量放宽限制,没有什么是"神圣不可侵犯"的,甚至要包容创意精英们的各种调侃和吐槽。谷歌就是这样无条件信赖自己的员工,让真正的快乐在这样自由放任的环境中绽放出来,因为他们知道,员工越快乐就越能干。

(二)商业计划无常,技术洞见不朽

无论经过怎样深思熟虑的商业计划,一定在某些方面存在硬伤。因此,明智的风险投资家都遵守投团队而不投计划的准则。成功的团队懂得如何发现计划中的瑕疵,并及时作出调整。对于谷歌而言,制订计划所依据的基本原则是:用基于"技术洞见"的创新方式解决重大难题,优化规模而非收入,让能影响每个人的优秀产品带动市场增长……时至今日,这些原则仍是互联网时代企业成功的基本指南。这所谓的"技术洞见",是指用创新方式应用科技或设计,以达到生产成本的显著降低或产品功能和可用性的大幅提升。依靠技术洞见所生产的产品,总是可以与同类竞争产品拉开显著差距,无须大肆宣传也能让消费者感受到其独一无二的魅力。

早在 20 世纪 90 年代中期,创始人拉里、谢尔盖开发谷歌搜索引擎时,利用网站的链接结构作为路径来寻找用户搜索的最佳匹配结果,基于这一技术洞见,造就了整个搜索引擎各种优

越性的源泉。从那以后,谷歌几乎所有的成功产品都是以坚实的技术洞见为基础。比如,Google最赚钱的广告引擎AdWords背后的洞见是:在为广告排序时,应该以广告信息对用户的价值作为标准,而不是看广告商愿意出多少广告费。而谷歌的开源浏览器Chrome基于的洞见是,随着网站越发复杂和强大,浏览器却必须提速、简化。回顾那些遭遇失败的谷歌产品(个性化浏览工具iGoogle、桌面搜索工具Desktop、方便用户整理网络资料的Notebook、网页注解Sidewiki、健康管理程序Health,以及著名的阅读工具Reader),这些产品要么从构想之初就缺少技术洞见的支持,要么就是依靠的洞见随着互联网的发展逐渐过时了。

那么,到哪儿去寻找这些神奇的洞见呢?途径之一是找到你的"极客"——那些在公司的实验室或工作室中埋头进行有趣创新的人,看看他们在研究什么,往往可以挖掘到迈向成功的技术洞见。途径之二,是将那些可用的科技和数据资料集中起来,为某个行业中存在的问题寻找新的解决方法,或者找到一个问题的具体解决方案,再对这一方案加以拓展。

以技术洞见来支持产品研发和战略计划的制订,就能够避免被消费者的需求牵着鼻子走、只生产出步人后尘的产品了。

(三)留住优秀人才,给他们超出常规的回报

进入新千年后,谷歌开始大量引入人才,因此,谷歌特地成立了招聘委员会来做招聘决策。委员会的决策以数据为依据,并且以公司利益为根本出发点。委员会的成员规模为四至五人,即确保看问题视角的全面,也保证了办事效率。现在,谷歌员工总数虽已超过4.5万,但谷歌的招聘黄金法则是宁缺毋滥,人才的质量一直都被放在首位。

创意精英一旦入职,就要给他们回报,而卓越的人才应当获得丰厚的报酬。正如一些体育明星的年薪甚至高于美国总统,因为他们拥有特殊的技艺,能带来非凡的杠杆效应。他们如果发挥得好,能带动团队取胜,胜利可以带来巨大的商业利益:球迷越多,观众越多,球衣球帽的销量也就越高,球队就会大赚。而创意精英与专业运动员有一个非常重要的共同特征:他们都能产生超出常规的影响力。在谷歌,员工产生的影响越大,收获的薪水就越高。吸引创意精英的因素不应只限于金钱,还有大展身手的机会、并肩共事的同事、肩上的责任和享有的机遇、激发灵感的企业文化和价值观,当然,或许还有免费的美食以及办公桌旁悠闲蹲坐的狗狗。一位资深工程师曾提出想把他的雪貂带到办公室来,公司同意后,他从未在薪酬上讨价还价过。传统商界中,身居高位的CEO们和工作涉及买卖交易的投资银行家、销售人员总是拿到优厚的薪水。但在互联网时代,产品质量才是王道,最高报酬理应属于那些与卓越产品和伟大创意关系最密切的人。谷歌最为看重的是员工的影响力,无论其头衔和地位如何,只要对突破性产品或功能有所贡献,就能够得到超出常规的回报。

想留住创意精英,还应当避免让他们太过于安逸,谷歌总是不断用新的想法保持他们工作的趣味性。乔治斯·海力克是创立AdSense的团队成员之一,在他提出想离开谷歌时,埃里克建议他列席几次谷歌的管理会议。于是,乔治斯被添加到电子邮件的通讯组列表中,如此一来,高管们学会了更好地从工程人员的视角看问题,乔治斯也学到了不少企业运营知识。他的参会经历激发他加入了产品管理团队,为公司继续服务了两年。乔纳森也用过类似的方法激励下属,每隔六个月选择一位年轻的产品经理助理为"执行会议主席",在确保完成本职工作的前提下担任乔纳森的直接下属。几位年轻人踊跃地报了名,不仅是为了争取与公司联合创始人共事的机会,也给他们自己的生活增添了不少乐趣和挑战。

当然,要避免人才流失,只靠有趣的任务还不够。谷歌还经常鼓励员工尝试新角色,让创

意精英们通过轮换制去不同的岗位上施展才能。

（四）决策的原则与方式

在互联网时代，市场的变化速度决定了企业决策也必须快速，而当今消费者消息灵通且要求苛刻，企业间的竞争越发激烈，决策又必须建立在充分而审慎的分析基础之上。对于谷歌这样的新型公司，拥有一支创意精英组成的团队，意味着每个人都应当享有发言权，达成共识之前常常要经过漫长的合议与辩论。谷歌的决策者们十分清楚，制定决策的方式、时机和实施决策的具体方法，与决策本身同样重要。做出最有利于谷歌的决策并不是工作的全部，还要通过协调，让公司以最佳方式落实决策。

而今，数据已成为制定决策的主要依据，因为它可以提高决策的效率和可靠性。伦敦市的供水管道使用数以千计的感应器来监控，从而将渗漏减少了25％。谷歌通过收集匿名手机信号的方式，来实时获取流量数据。而且，在谷歌的多数会议室里都配有两台投影仪。一台用于其他办公室进行视频会议、投射会议纪要，另一台用来投射数据。在交流意见和讨论观点时，管理者们倾向于用"请看数据"这句话来服人。一次，埃里克与一家合作公司的CEO会谈，高管们为了一些技术问题争执不下，却迟迟得不出结果。有位待在角落里的年轻谷歌人站了出来，用几项数据明确了谷歌的立场。在一场大人物云集的会议上，这位资历最浅的年轻女员工明显是整个会议室中最有洞见的人。最终，她凭着对数据的准确把握主导了会议讨论。

作为创意精英们的领导者，即便是谷歌的首席执行官也无权独断专行、把自己的意愿强加于人。企业领导者们的重要任务就是尽量少做决策，他们应当发挥自己过人的才识去分析数据、鼓励讨论，适时运用自己的领导力，引导大家达成共识。创造是很难规划的。自组织、自激励是创意者的重要特征，因此，谷歌为他们提供能更高效创造的环境和工具，让人与人之间充分地互动。只有提供他们各自独立时无法得到的资源和环境，有更多自发碰撞的机会，才能创造最大的价值。谷歌Adwords广告体系的突破就是五个员工在玩桌球的时候，看到拉里·佩奇对广告质量的挑战，一个周末就把Adwords广告体系的算法搭建完成。而且，这五个人没有一个是广告部门的。这个传奇背后仍然是一系列配套的机制设计，例如，每周员工大会的透明沟通、员工的自主权、跨部门调动资源的能力等。促进协同的组织机制和决策方式，是未来组织创新的重要领域。

▲ 思考题

1. 作为互联网公司，谷歌的管理方式与传统商业企业有哪些不同之处？
2. 你希望成为谷歌的员工吗？谈谈你的想法和理由。

资料来源：埃里克·施密特、乔纳森·罗森博格、艾伦·伊戈尔著，靳婷婷等译.重新定义公司——谷歌是如何运营的.中信出版社，2015年.

综合案例二

万达集团的内部工作法

大连万达集团创立于1988年,经过多年发展形成了商业、文化、网络、金融四大产业集团,2015年位列《财富》世界500强企业第385名。2016年企业资产7 962亿元,营业收入2 550亿元。董事长王健林将万达未来的发展目标称为"2211"工程,也就是到2020年实现企业资产2 000亿美元,市值2 000亿美元,收入1 000亿美元,净利100亿美元,成为世界一流跨国企业。

大连万达集团旗下的四大产业集团中,万达商业是全球最大的商业地产企业,持有物业面积3 233万平方米,已开业北京CBD、上海五角场、成都金牛、昆明西山等188座万达广场,拥有四个自营酒店品牌、海内外共计100多家高端酒店。万达商业还拥有全国唯一的商业规划研究院,专门从事大型商业中心、五星级酒店、旅游度假区规划设计,负责万达集团所有开发项目的方案设计、产品定位、成本控制和技术支持,每年承担的商业建筑设计任务超过1 000万平方米,形成了商业地产的完整产业链和核心竞争优势。

万达文化集团是中国最大的文化旅游企业,2016年收入641亿元。旗下包括电影制作、发行、院线、舞台演艺、主题乐园和旅行社等多个产业,正逐渐成为万达新的支柱产业。

万达网络科技集团拥有飞凡通、快钱支付、征信、网络信贷、创新科技、云计算中心等公司,运用大数据、云计算、人工智能、场景应用等技术为实体产业实现数字化升级,为消费者提供生活圈的全新消费服务。万达金融集团旗下则拥有万达投资、百年资产管理和百年人寿保险等公司。

近年来,万达集团的发展战略主要有四个方面:一是轻资产运营,逐步减少地产投资和开发,提升租金在利润中的占比,也就是要靠品牌、设计和运营来赚钱,向商业服务型企业转型升级;二是持续做大文化产业,发挥电影制作、发行、放映完整产业链优势,进一步扩大全球市场份额,积累IP(Intellectual Property)产品资源,打造自有IP体育赛事,加大旅游投资;三是坚持国际化发展,推进海外文化旅游项目落地,鼓励海外并购;四是通过管理提升效益,从前期的创意设计环节开始就抓好成本管理,运用科技手段降低人力成本,加上制度完善、审计和反腐,堵漏节流增加利润。王健林给万达设定的"小目标"不光是创造商业成就,还要着力打造民族品牌。这里既包括万达电影品牌、文化旅游品牌和高端酒店品牌,也包括企业管理品牌,为中国企业管理思想的创新和传播作出一些贡献。

万达的稳步快速发展与其优秀的集团内部管控是分不开的,我们可以从以下三个角度来探究万达的内部工作法,揭秘万达是如何成长为世界五百强的。

(一)高效开会的兵法五招

万达的执行力是非常有名的,突出体现在开会这一点上。企业规模大了,开会的难度也不小。怎么开好各种大会小会，万达有一套行之有效的原则和做法。

一是从不打印工作报告。"万达开会，没人敢睡"，不是说谁怕谁，而是怕漏了重要内容影响自己的工作和前程。在每年的万达年会上，王健林都会做一个精彩的大会发言，他的工作报告都是亲自手写，从不用枪手，也从不在会前打印出来。他的报告既有宏观分析，也有客观业绩，更有微观褒贬和未来走势。一个半小时的报告，信息量很大，下面不少员工认真做笔记，因为下午的分组讨论要求每个人有针对性地讲。

二是编制精细的会务手册。万达组织的会议总是井井有条，精确到每个细节。会务手册中除了会议流程、参会人员、主题、每个议程的时间等必要内容之外，详细到每人每天在哪张桌子开会，需要穿什么服装，在哪个餐厅、哪个位置就餐，参会当天天气等。万达年会胸卡就是一个浓缩的会务流程，一张小卡片就是一个为与会者私人定制的数据库。以2013年年会的胸卡为例，正面是照片、姓名、部门、职务等信息，背面则是两天会议的全部流程：第一天，晚宴地点、具体时间、就餐桌号；第二天，大会时间地点、座位号，分论坛场次、时间地点和座位号。一切尽收眼底。然而，从2015年开始，这种精细的会务手册华丽变身为嵌在万达集团移动办公App里的会议管理系统，分为会议要求、衣食住行、天气、会务人员、意见建议五大板块，随时可以查询到你吃饭时邻座是谁，也可以直接与会务人员电话或留言咨询，反馈你的意见。这样，大大节约了纸张和分派、包装、邮寄等环节的人力成本，软硬件都做到了"与时俱进"。

三是准时开会散会。在万达开会有个不成文的规定：大大小小的会，下一级一定会比上一级提前早到5—10分钟，这不仅是一种尊重，更是一种对待会议的态度。万达开会也极少有拖延散会时间的情况，因为每件事项的讨论时间都安排得合理，主持人也能调动与会者的积极性、把控好时间。在万达，只要王健林讲话，如果他说要讲一个小时，那么基本上左右不会差5分钟。几乎所有人都能做到说几分钟就几分钟，只会缩时。除了有制度约束、规范，高层以及所有人的时间观念和责任意识至关重要。

四是发言只捞干货。万达开会从来没有空话、废话，开会用的PPT也都是极简风格，一般开会不许超过10张，给董事长、总裁汇报基本不会超过3张。当然，这3张都是"筋骨"，后面都有超链接，不怕领导追问细节。

五是会后一定落实到底。不要以为开完会做个纪要就可以了，万达还有一套强大的会议督办系统。开会确定的事情会落实到每个人、每件事、具体时间段，系统中有量化的指标来跟踪会后的行动计划落实情况。每次周例会、月度会和季度会，都能看到任务的计划完成日期和目前的进度。项目负责人汇报已完成哪些工作、还需做哪些工作，下次开会预计推进百分之多少，等等。记录员会将这些数据一一录入系统，下次开会一一核对复盘。另外，手机也会在快接近任务节点时，自动提醒加快项目进程。

（二）内控模块与红绿灯制度

万达的超强执行力从何而来？模块化管理是关键。所谓模块，就是对整个项目运作的一个通盘计划，是一个指引、一个框架，像是戴着镣铐跳舞。任何一个管理者——即使对项目和工程不太熟悉，拿到这个模块后，也能对整个项目的脉络清晰掌握，更能让外部合作单位也对工程进度一目了然，少费口舌。模块化说白了就是管理大纲。在万达有一句名言，"不会干，看电脑"，每个人不用考虑别人的事情，只好管好自己的工作进展节点就行了。

模块化是个好工具，但如何让它在项目全程发挥作用，要靠红绿灯制度。首先，明确权责，整个模块分三级节点，项目公司、规划院、总部均要对模块负责。其中，项目总经理要对所有节点负责,分管总裁、总裁助理负责所有分管项目的一、二级节点。在明确了责任人后,万达针对每个节点赋予不同的考核分值,其中一级节点15分,二级节点10分,三级节点5分。针对这些节点,万达出台了红黄亮灯机制。绿灯就是通过,黄灯是近期、中期、远期预警,红灯是全集团通报的大事,亮了红灯既通报批评又扣罚奖金。

亮灯类别	定　　义	处　　罚	特 别 措 施
黄灯	未按计划达成节点,且延误少于一周	不扣分	如果出现一个黄灯,下一步补上后黄灯会自动消失,变成绿灯;但是一年之内有三个黄灯出现,就等同于一个红灯,一年出现三个红灯,相关责任人下课
红灯	黄灯出现后一周工程量没有补上或者工作量没有达到,则变成红灯	按节点类别扣分,出现三个红灯,相关责任人下课	

　　模块明确之后原则上不予调整,除非是整体计划有调整或董事长批准的成本单项金额在2 000万元以上等明确规定的特殊情况,其他一律不可修改。在这样的情况下,每个人都知道下一步要干什么,都特别紧张自己的工作,生怕误了节点,一旦耽误了在信息化系统中全集团都可以看得到,红灯数量还会在总裁办公会上通报,这是很大的压力。所以,哪怕出现一个黄灯大家都要一起研究解决,把进度抢回来。2013年上半年,万达只出现两个红灯,一个二级节点,一个三级节点。另外,每年各责任人计划达成情况的得分直接与年度奖金挂钩,这种"丑话说在前头"的强考核机制有效驱动了万达计划的执行效果。

　　万达的项目为何总是能提前按质按量地完成?秘诀就是内控模块。它是整个模块化的灵魂,这是一个与总的模块化相互咬合、环环相扣的计划。每个项目开工前,计划部门与项目公司会有一个前期沟通,根据当地情况对模块做一些调整。在大的模块定下来的同时,比照大模块的内控模块也会同时出炉,只不过,这个由责任部门自己制定的内控模块更为严苛。一般来说,内控模块的节点时间都会提前,比如一个项目2017年8月8日要封顶,那么,根据内控模块就要求6月8日必须封顶。这样万一设计或者现场具体情况有变更,当地有什么大型活动,刮台风下暴雨停工几天,都不影响大模块节点按规定完成。

(三) 好玩到没朋友的企业文化活动

　　或许很多人觉得万达是一个"不苟言笑"的企业——高端冷,军事化,每个人都忙得要死。真相是,万达人很忙,但也很爱玩,并且他们的企业活动都非常好玩。每年年初,企业内部会做出一个丰富又详细的企业活动计划,这一年做哪些活动,基本上已经心中有数。想唱,有万达好声音;想运动,有拔河、长跑、羽毛球等各种比赛;想放松,有采摘和泡温泉;想更有文化,有万达演讲比赛、书画大赛和摄影家协会;想洗涤心灵了,就去做义工吧……活动涵盖德智体美劳各个方面,每个人都能找到自己的兴奋点。

　　万达做活动,很重要的一个原则是有创意。在2014年,万达构建了一面笑脸墙——由海量照片组成的网络笑脸墙上,每张照片可以由小到大、由近及远,类似谷歌地图的纵深呈现效果。笑脸照片上传后,每位员工还可以自行打理自己的照片空间,给照片做"美容",在留言区写下最想表达的话。目前,已有6万名海内外员工上传了自己的笑脸,是万达有史以来参与人数最多、影响力最广的企业文化活动。开展这项活动最初的目的,是向吉尼斯世界纪录发起冲击。但是,随着参与人数增多,点赞和评论功能、笑脸墙的App也随之进入开发阶段,最后竟然形成了一个很好的内部社交系统,活动越玩越落地!创意从何而来?除了一点灵感,更多是靠人不断去学习、思考、磨出来的,哪怕一个小型活动的筹备,也至少有2—3次创意头脑风暴。把企业文化活动当产品做,带着感情去介入,活动才能更加好玩、有效果。

在万达,每个员工每年必须至少参加一次义工活动。比如,去年万达组织的一次"为老年人圆梦"义工活动,形式上跟其他的活动差不多:法律咨询、测量血压、给老人拍照。只不过在拍照时加上了一个创意——让老人们说出自己最想去的地方,根据他们的描述,义工给他们的照片添加上相应的背景,就像身临其境一般。其实,操作非常简单,但是因为这个小小的创意,整个活动变得更有意义了。照片打印出来,很多老人和义工都泪眼婆娑。不光这些老人,每个人的父母心中都希望子女幸福、快乐,但他们也仍有属于自己的梦想,我们每个人都或多或少忽略了父母的感受。在帮助别人的时候,自己也能被感染,这才是义工真正的境界。让员工在活动中获得情感共鸣和归属感,是万达的工作准则。

其实,从王健林到各个系统、部门的领导,都把企业文化活动当成一件大事,王健林本人就是一个卡拉OK高手。把每件小事都当成大事,调配最合适的人和资源把事儿做到极致,这也是万达多年屹立于商界的压箱法宝。

▲ 思考题

1. 你认为万达集团具有强大的执行力的原因是什么?
2. 谈一谈万达的模块化管理对企业计划、组织、领导和控制方面有什么好处?
3. 结合当前的市场环境,讨论万达集团为何要实施转型升级战略。
4. 假如你是一名万达人,你会感到压力大还是成就感更大?为什么?

资料来源:万达集团企业文化中心编著.万达哲学、万达工作法.中信出版社,2016年。
"王健林董事长做2016年集团工作报告",大连万达集团网站,http://www.wanda.cn。

主要参考文献

1. 斯蒂芬·罗宾斯著,刘刚等译.管理学(第13版).中国人民大学出版社,2017年
2. 黄锐、高颖主编.管理是什么.中国经济出版社,2004年
3. 彼得·德鲁克著.管理的实践.机械工业出版社,2009年
4. 雷恩著,赵睿译.管理思想的演变.中国社会科学出版社,2004年
5. 伊斯梅尔、马隆、范吉斯特著,苏健译.指数型组织.浙江人民出版社,2015年
6. 彼得·圣吉著,郭进隆译.第五项修炼.上海三联书店,2001年
7. 彼得·德鲁克著,杨开峰译.知识管理.中国人民大学出版社,2000年
8. 彼得·德鲁克著,王永贵译.管理:使命、责任、实务.机械工业出版社,2009年
9. 奥罗克著,康青译.管理沟通——以案例分析为视角(第4版).中国人民大学出版社,2011年
10. 玛丽·蒙特等著,钱小军、张洁译.管理沟通指南:有效商务写作与演讲(第10版).清华大学出版社,2014年
11. 康青编著.管理沟通(第4版).中国人民大学出版社,2015年
12. 杜慕群编著.管理沟通案例.清华大学出版社,2013年
13. 吉田幸弘著,程亮译.不懂说话,你怎么带团队.北京联合出版公司,2016年
14. 尼基斯坦顿著.沟通圣经:听说读写全方位沟通技巧(第5版),北京联合出版公司,2015年
15. 胡劲松著.绩效管理从入门到精通.清华大学出版社,2015年
16. 秦杨勇著.平衡计分卡——战略绩效管理案例、方法与工具.经济管理出版社,2011年
17. 弗雷德·戴维著.战略管理:概念与案例(第13版).中国人民大学出版社,2012年
18. 周祖城著.管理与伦理.清华大学出版社,2000年
19. 老子著,高文方译.道德经.北京联合出版公司,2015年
20. 黄晓鹏著.企业社会责任:理论与中国实践.社会科学文献出版社,2010年
21. 罗杰·道森著,刘祥亚译.赢在决策力.重庆出版社,2010年
22. 詹姆斯·马奇著,王元歌、章爱民译.决策是如何产生的.机械工业出版社,2013年
23. 亨德森·胡珀著,侯君等译.决策的智慧.机械工业出版社,2015年
24. 加里·克莱因著,黄蔚译.如何作出正确决策.中国青年出版社,2016年
25. 迈克尔·波特著.竞争战略.中信出版社,2014年
26. 林文德·马赛斯著.让战略落地:如何跨越战略与实施间的鸿沟.机械工业出版社,2016年
27. 苏敬勤、洪勇、吕一博编著.创新与变革管理.清华大学出版社,2010年
28. 托马斯·沃格尔著,陶尚芸译.创新思维法:打破思维定式,生成有效创意.电子工业出

版社,2016年

29. 胡世良著.移动互联网商业模式创新与变革.人民邮电出版社,2013年
30. 史蒂芬·柯维著.高效能人士的七个习惯.中国青年出版社,2015年
31. 约翰·马克斯维尔著,路本福译.领导力21法则.文汇出版社,2017年
32. 博恩·崔西著.激励.机械工业出版社,2014年
33. 乌力吉孟和编著.图解员工激励36计.化学工业出版社,2016年
34. 马永斌著.公司治理与股权激励.清华大学出版社,2010年
35. 埃文斯·林赛著.质量管理与质量控制(第7版).中国人民大学出版社,2010年
36. 科兹纳著.项目管理:计划、进度和控制的系统方法(第10版).电子工业出版社,2010年
37. 哈罗德·孔茨、海因茨·韦理克著,韦福祥等译.管理学精要(第6版).机械工业出版社,2005年
38. 理查德·达夫特,多萝西·马西克著,高增安等译.管理学原理(第4版).机械工业出版社,2005年
39. 芮明杰主编.管理学:现代的观点(第2版).上海人民出版社,2005年
40. 芮明杰编著.管理学(第2版).高等教育出版社,2005年
41. 周三多等编著.管理学:原理与方法(第5版).复旦大学出版社,2009年
42. 吴照云编著.管理学(第4版).经济管理出版社,2006年
43. 张存禄主编.企业管理经典案例评析.中国人民大学出版社,2004年
44. 宁建新著.企业核心能力的构建与提升.中国物资出版社,2002年
45. 弗雷德·戴维著.战略管理(第8版).经济科学出版社,2001年
46. 小约翰·谢默霍恩著,甘亚平译.管理学原理.人民邮电出版社,2005年
47. 黄梯云、李一军主编.管理信息系统.高等教育出版社,2005年
48. 李一军、卢涛主编.管理信息系统案例集.高等教育出版社,2005年
49. 章义伍著.如何打造高绩效团队.北京大学出版社,2004年
50. 郭朝阳等编著.管理学概论.科学出版社,2000年
51. 顾锋主编.管理学.上海人民出版社,2004年
52. 理查德·达夫特著.组织理论与设计精要.机械工业出版社,2002年
53. 周祖城著.管理与伦理.清华大学出版社,2000年
54. 张彩利、靳洪主编.管理学概论.北京师范大学出版社,2010年
55. 刘兆峰著.企业社会责任与企业形象塑造.中国财政经济出版社,2008年
56. 胡绳等主编.中国大百科全书·哲学卷.中国大百科全书出版社,1992年
57. 英炜主编.伦理道德哲学.中华工商联合出版社,2007年
58. 弗里蒙特·卡斯特、詹姆斯·罗森茨韦克著.组织与管理——系统方法与权变方法.中国社会科学出版社,2000年
59. 斯坦·戴维斯等著.2020年.新华出版社,1993年
60. 小詹姆斯·唐纳利等著.管理学基础——职能·行为·模型.中国人民大学出版社,1990年
61. 陈传明、周小虎编著.管理学原理.机械工业出版社,2008年

62. 王重鸣主编.管理心理学.人民教育出版社,2000 年
63. 陈洪安主编.管理学原理.华东理工大学出版社,2009 年
64. 里基·格里芬著,刘伟译.管理学(第 9 版).中国市场出版社,2008 年
65. 王利平编著.管理学原理.中国人民大学出版社,2009 年
66. 杨文士、焦叔斌等编著.管理学.中国人民大学出版社,2009 年
67. 林建煌著.管理学.复旦大学出版社,2010 年

图书在版编目(CIP)数据

管理学/冯国珍主编. —3 版. —上海：复旦大学出版社,2017.8(2018.1 重印)
(复旦卓越·21 世纪管理学系列)
ISBN 978-7-309-13167-3

Ⅰ. 管… Ⅱ. 冯… Ⅲ. 管理学-高等学校-教材 Ⅳ. C93

中国版本图书馆 CIP 数据核字(2017)第 187008 号

管理学(第三版)
冯国珍　主编
责任编辑/鲍雯妍

复旦大学出版社有限公司出版发行
上海市国权路 579 号　邮编：200433
网址：fupnet@ fudanpress.com　http://www.fudanpress.com
门市零售：86-21-65642857　团体订购：86-21-65118853
外埠邮购：86-21-65109143　出版部电话：86-21-65642845
上海同济印刷厂有限公司

开本 787×1092　1/16　印张 26.75　字数 634 千
2018 年 1 月第 3 版第 2 次印刷

ISBN 978-7-309-13167-3/C·351
定价：49.00 元

如有印装质量问题,请向复旦大学出版社有限公司出版部调换。
版权所有　侵权必究